U0450541

thoughts in depths
在思想的深处

徐圻 著

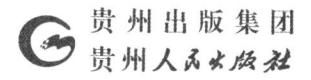

贵州出版集团
贵州人民出版社

图书在版编目（CIP）数据

在思想的深处 / 徐圻编. -- 贵阳：贵州人民出版社，2023.10
ISBN 978-7-221-17966-1

Ⅰ.①在… Ⅱ.①徐… Ⅲ.①哲学理论—研究 Ⅳ.①B0

中国国家版本馆CIP数据核字(2023)第192388号

Zai SiXiang De ShenChu

在思想的深处

徐圻 著

出 版 人	朱文迅
策划编辑	谢丹华　周湖越
责任编辑	代　勇　辜　亚
封面设计	熊　锋
版式设计	温力民
责任印制	蔡继磊

出版发行	贵州出版集团　贵州人民出版社
地　　址	贵阳市观山湖区中天会展城会展东路 SOHO 公寓 A 座
印　　刷	天津创先河普业印刷有限公司
版　　次	2023 年 10 月第 1 版
印　　次	2023 年 10 月第 1 次印刷
开　　本	889 毫米 ×1194 毫米　1/32
印　　张	27.5
字　　数	450 千字
书　　号	ISBN 978-7-221-17966-1
定　　价	88.00 元

如发现图书印装质量问题，请与印刷厂联系调换；版权所有，翻版必究；未经许可，不得转载。

自 序

这是我许多年以后再一次对哲学问题作比较系统的思考。二十世纪九十年代，我在大学做老师的时候，曾写过两本哲学书，探讨西方哲学史上的流派和哲学家。离开高校后做了二十年的社科和文化行政工作，这期间我写了一些书和比较多的文章，基本都是文化思考。由于之前的哲学专业背景，我这些文化思考当然具有一定的哲学高度或哲学味道，但毕竟不是专门的哲学探讨。好长时间以来我一直有一个愿望：回到做教师时的精神状态，琢磨哲学、折腾哲学、享受哲学、玩一把哲学。好在我这么多年来从未停止过对哲学问题的关注和思辨，也从未中断过哲学专业的补充、积累、提升、交流、探讨、质疑、批判，以及讲授、研讨、做课题、指导研究生等等。各种哲学问题一直萦绕在我的脑海之中，而且越积越多，挥之不去。久而久之，就形成了一系列的关切。当这些关切逐渐清晰起来之后，我便开始考虑要静下心来对问题进行梳理和阐述了，尤其是，要用我自己的语言尽可能"接地气"地讨论哲学问题。2022年9月，当新冠疫情迫使我只能待在家中时，我开始了写作。就此持续下来，终于把自己对一系列问题的疑惑、思索、追究、无奈叙述出来。于是有了《在思想的深处》这本书。

本书的内容大致涉及两个领域。一是关于比较"纯粹"的哲学问题的思考，二是有关历史或人生问题的哲学解读、道德反思。本书的讨论绝大部分以问题的方式展开，之所以这么做，是因为哲学从一开始就是追问，而且一直都是深切、悠远、终极的追问。我认为两千多年来，哲学的所有追问都并没有得出确切的、一致的结论，但哲学并没有停止自己的步伐；这说明对哲学来说，重要的不是答案，而是问题本身。

我一直欣赏弗兰西斯·培根的名言："哲学始于无知，终于更大而更高水平的无知。"这正是哲学的独特之处。如果哲学有了确切答案，那就不是哲学，而成了科学。中国哲学史，就是关于人类实践价值的深层思考，两千多年一以贯之。西方哲学史也有两千多年，但至少有一千年时间，是以提供"知识"的方式开展的，只不过哲学家们宣称要提供的，是所谓"绝对、无条件"的终极知识而已。直到伊曼努尔·康德，才把哲学（形而上学）与科学的界限澄清了：哲学实际上没有办法告诉人们什么是"真"什么是"假"——那完全是科学的职责。有些赶时髦的当代论者试图撇开自古以来哲学家们提出的问题，试图开辟哲学新视野、新境界，要一劳永逸地解答人类的终极关切。我认为这肯定是做不到的。

因为哲学问题是超越了时代的。与迄今为止人类其他文化类型相比,哲学所发生的变化是最小的。两千多年来,西方哲学和中国哲学各自的终极关切并没有发生实质性的改变。为什么会这样?因为:哲学提出并且要求解答的那些"问题"对于任何时代的人类理智或情感来说,都过大过深了。康德通过他的批判告诉我们,凡是人们希望得到确切解答的问题,科学就足够胜任了,哲学(形而上学)帮不上什么忙。不过真正有意义的是:在哲学的漫长追寻过程中,人类的智慧水平,包括思考问题的深度和高度、心灵的好奇和敏捷、思考问题的完备性和确切性、思想和语言之间的匹配、思维的局限性或矛盾、人和世界的关系,人的自我定位、精神的超越性等等,越来越明确、越来越彰显了。这都是哲学的追索带给人类的积极结果,也是当初苏格拉底将哲学界定为"爱智"的价值所在。

哲学是对智慧的极限和人生境界的巅峰所进行的无尽追问。然而,智慧的极限就在于认清了追求绝对真理的徒劳,而人生的巅峰则在于领会到生命之谜的无解。这是唯有哲学才会遇到的一个巨大无比的悖论,它恰好揭示了哲学的生命力和魅力。

哲学的一个重大功能是批判。古今中外,凡是有生命力的、开放的哲学思想,都会立足于先验的或自明的精神境界,去抨击现实生活中那些舍本求末的迷途倾向。哲学是一种高度理性主义的精神劳作，这一点和科学是一致的；但哲学是一种"批判性"的理性主义，它的特点不是对直接的求知活动及其结果指手画脚，而是对求知及其结果的根据表示关切、作出审视、发起批判。在价值领域，哲学通过树立某种理想的人格或生活境界来与现实作比照，从而指出现实的不完满。如果一个社会不能容忍某种高于"时尚"的理想价值，而是纵容甚至推行大众趣味，那么这个社会的文化质量就是低下的。因此，对真、善、美的追求，不仅是哲学的规定性，而且是对任何健全社会的基本要求。

哲学曾经很时髦，在过去某些特定时期，人们甚至对哲学趋之若鹜。后来哲学冷落、冷清了。近些年，哲学的境遇或"待遇"又好了一些，因为人们认识到这个东西在"学科布局""高校排名""人文点缀"中不能没有。哲学所经历的上述起伏，都是根据哲学对现实生活的"用处"来决定的。尽管我一贯反对以功利主义的态度或尺度来估量哲学的价值，尤其不赞成把哲学世俗化、实用化，但我觉得哲学这门学科毕竟做不到孤芳自赏、自娱自乐。哲学一定是有现实价值的，否则它就坚持不了两千多年。哲学的价值或功能这个问题，我在本书中经常涉及。我试图通过讨论一个一个的哲学问题、哲学现象、哲学事件，来说明哲学对提升人的理智水平、精神境界或文化品位所具有的意义。

比如，我在本书一开始就讨论了古希腊的本体论哲学

（或"形而上学"）。从泰勒斯、赫拉克利特、德谟克里特到巴门尼德、柏拉图、亚里士多德，这些西方哲学的奠基人或开创者的思想早已为人们所熟知，但他们为什么要那样看世界、那么想问题、如此钻牛角尖、非要找到那个"一"呢？他们的思路或方法究竟是怎么回事？由于早期希腊哲学家留下来的著述不多，甚至只有残篇断语，这就给后人的解读留下了思考或想象的空间，我要做的就是通过这些不完整的著述，来分析这些伟大哲学家的思想成因或逻辑理路。再比如，我讨论了源于古希腊的哲学知识论。经过两千年的探讨、争论，哲学界已经公认：大卫·休谟，特别是伊曼努尔·康德，是古典认识论转变为现代知识论（包括当代科学哲学、语言哲学）的里程碑式哲学家。我关注的是：他们为什么以及如何扮演了那种承前启后的历史角色？这里面不能不深度涉及"怀疑论"（或"不可知论"）这样一种认识倾向，我试图说明：如果我们不能对人类"终究知道什么"下定论的话，休谟对"因果性"的质疑、康德对人类"纯粹理性"的批判，就颠扑不破。再比如，我讨论了"存在""实体""真相""悖论""自由""决定论"这些古典和近代哲学问题。千百年来哲学家们一直就这类问题殚精竭虑，却争论不休、莫衷一是，我认为原因就在于：他们认定有一种"哲学知识"，可以真切地刻画自然的本来面目，可以绝对、无条件地解答宇宙自然的最终问题。这是人类理性的一种先天禀赋。这种终极性追求虽然被二十世纪以后的自然科学多次证明是徒劳的，但这种哲学层次的追求本身却具有永恒的意义，我试图说明这个意义。我尤其认为：当代科学（以广义相对论、量子力学、"大爆炸"宇宙学为代表）的结论的确是确凿的，但它们在哲学上导致的任何"定论"都不具有最终的合法性，世界的"真相"究竟如何是一个不可能山穷水尽的问题，因为人的思想深度和广度是不受限制的。再比如，我讨论了灵魂和肉体的关系这个古老的二元论问题。我分析了历史上和现实中各种各样关于灵魂存在或不存在的"证明"，我特别对当今生理科学、心理科学关于灵魂、自我、"心"的各种实证的、经验的、"科学的"结论进行了批判；我认为笛卡尔的"我思故我在"是有关灵魂存在的最好的论证，尽管它完全得不到验证。实际上，灵魂在一切科学里都是不可证明（或证伪）的，灵魂在所有宗教里都是无需证明的，因此，灵魂在大部分人的生活里就是不证自明的——它往往被假定为各种各样精神现象的载体或前提。再比如，我讨论了西方分析哲学的重要领域——语言的"规范性"问题。为什么学术讨论和日常生活中常常发生文不对题、歧义丛生的情况？一个重要原因是：人们混淆了"是什么"和"应当什么"之间的原则区别，换句话说，混淆了"真、假"和"善、恶"之间的原则区别。这是二百多年前休谟的一大发现，更是二十世纪以来英语国家哲学界的一大景观。我通过分析，想要澄清两者的界限；我特别要指出：在科学技术高度发达（尤其是人工智能突飞猛进）的当下，语言的误用——表现为事实判断与价值判断的混淆——正在给人类带来相当大的困惑和麻烦，必须尽可能加以避免。再比如，我讨论了当前中国学术界比较热门的"阳明心学"。作为一个西学学者，我对王守仁的思想没有专论，但对阳明心学的学理和历史地位是推崇的。但是，作为一个康德意义上的批判者，我对王阳明的"心学"，更广泛地说，对整个中国哲学史上的"心"这个概念，进行了探究或界定，我试图厘清中国哲学的"心"和西方哲学的"心"之间的异与同，以及它们各自的意涵；我还要说明：正如五十多年前把王阳明思想简单地等同于贝克莱的"唯我论"是一种偏颇的做法一样，今天的人们将阳明心学说成是可以解答、解决大部分当代问题的灵丹妙药，又走到了另一个极端。再比如，我讨论了文明的动因问题。我是不同意"历史决定论"的，因为人的世界里不存在必然性。因此我认为人类文明的发生、发展是一个自发、偶然、自由选择、兴亡不定的有限的历史过程。既然如此，就有太多、太复杂、太引人入胜的文明故事，比如种群的存与废、文化与文明、禁忌与伦理、经济与政治、自然环境与人的处境、人类生理因素对历史的影响、婚姻和家族博弈、关键人物的个性或偏好对历史方向的改变，等等，我对这些现象作了描述和解说。再比如，我讨论了马克思主义与中华传统文化的关系问题。一百多年前，马克思主义跨越万水千山来到中国，逐步在华夏大地上立足、扎根、传播，成为了文化主旋律。这无疑是人类文明史上一个十分独特的地缘文化事件。来自遥远西域的马克思主义何以能够扎根在了中国的古老文化土壤之上？马克思主义和以儒学为代表的中华传统文化之间有着怎样的冲突和关联？马克思主义和传统文化在百年变局中是如何互争、互动、互补、互融，从而实现了"中国化""本土化"的？对这些现象或问题，我从不同的角度作了探讨。

　　以上种种，是这本《在思想的深处》所涉及的一部分内容；还有其他的内容，限于篇幅，就不再赘述。我想说的是：在我看来，哲学的意义或价值在很大程度上就体现在这样的描述和解说之中。我非常认同这样的看法：哲学的吸引力不能只靠各种各样抽象概念之间的逻辑关系来展现，思辨的哲学和现实的生活之间存在着通道——我认为这就是哲学的"用处"之所在。我还想强调：如果"智慧""意义""人文""境界""美"这些词汇在任何时代都是衡量文明水平的尺度的话，那么哲学的愿景或生命力就不用担心，这也是我写这本书的一个意图。

　　本书的出版，首先要衷心感谢贵州出版集团党委书记、董事长黄定承先生。我们俩曾经是工作中的搭档，当年我们相互理解、相互配合，彼此惺惺相惜。当得知我的写作计划，他第一时间就表示了支持，并经常过问出版进程。我要特别感谢贵州人民出版社总编辑谢丹华女士。她在繁忙的工作中自始至终以专业的精神策划、部署、组织了本书的编辑出版工作，在这个过程中，她和我就本书的内容和形式作了多次细致、专业、愉快的交流。我还要感谢贵州人民出版社社科经济策划部负责人周湖越先生以及另外两位年轻编辑代勇、辜亚，他们具体承担了本书的审、编、校、改等工作。编辑哲学书是有难度的，涉及大量概念、范畴、哲学史和现代哲学前沿问题。令我欣慰的是，这些年轻的编辑都有良好的专业素养和做哲学书的经验，正是他们认真而一丝不苟地工作，避免了书中的一些缺漏与不当，还提出了一些很好的修改意见，使这本书增色不少。最后，我要对所有知晓、关心、支持、期待这本书的构思、写作、出版的家人、学人、友人、熟人表示衷心感谢！

是为序。

徐 圻

2023年10月20日

目 录
CONTENT

第一篇　"本体"从何而来？——古希腊形而上学的思想路径

　　一、"形而上学"的本义　002

　　二、"眼见为实"和"眼见为虚"　009

　　三、抽象的力量　017

　　四、希腊人的关切　025

　　五、巴门尼德的"存在"　032

　　六、柏拉图的历史地位　037

　　七、理念和定义　049

　　八、关于"存在"和"是"　054

　　九、本体论就是逻辑学　059

第二篇　"灵魂"究竟是什么？——心灵与肉体及其关系

　　一、奇妙的人类精神　066

　　二、灵与肉的追问　072

　　三、心理学的无奈　080

　　四、玄妙的"实体"　084

　　五、灵魂：证明还是信仰　093

001

六、虚幻的"物质"　101

七、灵与肉的互动　105

八、进化论的困惑　111

九、不朽与永生　117

十、意志与人格　121

第三篇　世界有"真相"吗？——宏观"实在"和微观"行迹"

一、作为形而上学信念的"实体"　133

二、实体的解构与重塑　138

三、科学的依据不仅是经验　141

四、科学必须说明"真相"吗？　145

五、追逐实在：一个消除不掉的人类倾向　149

六、怪异的量子世界　154

七、爱因斯坦和玻恩：两种信念的博弈　157

八、纠缠的量子和纠结的物理学　162

九、现象、语言和实在　170

十、科学的本质是发现还是发明？　174

十一、从决定论到概率论　179

十二、理论的价值：改变世界　185

第四篇　我们能否走出"决定论"？——必然和自由之间的张力

一、康德引发的讨论　194

二、"前因"与"后果"　199

三、决定论的前世今生　202

四、选择：人的价值体现　211

五、自由与约束　215

六、人文视野下的必然和自由　223

七、自由与责任　229

八、物理学中的决定论和非决定论　234

九、"历史决定论"批判　244

第五篇　"悖论"为何如此恼人？——逻辑与思想的纠缠

一、"似非而是"的逻辑怪象　256

二、伦理学悖论：怎么判定是对还是错？　262

三、数学悖论　268

四、逻辑悖论　281

五、赫拉克利特的"河流悖论"　287

六、哲学悖论：介于宗教和科学之间　294

七、"二律背反"（1）　299

八、"二律背反"（2）　305

九、"二律背反"（3）　309

十、"二律背反"（4）　315

第六篇　我们到底知道什么？——知识的起源和结构

一、知识的二元结构：由来已久的争论　326

二、智者派的相对主义及其贡献　330

三、柏拉图的先验主义及其贡献　335

四、亚里士多德和阿奎那的综合　346

五、休谟路线和莱布尼茨路线　351

六、实证科学：经验内涵的或然性　357

七、数学和逻辑：思维形式的必然性　363

八、康德的使命　373

九、"哥白尼式的倒转"　378

十、二元论辩护　381

第七篇　"经验"和"先验"孰为先？——感觉和思想的博弈

一、理智、知识、合理性　388

二、先验主义和经验主义　392

三、历史上的争论　396

四、综合命题和分析命题　404

五、"归纳问题"（"休谟问题"）　414

六、反归纳：休谟的自我革命　424

七、从休谟到康德　430

八、"划界问题"（"康德问题"）　436

第八篇　"实然"和"应然"孰为重？——科学理性和价值理性

一、理性和非理性　446

二、"是"和"应该"　454

三、"工具理性"和"价值理性"　460

四、知识无善恶，道德无真假 466

五、科学与人文 472

六、"正确地做事"和"做正确的事" 479

七、科学与宗教 487

八、科学与伦理 496

九、科学与人类未来 502

第九篇 文明的变数——历史进化的"源"和"流"

一、文明从何而来？ 510

二、基因与种群 515

三、伦理的起源 521

四、群居生活与道德禁忌 528

五、生育：文明的能量 535

六、偏好：文明的个性 538

七、婚姻：文明的意外 541

八、礼仪：文明的借口 546

九、疾病：文明的杀手 552

十、气候：文明的指针 556

十一、作物：文明的调料 561

第十篇 "律己"和"律他"——市场环境下的道德约束

一、文明社会的约束体系 568

二、道德的"负"作用和"正"作用 574

三、人的"自然"和"反自然"　578

　　四、"自己跟自己过不去"　586

　　五、"天地良心"和"绝对命令"　595

　　六、所谓"人心不古"和"价值扭曲"　603

　　七、文明社会的"硬规则"和"软约束"　609

　　八、道德戒律和有所不为　614

第十一篇　两种"自信文化"的契合——植根于中华文化土壤上的马克思主义

　　一、马克思主义与中华文化的相遇　621

　　二、"同化"和"异化"之辩　628

　　三、"东渐"和"东进"：两次成功的文化融合　634

　　四、马克思学说的中国语境　643

　　五、人文精神的共同彰显　649

　　六、"批判的武器"和"武器的批判"　658

　　七、两种"自信文化"的契合点　663

　　八、马克思主义与中华优秀传统文化相结合的时代意义　668

第十二篇　"民本"还是"民主"？——中国古代民本思想的时代化问题

　　一、"民"和"民本"　677

　　二、"民"和"人民"　689

　　三、"群体"和"个体"　693

四、"民本"和"民主" 701

五、古代的"民"能转化为现代的"民"吗？ 707

六、大众社会和法治国家 713

七、"权利"和"权力" 719

八、民主理念和民主实践 724

第十三篇 强大的"心"——我眼中的王阳明

一、"心"和"灵"的关联 731

二、作为认知主体的"心" 735

三、中国人怎么看待"心" 739

四、发自"心胸"的认知和价值 744

五、文化传统的历史性和相对性 750

六、五百年的精神足迹 755

七、作为启蒙者的王阳明 763

八、贝克莱和王阳明：两种"唯我论" 768

九、"心力"的不可估量 776

第十四篇 "江上奇峰"与"众山之巅"——苏轼和王守仁的"文""思"

一、苏轼的坎坷：皇帝的不确定性 784

二、王守仁的沉浮：皇帝的确定性 793

三、苏轼：从"入世"到"出世" 797

四、王守仁：游走于"入世"和"出世"之间 802

五、作为文学高峰的苏东坡 809

六、作为哲学宗师的王阳明 815

七、永远的苏东坡，永远的王阳明 820

第十五篇　追寻思想的光芒——我的人文旅程

一、搭上"七七级"这趟首班车 824

二、动荡岁月里的知识寻觅 828

三、时代巨变与个人选择 832

四、"边缘焦虑"和角色转换 838

五、我和贵州大学 844

六、读书与人文精神 847

七、仰望与关切 854

徐圻学术年表　857

第一篇

"本体"从何而来?
——古希腊形而上学的思想路径

一、"形而上学"的本义

如果有人问：哲学的根基是什么？或问：哲学是怎么发生的？这个问题是不易回答的。不是因为这个问题没有一个明确的答案，而是因为这个问题的明确答案不止一个。为什么会这样？因为西方人和东方人（中国人）在哲学的本质这个问题上立场不同，方法不同，结论自然不同。不少西方人认为中国没有哲学，这个说法过于偏颇了。我当然认为，经典的哲学问题主要由古希腊人提出、解答、深化、推广，甚至"哲学"这个词也来自西方。但是，作为雅斯贝尔斯所谓"轴心时代"的一极，华夏文明的广博与深刻是不输于古代希伯来和古希腊文明的。中国古人自有他们的终极关切和终极解答，只是和西方哲学的立足点、归宿点不一样而已。

中国哲学以孔子开创的儒学为主干，两千多年一以贯之，从孔子直到现代"新儒家"属于同一个体系；在这个过程中吸纳、融合了佛教、道家、墨家、法家等等流派的思想。西方哲学也有两千多年（苏格拉底、柏拉图和老子、孔子大体上是同时代人），却无一定之规，不但不同时期涌现出不同的、相互对立的哲学家和哲学思想、流派，而且以整个人类文明为背景，西方哲学的追问、探讨也发生过几次大的转折，比如从古代的本体论向近代的知识论的转向，从近代的知识论向现代的语言论的转向，以及当代西方哲学的"现象学"转向和"重回形而上学"转向，等等。

这说明：中国哲学所关注的问题是始终如一的；而西方哲学的关切呈多元化趋势。但不管怎样，这两大哲学系统有一个共同之处：都要追问、探讨、解答终极性、根本性的"大问题"。终极关怀是所有哲学的特征，只不过在终极关怀的深度、广度、程度上有所不同而已。中国哲学的最高探究是"天人之际"，最终目标是实现"天人合一"。《易·说卦》曰："穷理，尽性，以至于命。"意思是：穷究天下万物之理，彻底洞悉人类本性，以达到回归天命的目标。这看上去相当玄，与西方的形而上学似乎比较接近。但是"理"在中国传统文化里基本上不是指西方哲学和科学所注重的"宇宙自然的本原、本质和规律"，而是指人的道德修养的最终目标和最高境界。穷了理，尽了性，也就回归了"天"，实现了"天人合一"。因此在中国哲学里，"天"作为最高、最大、最终的道德范畴，既代表了"天理"，也彰显了"天命"，更凸显了人（"性"）与天（"理"）之间的内在关联和统一。简而言之：最高的道德准则（天）规范了人的行为，人的最终目标就是符合天理或天道。可见中国哲学的终极关怀始终脱离不了人，不管是抽象的人还是现实的人。因此中国哲学说到底是一种伦理学、价值哲学、人学，要探求现实人生的意义和安身立命的依据；人的所作所为都应当合乎天理、天道、天命，其依据就是圣人的修为和境界。

至于西方哲学的终极关怀，其所关注、追究、解答的问题，要比中国哲学的范围、深度更广阔、更悠远、更深邃，同时也更简单，西方哲学的起点就是两个字："存在"，或"本体"。两千多年后的今天，西方哲学仍然在追究"存在"或"本体"的问题，虽然在这期间它变换了不同的思想内涵和语言形式，并且衍生、发展、转化、创生出了太多太多的概念、体系、运动，以及各色各样、异彩纷呈的哲学家们。万变不离其宗，西方哲学是怎么兴起、形成、定型、传承、发展的，我们不能不追究其源头，回到古希腊，去寻找它最开始的问题和思路。

说到中西哲学的契合点或相似点，最有名的是《易·系辞上》里的一句话："形而上者谓之道，形而下者谓之器。"中国哲学诸最高范畴如"天""道""理"等，至少就其形式而言，应该属于"形而上学"。而"形而上学"这个汉语词，来自亚里士多德的名著《形而上学》。亚里士多德是古希腊哲学和科学的集大成者、"百科全书式"的哲学家，对整个西方哲学有极其深远的影响。他是他那个时代最博学的人，所从事的学术研究涉及当时自然和人文学科的所有领域，包括哲学、物理学、数学、逻辑学、修辞学、生物学、心理学、教育学、政治学、经济学、伦理学、美学等等，著述甚多。亚氏和柏拉图、孔子一样，其流传下来的著作由其弟子或传人记载、整理、编订、刊行。其中，亚氏有关自然界运动变化的著述被安德罗尼柯编订在一起，取名《物理学》；亚氏关于"存在""本体""形式""质料"等抽象、思辨问题的思考、谈论、讲课、文字被编订在一起，当时不知道怎么命名，就笼统地取了个书名《物理学之后诸篇》。所以，"形而上学"这个词的原意就是"物理学之后"，即metaphysics。

  从此以后，西方哲学家凡谈论本体论问题，就是讨论"形而上学"问题，也就是"元哲学"或哲学基本问题（这里所说的"形而上学"，和后来黑格尔、马克思、恩格斯及马克思主义哲学所说的与"辩证法"相对立的那种"孤立、静止、片面"的方法论，不是一回事）。亚里士多德这本书进入中国后，被严复先生译为《玄学》，意在表明该书的内容和中国魏晋时期的"玄学"有相似之处，都以超感性、非经验的事物为研究对象。但亚氏在"物理学之后诸篇"里讨论的各种问题及其结论，和上述《易·系辞上》里"形而上者谓之道，形而下者谓之器"的含义更为接近，即：形体之上、之外的，凭感官不能察觉但又起决定性作用的东西叫作"道"，而有形体的、凭感官可以感知的自然、日常事物叫作"器"。显然，这个"道"的含义和亚里士多德关于metaphysics的思辨最为接近。不过这个认识不是中国学者而是日本学者提出来的。明治时期日本著名哲学家井上哲次郎将"物理学之后"（metaphysics）译成了"形而上学"，专指哲学本体论，即哲学这门学科中基础的、根本的、起点的部分。日本受中国文化影响深远，明治维新后开始大规模接受西学，所以日本人经常用中国文化的术语来翻译西方概念，包括哲学、形而上学等哲学词汇。后来中国留日学生将大批日制汉语带回国，其中"形而上学"逐渐取代了"玄学"这一翻译。"形而上学"这个中国古典词汇尽管还不能完全揭示亚里士多德原著的内涵、外延，但已经是最好、最贴切的翻译了。这是井上哲次郎对中西文化交流的一个很大的贡献。

中国哲学的一些基本范畴的确可以归于"形而上学"之中，如理、道、天、一、德、心、性、命、阴、阳、气、数、太极、无极、自然、本心、心体等等，这些范畴和现实生活中的词汇相比是抽象的、思辨的。但由于中国哲学、中国文化侧重人伦价值这个特点，故上述那些形而上学范畴常常被赋予了具体的道德含义，因此从内容上看，它们仍未超出经验（即形而下）的界限。实际上，在中国哲学中，一切形而上学的范畴最终都消融在经验性的道德规范、政治理念、行为方式当中。形而上学在中国古代从来没有被当作一种独立的、与经验活动或实用目的无关的学问来加以探讨，凡与道德实践无关的"玄思"均被视为一种无用之学。

朱熹在评价周敦颐的高深玄奥的"太极"学说时指出："其高极乎太极无极之妙，而其实不离乎日用之间；其幽探乎阴阳五行之，而其实不离乎仁义礼智刚柔善恶之际。"（《周濂溪集》卷十一《隆光府学先生祠记》）太极、无极这些高深玄奥的"形而上"之论，说到底还是要落脚于日常生活及伦理道德的行为规范当中。朱熹的话可谓一语道破了中国哲学的真谛。其实，朱熹的"理学"思辨及他之后的王守仁的"心学"思辨，其目的又何尝不是如此呢？这种消融形而上学的做法造成了中国哲学范畴的普遍经验化和实用化的特点。即使是中国哲学至高的"天人合一"理想，也是在经验性的德目——仁、义、礼、智、忠、孝、信、悌等——基础上完成的。形而上学的淡化和消融使得中国古人既不关心"六合之外"的超验世界，也不热衷纯粹自然的普遍规律，而一味执着于此生此世的道德修养，即"内圣"和建功立业，即"外王"。超验的天理与先验的心性，即"诚意正心"，在经验性的道德实践，即"格物致知"中统一起来，"修身、齐家、治国、平天下"的道德与政治理想成为中国古代哲学思考最终的落脚点。

这就让我想起了王国维这位20世纪初开眼看世界的杰出思想家的哲学观。西方思想刚刚进入中国时，以张之洞为代表的洋务派大臣极力主张并大力推行"西学为用"的方略。当时有的学校准备开哲学课程。对此张之洞坚决反对，说这种"西学"太玄，没有用。王国维先生为此据理力争。他指出：哲学就是形而上学，"夫哲学之所志者，真理也；真理者，天下万世之真理，非一时之真理也；其有发明此真理，或以记号表之者，天下万世之功绩，非一时之功绩也。唯其为天下万世之真理，故不能尽与一时一国之利益合，且有时不能相容，此即其神圣之所存也。"[1]他特别批评了中国哲学家都太关注政治，太有政治抱负，中国的读书人历来只有走仕途这一条人生通道。所以中国哲学只有政治哲学、道德哲学、伦理学，其结果，哲学沦为了政治的工具和手段，没有了独立性。

儒家从来都讲"修身、齐家、治国、平天下"，强调读书、思索、做学问的目的是"经世致用""建功立业"，也就是及第、做官，反对形而上学的玄思和追究。为什么反对？因为形而上学对修齐治平、治国理政、为人处世都没什么用。

我们都知道伊曼努尔·康德提出过两个著名的终极关切：头上的星空和心中的道德律，这实际上就是哲学这门学科的两个核心内涵。这两个东西，"头上的星空"在中国哲学（特别是儒家）里是基本没有的；西方哲学一开始并不是把人伦、道德问题作为最高的诉求，相反，古希腊哲学家最早的

---

[1] 王国维：《论哲学家与美术家之天职》，《王国维全集》第一卷，浙江教育出版社2010年版，第7页。

追问是关于"终极存在"的问题,即宇宙自然的来龙去脉、本质规律、第一原因这些问题。至于"心中的道德律",这件事在中国哲学里不但有,而且是最重要的内容。但是,儒家关心的,是人"如何"成为有道德的"君子""贤者"的问题,而不甚关心人的道德行为的终极依据的问题,特别是与生命的来龙去脉有关的道德问题或宗教问题。所以黑格尔说中国哲学是伦理学,而不是道德形而上学。总之,在对"形而上学"的理解问题上,中西哲学尽管有共通之处,尤其是对精神价值的关注、关切、求索方面;但在对精神价值的原初意义、深切意义、无限意义的注重,西方哲学肯定比中国哲学更加理性、更加深沉、更加超越、更钻牛角尖。

二、"眼见为实"和"眼见为虚"

勒内·笛卡尔在他的《哲学原理》一书里写道:"整个哲学好像是一棵大树,树根是形而上学,树干是物理学,从这树干上发出的枝条是各种其他学科。"[①]形而上学在笛卡尔那里处于所有其他科学门类的根基、源泉、本体的位置,他的这个学科分类思想和两千年前亚里士多德的知识分类异曲同工。亚氏曾把处于"最高级别"的理论知识分为三门:

---

① [法]卡迪尔:《笛卡尔主要哲学著作选》,李琍译,徐卫翔校,华东师范大学出版社2021年版,第107页。

形而上学、数学和物理学，其中形而上学又排在第一，故称"第一哲学"。形而上学要解决"作为存在的存在"的问题，也就是解决一切存在得以存在的根据或根源的问题，而其他学科则解决各种各样具体的"存在"当中的那些问题。可见，从古希腊到近代，哲学（形而上学）就是作为"科学之科学"而凌驾于所有知识之上的。从康德开始，哲学-形而上学的这个崇高地位逐渐弱化、走向坍塌。这一方面是由于康德在他的《纯粹理性批判》里历史性地确定了形而上学的非科学性质；另一方面，近现代以来自然科学和数学取得了层出不穷的伟大成就，这些成就都并不需要哲学作为前提和方法，哲学作为"科学之科学"是不成立的。

但是，我们不能因为哲学地位的削弱而否定它在早期人类知识的构建过程中的起源性、奠基性的地位。何况，从古希腊到笛卡尔时代，哲学和科学（数学和自然科学）是不能分开的，甚至哲学研究和科学探索就是一回事，这一点，正好在亚里士多德和笛卡尔的学术生涯中体现得最明显。真正说来，以古希腊为参照，当人类开始具备科学意识的时候，也就是人类开始进行哲学追问的时候；反过来也一样。因此，我们对早期希腊哲学的形而上学、本体论进行分析、梳理，以便了解或理解人类理性、智慧、科学、知识的进步，是有意义的。

直到今天，哲学当中的基础、起源部分仍然称之为

第一篇 "本体"从何而来？——古希腊形而上学的思想路径

"本体论""存在论""形而上学""世界的统一性""何为第一性者""元哲学"等等。古希腊哲学家从公元前7世纪开始追问、探讨、解说这方面的问题，延续了两千多年，直到18世纪休谟、康德对这些问题的质疑和批判，这个势头才逐步减缓下来。本体论、形而上学要追问、探讨、解释（或揭示）什么事情？是关于宇宙自然、大千世界的本原、本质、本性、本体、构成、动力、原因等等问题，这是真正的终极关怀、终极求索、终极解答，这就是ontology或 metaphysics——元哲学、第一哲学。古希腊哲学家中最有影响的探索者当然是爱利亚学派的巴门尼德（存在论）、雅典的柏拉图（理念论）和亚里士多德（形式-质料说）。那么，古希腊哲学家是怎么发问的，是怎么探讨的，又是怎么得出结论的？

咱们普通人在日常生活中经常讲这样的话：那"是"个什么东西？你"有"钱吗？士兵一听到长官点名，立即应答："到！""在！""有！""是！"这些话语，蕴含着一个最基本的意思——有人、有物、有事、有东西"在"，或者说，"是"什么，"有"什么，什么"到"了，等等。所以，"存在"，或"在""有""是"这些我们日常生活中最普通的表述，实际上是哲学追问（或本体论）的最初形式。当我们说"存在"或"有"的时候，总是与某个"存在者"、某个"东西"相关联，但我们普通人不会追问"存在本身""根本存在"的问题，也就是说，普通人讲的"存在者"都是有指向的,或具体或抽象,总是某个"东西"。但古希腊哲学家探讨的"存在",却相当玄虚、十分思辨:一方面,它"不是"这个东西或那个东西,另一方面,它却能够"成为"这个东西或那个东西。那么这是什么东西呢?这就是第一性的、终极的"存在",这就是"一"。当人们第一次往这个方向去思索、去烧脑、去钻牛角尖的时候,哲学本体论或形而上学就萌芽了。我们知道,这是古希腊人在2600年前(泰勒斯是第一个)开始做的事情。

中国的老子也是在差不多同时对类似形而上学的问题作了思考。老子提出的核心范畴是"道",他说:"道生一,一生二,二生三,三生万物。"(《道德经》第四十二章)道是独一无二的本体,道包含了阴阳二气,阴阳二气相交而形成一种适匀的状态,万物在这种状态中产生。他又说:"天下万物生于有,有生于无。"(《道德经》第四十章)他还说:"人法地、地法天、天法道、道法自然。"(《道德经》第二十五章)这些思想,历来有不同的解读或定性,我不作评价。但我要指出的是,中国古代,与古希腊先哲几乎同时期,唯有老子在世界本体、本原等方面有所思考,有所表达。毋庸讳言,老子的思考是非逻辑、弱理性的,只给出了概念和结论,过程和因果等等都语焉不详。但这已经相当了不起了。尽管老子的《道德经》主要还是解答、解决道德伦理的最高原则、解决"天人之际"的相关问题,与古希腊哲学家对宇宙自然的来龙去脉、本体本原作纯粹形而上思考有区别，但比起同时代的孔子来，老子思想中的终极关切意味要浓重得多，哲学的意味也要浓重得多。孔子开创的儒家学派是完全现实主义的思想体系，一切论述都围绕伦理道德进行，所有概念、范畴和论证都是为了解决人伦、人际，包括政治和社会关系的方方面面的问题；如何做人，是儒家两千多年来的核心关切。因此，如果说早期儒家是哲学的话，它就只是伦理学，而非本体论。

真正的哲学都关乎宇宙自然和人生的大问题、根本问题、终极问题。但哲学问题又是从日常生活中，从常识、经验而来。思想家、哲学家的智慧，就在于能够基于日常生活、感觉经验进行关切、发问、求索、解答。所不同者，有的哲学家的思想进入到了世间万物之最初和最终的本质、原因、归宿的境地，有的哲学家则专心于人生的意义和目的的思考，或专注于现实人生中的各种问题的解答；还有的哲学家是宇宙自然和人生意义两方面的终极问题都要思考，都要解答。

我们回到哲学存在论或本体论的起源问题上来。

在一般情况下，说"存在什么"或"有什么"，当然指看得见摸得着的某种东西，即眼、耳、鼻、舌、身（或色、声、香、味、触）的对象。普通人讲的"存在"都有所指，或具象或抽象或想象，总是"某件事""某个东西"。但古希腊哲学家探讨的"存在"，却比较"烧脑"，他们所谓的"存在"，乃是"存在本身",即终极的存在,也就是"一"。"一"这个概念在西方哲学和中国哲学(尤指老、庄思想)中,都举足轻重。"一"的对立面是"多",中国人常讲"九九归一",指所有一切肇始于并且回归于终极、圆满状态;佛教也讲"归一",意为万念归于一心;中国西南方言常用"归一"来表示结束、终止之意。总的来说,千差万别、森罗万象,最终要回归到它们的初始状态和最终状态"一",这个"一"就是哲学本体论要追问、要探究的对象。尽管在老子那里,道、自然、一这几个词都出现了,而且显然"道"具有终极存在的意义,但这个"一"的地位仍然十分关键。

我们经常讲"眼见为实",在感觉的世界里,也就是在常识当中,色、声、香、味、触都是真实的,假不了,错不了。如果有人表示怀疑或否定,他的正常生活就会发生紊乱,他就自己跟自己过不去了。比如一个人、一棵树、一栋房子、一件物品等等,看见了、听到了、触摸了,就是实实在在"有的""存在着"的东西。这就是常识或"习惯",正如大卫·休谟所说:"习惯是人生的伟大指南。"[①]休谟是西方哲学家中最崇尚感觉经验的人,也是最早质疑形而上学、本体论的哲学家。他把感觉主义推向了逻辑的终点。他的思想中有一点不能不承认:离开了常识或习惯,我们人类以及所有动物,都寸

---

① 休谟:《人类理解研究》,《西方哲学原著选读》上卷,北京大学哲学系外国哲学史教研室编译,商务印书馆1981年版,第528页。

步难行，死路一条。所以我们首先要肯定"眼见为实"。

但是，如果一切都遵从"眼见为实"（感性认知或具象考察）的话，我们人类和一般动物就没有根本的区别，我们就不能从动物界中真正提升、超越出来；或者退一步说，我们的文明程度就仍然比较低端——动物只有一个世界：眼见为实。人和动物的区别可以说出很多理由来，但在我看来，拥有灵魂、思想和精神世界，是人类和动物世界之间一条不可逾越的鸿沟。我相信一般的人类意识是生物进化的结果，我在这一点上完全同意达尔文的进化论。但是，人的灵魂或精神世界，是一种极其复杂、非常独特、不可复制的现象，我不相信人类所有精神产物都只不过是人类意识在生物进化过程中进一步量化、积累、走向高端化的表现，那样的话，人的精神世界就可以最终被还原为物质和自然的过程。进化论成为人类共识以来一百多年，已经有数不胜数的科学家和哲学家试图把精神现象归结于脑或"心"的结构及过程，但没有一个实验解决了灵魂的物质化问题，也就是说，"灵魂"这个千百年来困惑人类的神秘东西，作为人类精神活动、精神现象、精神世界的源泉、本体、核心，这件事既没有被科学所证实，也没有被科学所证伪——我相信永远不会被证实或证伪。为什么？因为灵魂就意味着它不是物质，它不在空间显现。我认为，必须假定灵魂的存在是人类精神活动、精神产品的基础和原动力，也是人与动物相区别的根本特征，因此我绝不相信这样的断言：心灵、精神、逻辑、直觉、创造性思维、追根究底的求索、道德和审美、理想主义或乌托邦、幻想和冥思、自我约束、思想实验、精神症和超现实主义等等，所有这一切"非感性""抽象性""虚幻性"的东西到头来都不过是"物质自然界长期发展的产物"。我认为灵魂的存在，科学不能证明，宗教无须证明，哲学不证自明；灵魂或自由意志就是人类行为的"第一因"，否则就解释不了人类为什么能够成为地球的中心和世界的主宰。

由此推知："眼见为实"是人和动物的共性；而"眼见为虚"（抽象、思辨、想象、幻觉、奇思、妙想、魔怔等等）才是人类独有的特点。一只狼见到一只羊，当然不会认为那是一个观念，它认为那是一顿可口的大餐。但一个人见到一只羊或一群羊，会不会认为那仅仅就是一种食物或物件呢？那就看人的文明程度和思维的高度了。如果一个人说那一只羊或一群羊是一个概念，这不是不可能的事情。我这可不是一个玩笑话，它实际上已经是一个接近哲学的问题了，因为它开始涉及到"抽象"这种精神活动。在巴门尼德和柏拉图（我后面要专门探讨他们的思想）看来，那只羊或那群羊的真实性当然不成问题，它们是活生生的、白花花的、香喷喷的（如果成为食物的话）；但它们在人的眼里还有一种表征或一种存在方式：它们作为感性的、活生生的对象，可以"归类"于某种观念、概念、理念——"羊"或"羊本身"，"羊"这个物类与那些感性的羊群相比，具有不生不灭、稳定存在的特性，因为"羊"这个概念已经不受空间和时间的局限了，它仅仅是思想的对象。怎么得到这样的概念或这个"共相"的？很简单，是人的抽象思维的结果。除了"羊"这个"物类"之外，一切现实生活中的具体事物都可以被抽象、被归类为某个共相、物类、普遍性。抽象或抽象思维，是人类灵魂独具的功能或特点。

三、抽象的力量

抽象是什么？简而言之，就是把事物、事情、对象的特殊性（与众不同性）过滤掉，把它们的共同性保留下来、集中起来、归结出来，从而形成一种观念或概念或思想形态，这也就是柏拉图所说的"理念"（idea），亚里士多德的"形式"（form）、"种"（kind或genus）、"属"（species），以及后来常用的"共相""普遍性"（universality）这些词。它们是超时空的、非感性的、不生灭的、稳定的存在，它们仅仅作为思想的对象而为人所认知、把握。唯其如此，它们在以柏拉图为代表的古希腊哲学家眼里，是真实的、永恒的、有价值的、神圣的东西。这个"抽象"的过程就是所谓的理性（rationality）或逻辑（logic）的过程。逻辑一词也来自古希腊人，即赫拉克利特首创的"逻各斯"（logos）一词，后来在亚里士多德那里，形成了庞大、系统的形式逻辑系统，直到今天仍然是人类普遍遵循和运用的思维规则。理性作为一种精神现象，和其他精神现象一样，发自于人的灵魂；理性是创造性、合理性、目的性的统一，理性主义是人类文明发展的最大内在动力，也是人类独有的生活方式。只不过不同的人类文明类型或人类生活方式，在理性、逻辑、抽象、推理的理解和运作方式上有很大的区别，最典型的区别就是中华文明和西方文明之间的差异。

一旦抽象，人就不会停留在"眼见为实"的常识状态了，而上升为"眼见为虚"的思想状态。而一旦眼见为"虚"了，哲学和科学（也就是人类的知识体系）就会产生并且发展起来。这个情况，主要发生在古希腊，公元前七世纪左右（荷马时代之后）。从那以后两千多年，西方文化也发生过一些变化，但理性主义这个主流一以贯之，哲学-科学这个传统延续至今。而在中国古代，包括其他远古文明，比如古代埃及、巴比伦、印度、波斯等，眼见为虚——更不用说逻辑为证——的情况是很少、很弱的，中华文化的主流（包括儒家、墨家、法家，甚至从道家演变出来的道教），一直以现实主义、世俗主义、实用主义为显著特点，抽象思维、哲学理念等等即便有，也很少；追究宇宙、自然界的来龙去脉、本质、本体、构成、动力、目的等等，只有老庄哲学以及传承了老庄哲学的"魏晋玄学"，有点接近古希腊哲学的味道，但差异仍然很大。

中国文化或中国哲学所关注的事情，全都和人有关系——注意，不是人的本质、生命的意义、灵魂的价值，而是人际关系，具体来说，是以血缘宗法关系为核心的伦理、道德、政治、社会生活等现实问题。宋明理学融汇了儒释道三家的思想内核，表现出形而上学的某些特质，但儒家的安身立命、内圣外王思想一直处于核心位置，所以中国哲学说到底，仍然是道德哲学、伦理哲学，而不是形而上学，也不是生命哲学。

西方人的"存在"概念和东方人的"有"概念是不一样的。前者抽象、思辨、烧脑，后者具象、感性、活生生。在古希腊最早的哲学家眼里，我们面前这个形形色色、生生不息、来来往往、有始有终、包罗万象、乱七八糟的世界，这个我们每时每刻都在与之打交道的宇宙自然，统统属于"现象"（phenomenon），属于"多"或"杂多"。古希腊哲学家们给自己规定的任务是：找出、说出、解释出这种种现象的本性、本质、本体、本原或始基（即原始构成材料）来，也就是找出"一"来。他们坚定不移地相信，这个"一"是存在的、是有的，人通过自己的智力（合理的思考），也就是通过抽象、概括、想象、构思、推理、解释等等，当然还有大量的经验、观察等等，一定能够将它找出来、说清楚，并且指导以后的人们更好地生活。这个思路成了一种传统或生活方式，在整个西方世界一直延续了2500年，我们称之为"哲学-科学传统"或形而上学传统；而中国文化，则是感性-伦理传统，那是另一个话题了。

西方哲学里的"存在"，是纯粹的哲学范畴，即本体论、形而上学概念。这个范畴或概念有一个形成过程，也可以有不同的表述形态。最开始是巴门尼德提出来的"存在"（或"是"）这个概念（希腊文作"on"，英文作"being"），其对立面是"非存在"（non-being），即感性、具体、个别事物；后来柏拉图提出"理念"（或"相""共相"，希腊文作"eidos"，英文作"idea"）；再后来，亚里士多德提出"本体"（或"实体"，希腊文作"ousia"，与being意思相近）。拉丁文译者把亚氏的本体或实体译为essentia，即后来英文的essence(本质)这个词；中世纪著名翻译家波埃修在译注亚里士多德的著作时将亚氏的ousia译为substantia，即后来英文的substance（本体、实体）。如今，人们谈到哲学的"存在"这个词时，英文的对应词就是being，说到"本质"时，对应的是essence，而说到"本体"（或"实体"）时，则是substance。西方哲学的上述概念、词汇，如前述，都是真正意义的纯哲学概念。虽然人们在日常生活中也不乏使用这些词，但它们的本意，不是日常生活的锅碗瓢盆、张三李四，甚至不是自然物用、日月星辰，而是一切一切之起源，之根本，之真相，之实在。西方哲学，至少康德之前的西方哲学，就是要对这些抽象、思辨、根本、绝对、最先、最真、最实的东西，进行追根究底，通过揭示这些东西，来说明万事万物之本来面目，或"真相"（reality）。康德之前，绝大多数西方哲学家认为，一切求知、求真活动的先导、基础、"树干"，就是这件事，这就叫作"本体论"（ontology）或"形而上学"（metaphysics）。显然，这是"眼见为虚"的结果，或者说，"虚者，实也"。

这件事看上去的确太玄奥了，对于习惯于感性直观和"眼见为实"，钟情于现实生活、人伦关系的中国人来说，尤其如此。西方人这个追问，的确太思辨，太不靠谱，不仅烧脑，而且没用。中国人最讲求现实、实用，对看得见摸得着的事物才有浓厚的兴趣，"经世致用"是中国哲学的根本性质，也是根本目标。中国哲学无疑是理性主义的，但并不是科学或逻辑的理性主义，而是价值的、道德的理性主义，不甚关心真和假的问题，却甚为专注善和恶的问题。现实主义是中国文化的最大优点，同时也是中国文化的短板；乌托邦性质的理想主义甚至魔幻主义对于中国人从来没有吸引力。正因为如此，在20世纪初的"新文化运动"中，"民主"和"科学"成为最耀眼的两面大旗，对沉湎于千百年来的"经世致用"观念的国人起到了实实在在的启蒙作用。其中，"哲学""形而上学""本体论""知识论""逻辑学""分析""综合""归纳""演绎"这些概念逐渐为中国知识分子所接纳（多半经过日常这个途径），此后，哲学作为一门新兴学科，进入到学校课堂，成为"科学知识"的重要组成部分。

其实哲学的追究（形而上学、本体论），跟科学的探索是相同性质的精神活动，都是寻找、揭示、说明能够决定、支配、推动、产生"现象"的那个根本性、决定性的存在，也就是那个始基、那个本原、那个动力、那个原因；在古希腊，哲学和科学就是一回事，两者在知识档次、探究方式、具体功能方面有区别，但都是作为寻求"原因"和"结果"之间的恒定关系的理论体系。

而原因和结果、本原和基质、本体和实在、动力和目的、道和一这些东西，都不显现于时间和空间，它们全都看不见摸不着，却派生、决定、支配、影响着万事万物的生成、存在和发展、变化，它们都不是感觉（"眼见为实"）的对象，而是概念性的存在。"眼见为虚"这个念头、这个想法、这个思考、这个信念，当然不能说只有古希腊人才具有，但可以肯定地说，古希腊人（首先是古希腊的哲学家们）是最早萌发、最早信奉、最早习惯的，并且相当普遍地存在于古希腊思想家当中，以至于从公元前六世纪开始，哲学的思考、科学的探究已经在各个城邦蓬勃兴起了。这是古希腊文明对整个人类文明史做出的巨大贡献。想想看，如果"眼见为虚"的念头或猜想不曾发生，或者说，如果不曾想到在现实世界之外、之上还可能存在着一个本质的、观念的世界，那么哲学-科学这样一种思维方式、行为方式就不具有合法性和说服力，人们的思考在很大程度上就会继续停留在直观、感性、经验、就事论事的水平上，那就不可能有抽象概念、逻辑推理、奇思妙想、发明创造、"无中生有"这样的思想和实践。如果当初希腊人没有实现这个文化的突破，那么和希腊文明同时存在的其他文明形态中的人们就更不可能做到了——事实上也的确没有做到。那样的话，今天人类的发展程度、科学技术水平、生产生活方式一定仍然是非常低下的。对此，我举两个例子来说明。一是尼古拉·哥白尼的例子。即便在今天，日心说或地动说都是反常识、反经验的。如果不了解中小学的天文学知识，"地球绕着太阳转"这个说法是没人会相信的，因为日常生活告诉人们的"事实"恰恰相反——太阳每天都东升西落。这就是当年哥白尼面临的情况。哥白尼的出发点正是抛弃了"眼见为实"这个旧信念，他提出的日心说，完全是他一个人提出了与常识正好相反的假说，断言地球绕着太阳进行规律性旋转，才开启了近代自然科学迅猛发展的大幕。二是伊萨克·牛顿的例子。牛顿"第一运动定律"（即惯性定律）断言：任何物体都保持匀速直线运动或静止状态，直到外力迫使它改变这种状态为止。这个定律是整个经典物理学的基础和核心，但它恰恰是反常识的，经验世界里看不到；日常生活中屡见不鲜的情况是，任何运动的物体都不会持续不断地动下去，总得"自然而然"地停下来。在牛顿之前一千多年，亚里士多德对运动本质的描述就是"常识性"的：任何物体都保持静止状态，除非有外力推动它运动。这个描述在今天仍然是符合经验观察的，属于"眼见为实"；但事实证明，亚氏是错的。牛顿的惯性定律是怎么来的？当然是他对之前伽利略的实验和笛卡尔的假说的概括，但无论如何，牛顿惯性定律的提出并不是依据牛顿自己的观察和实验，而是发自于他的先验构想，也就是说，是"眼见为虚"反驳"眼见为实"的成功例证。

我们老祖宗关心的东西和古希腊老祖宗关心的东西不一样：孔子注重伦理秩序、政治规矩，老子主张清静无为、顺其自然。他们都要实现人的安身立命。他们要么不在意自然界对人的影响，要么主张人与自然和睦相处，但他们都没有兴趣探究自然界的"是什么"和"为什么"，他们的视野仅仅限于人的世界；因此人生、伦理、政治就是中国人哲学思考的内容。而希腊人却不一样，他们一开始就关心外部世界及其本质、本性、本体，目的就是为了认识、驾驭、征服这个世界。为此，希腊人求真的愿望十分强烈，由探讨、解决人与自然的现实关系出发，最后进入到追问、揭示宇宙自然的本质和规律。哲学本体论就是这样形成的。

那么，为什么古希腊文明和古华夏文明之间会有这样大的差别呢？我认为这取决于古希腊（环地中海地区）和中国黄河流域不同的地理、气候等等自然环境和条件。因此如果追根溯源、穷根究底的话，文明的不同形态、不同内涵，都是远古时代的人们在他们所生存、繁衍的自然条件下逐步形成的。人类文明是一个自然、自发、偶然的产生、形成、发展过程,一旦定型,除非外部因素造成的灭亡,便会一直延续下去;有生命力的大型文明更其如此。因此,并不存在"历史理性"或"历史必然性"这类东西;我相信孟德斯鸠的"地理环境决定论"。(关于不同文明之间的差异之自然地理原因,我在本书的《"民本"还是"民主"——中国古代民本思想的时代化问题》这个专题里有比较详细的分析。)

四、希腊人的关切

我们来考察一下古希腊人是怎么追问、追究、回答、解读"存在""本体""实在"这些形而上学问题的,这些追究、解答构成了西方哲学史的主要内容或绝大部分内容。

在西方哲学史上,关于世界万物的本质、本体、本原、来龙去脉的追究大体有两种答案。一种认为世界的本质、本原、始基是水、火、气、土、原子等等物质性的东西;另一种认为,是数、存在、理念、神等等精神性的东西(后来延伸出单子、绝对精神等等)。中国哲学史上也有类似的对立争论,比如气和理、道和器之争。只不过,中国古代思想家这些争论所围绕的核心问题,还是道德规范、人伦关系、做人处世、安身立命等等;中国早期思想家们,也许除了老子、庄子，不像古希腊思想家那样对世界的终极存在或本质发生纯粹的理论兴趣。在西方哲学界，这两大哲学倾向、派别一直在进行争论，特别是从古希腊到19世纪期间。凡主张物质第一性的就是唯物主义，凡主张精神第一性的就是唯心主义。这个说法本身没有错。但我想强调的是：对世界及其本质的思考不能这么简单地下一个论断就算了，就像站队一样，然后贴上一个标签：唯物主义是正确的、真实的，唯心主义是错误的、虚假的。过去很长时间，主要受苏联哲学界的影响，中国哲学界就是这么简单化地对待历史上的哲学家和哲学流派的。这显然不行，不仅不行，而且不对。实际上，唯心主义对人类精神和文化的贡献比唯物主义要大得多。判断一个哲学家及其思想体系，主要看其是否在总体上拓展、加深和丰富了人类对世界和对自身的思考，以及是否提升、强化了人类理性和思想的力量。只要他对人类精神（主要是人的理性思维、人与世界的能动关系、人的逻辑或认知能力、人对自身的认知等等）做出了贡献和留下了影响，这位哲学家就是重要的、有价值的，否则就是次要的、没有价值的。至于唯物主义和唯心主义孰对孰错、孰真孰假，有时并不十分重要，而且判定起来并不容易。

　　自从近代以后科学从哲学中完全独立出来，解决真和假的问题就成了科学的单独任务，而哲学的功能只剩下了终极关切和为任何理性活动提供形而上学支撑——这种支撑对于文明人、文明社会是必不可少的。这个结论，是两百多年前伊曼努尔·康德在他的"三大批判"中得出的。就此而言，唯物主义和唯心主义都是"形而上学"思辨体系，都是没有办法通过经验或逻辑来证明其"真"或"假"的，比如西方哲学史上的"物质""始基""灵魂""自我""本体""实在""本性""客观性""必然性""自由""第一因""终极目的"，以及中国哲学史上的"天""道""理""心""太极"等等概念、范畴。另一方面，历史上有些哲学家并不对世界的本质、本体做论断，尤其是近现代以来，哲学家们往往还反对下这样的论断（比如曾经盛行于英语国家的所谓"反形而上学""反本质主义""反逻各斯中心主义"思潮），但他们仍然在推进人类对世界的思考或推进对人类关于世界的思考的反思（比如现象学、分析哲学、后现代主义等），并且思考得比前人更加广阔、更加深入。

我们现在就来看看早期希腊哲学家们的一些关切和思考。

凡了解一点西方哲学史的人都知道，古希腊最早的哲学家群体，出现在伊奥尼亚地区（在希腊半岛西部，靠近伊奥尼亚海的地方），这些人是：泰勒斯、阿那克西曼德、阿那克西米尼（这三个人是米利都城邦的人，他们三人是师父、徒子、徒孙的关系），以弗所城邦的赫拉克利特，西西里的恩培多克勒、伊奥尼亚克拉佐美尼城邦的阿那克萨戈拉，色雷斯城邦的德谟克里特，等等。

泰勒斯是西方世界最早的天文学家、气象学家，也是第一个哲学家。那个时候，哲学和科学不分家，最早的科学家就是最早的哲学家，这个情况一直延续到了中世纪。泰勒斯说了这么一句话："水是万物的始基。"①什么意思呢？面对这个千差万别、森罗万象、生生不息的世界，泰勒斯第一次思考了世界的来龙去脉问题：眼前这一切的一切，究竟从哪里来，消亡了之后又要到哪里去？构成这一切的要素或"始基"是什么？泰勒斯给出了他的答案："水"，普普通通的水就是那个根本的存在。这个命题现在看来，实在是太简单也太不靠谱了。的确如此。亚里士多德的解释是："他（泰勒斯）得到这个看法，也许是观察到万物都以湿的东西为养料，热本身就是从湿气里产生、靠湿气维持的……也可能是由于万物的种子都有潮湿的本性，而水则是潮湿本性的来源。"②

这当然是十分朴素的见解。但我们要说：这个命题是一个真正的哲学命题或哲学结论，是泰勒斯代表人类，追索"世界"的来龙去脉时给出的第一个哲学性质的解答。他说世界的本原、始基是"水"，以常识的观点看，这不但幼稚，而且荒谬：万事万物怎么可能由普普通通的水来构成呢？但是

---

① 《西方哲学原著选读》上卷，北京大学哲学系外国哲学史教研室编译，商务印书馆1981年版，第15页。

② 亚里士多德：《形而上学》，《西方哲学原著选读》上卷，北京大学哲学系外国哲学史教研室编译，商务印书馆1981年版，第16页。

咱们可别小看了泰勒斯这个"水"。他提出"水是万物的始基"这个命题，说明他在公元前七世纪那个人类理性的初创时期就已经认识到：要在千差万别的事物当中找出一个一般的、普遍的东西来，这就是最初的抽象思考。泰勒斯和其他伊奥尼亚哲学家的想法是：应该存在、也一定存在着这样一种东西，它既不是"这个东西"也不是"那个东西"，但它既可以是"这个东西"又可以是"那个东西"。从泰勒斯开始，他们一直琢磨怎么从"多"当中寻觅、找到、提取（也就是抽象）出"一"来；这个"一"，就是始基，就是本原。

在当时，把水看作始基不是泰勒斯的凭空想象，是有其道理的：从直观上讲，水与其他事物相比，的确具有较大的普遍性、普适性、一般性，而普遍性高的东西应该就能够"化"为其他的东西。这是一个朴素的思考，在当时却是了不起的，直接开了西方哲学思维的先河，所以泰勒斯的"水命题"被公认为第一个哲学命题。不过这个命题还是太朴素了、太粗糙，经不起推敲。伊奥尼亚哲学家都有这个特点：要从千差万别、各式各样的特殊事物中找出一个普适性高、一般性强的东西来做"始基"或"本原"，来构成万事万物，这个思路一开始就错了。不管是泰勒斯的"水"还是"气"（阿那克西米尼）还是"火"（赫拉克利特），甚至是几种元素的混合（恩培多克勒），所有这些东西，都仍然是感性的、具体的存在物，因此他们的思路仍然停留在"眼见为实",他们的"始基"都不是真正概念性的存在。伊奥尼亚哲学家当中只有泰勒斯的学生阿那克西曼德超越了其他人的眼界,他提出了一个叫作"无定界"(希腊语apeiron)的存在物作为万事万物的始基或本原,他不认为宇宙源于任何具体的物质,而是源于一个无限、无定的原始物质,它无边无际、无始无终,是一切存在的基础和源头。阿那克西曼德的这个想法就接近概念了,因为这个神秘的"无定界"已经不是感性的特殊物质,其抽象、普遍、共相的意味比较浓,因而哲学味道也比较足。

古希腊朴素唯物主义发展的高峰是德谟克里特提出的"原子论"。"原子"(希腊语atomos)作为构成万物的微小颗粒,已经没有了质的规定性,原子在"虚空"中的运动、量变及排列组合形成了不同的事物。德谟克利特的"原子",已被公认为近代物理学关于物质构成假说的先驱,但这个"原子"并非某种具体的物质结构,而是一种抽象的本质概念,它的原意是指一种"不可分割"的最小微粒。显然,这种"不可分割"的微粒在经验的范围内已经不可想象了,也就是说,唯物主义发展到了最后,抽象概念已经取代了感性的物体。总而言之,以泰勒斯为开创者的早期自然哲学家,已经开始尝试"多中取一""从现象中寻求本质"这样的工作了。当然,他们的思考还算不上真正意义的抽象思维。

比泰勒斯稍晚,在古希腊的另外一个地区(即"南意大利"地区），出现了一批哲学家。他们把这个世界的本质、始基，归之于某种精神的存在或力量，他们的思考走上了"抽象"的正轨。其中的第一位，是大数学家毕达哥拉斯。中国古人发现了"勾股定理"（直角三角形的两条直角边的平方和等于斜边的平方），西方古人也发现了这个定理，这个人就是毕达哥拉斯（所以在西方，"勾股定理"称为"毕达哥拉斯定理"）。毕达哥拉斯认为，世界的本质是"数"。作为伟大的数学家，毕达哥拉斯发现万事万物都处在数量或比例关系之中，这个认知是怎么来的？是抽象出来的：在千差万别中有一个东西是共性的：数量关系（多少、大小、比例等等），他抓住了这个共性、这个普遍性，认为这个东西——"数"，就是万事万物的来源或本性。具体来说，他认为："万物的本原是一。从一产生二，二是从属于一的不定的质料，一则是原因。从完满的一和不定的二中产生出各种数目；从数产生出点；从点产生出线；从线产生出面；从面产生出体；从体产生出感觉所及的一切形体，产生出四种元素：水、火、土、气。"①毕达哥拉斯的这番描述，明确表达了他的"数本原"思想，其中最可贵的是他关于"一"的终极追求，这在古希腊是第一次；但他不能完全摆脱感性思考的习惯，把数和水、土等等等量齐观了。毕达哥拉斯的贡献在于：

---

① 《西方哲学原著选读》上卷，北京大学哲学系外国哲学史教研室编译，商务印书馆1981年版，第20页。

他开始从"形形色色"中抽象出了"多多少少",即数量关系,他不像泰勒斯等人那样局限于从"形形色色"当中找出其中一个来充当"始基"这种朴素思考,而是真正在做抽象、概括的工作。这是人类哲学思维的一大进步。毕达哥拉斯之后,爱利亚学派的巴门尼德提出世界的本质是"存在",再后来,柏拉图提出了"理念",柏拉图之后,亚里士多德提出了"形式"。所有这些作为世界本质、本体的东西,完全不再有感性色彩,都是抽象的、观念性的"存在"。也正是这些哲学家,开创了西方哲学的"唯心主义"派别。

五、巴门尼德的"存在"

"存在",是许多西方哲学派别的根本对象,在黑格尔那里,甚至是辩证逻辑的起点。第一个推出这个概念的就是巴门尼德。巴门尼德是爱利亚学派的代表人物,属于"唯心主义"的开创者。黑格尔认为巴门尼德才是西方哲学的真正创始人,就是说,西方哲学从巴门尼德开始真正进入到了概念、思想、逻辑的时代(毕达哥拉斯可视为他的思想先驱)。巴门尼德的思想其实很简单:世界的本质、本性、本体是什么?是"存在",也就是"有",或者"是";与之相对立的,是所谓的"非存在",这当然不是说完全的"无""没有",而是说,与"存在"这个本质、本性、本体、真相相比,经验的世界是虚幻的，因为它有生有灭、变动不居、转瞬即逝。前面讲了，毕达哥拉斯从"千差万别""形形色色"中抽象出了"多多少少"（"数"）这个本质、这个概念，这是人类思维的一次跃进；但毕达哥拉斯同时又说这个"数"派生出了物质材料（四种元素），相当于泰勒斯、赫拉克利特等人讲的"水""火""气"等等，这就把"数"这种抽象概念退回到了感性世界，从"眼见为虚"退回到了"眼见为实"，说明毕达哥拉斯仍然没有摆脱哲学的朴素性；因为抽象概念是绝不显现于空间和时间的，不可能有感性色彩，也就是说，不可能是看得见、摸得着的某种"实物"。只有巴门尼德通过真正的抽象达到了纯粹的概念——"存在"。

巴门尼德的著作只留下一些残篇，没有阐述他的"存在"这个概念的形成过程；他的论述都是关于"存在"的各种属性的描述，比如存在者存在，存在者是不生不灭的、完整的、单一的、不动的、没有终结的，等等。

在这里，我们来叙述一下一般的抽象、概括过程，作为理解巴门尼德思想路径的启发。

我们来看看概念的抽象、概括过程——一级一级上升，越来越抽象、越来越普遍、越来越空泛，最后达到"存在"，也就是"一"。学过逻辑的都应该知道，概念根据其抽象、涵盖的不同程度而分为"种、属"两级；种属关系讲的就是不同概念的外延（所指、涵盖面）之间的关系，也就是不同类别之间的关系。外延大（涵盖面大）的叫作"属概念"，或"上位概念"，也就是"大类"概念；外延小的概念叫"种概念"，或"下位概念"，也就是"小类概念"。"属"概念比"种"概念的抽象、概括程度高，因而属概念涵盖了种概念，以此类推。比如："柳树"是"树"的种概念，反过来，"树"则是"柳树"的属概念；但对于"植物"来说，"树木"又成了种概念了。"这是一只黄狗"，是一个感性描述，把它加以抽象、概括、提升，就有了："黄狗是狗"——"狗是哺乳动物"——"哺乳动物是脊椎动物"——"脊椎动物是动物"——"动物是生物"——"生物是……"这就是一个抽象、提升的思维过程，其最终的概念，也是最大、最后、最高、唯一的"属"概念，就是"存在"或"有"（being，也作"是"）。"存在"仅仅是属概念，它可以涵盖一切概念，因为它把所有事物的具体属性全部过滤掉，就剩下一个属性——"存在"了，存在是一切事物永远具有的属性，万事万物永远都"存在着"，或都"是"某个东西；除非不存在，即消失、没有了。事情如果到了"没有"的地步，就完全失去了意义。由此，存在最真实。不过这样一来，存在也就成了最空洞、最贫乏、没有任何具体内涵的概念了。

这就是巴门尼德及同时代本体论哲学家们的共同思路，这个思路开了西方唯心主义哲学的先河。如果说泰勒斯最先意识到万事万物的来龙去脉的问题，从而开始寻求"一"的话，那么，巴门尼德（经过毕达哥拉斯的启发）便真正自觉、理性地抽象出了"一"，即"存在"这个哲学范畴。由此可见，寻求、追问、探索这个纷繁复杂、千奇百怪的大千世界的共通性、共同性、普适性（也就是这个世界的基础性、根本性、决定性），只能运用人的思想或想象，即抽象、概括、归类，就这么一级一级地抽象、上升，其顶点就是"存在"了。前述关于"种""属"观念及其逻辑关系、语言结构等，主要是后来柏拉图和亚里士多德的贡献，但巴门尼德无疑是开创者。"存在"已经不能够再抽象、上升了，已经到了天花板。巴门尼德的"存在"概念已经完全摆脱了朴素性、感性（比毕达哥拉斯的"数"更为纯粹），完全是用思想来说明大千世界的本质、本性，他的这个"存在"概念，成为后世许许多多哲学家的思考基础或出发点。这是巴门尼德对西方哲学史的重大贡献，正因为如此，黑格尔认为他是西方哲学的真正开创者。

这里要特别提一下："是"（to be）这个系动词至关重要，是西方人思维习惯、语言习惯的突出体现。"是"的最大功能就是给概念下定义，表现为"S是P"这个句式，即说明概念S属于P这个类，或具有P这个属性，如此而已。在西方思维或语言中，说明、解释一个东西、一个概念，必须通过这个"是"（to be）来实现；在英文里，把be加以名词化（加后缀ing）——就成了动名词being，这就是哲学上的"存在"这个词、这个概念。我们由此可以体会到：西方哲学、西方文化特别注重逻辑、语言、修辞，这也是"理性"或"理性主义"（rationality, rationalism，即"合理的思考和表述"）的重要表现。中国哲学、中国文化不是这样，因为中国语言不是拼音文字而是象形文字，方块字直接表意，直到近代以后才越发注重逻辑和语法。

从巴门尼德——当然更有后来的柏拉图——的理论中，我们感受到了所谓的"眼见为虚"——这正是西方哲学，甚至西方文化区别于东方哲学、东方文化的一大特征。在巴门尼德看来：人不能停留在、局限于这个现实的、感性的、纷乱的、流动不居的、生生死死的世界当中，而应寻求在这个乱七八糟的世界背后的本质和"真相"（reality），他相信一定有、一定存在着这样一个真相，这个真相就是存在（有）本身。这个结论当然太空洞，太贫乏，等于没说；但能够得出这样一个认知（通过抽象思维），在两千五百年前的古希腊，就十分了不起。这个认知，是真正的哲学思考，比之伊奥尼亚哲学家们仅仅从感性、具体事物中去寻求某个同样是感性事物、只不过普遍性程度比较高或特别高的那个始基、那个"一"的思考，有质的区别。巴门尼德抽象出来的"存在"，是纯粹的概念，它仅仅是思想的对象，与人的感官对象——经验的、世俗的世界，已经完全没有关联，因此后者被他称之为"非存在"。

实际上在巴门尼德那里,首次呈现出了"现象"和"本质"相对立的思想,尽管他自己没有明确提出这个二元论世界观。以后的所有哲学和自然科学,都是透过各种各样的现象、表象来达到对本质、规律、法则的追寻和揭示。这种超越了现象,对本质、本体、稳定性、永恒性的追求,不是别的,正是一切"本体论"(ontology)或"形而上学"(metaphysics)的目标。本体论和形而上学,就是一回事。近代以来中国学者对本体论的翻译,还有存在论、有论、是论等等,都对应ontology这个词,都是metaphysics这门学科的内容;其中的那个"是"(即being),我后面还要进行解析。

六、柏拉图的历史地位

有国际权威机构曾在西方哲学史"十大影响力人物"的排名中将柏拉图排在首位;20世纪英国哲学家怀特海曾说过这么一句话:"2500年的西方哲学史都只不过是柏拉图的注脚。"这话当然说得极端了一些,但柏拉图的"理念论"的影响的确深远、长久,某种程度上可以说为后来的绝大部分哲学家奠定了思想基础。

我一再说"眼见为实"和"眼见为虚"这两句话;我也说了,这是中西方文化的一大区别,即具象思维与抽象思维的区别。前面讲巴门尼德的时候我还说了，巴门尼德开创了一条通过抽象概念（"存在"）达至世界的本质、普遍性、统一性的思路，很了不起。柏拉图的贡献是将这样一个思路往前推了一大步，将其系统化、多样化、等级化，构建了人类历史上第一个完整的思想模型，或者说，构建了一个理性的、逻辑的精神世界，来与现实的、世俗的、感性的世界相对。这就第一次明确呈现出了"两个世界"的对立，"二元论"的哲学宇宙观正式建立。不同的宗教都有各自的精神世界，但都不是理性的、逻辑的世界，而是信仰的、蒙昧的、神话的世界。而柏拉图构建的世界，是概念的、思想的世界，也就是他所谓的"理念世界"，他的学说也叫作"理念论"。柏拉图的这个精神世界比巴门尼德的那个过于贫乏的"存在"大大丰富了，是一个异彩纷呈的精神（理念）世界。很多年以后，正是柏拉图构思的这个二元世界模型，被一些早期神学家用于说明基督教义理，便"合理地"形成了基督教关于"上界"和"下界""彼岸"和"此岸"之间的二元对立。

其实只要是人，就一定生活在"双重世界"当中，每一个人都是某种"二元存在"：现实的、世俗的、日常生活的世界，和理想的、超越的、内心的精神世界。这是人和一般动物的本质区别之一。心里想的和实际做的不一样，或不完全一样，这种情况再正常不过。完全的表里如一、知行合一，如果往高了说，那是一种至高境界，只有圣人、完人才做得到，普通人不可能做到，因为我们每个人都是感性的、肉身的、世俗的；如果往低了说，表里如一、知行合一属于动物的行为方式——动物没有"花花肠子"，想的事和做的事完全一致、里外不分。

柏拉图的贡献在于，他系统地构建了人类第一个精神的、超越凡俗的观念系统，为后来的人们提供了理智、意志、道德、情感、审美的支撑或依托。后来世世代代的西方人津津乐道的精神世界、理想主义、想象空间、道德判断、魔幻生存、自我意识、创造性思维、美的历程等等，归根结底都来自于柏拉图构筑的那个理念世界。

柏拉图认为，在日常生活的世界之外、之上，还有一个世界，那是一个理想的、真实的、永恒的、统一的、不生不灭的本体世界。这个世界由"理念"（eidos, idea）构成，这是一个分类别、分等级、由低到高、自下而上的庞大系统。柏拉图和巴门尼德一样，强烈感受到了我们生活于其中的这个感性世界充满了缺陷和不完美。柏拉图希望并认定，存在着一个完美的、真实的、简单的、永恒的世界，这个世界与感性世界密切相关（这一点他不同于巴门尼德），却又高于、超越于感性世界之上。为什么存在着这样一个完美、永恒的世界呢？因为每个人的心中都有各种各样完美、无缺、永恒的关于事物的观念，这些观念（ideas）不可能来自现实世界，因为现实生活中的事物没有一个是完美、无缺、永恒、不生不灭的。所以这些观念、理念只能来自于一个本身完美、无缺、永恒的世界。柏拉图正是按照这个思路，构想、构思、构建了与现实事物相对应的一套概念（理念）。从桌椅板凳到人兽鱼虫，从山川草木到日月星辰，从科学知识到国家、政治、美德、善等等，不同的分类，不同的等级，形成了一个有序的、完整的理念世界。

感性世界、现实生活与理念世界有什么关系？柏拉图说，理念和实物的关系是"源"和"流""实在"和"表象"的关系。感性世界是相对的、变动的、可生可灭的、虚幻的；理念世界则是绝对的、稳固的、永恒不变的、真实的；感性世界来源于理念世界，或者说，理念世界造就了感性世界。因此人应该注重的不是我们日常打交道的这个"世俗"的世界，而是那个不在感觉中显现、只能由思想来认知、把握的"理念"世界。

具体来说，现实世界、感性世界之所以存在，是因为它"分有"或"模仿"了理念世界的结果；现实生活中一切事物都只不过是它们的"同名理念"的摹本、幻影而已。因此，理念、思想、精神是本原性的，物质、现实、感性是派生性的。当我们说到"羊"这个词的时候，非指任何具体、有形、可见的羊或羊群，而是"羊"这个类或相（共相，category或universality），"羊"在这里可以代表任何一只具体的羊。这就是"羊"的理念（idea），又叫作"羊本身"。当我们看到一只羊、一群羊的时候,它们是活生生的或香喷喷的,但我们在思想上可以将它们归属于"羊"这个稳定、牢靠、不生、不灭的"类"或"相",也就是羊的"理念";不管那群羊的命运怎么样,这个"羊"永远不在时间和空间中显形,唯其如此,它是永恒的。

以常识和习惯的标准来看,很显然,柏拉图的这个思想实在是太武断、太没有道理了,因为它完全没有事实根据——"理念"从来不在空间和时间中显现,而人们只知道、只习惯、只认可日常生活中的这个经验的世界。"理念"从哪里来?当然只能从思想中来,因此所谓的理念世界完全是柏拉图玄思、构想的结果。进一步问:思想又是从哪里来的?这个问题就比较复杂了。按照通行、公认的认识路线,人们的思想来自现实生活,是对感性、特殊、具体的事物及其属性、状态、运动、关系、数量、方位等等的抽象概括,其结果,就是获得了感性事物的普遍性、一般性、共同性、相似性、本质性、规律性等等。这些观念性的东西当然不在空间、时间之中,它们看不见、摸不着,其"存在"方式就是概念、思想,即"理念"。

观念、概念、理念源于经验,又高于、超越于经验之上,这样一来就出现了"第二个世界"——概念或观念的系统,也就是"精神世界"。从"眼见为实"的世界走向"眼见为虚"的世界,这是人类认识、人类思考进化、深化的表现，也是人类文明进步、高级的表征。从毕达哥拉斯到巴门尼德，从柏拉图到亚里士多德，这些伟大的希腊哲学家尽管夸大了、极端化了抽象的结果，但他们对人类认识、人类文明进步的"二重化"，做出了决定性的贡献。在这个过程中，"抽象"是最根本的原因和动力，也是人类高于动物的一大优势。柏拉图的理念世界其实就是这样来的，只不过，他将这个精神世界和现实世界的关系颠倒了过来，认为只有理念世界才是真实的、永恒的；而现实世界只不过是理念世界的产物或"影子"而已。

柏拉图从来没有承认自己经历过上述"抽象""概括"的思想历程，他是直接面对现实世界的不完美和抽象概念的完美之间的反差，要澄清两者之间的他认为是"真实"的关系。他的观点或思路，就是我们讲的"唯心主义"，而且是人类思想史上第一个也是最经典的唯心主义。这个唯心主义之所以"经典"，是因为柏拉图第一次明确地把原本属于主观概念的抽象产物加以客观化，理念被他说成是一种"客观实在"即"客观思想"，所以他的这种唯心主义又叫作"客观唯心主义"。直到今天，这种经典的唯心主义仍然在一些哲学家和神学家中被秉持、被传播，它肯定不能简单归结为"颠倒黑白""扭曲现实"的世界观，而是有其长期的、深厚的本体论和认识论理由。

话说回来，在感性世界和理念世界孰真孰假这个问题上，咱们也别把话说绝对了。说得更明白一点，在"真正存在着什么"和"我们到底知道什么"的问题上，一味认定唯物主义是对的、唯心主义是错的，是过于武断了。按照常识或习惯，感性世界是真实存在的，理念世界是虚构的。根据这个见解，那么赫拉克利特、普罗泰戈拉所描述的那个千变万化、永无定性的感性世界就是真实的、不能怀疑的。但如果我们只信赖感觉经验的报告，那么，关于任何"客观实在"，即任何关于"不依赖于人而客观存在"的断言，就不能成立；因为我们只能证明我们自己的那些"主观感受"的真实性、无可置疑性。既然不能确认感觉世界的客观性、真实性，又怎么能证明柏拉图的理念世界、精神世界一定就是虚假的杜撰呢？退一步说，证实不了一个东西，不等于就证伪了这个东西，这一点必须明确。任何关于"终极世界"的形而上学理论，它主张的所谓"存在"或"本体"其实都是既不能证实也不能证伪的，就此而言，唯物主义主张的"物质"并不比唯心主义主张的"理念"来得更真实，或更能够得到证明。这就不能不得出一个结论："客观性"（objectivity）其实是一个极其模糊、具有极大不确定性、无法界定的概念，不管是诉诸感觉经验还是诉诸实践检验，"客观性"都不能告诉我们关于这个世界的任何"无可置疑"的确定信息。

为了说明理念世界是"真实的"、感性世界是"虚假的",柏拉图在他的《理想国》(The Republic)中,讲了一个著名的"洞穴故事":有一群囚犯在一个洞穴中,他们手脚都被捆绑,身体也无法转身,只能背对着洞口。他们面前有一堵白墙,身后烧着一堆火。在那面白墙上他们看到了自己以及洞中事物的影子,由于他们看不到任何其他东西,这群囚犯就认为影子就是真实存在的东西。后来,有一个人挣脱了枷锁,摸索出了洞口。他第一次看到了外面的世界——阳光普照下真实的事物。他返回洞穴并试图向其他人解释,眼前的影子其实只是虚幻的事物,并向他们指明光明的道路。但是那些囚犯却一致认为,那个人是个傻瓜,他们不相信那个人的描述,坚持认为,除了墙上的影子之外,世界上没有其他东西了。柏拉图这个故事想要告诉人们,"理念"其实就是那阳光照耀下的实物,而我们的感官所能得到的不过是那白墙上的影子而已。他说,大自然中的形形色色、千差万别,日常生活中的生老病死、锅碗瓢盆,比起那个鲜明的理念世界来说,都是黑暗、单调、虚假、转瞬即逝的。不懂哲学的人能看到的只是那些影子,而哲学家则在真理的阳光下看到真正的、永恒的外部事物。这个世界,当然是精神的、思想的、理念的(包括想象的、虚构的、可能的)世界。这样一来,柏拉图就为人类打开了一扇精神、思想的大门,后来的哲学史、文学史、政治史、生活史、情感史,都充满了精神思想元素,且丰富多彩;在精神世界里追求高尚、理想、完美、永恒、绝对、无条件等等境界，在思想上想入非非、天马行空、独往独来，顺自然或逆自然，自由选择，创造性思考，等等等等，所有这些，都体现了人类、人类文明、人类精神的伟大和无与伦比。

柏拉图独创了这样一种世界观：凡是现实的就是不理想的、不合理的；凡是理想的、合理的就是不现实的。这"两个凡是"是后来西方文化的二元论、"双重世界"、基督教的"上界"与"下界"及"此岸"与"彼岸"等等相互对立、彼此映照的依据。

如果我们拘泥于"唯物主义""唯心主义"的对错真假，我们就只能批判柏拉图那个颠倒的世界观。如果我们从开创了人类精神境界和在历史上留下了深远影响这个高度来看柏拉图的理念论，他的思想无疑是最了不起的，他影响了两千多年的西方思想史。想想看，源自古希腊，传承、发展至今的西方文明，不就是在"理念"（理想）的照耀下不断进步的吗？此外，虽然基督教不产生于古希腊，但它传入希腊、罗马地区以后，正是一批基督教的"教父"将柏拉图主义或新柏拉图主义关于双重世界的观念融入基督教教义，才导致了这个原本遭到罗马帝国当局迫害、取缔的宗教取得了合法地位，并且在世界各地大规模地传播开来。

人的本性之一，就是某种程度的"反自然""反常识""知其不可为而为之"。悬设一个"理念"或"理想"，让自己去追求；设想某种违背常识的可能性，践行某种不自然、反自然、超自然的事情，这是人高于、优于、根本区别于一般动物的特点。人类文明的发展证明，人的创造性就在于把原先认为不可能甚至不可思议的事通过自己的不懈追求实现出来，因而人的本质不能仅仅归结为他身处的现实世界或他习惯的世俗生活，而在于他的创造性思考，在于他的精神力量。只有在精神的世界里，人的潜在的本质才能得到充分的展现，人才能摆脱自己受必然性制约、操纵、奴役的状态。

由此我想到了科学技术的发展及其实践应用对人类文明的进步所产生的无与伦比的巨大推动作用。自然界从来就存在着不以人的意志为转移的运动规律或法则，但它们并不会显现给人类；只有自然科学和数学（逻辑学）的出现才使人类能够了解、洞悉、揭示、把握、利用自然规律来为自己的诉求和福祉服务，从而一步一步、循序渐进、从量的积累到质的飞跃、从局部领域到宇宙整体，全面而深刻地促进了文明的进步和发展，才有了我们今天这个文明共同体或"地球村"。科学的本质究竟是什么？人们可以进行各种各样的解读，总的来说有两大见解：反映论（或实证论）与先验论（或试错论）。不管哪种见解，归根结底是这样一点：自然科学就是人类——当然是人类当中最优秀、最聪慧的成员们——通过提出自己的观念、想象、构思、揣摩等等，在数学或逻辑的帮助下对宇宙法则、自然规律进行发现甚至是发明，进而准确地概括、描述、猜测出了自然规律，最后形成了理论体系或理论假说。有了科学理论或假说，工程师们便将其付诸各个领域的技术实践，从而创造了层出不穷、不断提升的技术奇迹，极大地造福了两千多年来世界上的芸芸众生。在某种意义上讲，人类历史就是文明的步伐随着科学技术的发展而持续加速的历史。而所有这一切，如果没有巴门尼德、柏拉图、亚里士多德这些伟大哲学家构建的"眼见为虚"的思想体系（存在、理念、形式等等），怎么可能有？为什么世界上曾经产生过那么多的古代文明（不管是我们经常讲的"四大文明古国"还是德国哲学家雅斯贝尔斯描述的所谓"轴心时代"或"轴心文明"），为什么只有古希腊文明导致了理性主义、科学精神，为什么只有在欧洲才发生了14—16世纪的文艺复兴运动和18世纪的工业革命？可以说，一切的思想根源都在柏拉图那里。因此，前面引述的怀特海关于柏拉图的历史地位的评价，柏拉图是当之无愧的。

现代文明人越来越认识到，一个人、一个民族、一个国家，如果只生活在现实生活当中，仅仅着眼于锅碗瓢盆、声色犬马、金钱物用，而不懂、不会、不想仰望星空、透彻人心、思考永恒，该是多么单调、无趣！尽管人们常说"钱不是万能的，没有钱是万万不能的"，但是，精神生活，对于文明人、文明社会、文明国家来说，是非有不可的。这个观念或想法，在两千多年前处在奴隶社会中的雅典城邦，被柏拉图明确提出来，而且还做了系统的论证，这个贡献可谓大矣！

还有一点，柏拉图是第一个探讨"共相"（universality或idea）问题的哲学家，后来亚里士多德更系统地讨论、论述了这个思想，为西方逻辑学奠定了基础。柏拉图的理念论又叫作"相论"，共相就是普遍性、一般性。理念论可以视为对事物进行归类的理论，探讨各类概念之间的关系，即种、属关系。在具体事物中抽象出其共性，剔除其个性、特性，而得到概念或共相。柏拉图的共相（或理念）比较复杂，既有种属关系的概念，如人、动物、床、马等等，也有性质概念，如美、勇敢、健康等等，还有关系概念，比如大小、长短等等，更有政治、伦理方面的概念，如正义、善、理想等等。共相、理念、种属等等的提出，是人类思维方式的一次革命，是形式逻辑学的奠基之作，后来亚里士多德系统地阐述了古典形式逻辑（三大思维规律以及概念、判断、推理），直到今天仍然颠扑不破，是正常人逻辑思考的基础。

到了中世纪经院哲学，共相问题成为争论的焦点，持续了好几百年。共相（也就是一般、普遍概念）究竟是真实存在、客观存在的，还是用于标记、指称具体事物的名称、词汇？这就分出了"唯名论"（Nominalism）和"唯实论"（"实在论"，Realism）。这个讨论，直到今天还不能说有了公论。

七、理念和定义

在没有经过哲学训练或思考的人看来，人们关于"客观世界"的了解就是关于感觉事物的描述，即"常识"。如果不感觉到对象，怎么会有认知？这就是"眼见为实"。在这一点上，柏拉图不同于巴门尼德。巴门尼德将感性事物一律说成"非存在"，将常识说成"意见"（与"真理"相对立）。柏拉图不否认感觉提供的东西是重要的、必要的，因为人不能没有日常生活。但柏拉图提醒人们：不区分感觉和思想，只遵循感官的指引，是短视的、片面的、扭曲的。感觉是感知到的东西，例如颜色，形状等，每个人的感觉当然是不同的，也是不可比较的，因而是不可靠的。但是如果我们能够了解或理解了事物的某种共性或普遍性，例如不同的圆形事物有共同的"圆"的形状，不同的植物都会开"花"，等等，我们就拥有了知识。这个看法，其实和我们今天对事物的共性或普遍性的认识是一致的，我们将共性、一般、普遍性称为概念，柏拉图称之为"理念"。

概念或理念，其实是我们思维的产物，是我们的理智把握到的事物的共性或"类"性。相对于感觉的"杂多"而言，"共性"即思维到的东西，是稳定不变的，也是能够相互交流的。例如人们对具体的圆形或球形事物的感知或不尽一致，但对圆形或球形的"理解"却是一致的。柏拉图在这一点上与我们没有本质的不同，他说感觉的对象不可能产生知识，他的意思是，人们不太可能就感觉获得一致的见解，人们只能在感觉的"共性"上有一致的认识，那么，这种一致的、可以交流的、稳定的"共识"，就被看作是知识或者真理。所以，了解世界的起点或基点是感觉，但形成知识只能依靠理智、思想。柏拉图认为，正如感觉有其对象一样，知识也有它的对象，两者截然不同。思想的优越性就是向人们提供知识和真理，因为知道和真理所昭示的，是真实的、永恒的"理念"世界的本性和真相。

柏拉图的创新或贡献不在于区分了感觉和思想，也不在于将思想置于感觉之上。他的独特之处在于，将感觉和思想的位置、先后、因果从"常识"中颠倒过来了。前述"洞穴比喻"就生动地描述了感性世界（世俗、表象）与理念世界（真相、本质）的"真实"关系。他的这个本体论或世界观开创了客观唯心主义的先河与范本，以后的所有客观唯心主义都只不过是柏拉图理念论的翻版，用怀特海的话讲，"2500年的西方哲学史只不过是柏拉图的注脚"。我在前面讲过，唯心主义和唯物主义孰真孰假并不是最重要的事情，真正重要的是看一种哲学思想对人类文明、人类思维、人对世界的能动关做出了怎样的贡献。就此而言，柏拉图的贡献是巨大而深远的。

第一篇 "本体"从何而来?——古希腊形而上学的思想路径

世人皆知,柏拉图的老师是苏格拉底,柏拉图的学生是亚里士多德。雅典城邦的这三位伟大哲学家在整个文明世界的地位,只有犹太先知、释迦牟尼、穆罕默德及孔子和老子可以与之相提并论。

本体论和知识论从来就是一致的、贯通的。说"存在"什么,也就是说"是"什么,这就是知识,话说出来就是要告诉别人。怎么告诉?通过语言、修辞、逻辑,"理性主义"这个词说白了,就是这三个东西。这个贡献始于苏格拉底,经过柏拉图,在亚里士多德那里达到了古希腊的高峰。

苏格拉底致力于在伦理问题中寻找普遍性,例如对"勇敢"的探讨。思路仍然是抽象、概括,直到归纳、定义。正如不同的"花"都是"花"一样,各种不同的英勇、果敢、承担、不畏惧、不怕死、坚忍不拔等等行为、现象,人们称之为"勇敢",并使用"勇敢"这个词加以形容和赞美,这当然是对勇敢行为的"共性"的把握。以前的人们并没有在思想上有所觉悟,不能加以澄清,苏格拉底是第一个这么做的人,即寻找一系列被称之为"勇敢"的那些现象的共性或普遍性,尝试给它们下一个定义。对其他概念的澄清、归纳、定义,思路也是一样的。其实,每一个概念,当你尝试去理解、描述、传递它时,都需要一个定义,定义就是对那种共性、普遍性或"类"性的把握。就其表现形式而言,都需要"S是P"这样一种语言或逻辑的结构。

如果说定义是我们获得的关于共性、普遍性或"类"性的知识的话,那么,这种知识所对应、涵指的"对象",在柏拉图那里就是客观存在的"理念",整个知识体系的"对象"就是理念世界或客观的精神世界。但在亚里士多德那里,情况比较复杂。他有时候说,感性、个别事物是最真实、最终的存在(所谓"第一本体"),有时候他又将事物的形式(form)即抽象本质、种、属、存在、神,说成是最高对象。这是亚氏的二元论、折中主义的典型表现。

关于给共性、普遍性、理念下定义,我们援引苏格拉底举的例子来说明。什么是"勇敢"?关于这一美德的考察,苏格拉底和雅典城邦的战争英雄拉凯斯有一段对话。

"苏格拉底:拉凯斯,让我们首先确定一下勇敢的性质……如果你行的话,告诉我什么是勇敢。

拉凯斯:……勇敢的人就是不逃跑,坚守阵地,与敌人作战的人。

…………

苏格拉底:有些人在抗拒快乐中表现出勇敢,有些人在忍受痛苦中表现出勇敢,有些人在克制欲望中表现出勇敢,有些人在克服恐惧中表现出勇敢……我在问的是一般的勇敢和胆怯……勇敢的普遍的性质是什么?……比如我问什么是被称作"快"的这种性质……我会说,这种性质就是在较短的时间里做较多的事……你能否试着以同样的方式告诉我,被称作勇敢的这种普遍性质是什么吗?

拉凯斯:如果我要说的是渗透在各种事例中的这种普遍性质,那么我得说:勇敢就是灵魂的某种忍耐。"①

我们可以清晰地看到,在对"什么是勇敢"的探讨中,苏格拉底对于人类思维的开拓性贡献,即寻找事物的定义。拉凯斯这位善战的英雄都不知道怎么回答这个问题,开始时他只能根据自己的经验做一个描述:勇敢就是不逃跑,坚守阵地等等。但这并不是定义,只是描述了战场上的勇敢行为。为此,苏格拉底列举了各种场合下的勇敢,例如冒险的人,抵抗疾病的人,抗拒欲望的人,这里都有勇敢的品质在其中。为了启发拉凯斯给出定义,苏格拉底举了"什么是快?"这个例子。"快"就是在较短时间内做较多的事。这就是一个定义,这个定义阐明了在一切被称为快的状态中的一种普遍性质。那么什么是勇敢呢?这实际上问的就是被称为勇敢的状态中的一种普遍性质,而不是个别的勇敢行为、现象,也不是某种特殊状态的描述。在苏格拉底的启发下,拉凯斯给出了勇敢的定义:勇敢就是灵魂的某种忍耐。显然,上述所有勇敢的行为中,都有一种"忍耐"在其中,这是对一切勇敢的一种共性的概括,亦即一般的、普遍的、抽象的"勇敢"。反之,怯懦就是不忍耐,就是逃避、回避、躲避。

---

① [古希腊]柏拉图:《柏拉图全集》第一卷,王晓朝译,人民出版社2017年版,第182-185页。

正因为此，亚里士多德把"归纳论证"和"一般定义"看作是苏格拉底对于人类思想的两大贡献。

八、关于"存在"和"是"

20世纪上半叶，有一大批英美哲学家曾大力倡导拒斥"形而上学"，要求取缔"本质主义"，致力于取消传统本体论。但是整个西方哲学界冷静下来后认识到，哲学不可能放弃终极关切，不能丢下对"存在"（"是"）本身的追究；形而上学是一个永恒的话题，是不可能取消的，否则哲学也就没有必要存在下去了。

纵观从古希腊到今天的西方哲学，它的核心始终没有偏离希腊文的那个on，拉丁文的ens，英文的being，中文的"本体"或"存在"（"是"）。哲学形而上学中最基本的内容ontology（"本体论"），就是研究on的学问。这个词（on或being）通常译为中文的"存在"（"有"），后来译为"是"的也不少，但听起来有点不那么顺，因为"是"不像一个名词。但是，用中文的"存在"去理解和解释那个最高、最终的范畴，和用"是"去理解和解释它，有很大不同。究竟它是什么意思，用哪个词去翻译它比较恰当？这是一个应该澄清的问题。我国20世纪60—90年代著名西方哲学史权威陈康、汪子嵩、王太庆等在这方面做了深入研究，他们主张不再使用"存在"这个词，而使用"是"这个词来描述、刻画古希腊的本体论哲学。这当然是一家之言，不过他们的分析是颇有见地的。

先说"存在"。我们现在讨论的"存在"，与一般哲学入门教程里的"存在"有很大的不同。多少年来，人们已经习惯于这样的说法：存在和思维的关系问题，跟物质和精神的关系一样，是哲学的基本问题。在这里，"存在"和"物质"是基本等同的概念，"物质"或"存在"作为客观的实在，与精神、意识相对立。众所周知，这种理解来自恩格斯。现在看来，这个定义太狭窄了，不利于我们理解西方哲学最高的追求和最深的本质。我们现在讨论的"存在"其实很简单、很直观：它就是实实在在的"东西"，它"在"那里，"有"它在；更明确地说，存在就是在时间、空间中展现出来的东西。这个一点也不深奥的看法，实际上是两千多年前亚里士多德最看重的东西，他称之为"第一实体"，即个体、感性的事物。因此在亚氏那里，一切具体的事物，如这个人、这只杯子、苏格拉底、诸葛亮、中国、地球、尼罗河等等，都是最真切、最根本、第一性的"存在"。

除了个别、具体事物有确凿的存在以外，其他抽象的概念，如人、动物、生物、桌椅板凳、山川河流这些"物类"，以及事物的属性、状态、关系、数量等等，是不是也"存在"着？回答是肯定的。如前所述，柏拉图最看重的就是这些"类存在"（即共相、理念），但在亚里士多德那里，它们被称为"第二实体"，也就是说，亚氏降低了"物类""品类""属类"的真实程度。因为它们的存在，至少不像那些个别的、具体的事物那样真切和活生生。用亚里士多德的话说，这些抽象的概念不能独立、分离地在那里存在，它们只能"存在"于个别具体事物之中。比如，"人"只能在一个个具体的人之中，"白"只能在具体事物的颜色之中，"正义"只能在某个人的行为或社会的秩序与法律之中，"大、小"只能在这个东西和那个东西的比较之中。

"存在"的反面、对立面是什么？中国人习惯说"不存在"，而不存在就是无，即虚无、没有。这显然不是西方哲学家指称存在的对立面的那个意思。所以，用"存在"和"不存在"来翻译being和non-being，是不行的，现在通常都用"存在"和"非存在"来翻译。但这个"非存在"又是什么呢？我们可以说"白"和"非白"，所谓非白就是白色以外的其他颜色，如红、黄、蓝、绿等。可是"存在"和"白""大""甜""美"等概念不同，因为它是最基本、最普遍、外延最大的概念。巴门尼德把一切真实的东西归之于"存在"这个词，亚里士多德也多次论证：最普遍的范畴如"一"是最大的、最抽象的，在它之下不能再划分为任何种或属。将"存在"和"白"相比较，在白之外还有红、黄等非白的颜色，而在"存在"之外，除了非存在，还能有什么可以和它并列的东西呢？没有了。因此哲学本体论追求的顶点，就是"存在"，就是"一"。这是巴门尼德、柏拉图的强烈主张，但亚里士多德却表现得犹豫不决、前后不一——他早期在《范畴篇》里十分注重也特别喜欢"第一实体"，即自然界和日常生活中那些个别、感性、具体的东西，但在《形而上学》这部著作里，他却倒了过来，强调"形式""存在""一"这些抽象概念的最终真实性，他的本体论和他的逻辑学并不一致。他的本体论追求"共相""普遍性"（他称之为"形式"或"本质"）的意义，也就是在本体上、认识上、时间上的先在性，这和柏拉图是一致的；但他始终不愿放弃感性世界。这也难怪，如果他不这样，他就不会成为古希腊最伟大的自然科学家了——科学的对象必须是活生生的现象世界，科学认识一定从特殊、具体的事物开始。这样一来，亚里士多德就陷入了二元论。

再说"是"。"是"在汉语普通话中一般都作联系动词用，联结主词和谓词，谓词是表述、说明主词的，即S是P。我们可以说：苏格拉底是人，他是丑的，他是不高的，他是柏拉图的老师，他是雅典人，他是两千多年前的人，他是研究哲学的，他是被处死的，等等。这都是S是P的结构，其中的枢纽就是"是"这个系词。亚里士多德在其《范畴篇》里讲了十个范畴，它们都是放在"是"后面的谓词，都是"所是的东西"，即"S是P"里的那个P。"是"不但可以连接具体的东西,也可以连接抽象的、虚幻的概念,除了个体事物,所有东西都可以放在"是"的后面做那个P,都是"所是的东西"。所以"是"是最普遍的、外延最大的概念,凡是名词、动词、形容词,都可以说它"是"什么。在这一点上,"是"和"存在"的普遍性档次一样高,甚至更高。

在西方语文中,动词"是"有人称、时态和语态的变化,它的分词(比如英文里的be加上ing)可以作名词用(即动名词),希腊文on和英文being都可以单独作名词用,但在中文里,作联系动词用的"是"是不单独作名词用的,如果那么使用,就显得怪,不符合中国人的语言习惯。正是因为这个缘故,人们觉得将on或being译为"是",在中文里是不通的,总感到别扭。因此要按照中国传统哲学的习惯,将它理解为"有"或"在",也就是"存在"。中文的"存在",既可作动词用,也可作名词、形容词用,因此用"存在"翻译英文的is,being等,在中文都是通顺的。说"我是"不好听,但说"我存在"却是可以的。比如我们非常熟悉的笛卡尔命题"我思故我在",其英文是"I think therefore I am",直译就是"我思故我是",听上去不顺,像是没有把话说完;而"我思故我在"就是一个完整的句子。为什么?因为在中文里"是"和"存在"的意思不一样,"我是"和"我在"的意义当然也不一样,这一点任何人都看得出来。因此在现代汉语里,把being译为"存在"而不是"是",实际上是改变了这个词的原意——being这个名词或to be这个动词不定式在词根上是一样的，都表示了逻辑和语言的连接，表示了谓语动词对主语的说明或修饰或定义，表示了一个陈述句。也就是说，表示了"是什么"的意思。

"是"是一个抽象的概念，是从特殊的"是"（是这样、是那样等等）中抽象出来的共相。"是"和"存在"的区别，从现代汉语的直观角度讲，前者有"联系、显现、呈现"的意思，有动态的意味，当然也包含了"存在"这个意思。而"存在"则是静态的，"有"一个东西在那里而已。由此我们可以说明"是"的意思：第一，作为某个东西而存在（也就是"存在""有"的意思）；第二，连接两个不同的词意；第三，显现、呈现、表征什么东西，有动词的意味。比如说"苏格拉底是人"，就是说：一、苏格拉底作为人而存在，二、他可以起到人的作用，三、他显现、呈现出人的内涵。又比如说"这个东西是白的"，就是说：它作为白的而存在，它依靠自己的能力起白的作用，它显现、呈现为白的。可见，"是"比"存在"的含义、外延要宽广得多。

九、本体论就是逻辑学

在中国，1949年以前是很少有将being译为"存在"的，一般多用我国传统哲学范畴"有"来译它。由于后来译者将恩格斯的《反杜林论》《费尔巴哈论》中的being译为"存在"，以后就成为公认的和唯一的译词了。当时的译者借用了日文的译名（"哲学"这个译名最早也是从日文翻译中借用过来的），于是"有"译成了"存在"。这本身无可厚非，但有一点被忽略了："存在"只是"是"所包含的一种含义，但它不能表达"是"所包含的另一个而且是特别重要的含义，即"联系动词"的含义。

"是"和它的反面"不是"的关系，与"存在"和其反面　"不存在"的关系是不一样的。虽然就"是"本身来说，它和　"一"一样，是最普遍的概念，在它以下不能再划分为种或属；然而"是"作为联系动词，总要表示某个东西是什么，而说某物　"是A"的时候，必然包含着说它"不是非A"。说"这是白的"，也就是说"这不是非白的"；而作为非白的红、黄、蓝等等，本身又是一种"是"。所以"是"总是和"不是"连在一起，而"不是"什么也是一种"是"什么。但是"存在"的反面却不同，那是绝对的"不存在"，即完全的"无""没有"。因此，在现代汉语里，"存在"不同于"是"。

特别重要的一点是：只有作为联系动词的"是"才能构成命题或判断，而命题或判断是一定要表现"真"或者"假"的。"是"和"不是"构成肯定命题和否定命题；还可以通过"是"的单数和复数，构成了单称命题、特称命题、全称命题等等。亚里士多德说只有命题才有真和假，这是千真万确的；逻辑和科学就是要研究并确定真和假的问题，如果不分辨真和假，也就不会有逻辑和科学了。可是"存在"却不能构成命题，像人、马、白、跑、美、小、冷等等，它们本身是没有真和假的。要分辨真和假就必须有逻辑的联系，即用"是"来表述那些词的情况（属性、状态、关系、时间、地点、遭受等等）。亚里士多德是形式逻辑学的创始人，他十分重视逻辑分析，尤其对于"是"的分析，《形而上学》一书的主题，就是对"是"或"是的"进行多方面的深入探讨。他所创始的这门研究"是"的学问，也就叫作ontology，即"本体论"（重点在最前头的希腊词on，即"是"），后来人们改称"存在论"，还有人直接称之为"是论"。

正因为"是"是西方哲学的核心范畴，而"是"乃命题或判断之枢纽，由此决定了认知活动和认知形式的真和假。这正是西方哲学之所以蕴涵了理性主义和科学精神的形而上学理由。重视分析，重视分辨真假，既是古希腊逻辑和科学的出发点，也是它们的动力。如果我们将中国传统哲学和西方传统哲学作比较，这是一个关键性的区别——求真是希腊人开创的哲学传统或文化习惯，求真必须以语言表述作为起点并且将逻辑思维贯彻始终，而语言和逻辑的表现就是那个系动词或动名词"是"（on或being）。

在现代汉语中，"是"和"在"（或"有"）的确不同，甚至两者之间有鸿沟。但是在西方人的语言中却相反，它们是一个意思，从来没有区分过；英文里being这个词，既是一个系词的现在分词（"是"的意思），同时是"存在"者的代称（"有"那个东西、那件事）。而且，前面讲了，on或being的含义还是积极的、建设性的（连接、显示、扮演等等），而现代汉语里的"是"似乎没有这种积极、能动的意思，"是"只不过是将主语和谓语联结起来的一根绳子，一个形式，没有什么内容可言，因此被认为是一个不具有动态含义的"系词"而已。

"在"这个动词是汉语所特有的，在西方人眼里就等于"是"，都是being这个词，不过"在"的普遍性小于"是"的一般性；可以说"在"是包括在"是"之内的，"在"是"是"的一种，"是"的意义比"在"的意义广泛。古希腊人不说"在"，甚至说到涉及时间和空间这种具体情况时也说"是"，亚里士多德在其《形而上学》里就是这样用词的。亚里士多德也曾提出"有"（echein）这个范畴，但其含义和中国哲学中的"有"，不是一回事。中国人由于从来只注重"在"而忽视那更一般的"是"（古汉语中的"是"字是较晚出现的），所以把"在"（即"有"）看成天经地义的本体，而对西方人的being之为本体，总是格格不入。巴门尼德以及柏拉图、亚里士多德的著作里大量出现"是"字，中国人以为他们将静态的"在"与动态的"是"搅混在一起了，其实不然；英文的being(希腊文作on，拉丁文作ens，德文作dasSein)被通译为"存在"而不是"是"，那是由于中国人的思维语言习惯不同导致的。因此要了解、理解西方哲学的本体论，必须和逻辑思维联系起来，也就是说，必须了解和理解希腊人的这个"是"字。说得更明晰一点：从古希腊开始，西方本体论就是逻辑学。

不过，也没有必要改变我们的语言习惯。我们可以按中国人的习惯，继续把巴门尼德、柏拉图、亚里士多德所推崇，后来整个西方哲学所沿袭的那个最基本、最实在，同时又是最高、最终的哲学范畴继续称之为"存在"（"有"）；但我们心里应该清楚，这个词（存在）和另一个词（是）在西文里其实是一个词、一个意思，同时弄明白on或being在哲学上的来龙去脉和本来意义，这对于理解西方人的哲学思维方式或他们文化中的"爱智"禀赋，是很重要的。从being，to be，is，are这些常见的系动词，直接就能看出本体、本质、存在等等跟语言、逻辑、陈述、定义等等之间的密切关联，从中可以理解西方哲学求是、求真、求本、求根的特征，以及西方哲学中的理性主义精神。

第二篇

"灵魂"究竟是什么?
——心灵与肉体及其关系

一、奇妙的人类精神

　　宇宙间有着太多不可思议、永远神秘的东西。但所有这些东西加在一起，都不能与"灵魂"这件事相提并论。人是地球上最普通、最常见、数量最多的生命体，却是唯一生活在精神世界里的生命体。人的奇特与神秘，人的高贵与魔力，归根结底在于这样一个事实：只有人是由两部分构成的——肉体的部分与灵魂的部分，任何人都是这两者的有机统一。只有肉体没有灵魂，那是行尸走肉，算不得人；只有灵魂没有肉身，那是幽灵，也算不得人。

　　所有的人类故事，其存在和延展，其源泉和动力，其原因和结果，其趋向和目的，其理由和根据，其状态与关系，其静默与涌动，其偶然与必然，等等，全都可以归结于由动物本能与灵魂禀赋合二为一的"人性"上。没有人，不会有文化的萌芽，更不会有文明的成就，地球上所有的物种就停留在差别不大的生命层次上，这个世界就完全没有价值。人是物性与灵性、肉体性与精神性、本能性与超越性的精妙结合——这种结合原本是根本发生不了的，却恰恰非常偶然地、独一无二地发生在了人类身上。这一点，除了自古以来的哲学家、神学家、物理学家、心理学家、文学家、艺术家以及20世纪以来越来越多的生物学家、生理学家和医学家想要追根究底外，对于万万千千普通人而言，是既不会感到惊讶，也不会表示惊叹的，他们将人的肉身与灵魂的"合作"视为天经地义！然而在我看来，人类的出现及其导致的所有东西，委实是宇宙间绝无仅有的奇迹。我不能想象也不会相信，在浩瀚的宇宙中还会存在着第二种文明，或者说，存在着第二种人类！莱布尼茨在论证上帝的伟大、英明、睿智时曾说，上帝最终设计、选择了我们这个宇宙，是因为这个宇宙是所有可能的宇宙中最好的一个。在我看来，这个宇宙之所以最好，是因为它为拥有灵性和思想的人类提供了居所！

毋庸置疑，灵魂和肉体，或精神和物质，这是两类完全不同的东西，而且本质上没有关联。800年前，英格兰经院哲学家邓斯·司各脱曾鼓起勇气发问：肉体能够思维吗？300多年前，法国哲学家勒内·笛卡尔提出"我思故我在"（ego cogito ergo sum），他把"思维"（"心"）与"广延"（"物"）作了断然的割裂。然而，就是这样两个风马牛不相及的存在，或现象，或"东西"，竟然一开始就在人的身上实现了有机的、和谐的、恰如其分的结合，构成了"人"或"人类"的本质，并且在以后若干万年时间里不断地互补、互动、互争、互斗，形成了人格、人性、人品、人情，创造了家庭、社会、民族、国家、人类文明。仔细想想，不能不叹为观止！所有这些萌芽的、初级的、低级的、中级的、高级的、顶级的、辉煌的、伟大的文明成果，从源头上看全都一样，只不过就是构成人的那些物质的、肉体的、动物性的要素与构成人的那些精神的、心灵的、思想性的要素相互依存、相互作用的结果。

俗话说"人是万物之灵"。这个"灵"当然指精神、灵魂、智慧、意志、情感、道德、审美等等，纯粹的动物界是没有这些东西的。因此人的奇特、伟大和不可思议，就在于人拥有灵魂或精神世界，这是没有争议的。

但是我们一定不要因此忽视了人的物质性、动物性、"肉身"的意义。每一种宗教都说肉体是灵魂的"居所"。可不要轻视了这个物质居所，它不是一般的物理、化学、生物学构造，而是大自然或上帝为了人的灵魂的"安居"而设计、构造的一种极其特殊的物质存在。没有这个物质居所，或换了别的物质居所，一切灵魂活动、精神现象根本就不能发生，即便发生了——假设肉体消亡后灵魂不灭——也无法展现，无从知晓。因此，人是万物之灵，其前提很简单："人是动物"。只不过，人这种动物在肉体本性上虽然与一般动物差异不大，却在实际生活中表现得要么更加猛烈要么更加克制，要么更加简单要么更加复杂而已——这都是灵魂或精神对人的肉体行为施加了各种各样的影响的结果。

人活着的时候，灵与肉须臾不可分离，它们相互影响、相互争吵、相互妥协、相互扶持。于是塑造了我们每一个人的具体"人生"——那是微缩的历史；同时锻造了持续不断的人类"历史"——那是宏大的人生。所有的人类故事，不管多么精彩，不管多么平淡，都是肉身和灵魂同时到场的结果。这两个彼此完全异己、相互排斥的存在，在每一个故事里都不多不少，恰好扮演了只有它们自己才能完成的那个角色，从而上演了千奇百怪的人间戏剧。当我们的灵魂在天堂享受幸福或在地狱体味悲苦时，我们的肉体时常"不合时宜"地或"恰逢其时"地把我们的"心"拉回尘世。当我们的肉体受到俗世间的种种诱惑甚至于已经陷落在物欲的锁链之中时，我们的灵魂往往也会"不合时宜"地或"恰逢其时"地劝说或命令我们的躯体回归理性与高尚。

拥有肉体是人的自然禀赋，却有时比较令人尴尬。那个丧子的母亲终于停止哭泣了，她端起饭碗开始进食——因为她肚子饿了；那个含情脉脉的姑娘不得不离开自己的情人一小会儿——因为她内急了，要上厕所；那个哲学家刚才还在谈论面对苦难时应当有神明般的宁静，现在却呻吟不止——因为他突发了牙疼；那个艺术家正在眉飞色舞地讲述他的艺术体验，突然间听众们尴尬了——因为艺术家猛然打了两个喷嚏。

拥有一个非凡的灵魂虽有时显得怪异，却令人肃然起敬。那艘正在沉没的军舰的舰长在所有船员获得安全后断然用斧子斩断了救生索，决定与他的军舰同归于尽——因为他跨不过自己"内心"里那道坎；那个在枪林弹雨中全力救护伤员的士兵始终不开一枪——因为他笃信并且践行不杀人的宗教信条；那个苦行僧已经形似骷髅、奄奄一息，但他的幸福感却十分强烈——因为他的灵魂得到了拯救；那个殉道者从容不迫地走向断头台——因为他用自己肉身的陨灭实现了众生的救赎。

如此看来，灵魂的存在是毋庸置疑的，就像肉体的存在是毋庸置疑的一样。迄今为止，关于"灵魂"（"自我"）真实存在、无可置疑的最成功的先验性证明，非笛卡尔的"我思故我在"莫属。他的这个"第一原理"至少在思想范围内是颠扑不破的，至于他以此为基础对"上帝""物质世界"的"证明"（其实是推论），却了无新意，是中世纪以来各种各样的烦琐论证的翻版。但笛卡尔关于"我在"的证明，最大的困难就是不能验证——灵魂永远是一个没有经验内容的思辨对象。这对于近现代以来对自然科学、实证知识越来越信服的欧洲人（特别是具有浓厚经验主义传统的英国人）来说，思辨的"灵魂"（包括思辨的"物质"，也许不包括思辨的"上帝"），其存在，其属性，其状态，其关系，等等，越来越显得捉襟见肘，越来越难以自圆其说。这就是今天的哲学或神学或心理学遇到的最大难题，它们永远都在追问、探寻"灵魂""自我""精神实体"的存在，却实在没有办法提供任何证明，它们不能不停留在"我思故我在"的水平上。

但对于哲学来说，灵魂的问题与物质（肉身）的问题又不能不解决，否则哲学的价值就不复存在了——哲学必须永恒地对这类形而上学"终极问题"追究下去。究竟灵魂是什么，灵魂与肉体、精神与物质的关系究竟怎么样？这是两千多年来哲学家们一直争论不休、莫衷一是的话题。之所以争论不休，因为哲学家们需要找到一个"合理"的答案而不得——不管是逻辑的合理性还是经验的合理性都找不到。与之相反，这个问题在神学家那里似乎从来不成问题，因为宗教对灵魂的存在及其功能、灵与肉的关系的信念，是其他一切教义、教条得以成立的前提——所不同者，不同的宗教教义对这个问题的具体解释各不相同而已。但宗教的解释是没办法令人信服的——不管是何种宗教教义，都将"灵魂不朽"作为信仰的核心，而全然不顾其是否符合人类的理性与常识。它要求其信徒遵循的就是笃信不疑、执迷不悟，正如罗马时代著名的"教父"德尔图良所言：正因为难以置信，我们才要相信。或：因为不可能，所以是真实的；因为不合理，所以是可信的。他解释："上帝之子死了，这是完全可信的，因为这是荒谬的；他被埋葬又复活了，这是真的，因为它是不可能的。"[①]

---

① [迦太基]德尔图良：《德尔图良著作三种》，刘英凯译，上海三联出版社2013年版，第77页。

二、灵与肉的追问

灵魂与肉体的关系问题，是一切宗教和哲学的核心问题或基本问题，甚至可以说，这个问题是一切宗教和哲学得以立论、得以展开、得以终结的根本问题。弗里德里希·恩格斯曾有一段著名的话，来说明灵魂和肉体的关系，以及由这个问题派生出来的关于精神与物质、主体与客体、思维与存在的关系等等问题是怎么从人类的原始、蒙昧时代就开始发生、发展起来的。在《路德维希·费尔巴哈与德国古典哲学的终结》中，恩格斯写道："在远古时代，人们还完全不知道自己身体的构造，并且受梦中景象的影响，于是就产生一种观念：他们的思维和感觉不是他们身体的活动，而是一种独特的、寓于这个身体之中而在人死亡时就离开身体的灵魂的活动。从这个时候起，人们不得不思考这种灵魂对外部世界的关系。既然灵魂在人死时离开而继续活着，那么就没有任何理由去设想它本身还会死亡；这样就产生了灵魂不死的观念，这种观念，在那个发展阶段上绝不是一种安慰，而是一种不可抗拒的命运，并且往往是一种真正的不幸，例如在希腊人那里就是这样。"[①]恩格

---

① ［德］恩格斯：《路德维希·费尔巴哈和德国古典哲学的终结》，中共中央马克思恩格斯列宁斯大林著作编译局译，人民出版社2014年版，第58页。

斯的意思很清楚：灵魂这个观念，或者说灵魂这个"实体"，起源于原始人类——指世界上所有地方的原始人类，包括今天生活在非洲、南美洲和澳洲的氏族部落中的人们——对自己肉体构造的无知，以及对自己的"梦境"的无知。人的肉体和所有动物的尸体一样，都是要死亡、腐烂、消失的，但人的精神活动却不会随着肉体的消亡而消亡。比如人们经常与那些已经死去、已经被埋葬的人在梦中相见——他们仍然像生前那么栩栩如生。这说明那些逝去了的人并没有真正死亡，至少是没有完全死亡，死去的只是他们的肉体部分，而原来寄居在肉体中的精神部分仍然活着，这个部分就是人的灵魂。恩格斯说，这就是灵魂这个观念的起源。灵魂当然不仅仅是一种观念，它更重要的意义在于：灵魂是一种真实存在的、长生不朽的实体，它与肉体共同构成了一个个活生生的人；一旦这个人的肉体死亡了，灵魂便脱壳而出，继续它的活动。

恩格斯作为著名的辩证唯物主义哲学家、无神论者，他当然认为这样一种关于灵魂的起源以及灵魂与肉体关系的原始思维、蒙昧观念属于完全的无知和迷信，这是可以理解的。但恩格斯接着便引出了宗教现象的产生与灵魂观念之间的因果联系。恩格斯继续写道："到处引起这种个人不死的无聊臆想的，并不是宗教上的安慰的需要，而是由普遍的局限性所产生的困境：不知道已经被认为存在的灵魂在肉体死亡后究竟怎么样。同样,由于自然力被人格化,最初的神产生了。随着宗教的向前发展,这些神愈来愈具有了超世界的形象,直到最后,由于智力发展中自然发生的抽象化过程——几乎可以说蒸馏过程,在人们头脑中,从或多或少有限的和互相限制的许多神中产生了一神教的唯一的神的观念……因此,思维对存在、精神对自然界的关系问题,全部哲学的最高问题,像一切宗教一样,其根源在于蒙昧时代的狭隘而愚昧的观念。"[1]

这就是恩格斯在探讨哲学和宗教的本质和起源时,对灵魂和肉体、精神和物质的关系所做的经典论述。这个论述,在一个半世纪之后的今天看来,仍然具有非常强的启发和指导意义——尤其是恩格斯关于灵魂观念在人类初期文明过程中是如何萌生、如何发展、如何升华为宗教观念的论述。

任何严格意义的宗教(佛教、犹太教、基督教、伊斯兰教等)都强调灵魂对于肉体的领先、支配、独立、主导、决定意义,而肉体是暂时的、可朽的、被动的、低下的。历史上的唯心主义哲学家虽不否认物质的实在性,却强调灵魂对于物质(肉体)的第一性、根本性、真实性、永恒性地位,比如巴门尼德、柏拉图、奥古斯丁、阿奎那、莱布尼茨、康德、黑格尔、朱熹、王守仁等;而唯物主义哲学家则正好

---

[1] [德]恩格斯:《路德维希·费尔巴哈和德国古典哲学的终结》,中共中央马克思恩格斯列宁斯大林著作翻译局译,人民出版社,2014年版,第58页。

相反，认为肉体、物质、自然界才具有先在性、母体性、起源性、决定性，而灵魂或意识或"心"，只是第二性、从属性、派生性的东西，比如泰勒斯、德谟克里特、伊壁鸠鲁、霍布斯、洛克、拉美特利、狄德罗、爱尔维修、霍尔巴赫、费尔巴哈、马克思、恩格斯、张载、王船山等。

不管是宗教的唯心主义（唯灵论）还是哲学的唯心主义，在灵魂、精神、思想、意志、情感、"心"等等的存在及实质（是否存在，怎么存在，本质如何，属性怎样）的问题上，在灵魂与肉体、精神与物质、神与自然的关系的问题上做了大量的论述，都做出了理论贡献。而哲学的唯物主义，则在物质、自然、肉体及其与灵魂、精神、思想的派生关系方面提出过大量的论述，同样做出了理论贡献。但平心而论，我认为不论是唯心主义还是唯物主义，抑或是各种各样的宗教理论，在灵魂问题上都不能自圆其说。唯心主义关于世界的精神本质说和神学理论关于灵魂不朽的思想，虽然言之凿凿、头头是道，但一个最根本的问题却解答不了：精神或灵魂，何以"证明"其是一种真实的、独立的、客观的存在？

事实上，灵魂问题不是科学能够解决和处理的问题，即便是现代心理学也解答不了灵魂实体的存在和精神现象的本质问题。而且随着心理学的越来越实证化，精神现象越来越被归结于经验（实验记录、观察数据）问题，而灵魂、心灵则越来越像是一个"幽灵"。同样，唯物主义关于"物质"的各种论证，也是相当苍白的。物理"现象"的存在当然是毋庸置疑的，它们可以还原于经验事实，但"物质"这个哲学概念，随着自然科学（特别是微观物理学）的迅猛发展，已经成为一个抽象、空洞、贫乏、无用的概念，"物"只是一个词而已。

两千多年前，亚里士多德对知识的体系、结构做出了规定。他认为，属于最高等级的"理论学科"的，有三门知识：哲学（形而上学）数学、物理学（即自然科学）。他把人类心理现象归结于自然科学研究的领域。他写了《论灵魂》一书，主要探讨人的行为的动因问题，而没有单独探讨人的主观心理过程和精神现象及其本质。他认为灵魂是身体的一种功能，推动着身体的发展和人的行为方式。他认为心脏是心理活动的器官，人的心理活动与血液及体热相关；他不知道大脑与人的心理活动有任何关联。从根本上说，亚里士多德认为灵魂乃是肉体的一个举足轻重的重要组成部分。这些思想现在看来当然是唯物主义的，却与科学的结论背离很大（尤其是把人的意识归因于心脏而不是大脑），反映了他那个时代的知识局限性。

16世纪法国哲学家勒内·笛卡尔对灵魂的存在做出过特别重要的论证。笛卡尔最有名的命题是"我思故我在"。这个命题第一次将"我"（即自我、心灵、灵魂）作为一个客观存在的实体或本体明确下来。他论证说，世界上的一切皆可加以怀疑，唯有"怀疑"本身不可怀疑；怀疑是什么？是一种思想、精神活动，于是，思想或精神也就是不能加以怀疑的事情了。思想必须有一个"思想者"，即发出思想的那个主体或源泉或核心，这个主体或源泉或核心是什么呢？是"我"，也就是灵魂、自我这个根本的存在。因此，"我"的存在也是无可怀疑的了。这就是"我思故我存在"的论证过程。

笛卡尔接着论证了上帝和物质这两个实体、"本体"的存在。我思故我在，证明了灵魂（"我"）的存在，但是"我"是一个不完满的实体，何以见得？因为"我"知道有一个比我更完满的甚至最完满的"上帝"观念，与这个观念相比，一切（包括"我"在内）都是不完满的。不完满的我当然不可能产生出完满的上帝观念来，因此"上帝"这个观念只能是一个本身完满的存在放入到我的心中的，这个完美的存在，就是上帝，因此，上帝的存在是毋庸置疑的。这就是笛卡尔关于上帝存在的证明。接下来他要证明"物质"这个实体（物质世界）的存在。上帝的完美性包含了上帝的真实、诚信，上帝不会欺骗人。凡是我们心中"清楚明白"、无可怀疑的观念都是上帝赋予我们的，而不是来自我们的后天经验。我心中有一个"物质世界"的观念，它是清楚明白的；而物质与精神、肉体与灵魂又是截然不同的两种观念。既然物质这个清楚明白的观念并不产生于"我"，那么，这个观念就只能来自上帝,因此,物质世界的存在也就是真切无误的了。这就是笛卡尔关于物质世界存在的证明。

以上"证明",除了"我思故我在"的论证有说服力外("我思故我在"也不是一开始就清楚明白的,也经过了一番论证),其他论证完全是先验主义的逻辑推论。其出发点不是经验事实,而是先验的、"不证自明"的观念,他从这个"清楚明白"的观念出发,演绎出上帝、物质世界的真实存在。但不管怎么说,笛卡尔不像中世纪经院哲学那样武断,而是通过逻辑途径论证了灵魂(自我、精神实体)的存在,这是他的重大贡献,他由此开创了欧洲大陆先验主义、唯理论的哲学思路。

不难看出,笛卡尔的论证的最致命的缺陷在于:他关于上帝、灵魂、物质存在的推理,完全不能够通过经验事实这条路径得到证明,而且永远也得不到这种证明。因为如果严格按照经验主义的思路,是任何"实体"——不管是物质、灵魂,还是上帝——都证明不了的;因此人们只能够在感觉经验的范围内思考、谈论问题。这个路径,就是英国经验主义、实证主义、唯名论的思路,其最后、最彻底的结局,就是大卫·休谟的怀疑主义。从柏拉图开创的先验主义、唯心主义直到笛卡尔、斯宾诺莎、莱布尼茨、黑格尔的先验主义、唯心主义,由于不能够真正"证明"(也就是"验证")他们主张的精神实体的存在,他们被给予了一个不好听的称呼——"独断论";

与之相对的，便是洛克、贝克莱、休谟的"怀疑论"——同样不怎么好听。

于是，康德就来综合这两派的思路，试图找到科学知识得以成立的经验内容和逻辑形式，这就是著名的"先验综合命题"（"先天综合判断"）的思想。我不认为康德的这个思想真正解决了科学知识的内容与形式之间的契合问题，我认为人类的知识是一个二元的结构，内容与形式虽然是互补的，但绝不是同质的。不过这件事已经超出了我们这里要讨论的范围了。在本书《我们到底知道什么？》《"先验"和"经验"孰为先？》等篇章里我要专门讨论康德的知识结构理论。我们现在继续关心灵魂与肉体及其关系。

康德的一个历史性贡献是将一切形而上学问题排除出人类科学知识的领域，同时把形而上学问题留给了宗教和道德来加以解决。在《纯粹理性批判》中，康德分别以"理性宇宙论""理性心理学""理性神学"来探讨物质世界（宇宙）、灵魂（自我）、上帝（造物主）能不能成为科学的对象。他的结论是完全否定的，于是《纯粹理性批判》就历史性地解决了科学与非科学之间的"划界"问题。

随着康德之后，特别是20世纪以来自然科学的迅猛发展，物质、灵魂、上帝作为哲学的对象，越来越不受科学家的待见。这三个"实体"，至少作为科学的对象，已经没有太多人关心了。

但是作为哲学的对象，特别是宗教、道德和审美的话题，"物质"（肉体）、"灵魂"（心灵、自我）和"上帝"，以及它们之间的相互关系，这样的探讨是不会完结的。否则，人类精神世界的价值和意义就消解了，人类文明就会缺失很大的一部分内容。

因此，讨论灵魂与肉体的存在及其关系这个形而上学问题仍然是必要的和迫切的。

三、心理学的无奈

在人类科学知识的所有重要门类中，心理学应该是最落后的。自从威廉·冯特于1879年在莱比锡大学创立第一个心理学实验室，从而决定性地将心理学从哲学当中独立出来，至今才不到150年的时间。人类心理的研究成为一门实验性的科学，就像之前物理学、化学、生物学、地质学等等获得自己的独立学科地位一样，是一件开天辟地的大事。从那以后，直到今天，心理学的科学性质、科学定位越来越明确，越来越得到公认。

尽管如此，与传统的、早就成熟的那些自然科学学科相比，心理学仍然是滞后的、欠独立的、众说纷纭的，心理学与哲学——形而上学之间的联系比任何其他自然科学学科与哲学——形而上学的联系都要紧密，它还没有完全摆脱"哲学的婢女"的这个古典定位。为什么会这样？因为心理学始终不能脱离甚至不能绕开"灵魂"这个"实体"，这个"东西"，这个"词汇"的影响。直到今天，在许许多多人们的认知当中，研究、解析、解答人的心理或精神活动的因果联系、来龙去脉，不就是研究、解析、解答人的"灵魂"活动的种种过程吗？这种见解虽然相当狭隘、偏颇，却根深蒂固，难以消除。因此，尽管西格蒙德·弗洛伊德开创的理论和实践在公众当中取得了显而易见的成功，科学哲学家卡尔·波普尔却从来拒绝承认它是科学的一个分支，因为精神分析学不具有"可证伪性"这个区分科学与非科学的特征；波普尔将其归结于形而上学、神秘主义、宗教、巫术，以及"历史决定论"这类非科学的范畴。

　　灵魂问题的确是心理学绕不开的"幽灵"。一说到灵魂，普通人都觉得神秘莫测，不像神学家、唯灵论者或唯心主义哲学家那么熟悉或津津乐道。在心理学这个学科中，没有任何一位心理学家敢说他的研究素材是所谓的"灵魂"或"心灵"，因为他自己也不知道灵魂究竟是什么；如果从实验自然科学的视角和方法来思考、观照、定义"灵魂"一词的话，没有一个科学家敢声称他掌握了入门的诀窍。这正是心理学区别于物理学（广义的物理学，即自然科学）的最大特点。物理学如果没有各种各样可以付诸观察、实验的物质素材，就完全不能成立，也无法开展研究；而心理学却千方百计要把"灵魂"还原为或分解为感性的物质、元素、实验数据等等,其结果都是徒劳的——它最多只能根据人的精神活动的外在表象来分析、探讨、推论、猜测人的"内在自我"的各种可能的因果联系,比如测谎仪——测谎仪的数据在绝大多数国家不能作为确定犯罪动机的证据提交法庭;而这个所谓的"内在自我",在心理学家那里只能是一种形而上学的假定或假说,也就是对灵魂及其活动的一种先验的独断或预判,说什么人的所有外在的表象,包括感觉、感受、思考、语言、表达以及喜、怒、哀、乐、愁、苦、盼、想等等,都最终来源于这个神秘莫测的"灵魂"或"自我"。对于真正的科学来说,虽然这种说法既不能够加以证实,也不可能加以证伪,但唯其如此,"心理学"这个词与"科学"这个词的含义就渐行渐远了,而所谓的"灵魂"就成了一种恍恍惚惚的鬼魅般的存在——尤其在中国文化中,"灵魂""幽灵""魂魄""鬼魂""阴魂""灵异"等等词汇,意思差不多。

"灵魂"一词最初是在古希腊思想家中出现的。在毕达哥拉斯学派看来,人的肉体死亡后灵魂可以转生,目的是使人——当然是人的灵魂——得到拯救。这个意思就是说,灵魂在人的肉体死亡之后就摆脱了物质、肉身的束缚,实现了自由。这应该是古希腊人最早的哲学-宗教意识:强调灵魂对于肉体的优先性和肉体对于灵魂的暂时性,强调作为生命最终归宿的精神自由的重要性。毕达哥拉斯影响了后来的柏拉图，柏拉图构造了人类历史上第一个比较完备的以灵魂、精神、思想为支撑的精神世界或思想模型——理念世界。在《理想国》里，通过苏格拉底之口，柏拉图讲述了不少在尘世间作恶的人担心去了阴间将遭受各种惩罚的例子，以此说明灵魂的不朽和灵魂的道德定位，这跟佛教及中国自古以来朴素的因果观念十分类似。柏拉图的理论，通过新柏拉图主义，影响了后来早期基督教的"教父哲学家"，其中最有名的是查士丁、德尔图良、奥古斯丁等。经过教父们的理论工作，基督教教义里就增添了灵魂作为不同于肉体的另一个决定性的部分这个思想。这个思想，是原始基督教革新化和精致化的标志，当然也是基督教当中最早的"异教"成分。十字军东征以后，基督教接纳了亚里士多德思想作为主流，这主要是托马斯·阿奎那的贡献，于是基督教中的独断论色彩逐渐让位于理性和世俗的见解。16世纪马丁·路德、让·加尔文发动宗教改革以后，基督教发生了分裂。新教各派的自由色彩更加浓重，从而推进了新教伦理的张扬、文艺复兴运动的深化和资本主义工商业的发展。

在欧洲中世纪的经院哲学（scholastic philosophy）中，灵魂和物质（肉体）都是所谓的"实体"，即实实在在的存在，或本质，或源泉。这两个实体各有其根本"属性"：灵魂的属性是思维或思想，物质（包括人的肉体）的属性是广延（即占有空间）；灵魂绝对没有广延，不在空间中显现，而物质（肉体）绝对没有思维的功能。这种心、物平行的二元论在西方世界至少流行了一千多年，直到20世纪初才逐渐被现代科学所摒弃——科学并不否定思维和广延这两个"属性"，它讨厌的是灵魂和物质这两个"实体"。因为任何哲学或宗教意义上的"实体"都没有办法进入自然科学的视野之中，因而是一种思想累赘。但在自然科学之外的精神生活领域，物质与灵魂，宇宙与神创，此岸与彼岸，等等，仍然是西方人颠扑不破的二元世界。

四、玄妙的"实体"

"实体"是源于句法的一个概念，原本是为了确立人类语言的结构。从希腊时代开始，人们把句子分解为主语和谓语（宾语），并且规定：有些词既可以做主语又可以做谓语，而另外一些词却只能做主语。后者指的是那些个体名词或名称，如诸葛亮、拿破仑、俄罗斯、罗马、塞纳河、珠穆朗玛峰等等。在"S是P"这个最普通的主谓结构中，有些词只能充当S的角色，而大多数词（既包括个体名词，也包括类、共相、种、属词汇，以及形容词等等）则既可以做S，又可以做P。比如，"动物是一种生物""马是一种动物""黄河是一条河""珠穆朗玛峰是世界最高峰""拿破仑是伟大的将军""林肯是高大的"等等。在这几句话里，"动物""生物""马""高峰""伟大""高大"等，它们既可以作主语（S），也可以做谓语（P）；而"黄河""拿破仑""林肯""珠穆朗玛峰"等等具体事物的名词，只能作主语，不能作谓语，不能充当P的角色，也就是说，不能够把它们用于说明、解释、界定主语S。比如，我们可以说"林肯是美国总统"却不可以说"美国总统是林肯"，因为做过美国总统的人不止林肯一个。可见，只有那些特指的、专有的、独一无二的、感性的名词，才可以仅仅充当主语的角色，这些个体、专有名词，不具有谓语的功能，即不能用于说明别的词汇，只能由别的词汇来说明它们，它们永远处于主语（S）的位置上。因此，按照亚里士多德的看法，它们具有最严格、最实在、最真切的"实体"含义。

亚里士多德在其《范畴篇·解释篇》中，把真实存在的事物都叫作"实体"（substance）。但他根据真实程度的不同，将实体分为三个等级：1.个体，2.种，3.属。比如，所有个别的人都包含在"人"这个"种"里；所有的"人""马""牛"等这些"种"都包含在"动物"这个"属"里。同一个"属"（比如动物）之下的各个"种"（比如人、马、牛）是不同的，这叫作"种差"。给一个词（概念）下定义，就是通过"种差+属"的方式。比如，把"人"定义为"两足的、能制造工具的动物"。在这个定义里，"动物"是属，"两足、能制造工具"是种差，"人"

就是"种差"(两足的、能制造工具的)+"属"(动物)。补充说一下:在中国的文献或论述中,"种"和"属"的关系经常不统一;有时属大于种,有时却反过来,这是令人感到困惑的事情。本书采纳"属大于种"的约定俗成,比如动物是"属",人、马、羊是"种",或人是"属",男人、女人是"种",以此类推。

亚里士多德在本体论、逻辑学、语言学方面的一个重大贡献,是将实体(也就是真实的存在物)区别为"第一实体"和"第二实体"。他说:"实体,在最严格、最原始、最根本的意义上说,是既不述说一个主体,又不依存于一个主体的东西。如'个别的人''个别的马'。"[1]在这里,"既不述说一个主体,又不依存于一个主体"的意思就是:一个事物、一个东西,只可以在一个句子里充当主语,而不能在一个句子里作为谓语来说明主语;同时,这个事物、这个东西,不依赖于任何别的东西而独立存在。这样一个事物、这样一个东西,便是最严格、最原始、最根本的"实体",也就是"第一实体"。根据这个定义或标准,显然,只有个别的事物(如"苏格拉底"这个人、"赤兔马"这匹马、"塞纳河"这条河、"珠穆朗玛峰"这座山峰等)。亚里士多德接下来又说:"人们所说的第二实体,是指作为'种',包含第

---

[1] [古希腊]亚里士多德:《范畴篇·解释篇》,聂敏里译,商务印书馆2017年版,第7页。

一实体的东西,就像'属'包含了'种'一样。比如,某个具体的人被包含在'人'这个种之中,而'人'这个种又被包含在'动物'这个属之中。所以,这就是第二实体,如'人''动物'。"①

很显然,亚里士多德的"第二实体",就是柏拉图最看重的那个"理念",即事物的一般性、普遍性、共相,在逻辑和语言中称之为"类、种、属"概念。

根据亚氏对两种实体的规定,我们看到,除了第一实体即个别、特殊、具体事物外,任何其他的东西(包括第二实体以及属性、关系、状态、数量、时间、地点等等),要么是表述第一实体的(谓语功能),要么是存在于第一实体之中的(不能够独立存在)。因此,如果没有第一实体这个最基础、最根本、最真实的东西,就不可能有其他任何东西的存在,故第一实体是第一性的、决定其他一切存在的存在。依此类推,"属"和"种"相比较,"属"的外延大于"种",因而"种"更接近于感性的第一实体,从根本性、真实性的程度来说,"种"当然就比"属"更为根本、更为真实。亚里士多德由此得出结论:越是一般、普遍的东西,它的实体性就越弱;而越是个别、感性的东西,它的实体性也就越强。所以,个别事物是第一实体,具有最大的真

---

① [古希腊]亚里士多德:《范畴篇·解释篇》,聂敏里译,商务印书馆2017年版,第7页。

实性。由此，我们看到了亚里士多德的"实体"思想与柏拉图"理念论"的巨大分歧——柏拉图恰恰认为，亚氏的第二实体即种、属、共相、普遍性，才具有客观实在性，并且越是一般、普遍的东西，其真实性、永恒性越强："人"比"苏格拉底"更真实；而"动物"比"人"更真实，以此类推。在这里，柏拉图的先验主义、唯心主义与亚里士多德的经验主义、唯物主义形成了鲜明的反差。

亚里士多德开创的这种经验主义或现象主义，后来在阿奎那、司各脱、奥卡姆、培根、洛克、休谟、穆勒、边沁、罗素、维特根斯坦、卡尔纳普等人那里得到继承和发挥（这些人基本上是英国哲学家），他们都将个体的、感性的、特指的某个"东西"作为他们认识论的出发点。但是亚氏以后的另外不少哲学家们（主要是欧洲大陆哲学家，包括大多数中世纪经院哲学家），走向了亚里士多德的反面，而倾向于柏拉图的理念论这种客观的唯心主义。他们认为，真正的实体并不是个体或具体，而是种、属；而且越是抽象、越是普遍、越是"超越"、越是"形上"的东西，其实体性、真实性就越强。这种典型的柏拉图主义，在整个中世纪，乃至于在近代欧洲大陆哲学界一直很流行，即便在今天，所谓"本体论哲学家""形而上学家"也基本在欧洲大陆。与之相反，同时期的英国经院哲学家和后来的英国经验主义、现象主义哲学，一直坚持了亚里士多德关于"第一实体"的思想路线,并且把这个思路推向了它的逻辑终点。我认为,从自然科学的价值来说,亚氏的实体定义及后来的经验主义、实证主义,与柏拉图式的先验主义、唯心主义相比,是更加令人信服的,因为它们与常识相近。

让我们举个例子。我们说"诸葛亮很聪明""诸葛亮是三国时期政治家、军事家""诸葛亮辅佐过刘备和刘禅""诸葛亮曾六出祁山""诸葛亮死于五丈原"等等。在所有这些话里,我们赋予了诸葛亮这个"第一实体"各种不同的属性、状态、关系等等,这些东西m都是用来说明"诸葛亮"的,都是作为"诸葛亮"这个主语的谓语而发挥作用,都属于所谓的"第二实体";而"诸葛亮"这个主语则具有唯一性和实在性,在上述句子里所涉及的"诸葛亮",完全是同一个"东西"——它承载了诸葛亮这个人从生到死所拥有、所具备、所经历过的一切。

还有一点:诸葛亮这个名字所代表的那个"人",并不能等同于他的各种各样的属性之和。也就是说,某个叫作"诸葛亮"的人,在他的身上具备了或被赋予了各种各样的属性;这个人和他的那些属性并不是一回事。换句话说,诸葛亮是另外一个独立的存在。于是我们就有了"两个"诸葛亮:诸葛亮本人和构成诸葛亮的一系列属性、状态、关系、时间、空间等等。这样一来,就出现了这样的情况:一边是诸葛亮的"存在"(他"本身"、他的"实体"、他的"基质"),另一边是诸葛亮的"属性"(他的历史、他的表现、他的所作所为)。从历史表象来看,这两者当然是联系在一起的,它们"合成"了一个完整的诸葛亮,但从实质上讲,这两者却是可以分离的——其中,诸葛亮"本身"是稳固的、不变的、长存的,而诸葛亮的"属性"则是变化的、相对的、生灭不定的。这是不是一件很思辨、玄妙,虽可以理解却又相当费解的事情呢?我想,古希腊以来许许多多哲学家都难免陷入其中的所谓"现象与本体""存在和属性"的分裂或世界的"二重化""二元论",就是这么来的。这不就是形而上学或玄学吗?这种思路认定:虽然我们只有通过了解诸葛亮的各种各样属性才能够对诸葛亮本人有所知晓,但是,诸葛亮的属性与诸葛亮本人,两者不能混为一谈。假如诸葛亮有一个各种属性完全与他相同的同卵孪生兄弟的话,我们虽然难以把他们俩区别开来,但并不影响这样一个事实:存在着两个人——诸葛亮和诸葛亮的孪生兄弟。无论如何,诸葛亮这个"实体",是不同于其属性之和的某种"单独的"存在。亚里士多德在其《形而上学》一书里概括了哲学本体论(形而上学)的这个精神实质:"一个东西,万物都由它构成,都是由它产生、最后又化为它(本体不变,只是变换它的形态)……既然一种本体是常在的,也就没有什么东西产生和消灭了;比方说,苏格拉底有了神采、有了文才的时候,我们并不说他是绝对地产生了;当他失去了这些特点的时候,我们也不说他是绝对地消灭了,因为那个基质——苏格拉底本身——是一直在那里的。"[①]

通过这番解析我们发现,"实体"这个概念已经变得相当思辨、神秘、难以捉摸了。我要特别强调的是:我们经常讲的哲学上的"灵魂"和"物质"就是这样的神秘"实体"。这两个东西被两千多年来数不胜数的哲学家、神学家、科学家反复思索、琢磨、探讨、争论,却从来没有得出过一个统一的意见,不仅如此,争论反而愈演愈烈,其表现就是唯物主义与唯心主义、唯灵论与实在论、经验主义与先验主义之间的争论。直到20世纪初英美分析哲学的出现,才在很大程度上平息了或搁置了这两军之间的对垒。

中世纪经院哲学家中的改革派,曾经针对实体是否存在以及如何存在的问题与保守派进行了长期的争论。这就是著名的"唯名论"与"唯实论"的争论,前者支持亚里士多德的实体学说,认为真实存在的是感性、个体存在物,实体只不过是用于标记、指称个体总和的词汇;后者则坚持柏拉图的唯心主义,认为越是抽象、越是普遍的概念,就越具有客观的真实性。近代以后,笛卡尔、斯宾诺莎、莱布尼茨这些先验主义哲学家,甚至包括洛克这样的经验主义者,仍然相信或者不放弃"实体"的存在,只不过他们喜欢把实体分为上帝、

[①] 《西方哲学原著选读》上卷,北京大学哲学系外国哲学史教研室编译,商务印书馆1981年版,第15页。

物质和灵魂三类而已。我们在前面已经对笛卡尔的"我思故我在"做了分析,他关于灵魂(自我)存在的"清楚明白"的论证,具有非常深远的影响。

洛克之后,他的追随者们——最有名的是大卫·休谟——大胆地迈出了洛克不敢迈的一步:全盘否定了"实体"这个概念及这个概念的含义。他们说,当你说出某一个人生活于何时何地,长成什么模样,做过什么工作,创建了什么丰功伟绩,和谁结婚生子,死于什么时候,怎么死的,等等,你就说出了关于这个人的一切;没有必要再去设想除了他的所有属性、关系、状态等等以外,还存在着这个人的一种"核心存在",一种单独的"实体",一个独立的"他"。虽然这种神秘的、将所有的"属性"都附着于其上的东西(实体)的"存在",我们在理智上是可以理解的,但我们却没有办法确切地知道"他"的存在,换句话说,我们没有办法知道"他"是怎么存在的——我们没有办法将"他"还原为某种经验或现象。当我们知道了诸葛亮的一切事迹(他的属性、关系、状态、功业、著述等等),我们就可以根据他的各种属性来辨认他,而用不着假定还有一个诸葛亮"本身"。这样一位抽象的、玄妙的、可以与各种属性相离的"诸葛亮",没有人知道"他"究竟在哪里,甚至"他"究竟存在与否也没人知道。因而,假设这个抽象、贫乏、幽灵般的"诸葛亮",是没有意义的。

由洛克开创，被休谟推向极端的英国经验主义就这样否定了起源于巴门尼德、柏拉图，发展于奥古斯丁、安瑟伦，终结于笛卡尔、斯宾诺莎、莱布尼茨的"实体学说"，把灵魂、物质、上帝的存在逼到了十分可疑的悬置状态。经验主义直到今天仍然是英语国家的哲学传统或思维习惯，这个传统或习惯强烈主张"奥卡姆剃刀"精神，即"思维经济原则"：不承认任何关于抽象、形上实体的观念，因为这类观念既无法证明，也无法证伪，更重要的是，这类观念对于获取知识，没有什么实际用处。

五、灵魂：证明还是信仰

"实体"的被摒弃，对强调"物质第一性"的唯物主义哲学造成了不小的打击，尽管这种打击远不如强调"灵魂第一性"的唯心主义哲学受到的打击那么沉重。如果坚持经验主义思路——这个思路是符合大众常识的——那么，抽象的、统一的、哲学意义的"物质"（人的肉体只是物质的一种表现形式）的存在就没有办法得到确证。退一步说，"物质"充其量只能作为代表、指称、表示一切具有"广延"（即占有空间）这个性质的东西的一个名称、符号、概念，它并不能拥有"实体"的宣扬者所主张的那种"存在"或"实在"的地位。

弗拉基米尔·列宁曾经给"物质"下过一个定义，他说："物质是标志客观实在的哲学范畴，这种客观实在是人通过感觉感知的，它不依赖于我们的感觉而存在，为我们的感觉所复写、摄影、反映。"①这个定义，在我看来与经验论、唯名论关于"实体""实在"的规定大体上是一致的：从感觉出发而不是从先验的概念出发来界说实在；物质作为一个词或概念，是用来标记客观性（广延性）的哲学范畴（概念、名词）；在这个意义上，一切具有广延性的东西（物质）都能够被人的感官摄取、认知。在这个"物质"定义中，列宁对感觉的注重和强调是不言而喻的。不过有一点要明确：哲学史上并不只有唯物主义主张"客观实在性"，唯心主义主张的种种"实体"（包括柏拉图的理念、经院哲学的上帝、莱布尼茨的单子、黑格尔的绝对精神等）都具有这种"客观实在性"。就此而言，我认为"物质"和"精神"的区别主要在于用词的不同。

不过，灵魂这个实体遇到的困难远甚于物质这个实体。不管怎么说，物质一词对于没有经过思辨训练的人来说，至少与感性的存在物是联系在一起的，毕竟，"广延"性（空间性）以及色、声、香、味、触这些可感的性质与人们的日常生活、日常感受密切相关。但"灵魂"一词却与任何实际的或可能的空间、与任何经验事实（感觉、知觉、表象）都

---

① ［俄］列宁：《唯物主义与经验批判主义》，《列宁选集》第二卷，中共中央马克思恩格斯列宁斯大林著作翻译局译，人民出版社，第128页。

没有关联，因为灵魂与物质的区别，根据西方人两千年来的信念，恰恰在于它的非广延性，即不与任何空间形式相对应。"灵魂"这个词甚至经常导致魔幻、灵异、神秘主义等等现象或观念。为了避免这种让人尴尬的情况出现，19世纪以后，唯心主义、唯灵论退了一步，用"精神"一词来替代"灵魂"一词，后来又用"主体"一词来替代"精神"一词，并且与"客体"这个词相对立。如今，主客体关系仍然是哲学家最常用的一对范畴。我们就来说说"主体"（"自我"）这个概念的含义。

毫无疑问，现在的我和昨天的我、昨天的我和去年的我是同一个人；婴儿时期的苏格拉底和即将赴死的苏格拉底也是同一个人，这是任何存在物固有的同一性，也是逻辑思维上的同一性原则。说出任何一句话的那个人（说话者），他在他的话语里的角色就是"主词"（或"主语"，subject），也就是"主体"（subject）。显然，主体这个词首先是在逻辑陈述中担当一个举足轻重、纲举目张的角色；他（或它）拥有支配地位，处在核心位置，他（或它）就是"灵魂"。哲学家们用"主体"来代替"灵魂"，就是这样来的。假如我看到一个人，同时又听见他在讲话，那么可以说看见他的那个"我"就是听见他讲话的那个"我"。当我感知任何事物时，我与事物（或对象）之间存在着一种联系：作为感知者的我是"主体"，而那个被感知的物便是"客体"。

但结果很令人失望,关于"主体",也就是笛卡尔竭力证明其"清楚明白"存在的那个"我",我们对其存在及其属性,还是不甚了了。因为除了我的各种各样的感知、经验、回忆以外,并不能够确证"我"这个单独东西的存在,就像除了诸葛亮的各种各样的属性以外我们不能确证一个独立存在的"诸葛亮"一样。于是,"我"就成了一个抽象的、空洞的、无意义的概念或语词。"我思故我在"仅仅是一种逻辑的推论,或者仅仅是一种"直觉",而"我"究竟存在与否或怎么存在,感觉、知觉、表象等等是一点忙也帮不上的。一个人可以永远感知到他物,但就是不能感知到"他自己",除非是获得关于他的各种各样的知觉、感受等等,这是显而易见的。因此,即便用"精神""主体"来取代"灵魂","我"的存在仍然语焉不详、不知所云。贝克莱大主教关于"存在就是被感知"的著名命题表明了这样的意思:任何东西都必须被还原为各种各样的"观念",即感觉或经验,才谈得上它的真正存在。然而,"我"这个发出感知的主体,却恰恰不能够被分解、被还原为任何一种感觉、知觉、表象。因此,如果说"我思故我在"在笛卡尔那里能够逻辑地成立的话,那么"我感故我在"在贝克莱(包括之前的洛克和之后的休谟)那里则是不能够成立的——因为感觉必须是有内容的,而任何内容都只不过是经验。

为此,休谟大胆地断言:其实并不存在主体、自我、灵魂这种"实体";即便存在,我们也不知道。他说,关于同一的、连贯的、实在的"自我",我们无论如何是察觉不到的;如果非要说"自我"是什么的话,那无非就是具体的、各不相同的、零碎的、一系列的感觉、知觉、表象的总和,比如冷或热、明或暗、静或动、爱或恨、饥或饱、苦或乐、愁或喜等等;至于发出这一系列感觉的那个纯粹的"我",我们是抓不住的。他举例说,我们在田野里找了半天,除了一大堆各种各样的稻草、谷物、枝叶外,我们找不到自己在哪里。因此休谟断言,"主体""自我""灵魂",无非就是"一束知觉"而已,别的什么也不是。

休谟这个论点在逻辑上解决了人类认知的极限问题。就是说,如果把经验主义原则贯彻到底的话,任何所谓的"实体",包括笛卡尔津津乐道的上帝、灵魂、物质等等。都是证明不了其存在的,这是休谟的一项重大贡献,这个怀疑主义结论后来极大地启发了伊曼努尔·康德。休谟的思路也在很大程度上为心理学、行为科学打开了方便之门——通过观察人的外在行为,推断出导致该行为的幕后心理状态,并且说明人与人为什么具有不同的欲望、信念、意图、好恶等等,而不必借助神秘莫测的"灵魂"这个词。

但是,特别重要也特别"严重"的是:休谟由此摧毁了道德价值和宗教信仰的基础。如果没有了灵魂(或主体、自我),笛卡尔就不能够证明上帝的存在,世界上就没有了"不朽"或"永恒"；如果没有了灵魂，肉体的消亡就意味着完全彻底的寂灭，"自由意志"这个观念也就失去了意义，而尘世作恶阴间受罚的"正义"观念也失去了根基；如果没有了灵魂，人类的高尚，历史的意义，精神的境界，价值的追求等等，便都不复存在了，哲学、道德、宗教和艺术也将销声匿迹，人类将急剧坠落，回归动物世界。这些严峻的精神后果，作为高度理性主义者和无神论者的休谟不是不知道，但他不想面对。

　　但是康德却不能不回答休谟留下来的问题。众所周知，康德是在读了休谟的《人类理解研究》，被休谟的上述彻底经验论和怀疑论结论震惊之后才开始认真思考，写下了《纯粹理性批判》这部划时代著作的。他认为《纯粹理性批判》已经成功解决了休谟对科学知识的普遍性、必然性的质疑，他的解决方案是严格区分科学与非科学（所谓的"划界问题"或"康德问题"）：通过批判人类"纯粹理性"，将一切形而上学（物质、灵魂、上帝）驱逐出人类知识的领域，仅仅留下数学和自然科学，作为人类认知、驾驭自然界的工具。正当康德为他的这个成就而欣然接受学术界的称赞的时候，他有一天突然注意到他身边的老仆人拉普那张惶恐、无助的脸。这位忠心耿耿服侍了他几十年的老人一生所希冀的仅仅是使自己的灵魂得到上帝的拯救。康德顿时醒悟到，对于老拉普和像他一样众多的普通人来说，上帝的存在和灵魂的救赎是必需的，不然的话他们辛辛苦苦的一生就没有意义了。为了拉普们，康德决心为上帝、灵魂、宇宙、自由这些形而上学理念拓展出一个新的广阔领域。他要论证：在道德、宗教和审美领域，上帝、灵魂、物自体等等将拥有崇高的、无可置疑的引领地位。于是康德开始了《实践理性批判》的写作。

关于"灵魂"，康德认为，灵魂（或自我）作为物自体的一种，自然不在时间和空间之中。我们能够感知到的是一种"现象的自我"（主体）与"现象的客体"（对象）之间的联系（这个观点与休谟的现象主义完全相同），但在这两个"现象"背后，存在着一种"真实的自我"（灵魂）和一种"真实的客体"（物自体）。当然，后面这两个东西是永远不能够被察觉的。那么为什么要假定它们的存在呢？康德说，因为这对于宗教和道德来说是必需的，对于千千万万的世俗中人是非有不可的，让他们在短暂的一生中碌碌无为、消耗生命是不公平的（这个时候康德的心中一定出现了老拉普那张饱经风霜的脸）。虽然我们无法通过科学的方法（经验和逻辑）来证明和了解灵魂那个"真实的自我"，但我们知道或者必须假定：它具有自由意志；它可以选择善良，也可以选择邪恶；它是不朽的；现实生活中好人受苦这种表面上的不公正现象，必定会得到在天国享乐的补偿；现世人生的道德行为要对来世负责；自由、意志、情感、爱等等，使人超越于动物之上，具有无可比拟的价值，等等。这就是康德在他的《实践理性批判》里得出的结论。显然，在康德的理论中，可察觉的"现象"只是表面的，而其背后的"实在"或"实体"，才是人类行为的中流砥柱；有了伦理学、神学、宇宙学这些形而上的理由（他称之为人类的先天禀赋），科学对灵魂、物质、上帝的拒绝也许是合理的，但这么做对于人类的道德行为却肯定是不合情、不合适的。

灵魂的合法性有了，那么灵魂的实在性（reality）怎么解决？在我看来，如果这是一个科学问题，它是无解的；如果它是一个伦理问题，就没有必要去解答。我倾向于以比较笼统的方式给灵魂一个说法：灵魂就是人的"内在"渴望的总和，或者说，是人身上（心也好，脑也罢，或别的什么器官也好）发动精神渴望、实施精神追求、获得精神满足的那个核心。根据权威的《韦伯斯特词典》的简单定义，"灵魂"（soul）这个词就是：a person's total self，一个人的全部内在自我，就这么简单。如此看来，"灵魂"这个概念不过是给人的精神世界、精神生活安上的一个名称而已，至于它的实在或存在情况究竟如何，那是不可能有人知道的，因为没有人能够用日常语言说得清楚。其实，形而上学中的"物质""宇宙""上帝""自由""必然"等等"实在"，又何尝不是如此呢？一切形而上学都像宗教那样寻求完备性、统一性，但一切形而上学又都希望得到科学方法的帮助。康德已经证明了，这是一种痴心妄想，人类理性不可能完成宗教和伦理学提出的任务。因此，证明灵魂存在的任何企图和尝试，都是徒劳的；历史已经告诉我们，这种证明既不可能取得成功，也没有必要取得成功。我们只需记住：假定灵魂存在，假定它是人类精神生活的本体和源头，其意义和价值完全在于信仰、道德和审美领域，必须通过人的"实践理性"或"审美判断力"来体现，这就够了。

六、虚幻的"物质"

直到今天，灵魂概念的意义和价值仍然存在着非常大的争议。这不是坏事，说明精神现象的本质问题，永远是人文关怀和文明发展的重要内涵。

但对"物质"（肉体）问题的讨论却从来没有像对"灵魂"问题的讨论那么引人入胜、富有成效。将精神、灵魂科学化、肉体化、庸俗化，虽曾经风靡几时，却从来没有成为过公论。18世纪法国唯物主义、无神论者（以拉美特利、狄德罗、霍尔巴赫为代表）直接将灵魂、心灵、"自我"归结于人的肉体组织。19世纪的机械唯物论（即马克思所批评的"抽象的、脱离了人的、自然科学的唯物主义"，以德国博物学家福格特、德国医生毕希纳、荷兰生理学家摩莱肖特、德国哲学家费尔巴哈等为代表），竟然将精神现象完全生物学化,说什么"大脑产生思想就像肾脏分泌尿液一样"。20世纪以后的不少生理学、细胞学、神经科学、实验心理学家也纷纷致力于把人的心智、情感甚至道德、审美"还原"为纯粹的生理学或解剖学事实。所有这些建立在"自然科学"基础上的唯物主义或无神论,都摆脱不了朴素性、庸俗性甚至动物性,它们完全不相信人类心理现象有独立的来源,它们根本否定"灵魂"具有实体的存在意义。但两百多年来唯物主义哲学所有的论证、解释都是徒劳的,因为它们最终解释不了人类精神现象与肉体现象之间的内在因果关系,更不可能找到精神现象得以产生的那个物质核心,那个肉体机制,那个生理源泉。

物质或肉体的"还原论"在某种意义上可以与常识相妥协、相融通,最终却得不到科学的支持,它没有办法说清楚人类精神究竟从哪里来,到哪里去。正因为如此,不管是科学充当宗教的"婢女"的中世纪,还是科学成为人类伟大的"新工具"的近现代,唯心主义、唯灵论、神学从来不曾式微,因为精神的本质问题不会因为理性主义、科学发展的兴或衰而消失。既然科学不能证明灵魂的"物质性",更不能证明灵魂的不存在,那么假定灵魂、自我、神的存在,对于说明人类道德行为的依据就是有益的,而且是有效的。

实际上,"物质"这个概念的遭遇是每况愈下的,它恰恰随着科学的发展而失去了其原有的合理性与合法性。"物质"这个词本来与人们的日常生活密切相关。从公元前6世纪开始,古希腊自然哲学家们提出过各种各样的"始基",来解释自然界的来龙去脉,这是最早的"还原论"——把自然界归结于某种或某几种普遍性、适应性比较高、与生产生活关系比较密切的自然物(水、土、气、火之类)。这就是最早的"物质"概念,很朴素,很感性,很实在——却完全不靠谱。后来的希腊哲学家发展、强化了人的"抽象"这个功能,将日常生活中的物理现象(即与心理现象相对立的一切自然现象和过程)概括为元素、原料、原子、质料的总和或共相、类。德谟克里特的原子论和亚里士多德的质料说是最早的物质概念和理论唯物主义(唯物主义这个词,其本意就是"质料""材料",即materialism)。从此以后,作为物理学范畴的"原子",与作为哲学范畴的"原子"其实就是一而二、二而一的同一个东西。这个物理学-哲学词汇在欧洲通行了一千多年,从伊壁鸠鲁、托马斯·阿奎那直到牛顿、莱布尼茨,一直都在使用。近代以后,物质被归结为具有"广延性"(即占有空间)的一切物理现象的总称,所有可感的物理现象都是物质,也都是广延。科学家讲的物质和哲学家讲的物质从来就是一回事,并不存在所谓"哲学上"的物质那么一回事。但是,总有一些哲学家不满足于这个"低层次"的、与物理学为伍的"广延性",他们要给出一个哲学的物质定义来,其最有代表性的哲学家,先有狄德罗、爱尔维修、霍尔巴赫、孔狄亚克、费尔巴哈，后有恩格斯、杜林、普列汉诺夫、列宁、波格丹诺夫、布哈林。

实际上，他们关于"物质"的哲学定义或哲学界定，并没有告诉我们任何新的内容，无非是对近代以来科学家们关于广延性、运动性、可知性，尤其是"客观性"这些描述的翻版而已。在"客观性"这个问题上，唯物主义的物质定义尤其站不住脚。他们说只有物质才具有"客观实在性"，除此之外的一切所谓的"客观性"都是假的，都是唯心主义热衷的"观念"。其实，柏拉图的"理念"，莱布尼茨的"单子"，康德的"物自身"，黑格尔的"绝对精神"，等等，这些哲学范畴的最大、最强的性质恰恰就是"客观实在性"，这个性质跟列宁讲的物质的客观实在性没有本质的差别。这样一来，"客观"的物质与"客观"的精神的区别，就只是用词上的区别了。特别糟糕的是，所谓哲学意义上的物质，与自然科学家研究的那个"物质"即自然界的构成材料，很少有一致性。

自然科学发展到了21世纪的今天，物质概念的含义已经得到了极大的拓展，它已然大规模地渗透到了微观量子领域。宇宙自然的"原材料"是什么？现在看来，就是量子（原子、电子、中子、中微子、光子、夸克等等"基本粒子"），它们是真正的"宇宙之砖"。严格说来，物质世界就是亚原子世界（所谓的"基本粒子"）的无限扩展，从飞鸟鱼虫到山川草木到江河湖海到宇宙演化，无不如此。除此之外，世界上并没有所谓的哲学"物质"。从古希腊自然哲学家的"始基",到德谟克里特、卢克莱修的"原子",再到牛顿的"物的质量"(quality of matter),再到爱因斯坦的"光电子",最后到量子力学哥本哈根学派的"波粒二象性""基本粒子"等等,"物质"这个概念的每一步发展,都揭示了人类对宇宙基本结构的认知,这是有真正现实意义的物质概念。至于所谓哲学意义上的"物质",如果人们非要认定其"存在"的话,那么,它只不过就是一个词。

七、灵与肉的互动

近几十年来,科学中已经发展出了新兴的交叉学科——"心身医学"和"认知科学"。1962年,英国科学家弗朗西斯·克里克与另一位英国科学家詹姆斯·沃森因为共同发现了脱氧核糖核酸(DNA)双螺旋结构而获得诺贝尔生理学或医学奖。克里克、沃森的这个贡献是划时代的,成为今天生物学、生理学、医学、遗传学、细胞学、人类学、刑事侦查学等等理论和实践中不可缺少的学科基础和技术手段。但克里克的贡献还不限于此。1966年,当生物医学的基础轮廓已经被清楚地勾画出来之后,克里克认为是将兴趣转向神经科学,尤其是"意识"问题的时候了。1976年,他来到美国加州圣迭戈的索尔克生物研究所,开始从事对脑和意识的研究，开始了其科学生涯的第二次转折。

克里克在科学史上第一次明确提出用自然科学的办法来解决意识问题，他相信能够取得成功。在一个细胞的所有分子中，哪些是生命之源？他说他和詹姆斯·沃森已经解决了这个问题，那就是DNA的划时代发现。那么，在大脑的所有细胞中，哪些又是灵魂之源呢？他说他接下来要解决的正是这个问题。意识、思考的本质是什么？克里克并没有走实验的道路，而是从理论研究入手——我想，他心里十分清楚，实验这条路是走不下去的，只能"理论先行"。他对意识问题研究的另一个特点是他不仅从自己熟悉的分子生物学角度研究问题，还注重从心理学、神经解剖学以及神经生理学等各个学科角度，甚至从哲学的视角来看问题，以期架起连通各个领域的桥梁。

20世纪90年代中期，克里克在其科普著作《惊人的假说：灵魂的科学探索》（The Astonishing Hypothesis——the scientific search for the soul）中指出，我们的思想、意识完全可以用大脑中一些神经元的交互作用来解释，"你的快乐和你的痛苦，你的记忆和你的雄心，你的个人身份和自由意愿的感受，不过是一大群神经细胞及其相关分子的群体行为。"[1]具体来说，他认为，人的精神活动完全由神经细

---

[1] ［英］弗朗西斯·克里克：《惊人的假说》，汪云九译，湖南科学技术出版社2002年版，第75页。

胞、胶质细胞的行为构成及影响它们的原子、离子和分子的质所决定，"灵魂就是离开躯体但却具有理智和自由意志的活的生物体。"①这就是他提出的关于意识的"惊人假说"。

作为对意识本质问题兴趣的一部分，克里克还研究了关于人类梦境的复杂问题。当然，克里克研究梦不像弗洛伊德那样是为了解析梦的内容，而是为了透视人的神经网络。他认为只有理解了神经组群之间如何相互作用和协同工作，才能理解大脑。神经组群之间这种复杂的相互作用有时发生在睡眠和快速眼动中，克里克希望通过研究梦来作为神经交互作用的证据。2003年，克里克在著名的《自然-神经科学》杂志上发表论文《意识的框架》，提出意识不是先天就有，而是由大脑中位于"扣带前回"的一小组神经元产生和控制的。这又一次达到了他研究人类意识问题的新高度，受到认知科学界的广泛关注。

克里克的研究是典型的生理还原论，与18世纪法国医生、唯物主义哲学家拉美特利的意识本质研究没有质的区别。只不过，克里克的研究是站在当代科学的最前沿，他本人就是20世纪最伟大的分子生物学家、诺贝尔科学奖得主。在我看来，从科学技术的角度来定义人的精神活动，从而排除"灵魂"的实体性、实在性，是怎么也反驳不了的。但是

---

① ［英］弗朗西斯·克里克:《惊人的假说》，汪云九译，湖南科学技术出版社2002年版，第3页。

从哲学、心理学、人文学科（历史、文学、道德、宗教、艺术、美学）的角度看，这种解释就太简单化，甚至有点庸俗化了。毕竟，人是宇宙间最复杂的存在，人，尤其是人的精神、意识、思想、感情等等，虽然可以通过自然科学的方法归结于一系列物理、生物、化学、神经、脑组织等元素及其相互作用的结果；但人、人的精神、人类历史、人类文化远比科学揭示的物质状况复杂、深邃、神秘、不可思议得多。仅仅用自然科学来解释人及其行为，人的世界与动物世界就没有根本区别了，因为所有的精神活动都被化解为物质、肉体的活动了。

如前述，19世纪曾经在欧洲十分流行一种机械的、自然科学的唯物主义，它主张精神现象完全是物质过程——物理的、化学的、生理的、进化论的——产物，大脑产生意识就像肾脏分泌尿液一样。马克思和恩格斯对这种"抽象的、脱离了人的、自然科学的唯物主义"（即庸俗唯物主义）进行过多次批判。因此，灵魂、自我、精神实体的存在，即便得不到科学的证明，我们也必须假定甚至断定其存在；它不是科学的对象，却是信仰的对象、信念的依据、信心的保证。换句话说，灵魂的存在以及灵魂与肉体的关系，其意义不在于弄清楚"是"什么或"不是"什么，而在于明确"应当"如何或"不应当"如何，即道德、正义、善恶、义务、价值、意义、自由、信仰、美感、境界等等，也就是说，灵魂的存在以及灵魂对肉体的永恒的引导、支配地位，完全与科学无关，而与人的行为的正当性、应然性（哲学、道德、宗教、艺术、美学、心理学）有关。

我认为只有这样，才能够解释"人是万物之灵"这句话的人文含义。人的灵性与上帝的神性是相通的，这两者在远古时代实际上是一回事，或者说，两者之间有一种明确的因果关系。前面我们引述了恩格斯关于死亡现象怎么引发出不朽的灵魂的构想，灵魂怎么升华出神明的观念，神明如何成为崇拜的对象，以及多神教如何衍化出一神教、造物主等等。恩格斯的这个阐释是令人信服的。

在远古时代，人们心中的"灵"就是属于他们自己的"神"。这个属于个人的、小型的"神灵"，随着文明的进步而不断蒸馏、膨胀、扩大，先后发展成为宇宙万物之外或之中的"众神""泛神""自然神"，变成了人格化的、全能化的、可以影响和控制万众的"泛灵"；最后衍化成为"唯一的神"。一神教出现以后，各不相同的教义和教规，使人们心中的灵魂与那个唯一的神（耶和华、上帝、真主、佛陀等）相通了。从多神、众神、相对神升华为一神、独神、绝对神，从普遍存在于人们心中的"泛神"净化为单一的"造物主"，这是人类对宇宙起源问题的一次历史性进步，也是人类对灵性（小宇宙）与神性（大宇宙）相互交融的一次革命性认知。抽象就是唯一，唯一就是无限，无限就是万能，万能就可以解决一切身心难题。基督教改革以后，新教徒更是拥有了让自己的心灵与神对话、交流的权利，而无需再借助于教会这个中介。因此灵魂问题与宗教问题永远是相生相伴的，神的观念与灵的观念永远不可分离。从哲学与宗教的关系的角度看，唯心主义与唯灵论是孪生关系，唯物主义与无神论也是一体的。唯物主义或无神论，尽管它们有其理论上的充足理由，而且它们曾经在历史上（主要在18世纪的法国）起到过积极、进步的认识论、社会学、政治学作用，但总的来说，唯物主义、无神论在思想深度和现实影响方面远不及唯心主义和唯灵论。要不然就不能解释，当今世界80亿人口中，为什么宗教信徒占了三分之二以上这个事实。

但是话说回来，光有灵魂而没有肉体相伴，灵魂就会成为"幽灵"，因此没有肉体是不可思议的事情，因为灵魂的种种愉悦或痛苦都离不开肉体。如果没有肉身，我们将不再能看风景、听音乐、呼吸新鲜空气、读书、散步、运动、宴饮，尤其是——不再有活生生的男人和女人，不再有爱情、性爱这种无比美妙的事儿。没有了肉体的灵魂，便不复有任何生命的激情和欢乐，就比死掉好不了多少。

人的肉体是奇妙的，人的灵魂更奇妙，但最奇妙的是人的肉体居然和人的灵魂那么合适、那么巧妙地结合在一起。灵魂永远是自由的，不管在宗教教义里还是在世俗生活中，灵魂的自由都是不言而喻的事实或境界。任何力量都不能禁止、扼杀、抹杀灵魂的独立、精神的自主、思想的自由。但灵魂要享受它的独立、自主和自由，必须依靠肉体。没有了肉体，也就是没有了人的多种感官、器官，灵魂的一切激情、欢乐、愁苦、悲伤以及灵魂对肉体行为的选择、把控、调节等等，都将归于虚无。然而，也恰恰是有了肉体的陪伴，灵魂的自由、精神的独立受到了最严重的羁绊。这是灵魂与肉体关系的最大，也是最无解的悖论。

八、进化论的困惑

19世纪以来，随着以达尔文为代表的生物进化理论的勃兴，以及现代生物学、生理学、神经医学等等的迅猛发展，人类这样一个物种，尤其是人类如此复杂、不可思议的精神现象，被迅速科学化、简单化、扁平化了——人类已经不再神秘了。在今天的高中课本里，学生们被教导说，人类作为迄今为止最高级、最复杂、最富于创造力的物种，实际上是在漫长的由低到高、由简单到复杂的进化过程中成为现在这个样子的，通俗地讲，人是从猴子"变"过来的。这种说法在今天早就见怪不怪，但在150年前，却实属惊世骇俗，而且大逆不道——它直接冲击的是《圣经·创世纪》，而且比起更早以前尼古拉·哥白尼提出的太阳中心说所造成的精神颠覆更大。

在科学昌明的21世纪，在如今这个技术成就日新月异的时代，似乎任何得到了科学论证或技术检验的结论都是无可争议的，"科学主义"在不少地方简直成了一种新型的宗教。我想指出的是，即便从狭隘的物种进化论的角度看，把人类特别是人类的心智、精神归结于由低到高的进化过程的结果（不管是渐进的结果还是突变的结果），都是不能令人信服的，尽管它得到了科学的某种支持。

如果今天的人类是从过去的动物演变而来的，那么我们就没有任何理由怀疑今天的"低等动物"有一天不能演变成为"高等动物"，从而有一天，新的"人类"会出现在地球上。更严峻的是：如果进化论是对的，那么今天的我们实际上正在走向衰落，乃至于走向消亡。这就是科学的必然结论。我们能接受这个结论吗？我想，哪怕最悲观的人也不愿接受。

实际上，结论恰恰相反的科学证据倒是出现了，那就是"寒武纪生命大爆发"假说对达尔文进化理论的强有力挑战。达尔文在世时已经掌握了一些与他的进化论相悖的寒武纪化石证据，他在其《物种起源》中提到了这一事实，并大感迷惑。他敏感到，这一事实会被用来作为反驳他的进化论的有力证据。于是他解释：寒武纪的动物的祖先一定是来自前寒武纪动物，是经过很长时间的进化过程产生的；寒武纪动物化石出现的"突然性"和前寒武纪动物化石证据的缺乏，是由于地质记录的不完全或是由于老地层淹没在海洋中的缘故。但是，对进化论造成了真正颠覆的证据是20世纪的三次古生物化石奇观的发现。一次是1910年在北美发现的距今约5.3亿年中寒武纪的"布尔吉斯动物群"，另一次是1947年在澳大利亚南部发现的距今6.8亿～6亿年之间的"埃迪卡拉动物群"。而1984年在中国云南澄江发现的古生物群，则被国际上誉为"20世纪最惊人的发现之一"，为探索"寒武纪生命大爆发"的奥秘开启了一扇科学之窗。1984年7月，距今5.4亿年前大规模的寒武纪生物群在澄江县首次被发现，这一多门类化石群动物类型众多，且十分珍稀地保存了动物软体构造，首次栩栩如生地再现了远古海洋生命的壮丽景观和现生动物的原始特征，以丰富的生物学信息为"寒武纪大爆发"研究提供了直接证据。经过三十多年的努力，中国科学家在有关"寒武纪大爆发"的古生物学研究方面已在国际上取得了领先地位。2003年，由从事"澄江生物群"研究的中国科学院南京地质古生物研究所的陈均远研究员、云南大学的侯先光教授和西北大学的舒德干教授共同领衔的"澄江生物群与寒武纪大爆发"项目因在早期生命演化研究中取得的重大突破，荣获国家自然科学奖一等奖。[1]远古的化石群奇迹般地完好保存了生物的矿化骨骼，还保存了大量软体组织印痕，如：表皮、感觉器、纤毛、眼睛、肠、胃、消化腺、口

---

[1] 中华人民共和国科学技术部主管、国家科学技术奖励办公室主办：《中国科技奖励》，2003年第02期。

腔和神经等，甚至有的动物好像在临死前还饱餐一顿，消化道里充满着的食物仍可辨认。如此高级的生命形态竟然发生在距今五亿多年前，以达尔文进化论的标准来看，是完全不可想象的。中国的科学家们对"澄江生物群"的不断挖掘发现和深入系统研究，探索了脊椎动物、真节肢、螯肢和甲壳等动物的起源，证实了现生动物门和亚门以及复杂生态体系起源于寒武纪早期，挑战了自下而上倒锥形进化理论模型，为自上而下的爆发式理论模型提供了化石证据。现已描述的澄江生物群化石共120余种，分属海绵动物、腔肠动物、鳃曳动物、叶足动物、腕足动物、软体动物、节肢动物、棘皮动物、脊索动物等十多个动物门以及一些分类位置不明的奇异类群，此外，还有多种共生的海藻。2012年6月24日，第36届世界遗产大会在俄罗斯圣彼得堡开幕。会议对当年申报《世界遗产名录》的36项遗址进行了审议，其中中国申报的"澄江化石群"顺利通过，成为中国首个、亚洲唯一的化石类世界自然遗产，也成为中国第42项世界遗产。

这就是至今仍被国际学术界列为"十大科学难题"之一的"寒武纪生命大爆发"。依照传统和经典的生物学理论（即达尔文进化论），生物进化经历了从水生到陆地、从简单到复杂、从低级到高级的漫长的演变过程，这一过程是通过自然选择和遗传变异两个车轮的缓慢滚动逐渐实现的，而中国的科学家及世界上其他科学家们通过对寒武纪古化石的研究向这一权威理论提出了挑战。澄江生物群的发现为"间断平衡"理论提供了新的事实依据，对达尔文的进化论造成巨大冲击。"间断平衡"理论认为，生物的进化不像达尔文主义者所强调的那样是一个缓慢的连续渐变积累的过程，而是长期的稳定(甚至不变)与短暂的剧变交替的过程，从而在地质记录中留下许多空缺。澄江生物群的发现说明了生物的进化并非总是渐进的，而是渐进与跃进并存的过程。

我的看法是，如果进化论有可能是错的，那么长期以来生物学、生理学、生命科学、实验心理学、哲学领域里的"普世真理"就有可能被证伪。一旦如此，关于人类精神现象（理性、思想、意志、情感、审美等等）起源于、发展于由低到高、由浅入深的自然进化过程的理论，就不再能够立于不败之地。

我们习以为常的科学或哲学理论经常告诉我们：人是自然界长期发展的结果，人类精神是特殊的物质——脑——的产物，精神世界是对物质自然界"实际情况"的反映或"摹写"。科学家引用最多的就是我们的"近亲"灵长类（黑猩猩）的例证，说我们这些近亲在生理上甚至在"心理上"和我们如何如何地接近等等。但是迄今为止我们没有得到任何一个科学结论，证明某个聪明的黑猩猩与任何人类婴儿有本质的一致性——最了不起的黑猩猩仍然是动物世界的一员，永远不会成为人。这还仅仅是从智力这个比较低端的角度来衡量的。至于人类独有的那些无比丰富、奇特、难以理解或不可理喻的精神世界，包括理性与非理性，意志与情感，道德与审美，宗教与科学，尤其是人的自由意志和创造性，所有这些奇妙无比的精神产品竟然都是从动物界当中长期进化、逐渐演变、突飞猛进过来的！迄今为止，有哪一门科学理论或技术手段，有哪一位开天辟地的科学大师在这个问题上做出了一丝丝贡献？哪怕是提出个把假说，交付实验科学家进行验证或者证伪也好啊！

因此，我必须认定：人类是宇宙间独一无二、特立独行的存在，永远不可能有复制品，人类本身就是宇宙间最大、最深、最不可解的谜。上帝创世、诺亚方舟、盘古开天、女娲补天等等传说，永远是不可证实的，但也永远不可证伪。至于人类精神现象，不管现代生理学、精神医学、实验心理学取得了怎样的实验或解剖成果，它们仍然解释不了精神现象与解剖成果之间的因果关系，而且我相信永远也解释不了。因此我的假定只能是：存在着一个独属于人类的，一切精神活动都寄托于、发自于它的"实体"，即灵魂，或笛卡尔说的"自我"。证明灵魂的存在是永远徒劳的，因为它不在时间、空间之中；"我思故我在"已经是最合理的先验证明了。对于人类生活来说最重要的，也是最有实践价值的，乃是关于灵魂（心、自我）的不假思索的信仰。

九、不朽与永生

前面我曾以"诸葛亮"为例,说明了如果离开了诸葛亮这个"第一实体"的一系列属性,我们就不可能对诸葛亮这个人有所认知;因此"诸葛亮"可以用他的一系列属性,亦即他的行为的总和来加以定义,而无需假定也没必要断定还存在着一个独立的"诸葛亮"本身。这当然是典型的经验主义、实证主义、唯名论,要点在于对抽象实体(物质、灵魂)的排斥。

但是,如果我们坚持这条休谟主义路线,将一个人完全归结为、分析为、还原为他的所有属性的总和的话,也会遇到严重的困难。如果除了那个人的肉体构造以及发生在这个肉体上的一切感性事件——他的衣食住行、言行举止、所作所为等等——之外,我们就不能够辨认这个人,甚至连他的"存在"也不能确定的话,那么,一旦这个人的所有属性消失了,比如说他的肉体消亡了,那么他这个人就不复存在了,他不就成为虚无了吗?

当埋葬一个人或火化一个人的时候,随着这个人的肉体的灰飞烟灭,这个人的存在就彻底终结了吗?如果答案是肯定的,这就太令人困惑、沮丧、无奈了!我想,世界上之所以绝大多数人相信灵魂不朽和永生等观念，而排斥无神论、虚无主义，道理就在这里，虽然这种信仰是没有任何科学根据的。保守的宗教信徒都支持土葬而不赞成火葬，有一个直观的理由：要是人体的各部分变成了四处扩散的灰烬和气体，而不是以蚯蚓和泥土的形式保留在墓地里，全能的上帝就很难呼唤、拯救那个人的灵魂。这个观念，在没有宗教传统的中国人之间，也完全能够接受。直到今天，如果不是政府的限制，相当多的中国人仍然乐意土葬——这或许对灵魂转世或"来生"有利。

事实上，对一个死去的人，我们认为他"仍然存在着"是合情合理的——我指的当然是这个人的灵魂。这样的认知或念想，即便不是出于宗教的理由，至少应该出于道德的理由。不管是什么理由，总要比认为人死了就是一把灰，就等于完全的虚无这种唯物主义观念要好——灵魂不灭这种信念对于活着的人是肯定没有坏处的。比如一个人的精神，他的业绩，他的话语，甚至他遗留下来的器物等等，是可以通过记忆、记述、纪录、纪念而长存的。我们还以诸葛亮为例。时至今日，我们对诸葛亮的形象、品格、业绩、聪明才智、政治谋略、军事成就等等依然如数家珍，因为我们有关于诸葛亮的大量纪录和描绘，最有名的当然是《三国演义》。因此我们和我们的后人对他的认知、了解、纪念、怀想等等也就不会结束。从这个意义上讲，诸葛亮的肉体早就灰飞烟灭了,但他的灵魂、精神、思想尚在。

这就可以解释为什么我们要对某些亡故的人念念不忘了。因为我们有记忆,我们记忆中的这些人并不是简单的肉体、感官及其活动的总和,而是活灵活现、栩栩如生、有思想、有感情、有创造性的那个肉体。他的肉体行为曾经在过去的特定时间、空间里留下了重大的、决定性的反响和影响,而他造成的所有这些反响和影响,都是他的灵魂指挥他的肉体行使作用的结果,也就是说,他留给后人的一定是他的精神业绩。因此,一定存在着一个作为"自我"或"灵魂"的"他",尽管我们没有办法证明这一点。当一个人的肉体死亡了,我们为他举哀,我们面对着他那已经失去了生命力的躯体,表示深切的哀悼和怀念——这是我们熟悉的、曾经"活着"的肉体,但我们非常清楚,我们悼念的,我们发誓继承的,是他的精神而不是他的躯体,而且这个精神可以通过我们或我们后代的记忆而代代相传。因此,断定一个人仅仅是他的肉体行为及其各种各样的感性表现、属性、状态等等,而不承认有一个单独的、不依赖所有属性而存在的"他",也就是这个人的"灵魂",似乎是说不过去的。说到这里,我想起曾经读过的一本西方人写的书——我已经想不起书名了——描写古巴职业革命家切·格瓦拉在玻利维亚指挥游击战最后失败的纪实。格瓦拉被俘后遭处决,作者对他生前和死后的称呼有变化:格瓦拉还活着的时候讲"他"如何如何,当格瓦拉被处死后,那些士兵处理其尸体,作者的描述就改称"它"了。显然,在作者心里,此时格瓦拉的灵魂已经"出窍",留在那里的只是一具没有生命的躯体,只是一个"它"而已。

说一个人的精神、品德、人格将永存,他的灵魂永垂不朽,他永远活在我们心中等等,当然指的是他的肉体与精神曾经的统一体。但我们都清楚,主要不是指他的肉体部分,而是他的精神部分。肉体是可朽的,但我们通过他的灵堂、照片、生前用品等等来纪念他,却是一种带有宗教性质的象征。他在坟墓里的躯体或他的骨灰,仅仅是他已经腐朽了的或已经化为灰烬的肉体组织,它们很难代表他的精神、意志、思想、感情等等。显然,这些精神性的东西,不可能发自他的肉体,而只能来源于他的灵魂。从这个意义上说,宗教关于灵魂不朽、自由意志的观念,关于灵魂赎罪以求上帝拯救的观念及仪式,便有了现实的意义。无神论者之所以在有浓厚、长远的宗教传统的国家不受欢迎、遭人鄙视,正是因为他们斩断了人们对亡魂的念想和对来世的期盼。如果受过教育的人们都接受了"人生仅仅就是肉体生命存在的那短短的几十年"这个观念,那么他们就会顺理成章地觉得人生实在是荒谬而无意义的,因而采取一种玩世不恭的生活态度。宗教之所以拥有那么广泛的信徒,实质上是它为普通人延续了他们的生命,这就是不朽、永生的观念,这是现世为来生负责的道德观念得以长盛不衰的真正理由，其现实的合理性（伦理因果）和永远的合理性（灵魂长安）都是显而易见的。而无神论者之所以被贴上"不道德"的标签，原因也在这里。

大卫·休谟就有过这样的遭遇，他曾向朋友讲过他有一次偶然间"被皈依"为基督徒的故事。在论证了上帝存在和灵魂不朽的高度可疑性之后，休谟在哲学界影响很大，但对于普通的苏格兰民众来说，他这种宗教怀疑论或弱无神论却不能被容忍。有一次，休谟不小心陷入一片泥沼且越陷越深、不能自拔，一群路过的苏格兰渔妇见状无人相助，因为她们认出了这位哲学家。她们告诉在泥沼中挣扎的休谟说，除非你改变对上帝的态度，否则我们就看着你被淤泥淹没。无奈之下，休谟答应成为一名基督徒，并且当场背诵了一段主祷文和信经，才在这帮壮硕的妇女帮助下脱离了困境。休谟事后向朋友开玩笑说，这些渔妇是他所遇到过的"最聪明的神学家"。

十、意志与人格

在基督教中，"原罪"是一个核心概念，关乎一切人类行为的起源。亚当和夏娃之所以犯罪，固然是因为蛇的引诱，致使他们俩违背了上帝的禁令而吃了"智慧果"，这样就犯了罪，即"原罪"——人类从此受其牵连，世世代代必须赎罪。但是为什么他们会犯罪？因为上帝赋予了亚当、夏娃"自由意志"，也就是赋予了他们选择的自主权，否则他们无论如何不会吃那棵树上的果子。既然自由意志是上帝赋予的，那么自由意志就是人类与生俱来的属性和权利。自由意志必须是人的行为的第一因，它本身不是某种前因的后果，否则，人类就可以对自己的行为不负责任了。这个意思是说，人的行为源于意志的选择，其结果只能由人自己负责；亚当和夏娃之所以被罚，就是因为他们偷吃禁果的行为是没有借口的，因为上帝已经赋予了他们自由的意志，这个意志是驱动他们俩的肉体行为的原动力。因此他们做出的事——偷吃禁果——属于"犯罪"，只能通过"罚罪"来体现正义，这就是承担责任。

这种宗教观念到了近代遇到了科学的重大挑战。首先是笛卡尔，他在论证了物质和灵魂存在之后断言，起源于"物质"的物理事件和起源于"灵魂"的精神事件是两个平行的系统，它们有着各自的运行法则，互不相干，却能够协调一致。就像两个钟一样，开始时钟摆不同步，到最后就步调一致了。当你遇见一个人，决定说"你好"时，你的这个决定属于精神事件；但是，由此引起的唇、舌、喉的活动以及音频、耳膜的震动等等，却完全是力学的事件，但这两个完全不同的事件却能够十分协调地表现出来。这种二元论思想到了17世纪被物理学所否定。牛顿认为，所有的物质运动都服从于万有引力和三大定律，这里所说的物质运动，当然包含了动物和人的肉体的运动。由此看来，灵魂、意志等等至少在物理世界中是没有地位的。到了18世纪的法国，纯粹的唯物主义取代了神创说和笛卡尔的二元论，它明确认为，人是完全受物理学定律支配的物质或肉体的存在。医生出身的法国哲学家拉美特利写过一本书叫作《人是机器》，他断言，人的灵魂、精神和意识完全是物质过程的产物，甚至直接就是各种各样的生理过程本身。他写道："有多少种体质，就有多少种不同的精神、不同的性格和不同的风习。只有医生才能凭借改变躯体而改变精神和风俗习惯……要怎么样才能使卡努斯·尤利乌斯、塞涅卡、彼得罗纽等人从勇敢变为畏葸怯懦呢？脾脏、肝脏里有一点故障，门静脉里有一点阻塞就行了。"[①]总而言之，没有物理现象的派生或伴随，所谓的灵魂活动（精神、思想、意志、情感等等）是发生不了的，也是没有意义的。19世纪中叶，达尔文在他的《物种起源》中证明了，适用于动物体的所有原理都可以适用于对人体的说明。随着生物化学、生理学、医学、细胞学、胚胎学的发展，尤其是脱氧核糖核酸（DNA）的发现，生物的特性越来越可以用自然科学的实验方法、实验术语来加以说明。另外，关于人类欲望的研究也引入了大量自然科学的实验数

[①] 《西方哲学原著选读》下卷，北京大学哲学系外国哲学史教研室编译，商务印书馆1981年版，第105-106页。

据，从而使欲望这种精神现象也具备了物质、肉体的基础而不再是纯粹心灵的产物。科学表明：人的欲望或无欲不能简单归结于"自由意志"的驱使、放纵或克制、压抑，它实际上是由各种各样的"自然"原因导致的：可以从内分泌腺中找到它们，可以在脑细胞和中枢神经中发现它们（比如多巴胺、脑啡肽），可以在早期教育过程中发现它们，也可以在无意识或潜意识的记忆中发现它们，等等。

这些科学事实都是无可非议的。但无论如何，精神现象被归因于物理现象，对于达到健全、完整、崇高的人格与文明、和谐、友爱的社会来说，对于人类先天具有的对超越境界、人文理想的期盼与求索来说，对于向上、向善、向美的人类价值取向来说，都是远远不够的，岂止不够，简直就是一种亵渎。"人是机器"的命题是没有人会真正愿意接受的。

人的意志是不受科学进步影响的。不管科学对意志起到了强化作用还是弱化作用，意志本身都不会发生实质性变化。除非我们的精神世界，或者说我们的文明还处于初级阶段，否则自由意志一定是人的最重要的规定性。古今中外大量的事例都表明，光凭人的意志，就足以抵制哪怕是最强烈的欲望。除了意志，我们还具有理性和良知的力量，来对我们的肉体行为实施道德的约束。人是唯一可以对自然规律和肉体本能进行抵制、抗拒、说"不"的存在，是唯一可以做到"贫贱不能移、威武不能屈、富贵不能淫"的存在，是唯一可以理性地、从容地而不是盲目地、病态地选择放弃自己生命的存在，是唯一可以不自然、反自然、超自然的存在，是唯一可以自己为自己设定行为禁区并且绝对照办的存在。所有这一切，不就是因为在人的世界里，存在着一个精神渴望或精神约束的核心部分吗？这个部分——即"灵魂"——16世纪法国哲学家笛卡尔曾信誓旦旦地说存在于人体中一个名为"松果腺"的器官当中，17世纪比利时医生兼化学家范·爱尔蒙认为灵魂的位置在幽门，18世纪法国著名医生德·贝洛尼认为大脑左右半球的连接纤维"胼胝体"是灵魂所在的地方。这些见解当然都是完全错误的，闹了科学笑话；但"我思故我在"却具有无可争议的自明性，它保证了人，当然是人的灵魂、自我、精神的独立与尊严。因此，虽然人的肉体活动服从于物理学、生理学、解剖学的因果律，这是没有人能够反驳得了的；但与此同时，真正的、完整的、脱离了动物界的"人"，却一定服从于心理学、伦理学、神学、哲学，服从于自己的灵魂。

人类精神现象的一个很重要的方面与意识的功能有关。很明显，人是有意识的，而且是高级的意识；动物也有意识，只不过比较低端而已；但无机物，比如石头、木棍、塑料就没有意识。当我们说我们是"有意识的"时候，这话有两层意思：一方面，意味着我们以某种方式对周围环境做出反应；另一方面，意味着我们在内省的时候能够察觉到我们的思想和感情中具有某种无生物所没有的特性。

就我们对周围环境做出反应来说，一个人如果"感知"到了外部事物，那就可以说他在知觉过程中"意识到了"它们。比如他听到了一声"喂"，他就会掉转头来看，而石头、木头等却不会。

"意识"概念的更为重要的部分涉及我们通过"内省"所发觉的那种特性。我们不仅对外部客体有反应，而且我们还"知道"我们有这种反应。对这种"知道"或"内省"加以审视、回忆、品评，就构成了心理学这门学科的基础。这一点，不仅是人与其他高等动物的根本区别，也是高级文明与低级文明之间的原则区别。

关于"人格"。人格是一种精神状态，但一定与肉体的活动密不可分，或者说，一定表现为某种肉体的活动。人类的每一个"精神性"的经验或体验都必定与某个"活着的"肉体有关，因而，我们可以把"人"或"人格"定义为与某个肉体密切相关的一系列精神事件。比如说，张三犯了杀人罪。不管伦理学家、心理学家怎么说，从警察的角度来看，杀人行为一定直接出自于张三的肉体，他用他的肉体器官直接或间接（比如通过凶器）将人致死。从直观上讲，这个过程是一个物理学、生理学过程，因此警察逮捕的必须是张三的肉体，尽管栖居在那个肉体中的灵魂才是真正的杀人凶手。于是出现了"双重人格"的情况。在这种情况下，外在的表现是一个被动的"人",而内在的决定者却是一个能动的"人"。在这里,肉体只不过是灵魂或人格的一个工具,应该遭到惩罚的当然是那个内在的"人"。但很不幸,全部的惩罚都落在了那个人的肉体组织之上,比如他受到的刑讯、监禁、刑罚甚至他的肉体生命的终结等等。在这个过程中,肉体遭到的囚禁、酷刑并不影响灵魂的自由(理智、想象、回忆、恐惧、权衡等),即便肉体被处以极刑,灵魂——如果宗教的教义是真的话——仍旧安然无恙。

我们经常宣示、弘扬各种各样的道德楷模,比如屈原、诸葛亮、范仲淹、文天祥、王守仁、雷锋、焦裕禄等等。我们宣示、弘扬的当然是他们的人格或他们的精神。他们的高尚人格、伟大精神是怎么体现出来并且被许许多多后人所敬仰、所传颂、所弘扬的呢?毫无疑问,是他们的精神、道德、意志、人格驱动着他们的肉体做出了大量令人感佩的事迹。"精神"是看不见的,只有感性的"事迹"能够为人所知。这些事迹全部可还原为各种物理、化学、生物事件,以此感动、教化了千千万万的人。他们是怎么被后来的人们津津乐道的?不是别的,就是历史的记忆——一代又一代的人们的传颂、传承、传习。如果我们相信肉体死亡后"灵魂"或"人格"仍然存在,就必须假定记忆或习惯继续存在,它们是灵魂存在的"旁证"。正是在这个意义上我们才会说,历史上或现实中那些杰出的人物能够"永垂不朽",能够"永远活在人们的心中"。

但"人格"究竟为何物？这又是一个永恒的谜。无论如何，就像灵魂、自我一样，意志和人格是一种精神的存在，同时依附于生命有机体。自然科学家认定，人格、意志、不朽这些观念是虚幻的东西，它们无论如何不能脱离生命有机体的存在和运动；一旦生命终结了，人格之类的东西就会随之消亡，留下来的，仅仅是仍然活着的人们对逝去的那个生命及其"人格"的记忆。这种观点，虽然永远也不能被驳倒，但是对于有价值、有意义的人生来说，是绝对不会令人愉悦的。

"二元论"在西方世界是一个由来已久、长此以往、持续存在的哲学或文化传统，不管是"心-物"二元、"主-客"二元还是"此岸-彼岸"二元、"必然-自由"二元，西方人都习以为常、见怪不怪。但是在中国人心中，"一元论"却根深蒂固。中国人不习惯也不喜欢双重生活，这跟中国人没有或少有真正的宗教情怀、终极关切这种文化传统直接相关。孔子以降，我们中国人的人生态度过于急切、现实、短视，生命消亡后的事情不甚关心，也顾不过来。"凡圣不二"的观念是高度现实主义的，其要点在于不愿直面肉身的消亡这个终极事件，实际上对死亡采取了回避的态度。

说来也巧，中国古人这种生命态度却得到了近现代科学的多方面支持——科学的本质是就事论事的，目的在于发现自然界的因果规律；科学从来不认可物质世界（包括生命有机体）之中、之外、之后存在着任何超自然的原因和力量。这样一来，自20世纪以来，无神论在科学的支持下，在中国便愈发坚不可摧；在近百年来的中国人眼里，"科学"已经差不多成了"神灵、神圣、神奇"的代名词。在中国人看来，西方人习以为常的那种"双重生活"（灵与肉、主体与客体、理想与现实、自由与必然、彼岸与此岸等等的分立）是难以理解的。不能理解二元论，就不能解读、不能体会、不能向往、不能品味人类精神世界、精神追求的现实而深远的意义。现实主义是中国文化的巨大特色和优势，但过于功利、少有理想、鲜有超越，又是我们文化的一大短板，其直接后果就是在对待肉身与灵魂、死亡与不朽这样的问题时，显得比较恐慌、不够淡定，甚至六神无主——因为一旦肉身消逝，最终结果只能是完全的虚无和彻底的寂灭。

因此我最后要说：不管文明发展到了怎样的程度，不管自然科学对精神现象给出了怎样的新诠释，"双重世界"的假定，即假定灵魂的真实存在，假定肉体消亡后灵魂的不朽，必定是人类存在与尊严的支撑和保障。

在思想的深处

第三篇

世界有"真相"吗?
——宏观"实在"和微观"行迹"

自从哲学这门古老学科产生以来，关于宇宙、自然界的源泉、本质、真相究竟是什么的追究、思辨就不曾停息过，这是哲学的核心部分——本体论（实体论）或存在论。从古希腊到近代西方，在浩如烟海的哲学文献中，各种各样的本体论、存在论思想或体系层出不穷，从阿那克西曼德、毕达哥拉斯、巴门尼德到恩培多克勒、德谟克里特、伊壁鸠鲁，从柏拉图、亚里士多德、爱比克泰德到奥古斯丁、安瑟伦、阿奎那，从笛卡尔、斯宾诺莎、莱布尼茨到狄德罗、霍尔巴赫、费尔巴哈等等，占了西方哲学最大的一个部分。在经历了两千多年的争论不休之后，伊曼努尔·康德历史性地得出了结论：关于宇宙自然的所有终极性问题的探讨、结论，都不能成为人类科学知识体系的组成部分，这是由它们的超验性和原则上的不可检验性决定的；但是这种争论却有助于科学家确定自己研究活动的基本信念、立场、态度，或者说，有助于科学家确定自己思想的先决条件。从这个意义上讲，假定或预设某种第一性的"实在"或"物自身"，就成了大部分近现代科学家内心深处怎么也排遣不掉的一种心理倾向。由于20世纪以后的自然科学已经深入到不可观察的微观领域，物理实在的真实情况变得越来越捉摸不定，于是以爱因斯坦、玻尔、海森堡、薛定谔等为代表的物理学家们对自然真相的探讨和争论，就越来越具有古典哲学那种本体论性质。物理对象的真实面貌、宇宙自然的终极本性究竟是什么，这个问题在古希腊，关系到人们如何构建自己的世界观和生活习惯；这个问题在今天，却关系到人们早已十分稳定的世界观和生活习惯是否需要改变。因此，从20世纪中期开始，关于"本体""实在"问题的哲学思辨再一次变得重要了。

一、作为形而上学信念的"实体"

不论是个人，还是人类，好奇心都是求知、求识、求觉、求悟的前提。当好奇心不仅仅针对个别事物，而且针对"物类"，特别是针对整个世界、宇宙时，就会提出万事万物的本性（世界的真相、本来面目）是什么的问题来，哲学（即形而上学）就产生了。

在西方哲学史上，对世界本原、本性、本质这个问题的答案大体有两种。第一种答案，是一部分古希腊哲学家提出来的，即把世界的本质归结为某种物质或物质元素，比如水、火、气、土、原子、物质等等。第二种答案，是另一部分古希腊哲学家提出来的，把世界的本质归结于某种精神性的存在，比如数、理念、绝对精神、意志、神等等。

古希腊第一位哲学家泰勒斯的哲学命题（也是西方哲学

的第一个命题）就是一句话："水是万物的本原。"[①]他认为世界的本原（或始基）是"水"。以现代人的观点看，这个结论不但幼稚，而且错误：普普通通的水怎么可能派生出万事万物来呢？但可别小看了泰勒斯这句话。他提出"水是万物的本原（或始基）"这个命题，说明他在公元前七世纪那个人类智力的启蒙时期就已经想到：要在千差万别的事物当中找出一个一般的、普遍的事物来；这个东西既不是"这个"也不是"那个"，但它既可以是"这个"又可以是"那个"，泰勒斯要从"多"当中抽象出"一"来；这个"一"，就是本原，就是始基。在当时，把水看作始基有其道理：从直观上讲，水与其他事物相比，具有较大的普遍性、一般性。这是很了不起的思考，所以后来的哲学家们公认：泰勒斯的"水命题"是一个哲学性质的命题，开了西方哲学的先河。在泰勒斯之后，有人主张气，有人主张火，有人主张土，还有人主张几种物质元素按比例的混合，等等。最后出现了德谟克里特的"原子论"，古希腊朴素唯物主义就进入了它的高级阶段——元素论：原子的量变或排列组合形成了不同的事物。

另外的一批古希腊哲学家，则把这个世界的本质，归之于某种精神的存在或力量。比如毕达哥拉斯，他认为世界

[①] 《西方哲学原著选读》上卷，北京大学哲学系外国哲学史教研室编译，商务印书馆1981年版，第15页。

的本原或本性是"数"。作为杰出的数学家,他发现万事万物都处在数量或比例关系之中,因此这个"数"就构成了、决定了世界的存在。按照今天的标准来说,这当然也是错误的,过于朴素了。不过在当时,他的这个思考实在不简单:从"形形色色"抽象出"多多少少",这是人类哲学思维的一大进步。后来,爱利亚学派的巴门尼德提出世界的本质是"存在",再后来,柏拉图提出了"理念",等等。所有这些作为世界本原、本质的东西,都是精神性、观念性的客观存在。

最早明确提出"实体"或"本体"(substance)概念的是亚里士多德。亚氏在总结了之前两派哲学家各自的思想倾向之后概括出了共同特点,以"实体"加以命名。在他看来,实体的主要特征或基本含义是:它是一切东西的基础,不依赖于任何其他东西而独立存在;在逻辑陈述中,它永远是"主词"(主语),而别的概念和范畴则是用来说明它的"宾词"(谓语)。亚里士多德在他给实体下的著名的定义中说:"实体,在最严格、最原始、最根本的意义上说,是既不述说一个主体,又不依存于一个主体的东西。"[①]这就是说,实体的基本特征是独立性、基础性和根源性。这是西方哲学史上最早也是最经典的关于实体或本体的阐述,它为

---

① [古希腊]亚里士多德:《范畴篇·解释篇》,聂敏里译,商务印书馆2017年版,第7页。

独属于西方哲学的本体论或形而上学思辨体系开辟了方向。

到了近代，关于实在、实体的探究与科学的复兴、哲学认识论的兴起是密切地纠缠在一起的。不论是思辨派哲学家还是经验派哲学家，都用理性的态度对实体问题进行界定、解说或反驳。他们继承了亚里士多德关于实体的独立性和基础性的基本思想，又提出了他们各自关于实体的见解。在笛卡尔看来，实体是"能自己存在而其存在并不需要别的事物的一种事物"①；斯宾诺莎认为，实体是"在自身内并通过自身而被认识的东西。换言之，形成实体的概念可以无须借助于别的事物的概念"②洛克作为英国经验论的集大成者，他对实体的解说当然是现象主义的。洛克说，"所谓实体，即是物体的一切存在着的性质的依托者或支撑者，颜色、声音、味道等这类物体的表观性质，都寄托于广延、运动、数量等物体的固有性质，而后者又寄托于该'实体'之上。"③这就好比世界被一头大象所驮载，这头大象则站在一个巨大的龟背上面，而龟又为另一个不知为何物的东西所支撑，这个东西就是实体。洛克明确指出，人们只能认识物体的各种表

---

① 《十六—十八世纪西欧各国哲学》，北京大学哲学系外国哲学史教研室编译，三联书店1985年版，第143页。

② 《西方哲学原著选读》上卷，北京大学哲学系外国哲学史教研室编译，商务印书馆1981年版，第415页。

③ 《十六—十八世纪西欧各国哲学》，北京大学哲学系外国哲学史教研室编译，三联书店1985年版，第215页。

象，而不可能达到对其内部实在本质的认识。这种现象主义的解说，揭示了关于实体或本体概念所内含的一个不可克服的难题：任何人都没有充分的理由来证明"实体"的存在，因为，要描述任何一个事物的存在，除了从这个事物表现出来的诸多规定性如量、质、属性、状态，以及该事物与别的事物的关系之外，不会再有别的方式；既然实体是客观的、独立的、不依任何主体而存在的，那么，要想通过任何主观途径（即对性质、关系、状态等等的感觉、感受）来对实体进行"描述""解说"，就是无效的。

显然，洛克对实体的现象主义解说比笛卡尔、斯宾诺莎对于实体的先验主义解说，来得更有说服力。先验主义的解说，是典型的独断论：实体的存在，仅仅由其定义和公设来保证，换言之，实体的存在是"不言而喻""清楚明白"的。在这方面，斯宾诺莎的论断最具武断性。他说："存在属于实体的本性。证明：实体不能为任何别的东西所产生；所以它必定是自因，换言之，它的本质必然包含存在，或者存在属于它的本性。"①这种证明不但全然不能使人信服，而且很容易使人联想到中世纪经院哲学家安瑟伦关于"上帝存在的本体论证明"那种从概念到概念的同语反复式的文字游戏。

---

① 《十六—十八世纪西欧各国哲学》，北京大学哲学系外国哲学史教研室编译，三联书店1985年版，第168页。

二、实体的解构与重塑

如果说洛克向现象主义迈出了第一步,那么,英格兰大主教乔治·贝克莱就完全堕入了现象主义和反实在论。贝克莱对实在论的反驳在很大程度上是切中要害的。他指出,我们通常所说的事物,不过是一些诸如"硬软、热冷、颜色、气味、广延、形相"等观念(即可感性质)的"集合"而已。当一些观念经常一道出现,形成了"固定搭配",人们就把它们看成是一个"东西",并用一个名称来标记它们,比如一个苹果的存在和"苹果"这个概念之间的关系,就是这样。

柏拉图以来的先验实在论(中世纪的"唯实论"最有代表性)认为,事物的观念是由独立于人心之外的某种"客体"引起的,并且两者之间具有某种相似性,在这一点上,不论是传统的唯心主义还是传统的唯物主义,并没有本质的区别——它们都强调知识的内容不依人心而改变。贝克莱激烈反对这一看法。他说,这些产生了具体事物的所谓的"客观实体",它们究竟是能被感知的呢,还是不能被感知的?如果是能被感知的,那么它们就仍然是一些感性的观念;如果它们是不能被感知的,那么,颜色与某种不可见的东西相似,硬或软与某种不可触及的东西相似,这种说法简直就不知所云。何况，纵使坚实的、有形状的、能运动的实体可能存在于人心之外，并且与我们对物体所具有的感性观念相对应，我们又如何能够知道这一点呢？除了通过感觉经验，我们怎么能够获得任何有意义的"存在"或"东西"的观念呢？

贝克莱的这些思想对之后的经验主义集大成者大卫·休谟以及现代实证主义者产生了决定性的影响。20世纪以来，以罗素为开创者的逻辑经验主义（逻辑实证主义）为消解"实体"煞费了苦心。在罗素看来，如果我们抽掉了实体所属的种种性质而试图去想象实体本身，就会发现剩不下什么东西了。因此，实体不过是"把事件聚集成堆的一种方便的方式而已"，是"纯粹想象中的一个'钩子'罢了，各个事件就都被想象为是挂在那上面。但事实上，它们并不需要有一个钩子，就像大地并不需要驮在一个大象的背上一样"。[①]所以，实体是无用的"空名"、多余的累赘。

但话又说回来，把实体去除，是否就意味着解决了旧有的问题并不再产生新麻烦了？当然不是这样。因为，伴随着消解实体而来的是一种认识论上的纯粹现象主义或实证主义（培根、休谟、孔德、穆勒、罗素、卡尔纳普这些哲学家就是代表人物），而实证主义所倡导的经验归纳法在逻辑上存在着严重的缺陷。实证主义者认为，一切科学认知只讨论经

---

① ［英］罗素：《西方哲学史》下卷，马元德译，商务印书馆1976年版，第185页。

验范围以内的事情，而绝不涉及那个"独立于经验之外"的实在本体或本质；科学从经验中来，并接受经验的检验，在方法论上，这就是归纳论证。但是众所周知，本人是经验主义者的大卫·休谟对经验归纳法的诘难，已经暴露了归纳法的致命弱点，那就是，在大量个别经验事实与普遍性、必然性结论之间没有必然的逻辑通道。仅靠经验建构不起科学大厦，也证明不了科学理论。这说明科学中的确包含着不同于经验的所谓"超量"内容。关于这个超量内容究竟是什么，以及它意味着什么，有着广阔而合理的想象空间，其中当然就包含了实在、本质、真相这些东西。正是这些东西，激起了20世纪中后期的不少哲学家对实在论这种源于古希腊的思想传统的眷恋之情，他们开始了重返形而上学的探索与跋涉。

卡尔·波普尔、威拉德·蒯因和托马斯·库恩等哲学家在批评逻辑实证主义时，都谈到了"把形而上学简单地说成是没有意义的废话是浅薄的"。[1]蒯因指出，所谓科学与形而上学之间严格的界限是并不存在的，"我们只接受一个本体论在原则上同接受一个科学理论，比如一个物理学系统，是相似的。"[2]任何理论、学说都不可避免地包含了某种本体论的立场或前提，本体论问题就存在于我们所使用的语言形

---

[1] [奥地利]波普尔：《科学发现的逻辑》，纽约基础出版社1959年版，第36页。

[2] [美]蒯因：《从逻辑的观点看》，江天冀、宋文淦等译，上海译文出版社1987年版，第16页。

式之中。波普尔认为，如果没有某种纯思辨的有时甚至是十分朦胧的形而上学信仰，科学发现简直就是不可能的。不仅如此，形而上学观念还是科学研究的生长点。从泰勒斯到爱因斯坦，从古代原子论到笛卡儿关于物质的思辨，从吉尔伯特、牛顿、莱布尼茨和波士科威克关于力的思辨到法拉第和爱因斯坦关于力场的思辨，都充分显示出历史上的许多形而上学见解正是近代和现代科学理论的先驱。托马斯·库恩也明确地把本体论信念纳入自己的"范式"理论，并说，如果没有这种信念，至少是某种隐含的信念，任何一部自然史都无法得到解释。

三、科学的依据不仅是经验

当哲学家们开始意识到不能没有本体、实在这些形而上学概念、信条的时候，科学家们却越来越觉得这类概念、信条碍手碍脚了。他们的立场急剧转向了两百多年前的贝克莱和休谟。

自从哥白尼的"日心说"终结了托勒密"地心说"在天文学领域十几个世纪之久的统治地位以来，科学家们形成了这样一个共识：世界是不依赖于神和人的精神而独立存在的，它的运动变化有其自身固有的规律；科学的目的就是发现、揭示、临摹、解说这一实在的种种奥秘，即揭示和解释"真相"。然而好景不长。科学家们逐步发现，从认识论角度看，描述一个事物其实就是描述它的各个性质，定义一个事物不过是把一组性质或关系归属于它。所以，事物就是属性，就是状态、就是关系，等等。比如，在物理学中，"物理实在"（即物理学意义上的"物质对象"）可以被理解为由一组完备的物理量（物理性质）确定描述的物理客体的状态；各种基本方程所表述的是关于物理量（物理性质）之间的关系即物理定律；人们在实验室中所操作测量的对象都可以还原为种种物理性质的特征或数值。

于是，不少科学家便开始怀疑甚至拒斥那种"科学的目的就是解释实在"的科学观，转而认为科学不过是一种描述现象的学问。奥地利伟大物理学家恩斯特·马赫指出，如果断言经验是外部世界伸展到意识里来的作用，将导致形而上学困难，这种困难犹如一团乱丝解不开来。他的结论是，"世界仅仅是由我们的感觉构成，我们的知识仅仅是关于感觉的知识"[1]；"对自然科学家来说，除了寻找经验现象之间的相互依存关系之外，没有其他事情可做。"[2]法国著名数学家、科学哲学家昂利·彭加勒断言，科学所日常进行的，并非解释经验规律并告诉我们有关实在的什么东西。法国著名物理学

---

[1] [奥地利]马赫：《感觉的分析》，洪谦、唐钺、梁志学译，商务印书馆1986年版，第10页。

[2] 载《自然科学哲学问题丛刊》，1985年第4期，第24页。

家、科学史学家皮埃尔·杜恒也说,物理理论从来没有揭露出隐藏在可感知现象背后的实在;对于事物的真正性质,或者对于我们正在研究的那些现象所掩盖的实在,理论绝没有告诉我们什么,理论也并不宣称它们要告诉我们什么。

相对论的问世,使人们一度更加倾向于对科学的这种现象主义的解释,因为爱因斯坦本人也一再强调相对论与马赫主义之间的密切联系。经验主义、实证主义在20世纪最大的代表逻辑实证主义者(卡尔纳普、石里克等)认为,爱因斯坦在相对论中所表现出来的认识论原则与他们自己的观点是完全吻合的:一是经验论的原则,即从理论推出的结论必须为经验所证实;另一是半逻辑半美学的原则,即基本定律应当尽可能少,而且在逻辑上必须并行不悖。著名美国物理学家、操作主义哲学家布里奇曼则指出,在物理学中只应具有"操作定义"的量,即任何物理概念不过是一组操作——意义即操作;而这一点,正是爱因斯坦在设计狭义相对论的"理想实验"时曾经考虑到的。布里奇曼断言,相对论成功地说明了,科学的任务只在于追究观察经验或操作意义范围内的事情,至于现象后面的实在本质,那是我们无权也无力问津的。

科学家们对实在论的这些诘难,的确是有力的、头头是道的。但是,随着现代物理学(尤其是微观物理学——量子力学)的发展,对科学的现象主义解读越来越站不住脚了。这是因为，现代科学表现出了与传统科学十分不同的特征：首先，现代科学的发生学基础越来越远离直观经验，反而日益依赖科学家的假说和自由创造。这使得科学看起来远不像以前所认为的那样是一堆事实的总汇，科学的增长也同样不是纯粹的量的积累过程。相反，在科学中存在着大量的事例，表明理论是先于观察的。比如，广义相对论的成功，主要不是在于它成功地解释了水星运行异常的已知事实，而在于它正确预见了光线弯曲和谱线红移的未知事实；黎曼几何也是在产生了半个多世纪之后，才找到了自己在实际空间中的表现。

其次，在现代科学的实际运作过程中，人们往往是先建立形式系统，先有了某种关系，然后再去确定作为对象的有待定义的实体。并且，为了解释同一组现象，人们可能会提出彼此相悖的多种假说。我们没有理由认为，被选择的理论恰好就是对实在的真实描述，或者说它比其他理论更真实地描述了实在。比如，由于微观领域的对象（量子或基本粒子）是不能直接感知到的，人们只有根据它们投射到宏观仪器上的度量表现，去做出尝试性的猜测和理解。因此，我们只能保证解释性假说符合于现象，至于客体本身的性质和状态是否与假说相一致，则是不清楚的。

第三，单纯地依靠经验事实，不仅不能为科学认知体系寻找到发生学源头，而且，单纯地依靠经验事实，也很难对一个科学理论的命运做出裁决和判定。比如，英国化学家普劳特在1815年提出了关于元素的"氢母质假说",认为各种气体的密度都精确地表现为氢气密度的整倍数,他由此推测氢原子可能是各种元素的"元粒子"。即便在当时,与这一假说相矛盾的反常现象也比比皆是。在经过多次就当时来说是精确度很高的实验的反驳后,比利时化学家斯达在1860年宣告,普劳特的理论是没有根据的、错误的。然而,就是这样一个历经反驳和明显反证的假说,竟然在半个世纪后起死回生,奇迹般地变成了"近代原子结构理论的基石",因为科学家们发现了同位素。由此可见,天经地义的"科学真理"未必具有永真性,而错漏百出的"伪科学"也未必是彻底失败的,它们随着人类智力和知识的增长有可能被逆转。最典型的例子就是:20世纪以来,牛顿物理学、爱因斯坦相对论关于世界"真相"的经典解释,就一再受到蓬勃发展的量子物理学在微观领域里的种种"表象"的挑战和证伪,尽管这种种挑战、证伪还不能说已经最终和决定性地颠覆了经典物理学。

四、科学必须说明"真相"吗?

在我看来,无论如何,相对主义的科学观是不能最终令人满意的,而科学实在论在当代仍然拥有话语权。首先,由于现代科学已经逐渐深入到深层的自然本性之中,所面对的许多研究对象都具有不可直接感知的特点,而不可感知并不等于不存在；既然有可能存在，科学就应当通过各种方式对之进行探究。正如美国哲学家卡尔·亨普尔所指出的那样："如果科学因而把自己限制在只去研究可观察的现象，它就几乎不可能去表述任何精确的和普遍的解释性规律"。[1]传统科学总是把自己的研究对象看成是客观实在的，因为很明显，这些对象是看得见、摸得着的，毋需借助特殊仪器或解释性假说的中介。而人们之所以把现代理论所假定的"实体"当作纯粹的虚构，往往是因为这些实体不可直接被感知，只有借助于各种各样、日新月异的辅助仪器。事实上，从我们日常经验中的宏观物体到细菌、病毒及微观量子，有一个逐步的认知过程，不可能在两者间画一条线，将它们区分为"实际的物理客体"和"虚构的实体"，那样做，就割裂了科学的统一结构。

其次，科学发展到今天，的确显示出注重理论整体内部逻辑自洽性的倾向，但这并不构成支持工具主义科学观的充足理由，因为它不过是表明，科学是一个由许多处于不同层次的互相联系、彼此影响的命题所构成的经纬交错的大网络或统一体。科学是一个多层次的统一的命题系统，与之相对的是经验的世界，在经验的直接或间接刺激下，构成命题系统的每个部分的变化也都直接或间接地影响着别的部分乃至

---

[1] ［美］亨普尔：《自然科学的哲学》，张华夏等译，三联书店1987年版，第150页。

于整体。当处于外围的观察命题与经验事实发生冲突时,科学整体内部就要进行调整。一般情况下,只需调整观察命题以及与之相关的局部科学命题就可以了。但如果观察命题与经验发生了巨大冲突,那么不仅理论科学命题,甚至连最稳定的数学和逻辑命题也得跟着改变,比如非欧氏几何学、多值逻辑的出现和运用,就是这种情况。因此,在科学发展过程中,要求新理论与背景理论相一致,其中必然包含着要求新理论承认被背景理论所肯定的实体观念。比如狭义相对论通过统一两个相悖的原理,再次肯定了自然规律普遍存在于一切惯性系统之中的狭义相对性原理。

第三,量子力学及其正统解释(哥本哈根学派)已经把实在和现象截然区分开来。无论尼尔斯·玻尔还是沃纳·海森堡都不否认有一个独立于我们认识能力的微观客体的存在,不管他们把它称之为"潜在的倾向"还是什么别的东西。在这种情况下,如果仍旧把实在理解为某种可感性质和外部表象,那就太肤浅了。玻尔和海森堡都认为,由于微观客体和测量仪器的相互作用不能排除且不容忽视,微观客体运动状态的概率解释在原则上不可避免,那么,量子力学就不可能深入到微观客体的实在本质中去。

毫无疑问,这种相对主义、不可知论的结论是特别令人沮丧的,是爱因斯坦为代表的科学决定论者坚决反对的。爱因斯坦坚信:量子世界的哥本哈根解释——即基本粒子的运动方式是随机的、任意的、"测不准"的——只是一种权宜之计,它绝不是对微观世界的真相的最终刻画。这个信念是符合科学精神和大众期待的——假如我们得知,我们面对着一个确实存在着的世界,但这个世界却是我们永远无法跨越的"彼岸世界",这对于人类理智来说就不能不说是一个嘲弄或羞辱。因此从这个意义上说,爱因斯坦想要获取一种在体系不受干扰的情况下关于微观客体"真实的""客观的"运动特性和状态的知识,这种要求是合情合理的。在爱因斯坦看来,量子力学及其解释并不完备,因为它没有描述那些独立于观测之外(或者在两次观测之间)的微观系统实际发生的事情。微观系统在此外或此间必定发生了某种事情,当然,这种事情不一定要用电子或波等术语来描述(爱因斯坦将其含糊地称为"隐变量"),但是,人们必须以某种方式描述它,否则物理学的任务就没有完成;物理学家在他的科学研究中必须事先假设:他正在研究的是一个不由他自己创造的世界,不管他在还是不在,观察还是不观察,这个世界从来就真实存在着,并且本质不会改变。因此爱因斯坦表示:"量子力学无疑是令人印象深刻的。但是内心深处有个声音告诉我,这仍然不是真理。尽管这个理论产生了很大影响,但它并没有让我们更加接近古老的秘密。在任何情况下,我都不相信上帝掷骰子。"①诚然，在同玻尔持续进行的争论中，爱因斯坦屡遭挫折，迄今为止几乎所有的理想实验和实际观测都支持玻尔而不利于爱因斯坦；可是谁也无权过早地断定这场争论已经一劳永逸地决出了胜负。戏还远未落下帷幕，而且没有人敢断言这个帷幕什么时候会落下，那么，谁又能保证未来某一天爱因斯坦的观点不会起死回生呢？因为"未来"是一个具有无限可能性的概念，不管从哲学、物理学还是常识的角度看，都是如此。

五、追逐实在：一个消除不掉的人类倾向

我们看到，关于实在论之争肇始于古希腊而延续至今，却始终没有结果，也许永远也不会有结果，然而它绝不是一种徒劳无功的活动。今天的哲学家和科学家在关于这一问题的讨论中所表现出来的机智、缜密、严谨、深刻，已远非古人可比，这也是当今的哲人与智者在理性思维的水平和能力方面大大超过古人的一个集中体现。我们应该佩服康德的洞察力：任何关于宇宙存在和运动的形而上学之争都会陷入不可自拔的"二律背反"之中，也就是说：关于一个命题的正题和反题都可以得到证明，即都是合理的、可信的，这就使

---

① ［美］爱因斯坦：爱因斯坦1926年12月4日给玻恩的信，《爱因斯坦文集》第二卷，范岱年、赵中立、许良英译，商务印书馆，第221页。

人类理性陷入了迷思。康德的结论是悲观的,他断言任何形而上学理论都不能够成为科学知识的一部分。其实在我看来,二律背反并不可怕,科学从来就是在许许多多的正题与反题之间的短兵相接中求得发展的。科学思维(思维逻辑)不允许有矛盾;但科学必须克服困难、面对矛盾、解决矛盾。

实在论(不管是唯物主义还是唯心主义实在论)的一个最大依据是:任何一个科学体系都是以预设一定的实体为前提而建构起来的。当然,有关实体的概念预设与实体本身究竟存在与否是截然不同的两回事。实在论者并不否认理论中确有那种仅仅为了简便而虚构的"理想实体",可是,明显的"理想实体"与"实在实体"在一定程度上还是可以彼此区分开来的。

严格地说,科学对于实体的研究是从两方面展开的,一是对实体的表观性质及关系进行描述与解释;二是对实体本身作结构性分析。比如,人们把原子想象为类似于行星系而又比行星系远为稳固的结构,人们之所以作这样的想象,是因为他们把原子看成是真实存在着的。固然,这种想象和分析可能会出错,因为随着科学的发展,人们对于某一实体(如原子、质子、中子等)的定义和认识会不断发生变革,然而,这一实体概念的指称却是稳定的、连续的和不变的。这就是说,尽管人们关于基本粒子(量子)的认识不一定正确,因而这一认识可能会被修正甚至被大幅度修正,但是,这种情况却不会造成科学家们对量子真实存在性的怀疑，否则，他们也就没有必要对原子、质子、中子等进行反复的重新认识、建构和分析了。至于那些明显虚构的"理想实体"，如"刚体"和"点电荷"等等，科学家们则不可能为之花费精力，去作徒劳无功的结构性研究。

在许多科学家看来，所谓可感性质和外部关系，不过是不同实体之间相互作用之后所呈现在外的效应；人们正是通过这样一些属性和关系去推断出实体的存在。虽然人们的确不能凭借自己的感官直接观察到实体本身（不管是宏观的还是微观的实体），但是，这样的推理在科学研究中却是比较自然和普遍的。比如，人们尽管不能到太阳中心去直接感知太阳中微子，但他们仍可通过观察从太阳中心发射出的中微子在观测仪器上产生的效应，推导出中微子的存在。但所谓的"理想实体"则不可能有这种相互作用，因为它们的特性是人所赋予的，不会被观察到。

如果在经过了多次的理论变革之后，对一个实体产生效应的原因仍然没有其他解释，即没有更好的理由认为这些效应是由另外的理论术语所指称的实体产生的，那么，这个实体真实存在的证据就会更加充分。例如：为了解释光电效应和干涉现象产生的原因，爱因斯坦等科学家提出了"波粒二象性"的关于光的本性的假说；时至今日，并无比此更好的假说来取代它，因此它在科学界的地位一直十分稳固。而一些虚构的实体概念，尽管可能在一定时期内被人们误认为是具有真实指称的，然而它们却往往经受不住科学实践和理论变革的检验，如"以太""燃素"等等。

以上是科学实在论者对自己的立场所做的辩护，这种辩护应当说是站得住脚的。其实，认识论上的反实在论者从来不否定外部世界的独立存在，但他们宣称：科学永远无法企及这个实在世界的"真相"，因此，科学只能成为一种说明现象、"拯救现象"的工具。除此之外，还有一种本体论意义上的反实在论者。在这些哲学家看来，即便是肯定外界实体的存在，也是毫无理由的，人们只有权断言现象世界的存在。对此，我们只能作纯逻辑的反驳。

首先，可感性质与外在关系以特定的实体为依托，性质总是某一事物的性质，关系也总是某些事物之间的关系。虽然人们常常是首先认识了性质及关系，然后再用这些性质及关系去定义某个特定的实体，但这是就认识论而言的，我们并不能据此而认为实体只是人为的虚构、"多余的累赘"。贝克莱说，由于有些观念(即可感性质)有时在经验中同时出现，于是人们就把它们看成是同一个东西，并用一个名称来标记它们（比如"苹果"）。这种说法不能不令人感到困惑，因为在我们的日常观察中，同时映入眼帘的往往不只是一个事物；实际上，我们眼中所看到的是一些分属于不同实体的性质；我们并不会因为它们同时出现，而把它们看成是同一个东西，这就是说，如果我们把性质及关系看作是"无体"的，那么，这无论在认识上还是在逻辑上都会造成麻烦。比如，我们根据什么理由把这一些性质看成是属于这个事物，而把那些性质归属于另一个事物？如果有人认为性质、状态及关系不需要其承载者，即没有必要把性质及关系归属于不同的事物（实体），那么，世界岂不成了模模糊糊的一片混沌了吗？此外，可感性质及其外在关系总是有主次之分的。比如，人的性质既可以定义为"一个头、两只眼睛、一个鼻子、一张嘴、一个身躯、两手两足、无毛、直立行走"等等这些次要性质、表观性质，也可以定义为"能够制造工具""能思维、会说话、有知识、懂感情"这些主要性质、根本性质。所有这些错综复杂的性质，尽管可以分别进行分析、解读，但最有说服力的解读还是得围绕"人"这个实体来进行。

其次，虽然性质、状态与关系是和人的感官自相缠绕、自相关联的现象，但是这些现象的产生毕竟是有原因的；而穷根究底地追溯原因，恰好正是人的本性、哲学的天职。当然，关于原因也可以作多种追索和猜测，并且似乎每一种都无法最终得到确证。如果原因是纯粹内在的，即产生现象的原因在于人心，那么科学也因此而变成了一种个体心理学。毋庸置疑，科学的发生、发展的确存在着内在化的倾向，科学家在构建其理论时，不可避免地掺杂进了自己的形而上学信念、宗教情怀和价值理念等心理因素；他们也确实发明和虚构了一些理想实体以服从科学体系之需要。然而，无论如何也不能把这种内在倾向绝对化了，进而把来自客观世界的原因完全拒斥掉。否则，科学就变成了科学家的纯粹私人心理构造，到了那种地步，科学与巫术还有什么区别？这其实就是各种相对主义科学观无法让人心悦诚服的最主要原因。

不错，哲学实在论者或科学实在论者面临的最大困难是他们所信奉的"实在""实体"既不可证实也不可证伪。然而，公平地说，这一困难其实并不独属一家。所有的经验主义学说，无论是实证主义的"证实原则"，还是批判理性主义的"证伪原则"，实际上都不可证实。现象主义的集大成者大卫·休谟提出的诘难，同样适合于现象主义自己；仅仅根据经验既不能最终证明一种理论，也不能彻底驳倒一种理论。

六、怪异的量子世界

在20世纪之前，整个物理学尽在牛顿经典物理学的掌控之下。在当时的科学家和哲学家眼里，世间万物从银河系的星空，到人类脚下的尘埃，都被牛顿的"万有引力"所驯服，安安静静、有条不紊地运行着。哈雷彗星的精确预言、太阳系海王星的发现，都是经典物理学真切可靠、坚不可摧的明证。人类已经自信地认为掌控了力、热、光、电、磁等所有自然现象的规律，经典物理帝国进入了全盛时代。20世纪初阿尔伯特·爱因斯坦创立的狭义和广义相对论，虽然在特殊领域（大尺度空间和与光速可比的运动速度方面）突破了牛顿理论，但在绝大部分情况下，相对论和经典理论是匹配的、等值的、可以互换的。

牛顿物理学描述了一个机械的宇宙系统，世界就是一台精密的钟表，上帝造好表，上好发条，以后的一切就按照预定的法则按部就班地运行。牛顿力学（经典物理学）作为一种关于宇宙自然界的普遍性、必然性、本质性和规律性的学说，它昭示的"真理"是：如果我们充分了解了过去的情况（事实）和因果律（物理学定律），那么，过去的情况就决定着将来的情况，这是确定不移的，也是毋庸置疑的。根据这个原则，人们在考察某个现象的时候，在掌握了先前的种种情况和因果规律的前提下会得出结论：这个现象的发生是必然的。更重要的是，由于掌握了因果律，当观察到类似情况的时候，人们还能够准确推断出相应的结果即将发生。这就是"决定论"或"因果律"。自然界中的决定论的要点是：断言存在着过去决定将来、本质决定现象的"规律""必然性"这种东西，并且能够将这种东西发现、揭示、解读出来。这是两千多年前科学和哲学的共同任务，尤其是伽利略以来近代自然科学的第一要务。

然而从20世纪初开始，牛顿的经典物理学却变得不那么具有普适性了。物理学界先后诞生了两大学说，或两大门派,一个是爱因斯坦以一人之力独撑起来的相对论,另一个则是多位大师合力塑成的量子力学。如前述,相对论是对经典物理学的局部突破,并且它和经典理论在绝大多数情况下是等值的;但量子力学却在微观世界的说明方面,宣称它已经整个地、实质性地突破、否定、取代了经典理论,而以另外一种物理思想或世界观取而代之。

因此,相对论和量子力学这两个学说体系、这两大门派是注定无法融通、无法统一起来的。相对论虽然推翻了牛顿的绝对时空观,却仍保留了严格的因果性和决定论,爱因斯坦终生坚信宇宙自然界遵循因果规律,他不相信"上帝掷骰子";但量子力学却非常激进,它抛弃了经典的因果关系理论,宣称微观世界并不遵循严格决定论,基本粒子(量子)的行为方式是不确定的,甚至有点像人类的行为一样,是自由的、随机的、任性的,因此我们并不能获得微观(量子)世界的确切真相:在观测量子运动的时候,人们只能由这一次观测"推测"下一次观测的各种结果的分布几率,而无法对两次测量之间的量子行为做出具体的、精准的描述。

这就导致了爱因斯坦与量子学派的代表人物尼尔斯·玻尔之间的物理学-哲学争论。百年前,量子力学是一门新兴的理论物理学学说,但它引发的问题和争论却是哲学层次的:我们生活的这个世界,从宇观到宏观到微观,其真实情况或"客观情况"究竟怎么样?它到底有没有确定性,能不能加以认知和把握？量子力学出现之前，不存在这样的问题，牛顿开创的经典物理学，包括爱因斯坦建立的狭义和广义相对论，都以揭示了宇宙自然界生生不已的因果规律而成为普世性真理，成为人们日常生活的行动指南。我们所有感知到的现象都可以由经典物理学或相对论加以解说，这种解说完全是这个世界的真实存在和运行的体现。人们听到的声音，看见的光线，触摸到的物体，都能够从事物运动的力学规律中得到解释，这就是常识。

但量子力学对微观领域基本粒子运动变化的阐释，却大大违反了经典物理学，大大背离了人们的常识。量子像"幽灵"一样，是一种捉摸不定的存在，人们只能在概率统计意义上大致描述量子的行为轨迹，而且这种轨迹还随着人们对它们的观察发生变化，换句话说，量子不但是"自由"的、"随机"的，而且不具有完全的客观性，因而是不可知的，至少是不完全可知的。

七、爱因斯坦和玻恩：两种信念的博弈

这样一来，从宇宙观上讲，人们就面临了两个相互对立而且前所未有的难题：第一，要么承认微观世界和宏观世界是两个不同的存在系统，其中，微观世界服从概率决定论，宏观世界服从严格的因果决定论。这个假说是震撼人心

的，它将颠覆人类关于世界的统一性这个观念的基础，它意味着：当人们面对这两个不同的世界的时候，必须采取不同的应对方式或生活方式：宏观世界依然确切可靠、令人放心，微观世界却捉摸不定、令人不安。第二，要么像有史以来那样，继续承认宏观世界和微观世界是同一个世界，也就是说，这两个世界遵循着同样的运行规则。但如果是这样的话，这两个世界遵循的究竟是哪一个规则呢？换句话说，我们这个完整的宇宙自然，归根结底是因果决定论的，还是自由意志论的？这就是爱因斯坦与玻恩争论的核心。

根据爱因斯坦的观点或信念，微观世界和宏观世界具有统一性，它们都服从同一个因果决定论；玻恩及其量子力学团队则认为，至少微观领域里的量子运行是不具有决定论性质的，量子的本性就是随机的、自由的、取决于观察者的。如果真如量子力学描述的那样，根据世界的统一性这个原则，是不是我们所熟悉的宏观世界最终或在根本上也是非决定论的呢（只不过科学还没有深入研究到那一步，尚未揭露这个惊人的"真相"）？爱因斯坦对量子力学"随机本性"的批判、反驳，就是从这样的高度和深度考虑问题的。玻恩虽然没有提出量子力学对量子行为的描述同样适宜对宏观世界的运行，但逻辑的结局应该就是这个结论——毕竟，宏观世界是由微观世界构成的，好比一座大厦，它的基础是由那些小的或微小的原材料（砖瓦、钢筋、水泥等）构成的；微观基础是什么性质，宏观建筑就应该是什么性质。可见，两位科学巨人的争论完全是哲学意义上的，关乎人类应当持有怎样的宇宙观、世界观，关乎普通人是否应该放弃有史以来，尤其是牛顿以来应对自然界的生活习惯。

问题在于，量子力学诞生后，玻恩领军的哥本哈根学派坚持认为，量子力学本身已经是"完备的"理论，也就是说，他们认为量子力学对微观世界不确定、随机性、测不准等等情况的描绘，就是微观世界"本身"的实际情况或"真相"，而这一点，正是爱因斯坦最不能接受的。在阅读了不少争论双方的论据之后，我自己也认为，哥本哈根学派关于"世界真相"的哲学结论过于独断了。世界的真相问题是一个终极性的形而上学问题，是不可能有最后答案的；尽管百年来物理学家们所做的实验绝大多数都支持哥本哈根学派的物理学结论，但仍然不足以得出量子力学关于微观世界的描述已经达到了"完备""最终""够了"的程度。爱因斯坦终其一生，拒不承认量子世界服从的是所谓"自由意志论"或"概率统计论"。他的信念是：自然界（不管是宏观层面还是微观层面的自然界）是一个统一的系统，服从同一个运行规则，那就是符合常识的、确定不移的因果规律；他认为量子力学关于基本粒子不确定、随机性、任意性的描述，作为实验是无可非议的，在实践中的应用也是可行的，但这些实验结果和实践应用都只是一种"权宜之计"，绝非"完备理论";真正的量子真相尚未被发现。针对量子力学代表人物对微观世界具有"自由意志"的本性这个观点,爱因斯坦除了进行实验性反驳(最有名的就是"EPR佯谬")外,甚至说过这样决绝的话:假如量子力学对微观世界不确定、随机性、测不准等等情况的描绘就是微观世界"本身"的实际情况或"真相"的话,那么他本人将放弃做一名物理学家,而改行去做赌场的一名雇员——靠掷骰子生活。

爱因斯坦和玻恩的争论可以理解为物质对象的存在和性质是"客观确定"还是"观测确定"的争论。按照经典物理学或相对论,一个自然的东西,它一开始是什么样子,就一直是这个样子,不会改变;量子力学却认为量子的情况不是这样,它的"样子"取决于怎么观察它,而在没有观察的时候它的样子(性质、状态、关系等等)是不确定、不可知的。这就颠覆了人们寻常的认知:结果先于原因,因此并不存在所谓的预测,一切的结果只是人们的观察所导致。这样一来,世界的"真实存在"这件大事就得接受前所未有的重估。量子力学中的这种不可预知和不可确定,放在现实中就像我们每个人的自由活动那样,个人的选择都是随机的、即刻的、任意的,其带来的结果则是多样的、无序的、不确定的。只有当我们把事情做完,对结果进行统计和总结的时候,也就是在我们"回头看"的时候,事情的来龙去脉才可以显得比较清晰。这是典型的"倒果为因"。于是这个问题也就被上升到更深层次的思考:我们生活的这个世界的本来面目究竟是什么样子？人类从来就坚信不疑的关于这个世界的真实性以及这个世界得以运行的因果律这种宇宙观、世界观难道是假的？"客观世界"这个词还有意义吗？人究竟能否了解这个世界，或在多大程度上了解这个世界？随着量子世界"随机性""不可确定性"的不断展现，人类的生活习惯要不要发生改变？等等。

爱因斯坦并不否定量子力学的实验结论，他承认这个理论是辉煌的，人们根据它进行的推论和实验也是可行的。实际上，爱因斯坦本人曾经为量子力学的理论基础做出过重大贡献，那就是他1905年对"光电效应定律"的发现，他因此获得了1922年度诺贝尔物理学奖。爱因斯坦对量子力学的质疑是：这个理论是关于微观世界的"本来面目"最终的和真实的描绘吗？他对此自始至终都是持否定态度的，他到死都不相信，自然界的微观领域，不存在严格的规则性或因果律，而是随心所欲，无法预测的，甚至可以进行人为的干涉（即主观的观测能够影响事实）。站在爱因斯坦一边，相信量子行为最终服从经典物理学的因果定律的，还有薛定谔、德布罗意等著名科学家，他们也曾对量子力学的发展做出过重要贡献，并因此获得过诺贝尔物理学奖。老话说"实践是检验真理的标准。"对于爱因斯坦和他的支持者来说很不幸的是，百年来科学家们进行的大量实验一再地表明：量子力学对微观世界的描述是没错的，至少，实验是符合理论的；而爱因斯坦信奉的决定论在微观领域"的确"是无效的。只不过以我之见,站在哲学的高度和深度来看,任何"实在"或"非实在"的断言都不具有终极性,因而都言之过早了。

八、纠缠的量子和纠结的物理学

百年来,特别是近半个世纪以来,关于所谓"量子纠缠"的讨论和实验引发了科学界、哲学界以及越来越多爱好者的持续关注。量子纠缠这个由量子力学中的"不确定性原理"所导致的物理现象或物理怪象,曾被爱因斯坦蔑称为"鬼魅般的超距作用"——他坚决否定这种现象是量子在超远距离情况下相互作用的真实状况。但在世界各地物理学家们频繁的实验过程中,大多数结果都是对爱因斯坦观点的证伪,也就是说:量子纠缠是"真实存在"的。

普通物理学和常识告诉我们,物体或物质之间的相互联系、相互作用受到空间距离的制约。距离越远,联系和作用越弱,直至消失。比如两个人之间的声音传递,距离远到一定程度就听不见了。有线通信通过导线连接,基本不存在这个问题。无线通信通过光波传输信息,而光速是恒定的(每秒约30万公里),因此两个物体在超远距离的两端进行相互联系,由于光波运行需要时间,就会有一个时间的延迟,相互联系不会是同时、即刻的。比如我们收听、收看广播电视的直播连线时，会发现远端的信号会稍微延迟一点。同理，我们看到夜空中的星星，其实全都是以前的"星光"，有的甚至是很多很多年前发自恒星的光。根据广义相对论，物质的运动速度不能超过光速，否则将会发生荒谬、怪诞的事情，比如时间倒流之类。因此，两个相距极其遥远的物质，若要相互影响、相互作用，必定要经历一段光波行进的时间。但是，量子力学却发生了突破这个"规矩"的情况。两个彼此相关的量子，即便它们之间的距离以光年计算，它们也会"同时"发生相互作用，不会有时间的延迟，换句话说，量子的运动可以大大超过光速。这种不可思议的现象，就是量子力学中著名的"量子纠缠"。我们来通俗地描述一下这个怪异的纠缠。

假如有一副特制的手套，它们是配套的，一左一右。以常识的观点看，当它们在一起的时候，它们具有相关性，是一个整体；当它们被分开时，就各自独立存在、互不相干了。但从量子力学的观点看，情况却不是这样：它们永远具有相关性，相互影响、相互作用，不管这两只手套之间的距离有多么多么遥远。也就是说，它们无论如何是"纠缠"在一起了，似乎这两只手套彼此有一种"心灵感应"一样。它们怎么相互感应、相互影响、相互决定的呢？比如，我们把它们一边一个寄往相距遥远的两个地方。以常识的观点看，抵达目的地的手套，不是左手就是右手，而且哪个是左手，哪个是右手，这都是在邮寄之前就决定了的。但是量子世界的"实际情况"却不是这么回事：只有在收件人打开盒子的那一瞬间，手套的左或右才能确定；在此之前是完全不确定、没人知道的。显然，只有当人（观测者）看到它们之一是"左手"的时候，另一只手套的"右手"才昭然若揭了。这种咄咄怪事在宏观世界当然绝不可能发生，但按照玻尔的说法，这在微观世界却是一种常态，而且是微观世界的"真态"。

这两只相互配套、相互制约的手套就是两个量子（电子或光子）之间发生的实际情况，即"量子纠缠"。只有当观测者看到火星上的一个量子处于正极的那一刹那，另一个在冥王星上的量子才会"同时"处于负极；反过来看也一样。按照广义相对论，任何物质的速度不能超过光速，这意味着，在相聚极其遥远的物质之间，"同时"发生的相互作用是不可能的。但量子力学却通过"量子纠缠"冲破了广义相对论的光速极限：那两个量子（或那两只手套）能够在人（观测者）的参与下，实现"超距作用"——隔得那么遥远，两个量子仍然是"同时"相互作用、密切联系、紧密纠缠在一起的。针对这种"鬼魅"现象，爱因斯坦与另外两位科学家一道，做了一个EPR思想实验予以批驳。爱因斯坦认为，两个相关的、相距遥远的量子之间之所以发生相互作用，肯定不是某种莫名其妙的"超距作用"的结果，而是我们还不知道的某种"隐变量"扮演了中介的角色；一旦找到这种隐变量，就能够证明量子之间的相互作用是物理传递的结果，从而证明微观世界的行为方式仍然是符合经典物理学的，也就是符合常识的。

量子的"纠缠态"只是目前物理学界热门讨论的一个问题。其实量子力学导致的怪事早在百年前就震惊了科学家们，那就是所谓的"双狭缝实验"引发的逻辑困境。一个量子（光子）对着一个有两条狭缝的挡板发射出去，结果骇人听闻：它居然同时穿过了两条缝！一个光子能够"同时"通过两条缝隙，这意味着粒子的抵达事件是完全反逻辑的，也是完全不可知的。当时物理学家们不能理解也不愿接受这个事实，他们在思考为什么一个粒子能够同时经过两条缝隙。对此又进行了升级实验，科学家准备直接对通过缝隙的光子进行观察，来看一看光子到底发生了什么。结果恐怖的事情出现了：如果进行直接观察，光子的这种怪异情况消失了，光斑也变成了简单的光线。换句话说，当观测者对双缝实验过程实施观测时，那个奇妙的光子又恢复常态了——它只穿过了一条狭缝。这个世界实在不可思议！这种违反常识也违反逻辑的现象，经过多年的反复验证或证伪实验，主流科学界认定这就是微观世界的真实情况，叫作量子的"叠加态"。简单地解释就是，量子在进行观察之前存在各种方向的运动状态；而当观察者进行观测时，它的运动状态就被确定了。这是对著名的"测不准原理"或"不确定性原理"的最通俗的解读。

在这场著名的物理学-哲学争论持续了30年后，爱因斯坦和玻尔先后于1955年和1962年去世，他们留下的问题仍然存在，科学家们围绕量子世界的真实情况究竟如何继续讨论，特别是通过各种各样的实验来对爱因斯坦和玻尔进行判决。对爱因斯坦来说，绝大部分实验结果都是不利的。特别是在2015年，荷兰物理学家罗纳德·汉森通过他的所谓"没有漏洞"的实验，证明了"量子纠缠"的真实存在，即：相距遥远的物质之间可以同时相互影响，也就是说，量子的运动可以超过光速，从而证明了爱因斯坦的EPR佯谬实验是错的。

特别要说一下最近的情况。2022年度诺贝尔物理学奖颁给了阿兰·阿斯佩、约翰·克劳泽、安东·塞林格这三位科学家，表彰他们"用纠缠光子（即量子纠缠）进行实验，证伪贝尔不等式，开创了量子信息科学。"毫无疑问，这是对爱因斯坦关于"量子力学的结论并非对微观世界的最终解释"这个观点的最新否定。通俗地讲，他们证明了"量子纠缠"现象的真实性，也就是说，他们再一次证实了量子行为的随机性、任意性和不确定性，因而对爱因斯坦关于"量子世界最终服从决定论"这个观念说了"不"。

特别有意思的是：克劳泽和蔡林格这两位物理学家，是爱因斯坦的崇奉者，一直笃信自然界服从严格决定论，不相信世界"最终"是一个随机的、任意的、不能确切描述和把握的系统。他们两位及其团队做了几十年的实验，目的就是要证明以玻尔为代表的量子力学的哥本哈根学派的量子随机论不是最终的,而爱因斯坦的立场和观念才是正确的。这两位科学家的这个初衷是完全可以理解的。爱因斯坦之所以质疑量子力学结论的"最终真实性",是因为这个结论明显违背了常识,与人们日常生活的习惯相悖。一个量子发射出去,同时穿过了两条狭缝,这个结果意味着:一个人可以在同一时刻既在巴黎出席学术报告会,又在纽约联合国大会作主旨发言。这种荒诞的事情怎么可能是真的?这不仅违背了常识,而且直接否定了逻辑思维的同一律和不矛盾律,在宏观世界,这属于"胡思乱想""胡言乱语"。另外,两个相距遥远的量子不仅相互纠缠在一起,更怪异的是,它们的性质和状态在观测者尚未观测时是完全不清楚的(事先不知道),却在被人观测的那一刹那显现出来,换句话说,人的主观干预(观测)决定了这两个量子的性质和状态。这种匪夷所思的现象从理论的高度说,似乎证明了乔治·贝克莱的哲学命题"存在就是被感知";从生活化的角度说,则与变戏法、玩魔术异曲同工。如此看来,克劳泽、蔡林格两位物理学家在近半个世纪时间里试图通过不懈的实验来捍卫爱因斯坦,实在是再自然、再正常、再合理不过的事情。

然而不幸的是,这两位科学家反复做的大量实验都证明了爱因斯坦的常识世界观在量子世界里是错的、无效的,同时也就证伪了他们自己以前秉持的世界观。他们因此而获得了诺贝尔物理学奖,以表彰他们对"量子纠缠"理论和实践所做的贡献,这是多么大的讽刺啊!

看来,爱因斯坦的传统观念或哲学信念就要寿终正寝了,这个世界——至少是它的微观部分——是因果关系不明确的、任意的、非决定论的。真是这样的吗?

我认为,物理世界的"真相"究竟怎样、最终如何,下任何结论都太早了,我认为这个问题多半无解,是一个永恒的形而上学之谜。在这个问题上,我认为史蒂芬·霍金的见解是对的:"任何物理理论都只不过是一个假设,在这个意义上,它只能是暂时的:你永远不能证明它。不管实验的结果多少次和某种理论相一致,你永远不能断定下一次的结果不和该理论相冲突。另一方面,一旦找到哪怕一个单独的和理论预言不一致的观测,就足以将该理论证伪。正如卡尔·波普尔强调过的,一个好的理论应以下面的事实为特征:它做出一些在原则上可被观测证伪的预言。每一回观察到的和预言相一致的新实验,则该理论存活,而我们就增大对它的信赖;但是一旦发现和预言不一致的新观测,我们就必须放弃或者修正该理论。人们认为这迟早总会发生。"[①]我觉得,量子力学就是这样一种假说性理论。量子力学的成功在于,它在一百年时间里经受住了各式各样的"证伪"考验,因而

---

① [英]史蒂芬·霍金:《时间简史(普及版)》,许明贤、吴中超译,湖南科学技术出版社2015年版,第10-11页。

第三篇 世界有"真相"吗？——宏观"实在"和微观"行迹"

它一直是一个可信、可靠的理论。但谁又能够保证量子力学在未来某一天不会被证伪呢？一个永远也不能被证伪的理论，根据卡尔·波普尔的观点，恰恰就是一个非科学或伪科学的理论。

我认为，物理学家们通过实验也许有理由得出微观世界是"非决定论的"这个结论，但哲学的结论却不可下得太早。因为人类对自然界的认知永远处于"进行时态"，这个世界的本来面目究竟如何，这是一个形而上学的终极问题，实际上是一个永远不知答案的问题。哲学是永恒的追问，古希腊时代的问题，除了一部分已经演变成了实证科学的问题外，直到今天，大部分仍然没有最后答案。科学再怎么发展进步，也解答不了形而上学的终极关切。爱因斯坦与玻尔的争论，在科学层面似乎有了比较明确的答案：微观世界看来是一个非决定论的领域；但在哲学宇宙观的层面，没有人敢说爱因斯坦已经铁板钉钉错了，因为时间才是最后的判官，而时间是无穷延伸的。康德早就说过，哲学（形而上学）信念和科学逻辑、科学证据有根本的不同，哲学信念和宗教、道德、审美一样不具有客观性，它是人的主观感情、意志、情怀、趣味的表现，谁也不能"证明"这些东西是真的还是假的。

我非常敬佩伟大的爱因斯坦在学术上的执着和坚定，他几乎是单枪匹马一个人与整个量子力学团队进行思想交锋。尽管科学证据一再不支持他，他到死也不放弃自己的哲学信念,永远不相信"上帝掷骰子",永远相信宇宙自然的统一性、规律性、合目的性。以历史的眼光看,这种信念,这种精神,怎么评价也不会过高。

九、现象、语言和实在

在为爱因斯坦的宇宙观和哲学信念做了辩护之后,我们回到"实在""本体""真相"这类哲学话题。结合100年来量子力学持续不断的实验成就,我也要为这个辉煌的微观物理学及其实践喝彩并进行 哲学辩护。

科学家对微观世界的把握和研究的最大特点在于必须借助于宏观仪器,而观测的结果却总是不确定的。根据"测不准原理",微观粒子(量子)的位置与动量无论如何不能同时被准确地加以测定(这在经典物理学中是完全不可能的)。这种奇异现象,在中国哲学界被通俗地叫作"月亮问题",即微观客体的不确定性被比喻为月亮。一种最有代表性的见解认为,微观事件之所以是不确定的,完全是由于观测仪器的干扰作用所致。那意思就是说,客体本身是确定的,只不过这种确定性被宏观仪器给破坏了。因此,微观客体的性质依挑选观测仪器的观察者的主观愿望而定,选择的仪器不同,测量结果就会不同,即是说:"月亮在无人看它时是不存在的。"与此对立,另一种观点则认为,量子物理学所揭示的,是微观世界的真实状况和性质,因而具有完全的客观性,即是说,"月亮在无人看它时仍然存在"。在我看来,这两种观点都曲解了量子力学的物理意义,并导致了对其哲学含义的不正确的引申。

"波粒二象性"是物理学家们对微观事件基本属性的描述。1905年,爱因斯坦为解决光电效应实验与经典理论之间的矛盾,首次提出了光具有波粒二象性的假说(他因此获得了1922年度诺贝尔物理学奖)。他认为也许光既不完全是粒子,也不完全是波,但它在传播过程中却表现出衍射、干涉等波的特性;而在辐射、吸收等光的产生和转化现象中,则表现出能量空间分布的不连续性,即粒子的特性。后来法国物理学家路易·德布罗意又把这种"波粒二象性"扩展到一切实物粒子,称之为"物质波"。既然微观客体既不是粒子,也不是波,它是兼有两者部分特征的另一种远为复杂的东西,那么,当我们在传统的意义上去理解它,即用经典力学的语言去描述它的运动时,就会得到一些意想不到的"奇异"结果。按照牛顿力学,任何粒子都是沿着一定的轨道运动,它们在任何时刻都有确定的位置和动量。因此,如果我们已知这些初始条件,就能预测出它们未来的运动状态。但是,在微观世界中,客体的运动实际上并无轨道或轨道摇摆不定。德布罗意指出:微观客体的运动并不取决于力学定律,而是取决于衍射定律。让我们考察两个典型的实验情况：（一）有一粒子源和一个带有一条狭缝的挡板，一个同挡板平行而相隔一定距离的屏。如果不考虑由缝的宽度所产生的衍射，当粒子从源发出并穿过狭缝之后，就会平均地向一切方向上衍射。这样，我们可以观察到屏上闪烁的密度是均匀的，这说明粒子运动的动量方向是平均分布的，而单个粒子的动量方向则完全不定。（二）一个带有两条狭缝的挡板（其余条件同上），狭缝间的距离非常大，以至于可以不考虑粒子穿行狭缝后由于衍射而发生的偏斜，这时，所有粒子的动量方向都垂直于挡板。显而易见，量子（微观粒子）穿行狭缝时初始条件完全不同于牛顿力学中运动粒子的初始条件，即：当它们有准确的位置时，动量则完全不定；当它们有准确的方向时，位置则有很大程度的不确定。如果我们考察的不是这两种极端情况，而取一种适中状态，即一个有双狭缝的阑，狭缝间的距离是a，那么根据德布罗意理论，就得知粒子穿行狭缝时的位置（或x坐标）具有不确定性a；同时，根据衍射理论，多数粒子穿过阑后要么继续作同屏相垂直的运动，要么偏向了一个角，这样，我们又得到了与之相对应的动量：x分量的不定性h／a。如把x坐标的不定性记为Δx，把动量的x分量的不定性记为Δpx，而$\Delta x = a$，$\Delta px = h／d$；那么，$\Delta x \cdot \Delta px = h$（普朗克常数）。这就是维内尔·海森堡提出的著名的"测不准原理"或"不确定原理"(Uncertainty Principle)。关于后面这个"双狭缝实验"所导致的"反常识、反逻辑"的结果以及测不准原理,我在前面已经做过通俗的解说。

此后,丹麦物理学家尼尔斯·玻尔提出"互补原理",从哲学角度概括了微观世界的这种"奇异"现象,他认为,自从相对论,尤其是量子力学问世之后,日常语言越来越变得不能准确恰当地表述这些成就;然而,除了日常语言外,人类又确实不具备向普通人谈论这个问题的精确的科学语言。在这种情况下,物理学家们宁可使用一种比较模糊的语言,即交替地使用那些在同时使用时会导致矛盾的经典概念。的确,从经典理论的角度看,一个物体的位置和动量不能同时确定以及它具有所谓的"波粒二象性",是十分荒谬而不可理解的事情。但从量子理论的角度看,这两类概念都是"互补"的:其中任何一个单独的经典概念或图景,都不能对同一微观客体所引起的各种量子现象做出全面的解释。只有把彼此结合起来,才能从整体上描述量子的运动过程。

由此看来,那种认为量子行为本身具有确定性的观点,也就是爱因斯坦始终秉持的观点,是由于把经典意义上的粒子概念赋予了亚原子客体(量子)所造成的。事实上,从理论上讲,微观客体的不确定性是"波粒二象性"的必然结果。客体在其传播过程中主要显现的是波的特性,这已表明它不可能具有像宏观物体在运动时所具有的那种准确的"位置"和"动量"。最重要的是,迄今为止绝大部分实验表明，无论人们采用什么样的理想实验，都始终不能排除微观客体的不确定性。尽管物理学家们在探测微观客体的运动方式过程中，观察者、观察仪器和客体组成了一个不可分割的整作而发生相互作用，任何观测结果都是这种相互作用的结果，但是，首先，观察者、观察仪器和客体都是物质性的，它们之间的相互作用也具有客观性。其次，实验结果并不依仪器不同而不同。只要人们为测量亚原子客体的位置和动量而设置一定的实验条件，则结果必定是不确定的。

十、科学的本质是发现还是发明？

当然，这并不意味着"不确定原理"以及其他量子力学的定律揭示了微观世界的真实性质或最终性质。量子理论之所以在哲学界产生了空前深远的影响，正在于它从多方面突破了传统观念的樊篱，它昭示我们：科学认识的对象不是纯粹外在的世界，而是与人类实践活动密切关联的现象世界（即康德所谓的"人化的自然"）。在过去的很长时期，哲学界深信不疑地认为，以感官为基础，借助于思维的加工制作，人就可以全面把握外部事物；感官与事物之间没有任何不可逾越的中介和屏障，因而认识或反映从本质上讲就是一种摄影，区别只在于被动摄影和能动摄影。这就是唯物主义的反映论。当然，对于经典物理学所研究的宏观对象来说，虽然

第三篇 世界有"真相"吗?——宏观"实在"和微观"行迹"

人们仅凭直观也并不能将所有事物及其每个细节纳入自己的视野,更不可能深入到其不可见的实在本质之中,但是,在这里人们面对的毕竟是一个看得见、摸得着的东西;尤其重要的是,人们对之进行的观测活动与事物的性质可以截然分开。这样一来,就产生了一种假象,似乎人们完全能够认识和把握与己无关的外部世界,从宇宙天体到"自然之砖"(原子、电子、质子、光子等等)。

量子理论的问世,使人们从这一迷梦中惊醒。微观世界是一个根本无法用感官加以洞察的领域,人类只有从宏观仪器与微观客体的相互作用这唯一的渠道来摄取其信息。如果我们试图排除仪器对观测对象的作用,那么就会马上失去获取信息的途径,从而变得对客体的行为一无所知。这样一来,我们就无法断定,在无主体介入即仪器作用的情况下,微观世界到底具有怎样的特性。海森堡指出,量子理论对"两次相继观测之间所发生的事情,一般是完全无法描绘的"[1]所以,月亮在无人看它时究竟是否存在,这是人们无法回答的问题。我认为,认为"月亮在无人看它时不存在"或者认为"月亮在无人看它时仍然存在",这两种观点都有失独断。因为这里谈论的是一种"特殊的月亮",我们除了借助于各种有色眼镜去看它外,没有别的手段;因此离开这些眼镜去断言它的"真相"究竟如何,是没有意义的。就像达

---

[1] [德]海森堡:《物理学和哲学》,商务印书馆1981年版,第17页。

尔文进化论从根本上推翻了有关人类出身高贵的神话一样，量子力学也决定性地打破了关于人类能够把握那个无人干预的"自在之物"世界的奢望。

科学是"发现"的活动，更是"发明"的活动。科学是一个结构系统，其中来自客观源泉的质料为科学的可能性奠定了基础，但这却不能使科学成为一种理论形态的知识。没有人会否认主体在科学形成中的巨大作用，但如果这种作用仅仅被理解为抽象、概括、加工、制作，科学也难以成其为科学。近代以来的科学史已表明，不论从怎样丰富的经验事实出发，也不论选用何种归纳-概括程序，都不可能合法地导出一条具有普遍性、必然性的自然定律；相反，总是人先提出理论假说，向自然界发出质询，强迫自然界做出回答。这才是主体能动性的真切含义，也是科学从可能变为现实的内在机制。这一点在量子力学中得到了最充分的体现。

对于微观粒子（量子），人们只能凭借其宏观表象，即它的运动特性在宏观仪器上留下的"痕迹"来观察和把握它，而这些"痕迹"量子（原子、电子、中子、中微子等等）的间接和很不完全的信息，量子力学正是以此为基础来观测或猜测微观世界的存在方式、行为方式及其规则的一种理论假说。很显然，这种猜测和假说不可能完全符合客体的真实性质，即与实在事物形成"一一对应"的关系（实际上在宏观领域，那种一对一的摄影式的认识也是不多见的）。

当然，量子力学的许多原理，已被一系列实验事实所确证；但是实验所表现的，仅仅是量子理论对微观事件的描述很好地符合于它在宏观时空背景上的"投影"（客体在与仪器相互作用时所造成的现象），而并不表明或不能"最终"表明与微观世界"实际本质"的一致性。这件事直到今天仍然是物理学界和哲学界争论的话题。尽管爱因斯坦与玻尔及整个哥本哈根学派围绕量子力学进行了激烈的哲学争论，但他们都同意量子力学只是关于现象而非实在的理论。爱因斯坦承认量子力学所揭示的原理确实与人们的直接经验相符合，但这一理论却不是对微观实在客体的完备性描述，因而需要做进一步的探索；玻尔则认为，探索现象背后的微观客体究竟如何已经没有意义，因为我们不具备谈论这个问题的手段和语言。如果说量子事件在宏观仪器上的度量表现并不等于或不一定等于它本身的存在方式及运动特性，那么，用来描述这一现象的不精确的语言离实在事物就更加遥远了。比如，在量子力学中人们可以用"波粒二象性"来描述微观客体的行为特征，但却永远不能把粒子和波与可观察事实联系起来，认为它们具有常识意义上物理实在性，也就是说，任何人都无法感觉、体验物理波或粒子。

　　量子的所谓"位置"和"动量"也无操作意义。因为只有当人们用某些实验装置把客体局限在一定区域时，才能赋予其这样的性质。即是说，"位置"和"动量"并不表示亚原子客体（量子）的真实性质，而只表示整个实验安排的性质。因此，如果我们对科学不抱偏见和苛求态度，因执己见地要求它必须而且仅仅如实反映实在客体，要求它的内容具有纯而又纯的客观性，那么，我们就一定得承认，科学中既包含客观材料，更包含着科学家主观构想、灵感和创造性思考。

其实，这个思想早在两百多年前就由康德提出来了。康德实现的"哲学革命"被他自己称之为"哥白尼式的倒转"，那就是：人心绝非亚里士多德、培根、洛克形容的是一块白板或一张白纸，仅仅用于纪录、描绘各种各样的客观信息；人类知识绝不仅仅是人对纯粹客观世界的反映和摄影。康德认为人心是一个能动的、创造性的结构，其中的一些先验形式或框架至关重要，其功能主要不是去消化、说明、提炼对象世界的信息、形成知识，而是用自己的先天形式或逻辑范畴"强加"于对象，使得本身无意义、无规则的对象世界具备了时间和空间的属性，并且具有了逻辑性、规律性、可能性、必然性、偶然性等等性质，从而，使得数学和自然科学得以成立。这就是"人为自然立法"这个伟大观念，它直接影响了后来的自然科学家和哲学家。应该说，量子力学的成果是体现了"人化的自然""人为自然立法"观念的最好的例证。

十一、从决定论到概率论

根据经典物理学,如果知道一个物体的初始条件(某一时刻的位置和速度),我们就可以通过力学公式推算出它在未来任何时刻的确切位置和速度,即物体过去或现在的运动状态决定着它未来的状态。这便是牛顿力学中的因果性定律。拉普拉斯曾据此做出过一个非常著名的陈述:我们应当把宇宙的现状看作它先前状态的结果以及它的后继状态的原因。假定存在着一个能把握自然界所有的力以及一切事物的特定状况的全知精灵的话,那么他就能根据牛顿运动定律推测出宇宙中的一切物体未来的准确状态。

然而,无论是量子力学的理论还是相关的实验都表明,微观世界中并不存在这种严格的因果决定论。让我们考察一个实验:有一粒子源和一个带有双狭缝的阑,一个同阑平行而相隔一定距离的屏。当一束粒子(即一群德布罗意波)从源出发穿过两条狭缝之后相互干涉,其结果就会形成合成波的最大和最小振幅。从屏上可以观察到一幅衍射花样(一些亮暗相间的条纹),这样,根据波的操作意义,我们就能推算出屏上闪烁点的统计分布,即每单位时间在屏上一定区域内出现的闪烁点的平均数。但是,这并不意味着人们可以推知单个粒子的运动定律。无论我们采纳何种实验安排，我们都无法预测单个粒子将打击在屏上的哪个特定地方；而且反过来，如果我们选定屏上的一个命中点，也没有办法能查明这种粒子在经过挡板时，究竟穿过的是哪一条狭缝。

1925年，埃尔温·薛定谔通过引入波粒二象性假设和哈密顿动力学中光和粒子的类比方法，建立了描述微观客体运动的基本方程："m是粒子质量"。薛定谔在方程式中采纳了德布罗意的物质波概念，用波函数 ψ 来加以描述。$\psi(x,y,z)$ 随时间t的变化而刻画了物质波（即粒子）运动的时空变化规律。当薛定谔的这一成果发表后，马克斯·玻恩非常敏锐地"马上感到它要求非决定论的解释"[1]。德国物理学家、量子力学奠基人之一马克斯·玻恩根据电子散射的理想实验，确定了波的统计性解释。他认为波函数表示了微观粒子的运动状态，而它代表的波则是一个抽象的概率波，它的振幅平方值 $|\psi|[2,]$ 表示粒子在空间出现的概率。这就是说，量子的行为方式不是决定论的，只具有统计学的性质。

我们可以从两层意义上来理解微观事件的统计性特点：首先，量子整体系统的统计性。如前所述，量子理论并不描述单个粒子的运动规律，而只是说明系统的整体状态；并且对整体状态的说明也只是通过多次实践观测之后而取得的平

---

[1] ［德］马克斯·玻恩：《我这一代的物理学》，侯德彭译，商务印书馆1964年版，第156页。

第三篇 世界有"真相"吗?——宏观"实在"和微观"行迹"

均值,因此是统计性的。也就是说,量子理论用来表征量子系统状态的波函数ψ并不能被实际地观察到,观测到的只是ψ的线性迭加式(ψ = Σ λnψn)中的某个特征值λn,并且事先不能预测哪个λn将被观察到;能够确定的只是观测到λn的概率为|ψn|[2,]。其次,单个粒子运动的统计性。单个粒子运动的初始条件有很大程度的不确定性,我们甚至不能说一个粒子如不通过S[,1]狭缝就必定通过S[,2]狭缝(因为它的行为并不是只穿过S[,1]狭缝和只穿过S[,2]狭缝所产生结果的总和),并且,我们也根本无法预测这个粒子将出现在屏上的哪个特定地点,而只能预测它可能会出现在某个区域内。在弱光子衍射实验中,即使弱到一次衍射只有一个光子参加,也会在屏上出现衍射花纹。因此可以说,单个粒子在同时穿过两条狭缝后,它未来的空间位置也表现为一种概率分布。

在中国学术界,曾流行这样的看法:量子力学不过是否定了牛顿、拉普拉斯意义上的那种严格的机械决定论,而代之以统计决定论罢了;统计规律是因果规律的一种特例,两者并不冲突等等。实际上,按照量子力学的哥本哈根解释,事情并非如此简单。

统计性定律并不是量子力学的独创,在经典力学中,同样存在概率概念。但是,在牛顿理论和哥本哈根学派那里,这个概率概念具有十分不同的含义。经典力学的概率概念只是在人们对大量单个粒子的力学性质及其相互作用情况(即所谓"大数现象")了解得不全面时才得到使用。比如，在抛掷硬币的实验中，如果抛掷的次数很多，就会发现每面朝上的概率为1／2。在这里我们之所以使用概率概念，是由于不能把握掷币的初始条件：手力，风向，硬币的质量和它落地后遇到的各种情况。再如，热是大量分子相互作用产生的物理现象。对此我们只要了解分子行为的总体特征就足够了，完全不必根据严格的因果律写出无数条方程来对单个分子的运动进行描述。这就是说，概率概念或统计性定律只存在于我们关于宏观对象的不完备的知识系统中，而并不存在于对象本身之中；对象的确是服从严格的因果律的，尽管我们实际上做不到（也不必做），但原则上却可以对之进行描述。然而，量子力学的统计性定律却是一种从根本上排除了无知可能性的理论。在量子理论中，概率概念进入了物理系统的态的定义，即这个概念进入了它的对象之中。因为要想在对微观事件的量子描述中排除概率概念，就必须用经典意义上的粒子概念来定义微观事件，只有这样，量子的位置和动量才会"真正"明确地处于空间和时间之中。但很遗憾，这样一种理论假设已为黑体辐射实验所证伪。相反，如果大胆突破传统理论的樊篱，以普朗克常数与有关位置和动量的概率概念为基本前提来说明微观客体的行为，则会得到实验数据的有力支持。这表明概率或统计性特点是属于微观客体即对象本身的。

尽管经典物理学在描述量子无规则运动的整体行为时，

采取了统计性说明这条权宜之计，但这种对大量粒子行为的统计假定仍然是以承认每个个别粒子严格服从因果律为前提的。在这里，整体运动的统计性描述同个别粒子运动的动力学特征不但不发生冲突，而且前者牢固地建立在后者的基础之上。但是，在量子领域中，"这一形势与统计学在处理复杂体系时的应用绝不相类"①。单个粒子的运动是无规则的，同样需要统计性说明。

由于微观量子本身的不可观察性，使得人们只能运用某种实验安排和经典语言对其表象进行描述，因此，我们甚至无权断言量子的行为究竟是服从严格的因果律，还是具有多种可能性即概率性。这也许确实是我们人类认识能力无法超越的一个极限。但是，我们完全不必为此感到烦恼，因为这并没有阻碍量子理论本身的迅速发展及其对21世纪科学技术和社会物质生活的积极影响。因此，月亮在无人看它时是否存在，已经不再重要，重要的是"我们眼中的"这个月亮能够给我们带来赏心悦目的感受。

这一事实似乎从根本上动摇了一个古老的哲学信念（亚里士多德、阿基米德、伽利略、牛顿、麦克斯韦、爱因斯坦都秉持这个信念）：科学研究的对象是实在世界，科学的目的在于发现这个世界的存在方式及运动规律。现代科学的发

---

① ［德］马克思·波恩：《原子物理学和人类知识》，商务印书馆1964年版，第47页。

展日益显示出它是一种发明而不是发现的活动,这就是说,科学并不像我们通常所理解的那样,从大量的观察事实中去归纳与发现其中的自然规律,而是恰好反过来:首先由人能动地创造出概念体系,并建构理论假说,然后付诸事实的批判性检验;只要这个假说所推导出来的逻辑结论能够得到实验的确证,或者说经受住了实验的反驳,同时,整个理论不仅可涵盖旧有理论的所有经验内容,而且有助于人们预测和解释新现象,那么,这个理论假说就是有效的、适用的。至于这个理论是否如实地反映了实在事物"真相"及其规律,那的确有时是科学无法回答也不必回答的问题。

认识本身不是目的。科学的建立、发展与进步,并不是为了认真勤奋地描述一个本质上与我们不相干的外部世界,而是为了实实在在地造福于人类本身。量子力学已经明确地向我们证明了:任何人都无权说量子理论肯定是或肯定不是对微观实在世界的描述;既然我们说明微观客体在某时某地的状态时,不得不运用经典物理学的概念,而这些概念又不能十分确切地适合于客体,那么,这一矛盾的复杂情况在理论上必然合乎逻辑地导致用统计分布函数来大致描述量子的整体状态及其规律,就不足为奇了。由于量子理论所推演出来的结论可以成功地解释黑体辐射实验,并且它在其自身的发展中接二连三地推动了大量卓有成效的新学科的出现,这就说明它对于人类了解、理解和改造微观自然界来说,是迄今为止最好的一种理论。

爱因斯坦是令全人类敬佩的划时代的科学大师和伟大思想家，从坚定不移的哲学信念出发提出科学假说并付诸思想实验和实践检验，既是爱因斯坦取得巨大成功的逻辑，也是他后来反驳不了量子力学的逻辑。他不是从科学中引出哲学结论，而是希望让科学服从某一特定的哲学信念。我前面已经指出，爱因斯坦对"世界是客观的、统一的、决定论的"这种哲学信念的坚守是令人敬佩的，而且没有人可以最终断言这种传统世界观是错的；但是，从现实意义来看，爱因斯坦的哲学和他的科学反驳一样，似乎越来越衰弱。正如"不确定性原理"的发现者沃纳·海森堡指出的："在哥本哈根解释的反对者们看来，回到经典物理学的实在概念，或者用一个更普通的哲学术语来讲，回到唯物主义的本体论，那是值得向往的。然而，由于原子现象的本质是不可能的，至少是不完全可能的，那么，我们的任务就不应该是去阐明关于原子现象应当是怎样的那些愿望；我们的任务只能是去理解和运用它们。"①

十二、理论的价值：改变世界

如此看来，科学的价值并不在于对世界的"实际情况"

---

① ［德］海森堡：《物理学和哲学》，商务印书馆1981年版，第81页。

做出尽可能贴切的描述，而在于能够尽可能迅速、有效地改善人类在地球上的生存处境。自古以来，人们习惯于对自己的理解力、洞察力抱一种乐观的态度，认为自己有把握将整个宇宙自然的本质、规律一览无遗。休谟以他无与伦比的逻辑力量给人们敲响了警钟：把握可能经验范围以外的"实在"，是已经超出了人类认识能力的一种奢求。既然如此，自然科学家们苦苦追求的究竟是什么呢？马克思有一段名言："哲学家们只是用不同的方式解释世界，而问题在于改变世界。"①认识本身不是目的，科学的建立、发展、进步，并不是为了去描述一个本质上与我们不相干的"外部世界"，而是为了实实在在地造福于人类自身。一个再好的理论，如果把它束之高阁，不运用于改造世界的实践活动，就是没有价值的。当代绝大多数科学家已经认识到，一种科学理论之所以得到认可，与其说它具有客观的真理性，不如说它是一种人们用以解释、应对自然界的较好方式。一种理论与同类其他理论相比，只要在解释自然现象时显得更加简洁、缜密，在涵盖的经验内容上更加广泛，与背景知识相比更加具有预见性，特别是能够更加促进技术的转化和生产力的发展，它就具有无可争议的优越性、合理性和进步性。

近代科学史为此提供了经典的证据。比如，哥白尼

---

① ［德］马克思：《关于费尔巴哈的提纲》，《马克思恩格斯选集》第一卷，中共中央马克思恩格斯列宁斯大林著作翻译局，人民出版社1995年版，第134页。

的"地动说"（日心说）在16世纪提出来的时候，为了规避宗教上的麻烦，他曾专门做出说明，他的理论并不是对真实世界的描述，而是一种比以前的"地心说"更加实用的假说：它在数学上比较简明、严谨、方便。在哥白尼发表他的天文理论时，这个理论立即被淹没在批评、否定、谩骂的汪洋大海中。以当时的科学知识为背景来看，这些批判的论据都是有力的：如果地球在自转，为什么抛出一块石头，它是直接掉到地面，而不是从地球表面被甩出去？如果地球在公转，为什么在不同的季节观看同一颗恒星没有出现视差？这些疑问，后来在哥白尼框架内都得到了合理的解释；但更重要的是，哥白尼理论能够用简单明了的方式解决当时迫切的行星运行的诸多问题，而这些问题已令之前的托勒密日心理论越来越力不从心。话说回来，托勒密体系之所以在哥白尼体系之前十多个世纪被科学界、哲学界甚至宗教界奉为圭臬，也是因为它曾经是解释天体运动的最为方便的工具。托勒密理论利用偏心圆和本轮均轮系统，较好地解释了日、月和地球间距离的变化以及行星视运动的变化；托勒密曾用近80个圆周来解释天体运动，他本人也意识到，这种任意加圆的描述不可能具有客观实在性，而只是为了数学上的方便。再如，牛顿曾多次表示自己"从来不作假说"，他完全是根据对自然对象的观察和实验，归纳、推导出基本的概念和定律。如果真是这样的话，牛顿的理论就永远不需要修订了，因为它已经涵盖了宇宙自然的全部情况。但正如我们都知道的，牛顿理论的某些部分已经被爱因斯坦相对论取代；相对论最吸引人的地方就在于，它除了能够解决牛顿理论可以解决的所有问题外，还能够解决牛顿理论不能解决的一些问题。

爱因斯坦与量子力学代表人物的世纪争论，在物理学上已经分出了胜负（不过我不认为是最终的），但在哲学上仍然悬而未决。我前面已经指出，任何人都无权说量子理论肯定是或肯定不是对微观世界的真实描述，基本粒子最终是什么，它的存在方式究竟如何，它自己的行为特征到底怎样，这也许是我们永远不会知道也没必要知道的问题。

量子力学根据间接获得的信息所建构起来的假说极大地促进了一百年来科学技术的进步，这才是问题的实质所在。20世纪40年代以后，随着天体物理学、宇宙学的发展，人们逐渐把量子力学的原理用于解释中子量、黑洞等特殊天体的物理机制，甚至用来假设宇宙大爆炸初始阶段的情况，从而导致了量子天体力学的创建。量子力学与其他自然科学学科的相互融合、相互补充已经成为一种趋势，逐渐产生了量子化学、量子生物学、量子宇宙学等综合性学科。量子力学在当代工程技术中的应用更为广泛，它和相对论一道，已经大规模介入人类事务，极大影响了我们这个时代的经济、政治、社会、军事和民生。现代高科技几乎没有不涉及量子理论的领域，比如量子计算机、激光、半导体芯片、原子能、纳米材料和器件、凝聚态、等离子，等等。

量子理论和广义相对论一样，也在相当程度上改变甚至重塑了人们的宇宙观和思维习惯。有人说，量子力学的出现，已经使人们对世界的认知"从本体论变成了认识论"，这话当然说得过了一点——因为对实在、本体、真相的好奇、追问、求索，这种禀赋或本性永远不会从人类心灵中消解，因此哲学本体论是不会消解的。但是，真正重要的是如何把握和解说这个世界。即便只能通过间接的、非常理的、不可思议的方式来解说这个世界，只要能够运用这个解说来有效地造福人类，那就具有了最大的合理性和正当性。

总而言之，微观世界"实际上"的情况到底如何，不管从物理学还是从哲学的意义上讲，都是一个遥不可及、深不可测的问题，也许人类永远无法真正知晓了；但是，量子力学已经并且还将继续带给人类和人类居住的环境的益处却可以使"真"或"假"的问题显得不再重要。"问题在于改变世界"，这才是量子物理学所昭示的看似浅显实则深刻的哲学意义。

在思想的深处

第四篇

我们能否走出"决定论"?
——必然和自由之间的张力

"必然"与"自由"是一对传统哲学范畴。关于这对范畴的解读、阐释古已有之。现代中国人所了解、熟悉的权威表述是："人类的历史，就是一个不断地从必然王国向自由王国发展的历史。这个历史永远不会完结。"所谓的"必然王国"，是指这样一种状态：人们对自然界和社会历史中客观存在的本质、规律、必然性尚未认识和掌握，因而人的活动和行为不得不受这些"盲目力量"的支配、摆布。而所谓的"自由王国"，则是正好相反的一种状态：人们已然认识和掌握了自然和社会的客观必然性、规律性，进而从自然界和社会领域的强制性力量的支配下解放出来，成为自然界和社会的主人，并且能够按照自己的意愿改造自然界、创造自己的历史。从必然王国向自由王国过渡，就是人类在逐步认识了客观规律之后，利用规律为自己服务，减少与客观环境的对抗，使自己在生存、发展、提升的过程中变被动为主动。

上述概括表明，必然和自由不是两个截然对立、互不相容的力量，而是处在所谓"辩证关系"中的两种状态：必然就是有待展开、尚未显现的自由；自由就是顺乎其势、为我所用的必然，两者实际上是一种既对立又统一、既冲突又协调的关系。这是以黑格尔为代表的德国辩证唯心主义哲学对待"必然和自由"这对范畴的通融、兼顾、互补、

圆润态度。这个态度或这种思路直接影响了马克思和恩格斯，从而开辟了"辩证唯物主义"这样一种新的哲学传统。

第四篇　我们能否走出"决定论"？——必然和自由之间的张力

我们现在要讨论的问题与上述观念不同，它在哲学史上更加悠久、也更具现实性。两千多年来西方哲学（特别是近现代西方哲学）围绕着必然性与自由选择（即决定论和自由意志论）这两个相互对立的观念进行了长期的思辨和争论，我将探讨这种思辨、争论对科学、宗教、伦理、日常生活持续不断造成的广泛而深刻的影响及其现实意义。

就自然科学的发展和人们日常生活中的体会、认知而言，"必然"和"自由"是永远处在不相容的对立、对抗当中的——必然就是对自由的压抑、排斥、拒绝，比如任何形式的专断和强制都要限制、阻止人的言论和行动自由；而自由的任何形态都是对必然性、强制性的反抗、解脱、出离，比如历史上的人民革命，其宗旨就是反抗专制、争取自由。因此，有必然性的地方就没有自由或缺乏自由；而获得了自由就意味着摆脱必然性的束缚和压迫。这就是这两个哲学范畴及其关系的传统含义。

现代哲学和科学更多地使用"决定论"（determinism）和"自由选择论"(theory of free choice)这对范畴或观念来指代"必然王国"与"自由王国"这两种存在状态。我们的讨论就从古典意义的决定论与自由意志论的关系谈起。

一、康德引发的讨论

伊曼努尔·康德是断言决定论与自由意志（必然与自由）互不相容并且对这个问题进行了严密的逻辑论证的最有名的哲学家。在《纯粹理性批判》的"先验辩证论"部分，他在探讨"理性宇宙学"这门形而上学能否提供具有绝对的、无条件的真理性知识这个问题时，提出了四组"二律背反"（即·自相矛盾，antinomy），分别解决宏观宇宙的有限和无限问题、微观宇宙的可分与不可分问题、自由与决定论的问题、必然性与偶然性的问题。其中的第三组"二律背反"专门探讨了必然性（决定论）与随机性（自由意志）的关系。他把这两者设置为形而上学的"正题"和"反题"，通过思辨论证他得出结论：不可能建构有关必然与自由相互匹配的"合理的"科学知识；不是因为这两个相互对立的立场都是错的，或它们当中有一个是对的有一个是错的，恰恰相反，是因为它们都是对的，即决定论和自由意志虽互不相容，但都能够获得逻辑和事实的证明。也就是说，这两种相互对立的理论都可以为人类理智（即康德所谓的"知性"，understanding）所接受。这样一来，康德说，人类的"纯粹理性"（pure reason）便陷入了令人尴尬的"二律背反"之中。而唯其如此，关于决定论与自由意志论的"科学知识"就绝难成立。我们来看看康德的论证，这个论证充满了哲学的思辨性。

正题：世界上存在着自由。

反题：世界上不存在自由，一切都是必然的。

对正题的论证：

世界是一个环环相扣、无限延伸的因果链条系统，原因和结果是角色互换的，在此为因，在彼为果；原因之上有原因，结果之下有结果。如此一来，要想获得任何具体的因果知识（自然科学知识）都必须追溯或延伸到无限远。这样一个世界是人类的经验和理智所无法认识和把握的，因为这个因果链条实在是太大、太长了，人心无法企及一个无限状态的因或果。然而在现实生活中，我们凭借我们的经验、理智却能够认识到自然现象的原因和结果，从而构成了我们的自然科学知识（比如牛顿物理学就是对天体和地球物体的运动状态的准确刻画），以及我们的常识。所以，"世界是一个无穷的因果链条"这种说法是不成立的，因为那样的话任何因果律都不会被我们所认识和掌握。由此我们得知：在那个无限的因果链条的某一环节、某一节点，一定存在着某种不受约束和限制的"自发的""随机的""突然的"原因，正是它中断了因果链。这个原因就成了某一事件、某一自然现象的开端。这个"自发的""随机的""突然的"原因就是自由。因此，世界上存在着自由。

对反题的论证：

如果世界上存在着自由，即存在着"自发的""随机的""突发的"原因，那么，被这个自发原因截断了的那部分因果链条就不能满足我们的理性（reason）的追求——理性的目标是追求关于整个宇宙自然界的绝对、无条件的因果律，换句话说，那个"随机""自发""自由"的因果环节实在太小、太短了。于是我们的理性就要发问，这有限的一段因果关系是如何发生的呢？为此，我们的理性便要越过自发、随机、自由这些偶然原因，去寻求更远、更大、更深的必然原因。由此，这种寻求就要进入到那个因果律的大链条，以致无穷。这样一来，世界上的一切便都处于生生不已、环环相扣、无限延伸的因果链条之中了。于是，世界上便不存在"自由的""随机的""自发的"因果关系了，一切都处于必然性的制约之中，一切都是决定论的了。可见，世界上并不存在自由，一切都是必然的。

康德的这番论证，我是用我能够使用的最通俗的语言来表述的；如果读他的原文，那要晦涩、烧脑得多。由此可见德国哲学的艰涩和康德思想的深邃。康德的本意是解决所谓的"划界问题"（后人称之为"康德问题"，即科学与非科学的原则界限的问题）。他要证明：一旦人们追求经验之前、之外的"形而上学知识"，即关于绝对、无条件的终极问题的答案，就会陷入"自相矛盾""二律背反"的困境之中——形而上学问题的"正题"与"反题"互不相容，却同时能够得到合理的、令人信服的证明，即双方都站得住脚——这个世界既是自由的，又是不自由的，即决定论的。这怎么可能呢？自相矛盾是正常思维不允许的！康德认为，这只能表明人类理性陷入到了深重的迷误之中。他由此得出结论：形而上学不是科学知识，而且永远也不可能成为科学知识。这就是《纯粹理性批判》对科学与非科学的界定，也是康德完成的一次重大哲学突破。当然，康德自己也没有料到，他的第三组"二律背反"，即关于自由与必然的形而上学思辨，后来引发了哲学界、科学界、宗教界、常识界的广泛、深入、长久讨论，"决定论"与"自由选择论"的关系成为哲学领域的一个重大的核心论题。

一般来说，决定论的含义和功能有两层意思。第一层意思，它是指导科学考察和日常生活的一种实践准则；第二层意思，它是关于宇宙本质——甚至是关于社会本质——的一种普遍性学说。

就第一层意思来说，决定论引导人们去寻求因果律，也就是说，寻求某一时间所发生的事情同另一时间所发生的事情之间的联系的规律。毋庸置疑，科学的本质就是揭示和阐释因果律，科学家的职责也就是去发现因果律。要是某个领域里没有因果律或决定论，那么这个领域就没有科学，反过来讲也一样。在日常生活中，我们用因果规律来指导我们的行动，从而形成为我们的生活习惯。按一下开关，电灯就会亮——除非断电了；划一下火柴，火柴就会着——除非火柴头断了；拨一次电话号码，就能够通话——除非弄错了号码。因此，从常识的角度讲，决定论（恒定的因果关系）是最可靠的一种生活指南。

就决定论的第二层意思来说，作为一种关于宇宙自然界的普遍性、必然性、本质性和规律性的学说，其含义是：如果我们充分了解和掌握了过去的情况（事实）和因果律（物理学定律）的话，那么过去的情况决定着将来的情况的发生，就是必然的、可信的、确定无疑的事情。根据这个原则，人们在考察某个现象的时候，在掌握了先前的种种情况和因果规律的前提下会得出结论：这个现象的发生是必然的。更重要的是，由于掌握了因果律，当观察到类似情况的时候，人们还能够准确推断出类似的结果即将发生。这里的关键在于：断言存在着过去决定着将来、本质决定现象的"规律""必然性"这种东西，并且决心将这种东西发现、揭示、解读出来，这是两千多年前科学和哲学的共同任务。不过近代以后，特别是康德以后，这件事就成了科学的特权，而哲学（形而上学）由此丧失了解释自然的发言权，只剩下了解释科学理论的发言权（即科学哲学或科学技术哲学）。因此至少三百年来，作为一种哲学理论的决定论，一直争论不休、莫衷一是。在今天，决定论与自由意志论之间的争论非但没有停息下来，甚至在某些方面，比如在微观物质领域和社会历史领域，争论愈发激烈了。

二、"前因"与"后果"

黑格尔有一个著名的公式："凡是合乎理性的东西都是现实的；凡是现实的东西都是合乎理性的。"①这个公式在当时曾引起不小的争议，政治上的保守派称赞它，而激进派则咒骂它。理由是：它似乎将一切现存的国家制度说成是最"合理"的，因为它们是"现实"的。这当然是误解，为此，恩格斯在《路德维希·费尔巴哈与德国古典哲学的终结》里作了专门的澄清。恩格斯指出，黑格尔的公式作为哲学命题，强调了这样一点：合乎理性的东西就是适应了自己得以存在和发展的一切历史条件的东西，因而是必然会发生的东西；现实存在的东西正是符合了上述历史条件才得以成为现在这个样子的，从这个意义上讲，一切现实存在的东西，一定是合理的和必然的，直到有一天它失去了自己的合理性和必然性，它就变成了衰败的、终将消亡的东西。

这就来到了我们的话题：我们周围的这个世界，包括它的每一个细节，都是非如此不可的吗？

---

① ［德］黑格尔：《法哲学原理》，中国政法大学出版社2003年版影印本，第78页。

如果我们在任何一个特定的时刻来考察我们身处于其中的这个世界（包括它的任何一个组成部分），那么有一点是显而易见的：这个世界，包括它的细节，在那个给定的时间和空间中都是完全确定、恰好如此的；此时此刻，它们是那么合情合理、恰如其分、理由充足，没有丝毫含糊不清、模棱两可的地方。这就叫："存在即合理，已然即必然。"一棵桃树所开的花，尽管在人的眼中不计其数、杂乱无章，但就桃树本身来说，其花朵数量作为已然的结果，却是确定的，不多也不少（不能讲有任何一朵花是"本来不该开的"或"本该开却未能开的"），而且每一朵花都正好处在它"应该"所处的精确位置上。茫茫大海看上去无边无际、动静莫测，但在任何确定的时间和空间，它都有确定的深度、广度、温度、含盐量和起伏的频率等等。甚至海滩上的每一粒沙子都与其他的沙子处于确定的、恰好如此的位置关系之中。再看空中：不久前还阳光灿烂、微风徐徐，这会儿却狂风大作、飞沙走石，真是变化莫测。但实际上，在空中发生的任何一个微小的变化，都影响了其他各种因素的变化，以至于导致了天气的突变；任何一阵弱风或强风，在每一个时刻都有其确定的方向和风力，任何一滴雨水都刚好如此，不大也不小。这就是气象学上经常出现的"蝴蝶效应"。对上述种种自然景观，我们可能有兴趣，也可能没有兴趣。但不管我们的心情如何，桃花、大海、沙滩、风力等等该怎么样还会怎么样，而更重要的是，既然它们已经是这样了，就不可能再是别的样子。

看来这一切都是再明显不过的了。只要我们追究已经存在或发生的事情，我们就会去探讨在它们之前存在和发生的事情，我们称之为"先行事件"，或干脆就叫"原因"。因而，如果有人问：为什么这个世界以及它的较大的或较小的部分此时此刻是"这个样子"？我们所能给予的最合适的回答只能是：因为它们在此时此刻之前恰恰是"那个样子"。假如世界过去确实是那种状态，那么看来它此刻就不会不是目前的状态。不管是桃花还是大海，不管是飞沙还是走石，都是黑格尔所谓"合乎理性"的存在，即适应了其自身得以存在与发展的一切历史条件的存在，因而是必然的存在。

这就是决定论。其要点在于原因与结果之间的恒定的传递关系：就一切既定事实（结果）而言，总有某种先行事实（原因）致使它如此这般；不管这个先行事实为人所知还是为人所不知，它引起了那个结果，或者不如说，它规定了那个结果，这是确定无疑的。17世纪德意志哲学家莱布尼茨在谈到宇宙间一切经验事实时曾指出，所有这些事实（从最宏大的到最微小的），尽管它们的反面情况在逻辑上是允许的、可以想象的（不像逻辑或数学那样主词预设了宾词、前提蕴涵了结论，实质上是同义反复），但就其已经发生了而言，却又是不容更改的，因为它们拥有使自己得以如此这般发生的"充足理由"。这种说法,后来被一些人说成是一种新的思维定势——"充足理由律"。"充足理由律"能否成立另当别论,但莱布尼茨关于经验事实的"已然即必然""存在即合理"的论述,我认为是站得住脚的。所以,决定论往往是人类常识的一部分;每一个人都相信:事出有因、概无例外。

三、决定论的前世今生

作为一种思辨理论的决定论,尽管不是那么广泛地为人所知,却是伴随着哲学的产生而产生、伴随着哲学的发展而发展起来的。

就西方哲学来看,最早提出决定论思想的是米利都学派的代表人物、泰勒斯的学生阿那克西曼德。阿那克西曼德在探求宇宙万物从何处来、消亡之后又向何处去的问题时认为,在整个演化序列中,有一种必然性在起着支配性的作用,他把它称作"命运"。这个名称对以后的哲学家甚至神学家有很强的启示意义:正是某种单向的、强制性的、不可避免的因素(本性、理由、动力、目的等)造成了宇宙过去和现在的状况,并且还将决定它将来的状况。以弗所城邦的伟大哲学家赫拉克利特认为,万事万物都由"火"生成或毁灭,而火的燃烧和熄灭是按照不可抗拒的规则或分寸进行的,这个规则或分寸叫作"逻各斯"。原子论哲学家也都是严格的决定论者。德谟克里特有一句名言:"一切都遵照必然性而产生。"①因为一切的产生都不是无缘无故的,只不过有人了解那些原因,有人不了解而已。所以他认为自然哲学的任务便是寻找原因,"只要找到一个原因的解释,就比成为波斯人的王还好。"②亚里士多德更是明确提出,"第一哲学"(即形而上学)的任务在于探究宇宙万物基本的原因。不过他提出,基本的原因不止一个,而是四个(后来他又压缩为两个,即"质料因"和"形式因"),所以一切现存的事物,不管多么大,也不管多么小,不管多么抽象,也不管多么具体,全是那两个原因相互作用的结果。但这还不算完,亚氏将因果序列一直向上追溯,便到了"第一因"(他称之为"隐德来希"),一切都是它的结果,一切都由它推动,一切都以它为目的,而它本身则是不被决定的,它是一个自由因(这个思路后来被托马斯·阿奎那用来证明"上帝"的存在)。这是历史上第一次涉及令后来许多哲学家感到苦恼的那个二元论问题:经验的世界是决定论的,处在严格的因果链条之中;而超越(本体)的世界则是(或应该是)非决定论的,它是第一因、自由因。这两个世界究竟有没有统一性,如果有,它们是怎么统一的?前述康德论证的必然与自由

---

① 《古希腊罗马哲学》,北京大学哲学系外国哲学史教研室编译,商务印书馆1979年版,第103页。

② 《西方哲学原著选读》上卷,北京大学哲学系外国哲学史教研室编译,商务印书馆1981年版,第47页。

的"二律背反",就是对两者的统一性、协调性的否定;而黑格尔对康德的反驳,则肯定了必然与自由之间的"辩证的"统一性。

这个无上的"第一因"很快便转化成了一神教的观念,即作为最高造物主、伟大设计师、第一推动者的"上帝"这个观念。这种转化似乎是不可避免的。尽管每一个经验的事实总是其前面的一个经验事实的结果,但是如果我们不满足于这一点,而根据"一件事以另一件事为其原因,这另一件事又以第三件事为其原因"这样的思路来推演,并且我们不想陷入"无穷倒退"的窘境的话,那么我们最后只能接受"第一因"这个形而上学的假定,就像亚里士多德所论证的那样。而这个假定,必定导致某种形式的神创论——"第一因"就是神、耶和华、上帝、真主等等。这样一来,希腊人原本建立在理性思考、逻辑推理基础上的那种有限的因果决定论,就演变成了由造物主第一次设计、创造、推动的无限决定论或宿命论了。这种理论与早期基督教思想相互融合、彼此支撑,就形成了后来基督教中的上帝这个"造物主"拥有的至高无上的智慧、权威和权力。罗马帝国时期著名"教父"哲学家奥古斯丁曾讲过:"宇宙间除了上帝以外,没有任何存在者的存在不是由上帝那里得到的。"[1]显然,除了上帝这个

---

[1] 《西方哲学原著选读》上卷,北京大学哲学系外国哲学史教研室编译,商务印书馆1981年版,第219页。

第一因以外，一切的一切全是注定了的，难怪奥古斯丁要接着宣布：如果没有上帝的意志，就是一根头发也不会从头上掉下来。奥古斯丁的这种说法尽管非常独断，原则上却与希腊人的决定论思想乃至于今天人们的常识没有区别，因为一根头发从头上掉下来这件事，好歹也是因果链条上的一环，好歹是不可避免的原因导致的一个不可避免的结果。

当西方人拨开中世纪神学的迷雾，重新举起理性主义大旗的时候，决定论又恢复了它思辨哲学和经验哲学的色彩。近代哲学家在批判神创论的基础上，逐渐减弱了人们对追逐宇宙起源和变化原动力的迷恋。在这一过程中，首先是用"泛神论"这样一种内在决定论抵制和取代正统"神创论"那种外在决定论。在泛神论中，原来那个超自然、超人的上帝被肢解、融化于万物之中，以内在的方式来支配、决定万物的存在与发展。然后是用"自然神论"来取代泛神论。根据自然神论，上帝在设计和制造出宇宙万物及其运行法则之后，便不再干预它的具体流程了——包括内在的干预在内。这就回到了亚里士多德在其物理学中描述的那种因果决定论。

近代西方哲学家们普遍相信物质世界的运动变化有其自身的原因和规律，他们把这些原因和规律看成是单一的、线性的、环环相扣的和不可变更的。英国哲学家托马斯·霍布斯是近代机械论的创始人，他在宣布"哲学排除神学"的同时又断言：物体的一切运动和变化，都是其内部的物质粒子的有规则、可度量的运动造成的,因此在结果上是注定了的。荷兰哲学家巴鲁赫·斯宾诺莎更是一位严格的决定论者。他指出,具体事物之间的关系是:甲为乙的产生因和存在因,乙又为丙的产生因和存在因,如此类推,以至于超越现象界而达至本体界。他认为"本体"或"实体"的最大特征之一是"自因",而这个自因,乃是不能追究也无须追究的。他的结论是,一切都是必然的,"其所以说一物是偶然的,除了表示我们的知识有了缺陷外,实在没有别的原因。"①

18世纪的法国无神论者和唯物论者,个个都是严格决定论的信奉者,他们把这种信念推向极端,以至于把自然界、社会生活中的偶然事件一概说成是造成最重大的历史事变的决定性因素,或者说,通过一环一环地究本溯源,断言:最了不起的事变最终不过是某些最微不足道的小事的必然结果。霍尔巴赫的说法不但最有典型性,而且也颇能说明问题:"如果我们根据结果来评定原因,宇宙间就根本没有什么微不足道的原因。自然界一切都是互相联系的,都在起作用和反作用,都在运动和变迁,都在组成和分解,都在形成和消灭,没有一颗原子不起着重要的、必然的作用……自然用来推动精神世界的秘密杠杆,乃是一些真实的原子,它们突然而又必然地会合到一起,使人发生改变,常常在不知

---

① 斯宾诺莎:《伦理学》,贺麟译,商务印书馆1997年版,第30页。

不觉中不由自主地就以一种一定的、必然的方式思想起来，要求起来，行动起来。……一个狂者胆囊过多的苦汁，一个征服者心脏里过热的血液，一个君主胃里的一种消化不良，一个女人心里出现的一种幻想，都是一些充分的原因，足以酿成战争，把千百万人送上屠场，夷城池为平地，化都邑为劫灰，使国家长期陷于悲惨境地，饥荒不断，瘟疫流行，地球上一连数百年荆棘遍野，民不聊生。……由此可见，人类的命运同组成人类的每一个人的命运一样，每时每刻都系于一些难以觉察的原因；这些原因是变化无常的环境使它们产生，使它们发展，使它们发生作用的。我们把它们的结果归之于偶然，视之为意外，其实这些原因是必然要起作用的，是遵照确定不移的规则的。"①的确，如果我们按照霍尔巴赫的思路，"从结果来评定原因"的话，他的这么一大段议论就很难不令人信服，那是常识的一部分。就连休谟这位怀疑论大师，虽然对常识（即因果理论）作了相当有效的质疑，从而令当时几乎所有杰出的思想家都大吃一惊，但他毕竟也只论证出与因果律相悖的现象是不矛盾的和可以想象的，而对于已经存在的事实，他也认定是不可改变的；它可以由不同的原因所导致，但它终究是一个原因的结果，因而是这个原因注定了的。

---

① 《西方哲学原著选读》下卷，北京大学哲学系外国哲学史教研室编译，商务印书馆1981年版，第255—256页。

现代哲学家中也不乏决定论者。桑塔亚纳、克罗奇这些思辨哲学家自不必说,就连罗素这样的自由主义者也得出了与霍尔巴赫差不多的结论。在谈到现代工业文明的起因时,他写道:"工业制度是由于近代科学而产生,近代科学是由于伽利略,伽利略是由于哥白尼,哥白尼是由于文艺复兴,文艺复兴是由于君士坦丁堡的陷落,君士坦丁堡的陷落是由于土耳其人的迁徙,土耳其人的迁徙是由于中亚细亚的干旱。因此,在探索历史因果关系时,基本的研究是水文地理学。"①

不论是宗教的决定论者,还是自然的决定论者,都不愿承认世界上有什么事情是真正偶然的;他们要么把偶然性说成是人们用来掩饰自己的无知的借口,要么把偶然发生的事情一概说成是必然的。他们认为,真正偶然发生的事情就是完全不可预测的,而世界上并没有本质上不可预测的事情——即便现在不知道,那也只是因为人们对它们探索、了解得不够,因而是暂时的,所以根本就没有偶然的事情,一切都是必然的。另外,在他们看来,用规模和影响的大小来衡量一个事件究竟是必然的还是不必然的,是决定性的还是无关紧要的,是没有道理的。孤立地看,一场战争也许是可以避免的,而一只蚊子对一个人的叮咬却是非发生不可的。如果联系起来看,蚊子的行为在经过若干的因果转换之后,

---

① [美]罗素:《历史作为一种艺术》,载《现代西方历史哲学译文集》,上海译文出版社1984年版,第120页。

可以导致那场本可避免的战争的爆发。这种情况，后来被形象而广泛地比喻为"蝴蝶效应"。据历史记载，美国和加拿大的前身——英属北美殖民地的建立，至少从现象上看，似乎并不必然。罗马教皇原打算把这块宝地作为礼物送给西班牙。如果这个计划付诸实施了的话，那么今天是美国和加拿大的这块地方，就会是拉丁美洲的一部分。然而恰恰是看上去不值一提的一件小事改变了一切：英格兰国王亨利八世要求离婚而未获教皇同意。这就促使他发动了英格兰的宗教改革，建立"圣公会"并自任最高首脑。与罗马教廷的决裂，使得亨利八世的著名女儿伊丽莎白一世女王决定往北美大陆移民，从而逐渐造就了那一大块殖民地，进而演变为后来的美国和加拿大。另外，据说拿破仑在滑铁卢的失败也并非必然。只是因为他大战前夜吃了一个使他腹泻不止的桃子，才造成了他的胃肠不适，从而情绪反常，指挥错乱，最终失败。而一旦失败便不可挽回，这件事就成了起自一桩小事的一系列因果转换的必然结果。

如此看来，决定论拥有十分强有力的理由和证据。如果我们从结果推原因，发生过的事就不能不如此发生，历史是不能假设的。我认为，严格决定论的观点对于解释物理的世界，即使不是最合理的（比如当代量子力学已经愈来愈表明物理世界在其微观层次上是随机性、概率性的，至少不是严格决定论的），也是最有效的（因为假定自然界是决定论的，即服从某种恒常的因果律,毕竟令人感到安全和有利——稳定的东西就是易于认识、可以把握或规避的东西)。但是这种观点如果用在我们人类身上,却是令人相当不快的:我们不仅显得太没有出息了,而且我们不能够(当然也没必要)为发生在我们身上的任何事情承担责任。因为既然一切都是必然会发生的,不管我们对它们做出怎样的影响或干涉,该发生的依旧会发生。那样的话,人的能动性、创造性,人的思想判断、逻辑判断、伦理判断、政治判断、审美判断,人的精神世界里的所有东西,就都没有了价值和意义,人与一般动物就没有了本质的区别。

传统的唯物主义哲学认为,人是自然世界的一部分,人首先必须是一种物理学的、化学的和生物学的存在。构成人的身体的每一个细胞和每一个微小的组成部分在性质上与自然界是没有区别的。因此,如果决定论是正确的,那么它就适用于人的身体;人的生长发育、脉搏跳动、腺液分泌、脏器循环、吸收排泄等等生理上的变化,与树木的生长、风沙的飘行、泉水的涌流、四季的更替等等是差不多的事情,即都服从客观的因果规律。

但是人不是还有精神吗?即思想、理性、道德、意志、欲念、情感、审美等等。能够说这些东西仅仅是人的自然生存环境的产物吗?能够说这些精神现象的根源在于物理、化学、生物甚至社会环境的结果吗?我看很难,我也不相信。

另外，根据决定论（因果规律），任何环境作为一种既定事实，乃是在它之前的某种环境所导致的唯一可能的结果，那么，人对自己的思想行为、意志行为、道德行为、利益行为及其后果，怎么能承担责任呢？如果决定论对于人的个体、群体和全体都是有效的，那么人类岂不仅仅是一大堆不由自主的自然界的产品，只能去做自然规定他们去做的事情了吗？如果是那样的话，今天的美国人就不必感激英国国王亨利八世、伊丽莎白一世为他们"选择"了北美这块生存空间，而法国人也没有必要抱怨19世纪初拿破仑一世以1500万美元的低价把路易斯安那的大片土地卖给美国了。凡做事不由自主的人，既没有功德，也没有过错。

四、选择：人的价值体现

显而易见，传统唯物主义的观点无论如何不能让人接受。有一个事实是必须作为基本的前提来确认的，那就是：人，也仅仅是人，除了是一种物理的、化学的、生物的存在外，还是一种精神的存在——而且更主要、更根本的是一种精神的存在、一种价值的存在。只有人才生来就具备复杂的精神活动，才能做出价值的判断，才懂得应当与不应当、善与恶、美与丑等等，从而选择他认为是应当的、善的和美的东西。而如果把人主要理解为一种物质的存在（不光是自然物质，也包括经济、生产力这样一些社会性的物质），那么决定论对于人就是严格有效的，人终归是不由自主的存在。在这种情况下，人的一切，要么可以归之于直接的环境，就像爱尔维修所讲的"人是环境的产物"那样；要么可以上溯到第一因——上帝那里去，就像奥古斯丁讲的"没有上帝的旨意，就连一根头发都不会掉下来"那样。

因此，要想真正说明人的行为，就必须假定人的精神的存在是本原性的，人的意志是独立自主的，人是人自己的价值主体。这里讲的精神的本原性、自主性、主体性，不是说人的思想、欲念的产生和人的行为的发生可以不受环境的影响甚至是制约，而是说：人拥有复杂的精神活动特别是能做出价值判断（善恶、好坏、是非、应当不应当等等），这件事的终极原因是不必追究的——追究了也没用；只需明确：这些规定性已经将人与物（包括一般动物）决定性地区别开来。一味地讲人是环境的产物，尽管怎么也不会遭到彻底反驳——如果我们诉诸不断延续的因果链条的话——却只能导致消极的后果。事情很明显：一个人一旦清楚地意识到，他无可避免地只能是现在这个样子，他不能选择自己的行为方式，他只能做他已经做过的事，他就不能理解，他怎么能够由于他的所有被动行为，而成为好人或坏人、善人或恶人。

要使人与物从根本上区别开来，不仅要假定人的精神的本原性，而且更要假定人的自由的存在。只有当一个人是"自由的"时候，也就是说，只有当一个人的自由意志或自由选择成为他的行为的"第一因"的时候，他才能够对发生在他自己身上的事情承担责任，也才谈得上他做了善事或恶事，从而体现出正义与非正义，进而受到赞美、赏识或批评、惩罚。归根结底，唯有人的行为具有"价值"的属性，唯有人可以在"应当"如何与"不应当"如何之间做出选择。人的意志和动机，必须假定其不是某种"前因"的"后果"，它就是原因本身，即康德所说的无限的因果链条的某种"中断"，出现了"自发的""随机的""突发的""无原因"的原因，即第一因。反过来说，如果人的行为完全处在无限的因果链条的密不透风的刚性环节之中，那么人就不能为自己的任何行为承担责任，他的行为也就不具有善或恶的性质，人就成了一台不由自主的机器。因此，一个真正自由的人一定是一个有道德责任感的人，他之所以能对他的行为负责，无非是说，他"本来"可以避免他已然采取过的某一种行为，也就是说，他是可以进行选择的。所以，严格的决定论对人、对人类的事务是不适用的，或者说，也不应该适用。

对人的自由可以从多方面加以规定。显然，我们能够去做我们乐意去做的事情，这时我们就处在"自由"的状态中了；另外，我所做的事情自始至终由我决定，从意念到实施、从动机到行动、从方案到过程，一切都由我决定，那么就这件事情的结果而言，我是"自由"的。应当看到，自由总是与强制、压抑、阻挡、禁止等等不相容。首先，自由意味着做一件事时从思想到行动都没有受到实质性的阻碍。一个人可以做他打算做的事，而没有遇到什么迫使他不得不放弃的力量，他在动机和结果上都实现了他自己的选择预期。这时他就是自由的。此外，就算他遇到阻碍，甚至遇到了严重的阻碍，但他在思想上却没有被吓倒，他不断地谋划、思索、盘算，哪怕现实的可能性已荡然无存，他仍然不停止自己的这些追求。那么，他还是自由的，因为他的意志力和判断力没有受到强制性的损害。

其次，自由意味着做一件事时可以尝试各种各样的方法，没有什么力量规定一个人只能这么做而不能那么做。中国历史上有一个"南辕北辙"的典故，讲的是一位古人用最有效的工具（最好的车、马）朝相反的方向到达目的地，结果闹了笑话。古人当然不知道地球是圆的，更不知道如果坚持不懈地朝前走（包括跨越一切险阻），好歹会从相反的方向最终到达目的地。这当然比较笨、相当费事，但是如果今天某个人硬是这么干，就其最终目标而言，他的选择没有错。第三，自由还意味着做一件事时可以无视甚至抗拒阻力。任何现实的行为后果都不可能是在没有阻碍的理想条件下实现的。一个人选择了自己的行动，他是自由的；在行动中他努力克服、排除了障碍而达到目的，他更是自由的；经过努力而失败了，但他没有放弃进一步的努力（包括思想上的谋划），他还是自由的。自由作为一种观念，实际上与是否达到目的没有必然联系。人高贵于动物的地方就在于，人可以选择顺应必然性，也可以选择抗拒必然性；人是唯一有权利、有能力做不自然、逆自然、超自然的事情的存在，人是唯一能够进行自由选择的物种。而人之外的一般动物却只有一种生活——顺其自然。

五、自由与约束

思想史上的自由选择论（或非决定论）同决定论一样悠久，虽然没有决定论那么振振有词。最早的自由选择论可以追溯到公元前5世纪的古希腊智者学派。智者派的哲学特征是相对主义和怀疑论，那正是强调自由、拒斥必然的认识论基础。普罗泰戈拉说："人是万物的尺度，是存在的事物存在的尺度，也是不存在的事物不存在的尺度。"[①]这话从认识论角度看，是说人的感觉是判定事物存在与否、真实与否的最高标准；从价值论角度看，则表明：当时希腊城邦很流行的把政治法律制度说成是"自然的""永恒的"这类说法是站不住脚的。普罗泰戈拉认为真实的情况是：一切都是"人的创造"的产物、"自由约定"的结果。这是最早的人本主

---

① 《西方哲学原著选读》上卷，北京大学哲学系外国哲学史教研室编译，商务印书馆1981年版，第54页。

义，它在当时起到了某种思想启蒙的作用。这种思想后来在伊壁鸠鲁那里得到了发扬。伊壁鸠鲁是德谟克里特的原子论思想的继承者和改造者。其最重要的一项改造，就是纠正了德谟克里特的彻底决定论和宿命论倾向。他提出了著名的"原子运动偏离"理论，以此说明，构成宇宙万物的基本元素——原子——在生成和消解事物的运动中并非完全遵循严格的规律，而是会发生意料之外的"偏离"，正是这种偏离造成了原子间的碰撞，从而形成了新事物或瓦解了旧事物。这一情景，实际上表明了偶然性和自由意志的存在。正是从这里出发，伊壁鸠鲁论证了人的自由的可贵和随心所欲地创造幸福生活的合理性。

文艺复兴以后的近代西方哲学以理性主义为最大特征。理性主义是以科学知识为基础的，而科学知识则立足于自然界的因果律。因此，近代哲学在知识论上的倾向是重必然、轻自由。但是在价值论方面，近代哲学家对自由从来就心向往之。只不过，这些近代哲学家并不喜欢对自由进行形而上学的思辨，而是在宗教、政治和伦理学等方面强调自由的积极的意义。马丁·路德通过改革，建立了较为宽松和自由的基督教"新教"；洛克、伏尔泰、卢梭等在理论上论证了非专制的、体现了"民主""公意"的政治概念的合理性，为当时和后来的资产阶级政治大革命奠定了思想基础。把自由作为一个与必然性相对的形而上学概念而加以考察的近代哲学家，有斯宾诺莎、康德和黑格尔。如前所述，斯宾诺莎实际上是一位相当严格的决定论者，他不相信世界上有什么事情是真正偶然的。不过他的贡献在于，他第一次将必然与自由作为相互对立又相互依存的哲学范畴来加以思辨，认为两者的关系不是外在的，而是内在的；不是机械的，而是辩证的。但是，由于他从不认为自由可以哪怕稍微游离于生生不已的因果秩序之外，所以他断言，真正的自由状态，只能体现为全面地、透彻地对因果链进行认知或领悟，然后自愿地、无阻碍地去顺应必然会发生的事情，包括必然会降临于自己身上的所有的灾祸与不幸，实现人的心境的澄明与安宁。可见，斯宾诺莎倡导的这种"自由"，实际上就是逆来顺受，因而根本谈不上是真正的自由，反而与决定论、宿命论无异。不过，他的这种辩证思路却对黑格尔有不小的启发，促使黑格尔兼收并蓄地处理必然与自由的关系。黑格尔说："必然作为必然还不是自由；但是自由以必然为前提，包含必然性在自身内，作为被扬弃了的东西。"[①]怎么扬弃呢？一是以必然为前提，二是认识并掌握必然。可见，黑格尔主张的是一种较为温和的决定论。根据这种决定论，一方面任何事情都不是任意发生的，另一方面，人可以在认识和把握因果条件的前提下进行选择。因而，凡是合乎必然性的就一定会成为现实的存在。这种温和的决定论实际上没有

---

① ［德］黑格尔：《小逻辑》，贺麟译，商务印书馆2019年版，第129页。

办法真正做到兼顾必然与自由。这一点,我们在前面已经谈到,我们在后面还要讨论。

伊曼努尔·康德是认识到决定论与自由意志互不相容、非此即彼的最重要的哲学家,他在《纯粹理性批判》中,把这两者作为形而上学的"正题"与"反题"加以批判。他得出结论:不可能建构有关必然与自由相互匹配的合理的知识论。但是在道德、宗教和审美的领域,康德却对自由心驰神往,他充分论证了自由意志在这些领域里不可辱没、不容排斥的最高可能性。

如果说生活在18世纪的康德最终只敢在"实践理性"和"审美判断力"这类"彼岸"世界里去弘扬自由的价值的话,那么生活在19世纪的他的同胞弗里德里希·尼采则肆无忌惮地剥去了自由的思辨理性外衣,并强烈倡导将其付诸现实的社会行为。在充满了大实话的尼采著作里,杀死上帝、重估价值、个人至上、超人主义等等,都赤裸裸地讴歌了处在必然性之外的人类自由。但是,真正理解或体认到了自由的哲学寓意并且在本体论上探讨自由问题的,还属20世纪的存在主义。不论是海德格尔,还是雅斯贝尔斯,都曾经用十分晦涩的语言论述了那个非理性、超越主客体分立的绝对"自我"的终极性地位;他们都认定,正是这个无原因的、至高无上的自我,使得人(特别是作为个体的人)的自由成为不言而喻的事情。不过,将这一点以通俗而透彻的方式加以全面阐释的,还要算法国哲学家、文学家让-保罗·萨特。

萨特的自由观的最大特点是完全否定了人的行为的先决条件（即行为的动因），从而彻底摒弃了人文领域里的一切决定论。根据决定论，每一件事物都取决于在先的特定条件，因此如果一件事物的条件已经具备，这种事物的发生就不可避免。萨特认为，这一决定论原理对于人之外的一切（包括动物在内）都是适用的，即是说，人之外的一切东西都可以看作某些先在的"原因"（本质、概念、目的等）决定的结果，或是对这些本质的符合。这就叫作"本质先于存在"。但是人恰恰不是这样。人是不能事先被规定的；人的选择，是无可依恃的，不管是外在的依据（如环境的制约、功利的驱动、教条的规约、他人的忠告等等），还是内在的依据（如先天的品性、心底的情感等等）都是没有的；人在一开始只是孤零零的、虚无的存在。人究竟将如何，是英雄还是懦夫，是文人还是武士，全是他获得生命以后的事，而且完全是他自己使自己成为怎样的一种人。这就叫"存在先于本质"。至于人存在之前究竟如何，这个问题是不能提的；人在行动之前是依据什么来做选择和做决定，这个问题也是没有意义的。人的存在就是他的本体和第一因。这样一来，人便是绝对自由的了。自由并非人的一种生存状态或方式，而就是存在本身；人只有在自由这一点上是不自由的，"人被判处了自由这样一种徒刑"。而自由，则意味着自主选择,或选择的无条件性:没有任何东西可以规定人必须怎么做,也就不必担心有什么东西可以规定人不能怎么做;选了什么,人就是什么(包括选择"不选择")。

萨特对自由的强调,可以说达到了有史以来最为极端的地步。显然,他的自由主义观点具有相当积极的意义,同时他的自由哲学的缺陷也是十分明显的。

假定一个人真的像萨特描绘的那样处在绝对的、无条件的自由状态下,换言之,这个人的行为不是由原因(包括他自身内部的原因,如意志、情绪、思考等)所引起的,那么,这些行动便一开始就不能被视为是"他的"行动。因为这些行动已经与他无关了。不错,这些行为从直观上看的确是发生在他的身上的,但是真正属于他的行为必定是处在他的控制之下的,因而至少应当由他的内部的某种因素所直接导致;相反,无缘无故地发生在他身上的行为是他控制不了的,他当然也就不可能对此承担责任。这个人表面上的确自由无比,什么也制约不了他,以至于他下一步会做什么连他本人都不知道,他没有任何可依恃、可参照的东西;但实际上,他却恰恰毫无自由可言:连自己的身体都支配不了,还谈什么驾驭、创造、负责任呢?唯一的解释只能是:他受着某种情不自禁的冲动所驱使。这一点,也正是存在主义和其他非理性主义学派所明确予以肯定的。但是,第一,发自本能、冲动的行为毕竟也是有缘故的;第二,这种发自本能、冲动的行为很难被当作确定的、自愿的和具有善恶性质的行为。可见，极端的非决定论与极端的决定论似乎在这里达成了一致。

要摆脱那种困境，就得放弃极端的非决定论观点，而承认：人是自主选择自己的行为的，但是他的选择又是有原因、有条件的。这就是温和的决定论或称弱化的自由选择论。这种理论断言：当我们说人是"自由的"时，那意思就是说，人的行动有它的先决条件，人根据这些先决条件做出了抉择，从而使其他的抉择成为不可能；同时，这个行动的发生并没有受到阻碍，它始终受控于人自身。精神的本原性和自由的存在，并不排除人会受到环境的影响甚至制约。这种温和的决定论过去是、现在仍然是最为流行的一种因果理论，它力图实现客观决定与人的自主选择之间的统一，同时扬弃双方的片面性。它主张：（一）人的一切行为，不管是出自自愿还是出自非自愿，都和别的事物的行为一样，是有原因的，即产生于其先决的条件（包括外部和内在的条件）；而先决条件一旦给定，别的行为便不能产生。就这一点而言，人的行为是被决定的。（二）虽然如此，人的自愿行为（即精神上的主动行为），由于是在没有外来的强制或阻挠的情况下实现的，甚至多半是排除了这类外力的情况下实现的，因而体现了自由。（三）在这种情况下，自愿行为的原因或者说先决条件，便主要是行为者自身内部的某些状态、事件或情况，亦即他自己的思想、意志、情感、欲望、利益诉求等等。于是，一方面，人归根结底是他的环境的产物，是因果链上的一环；另一方面，人能够对自己的行为负责，他的选择造就了道德上的善或恶。

温和决定论是不是最说得通的一种理论呢？看上去应当如此，因为它兼顾了两个方面。然而深究起来却未必，因为它其实并没有解决问题，而只是掩盖了问题。关键在于：那个起源于人的内部因素（欲望、意志、心理倾向等）的"自由行动"是最终的吗？那些直接导致了人的外部行为的内在动因是从哪里来的？它们究竟是处在行为者的控制之内呢，还是在他的控制之外？比如，一个人根据其"内在因素"而做出了他的选择并照之行动，那么，他是否也可能做出与此不同的选择呢？答案应该是肯定的，因为所谓的"内在因素"是可变的。此外，如果任何事情都不是无缘无故的，那么，人的"内部事件"也一定是有原因的。假定已经有了引起人的那些内部状态的因果条件，一个人就不可能产生出不同于他实际上已产生出来的那些欲望、情感、倾向等等，也就不可能做出不同于他实际上已经做出的选择和决定了。而一个人所做的事，既然在其先决条件已经确定的情况下是唯一可做的事，那么他在做这事之前也就没什么好考虑、好选择、好决定的了；他归根结底是不由自主地做这件事的，他也就谈不上什么自由和承担责任的问题了。

结论似乎仍然是有利于严格的决定论的。然而决定论又是那么令人不快，因为它毁掉的，恰恰是人最宝贵的东西——独立和自由，而这两个东西正是人类道德和尊严的前提。

六、人文视野下的必然和自由

我们已经看到，决定论和非决定论都拥有强有力的论据，令人难以拒绝。所不同的只是，前者的论据多半来自物理世界和自然科学，而后者的论据则多属人类精神和心理学、伦理学。另一方面，这两种互不相容的理论又都不能坚持到底，一旦深究，就都站不住脚。所不同的只是，决定论的破绽在于它有损人类尊严，而非决定论的害处在于它无视科学。于是我们面临了康德的二律背反窘境：相互对立的命题都是合理的，恰恰因此，它们都是不合理的。这件事是人类理解力不能解答的；因此康德断言：关于必然与自由的形而上学思辨——其目的在于提供某种绝对的、无条件的知识——是没有认识论意义的。

但是这两种对立的主张，以及围绕着它们展开的思辨，毕竟已经存在了两千多年。时至今日，人们对决定论和自由意志论的关注及追索并未停止，而且可以预期的是，只要人类存在下去，这种关注和追索就不会消失。这是怎么回事呢？

让我们再回到康德。这位思想巨人认定，追究必然与自由这类终极性、绝对性问题的解答，其结果注定陷入二律背反（自相矛盾），那是人类理智的耻辱。但他同时又认为，对绝对、无条件知识（即形而上学知识）的追求，毕竟是人类理性的自然倾向或禀赋，因而从来就是合理合法、无可非议的；他甚至希望"未来"有一天，人们会重新开辟出一条思想路线，作为"科学的"形而上学的"导引"。

所以首先我们要肯定：决定论与自由意志论作为独属于高等级的人类精神的思辨，有其存在的合理性、现实性和永存性。问题在于，这两个相互对立的观念或思路应当在怎样的意义上来理解？

伯特兰·罗素曾有一段议论，对这个问题给出了一种解释，他的解释当然不必全部接受下来，但是至少是有启发性的，他说："长期的争论，例如决定论与自由意志论之间的那种争论，是由两种强烈的但逻辑上互不相容的激情的冲突引起的。"①他认为，支持决定论的那种激情来自于这样的事实：自然因果律的发现带给人类以力量；另外，假定自然的进程是有规则的那种信念还给人以一种安全感，因为人们得以在某种程度上预见将来，从而避免一些令人不愉快的事情。比如在从前，疾病和自然灾害被认为是一些反复无常的恶魔造成的，因而令人感到很可怕。自从因果律被发现以

---

① ［美］罗素：《宗教与科学》，徐奕春、林国夫，商务印书馆2010年版，第97页。

后,人们便觉得现在这些现象远不如以前那么可怕了,因为人们认识了它们发生的规律,便可以防止,至少是成功地躲避它们了。这正反两方面的情况,正是人们长期以来喜欢决定论的心理动机。但是,罗素紧接着说:"人们在喜欢自己拥有支配自然的力量的同时,却不喜欢自然拥有支配他们的力量。"①一旦人们不得不相信:在人类存在之前规律已经在起作用了,它们通过一种盲目的必然性不仅产生了一般的男男女女,而且还产生了具有一切个人特性的每个人的"自我",说着现在所说的话,做着现在所做的事——一旦不得不这样相信,他们就感到自己丧失了人格,没有出息,无足轻重,是周围环境的奴隶,丝毫也不能改变自然一开始就指定他们去扮演的角色。"为了企图摆脱这一窘境,某些人便假定人类是自由的,而其余一切领域都是决定论的;而其他一些人则使用巧妙的诡辩手法,企图在逻辑上把自由与决定论调和起来。"②

的确,关于自由与决定论的思辨,有着深厚的人本主义或人类中心主义的心理基础。人们正是出于对自己生存状况的考虑,包括对自己的精神处境的考虑,才构想出了决定论(因果规律)和自由意志(自由选择)论,并且要求它们

---

① [美]罗素:《宗教与科学》,徐奕春、林国夫,商务印书馆2010年版,第98页。

② [美]罗素:《宗教与科学》,徐奕春、林国夫,商务印书馆2010年版,第98页。

能够以不同的方式对人做出宽慰：自然界是决定论的，服从严格的因果律，以便被人们所认知、掌握和驾驭；人本身则是自由的，没有（或不应当有）什么预成的法则来规定人，这就保证了人在万物中的独尊地位，否则就会带来恐慌和压抑。正因为如此，当百年前量子力学的哥本哈根学派从哲学的高度试图说明自然界的微小结构实际上不服从传统意义上的因果律时，立即引起了爱因斯坦——一位至死都不相信上帝会"掷骰子"的人——的强烈不满，这是一点也不奇怪的。尽管量子力学在实验上反复证明了亚原子粒子（量子）的行为具有极大的随意性——颇似单个人的自由行动——因而在科学上应当得到尊重；但是无论如何，爱因斯坦的信念却足以代表绝大多数的人类。人们很难接受这样的情况：这个世界在其深层结构上其实是无章可循的，那就意味着这个世界在其表层结构（即牛顿、爱因斯坦所描述的宏观物理世界的因果规律）或许有一天会被证明是虚假的。如果是这样的话，人类岂不将完全不知所措了吗？人类还谈什么认识甚而驾驭自然呢？所以，像爱因斯坦那样，认定量子力学对微观世界的概率性描述最终不过是一种权宜之计，总有一天会发现微观世界中的严格的因果律，这种看法尽管一个世纪以来反复被物理学实验所否证，但这种思路，这种心态，这种期盼，这种境界，是始终会受到绝大多数人欢迎的。

这就好比千百年来人们对待"偶然性"这件事一样。

偶然性总是被说成人们为掩盖自己的无知或在发现了真正的因果必然性之前而暂时使用的一个概念，而历史也曾一再证明：原来被认为是偶然的自然现象，实际上还是有其内在的因果必然联系的。所以，可以这么讲：假如科学家能够把自己缩小千百万倍，使自己跟亚原子粒子（量子）一般大小，他可能就会发现他的对象原来与他在变小以前观察日常生活对象时是一样有规则的、决定论的。当然，这种假设只是逻辑上的，实际上做不到，何况量子物理学家一再告诉我们：微观客体之所以有别于宏观物体，就在于它的原则上的不可观察性。总之，决定论符合人们对宇宙自然界（不管是宏观还是微观的宇宙自然界）的一贯的期望，那就是：这个世界及其任何一个部分，都没有原则上背离因果律的性质，正因为如此，人类得以成为这个世界的主人。

可是人与自然界却有本质的不同，这个不同就在于人拥有精神世界。这个论点其实是一个常识，一点不稀罕，但近代以来不少哲学家和科学家却故意否定、淡化、搁置这个论点，认为人的精神不过是物质、肉体的产物、功能，甚至就是物质过程的一部分。因此我们必须不厌其烦地一再强调这个普普通通的论点——我们一定不能对唯物主义世界观当中的"唯物"二字太当真了。不然的话，唯物主义就会成为唯"物"主义，人的世界里就没有精神、意志、自由的地位了。

事实上，如果人被规定为与一般自然物一样，除了服从因果律以外就不能做得更好或更不好,那么人也就不成其为人了。在历史上的所有自由意志论者那里,关于人,有一点是不言而喻、不证自明的:人高于一般自然物之处就在于人的主体性,甚至是人的超越性,即人是生来自由的。在这一点上,人的自由是不可以付诸任何自然科学式的检验与证明的。人的自由当然不来自人的肉体组织,而来自人的精神;而精神(或灵魂、自我),不管自然科学家们怎么论证或"验证"其物理、生理基础,它在心理和伦理上一定是自在的。这一点甚至在宗教的教义中也是得到确认的。基督教把人安置在"万物之灵"的地位上,目的就是要突出人的灵魂或意志的自由,"不朽""永生"这些概念,都是对灵魂的自由状态的刻画。人是唯一可以对抗、逆反、利用、超越自然因果律的存在,人类的事务仅仅由人自己的选择和创造来决定。为什么?因为只有人才拥有灵魂、自我、意志、理性、情感等等,这就是说,只有人才是自由的。人是自己的主人,同时也仅仅是自己的仆人;在人类的事务里,人怎么决定,事情就会是什么样子。

　　自由一定是一种价值的境界,而非科学的范畴。如果把自由定义为能够去做自己乐意、决定去做任何事情的权利,那么自由就一点也不同于宿命论者的处世态度。事实上,那些富于创新、躁动不安、不喜欢清规戒律、相信只要努力就可以使可能性变为现实性的人,才真正拥有自由,尽管他们肯定不如宿命论者那样活得轻松、无虑，而是永远与曲折、坎坷、艰辛、奋斗为伍，并且永远不会向"命运"低头。

关于决定论问题的探讨是不可能得出自然科学式的确切结论的，但是这种探讨却应当得出一种积极向上的生活态度，而不是相反。正是由于有关自由、必然、决定、非决定这类问题的讨论不会导致某种非真即假的结论，才使得从伦理、心理、审美等角度去追索其意义成为必要。无论如何，人是一切自然、社会、人本身各种问题的解释者，当我们立足于我们生命的价值这个高度来看待必然与自由这一对形而上学的正题与反题的时候，一种人文主义、人本主义、人道主义的情怀与关切，即超越必然而达致意志的自由和行动的自主，便是天经地义的事情。

七、自由与责任

说到自由，很多人会认为动物才是自由的，甚至动物比人更自由，更无拘无束，想怎么干就怎么干；而人却受到各种各样的约束，人是世界上最不自由的存在。这话有道理吗？有道理。的确，人，不管是人的个体、群体还是全体，都不能不受制于自然界的法则和人类社会各种各样的规范、规则、规矩。

儒家认为人是"伦理"的存在，基督教认为人是"原罪"的存在，马克思主义说人是"社会关系总和"的存在，平常老百姓认为自己是"长幼尊卑""老少爷们""东家长、西家短"的存在。总之，人可以做很多事情，但每一件事情，都不能随心所欲、任意妄为，都要受到一定的框范和规约，因此人是相当不自由的存在。现实生活中，有多少人在谋划、追求、奋斗的过程中受困、受挫、受阻、受难啊！于是总觉得自己太渺小、太无助、太不值了；也有许多人在取得成功后，在短暂的喜悦、欣慰之后马上面临新的挑战和追求，感到了新一轮的疲惫和心累。这两种人都觉得人生不易、自由难得。"鹰击长空，鱼翔浅底，万类霜天竞自由。"当他们想到这些情形时，会情不自禁地说：我要是像那只鹰、那条鱼、那些自然物那样"自由自在"有多好！那是多么自由自在的境界啊！那样的话，会省去多少算计、烦恼、忧愁、期盼、兴奋、压力、沮丧、担惊受怕、患得患失啊！对此我要说：且慢！如果是那样的话，你就不是一个真正意义上的人啦！

因为只有人，才会具有上述一系列的精神状态或心理症候，表明了一个情况：人具有强烈的责任意识，或者说，人富有强烈的责任感、义务心。正是这种意识、感受，造成了人的焦虑、躁动、兴奋、期盼等等心理压力；一旦压力太大，人又萌生了摆脱羁绊、卸掉责任的冲动，想要过"自由自在"的日子。动物有没有这么复杂的心理状态？当然没有。动物在精神上从来不累，因为动物的行为全都出自本能、顺乎自然：动因是本能的、自然的，过程是本能的、自然的，结局也是本能的、自然的。既然如此，动物的"心态"是敞亮的、光滑的、线性的：无论是什么结果，都是必然如此、可以接受的，因而，动物是既没有烦恼，也没有喜悦的，它们的行为既无所谓善，也无所谓恶，它们不论做了什么或被做了什么都无所谓。

人是生来就烦恼、心累的一种动物——不要问为什么，这是一个本原性的事实，是人之所以为人的"自因"。根据文明发展的程度不同，人的烦恼、心累的程度也不同。人的文明程度越是高级，人掌握的物质技术水平越高，人驾驭自然的能力越强，人与自然、人与人、人与自我之间的张力就越大，人的精神处境就越复杂，人遇到的问题和烦恼就越多、越难解，人的生活也就越是不容易。所有的烦恼或不易都归结为一件事：人必须选择，而且必须为自己的选择承担责任。

选择是什么？就是在不同的可能性以及不同的结局之间，也就是在"应该"与"不应该"之间，决定自己究竟做什么或不做什么、到底这样做还是那样做。不管发生什么结果，人都必须负责任。除非他是被迫做事、不得不做、身不由己、没有选择，那样的话，他的行为就和动物行为没有区别了。凡做事不由自主的人，他做的事情，是既谈不上善也谈不上恶的，是没有好也没有坏的，因此，对他，是既不能进行褒奖也不能加以惩处的。因此，说人是一种不得不选择的动物,从而是一种不得不承担责任的动物,意思都是一样,都体现了"人是自由的"这样一个事实判断和价值判断。而动物,不管它们表现得如何"自由自在""无拘无束",其实它们是最不自由的,因为它们只生存在一个世界——本能世界当中,它们没有选择,也就没有喜怒哀乐。

因此,我是坚决反对在人的世界里适用决定论的。人,也仅仅是人,除了是一种物理的存在外,还必须是一种超越于物理存在之外、之上的存在,这就是精神的存在,或者说,是价值的存在,体现在人的思想的、灵魂的、道德的、心理的、审美的、想象的、魔幻的等等功能上。人的特点或优越性,就是拥有自由选择这种权利。这个自由,不是像动物那样没有顾虑、任意妄为。其实动物表面看起来十分任性,实际上有一个最大的必然性——自然界、自然规律在制约着它们。本能的行为就是完全合乎自然规律的行为,这恰恰是最大的不自由。

而真正的自由,不仅表现为对自己的选择负责,而且表现为可以无视、违背自然规律、违背自己的本能来选择行为方式。人的自由选择取决于人的精神意志和情感好恶,这都是"不自然"的,甚至是"反自然"的。比如动物是不会"选择自杀"的,除非年老体弱,自然地离开群体,走向终结(比如大象),那还是本能的驱使。人不一样,人可以在生与死之间做出选择并付诸行动。哈姆雷特说："to be, or not to be?"（活，还是不活？）这是只有人才会提出来的问题。地震发生了，火山爆发了，洪水过来了，动物没有选择，纷纷逃之夭夭。人却不同：既可以选择逃避，也可以选择不逃避，即便这意味着死亡。即将倾覆的轮船船长在所有人都撤离以后毅然砍断旋梯，他要与他的船一道沉入海底。这种"反自然"的选择体现的正是人的无可比拟的高尚情怀和自由意志。

还有一点：人的精神，或人的灵魂，必须假定其存在的本原性、不证自明性——灵魂是灵魂存在的"自因"。我认为历史上大多数唯物主义哲学关于人类精神起源于自然和物质过程的理论都是最终站不住脚的。因为物质、自然、生物过程，无论如何解释不了人类精神世界的丰富多彩、千变万化、不可思议和不可言说。我这里讲的精神的本原性，并非指人的思想、欲念、情怀、美感等等的产生和发展可以不受客观环境的影响甚至某种制约，而是指：人拥有复杂的精神活动特别是能做出价值判断、独立地做出选择、凛然地承担自己选择的后果，这件事是不必追究的，只需明了一点，它决定性地将人与物（包括一般动物）区别开来，那就够了。

人的行为是意志（或自由意志）的直接结果。而意志之上、之外，必须假定不存在更高、更先的原因，也就是说，人的意志不能够是任何"前因"的"后果"，否则，人就可以不为自己的行为——也就是自己的选择——负责了，因为任何"不由自主"的行为后果都是既不善,也不恶的,从而是既不能褒扬也不能惩罚的。《圣经·创世纪》一开篇就讲了"原罪"的故事。亚当和夏娃为什么犯了罪?因为他们俩违背了主的旨意,听从蛇的诱惑吃了智慧果。按理说,主是万能的,祂创造的一切——当然包括了人类——都是决定论的,不可能发生因果链条中断、随意选择的事情,既然如此,亚当、夏娃就绝不可能违背主的旨意,去听从蛇的诱惑。但他们俩为什么事实上就做出了违背主的旨意的事情来了呢?那是因为,主在创造人类的时候,赋予了亚当、夏娃一个根本的属性或本性——自由意志或自由选择,于是导致了他们"抗旨不遵",导致了他们的被罚。自由意志是唯有人类才与生俱来的本质,世界上的其他一切,全都是决定论的,服从于生生不息的因果必然性。因此,当人进行行为选择的时候,他的意志必须是绝对自由、完全自主的,意志之前、之上不再有原因或动因,这样,人才能够对他的行为承担一切后果。因此,自由,唯有自由,才体现了人类的高级、高贵、高尚。

八、物理学中的决定论和非决定论

如前所述,从历史上看,决定论获得的支持,主要来自于自然科学。从牛顿时代以来,决定论在物理学中找到了自己最强有力的同盟,不管是牛顿的经典物理学还是爱因斯坦

第四篇 我们能否走出"决定论"?——必然和自由之间的张力

的相对论,物理学似乎发现了支配一切物质的运动并且使所有这些运动从理论上可以加以预言、推断的规律。因此自然科学,就其绝大部分学科而言,都是某种决定论:它们对因果律的揭示与刻画,不仅合理地说明了自然界某一领域过去和现在的情况,而且有效地预见了其将要发生的情况。即便20世纪二三十年代发生了微观量子领域究竟是否服从决定论的著名的物理学–哲学争论,但直到今天,至少在宏观领域,人类对世界的决定论说明都是准确的和令人放心的。迄今为止,自然科学中的绝大部分,为人类了解、说明、把握自然规律提供了基本的信念和基本的手段。

然而最大的悖论就在于:从百年前开始,直到今天,反对决定论的最强烈的论据同样来自于物理学——量子力学。

由于专业知识所限,我做不到具体解读量子力学对微观粒子的行为的"不确定性"或"随意性"的描述,但我可以探讨这种微观运动——如果它最终被证明是真的——对人们习以为常的决定论宇宙观、自然观造成的冲击,以及自然界存在着"自由意志"这种异想天开般的可能性。根据量子力学,一个量子(即亚原子粒子)在特定情况下如何行动,那是完全不确定的,因而是不可能知道的。用通俗的语言来表述,似乎是这样一种情况:一个量子如何运动,存在着不同的、可供它"自由选择"的行动方案,它有时选择这一个,有时选择另一个。我们能够知道的只是:这个量子做某一种选择的可能性（概率）有多大，做另一种或第三种选择的可能性（概率）有多大。但我们完全不知道它做出这种选择的内在机制或"规律"。

德国物理学家维尔纳·海森堡在1927年提出：不可能同时精确测定一个量子的位置和动量（量子的位置的不确定性和动量的不确定性的乘积必然大于等于普朗克常数除以4π），这就是著名的"不确定性原理"（"测不准原理"）。它表明：微观世界的量子行为与宏观世界的物体行为极不相同。用经典物理学的话讲就是：在宏观世界（即在我们的日常生活中），若确切地知道现在，就能确切地预见未来；若确切地了解了原因，就能确切地知晓结果（不过这个结论在18世纪已经受到了大卫·休谟的惊人质疑）。然而在微观世界，由于我们不能够确切地把握量子的当下情况，更不知晓量子行为的原因细节，因此在微观领域，我们没有办法确切地了解、预测量子的未来行为轨迹和行为方式。换句话说，在宏观世界"放之四海而皆准"的经典物理学原理，在微观世界不灵了、失效了，量子的行为方式变得捉摸不定了。人们只能通过统计学的方法，即"大数定律"，以统计分析函数的手段来大致地了解量子世界的运行趋向或概率，而单个量子的确切轨迹是无论如何不会知道的。显然，量子力学是一种"事先估算"和"事后明白"的物理学理论，只有在实验和观察的过程中或完成之后，才能知道量子处在什么样的位置或状态下。著名的比喻"薛定谔的猫""量子纠缠",大致上说的就是这种情况。

这样一来,量子力学就向我们宣告了:在微观世界不存在决定论,而是服从某种"自由意志论"或不可知论。这种结论在物理学上是极其惊人的,他直接颠覆了伽利略、牛顿、爱因斯坦所揭示的宏观自然界和人们日常生活中严格的因果规律——量子世界成了一个不可捉摸、难以预料的领域。

量子力学对传统哲学观念的冲击更大,它似乎暗示了:整个宏观宇宙自然界的因果规律最终也可能是不成立的。因为,如果量子,即构成自然界的"基本粒子"或"宇宙之砖"实际上是随意的、不确定的,就像社会生活中人的随意性、自由性、突发性、选择性行为一样,那么从理论上讲,整个宇宙自然界在本质上也是一个随机的、无章可循的世界——只不过现在的我们还没有发现整个宇宙自然(主要指宏观和宇观自然)的非决定论性质。如果真是这样的话,那无疑是一场人类宇宙观、人类文明史上的强烈地震,那就太可怕了:决定论的崩溃必将导致普遍的怀疑主义和虚无主义,自然和人类社会的秩序将不复存在。

正是出于一位伟大物理学家对宇宙存在方式的严重关切和一位伟大哲学家对人类生存方式的深切忧虑,爱因斯坦与量子力学哥本哈根学派(以尼尔斯·玻尔为代表)进行了著名的物理学—哲学论战。爱因斯坦不否认量子力学的实验结论——量子的不确定性、随机性、自由性、观察者的主观状态等等的重要作用，但他要证明的是，这些情况都不过是一种暂时的、表面的、并非最终的结论，量子力学是一种解释微观世界的权宜之计。爱因斯坦和他的决定论拥护者坚信：因为人类尚未了解、掌握量子的本性和深层次的行为规则，而一旦有一天物理学推进到了那一步，量子世界的运动规律就会像宏观自然界的因果规律一样昭然若揭。玻尔、爱丁顿等人的论点与爱因斯坦针锋相对，他们认为，量子力学所昭示的量子行为的实验结果，就是量子本身所最终具有的本质所在，因而，微观世界从本质上讲，就是一个非决定论的、不确定的世界；对这个世界的认知，只能通过统计学的方法，大致上估算出基于大量随机运行的量子行为的概率或趋向，而宏观世界中那种确定不疑、环环相扣的因果律在量子世界是没有的，有的只是统计学的规律。爱因斯坦到死也不认可量子力学对微观世界本质的这种描述，他的"上帝不会掷骰子"的名言，表明了他对宇宙自然界的决定论本质的坚定不移的信念。

　　在辩论过程中和辩论以后，量子力学一直持续不断地取得对爱因斯坦不利的成功实验。但爱因斯坦坚持不放弃自然界存在严格的因果规律这个立场，他说这是自己的"科学本能"。他指出："我一如既往地坚信，把自然规律加以概率化，从更深邃的观点看来是个歧途，尽管统计法获得了实际上的成功。"他多次强调，量子力学的统计性结论，一定是对量子世界实际情况的一种不完备、暂时性的描述。他的这种坚持，是他的决定论世界观的体现。爱因斯坦坚信世界在本质上是有秩序的和可认识的，他认为这是"一切科学工作的基础"。基于这个信念，他指出，科学家们应当对量子论的成功感到羞愧，因为这种理论固然堂皇，却赋予了基本粒子所谓的"自由意志"，那样的话，科学家只能根据上帝"掷骰子"的游戏来揣摩、估算、统计微观世界的存在及运动方式。他表示，情况果真如此的话，他就宁愿做一个补鞋匠，或者到赌场去做一名雇员，而不再做一个物理学家了。

这场辩论已经差不多过去了百年，直到今天也不能说有了最终的结论，尽管迄今为止，绝大多数的实验数据都不利于爱因斯坦的决定论，而有利于哥本哈根学派的量子随机论。

对于爱因斯坦对因果决定论的坚持，有人认为这是经典物理学的思想残余，是机械的决定论，它已经不适应现代科学发展的趋势了。但是，既然概率统计规律的依据是对极大量样本的函数分析，并且只有事后才能明白"事实真相"，那么，谁又敢肯定微观世界"最终"服从于量子的任意性，而不是遵循经典物理学的严格决定论呢？

自然科学是以揭示自然界的因果律为最基本任务的，直到今天，除了对微观量子世界的描绘出现了巨大的争议之外，人类对宏观宇宙的规律性，也就是人们日常生活秩序的习惯性适应，都是准确的和令人放心的。自然科学作为一种至少对宏观世界非常有效的决定论，为人类了解、说明、把握自然规律提供了基本的信念和基本的手段。2022年，法国科学家阿兰·阿斯佩、美国科学家约翰·克劳泽、奥地利科学家安东·蔡林格共同荣获当年度的诺贝尔物理学奖，以表彰他们证明了"贝尔不等式"不成立，从而证实了所谓的"量子纠缠"——这是对爱因斯坦的科学与哲学信念的最新的一次打击。但特别具有讽刺意味的是：克劳泽和蔡林格这两位物理学家，一生崇奉爱因斯坦，笃信自然界服从严格决定论，不相信世界"最终"是一个随机的、任意的、不能确切描述和把握的系统。他们两位及其团队做了几十年的实验，其目的恰恰要证明以玻尔为代表的量子力学的哥本哈根学派的结论不是最终的，而爱因斯坦的立场和观念才是正确的。非常不幸的是，他们的研究结果却恰恰证明了爱因斯坦仍然是错的，他们因此而获得了诺贝尔物理学奖，以表彰他们对量子力学理论和实践的贡献。换句话说，他们因为客观上证伪了爱因斯坦的观点而赢得了诺贝尔物理学奖！

我们现在不能不面对的问题是：微观世界和宏观世界究竟有没有统一性、一惯性、整体性？换句话说：大至宇宙天体，中至地球物质，小至量子世界，这三者是不是一个统一体？这是一个命运攸关的问题。

如果三者是一个统一体，那么这个统一体就必定服从于同一个运行法则：要么是近百年来量子力学一再成功验证的统计概率规律（也就是物质的随机、自由、原则上的"测不准"性质），要么仍然是伽利略、牛顿、哈雷、麦克斯韦、爱因斯坦等科学家创立的经典物理学和狭义或广义相对论的严格决定论。尽管爱因斯坦对自然界的非决定论持最激烈的批判态度，同时他去世后近70年来几乎所有的物理学实验都不利于他的理念，但我认为，既然人类对自然界的探索是一个永远不会终结的过程，一百年的时间在这个过程中就显得极其短促。既然量子力学都是通过"事后明白"的方式来确证自己的正确性，那么谁又能够、谁又敢于断言量子力学的结论是最终的、确定不易的"真相"呢？"事后"是永无止境的，搞不好有一天，物理学家得出了某个振聋发聩的结论，宣布包括量子世界在内的宇宙自然界归根结底还是服从于严格的因果决定论。这种情况，谁敢断定不会发生呢？尽管量子力学不断地推出否定微观世界因果必然性的论据，我仍然认为爱因斯坦坚持到底的那个观点是能够成立的，那就是：我们现在还没有找到支持决定论的证据，是由于我们认知能力和手段的缺乏，也就是说是由于我们的无知。任何人也不敢断然否认，那些表明基本粒子（量子）为什么在某种场合选择这种可能性，而在另一种场合下选择另外的可能性的无可置疑的规律，是有可能发现的。至于究竟会怎么样，只能依赖于时间了。

史蒂芬·霍金被誉为20世纪最伟大的物理学家之一。他虽然在观测、实验方面没有做出太多贡献（他的身体状况不允许），但他的许多天才的科学构想和预言，具有超越时代的合理性、前瞻性，他毕生致力于量子引力理论的构建，旨在融通爱因斯坦和量子力学之间的对立。值得重视的是，霍金在哲学宇宙观上是倾向于爱因斯坦的统一场论和决定论的。他在《时间简史》里写道："当今科学家按照两个基本的部分理论——广义相对论和量子力学来描述宇宙。它们是20世纪上半叶伟大的智慧成就。广义相对论描述引力和宇宙的大尺度结构，也就是从仅仅几公里到大至1亿亿亿（1后面跟24个零）公里的可观测宇宙的结构。另一方面是量子力学处理尺度极端微小的，比如一万亿分之一英寸（1英寸=2.54厘米）的现象。然而不幸的是，人们知道，这两个理论不能相互协调——它们不可能都正确。当今物理学的主要抱负，以及我写这本书的主要论题，便是寻求一种把两者结合在一起的新理论——量子引力论。我们还没有获得这个理论，寻找它的路途也许还相当遥远，但是我们已经知道它必须具有的许多性质。……现在，如果你相信宇宙不是任意的，而是被明确的定律制约的，你最终必须把部分理论结合成一个完备的统一的理论，它描述宇宙中的万物。……发现完备的统一理论也许无助于我们人类的存活，它甚至对我们的生活方式毫无影响。但自从文明肇始以来，人们总是不满足于把事件视作互不相关和神秘莫测的。我们渴求理解世界的根本秩序。今天我们仍然渴望知道，我们为何在此，以及我们从何而来。哪怕仅仅出于人类对知识的最深切的渴求，我们就应该继续探索。而我们的目标不多不少，正是完整地描述我们生活于其中的宇宙。"①

霍金的这段话，是对自然科学发展的过去、现在和未来的概括或展望，更是一个哲学的信念，表明了人类对渴望获得宇宙万物的统一、完备、最终知识的天然禀赋。这两层含义，都和爱因斯坦的科学观念和哲学信念高度一致。显然，霍金也不相信上帝"掷骰子"。

当然了，如果将来有一天自然科学证明了，宇宙自然界并不存在统一性，也就是说，天体、日常、量子这三个层次的物质世界并不按照同一个规律或法则存在、运行，那么，这个话题就超出了我们讨论的底线了——一个各行其是的世界是个怎样的世界，任何人都有权加以评说，但任何人的说法都不算数。

我非常支持爱因斯坦的决定论信念。我没有什么专业的科学理由，但我有哲学的理由，那就是对人本主义和自由意志的天然崇奉。我认为不管是哪个层次的宇宙自然界，其运动方式、行为轨迹都是——不如说应该是——决定论的，

---

① ［英］史蒂芬·霍金：《时间简史（普及版）》，许明贤、吴忠超译，湖南科学技术出版社2015年版，第13-14页。

因为只有这样，人类才能够认识、把握、驾驭这个自然界；更重要的是，这样一来，人的自由就极大地凸显出来。在这个世界上，唯有人类这个物种，才拥有自由，也才配拥有自由；唯有人具备了自由选择的禀赋；唯有人能够对自己选择的行为承担一切责任；唯有人，才是这个世界的真正主人。

九、"历史决定论"批判

16世纪以来，通过哥白尼、伽利略、巴斯德、拉瓦锡、牛顿、瓦特、麦克斯韦、达尔文、爱因斯坦、海森堡、麦迪逊、莱特兄弟、奥本海默、乔布斯等等科学家创造的业绩，科学以其不可辩驳的理论预期和实践检验，逐步达到了理性权威的高峰。与此同时，过去千百年来具有无上权威地位的宗教，在人们心中的地位急剧下跌。不过在西方，宗教对世俗生活的影响以及宗教固有的神圣地位并没有消失，因为至少从古希腊时代和古希伯来时代（"两希文明"）开始，西方人已经习惯生活在"双重世界"中，现实与理想、理性与信仰、知识与宗教分别扮演着各自不同的角色，为世俗生活和精神生活提供了各自的依据、支撑和途径。

但在中国这种自古以来没有宗教传统也没有科学传统的世俗化、伦理型国家，科学的地位、待遇经历了过山车般的变化。从开始时的"奇技淫巧"逐渐成为"万能的"工具，科学和技术被定位为最高真理,凡是符合"科学"的事情都是对的、好的、善的,科学在中国人心中简直成了一种理性化的神灵或准宗教。这当然是一种误解,甚至是一种扭曲。因为科学在价值上是中立的,它无善无恶,既然如此,它就既可以行善,也可以作恶。不过近代以来的许多中国人对这一点是认识不清的。我们的同胞普遍相信,自然界存在着严格的、铁定的、不以人的意志为转移的因果规律,科学能够把这种规律、法则、"天条"揭示出来,世界上还有比这件事更了不起的事情吗?因此,人必须做符合科学的事情,凡与科学不符,凡是"不科学""反科学"的观念和行为,都是错的和恶的,必须加以批判和摒弃。一百年来,特别是近40年来,这样的认识在普通人中间已经成为普世价值,已经成为习惯。他们从来没有意识到,科学所告诉人们的,固然是真知、真相、真理,但从科学转化、衍生出来的副产品——技术、工艺、工程、项目、计划等等,却未必是正确的、有益的、善的和美的,有时甚至还恰恰相反。

更严重的是,科学的精神——解释客观世界的因果规律,被引用、运用、滥用于社会历史领域,出现了各种各样的"社会科学"尤其是"应用社会科学"门类。以揭示真理、说明真相、提供真知的方式来灌输、实施某种价值观念(政治诉求、道德要求、社会需求),这是一百多年来世界各国的政治家、思想家、教育家很流行、很有欺骗性的做法。其中最有代表性的就是黑格尔开创的,曾经被奉为"历史真理"、被反复在实践中推行的"历史决定论"。

把决定论、因果必然性的观念、立场、模式应用于人类社会,便是"历史决定论"。这种理论的产生和流行,既与传统的宗教信念有关,也与科学的普及有关:任何宗教教义都宣称,人类历史、人类社会乃至于千千万万的个人,其存在、本质、关系、命运、归宿,都是造物主预定的;自然科学也历来主张,没有什么问题是它不能"合理地"解决的。在这方面,宗教和科学的出发点或根本态度其实区别不大。

然而我认为,在人类的事务中,情况根本不是这样。我认为,把决定论这一信念用于对人类历史的说明,必将陷入不可救药的宿命论之中——不论是宗教的宿命论还是科学的宿命论。按照这种理论,人(不论是个人、人群,还是人类)的一切,都是被决定的,即被某种先验的强制力量(比如上帝、自然本性、机械因果律、社会环境、历史趋势等等)规定好了的。如果真是这样的话,那么,人固然可以了解将发生在他和他的同类身上的事情——他的地位、他的命运、他的价值、他的未来等等,但也正因为这样,他便只能服从命运、逆来顺受。根据历史决定论,社会历史遵循着生生不已的"发展规律",面对这种规律,人只能顺应它而不能抗拒它;历史学和历史哲学的任务便是去发现和展示这个规律,等等。特别令人不解的是,这种对规律的顺从态度竟被说成是"自由"——认识、顺应、迎合、利用历史的潮流。对这个论点做出贡献的主要哲学家是斯宾诺莎和黑格尔。十分明显,这里面其实根本不存在什么自由,因为自由乃是做自己想做任何事情的权利,包括去做违背规律的事情。自由更是对自己的选择承担责任,而承担责任的前提则是:人原本可以避免他已经做过的任何一件事。但是历史决定论或宿命论却剥夺了人的这种权利,它把一切责任归之于不可抗拒的历史规律或必然性,人在这种规律、必然性面前是无足轻重的。

实际上情况正好相反。人的特点或优点,恰恰是拥有自由的意志和自主决定自己命运的能力。人的确受着他的环境——自然环境、经济环境、人文环境等——的影响,有时这种影响还十分巨大;但是不管怎么说,做决定的毕竟是人自己而不是别的东西,更不是他的环境。因此,严格的决定论在人类历史中是不存在的。

实际上,人怎么决定,社会历史就会怎样,而人是各不相同的。我认为,任何有关人类事务的终极性说明——不管是决定论、非决定论,还是唯意志论、概率统计论,都在认知上属于无意义(即非科学)的判断。就是说,历史领域里的话题,不是自然科学可以解答的;如果一定要以科学的名义予以解答的话,结果只能是宿命论。历史学和历史哲学与伦理学、心理学、美学等等一样,基本上属于某种价值(包括善恶与审美)选择的问题,因而取决于选择者的趣味、个性、心理倾向，以及诸如此类的东西。

人类社会是由许许多多自由的个人组成的，历史就是他们（尤其是他们当中杰出的人）根据自己的思想、意愿、情感、利益等等选择和创造出来的。在这个过程中，处于不同地位的人扮演着不同的历史角色，从而在历史上产生了完全不同的影响。很显然，那些处于关键的和举足轻重地位的人，对历史的创造做出了最大的贡献（不管他们的这种地位是自动承袭下来的还是奋力创造出来的）；也唯其如此，他们承担了历史的最大责任。可是，在我们常见的教科书里，杰出的历史人物却被轻描淡写一带而过，就像历史上那些决定性的、同时也富于戏剧性的"关键时刻"常常被一带而过一样。

根据黑格尔的说法，英雄人物的出现是为了要完成历史的使命，而这种使命是由不可抗拒的"历史理性"老早就拟定了的；至于英雄人物到底有多么英雄，则完全取决于他对于上苍赋予的这种历史任务究竟能够了解多少。黑格尔认为，伟大人物的出现既非他的个人背景，也不是他的个人特点的结果，而完全是他所处时代的"精神"的体现，或者说是他那个文化的"灵魂"的体现。当时代向前发展了，就会产生种种"客观的需要"，它们通过人的主观言行来得到满足；而伟大人物一定是一个了解到他自己的言行注定表现了客观需要、从而自觉地去体现那个时代精神的人；离开了客观需要，一个人再有多大的能耐也是不会对历史的发展有所作为的；而一旦无所作为，一个人也就谈不上是伟大人物了。根据黑格尔的这个见解，任何个人的伟大只有等到事变之后，等到他的业绩变得尽人皆知并且使人们有把握对他加以评价的时候，才能显现出来。这就是说，伟人其实并没有"创造"历史，恰恰相反，是伟大的时代"创造"并且"召唤"出伟大人物来的。因此，只要时代不停地向前发展，伟人就总是会找到的；只不过，究竟在哪里找到——是在皇帝的宝座上，还是在乞丐的茅棚里——那是意料不到的。

由此可见，在黑格尔那里，实际上历史完全是一个自然过程，是"创造"不出来的。即是说，任何个人都一定要受他那个时代及其文化的决定性影响；他的聪明才智、精神魄力、人格魅力等等也许是盖世无双的，但是他的愿望、计谋、决定和行动，一句话，他的整个事业，却早已植根于"客观精神"或"客观需要"之中了。杰出的个人所能够做的，只是当时的客观环境所容许做的，换句话说，并不存在真正可以"选择"的余地。因此，一个人的所作所为，不管在他自己还是在别人看来是多么与众不同和惊天动地，却始终没有偏离"历史理性"事先规定好了的趋势或潮流的范围。重要的不是一个伟人的个性，如他的智能、魄力、好恶、性情、心理倾向、家庭影响、教育背景等等，而是他的时代的文化对他的影响，以及他如何"科学地"掌握了时代的客观需求。历史哲学不关心个人，除非把这个人看作是时代力量的一个工具。

以上说法振振有词,但我是完全不信的。在历史领域,经常发生到底是"时势造英雄"还是"英雄造时势"的讨论,在我看来就是一种循环论证,是不会有真正令人信服的结论的,就像究竟是"鸡生蛋"还是"蛋生鸡"的辩论一样。不过就我个人的倾向或偏好而言,我是相信"英雄造时势"这个论点的。客观环境的作用是没有人能够否定的,但是在关键的时刻,在关键的场合,有了那个关键的个人,就能起到关键的作用;而且他的那个关键作用是无人取代的。他怎么就那么"关键"呢?怎么能够凭着他的一举手、一投足、一个念头、一个决定,其他人的命运、大部分人的命运,甚至人类的命运,就一下子改变了呢?或者,本来准备要改变的大多数人的命运,却因为那个人的关键选择或决定,从此停滞不前、不再变化了呢?像这样的问题,以科学的态度或科学的方法,都是没有办法解答的。因为任何科学门类都不能够用经验的验证或逻辑的推理来证明上述问题的真伪。

在人类的事务当中,每一个人,每一件事,都是一次性的;两个历史事件之间可能比较接近,但要说完全一致,甚至可以复制,那就是天方夜谭。因为历史是由一个一个的人组成的,每一个人都不是用统一的模子做出来的。每个人脑袋里面的想法,还有个性、爱好、厌恶、审美、道德、知识等,全都不一样。人类群体也是同样的道理,诸如阶级、民族、种族、社会、集体等等，都不一样。所以历史大致上能做到一个"相似"就很不得了了。在历史的进程当中，人生的选择（既指单个人对自己未来的选择，也包括对人群、社会、国家、民族、人类的发展方向、发展方式的选择）复杂至极，绝对不可能事先预判，更不可能提前注定。一个人的一生究竟怎么样，与他的家庭出身、秉性遗传、个性形成、生活环境、教育背景、资源禀赋、社会关系等等密切相关。但无论如何有一点是肯定的：他的已然存在的现状和未来发展的预期，归根结底都是他自己而不是别人来选择的。选择的过程极其复杂，选择了以后怎么去实施更加复杂；而人怎么选择，历史、社会、个人就会是什么结果。

莱布尼茨说过这样一句有名的话："世界上没有两片树叶是一样的。" 当时听到了这句话，汉诺威王室的那些贵妇人、贵小姐们就跑到外面去找，回来说，哎呀，这个哲学家说得对，真没有两片叶子是一样的！一片树叶和一个历史人物、历史事件一样，都是独一无二、不可复制的。历史从表面上看各式各样、五花八门、千奇百怪，非常无序。我觉得恰恰因为它的无序，所以人类历史才非常有趣。如果历史像自然科学所揭示的自然过程那样简单、规范、刚性、线性、有序、环环相扣、非此即彼，那就太没有意思了。自然科学所发现和阐述的自然规律对人类的贡献非常大，这是毫无疑问的；但是那些规律描绘起来却是相当无趣的：几个基本定律，一堆数学公式，数不清的实验和推演。

自然科学作为一种决定论是没有问题的，是完全成立的。比如著名的哈雷彗星。埃德蒙·哈雷是牛顿的同时代人，是牛顿团队里的一个重要成员。哈雷根据牛顿的经典物理学基本定律，计算、预测了那颗后来以他的名字命名的彗星将每76年重返一次地球附近，非常精确，毫不含糊。这是多么大胆的假说，实在是太惊人了！因为哈雷预测的彗星下一次到来的时候，他本人以及其他关心和不关心这件事的人早就不在人世了。结果怎么样？那颗彗星准确地应约而至，到现在为止，三百多年了，每76年那颗著名的彗星就准时到来，地球上的人可以凭肉眼看见它，它从未爽约。这就是自然科学的决定论，或因果规律。再如，我们到医院里去检查身体，几十毫升的血抽出来以后，经过科学仪器的检测与分析，人体各个器官有什么问题都弄得清清楚楚，而且陈述得明明白白。这个方法是普适的，对每一个人都通用，概莫能外。这就是自然科学的神奇之处，它的"解题"功能（包括观察、分析、解答、预测）太精确了。

但是，把这种自然科学的方法应用于社会历史领域，以此"发现""揭示"历史规律，并据此分析、推断、概括、总结、预言、断言人类历史的走向和结局，那就非常荒唐。为什么？你没有办法证明你说的这一切啊！既没有经验的证据，更没有逻辑的理由。唯一的办法是"事后证明"：用历史的结果来"倒推"历史的原因,或用历史中的某些类似的事件、经验、迹象来类比、推测、预言未来的历史发展,就像算命先生根据算命者本人提供的各种个人信息来"推算"人生一样。须知,凡是从结果来推原因,世界上任何事情的发生都是必然的,而恰恰因此,这种方法就跟科学不沾边。这就是一切历史断言、人生预测、算命、推流年等等的实质。

黑格尔极力倡导的"历史决定论"是他的思辨理性和"辩证逻辑"的必然产物,但经不住经验事实和普通逻辑的拷问。的确,人不是生活在真空当中,而是生活在实实在在的文化环境之中,因而没有人能够摆脱他的文化对他的重要影响。但是文化又是怎么来的?特定时代的宗教、道德、法律、艺术、哲学、科学、语言等等,难道不是人(特别是各个领域里的杰出人物)创造出来的吗?可是黑格尔却认为,这一切是由一个叫作"绝对精神"的客观幽灵自我发展的结果,这种神秘主义说法与宗教的神创论本质上是一样的。另外,照黑格尔的说法,人仅仅是既定文化的产物,个人并不能创造性地推进文化的进步,而非要等那个理性幽灵发出"客观需要",然后再去顺应它。如果真是这样的话,那么,一个"无主体"的人类初始阶段是可以想象的吗?实际上,任何一个新的时代都是作为某种全新的文化形态(特别是一种新的价值观念)的结果出现的。而新文化则无不是一批具有新思想、新观念的杰出人物身体力行的产物;每一时代都有那么一批"领风气之先"的个人,就特定阶段的结果而言,历史正是他们创造出来的。如果进一步问:他们的新思想、新观念又是怎么来的?当然是由于他们不满意现状后由他们设想出来的。从这个意义上讲,当然可以说他们是时代的产物。但是必须明确,是旧时代的不完善促使他们去构想和创立新的文化,从而呼唤出了新的时代(包括新的生产方式和生活方式)而不是时代发出了某种新需要,然后由他们去扮演应声虫的角色。因此,不同的人构想出不同的思想,然后又由不同的人去进行选择与创造,这就形成了不同的历史画卷。

只要我们不以纯科学的和狭隘理性的态度来对待人类历史,决定论在社会历史领域里造成的困惑就会消除。一个基本原则仍然是:历史是由不同的自由人汇聚而成的,而人则既可以做好事,也可以做坏事,既可以做聪明的事,也可以做傻事。因此,历史上发生的一切并不是都那么合乎理性,更不会是对某个先验法则的自觉或不自觉的趋同。我认为,历史基本上就是它的表象的总和,并不存在某种非如此不可的历史潮流;人怎么决定,历史就会是怎样;历史并不比它实际上发生的情况更合理或更不合理。历史的诠释取决于诠释者的地位、倾向、利害、趣味等等;历史的意义在于提供某种应然的价值尺度,而不是提供某种客观的、绝对的真理。因此,历史决定论或"科学的"历史哲学,就像"科学的"伦理学、"科学的"宗教一样,是从来没有的。

第五篇

"悖论"为何如此恼人?
——逻辑与思想的纠缠

一、"似非而是"的逻辑怪象

弗兰西斯·培根有一句名言:"哲学始于无知,终于更大、更高水平的无知。"真正的哲学问题都是无解的,不仅是因为关于世界的本质、人生的真谛这类形而上学思辨无法付诸经验和常识的证明,而且这类思辨还会经常遇到各种各样的悖论、矛盾、佯谬,使人陷入逻辑或语言上的困惑、难堪。数学、逻辑的两难,从古希腊时代就让人头疼不已,直到今天大部分依然没有消解。人类思想上遇到的所有矛盾,不管是逻辑的悖反、数学的佯谬、科学的窘迫,都是哲学意义上的。悖论是令人困惑的,但千百年来,正是悖论的层出不穷和冲击人类思想习惯和生活常识,才不断地锤炼、提升着人类的思想深度,特别是逆向思考、创新思维的敏锐性、自觉性。事实上,悖论、佯谬、两难、二律背反常常成为科学或数学的突破口。因此,对悖论进行哲学的追问和思辨是必要的,也是有趣的。悖论很少有被合理消除的时候,但困惑依旧、魅力依旧——如果我们愿意、乐于思考的话。悖论是逻辑与思想纠缠的表现,它不是智慧的耻辱,恰恰是智慧的内涵。哲学的意义和价值,或者说思考哲学问题的意义和价值,就在于人类智慧虽不能最终化解悖论,却能够促使人以更深、更远的视角来面对思想和现实中的难题。在思想的困惑和无奈中享受精神的快乐和经受精神的折磨，这正是哲学悖论的魅力。

什么是悖论？或者说，悖论是什么？这里的关键是"悖"这个字。对这个字，几乎所有字典、词典的释义都是："悖"指迷乱、迷惑，引申意为：违背、谬误，也指悖谬、行不通。可见，"悖"是一个相当负面的字，而"悖论"的含义也就"正面"不到哪里去了。这当然是一般的、常识性的含义。我们要讨论的，是"悖论"在人类思维和人类文明中的积极意义。

要回答"什么是悖论"这个问题，还是先了解一下传统或正统思维逻辑三大规律之一——"矛盾律"（或称"不矛盾律"）的含义或规定，因为按照一般的理解，悖论之所以导致了"迷乱""行不通"，正是因为它"违背"了不矛盾律。

矛盾律（law of contradiction）是传统逻辑基本规律之一，也是人类思维遵循的根本规则、通行规范之一。它一般被表述为"A不是非A"，或"A不能既是B又不是B"。要求在同一思维过程中，对同一对象不能同时做出两个相互矛盾、相互反对的判断，即不能既肯定A，又否定A。因此严格来说，"矛盾律"应该叫作"不矛盾律"。在传统逻辑里，不矛盾律首先是作为事物规律提出来的，意为任一事物不能同时既具有某属性又不具有某属性；它作为思维规律，要求任一思考、任一命题不能既真又不真。违背了不矛盾律的这个根本要求，思维就会陷入逻辑矛盾，即发生自相矛盾（A并且非A）。而任何包含逻辑矛盾的思想是必然错误（永假）的，所以思想的无矛盾性是正确思维不可缺少的条件，也是构建一个理论体系的基本原则之一。

显然，不允许在思维过程中发生矛盾，是不矛盾律的要义。但"悖论"这个概念，却正好和这个原则相对立。不论是古典的语言陷阱，还是现代的逻辑纠结，悖论都意味着：在同一个命题、推理、讨论中，隐含着两个相互对立的结论。悖论的抽象公式是：如果事件A发生，则推导出非A；如果事件非A发生，则推导出A。这不明摆着和不矛盾律对着干嘛！更奇特的是，当那两个互不相容的结论被推导出来后，它们竟都能够逻辑自洽、自圆其说！按理说，悖论一定意味着错、假、迷、行不通；从常识、常理的角度看，两个相互对立的结论不能都接受。以正确的、合乎规则的逻辑推理方式，得出来的结论却超出了"通常可接受的限度"，或者说得出来的结论是自相矛盾的。这种"悖逆"情况说明什么？说明人类通过正常、正确的思考方式也可以达到非正常、不正确的结论，这种结论当然是恼人的，常人不会接受，但人们又不能不在思想上、逻辑上加以"忍受"——因为他们反驳不了这种悖反结论。悖论让人在惊讶、困惑中做出思考，或另辟蹊径，或逆流而上，在走投无路中寻找出路。从这个意义上说，悖论是一种"似非而是"的、有重要积极意义的逻辑"怪象"。

很显然，绝大部分悖论所导致的结果都是违反生活常识的，不然就不叫"悖论""迷惑""行不通"了。从日常生活角度看，悖论很明显是错的、不合理的，但这些悖论却都是基于严密的逻辑推导出来的。而且，绝大部分悖论是以通俗化、生活化的语言表述出了强大的逻辑力量，使人们在常识与逻辑之间的冲突中拿不定主意，这也是为什么历史上的悖论能在那么长时间里造成了那么多人的震惊、困惑的原因所在。既然悖论是思想、逻辑、语言中"发生了问题"，那么，解决或反驳悖论，就不能援引经验事实，而只能以令人信服的语言，通过严谨的逻辑或数学证明来解决问题。两千多年来，古希腊哲学家提出的悖论（最有名的就是"芝诺悖论"和"说谎者悖论"）一直困扰着哲学家、逻辑学家、数学家，直到今天没有人敢宣称他已经以逻辑或数学的方法破解了这些悖论。微积分的思路算是最接近于破解芝诺悖论的，但仍然没有走出芝诺设下的陷阱，更没有解决逻辑与现实之间为什么发生对立和不一致，以及如何化解的问题。

但中国人当中却有人说他们已经破解了芝诺悖论甚至更多的悖论，包括数学上的"罗素悖论"，而且宣称这个破解过程一点也不费事，用不了多少论证就可以大功告成。他们的思路是：通过把逻辑思维和客观事实联系起来进行考证、反驳，用"辩证逻辑"的对立统一思想来解决问题。他们说，只要实现了"内容和形式的对立统一"，自古以来的一切悖论都可以迎刃而解。比如所谓的"对称逻辑""制约逻辑"等等。我认真读过相关的论述，但我一点也没有"认识"到，历史上的种种逻辑和数学悖论已经被破解、被化解掉了。恰恰相反，我认为这类解悖尝试是对自亚里士多德以来无数哲学家、思想家、逻辑学家智商的嘲弄。

悖论的发生是基于传统逻辑和数学与常识之间的冲突（当然是人为制造的冲突），破解它们就必须仍然使用传统逻辑和数学；把辩证法搬出来解决形式逻辑的问题，那是文不对题。须知，黑格尔创立的辩证逻辑恰恰以承认、强调、突出思维中的矛盾为特征，矛盾正是辩证法的支撑点。悖论是人为制造思维矛盾的杰作，而消除、化解悖论就必须化解思维矛盾；既然没有矛盾就没有辩证法，那么悖论（自相矛盾、二律背反、两难推理）不正好符合了辩证逻辑对思维的要求吗？既然如此，那还有消除矛盾、化解悖论的必要吗？黑格尔曾说芝诺是辩证法的创始人之一。他的意思是，芝诺用非数学的语言，把动和静的关系、无限和有限的关系、连续和离散的关系，生动地、引人注意地提了出来；芝诺制造或证明了诸多思维过程中的矛盾，进而证明现实生活中的矛盾和对立也是不可克服的。辩证法和矛盾是永远联系在一起的，双方处在永恒的"纠缠状态"中。黑格尔之所以称赞芝诺对辩证法做出了贡献,是因为芝诺肯定了矛盾是不可避免、不可化解、永恒存在的;他并没有称赞芝诺因为证明了思维和现实之间的不一致而对"运动"所做的否定。黑格尔也曾高度评价康德对矛盾(二律背反、自相矛盾)的揭露。但康德认为二律背反的发生是人类理性的耻辱,如果消除不了二律背反,人类理性就必须退出科学知识的创建活动。这个观点是黑格尔坚决反对的,他认为矛盾不但不是坏事,反而是大大的好事——矛盾是一切发展(包括思维的运行、知识的增长)的真正动力。如此看来,那种运用辩证逻辑(自相矛盾)的思路来应对、消弭悖论导致的自相矛盾的想法和做法,不但是南辕北辙,而且正好违背了辩证法本身,是完全无效的。

要理解悖论的含义、历史和现实,有几个概念是相关的,需要知晓。

Paradox,悖论;Contradiction,矛盾;Antinomy,二律背反;Dilemma,两难;Dialectics,辩证法;Sophistry,诡辩。其中"矛盾"是一个本质性、决定性、贯穿始终的词。1.矛盾是悖论的主要含义;2.二律背反也就是自相矛盾;3.两难就是左右为难,一种矛盾状态;4.辩证法的最大特征就是承认矛盾的合理性和根本性;5.诡辩是一种辩论技巧,正论和反论都成立,仍然立足于、借助于矛盾。

辩证法这个词要专门说一下。与悖论相关的这个"辩证法",主要是古希腊智者学派的普罗泰戈拉、爱利亚学派的芝诺以及后来的苏格拉底、柏拉图在进行辩论时惯用的逻辑或修辞技巧,以揭露矛盾为特征,以导出正确的或悖反的结论为目的。芝诺以推论出逻辑悖论而引人注目;苏格拉底以在对话中引申出对方矛盾(归谬)而导出正确答案而著称;柏拉图把苏格拉底的这个方法称之为"辩证法",他说这就是最高的智慧。黑格尔的辩证法当然与古希腊辩证法有很大关系,但不是一回事。在黑格尔那里,辩证法首先是一种客观逻辑,然后才是一种思维法则;黑格尔辩证法以矛盾为核心概念,但它不是一种辩论术。而我们这里讨论的哲学悖论,都是围绕着人们的思考、说话、辩论、反驳、求真、归谬、计算这些精神活动展开的。

二、伦理学悖论:怎么判定是对还是错?

如果说逻辑、数学悖论令人烦恼、催人思考的话,那么伦理学悖论就会直指人心,触动感情,令人痛苦。善恶、好坏、对错、应当不应当等等,这是价值判断的基本用语,是人类行为的道德标识。但做出这样的判断不是一件容易的事情。不同的人对好或坏、对或错、应当或不应当的道德内涵有不完全一致的见解,甚至完全不一致的见解。这样的情况在具体生活环境中经常遭遇矛盾与无奈,让人左右为难,让人陷入困惑和不知所措。

1982年，中国人民解放军第四军医大学学生张华，为救一名晕倒在粪池里的69岁农民而献出了自己24岁的生命。这件事当时很轰动，张华成了主流媒体宣传的道德楷模，同时也引发了全国范围的讨论。争论的焦点在于：张华这么做究竟值得还是不值得？他应不应该救那个老人？为此，形成了截然相反的两派意见。人们引经据典、针锋相对，最后仍然莫衷一是——这件事不可能达成一致意见，因为人们的道德立场是不同的。实际上，正反两派分别代表了伦理学中"功利主义"（utilitarianism）和超功利主义（over-utilitarianism）之间的分歧。

以19世纪英国哲学家约翰·穆勒及杰里米·边沁为代表的功利主义认为：任何行为，如果能够增进最大多数人的利益或幸福，那就是好的、对的、应该的，反之就是不好的、不对的、不应该的。根据这个观点，年轻的张华如果不去救那位老人的话，他会继续活下去，继续学习，日后成为一名医生，在自己很长的生命历程里为许许多多的人实施救死扶伤。从追求最大多数人的利益和幸福这个功利主义要求来看，张华的行为当然是不值得的，他不应该救那个老人。

与之相反，以伊曼努尔·康德为代表的超功利主义（唯动机论）认为：道德与否，不取决于行为的预期后果，而是取决于行为者的动机是否高尚、纯洁，康德称之为"纯粹义务心"。张华在救人的时候就是出于这样的动机，否则他就不会那么义无反顾、奋不顾身了，所以他的这个行为是值得的、应该的。这两派观点，我们究竟应该赞成哪一边呢？

举一个比较极端的例子——关于善恶、是非、对错问题的思想实验，即著名的"电车悖论"（有各不相同的版本）：你正驾驶着一辆高速行驶的有轨电车——刹车突然失灵了。此时电车正逼近一个岔路口：左边有五名工人在修理铁轨，右边只有一名工人。如果你不采取任何措施，电车将左转，把五名工人撞死。挽救这五条人命的唯一办法，就是你触动一个开关，使电车向右转，而这样就会使右边那名工人丧生——被你杀死。你如果什么都不做，左边五个人就会死——当然你的责任要间接一点——但你会深感责任重大，主要是道德上的和心理上的。你准备触动那个开关吗？这个例子，以极端的方式迫使人在两难之间做出选择：为了让较多的生命获益，我们是否应该损害较少的生命？换句话说，假如不杀死个别人或少数人，那么多数人甚至全部人就会被杀死。在这种情况下，应不应该让少数人牺牲？对此，任何伦理学都回避下结论。

还可以举两个和现实相关的例子。一，在茫茫大海上，一条救生筏开始下沉了，照这样下去，筏子上谁也活不成。让多数人活下来的唯一办法，是把船上的少数人扔进海里。当然，究竟谁会成为这不幸的"少数人"，可以有不同的途径，要么通过强权（依据"丛林原则"），要么通过民主程序（比如表决或抓阄）。二，一群老百姓藏在地窖里，日本鬼子正在上面搜查。突然一个婴儿啼哭不止，上面的鬼子如果听见了，就会冲下来将所有人杀死。为了大家活命，应不应该把婴儿掐死？

类似海上遇险的那个例子，18世纪法国哲学家爱尔维修曾经在他的著作里讲过，他赞成通过抓阄来决定少数人牺牲，以便让大多数人活下来。这是一个多么残酷而合理的解决办法啊！类似掐死婴儿的那个例子，在中国抗日战争中曾经发生过，我记得有一部电影讲述了这个故事，结果是婴儿和大家都保全下来了——这是艺术的需要。对这两个例子，人们仍然可以进行无休无止的道德、伦理讨论——不会有公正、合理、一致的结论，因为这是哲学讨论而不是科学论证。不过在绝大多数情况下，功利主义的意见占据上风。

还有一个真实的故事：1972年10月，南美国家乌拉圭一支橄榄球队及其家人、朋友共45人，搭乘一架军方飞机去智利首都圣地亚哥参加比赛。飞机在飞行途中遇到恶劣天气，导致偏航、撞山，坠毁在安第斯山脉一处偏远、无人烟的雪山上，18人当场遇难，活下来27人。他们与外界的通讯完全中断，多国政府经过10天的搜救无果后，最终放弃了搜救。27名幸存者在吃光了一切可以果腹的东西之后，大家做出艰难承诺：如果我死了，活着的人可以吃掉我的尸体。他们整整坚持了72天。这期间又死了11人，剩下了16人。他们靠的就是吃死难同伴的肉而撑了下来。最终他们冒险走出高山，最后获救。此事无疑是一个壮举，但也引发了巨大的伦理和宗教争议。其实在这种极端情况下，人类的规则（人性、宗教、道德等等）已经无用，只能遵循动物法则：活下去。保守主义者和宗教人士却对此坚决反对，他们说，人性在任何时候都不能泯灭，生存或死亡反而是次要的；人吃人不但是反道德的行为，而且是反人类的行为。这种"站着说话不腰疼"的话，和中国北宋大儒程颐的信条："饿死事小，失节事大。"如出一辙。

问题在于，不同的人有不同的道德立足点，关键看做出"对"或"错"选择的人面临着怎样的处境。电车的例子，要求当事人在杀人数量上做出选择，这个处境是非常艰难的。后面几个例子，选择起来心理压力也非常大，但不会产生痛不欲生的感觉，因为这里头有一个"责任分摊"的道德理由——由大家做决定或由强权做决定，并且大家都参与实施，个人的心理压力会得到舒缓。所有这些案例反映出来的实质问题仍然是：假如不杀死个别人或少数人，那么多数人甚至全部人就会被杀死。在这种情况下，应不应该让少数人牺牲？

关于电车的那个例子，有人曾把它拿到朋友们当中做测验，结果发现：多数人选择触动电车上那个开关，用一条命换五条命。为什么会这样呢？

我想，这恐怕只能归因于道德上的直觉因素了。触动电车上的开关与直接用凶器杀人毕竟有差别。原因（杀戮）和结果（死亡）被一连串机器和电子元件隔开，因此这个行为不至于引发突然的道德艰难。这样一来我们就可以理解，为什么随着文明（当然还有科技）的进步，死刑的执行方式要不断地"改进"、不断地"文明化"了。行刑者和被行刑者之间的关系越是间接，行刑者的心理和道德的压力就越小。不管那个死刑犯怎样死有余辜，剥夺他的生命这件事无论如何是非常令人不愉快的，这也就是为什么废除死刑已经成了世界潮流的一个原因。

由此我们发现，人的道德情感以及价值判断，并不一定都是理性的结果。英国哲学家大卫·休谟认为：我们的道德判断，在一定程度上来自直觉或更加敏锐的内在感受。他的意思是：我们在面对道德难题时，经常并不会经过道德判断的逻辑思考过程，而是相信我们自己的情感所发挥的作用。也就是说，当人们说某个行为是"对的"或"好的"时，并非理性地认为它对、它好，而是直截了当地"觉得"它是对的和好的；当人们说某个行为"不好""不应该"时，仅仅因为这个行为直接令人厌恶。就张华救人的那件事来说，张华在当时情况下应该是出于冲动或直觉——他想不了那么多原因和结果，只有一个感觉：救人要紧，仅仅这一点，他的行为就具备了最高的道德含量。

如此看来，我们也许不必在功利主义和超功利主义之间做出非此即彼的选择，我们没有必要只在理性的框架之内做出价值判断。在相当大程度上，我们应该相信自己的感受和直觉；尤其在面对两难的道德窘境的时候，我们行为的善恶依据往往是我们的第一感觉。换言之："跟着感觉走"，的确不失为我们的人生指南。一旦这么做了，就不必有过大的道德自责。

三、数学悖论

悖论或佯谬（paradox）的提出，首先是要超越常识，或将常识在逻辑层面加以归谬，得出"似非而是"的结论，所以中国人才称之为"佯谬"（似非而是）。悖论或佯谬不符合常识，却符合逻辑，因此用事实来反驳是文不对题，用逻辑反驳又自取其谬，真正令人不能接受，又无可奈何。把悖论、佯谬叫作"诡辩"（sophistry）当然可以，但诡辩过程中体现了思想的智慧和敏锐，sophist（智者、学者）这个词就是从sophistry引申过来的，中国人把它翻译成"诡辩"，赋予其贬义，是一种简单化的处理。悖论或佯谬的价值和意义在于：人类不满足于"眼见为实"和常规推理，而要求达到常识和思想不可企及、不可思议而又不能不面对、不能不接受的高度，让人"从惊讶、困惑到思考"。西方历史上的诸多悖论,如芝诺的"运动归谬"悖论、说谎者悖论、理发师悖论、赫拉克利特的"河流"悖论、普罗泰戈拉的"学费官司"悖论,包括康德的"宇宙学悖论"(四组"二律背反")等等,所有这些逻辑思维方面的悖论、矛盾、两难、二律背反,都是从存在、运动、发展的高度探讨思维或世界的动与静、连续性与阶段性、有限性与无限性、时间性与空间性等等对立关系,以及论证过程中"以子之矛攻子之盾"的困局,揭露这些矛盾的不可解和语言交流过程中不可自拔的漏洞,以锻炼、提升人们对话、辩论、逻辑、修辞中的机敏和严谨。其中,揭露矛盾、利用矛盾、扩张矛盾的思路贯穿其中,这就是古希腊人所理解的"辩证法"。

严格意义的悖论就是数学或逻辑学悖论。但从广义来说,凡是通过合理的逻辑程序导致了矛盾、悖反的结果,而且这种结果让人反驳不了、左右为难、不能自拔的思想过程,都属于悖论,这不限于数学、逻辑,而是涵盖了哲学、伦理学、语言学等各学科。我们先从芝诺悖论说起。

"芝诺悖论"是古希腊爱利亚学派哲学家、巴门尼德的学生芝诺(Zeno of Elia)推出的一系列包含着"合理的矛盾"、以否定运动为结论的逻辑论证。芝诺悖论是影响最大、后人讨论最多的悖论,对人类思维的挑战、磨砺、提升,对数学和逻辑学的发展都有很大贡献。芝诺本人没有留下著作来,他的思想完全是亚里士多德在他的《物理学》一书中加以引述并给予了负面的评论。直到19世纪中叶,亚里士多德关于芝诺悖论的引述及批评仍然是权威性的,人们普遍认为芝诺悖论不过是一些诡辩技巧甚至是"耍小聪明"。罗素曾感慨地说:"在这个变化无常的世界上,没有什么比死后的声誉更变化无常了。死后得不到应有的评价的最典型例子莫过于埃利亚的芝诺了。他虽然发明了四个无限微妙无限深邃的悖论,后世的大批哲学家们却宣称他只不过是个聪明的骗子,而他的悖论只不过是一些诡辩。遭到两千多年的连续驳斥之后这些诡辩才得以正名……"[1]19世纪下半叶以来,学者们开始重新研究芝诺。他们推测芝诺的理论在古代就没能得到完整的、正确的报道,而是被诡辩家们利用来倡导怀疑主义和否定知识,亚里士多德正是按照被诡辩家们歪曲过的形象来引述芝诺悖论的。后来的学者们一致认为,芝诺关于运动的悖论不是简单的否认运动,这些悖论后面有着更深的内涵。还有学者认为,芝诺不仅是巴门尼德的学生,而且受毕达哥拉斯数学思想影响甚大,很可能还写过数学方面的专论。芝诺悖论对有限性和无限性、连续性和间断性、时间性和空间性的矛盾的揭露,引发后来的数学家们两千年的争论和思考,最终对牛顿特别是莱布尼茨发明微积分起到了启迪作用,从而使数学学科发生了本质的提升。虽然芝诺悖论并没有因为微积

---

[1] [美]罗素:《西方哲学史》上册,葛力译,商务印书馆2008年版,第76页。

分的出现而得到消除，但它在数学史上的贡献已经成为公论。我们讨论芝诺最有名的三个悖论或佯谬。

二分辩

一个人从A点走到B点，必须先走完全部路程的一半；而要走完这一半的路程，又必须走完这一半路程的一半；接下来，还得走完一半的一半的一半……如此下去，无限分割，这个人永远走不到目的地，甚至都离不开起点。这里的要点在于：所谓的"一半距离"这个数值越来越小，最后的"一半距离"无限接近于零，或几乎可被视为零。这就形成了"一个物体若要从A移动到B，最终停留在A"的悖论；或者说物体初始运动所经过的距离近似于0，但又绝对不等于0，以至于这个物体的运动几乎不能开始。中国古人也有类似的论证，战国时期哲学家、名家学派创始人惠施说："一尺之棰，日取其半，万世不竭。"（《庄子·杂篇·天下》）形象地说明了物体的分割是一个永无穷尽的过程。在这里就有一个古今中外的哲学难题:世界在微观层面是无限的还是有限的？某个空间量是否可以无限细分下去？这个问题，康德在他的第二个"二律背反"中进行了讨论，他的结论竟然是：世界在微观层面"既是"无限的，"又是"有限的，这是一个自相矛盾的结论。20世纪初，量子物理学根据各种各样的实验提出了"普朗克长度"这个概念，意味着：人类研究物质世界的最小尺度是1.616229×10⁻³⁵m（或10的负33次方厘米），这就是"普朗克长度"。得出这个结果并不是因为技术的限制，而是经过量子力学的观测计算得出的数据，刻画了微观世界（量子世界）的本来面目或"真相"。当然，这是不是"最终的""铁板钉钉""真实存在"的结论，量子力学不愿意给出这种哲学性质的结论，但"普朗克长度"有极大概率的真实性，这是没有异议的。这倒不是说微观世界已经走入极限，已经到了山穷水尽的地步；而是说，小于$1.616229×10^{-35}$m的追究、探索已经失去了意义。这真是一件奇妙不可思议的事情：思想上（逻辑和数学上）的"无限"没有障碍而且永远可以追究下去，但物理上的"无限"却不再有意义。这在哲学上说明什么？说明"无限"这个哲学概念虽然继续存在，但物理世界在微观层面的无限性问题的讨论可以终结了。真是这样的话，芝诺悖论关于两点之间距离无限可分，从而两点之间的运动不可能的论证就不再令人困惑，而惠施关于物体可以永远分割下去的论辩也将终结。话说回来，芝诺的"二分辩"真正的价值是用逻辑、数学的方式证明了运动的不可能，这不仅与事实相冲突，而且引发了后来无数人的关注并持续寻找破解这个悖论的逻辑思路。

阿喀琉斯追乌龟

阿喀琉斯（阿基里斯）是古希腊神话中善跑的英雄。在他和乌龟的竞赛中,他的速度为乌龟的十倍,如果乌龟先跑100米,阿喀琉斯开始追赶。但他永远也追不上那只乌龟。因为在这场竞赛中,追赶者首先必须到达被追者的出发点,当阿喀琉斯追到100米那个点的时候,乌龟已经又向前爬了10米,于是,一个新的起点产生了——110米那个点;当阿喀琉斯追到110米这个点时,乌龟又已经向前爬了1米,阿喀琉斯只能再追向那个1米。就这样,乌龟会制造出无穷个起点,它总能让自己离每一个起点有那么一个距离。不管这个距离有多么小而且越来越小,但只要乌龟不停止它的爬行,阿喀琉斯就永远也追不上乌龟!这里的关键是:有无限个这样的出发点。这是芝诺悖论不可超越的环节,也是其不能被驳倒的逻辑障碍。

这样一来,乌龟作为运动得最慢的物体,却不能被运动得最快的物体(阿喀琉斯)追上。这跟常识、现实生活绝对不符合(芝诺当然知道阿基里斯能够追上海龟,跑步者肯定也能跑到终点)。但在逻辑上、数学上却振振有词,不能驳倒。这就是悖论的魅力!这里的困惑,仍然是"无限可分"这个概念。追赶者跨不过"无限"这个局限,他们之间的距离可以无限接近,但被追者总是在追赶者前面,所以阿喀琉斯永远追不上乌龟。

这个悖论在逻辑或数学上是完全没错的,尽管它与现实生活完全不符。这是思想的游戏,所以不能交付事实来反驳。今天的人，在逻辑层面能够驳倒芝诺的，仍然没有。

飞矢不动

设想一支飞行的箭。这支箭在其飞行过程中的任何瞬间都有一个特定的位置（一个时间点对应一个空间点），所以它在特定的瞬间是静止在特定位置上的，也就是说，在这一瞬间，那支箭是不动的。所谓的"飞矢"，它的飞行过程就是所有位置点和时间点的总和。由于每一个瞬间都是静止的，那么所有的瞬间相加仍然等于静止。因此这支箭始终是静止不动的。我们以模拟对话的形式来描述"飞矢不动"。

芝诺问他的学生："一支射出的箭是动的还是不动的？"

"那还用说，当然是动的。"

"确实是这样，在每个人的眼里它都是动的。可是，这支箭在每一个瞬间里都有它的位置吗？"

"有的，老师。"

"在这一瞬间里，它占据的空间和它的体积一样吗？"

"是的，它有确定的位置，又占据着和自身体积一样大小的空间。"

"那么，在这一瞬间里，这支箭是动的，还是不动的？"

"不动的，老师。"

"这一瞬间是不动的，那么其他瞬间呢？"

"也是不动的，老师。"

"所以，射出去的箭是不动的，对不对？"

"对，老师。"

千百年来，人们从数学、逻辑学、哲学各个方面来反驳"飞矢不动"这个悖论，都没有成功。这个悖论涉及的是连续性和间断性、运动性和静止性、起点性和终点性之间的关系，而且也涉及了有限性和无限性的关系："瞬间"就是一个无限小但不等于0的时间单位，飞矢所用的时间则是所有"瞬间"之和。所有这些关系都包含了矛盾和对立，都不能付诸数学的计算，也就是说，飞矢的衡量参数具有模糊性，因此从逻辑和数学的角度讲，飞矢不动是无法驳倒的。当然，从物理学和常识的角度讲，"飞矢不动"是不值一驳的，但这里讨论的是思想与逻辑的关系，和外部世界没有关系。这个悖论和芝诺的其他悖论一样，在逻辑上是严密和无懈可击的。那支箭动还是不动，常识可以马上告诉我们，但我们不关心常识；我们关心的是芝诺思想的独特、逻辑的严谨和标新立异的勇气，他的论证难倒了千百年来无数的思想家，至今没有完全成功的反驳，微积分只能算是最接近解悖的思路。这就是苏格拉底、柏拉图以及黑格尔都重视的辩证法，即通过揭示思想中的矛盾，达至真理的发现。

理发师悖论（集合论悖论）

这还是一个数学悖论，叫作"集合论悖论"，由伯特兰·罗素1901年提出，又称"罗素悖论"。19世纪下半叶，康托尔创立了著名的集合论，它曾遭到非议，但很快就为数学家们接受了，并赢得了广泛而高度的赞誉。数学家们宣称：从自然数与康托尔集合论出发可建立起整个数学大厦，因而集合论成了"现代数学的基石"。可是好景不长。1901年，一个震惊数学界的消息传出：集合论是有漏洞的！这就是英国哲学家、数学家、逻辑学家罗素提出的著名的"集合论悖论"。

罗素构造了一个集合S：S由一切不是自身元素的元素所组成。然后罗素问：S是否属于S呢？根据排中律，一个元素或者属于某个集合，或者不属于某个集合。因此，对于一个给定的集合，问是否属于它自己是有意义的。但对这个看似合理的问题的回答却会陷入两难境地。如果S属于S，根据S的定义，S就不属于S；反之，如果S不属于S，同样根据定义，S就属于S。无论如何都是矛盾的，都与不矛盾律相冲突。罗素悖论的精确表述是：如果存在一个集合A={X| X A }，那么X∈A是否成立？如果它成立，那么X∈A，不满足A的特征性质。如果它不成立，A就满足了特征性质。

为了通俗易懂，罗素在1919年通过一个幽默的故事来说明他的"集合论悖论"，这就是"理发师悖论"。有一位理发师在理发店门口贴了一则广告，上面写着这样一句话："我将为本城所有不给自己刮胡子的人刮胡子，我也只给这些人刮胡子。"言下之意：那些自己给自己刮胡子的男人，本人概不提供服务。有一天，这位理发师从镜子里看见自己的胡子长了，得刮了。问题来了：我的胡子谁来刮呢？即：我能不能给我自己刮胡子呢？

如果他不给自己刮胡子，根据他自己的规定，他就属于"不给自己刮胡子的人"，那么，他就要给自己刮胡子！但是一旦他给自己刮胡子，根据他自己的规定，他又属于"给自己刮胡子的人"，那么，他就不能给自己刮胡子了。于是，给自己刮胡子违背了自己的规定，不给自己刮胡子也违背了自己的规定，这位理发师真正陷入了困境之中——他的胡子只能这么长下去了！"理发师悖论"在现实生活中是容易解决的，那就是修改理发师的规定，将他自己排除在规矩之外。但严格的"集合论悖论"就不是那么容易解决的了。罗素以诙谐的方式讲出这么一个故事，是为了揭示数学"集合论"存在着致命的内在矛盾。换句话说，"理发师悖论"使整个数学大厦动摇了。

"集合论悖论"的发现，正值德国著名数学家、哲学家、逻辑学家戈特洛布·弗雷格在刚刚完成了他的著作《算数的基本规律》（第二卷）之际，而且已经排好版准备付印了。这时弗雷格收到了罗素的信，内容就是这个悖论。弗雷格立刻发现，自己那本书的理论基础——集合论——被这条悖论打垮了。书当然还得出，弗雷格只能在自己著作的末尾以附录的形式写道:"一个科学家所遇到的最不合心意的事,莫过于在他的工作结束时,其基础崩溃了。罗素先生的一封信正把我置于这个境地。"[1]这件事引发了数学史上著名的"第三次数学危机",引发了众多的数学家对这一问题的补救,最终形成了"公理化集合论",化解了这场数学危机,并且把数学的发展推向了一个新的阶段。可见,揭露矛盾、发现悖论,正是解决矛盾、跨上新台阶的一个思路或通道。数学中的矛盾是固有的,它的激烈冲突——危机就不可避免。危机的解决给数学带来了许多新认识、新内容,有时也带来革命性的变化。把20世纪的数学同以前全部数学相比,内容要丰富得多,认识要深入得多。公理化集合论解决了第三次数学危机,在此基础上,20世纪诞生了抽象代数学、拓扑学、泛函分析与测度论,数理逻辑也兴旺发达成为数学有机体的一部分。近代以来的代数几何、微分几何、复分析现在已经推广到了高维。代数数论的面貌也多次改变,变得越来越优美、完整。一系列经典问题完满地得到解决,同时又产生了更多的新问题。特别是第二次世界大战之后,新成果层出不穷,从未间断。数学呈现无比兴旺发达的景象,而这正是人类与数学中的矛盾、危机斗争的产物。这就是罗素悖论引发的第三次数学危机及其导致的数学生机和成就。

其实,第一次数学危机和第二次数学危机都与数学悖论

---

[1] 《逻辑推理初步》,人民教育出版社2021年版,第183页。

密切相关，都成了数学发展史上的新起点。

这就是罗素悖论引发的第三次数学危机。其实，第一次数学危机和第二次数学危机都与数学悖论密切相关，都成了数学发展史上的新起点。

第一次数学危机是由"无理数"的发现引起的。毕达哥拉斯是古希腊伟大的数学家、哲学家，是毕达哥拉斯学派的创始人。在哲学上，他提出了"万物皆数"的思想，认为宇宙万物的本质和本源是"数"（数字、图形、比例等），这成为其学派的理论基石。毕达哥拉斯所说的"数"仅指整数，"一切数均可以表示为整数或整数之比"是毕达哥拉斯学派的数学信仰。整数也就是现代意义上的"有理数"，毕氏认为除了有理数以外，不存在别的数。

毕达哥拉斯最伟大的贡献是发现并证明了"毕达哥拉斯定理"（即中国古人发现的"勾股定理"）：直角三角形两条直角边的平方和等于斜边的平方。然而正是这个定理，颠覆了毕氏"一切数均可以表示为整数或整数之比"这个信念。毕达哥拉斯的学生希巴索斯利用勾股定理，发现边长为1的正方形的对角线（即直角三角形的那条斜边）之长度并不是一个整数而是一个无限不循环小数，这是从来没有遇到过的"怪异数"，所以被后来的人称为"无理数"（iirational number）。它直接冲击了毕达哥拉斯学派的数学信念，而且利用毕氏引以为豪的"勾股定理"来颠覆毕氏的数学信念，这是"以子之矛攻子之盾",是典型的悖论。毕达哥拉斯为此怒不可遏,下令不得对外泄露无理数的发现。实际上,这一发现不但是对毕达哥拉斯学派的致命打击,对于当时所有古希腊人的观念都是一个极大的冲击。这一结论的悖论性还表现在它与常识的冲突上:任何量,在精确的范围内都可以表示成有理数。这不但在希腊当时是人们普遍接受的信仰,就是在测量技术已经高度发展的今天也是正确的。然而,为人们的经验所确证的、符合常识的论断竟被小小的无理数的发现推翻了。这一"荒谬"事实,直接把之前的"数学真理"根本推翻了;它立马导致了西方数学史上一场大风波,史称"第一次数学危机"。但恰恰从这里开始,数学的研究和发展进入了一个全新的阶段——希巴索斯的发现使"数"的概念得以扩充,从此,数学的研究范围扩展到了实数领域。

第二次数学危机与微积分的使用有关。伴随着科学理论与实践的进步,十七世纪,牛顿和莱布尼兹几乎同时发明了微积分(微积分发明权的争议也在他们两位之间展开),许许多多疑难问题在运用这一工具后变得易如反掌。但是不管是牛顿,还是莱布尼兹,他们创立的微积分在理论上都是不严格的。因而微积分从一开始就遭到了一些人的反对与攻击。直到19世纪,法国数学家奥古斯丁·柯西用极限的方法定义了无穷小量,微积分理论才得以步入坦途,从而使数学大厦变得更加辉煌美丽。有人说微积分的出现解决了芝诺悖论留下的难题，这是不对的。芝诺悖论的确揭露了有限性与无限性之间的冲突，而微积分的核心思想正是将无限性和有限性统一起来计算（微分就是数的无限分割，积分则是将微分的结果加以无限积累）；如果芝诺那个时候有微积分，芝诺有可能不会提出"二分辩""阿喀琉斯追乌龟"等悖论，但这并不能掩盖芝诺揭示的数学矛盾的客观存在，特别是思维过程中违反逻辑而又能自圆其说这样的怪象。从这个意义上说，不是微积分解决了芝诺悖论，而是芝诺提出的悖论所引发的数学矛盾，对后来微积分的产生、发展、完善起到了经典的启发作用。在这个意义上，我认为把芝诺尊称为微积分的始祖，亦不过分。

四、逻辑悖论

说谎者悖论

公元前6世纪，克里特[1]哲学家埃庇米尼得斯（Epimenides）说了一句很有名的话："所有克利特人都说谎。"这句话是一个历史悠久的经典悖论，即"说谎者悖论"。如果埃庇米尼得斯所言为真，那么克利特人就全都是说谎者，包括埃庇米尼得斯本人在内，于是他所说的这句话就是谎言；但这样一来，就跟先前假设此言为真的话发生矛盾了。又假设此言

---

[1] 克里特岛，位于爱琴海之南，希腊第一大岛，古希腊重要的思想文化中心。

为假，也就是说所有克利特人都不说谎，埃庇米尼得斯本人也不是说谎者，于是他说的上面那句话就是一句真话；但如此一来，就跟这句话的语义"所有克利特人都说谎"直接冲突了。总之，如果埃庇米尼得斯说了真话，那么他就说了假话；如果他说了假话，那么他就说了真话！不管他怎么说，都避免不了自相矛盾。因此这句话是一个无法"解套"的悖论。它困扰了人类两千多年，虽自相矛盾却言之凿凿，陷入了无限的逻辑循环。

简略复述一下"说谎者悖论"。比如我现在说："我在说谎。"问：我这句话是真话还是假话？结论令人不知所措：假设我说的这句话（"我在说谎"）是真的，那么根据这句话的语义，即我说的这句话不符合"我在说谎"这个意思，那么我这话就是假的；反之，假设我说的这句话（"我在说谎"）是假的，那么根据语义，我这话符合"我在说谎"这个意思，那么我这句话就是真的。这叫作"语义学悖论"，是最早的逻辑悖论。后来派生出许许多多类似的悖论，意思差不多。这样的悖论有实际意义吗？当然有。它可以锻炼我们的机智和敏锐，以及揭示语言陈述中的自相矛盾。这个悖论最重要的价值在于：它促使20世纪哲学家、逻辑学家罗素、塔尔斯基、赫茨伯格等下大工夫解悖"说谎者悖论"，分别创立了不同的逻辑-语义理论，为现代逻辑学、分析哲学的发展做出了贡献。

"学费官司悖论"

公元前5世纪的希腊哲学家、智者派代表人物普罗泰戈拉与他的学生欧提勒士签订了一份学习法律诉讼（打官司）的教学协议：学生入学时先付一半学费，毕业后这个学生第一次出庭胜诉后再付清另外一半学费。言下之意当然是：如果学生欧提勒士的第一场官司输了，那另一半学费就不用付给老师普罗泰戈拉了。毕业之后，欧提勒士以忙于别的事务为理由，迟迟没有执行律师业务（多半是想赖账啊）。普罗泰戈拉收费心切，于是向法庭提起诉讼，要求学生支付另一半学费。于是师生之间为了那一半学费打起了官司（这当然是欧提勒士毕业后的第一场官司）。

在法庭上，原告普罗泰戈拉说："如果我打赢官司，那么按法庭判决，被告应该付给我另一半学费；如果被告打赢了官司，那么按照我们之间的合同，被告也要付给我另一半学费。因此，不论这场官司是赢还是输，被告都得付给我另一半学费。"

被告欧提勒士也不示弱，他仿照老师的套路，针锋相对地应道："如果我打赢官司，那么按法庭判决，我不应该付给原告另一半学费；如果我输了，那么按我们的合同，我也不应该付给原告另一半学费。因而，不论这场官司是赢还是输，我都不应该付给我的老师普罗泰戈拉另一半学费。"

真是名师出高徒！学生针对老师的论证，提出了方法完全相同而结果完全相反的论证。老师做梦也想不到学生初上法庭运用"辩证法"就已炉火纯青。

这可难倒了法官。若判学生不需付费，则学生胜诉，但根据协议又必须付费；若判学生付费，则学生败诉，但根据协议又不需付费。于是就成了：如果付学费，那么就不付学费；如果不付学费，那么就得付学费！这是悖论，也是诡辩，更是辩证法！双方的道德出发点都不高，尤其是那位赖账学生。苏格拉底最看不起智者学派的这种诡辩，尤其是他们以此收费谋生。苏格拉底的工作表面上和智者们相仿：收学生、讨论问题、揭露矛盾，但他从不收费，而且他提倡通过辩论得出真理性结论，特别是"伦理学真理"。

这场官司的关节点，是双方都引用了"双重标准"，或者说，双方都在各取所需、偷换概念：一个是双方的合同规定，一个是法官对输赢的判决，结果谁都胜诉不了。这是比较典型的诡辩，也是思维、逻辑、语言的妙招。这个"半费诉讼"的故事表明，悖论、二律背反、诡辩、辩证法等等，作为一种特殊的逻辑技巧，既可以为人类思维的发展和科学理论的论证提供有力的工具、有益的启示，也可以为一些论者进行诡辩、逃避责任提供论辩的手段。

鳄鱼困境悖论

一条鳄鱼偷了一个父亲的儿子，它承诺：如果这个父亲能猜出它将要怎么对待他儿子，它就将儿子还给父亲。结果这个父亲猜："鳄鱼不会将儿子还给我"，这就发生了"悖论"。如果鳄鱼决定不还儿子，那就说明父亲猜对了，那么鳄鱼就必须把孩子还给父亲，否则鳄鱼就违背了诺言；如果鳄鱼决定将儿子还给父亲，那么父亲就猜错了，那样的话，鳄鱼就不能把孩子还回去，于是违背了鳄鱼自己做出的决定。因此无论鳄鱼怎么选择，它都无法从自相矛盾的困境中解脱。这个悖论和"说谎者悖论"和"学费悖论"相仿。

上帝能力悖论

基督教认为上帝是真实存在的神，而且是无所不能的造物主。上帝存在不是一个科学问题，而是一个信仰问题。提出"上帝悖论"的人就是专门打脸这种信仰的。不是说上帝万能吗？那么请问，上帝能不能创造出一块他自己也搬不动的石头来？此悖论的精妙之处在于不论回答"能"还是"不能"，都证明了上帝不是万能的。如果上帝创造不出这样一块石头，那就说明上帝不是无所不能的——有上帝造不出来的东西，还谈什么万能呢？如果上帝能够创造出来这样一块石头来，同样证明上帝不是无所不能的——因为上帝搬不动这块石头，还谈什么无所不能！

"上帝造石头"这件事不管结论如何，都证明上帝不是万能的。这个上帝悖论产生于文艺复兴时期，反映了当时的启蒙主义、理性主义反抗基督教会的一种机智和巧妙。更重要的是，这个悖论意图否定上帝的万能，从而否定基督教会的神圣权威。不过，中世纪著名神学家奥古斯丁为了证明上帝的万能，在解读《圣经》时提出了"自由意志"这个观念。为什么万能的造物主上帝竟然造出了两个不按上帝的命令行事的人——人类始祖亚当和夏娃呢？他们俩没有听从上帝的叮嘱——不能吃智慧树上的果子——，却禁不住蛇的诱惑，摘吃了那果子，于是犯了罪，是为"原罪"，被驱逐出伊甸园，自己谋生、繁衍、发展，形成了人类。这件事也是一个悖论：上帝"万能"就意味着不会发生不遂上帝心愿的事，但亚当和夏娃就做了这样的事，这岂不说明上帝并不是万能的吗？奥古斯丁对此的解释是：这件事恰恰证明了上帝的无所不能——他在创造人类（亚当、夏娃）时，赋予了他们一个区别于一般动物的秉性——自由意志，使他们能够进行自由选择，能够在不同的价值之间做出抉择。由此，人类社会就有了善和恶、正义与邪恶、应当和不应当，也就有了赏和罚。可见，上帝仍然是万能的。

五、赫拉克利特的"河流悖论"

古希腊哲学家赫拉克利特说过一句名言："人不可以两次踏进同一条河流。"意思是河水奔流不息,当人第二次踏进去时已经不是原来的水流了。赫拉克利特的弟子克拉底鲁据此延伸了老师的想法并推向了极端,他断言:"人一次也不能踏进同一条河流",因为脚踏进去的那一瞬间,河水即刻就改变了;河水随时随地在变化,任何瞬间的"踏入",接触到的水都是新的,因此根本不存在"同一条河流"。这就出现了"一条流淌的河究竟在还是不在"的问题。说那条河一直存在是合理的;说那条河并不存在,似乎也站得住脚。这就形成了悖论。

关于"人不可以两次踏进同一条河流"这句话,一直以来被从积极、正面的意义解读:赫拉克利特说的这句话是正确的,是古代辩证法思想的代表作;而"人一次也不能踏进同一条河流"这句话,则被解读成为错误的,是相对主义、诡辩论等。其实在我看来,他们师徒二人的思想没有本质的区别。往好了说,两句话都是辩证法;往差了说,两句话都是相对主义或诡辩论。老师的话直接导致了学生的话,而学生的话是对老师的话的逻辑引申,两句话是同一个思想的前后两段。哲学界还有一个惯常的说法：辩证法和相对主义都强调世界的运动、变化、发展的绝对性；但辩证法承认事物具有"质的相对稳定性"，而相对主义、诡辩论不承认任何"稳定性"，它只认一件事：万事万物都处在不停的变化、无尽的变化、永恒的变化过程中，宇宙间唯一不变的东西就是变化本身，这就是世界的"真相"。这里有一个问题："质的相对稳定性"里的这个"相对"意味着什么？它和"相对主义"里的那个"相对"有什么区别？还有一点：事物究竟有没有恒定不移的本质？比如说一个东西——任何东西都行——的"存在"这个性质，难道可以改变吗？（巴门尼德曾将万事万物最根本、最普遍、永远不会消解的性质归结为"存在"）如果一个东西"不存在"了，它还有任何意义吗？如果"是"（即"有"和"存在"，英文的being）变成了"不是"（"没有"和"不存在"，即non-being），那么我们生活的这个世界还有没有、还在不在？如果还有、还在，我们怎么认知、把握它？从这个意义上讲，我认为任何一个东西，就其"存在"这个属性而言，不是具有什么"相对的"稳定性的问题，而是具有"绝对的"稳定性；感性的世界千变万化、转瞬即逝，但思想的对象——共相、一般、普遍性却是变中之不变，动中之不动；一个事物与它自己永远保持着同一性，它永远是它自己，而不是其他任何别的东西。不承认这一点，世界上所有事物得以存在的基础，以及所有事物被人认知、把握的依据就都没有了。在我看来，辩证法和相对主义之间，相同之处大大多于差异之处，它们都是对"同一律""不矛盾律"的对抗、反逆，属于反常或超常的思维方式。至于赫拉克利特和克拉底鲁的河流命题，我已经说了，那是逻辑上前后相继的两个命题，体现了朴素辩证法和相对主义、诡辩论之间的无差别。古希腊辩证法的真正代表，前有芝诺，比较消极，因为他否定了运动；后有苏格拉底、柏拉图，比较积极，因为他们走向了真理。

任何时候、任何情况下，都不能否定事物与自身的同一性，这不但是思维和语言的要求，更是事物的本质和客观规定性。承认并坚持事物的同一性，承认和坚持思想、逻辑、语言的"同一律"，是一个正常的世界里所有正常的人的合乎理性也合乎习惯的世界观和思维方式。我认为"辩证法"——当然指赫拉克利特的"辩证法"，而不是芝诺、苏格拉底、柏拉图的辩证法——最大的毛病是：过于强调事物的运动性、变化性、相对性，并将其推向了极端；以至于忽视、否定了事物的本质性、稳定性。赫拉克利特被认为是辩证法思想的奠基人，其最大的特征恰恰是"一切皆流，无物常驻"，这正是辩证法、相对主义、诡辩论的共同思想基础。

因此，我们对"辩证法"这个概念一定要有准确的理解，否则"辩证法"就会成了"变戏法"，从而造成思想混乱和逻辑悖论。更严重的是，任何事物的存在、属性都变得不可界定、不可捉摸、不可言说了。实际上，就"河流悖论"而言，不管我是一次、两次还是若干次踏进一条河流（比如长江）——尽管大江东去、逝者如斯，江水永远是新的，这没问题——但这些水不管怎么流淌、更新，不管流到哪里去，它永远还是长江的水，无论如何不可能变作黄河水或珠江水或其他什么河水。这就是事物不可变更的本质、属性、结构，这就是世界的同一性。

"辩证法"的第二个理论缺陷，是它对待矛盾的态度。须知，思想的对象（亦即思想的内容）本身是充满了矛盾的，这些矛盾是如此引人入胜、令人困惑，以至于我们决心去关注和思考它们。但是在思考的过程中却一点也不能够出现矛盾，也就是说，"思想本身"不能有矛盾，即不能够矛盾地进行思考。否则，一切思想的成果都是不可理解的。亚里士多德奠定的形式逻辑中的"不矛盾律"正是对人类思维的这一特点做了最简单也是最严格的规定，才使得千百年来的各种文明成果得以相互理解和彼此交流。因此，除非人们不打算进行正常的思考，否则不矛盾律的地位是不可能受到削弱的。也恰恰因此，"辩证逻辑"就不能作为一种正常的思维逻辑而存在，更不用说让它流行、传播了。人类思维的形式、结构、规律，是固定不变的，那是由亚里士多德总结、概括出来的"思想公理"，即同一律、不矛盾律、排中律；它们和以矛盾思维为特征的"辩证逻辑"正相对立、绝不相容。还应该明确一点：矛盾的丰富多彩、富有成效、能够推进思想的进步和增加知识的内涵等等，并不是使矛盾不被克服和不被消除的充足理由。事实上正好相反：只有当我们不容忍矛盾并决心改变任何包含矛盾的状况的时候，我们才承认矛盾是思想进步的动力。承认矛盾而又不认可矛盾，这正是我们对待矛盾现象时应当持有的态度。相反，如果我们改变这种态度，打算容忍矛盾——因为它注定消除不了——的话，那么矛盾原有的那些吸引力便会立即消失。

中国古代逻辑学叫作"名学"，来自于先秦时期"诸子百家"中的"名家"（或称讼者、辩者）学派。"名家""名学"顾名思义，是要研究、探讨、解答语言、逻辑中的命名问题、词汇与所指的关系问题、词语的内涵和外延的关系问题等等。欧洲中世纪有所谓"唯名论"和"唯实论"（"实在论"）的争论，也和区分概念的内涵、外延这个目的有关。现代西方哲学有一派"分析哲学"即"语言哲学"，专门研究、澄清人们在使用语言过程中究竟说了什么有意义的话和没有意义的话，从而将科学知识和形而上学、伦理学、宗教、文学艺术等等区别开来。

为什么给事物、对象、"东西"命名很重要？为了识别它们啊！我们经常讲认识世界、利用世界、驾驭世界、改造世界等等，做到这一切的前提，是能够对世界上的事物、对象做出区分、加以归类、可以识别。怎么做到这些？如何体现这些？只能是通过命名（名称、符号、概念及其描述）。日常生活中的对象很多，有个体的、特殊的、感性的对象，也有抽象的、普遍的、一般的对象。给事物命名的意义，首先在于使一事物与他事物区别开来，同时使被命名的事物——不管是普遍性的事物还是个体性的事物——的稳定性、不变性得以明确。根据类别的不同，我们给所有的事物分别命名，诸如张三李四、阿猫阿狗、这个那个等等，还有人、马、牛、羊、狗、猫、飞禽走兽、山川河流以及更抽象、更一般的名称、词汇。为什么我们通过给对象起名字，包括名称、头衔、称号、外号、代号、符号等等，就可以认识和把握事物呢？因为事物、对象具有"质的稳定性""不变性""恒常性"，通俗地讲，事物、对象与它（他、她）们自身保持着同一性！它（他、她）们始终是它（他、她）们自己，不会"变成"别的东西。这就是逻辑同一律和不矛盾律的"永真性"或"重言式"，即"A是A；A不是非A"。这是非常简单明了又颠扑不破的真理。如果不是这样，一个事物变成了不是它自己，这个世界就会成为一片混沌，人的思想就会成为一团糨糊。从这个意义上说，名称必须代表事物本身，外延必然指称内涵。举例来说，中国第一大河在宜宾上游被称为"嘉陵江"，下游叫作"长江"；这两个名称的含义一旦确定，就具有了恒常、不变的稳定性，是不可混同、不可互换的，尽管从整体来说这两个名称所指的对象处在同一个物理时空当中。广州市内那条大河叫作"珠江",而它的几条上源河流则分别叫作"西江""北江""东江",这同样不可混淆——尽管珠江和西江、北江、东江在水源、水流方面具有同一性。这表面上是个名称问题,却反映了不可混淆的客观事实。

强调事物的同一性、稳定性,一点也没有不承认事物、对象、人的思想的变化、发展、矛盾、对立的意思。如前述,没有矛盾和对立,这个世界就发展、进步不了,矛盾是发展的基本动力。但我们必须明确:再怎么发展变化、矛盾对立,世界的同一性是永恒不变的,一个东西永远是它本身;它的名称可以变更,但其基本内涵是改变不了的。

我们借赫拉克利特、克拉底鲁的"河流命题"来继续说事。世间万物,从最大的到最小的,从最粗犷的到最精致的,从最流变的到最坚固的,都处于变化发展的生生不息的过程中;所不同者,不同的事物,其变化发展的速度、程度、烈度有所不同而已。比如河水,就属于变化相当快的事物,正所谓"逝者如斯,不舍昼夜";而岩石特别是钻石,属于最不容易变化的事物,钻石的强度是所有物质里最高的。但从地质学、物理学、化学角度看,钻石也经历着自己的变化,只不过它的变化极其缓慢而已。河水之变与钻石之变有极大的差异,这种差异的衡量标准是时间:一条河每时每刻都在流淌,而一颗钻石恐怕一千年都未必能察觉到它的一点点变化；但它们都在变化，这是共同的。处于河流和钻石之间的事物，其变化的速度和程度各不相同。比如一个人，从生到死不到一百年；一片树叶，从萌芽到凋落，经历了春去秋来不到一年。一个呱呱坠地的婴儿，80年后成了一位老者，谁也不会否认这位老者和80年前刚生下来的那个嗷嗷待哺的婴儿是同一个人；一枝翠绿的春芽到了深秋，变成了飘落在地的枯叶，这个过程经历了七八个月，但自始至终还是同一片树叶在萌芽、生长、壮大、衰退、枯黄、凋零。河流、树叶、人生、钻石，在它们或短或长的存在流程里，变化的是它们的内在结构，比如原子、分子、色素、力道等等，而它们的存在和本质，永远不会变化。赫拉克利特说的那条不停流淌的河，我相信今天仍然在希腊的某个地方流淌着。两千多年来，这条河的水流一刻不停地在变化，说得更细致一点，是无数的水分子在河床中千变万化，却不会影响那条河的存在以及那条河的地理、地缘、地质意义，我估计那条河的名称也没有改变。这就是世界的永恒的同一性。没有这个同一性，我们就会觉得生活在这个世界上太不确定、太不可靠、太不安全了。

六、哲学悖论：介于宗教和科学之间

康德在《纯粹理性批判》中提出了人类理性在探寻宇宙

("头上的星空")的终极性问题时不可避免地要陷入"二律背反",也就是陷入自相矛盾的困境。二律背反对于康德来说事关重大,关系到自古希腊以来一直提供最高、最终、绝对、无条件知识的"形而上学"的合理性问题,关系到形而上学还能不能继续向人类提供"哲学知识"的问题。经过对二律背反的论证,康德最终将形而上学逐出了人类知识领域。他的结论是:形而上学智慧不能提供科学知识,世界上不存在终极、绝对、无条件这样一种"知识";但形而上学在道德、信仰、审美领域却可以大展身手,它能够提供这类精神追求的基础、方向和目的。

其实,哲学(形而上学)从一开始就给自己确定了使命——追求知识、真理。就这一点而言,古希腊哲学和古希腊科学没有区别,最早的科学家就是最早的哲学家,比如泰勒斯、德谟克里特、亚里士多德、伊壁鸠鲁,他们都是他们自己时代的百科全书式的学者、思想家。只不过,哲学或形而上学宣称自己的求知使命比科学(自然哲学和数学)更"伟大"、更"根本",它要寻求的知识或真理,是关于这个世界的最初来源、最终本质、原始动力、终极目的的说明,哲学是追求这类"大智慧""大学问"的学科,不仅可以获取"普遍性""必然性"的知识,而且可以获取"绝对""无条件"的知识。除此之外,哲学还有一个重大使命,即探索、解答生命意义、人生真谛、道德准则、善,这是苏格拉底对古希腊哲学的贡献。在这个领域，以孔子、老子为代表的中国古典哲学可以说硕果累累，中国哲学就是一个伦理学、价值哲学的庞大体系。总之，哲学（形而上学）就是终极关切、终极解答。

伯特兰·罗素认为，哲学是介于宗教和科学之间的某种东西。我认为，他的这个观点揭示了哲学这门学科的内在矛盾和根本特征。

我们先看哲学和宗教的关系。宗教和哲学都是人的精神生活方式。它们所要解决的问题，在性质上高度契合，都是终极关切：世界的来龙去脉和本质，生命的终极意义与价值，等等。宗教和哲学一样，要对世界的本质和生命的意义给出一个完备的、全面的、最终的说明。

但是宗教和哲学用以说明终极问题的手段或途径是不同的。在宗教看来，世界和人生的总体或本性究竟如何，人的脑袋、人的理性的能力是有限的，不可能弄明白；唯有依靠全知全能的神、造物主的启示（"天启"），因此人在上帝面前应该谦卑、仰视，满足于不容置疑的信仰。哲学可不是这样。哲学与宗教最大的不同，就是不愿诉诸神圣的权威，它只承认一个权威：理性。哲学就是笛卡尔说的"形而上学的沉思"，通过合理的思考、论证、说明，靠"动脑子"，来解释、解答、解决一切求知、求真问题。哲学跟宗教一样关心至深至远、至大无外的问题，但是在解决的办法、途径上，宗教靠执迷不悟，哲学靠理性思索。这样一来，哲学就和宗教渐行渐远，而跟科学越来越近了。换句话说，哲学的追问是宗教性质的，但它的解决办法却是科学性质的。哲学家有一颗宗教的灵魂，却有一颗科学的头脑。

但是，想要给宗教性质的问题一个科学性质的解答，这恰恰是哲学这门学科的一个最大的内在矛盾，也可以说，是一个巨大的悖论。牛顿用了大半生精力把天体和地体物理学研究得那么清楚、那么明白，形成了一个如此伟大的科学知识体系，直到今天仍然是经典物理学的最高代表。但当他去追究最终问题即宇宙的原始动因问题的时候，他的智力无能为力了。经典物理学对宇宙自然的理论或经验描述，最初是怎么来的？这当然是哲学问题，同时也是宗教问题。牛顿的科学手段（观测、实验、数学、逻辑）对此毫无办法，于是他的解答是："来自上帝的第一次推动"。牛顿的故事说明：用科学的手段去解决宗教的问题，是徒劳的。

宗教是灵魂发出问题，信仰来回答，最终导致盲目崇拜、无限信仰。科学是头脑发问，理性来解答，最终导致科学知识。哲学呢？它是灵魂来发问，理性来回答，这就文不对题了，必然陷于不能自拔的矛盾之中。牛顿意识到了这一点，于是他最终放弃了科学研究，专门从事神学思辨。试想一下：你怎么用实验的或数学的手段来证明世界的最终来源，或解答世界在本质上是物质的还是精神的？你怎么用科学或逻辑的思路来回答人生的根本意义、生活价值的取向问题？这个麻烦，或这个矛盾，康德就称之为"二律背反"。康德在他的《纯粹理性批判》中指出，当人们以科学的方法（比如逻辑）来获取那些最终的、绝对的、无条件的"大学问"的时候，也就是用科学的手段去解决宗教问题的时候，必定会陷入"二律背反"的自相矛盾之中。具体来说，当解答一个形而上学问题的时候，其正面的答案和反面的答案（即"正题"和"反题"）都能够成立，都能够获得逻辑上的充分证明。这就是二律背反（antinomy），或哲学悖论（philosophical paradox），或逻辑两难（logical dilemma）。这说明什么？说明人类理性在求取绝对、无条件的"大知识"时是无能为力的，因此形而上学不是也不可能是人类知识的组成部分。康德认为，这是理性的耻辱，也是形而上学遇到的不可自拔的危机。这是一切形而上学的"理性宿命"。康德的结论是：这个世界上不存在所谓绝对、无条件的"哲学知识"；哲学或形而上学展示其智慧的地方绝不是科学知识领域，而在宗教、信仰、道德、美学这些领域。

不过，在形而上学究竟能否为人类提供知识这个问题上，康德还是留了一条尾巴或一个余地：他说也许在未来的某个时候，人们能够构建出一种所谓"科学的形而上学"，为人类提供绝对、无条件知识——我认为康德的这个愿景是古希腊以来构建"科学的科学"这种永恒追求的残余，虽合乎人类理性的禀赋，却不切实际，尤其在人类科学知识突飞猛进、进化发展到今天以及未来的情况下。康德不可能预估到科学发展和技术进步能够达到怎样辉煌的地步，因此他构想"科学的未来形而上学"是可以理解的；直到今天，哲学（形而上学）虽然不能创造科学知识，却被许许多多科学家当作自己从事研究工作的预设世界观、基本信念及心理基础。

七、"二律背反"（1）

康德一共提出了四组（四对）关于"宇宙"（即"世界大全"）的二律背反，每一组对立的命题都能够同时得到"证明"，都"说得过去""站得住脚"。这种情况令人困惑，让人头痛，使人左右为难、不知所措。

第一组二律背反（关于宏观世界的有限和无限）。

正题：世界在时间上和空间上是有限的（有始有终、有边有界）。

反题：世界在时间上和空间上是无限的（无始无终、无边无际）。

康德对四组"二律背反"的每一组的论证都冗长而烦琐，加之德国人的思辨习惯，他的论证即便用最通俗的汉语来阐述，也相当烧脑。所幸我们这里不是要解读康德哲学，而是讨论康德的"二律背反"的意义和价值。我们只需明白二律背反的基本含义就可以了，即：当解答一个形而上学（宇宙论）问题的时候，其正面的答案和反面的答案（即"正题"和"反题"）都能够成立，即都能够获得逻辑上的充分证明，于是陷入"二律背反"。在这里，二律背反（antinomy），哲学悖论（philosophical paradox），逻辑两难（logical dilemma）这几个概念，我是在内涵基本一致的意义上使用的。

　　关于宏观时空（当代天文学更多地使用"宇观时空"来描述超大尺度宇宙的时间性和空间性）的有限或无限的问题，从来就是一个哲学或形而上学问题，在康德哲学里，这个问题被宣布为无解。从康德到现在，又过去了两百多年，哲学比康德那个时候更没有资格来回答这个问题，因为形而上学与自然科学、数学已然彻底脱离开来。我的意思不是说科学与哲学已经完全隔绝，而是说，科学家在信念、心理、动力、目的、审美等方面可能需要哲学，但在实际的操作层面（观察、实验、思索、推论等），科学家不需要哲学的参与或"掺和"。说得更宽泛、深邃一点，康德之前两千多年，哲学家们把关于宇宙、"世界大全"的终极问题及其解答，视为哲学（形而上学）的题中之义甚至是一种垄断，这个不自量力的传统信念被康德通过他的"二律背反"论证给摧毁了。

尽管如此，康德在有生之年，仍然不认为大尺度空间和时间的有限或无限的问题是自然科学能够解答的；在他看来，关于宇宙的任何"终极状况"问题仍然属于形而上学领域，只不过形而上学被证明不能胜任而已。因此宇宙学方面的问题以及一切有关"物自身"的问题，理性无能为力，只能留给宗教信仰。在两百多年后的今天，康德涉及的相关形而上学领域（世界在宏观和微观层面的有限与无限，决定论与意志自由、偶然性与必然性等），早就成为自然科学——现代宇宙学、广义相对论、量子物理学、分子生物学、生命科学等等——最前沿的研究领域。换句话说，形而上学解答不了的终极性问题，对于现在的自然科学来说早已不再具有纯粹的思辨性和无法企及的终极性；自然科学必须探索、解答这类问题，尽管直到现在，解答的成绩仍然非常有限，远不是——恐怕永远不会是——最终的答案。

1781年之前，康德的思想处在"前批判时期"，他那时是一位杰出的天文学家，因提出著名的"星云假说"而享誉科学界。那个时候还没有宇宙"大爆炸"理论，但康德已经提出：宇宙自然界并不是从来就是现在这个样子，而是有一个逐渐生成、演化、发展，甚至消亡的过程，这就是他的"星云假说"。这非常了不起啊。那个时候也还没有"宇观"和"微观"这样的概念，但他已经在他的"二律背反"论证中提出了时间和空间在超大尺度情况下和极微小尺度情况下的限度问题，这也非常了不起啊。须知，以上问题都是在20世纪初以后才得到了科学界的广泛重视并取得了辉煌成就的。20世纪以来自然科学的两大支柱，一是广义相对论（要解答宇观时空的问题），一是量子物理学（要解答微观时空的问题）；再有就是现代宇宙学（要解答浩瀚宇宙的来龙去脉问题）。这些问题，两百多年前的伊曼努尔·康德都已经想到了，并且在他当时的知识背景下做了探讨。

关于宇宙在大尺度时空中的有限还是无限的问题，今天的科学并没有完全确切的答案，但的确有了答案。最有名的是"宇宙大爆炸理论"（其理论基础是广义相对论和越来越先进的天文观察），这方面最有名的一本通俗著作是史蒂芬·霍金先生的《时间简史》。根据"大爆炸"理论，我们现在的宇宙是从137亿年前那个时候"开始"的。"大爆炸宇宙论"（The Big Bang Theory）认为：宇宙是从一个致密、炽热的"奇点"在137亿年前开始膨胀（如同一次大爆炸）而逐渐形成的。1927年，比利时天文学家和宇宙学家勒梅特（Lemaître）首次提出了宇宙爆发的假说。1929年，美国天文学家哈勃（Hubble）根据这个假说提出星系的红移量与星系间的距离成正比的"哈勃定律"，并推导出所有星系都在互相远离这样一个"宇宙膨胀说"。1946年，美国物理学家伽莫夫（Gamow）正式提出大爆炸理论，认为宇宙由大约140亿年前发生的一次大爆炸形成。这就是说，宇宙是一个形成、发展的过程。既然如此，我们的宇宙在时间上就有始有终，在空间上也有边有界——这就破解了康德关于宇宙在时间和空间上既是无限的同时又是有限的这对"二律背反"。至少到目前为止，还没有更好、更令人信服的科学理论能够反驳这个"爆炸-膨胀"的结论。因此我们应该相信"大爆炸宇宙学"，尽管它仍然——或许永远——是一个假说。

那么问题来了：137亿年就是时间的长度了吗？如果是这样，那么我们很自然会问：在那"之前"的状态是什么？"之前"这个词，不管是从物理学、心理学还是语义学来看，无论如何是一个时间的概念，即时间的"过去"形态或"过去"式；按正常人的思维，很难想象时间是有"开端"的；"过去"的事情不就是"现在"的事情"之前"的事情吗？"过去"或"之前"，难道不是处在一个无限的序列中吗？不仍然在时间和空间中存在并延续、发展到"后来""如今"以至于"以后"吗？大爆炸理论证明了宇宙是有起点的，那就是说，在137亿年"之前"的某个瞬间，时间和空间的值为零。这如何想象？怎么理解？显然，"时间的开端""时间之前"等等说法，是一种语言悖论，是自相矛盾的概念。两千多年前，德谟克里特使用"虚空"概念来表示"原子"寄居、活动于其间的场所，也就是后来的"空间"这个概念。虚空并非虚无、没有，和大爆炸理论关于宇宙起点"之前"的"零"状态描述不是一回事。

303

即便如此，虚无好歹也是一种状态啊。霍金教授认为，人们提出"宇宙大爆炸之前如何"这样的问题是"无意义"的，我想他的意思是：时间之前怎么样，这是一个"假问题"，甚至是一个"傻问题"。霍金是这样说的："时间——正如空间一样——在范围上是有限的。它正如一根具有两个端点或边界的线。因此时间具有终结，而且它也有一个开端。事实上，在宇宙具有我们观测到的物质总量的情形下，由爱因斯坦方程得出的所有解中，都有一个非常重要的特征：在过去的某一时刻（大约137亿年以前）相邻星系之间的距离必须为零。换言之，整个宇宙被挤压在零尺度的单独的一点，就像一个半径为零的球。……如果我们只知道大爆炸之后发生的事，我们就不能确定在它之前发生了什么。在大爆炸之前事件没有后果，所以不应成为宇宙科学模型的一部分。因此，我们应该从模型中把它们割除，并且声称大爆炸是时间的起始。这意味着诸如谁为大爆炸设立条件的问题不是科学要过问的问题。"[1]

如果是这样的话，那么137亿年前，在没有时间和空间的情况下宇宙、世界（应该说这两个词都不能说出来，因为并没有宇宙或世界）是怎样的一种存在状况，连物理学家、宇宙学家都不能"过问"，其他人就更不能说了，因为他们

---

[1] ［英］史蒂芬·霍金：《时间简史（普及版）》，湖南科学技术出版社2015年版，第60-61页。

只有常识思维。这就是霍金所谓"无意义"的问题。但是我想，宇宙再大再深，也大不过、深不过人的思想；世界即便有了尽头（开端和终端），人的想象力却没有尽头；科学即便解决、认定（或证伪、否决）了某个终极性问题，也不妨碍我们思想或想象的穿透力突破那个定论，去思索更大、更深的问题。微积分的出现曾使芝诺悖论在计算上迎刃而解，但芝诺留给我们的关于无限与有限在逻辑上的可能性及相互关系问题，是永远消除不掉的；因此直到今天，没有人敢断言芝诺悖论是"假问题"。现在看来，大爆炸理论确乎解答、消弭了康德的第一组二律背反，但即便如此，还有许多相关的疑难问题继续存在并且继续富有意义。这些问题既不是"假问题"也不是"傻问题"，而是人类好奇心和探索性思维的禀赋，是任何既定的科学结论阻滞不了的。现实和思想之间的张力，思想和逻辑之间的冲突，科学结论和哲学思辨之间的矛盾，是最大的也是永恒的悖论。

八、"二律背反"（2）

第二组二律背反（关于微观世界的有限或无限）。
正题：世界上的一切都由单一的、不可分的物质构成的。
反题：世界上没有单一的东西，一切都是复杂的和可分的。
我们前面已经对芝诺的著名悖论"二分辩"有所了解：一

个人要从A点走到B点，必须先走完路程的一半。但"一半"这个距离是可以无限分割下去的，因此这个人永远走不到目的地，甚至都离不开起点。在数学悖论中，关键的也是令人恐惧的就是这个"无限"概念。近代哲学家和科学家（伽利略、笛卡尔、培根、霍布斯、牛顿、洛克等等）普遍认为，物质的本性是"广延"，即占有空间。洛克曾以一颗麦粒为例说明物质的无限可分性：无论怎么把这颗麦粒及其部分进行分割，以至于变得极微小、无穷小，其每一个部分都改变不了"广延性"（占据长、宽、高的空间量）这个根本属性。我们前面也谈到了中国古人惠施的话："一尺之棰，日取其半，万世不竭。"芝诺、惠施、洛克都涉及了一个从古至今的难题：世界在微观层面究竟是无限可分的，还是最终不可再分、可以走到"山穷水尽"的那一步？这个问题向来是哲学（形而上学）的题中之义，是终极关切的重要表达形式之一；千百年来的哲学家们一直思辨、探讨、论证物质或物体能否可以无限可分的问题。

  康德把这个问题作为形而上学的宇宙学难题之一加以讨论，不过他关切的显然是物质领域里的事情。无限与有限之间的矛盾、纠结、无解，在思想或精神领域一般不会造成烦恼，因为人的思想可以任意驰骋、天马行空，没有任何内在的和外在的力量能够限制人的思辨和想象。比如莱布尼茨的形而上学，其核心概念——"单子"，就是一种精神性"原子",无限性是单子的固有属性之一。"无限可分与否"这个问题主要是物质世界或自然科学领域里的问题,因为现实生活和科学实验对人们的想象、思辨有很大的影响。惠施和洛克都举了生活中的例子来说明物质的无限可分性;芝诺在叙述他的悖论时,也不能不通过讲故事的方式来让人们相信"无限"是不可跨越的。

康德认为,在世界究竟有没有最后的、单一的、不可再分的物质存在这个问题上,不管是肯定的论证还是否定的论证,双方都无懈可击,因而都能够成立。这既是现实与思想之间的悖论,也是思想和逻辑之间的悖论。康德的结论是:这个形而上学问题是无解的,关于世界在微观意义上的任何证明或反驳,都对扩充人类的知识毫无裨益。然而从20世纪初开始,随着相对论特别是量子力学的发展,微观世界展现出了闻所未闻、前所未有的图景。原子、电子、中子、光子、夸克(统称"量子")……这些"基本粒子",不仅是概念,而且是"实在"。特别是量子力学经过大量观测、实验推出了"不确定性原理"和"普朗克常数",证明了微观世界在空间和时间上的确已经山穷水尽,有一个极限的最小量。这一点已经成为公认的科学定论。夸克是目前发现的最小量子,它的确已是最后的物质单位;因为夸克并不是单个的粒子,而是相互联系的粒子群。

根据量子力学的"不确定性原理"("测不准原理"),

量子世界的一些基本量度，譬如长度和时间，具有不确定性或测不准性。测不准的程度由"普朗克常数"确定。根据该常数，可以定出最小的长度量子，即"普朗克长度"，为 1.616229×10^{-35}m，即10的负33次方厘米，这就是宇宙间最短小的物质尺寸。量子力学表示，测量任何长度已不可能比这个更精确，因而，比普朗克长度更短的空间量是没有物理学意义的。同样，作为时间量子的最小间隔，即"普朗克时间"，是光波在真空里传播一个普朗克长度的距离所需的时间，约为 5.39×10^{-44} 秒（10的负43次方秒），宇宙间已经没有比这更短的时间存在。于是证明了：在量子世界里，存在着最小的空间量和最小的时间量；小于这两个量的广延和时长，既不可测量，也没有意义。为什么这么说？因为任何结合广义相对论与量子力学的实验观测，如果出现了短于普朗克时间和小于普朗克长度的物理量，那么关于时间、空间的全部基础将会瓦解。这听上去相当惊人啊！也难以理解。

我认为，鉴于微观世界是宏观世界的基石（就像一座大楼是由水泥、钢筋、砂石等基础材料构成的一样），那么结论就只能是——我们这个物质世界，这个宇宙自然，不论在空间上还是在时间上，已经不可以再分割下去了，芝诺、惠施、洛克所描述的微观无限状态不再成立。但我还是要说：尽管如此，人类关于微观世界无限可分性的进一步思考、想象仍然是合理的、合法的。爱因斯坦说量子力学的结论不是最终的，很可能是一个"权宜之计"。我认为从哲学上讲，这话站得住脚。

九、"二律背反"（3）

第三组二律背反（关于自由意志）。

正题：世界上存在着自由。

反题：世界上不存在自由，一切都是必然的、决定论的。

自由，这是一个多么美好、崇高的字眼啊！自从人类文明出现以来，人类行为在很大意义上就是追求自由、实现自由的过程，这正是人区别于一般动物的主要特征。"人类的历史，就是一个不断地从必然王国向自由王国过渡的历史，这个过程永远不会完结。"这句话，黑格尔、马克思、恩格斯、毛泽东都说过。但说起来容易做起来不容易。自由与必然（决定论）是一对矛盾，从根本上说，它们互不相容。承认决定论，就只能放弃自由意志；反之亦然。关于必然和自由及其关系，我在本书的第四篇《我们能否走出"决定论"？》里做了专门的讨论。从终极意义上来说，世界上究竟有没有自由？这个问题构成了康德的第三组二律背反的内容，他同样给出了无解的答案：正题和反题都能成立，唯其如此，世界最终是自由的还是必然的，这个问题无解。

有人说"自由就是顺应、服从必然性"，这是宗教、宿命论、目的论的观点，不管是奥古斯丁这样的基督教神学代表人物，还是斯宾诺莎这样受宗教迫害的自由思想家，在这一点上没有本质的区别——照他们的说法，其实自由根本就不存在。还有人说，"自由就是认识、利用、驾驭必然性"，这是黑格尔的观点。其实这个说法并没有澄清必然和自由之间的关系，在我看来，仍然是将自由归结为顺应、服从必然，只不过加上了认识、了解必然性这个意思。其实，自由的本意就是无视一切束缚、制约，独立自主地选择和决定自己的存在和本质，而不用假外力的帮助或强制。必然和自由、决定论和自主选择是对立的、不相容的两极。也就是说，康德关于必然性和自由意志之间不可兼容、不可调和的传统西方见解，是我们讨论这个问题的前提。

那么，世界上的一切，最终是服从必然性和决定论的，还是由人的自由意志、自由选择造就的？这是任何科学、哲学都没有办法成功解答的，这个问题取决于解答者的个人立场、性格、气质、需要、趣味、偏好等等，而人是各不相同的。这个二律背反，和前面两个二律背反的性质不同，它涉及了人类行为。

莱布尼茨曾指出，所有的经验事实（从最宏大的到最微小的），就其已经发生了而言，已是不容更改的，历史是不能"假设"的（尽管思想上假设历史不受限制），它们有自己得以发生的"充足理由"。"存在即合理，已然即必然"，这就

第五篇 "悖论"为何如此恼人？——逻辑与思想的纠缠

是必然性，这就是决定论，这还是目的论。这种说法，我认为是站得住脚的，尤其是物质世界、自然界的存在和发展。所以决定论往往是人类常识的一部分；每一个人都相信：事出有因、概无例外。如果我们从结果上溯原因，发生过的事就不能不如此发生。应该说，严格的决定论（即"已然的世界就是必然如此的世界"），这个理论用于解释宏观物理世界，是毋庸置疑的，谁要是和我们生活的这个常识世界中的因果性、规律性、必然性较劲，尽管这么做无可非议，就像大卫·休谟那样——却实在是自己和自己过不去了。但如果我们进入微观量子世界，情况显然不同。当代量子力学愈来愈表明物理世界在其微观层次上是非决定论的，至少是概率决定论的，换句话说，微观领域存在着"自由""任意"，至少是"随机""无法确定"这种东西。牛顿物理学所揭示的宏观世界的本质、规律，不但是真的，而且它们对人的生活很有用、很有效。我们之所以相信宏观自然界服从某种恒常的因果律，是因为这个信念令我们感到生活在这个世界上是安全的和有利的——稳定的东西就是易于认识和把握的东西，我们可以根据牛顿告诉我们的因果规律实现趋利避害。

但是，这种决定论观点对于我们人类行为来说，却是令人难堪和尴尬的：在自然规律面前，我们显得实在是太没有出息了。按照严格的决定论，我们做的任何事都身不由己，都受到规律、必然性的强制性约束。这就是康德第三个二律背反的实质所在：自由和决定论非此即彼、互不相容。康德的结论当然是消极的，关于决定论和自由意志的正反两方面的论证都言之成理、站得住脚，于是这又成了一个无解的问题，人类的"纯粹理性"无法解释它。康德的解决办法是把这个问题交付人类的"实践理性"去解决，也就是交付宗教信仰和伦理道德去处理——在"应然"的世界里，自由拥有最大的可能性。这就为《实践理性批判》打开了思路。理智不能解决的问题交给信仰、信念、意志、情感去解决，这是西方文化独有的二元论思维。我觉得这是有道理的，而且在实践中多半有效。

　　人的本性之一，就在于"知其不可为而为之"。悬设一个"理念"或"理想"，让自己去追求；设想某种违背常识的可能性，践行某种不自然、反自然的事情，这是人高于、超越于一般动物的特点。人类文明的发展证明，人的创造性就在于把原先认为不可能甚至不可思议的事通过自己的不懈追求实现出来，因而人的本质不能仅仅归结为他身处的现实世界，而在于他的创造性思考，在于他的精神力量。只有在精神的世界里，人的潜在的本质才能得到充分的展现，人才能摆脱自己受必然性制约、奴役的状态。

　　伯特兰·罗素对必然与自由（决定论和自由意志论）的对立给出了一个解释或解决：为什么人们需要决定论？为什么人们又喜欢自由？他认为这是一组心理需求上的二律背

第五篇 "悖论"为何如此恼人？——逻辑与思想的纠缠

反，也可以说是一种相辅相成的精神状态。

罗素说，自然因果律的发现给人类带来了力量；另外，自然界服从自然规律，这种信念给人以一种安全感。比如在很早以前，疾病和自然灾害被认为是一些反复无常的恶魔造成的，因而令人感到很可怕。自从因果律被发现以后，人们便觉得那些不可捉摸的现象已经远不如以前那么可怕了，因为人们认识、把握了它们发生的规律，便可以防止，至少是成功地躲避它们了。这就是人们长期以来喜欢决定论的心理动机。

但是，人为什么又需要自由这个东西呢？罗素说："人们在喜欢自己拥有支配自然界的力量的同时，却不喜欢自然界拥有支配他们的力量。"[①]一旦人们不得不相信：在人类存在之前规律已经在起作用了，他们就感到自己丧失了人格，没有出息，无足轻重，是周围环境的奴隶，"为了摆脱这一窘境，人们便假定人类是自由的，而其余一切领域都是决定论的。"[②]人类正是出于趋利避害的考虑，才构想出了决定论和自由选择这两个极端信念，来对人做出精神宽慰：自然界是决定论的，它服从严格的因果律，以便被人们所认知、掌握和驾驭；人本身则是自由的，没有（或不应当有）什么预成的法则来规定人，这就保证了人在万物中的独尊地位。否

[①] ［英］罗素：《宗教与科学》，徐奕春、林国夫译，商务印书馆2010年版，第97页。

[②] ［英］罗素：《宗教与科学》，徐奕春、林国夫译，商务印书馆2010年版，第97页。

则，就会造成恐慌和压抑。

人类真是太聪明、太实用、太有优越感了！趋利避害是一切动物的生存法则，人当然不例外。但人类的高明之处在于，他们有智慧和理性，可以通过切身体会，对经验做出比较、分析、鉴别、取舍。自然规律有利有弊：它让人认识、把握世界，这是有利的；它规定、限制了人的行为方向和行为方式，尤其是限制、压抑了人的思考、想象、创造性，这是不利的。于是人类就提出了"自由"（liberty）这个概念或境界，它独属于人类。这样一来，就实现了高水平的趋利避害：人类在越来越能够支配自然界的同时，越来越不被自然界所支配。

在我看来，自由是人的存在方式或本质属性，用让-保罗·萨特的话讲："人就是自由。"[①]对于社会生活来说，自由是一种价值的境界，而非科学的范畴。如果把自由定义为能够去做自己乐意去做任何事情的权利，那么自由就一点也不同于决定论者、宿命论者的处世态度。事实上，那些富于创新、躁动不安、不喜欢清规戒律的人们，才真正拥有自由，尽管他们肯定不如宿命论者那样活得轻松、无虑，而是远与曲折、坎坷、艰辛等等为伍，并且永远不会向必然性（"命运"）低头。

---

① ［法］萨特：《存在主义是一种人道主义》，汤永宽、周熙良译，上海译文出版社2005年版，第32页。

十、"二律背反"（4）

第四组二律背反（关于宇宙的始因）。

正题：世界有始因。（在因果链条中，有一个第一因，一切都是它的结果，故一切都是必然的）。

反题：世界无始因。（因果链条不存在第一因，因此一切结果都具有偶然性）。

这一组"二律背反"说的是必然性与偶然性的关系，实质上仍然是决定论与自由意志的关系——偶然性就意味着事物由各种各样难以预料的原因造成，这往往就是随机、任意、选择的结果。

亚里士多德哲学里有一个"动力因"，与"质料因""形式因""目的因"一道，构成了世间万物形成、发展的根本原因。牛顿物理学在获得了巨大成功之后，面临了一个终极性问题：如此有规律、可把握、可预测的完美世界，是怎么发生的？牛顿的答案是"上帝第一次推动"。莱布尼茨认为世界就像一个巨大的钟表，它构造精致、运行准确、理由充分，这是怎么来的？他说是上帝"设计"的结果。如果真像亚里士多德、牛顿、莱布尼茨所讲的那样存在着"始因"，那么我们这个世界、这个宇宙，从根本上说就是决定论的，完全没有偶然性可言。

康德通过他的第四对二律背反论证，得出的结论是：这个问题超出了人类理性和知识的范畴，因为对于宇宙自然界来说，必然性和偶然性都是存在的、合理的、可信的，恰恰因此，它们又都是不存在、不合理的、不可信的。其实牛顿本人也持这个立场。他晚年专做神学研究，完全放弃物理学，就是出于这样的沮丧心情——一旦涉及形而上学的终极性问题，科学就解答不了。从想象上说，也从逻辑上讲，"第一次推动"是最方便、最省事、最令人信服的结论。怎么证明一切最终都来自上帝的"第一次推动"？证明不了，这是宗教领域的问题，相信就是了！进一步说，一切终极性问题，大到宇宙的起源，中到人类灵魂的存在，小到鸡和蛋孰为先，微到量子的动能，一旦追究，就要么给形而上学留下思辨的余地，要么给上帝留下创造的空间。

我们已经多次提到量子力学及其结论。世界究竟是必然如此的还是偶然这样的？当代量子力学给了我们越来越多的实验证据，说明至少微观领域的运动是偶然性、随机性、概率性的。这非常颠覆我们祖祖辈辈习惯了的传统宇宙观。不过从哲学上讲，我认为这个问题也别太早下定论。量子力学的各种实验（包括实际的观测和思想的实验）的确越来越说明这个世界的微观部分充满了不确定性或偶然性，比如2022年度诺贝尔物理学奖就颁给了三位再次证明了"量子纠缠"

的科学家——量子纠缠现象的确颠覆了人类对物质运动的传统认知，简直就像是上帝在玩魔术（爱因斯坦讽刺为"上帝掷骰子"）。但是，没有一个量子物理学家敢于发表声明，断言微观自然界与宏观自然界是"两个性质不同的世界"，因而遵循着两套截然不同的运行法则——一套是牛顿和爱因斯坦认定的"决定论"，另一套是普朗克、玻尔、海森堡等人的"偶因论"。

我在前面讲了，人类的思想空间比最广阔、最深邃的宇宙还要更广阔、更深邃，因为我们的思想或想象是不受限制的。那么我们现在可以想象：如果有一天科学家们发现了量子世界中的基本粒子突然遵循起了某种严格的因果决定论，这难道是完全不可能的吗？我的意思是：既然"偶然性"就意味着各种各样的可能性、随意性、选择性，那么，难道"决定论"不可以是一个"偶然的"选项吗？不仅如此，这种选项还取决于时间。也许就在明天，也许一百年后，也许一千年以后，才有人发现量子世界改变了它习惯的"测不准"行为方式。谁知道呢？这就是所谓的"事后明白"，而"事后"是没有期限的——我们又进入到了"无限性"这个迷局之中！再进一步说，我们甚至不能排除这样的可能性：有一天，早就被伽利略、牛顿和爱因斯坦证明了的宏观世界的因果规律，被某位或某些更了不起的物理学家证明是不正确的或不完全正确的；换句话说，他们发现，我们生活的这个宏观世界"事实上"并没有严格遵循因果规律——这样一来,准确地预测物理世界的未来发展也变得不可能了。这种异想天开的前景,谁又能保证根本不会发生呢?

美国气象学家爱德华·劳伦斯1963年提出了"蝴蝶效应"。他认为一只南美洲热带雨林中的蝴蝶偶尔扇动几下翅膀,可以在两周以后引起美国得克萨斯州的一场龙卷风。这看上去耸人听闻,却有其根据。蝴蝶扇动翅膀的运动,会导致其身边的空气系统发生变化而产生微弱的气流,而这微弱的气流又会引起四周空气或其他系统产生相应变化,由此引起一个连锁反应,最终导致其他系统从小到大,以至于极大的变化。劳伦斯以此说明:长时期、大范围的天气预报,往往会因一点点微小的偶然因素造成难以预测的严重后果。长时期、大范围的天气预报是对于地球大气这个复杂系统进行的观测计算与分析判断,它受到地球大气温度、湿度、气压、风速等诸多随时随地变化的因素的影响与制约。可以想象,其综合效果的预测是非常难以达到准确无误的,因而蝴蝶效应是在所难免的。我们人类研究的对象涉及的复杂系统实在太多,包括了"自然系统"和"社会历史系统",这些系统内部那些数不胜数的因素交相制约、错综复杂,相应的"蝴蝶效应"既不可避免,更难以预料。

但是,科学的迅猛发展,已经使得预测"蝴蝶效应"的因果律变得越来越容易了。自然科学早就使我们对下一次日食或月食的发生完全可以预测了，而且能够精确到分分秒秒。三百多年前，牛顿的同僚爱德蒙·哈雷根据牛顿理论对那颗后来以他的名字命名的彗星（"哈雷彗星"）的预测，其大胆和准确，堪称经典物理学最了不起的成功范例。但我们对下一周的天气情况，却很难准确预测，只能概率性地描述一下，这种预测经常被偶发的天气因素所打乱，导致预测失败。至于下一次的自然死亡将落到哪个人的头上，那就十分十分困难了。因为导致生命终结的因素实在是过分复杂了。总体来说，科学对大的事物的预测比对小的事物的预测要精确许多。比如对天体的预测和对人体的预测，就不可同日而语。但是从理论上讲，或从长远来看，科学会越来越精确地探查到事物的内在结构和因果关联，从而认识、把握、预测事物的存在和发展情况——不管是宏观的事物还是微观的事物。

如果有一天，科学弄清楚了人体这个"小宇宙"的内在详情，同时科学还弄清楚了可以影响一个人生命历程中每一个结果的外在原因；那么从理论上讲，就可以准确地预测甚至断定：一个人的生命尽头将在什么时候、什么时刻。这种可能性正在变得越来越大，尤其是在运用人工智能这个无所不能的工具的情况下。若真的发生了这种情况，我们就有理由说，自然界的确已经不存在"偶然性"这个东西了，一切都是"必然如此"的；"偶然性"这个词，就真的像18世纪法国哲学家霍尔巴赫说的那样，只不过是人类用来掩盖自己的无知的一个托词。

不过我想，如果有一天自然科学证明了自然界里的"所有事情"都是决定论的，那也太可怕了！假如有一天，科学把整个宇宙自然，从天体到量子，从人到动物、植物、微生物，从人体的外在结构到内在运行系统的细节，把所有这些东西的因果联系都弄得一清二楚，让每一个生命的每一个运行环节都在精密科学仪器下一览无余，那么，我们的人生就极端可悲和完全无意义了。到那个时候，人世间所有的可能性都变成了必然性，我们这个伦理的世界就变成了无情的科学世界。每一个人从一开始便生活在了"生命倒计时"的恐惧之中，一点念想或回旋余地都没有。在如此令人无奈的前景面前，包括科学家在内的所有的人都一定会强烈主张：为了人类的身心安全，科学技术——尤其是人工智能——还是慢些发展为好，我们还是不知道世界上的许多事情为好，我们还是相信世界的不可预测为好！

那就是说：在人的世界里，在社会历史领域，我们无论如何不能接受必然性或决定论，因为人类社会是一个由人的灵魂支配的"意义世界"。我们必须假定：全部人类精神现象，包括意志、情感、信仰、欲望、价值、伦理、趣味、直觉、想象、幻觉、迷思、强迫症等等，归根结底取决于"灵魂"这个超自然的实体。而灵魂这个东西，仅仅是信仰和意义的出发点，永远不可能成为科学的认知对象。因此，人的世界，必须是一个自由王国，或者说，必须永远行进在通向自由王国的路途中。

第六篇

我们到底知道什么？
——知识的起源和结构

自从弗兰西斯·培根发出"知识就是力量"的呼喊以来，已经过去了370年。在那么长的历史时段里，人类的物质力量一直随着人类科学知识的增长而持续增强。今天，在蒙昧主义早已被一扫而空的文明社会的每一个角落，没有人会怀疑"知识就是力量"。在我们这个星球上发生的几乎所有最可敬的事情（粮食的高产、疾病的防治、交流的通畅、生活的便捷）和最可虑的事情（杀戮的高效、环境的污染、病毒的合成、人际的疏离），都与理论科学及其技术应用直接相关。也许正是人类科学知识所带来的上述惊心动魄的结果以及科学知识本身的价值中立性，20世纪以来相当多的哲学家要从认识论和价值论的角度去反思科学和技术，以至于"科学哲学"成了百年来引人注目的一大哲学景观。

在"科学究竟是什么"的问题上，近代西方哲学的开创者们早就表示了不同的看法。法国哲学家勒内·笛卡尔认为，科学知识是一个人工的织造物，人们发明各种各样的概念、假说、逻辑、符号，来对宇宙自然进行说明，"我具有一种能力来设想我们一般称之为事物、真理或思想的东西，所以我觉得我的这种能力不是从别处得来的，只是来自我自己的本性。"[1]因此，思想的法则可以先验地用于对自然界和日常生活的解答，或者说，让自然界和日常生活被动地回

---

[1] 《西方哲学原著选读》上卷，北京大学哲学系外国哲学史教研室编译，商务印书馆1981年版，第374页。

应那些概念、假说、逻辑、符号,这就是先验主义或"演绎主义"的科学观。与之相反,英国哲学家弗兰西斯·培根认为,科学知识本质上是对宇宙自然界本身的"实际情况"的刻画,而知识的本质是:"人是自然的仆役和解释者,他所能做的和所能了解的,就是他在事实上或思想上对自然过程所观察到的那么多;除此之外,他什么都不知道,也什么都不能做。"[①]上述两种关于科学知识起源和结构的见解,反映了整个西方哲学在这个问题上的典型分歧,即先验主义和经验主义的分歧,也可以说是唯心主义和唯物主义这两种认识路线的分歧。实际上,这两种观点,还代表了两种不同的知识结构理论:科学知识是由两个部分构成的,其一是先验、形式的部分;其二是经验、内容的部分;这两个部分的功能是不一样的。但是一直以来,按照传统的知识论或科学观,人类知识被归结为一个统一的、不可分割的系统,知识只有一个本质:主观与客观、思想与对象、形式与内容的融合或统一。这种说法从原则上讲当然不能说是错的,但从知识发生、进步、增长、扩充的历史和现实的角度看,把科学知识定义为一个在起源、结构、功能、影响上截然不同而又相互互补的二元系统,是更为合理也更为真实的叙述。

[①] 《西方哲学原著选读》上卷,北京大学哲学系外国哲学史教研室编译,第345页。

在思想的深处

一、知识的二元结构：由来已久的争论

西方近代哲学史上最大的一场争论是所谓"经验主义"（empiricism）和"理性主义"（又称"唯理论"，rationalism）之间的争论，这场争论，正是培根和笛卡尔引发的。这场争论的焦点是：我们的知识究竟从何而来？是来自——或归根结底来自——经验呢，还是来自——或至少一部分知识来自——人的先验理性或"内在自我"？前一种回答构成经验主义，后一种则是理性主义（即唯理论或先验论，transcendentalism）。这场争论集中体现在17世纪的英国哲学与欧洲大陆哲学之间的批判与反批判、论证与反论证的过程中。这个过程经历了一百多年，其最终结果有二：第一，出现了休谟和莱布尼茨这两位相互对立的代表人物，他们分别代表了经验论的极端——怀疑论，和先验论的极端——独断论；但有意思的是，他们两位在人类知识的本质与结构方面却有着完全一致的见解，都认为知识由形式和内容两个部分组成；第二，正是这两个人所代表的两种既对立又一致的结论，深深影响了伊曼努尔·康德，使这位德国思想巨匠立誓要重建一元知识论，从而引发了一场哲学的批判运动。

经验主义和先验主义的对立可以追溯到古希腊。公元前

6世纪,在古希腊的两个地区——伊奥尼亚地区和南意大利地区——出现了最早的哲学思想。早期哲学共同关心的只是所谓"本体论"问题:这个世界,从起源、本质、原因的意义上,真正存在着什么?怎么存在的?为什么存在?等等。那个时候的哲学家,他们的思考还比较朴素,抽象思维的程度比较低,但他们有一个共同点:都要追问、探讨、寻求宇宙自然存在的根据、万事万物的来龙去脉、变化发展的源泉动力这些问题,他们都要从多样性中寻觅统一性,从现象中找出本质,都要达到那个最终的存在,也就是"一"。但在具体思路上,伊奥尼亚哲学家和南意大利哲学家迥然不同。前者致力于在千差万别的具体、感性、物质性的事物或元素中,寻找某个东西作为"始基"或"本原";后者则关心某种内在于万事万物之中并且能够造成万事万物的存在、变化、衰败、消亡的抽象本质或原则。用后来的语言概括,伊奥尼亚哲学家的思路是"形而下"的,南意大利哲学家的思路是"形而上"的,但他们的思路都指向了那个终极的"一"。这两种不同的思路或倾向是后来"唯物主义"和"唯心主义"两大哲学派别相互争论的起点,也是后来经验主义和先验主义(即注重知识内容和注重知识形式,倡导归纳方法和倡导演绎方法)这两种认识论或知识结构理论之间分歧的来由。

就认识论来说,虽然早期希腊两派哲学家都认为人类能够获得有关宇宙自然的本原、本体、本性的知识,但他们断言：在形成知识的过程中，某些来源毕竟先于、优于另一些来源，从而在获取知识的途径、方法上也显出了优劣。比如，伊奥尼亚哲学家、以弗所的赫拉克利特十分强调人的感官的用途，他说："可以看见、听见和学习的东西，是我喜欢的"，而"眼睛是比耳朵更可靠的见证。"[①]他认为整个世界就是一团"活火"，处在永恒的燃烧和不断产生和消亡的过程中，一切皆流、万物常新，"我们不能踏进同一条河"[②]。与之相反，南意大利哲学家、爱利亚学派的巴门尼德却十分重视思想的作用，他说："别让习惯用经验的力量把你逼上这条路，只是以茫然的眼睛，轰鸣的耳朵或舌头为准绳，而要用理智来解决纷争的辩论。""能够被思想的东西与能够存在的东西是同一的；因为你找不到一个思想是没有它所表达的存在物的……因此凡人们在语言中加以固定的东西，如产生和消灭，是和不是，位置变化和色彩变化，只不过是空洞的名词。"[③]这明显是针对赫拉克利特说的。总之，赫拉克利特认为，感觉提供给我们的生动、变化、无常的画卷，是真实存在的，这叫作"眼见为实"；而巴门尼德认为，思想、

[①] 《西方哲学原著选读》上卷，北京大学哲学系外国哲学史教研室编译，商务印书馆1981年版，第25、26页。

[②] 《西方哲学原著选读》上卷，北京大学哲学系外国哲学史教研室编译，商务印书馆1981年版，第23页。

[③] 《西方哲学原著选读》上卷，北京大学哲学系外国哲学史教研室编译，商务印书馆1981年版，第31、33页。

理性才是判定存在与否的依据，而感觉提供的都是虚幻的东西，这叫作"眼见为虚"。

尽管伊奥尼亚哲学家和南意大利哲学家尚未完全意识到主体（不管是感觉还是思想）与客体（即认识对象）究竟存在着怎样一种关系——这件事正是近代哲学全力以赴要解决的中心任务——但他们对感觉和思想的不同偏好却预示了整个人类认识发展的基本走向。不仅如此，两派哲学家的这种认知偏好还直接影响了他们的科学业绩：伊奥尼亚哲学家大多是自然科学家（他们的哲学就叫"自然哲学"），比如泰勒斯、阿那克西米尼、恩培多克勒等，在当时都是杰出的科学家，在天文、气象、地理、医学方面都做出过贡献，他们全都注重观察和实验，然后进行归纳、概括。南意大利哲学家大多是数学家、逻辑学家，比如毕达哥拉斯就是早期希腊最伟大的数学家，它是"毕达哥拉斯定律"（中国人称之为"勾股定理"）的发现者；巴门尼德的学生芝诺则是第一个将常识付诸严格的逻辑"反证"、推导出逻辑"悖论"来的人，他的论证直到今天还没有被真正推翻。双方在科学业绩上的这个差别对后世有非同小可的影响，颇似17世纪经验主义与先验主义（唯理主义）在科学上的不同侧重。直到19、20世纪，注重感觉、现象和经验事实的英国、美国，一直是实证科学（就是通常讲的自然科学）的大本营，出现过太多的科学家和工程师，比如牛顿、哈雷、波义尔、瓦特、麦克斯韦、爱迪生、莱特兄弟、霍金等等；而崇尚思辨理性的欧洲大陆国家则在数学、逻辑学方面领先，出现了众多的数学家、逻辑学家，比如笛卡尔、莱布尼茨、欧拉、拉普拉斯、黎曼、魏尔施特拉斯、希尔伯特、哥德尔等等。20世纪以后，科学出现了综合化、一体化的发展趋势，自古以来实证科学和数学、逻辑学之间的那种区域性的分化现象不再延续。今天的美国，由于其唯一超级大国的领先地位，尤其是它对科学技术人才的广泛吸纳，使它拥有极其发达的科学知识门类。

到了公元前5世纪，即希腊哲学发展到了它的繁荣阶段以后，真正的哲学知识论产生了。与此同时，在早期希腊哲学中初露端倪的两大认识倾向的对立，也成熟起来，这就是智者学派和柏拉图学派。

二、智者派的相对主义及其贡献

智者学派是历史上第一个推崇感觉、贬低思辨并把这一点推向极端的哲学思潮。其第一个代表人物普罗泰戈拉曾说："人是万物的尺度，是存在的事物存在的尺度，也是不存在的事物不存在的尺度。""事物对于你就是它向你显现的那样，对于我就是它向我显现的那样，而你和我都是人。"①人是"万物的尺度",就是说人的感觉、感受、观察、参与等等,是判定世间万物的存在及其属性、状态、关系等等的最终标准。这种见解,其正面和负面的影响都十分明显。

一方面,它符合人的常识。一般的人,即没有经过哲学和科学训练的人,总是朴素地认为感觉经验是所有知识的来源或出发点,尽管这个常识实际上并不完全正确,人类知识的确有很大一部分的来源并不是感觉经验;但是毕竟,人类知识的内容方面是由人的经验或观察、实验、检测中得来的,特别是在现代量子物理学中,人的作用,即观测者的实际"干预"对量子的运行轨迹有不可忽视的影响。就此而言,"人是万物的尺度"是正确的。

但是另一方面,这个观点又是令人不能接受的。因为按照普罗泰戈拉的说法,一切所谓"知识"最终都不过是某种感官中的"显现",由于人与人的感受不同,这种"显现"一定不同,那么这个世界就捉摸不定了,一切都是相对的、不确定的了。在普罗泰戈拉那里,"显现"和"存在"可以画等号。感觉经验(包括现代科学中有组织的观察和实验)是人赖以了解、认识宇宙自然的唯一途径,离开了人的感觉经验(包括现代科学那些用以强化、深化、细化人的感

---

① 《西方哲学原著选读》上卷,北京大学哲学系外国哲学史教研室编译,第54、55页。

官功能的各种各样的工具、仪器）与"对象"之间的交流、互动，科学知识就发生不了，更不用说发展了。然而恰恰因此，感觉就成了人（主体）与对象（客体）之间的一道屏障。本来，认识世界是为了了解、刻画、描述那个不依赖人而客观、自在的世界，人的感觉在获取这种"客观知识"的过程中扮演的是桥梁、通道、纽带的角色，这是人类认识的初衷；然而，如果我们除了借助感觉来认识事物之外就没有其他手段，那么我们所能得到的就只是我们自己的各种各样的主观感受，谁也没有办法证明那些特定的、生动的感觉、感受、印象、体会等等与"对象""客体""真实情况"之间有什么联系，也就没有办法证明所获取的信息、知识具有"客观性"。此外，由于人与人的感觉、感受、体会等等是不一样的，那么被刻画、被描述出来的"世界"就是各色各样、变动不居、没有确定性和统一性的，这跟人类认识的初衷当然是不符合的。因为这样一来，客观的、公共的、统一的标准就没有了，一切全凭主观感受了，这正是"人是万物的尺度"这句话的核心内涵。这就不能不导致相对主义和不可知论。智者学派的实质和归宿就是这样的，这也是赫拉克利特以来注重感觉经验这一派哲学传统的延续。

柏拉图在《泰阿泰德篇》里描述了智者派的实质："把一切都说成是相对的，你不能正确地用任何名称来称呼任何事物，比方说，大或小，重或轻，因为大的会是小的，重的会是轻的——并没有什么单个的事物或性质,万物都是运动变化和彼此混合所产生的;这个变化,我们把它不正确地称为存在,其实是变化,因为没有什么永远常在的东西,一切事物都在变化中。你去问问所有哲学家——普罗泰戈拉,赫拉克利特,恩培多克勒,以及其余的人,一个一个地问,除去巴门尼德以外,他们都会同意这个说法的。"①

如果说普罗泰戈拉表现出了某种机智的话,那么另一位著名的智者高尔吉亚就表现出了真正的深刻。高尔吉亚的论断是走极端的、不能令人接受,因为他干脆宣布:"第一,无物存在;第二,如果有物存在,人也无法认识它;第三,即便可以认识它,也无法把它告诉别人。"②但是透过他的怪诞语句,我们可以看出高尔吉亚至少提出了这样几个哲学问题。

第一,现象背后究竟有没有实在?他的回答是否定的。既然我们的感官告诉我们的东西就是我们唯一能够知道的东西,那么,要想进一步,去了解真正的"存在"或"实在"或别的什么东西,就是徒劳的,因此"无物存在"。

第二,现象和实在、感觉和感觉的对象是对应的、同一的吗?他的回答也是否定的。假定有"实在""真相"这种东西,那么这种东西实际的"样子"(真相)和它显现出

---

① 《西方哲学原著选读》上卷,北京大学哲学系外国哲学史教研室编译,商务印书馆1981年版,第56页。

② 《西方哲学原著选读》上卷,北京大学哲学系外国哲学史教研室编译,商务印书馆1981年版,第56页。

来的"样子"（表相）有没有关系？如果有，它们是怎样的关系？这都是不能确定、没法回答的，因为我们只有一个途径：感觉。既然如此，人无法认识事物的本来面目。

第三，知识本身和知识的表述是对应的、同一的吗？换句话说，思想和语言是一致的吗？他的回答还是否定的。显然，谁都不能否认至少在形式上，知识的内容和知识的表述、描述、刻画之间差异极大，两者简直就不是一回事。比如，我们关于颜色的知识同"颜色"这个词完全就是两回事：前者基本上在人的视觉中显现，后者主要在人的听觉或文字中显现，它们怎么可能等同呢？因此，高尔吉亚的结论就是：我们关于事物的"多样性"的认知，是说不出来什么的。

高尔吉亚的结论，我们可以不必当真，毕竟人类的科学知识已经发展、进步了几千年，人类对宇宙自然的了解和语言表述不断扩展、深化，人类思维的一大优越性就是"抽象"，它可以实现认识内容的多样性与认识形式的单一性之间的通约。高尔吉亚的诘难具有太明显的相对主义、不可知论甚至虚无主义色彩。但是，他的钻牛角尖式的思考还是很有启发意义的，尤其是他的第三个诘难，提出了知识的内容与知识的表述的关系问题，这个问题在20世纪已经成为英语国家哲学界的中心论题，那就是风靡一时的"分析哲学"运动，这个学派的一些哲学家把高尔吉亚尊为自己的思想先驱，是有道理的。甚至有不少哲学家认为，20世纪分析哲学的流行，标志了西方哲学的"语言学转向"。

三、柏拉图的先验主义及其贡献

当智者学派的感觉主义、相对主义在古希腊雅典城邦大行其道的时候，以苏格拉底、柏拉图为代表的先验理性主义（本质主义、实在论、客观唯心主义）竖起了针锋相对的旗帜。柏拉图哲学的本质就是把世界和人类知识"二重化"，即把现象与实在、感觉与思想分离开来：实在和思想才是真实的、可信的、高尚的、有价值的，而现象和感觉则是虚假的、骗人的、低俗的、不值得的。

柏拉图认为，有两个世界或两种存在：一个是感性的、现实的、我们每天都与之打交道的这个现实世界；另一个是与现实世界相关但超越于感觉经验、日常生活之上的"理念"世界。感性世界是相对的、变动的、可生可灭的、虚幻的；理念世界则是绝对的、稳固的、永恒不变的、真实的。他认为感性世界来源于理念世界，或者说，理念世界造就了感性世界，因此人类应该注重的不是我们日常打交道的这个"世俗"的世界，而是那个不在感觉中显现、只能由思想来认知、把握的"理念"世界。

以常识和习惯的标准来看，很显然，柏拉图的这个思想实在是太武断、太没有道理了，因为它完全没有事实根据——所谓的理念世界从来不在任何空间和时间中显现,而人们只知道、只习惯、只认可日常生活中的这个经验的世界。"理念"从哪里来?当然只能从思想中来,因此所谓的理念世界完全是柏拉图玄思、构想的结果。进一步问:思想又是从哪里来的?这个问题就比较复杂了。按照通行、公认的认识路线,人们的思想来自现实生活,是对感性、特殊、具体的事物及其属性、状态、运动、关系、数量、方位等等的抽象概括,其结果,就是获得了感性事物的普遍性、一般性、共同性、相似性、本质性、规律性等等,这些观念性的东西当然不在空间、时间之中,它们看不见、摸不着,其"存在"方式就是概念、思想,即"理念"。

应该说,概念源于经验,又高于、超越于经验之上,于是出现了"第二个世界"——概念或观念的系统,也可以说是"精神世界"。从"眼见为实"的世界走向"眼见为虚"的世界,这是人类对世界的认识进化、深化的表现,也是人类文明进步、高级的表征。从毕达哥拉斯到巴门尼德,从柏拉图到亚里士多德,这些伟大的希腊哲学家对人类认识、人类文明进步的"二重化"做出了决定性的贡献。在这个过程中,"抽象"是最根本的原因和动力,也是人类高于动物的一大优势。柏拉图的理念世界,实际上就是这样来的。只不过,他将这个精神世界和现实世界的关系颠倒了过来,认为只有理念世界才是真实的、永恒的;而现实世界只不过是理念世界的产物或"影子"而已。柏拉图从来没有承认自己经历过上述"抽象""概括"的思想历程，他是直接面对现实世界的不完美和抽象概念的完美之间的反差，要想澄清两者之间的"真实"关系。他的观点或思路，就是我们讲的"唯心主义"，而且属于最经典的唯心主义。不止如此，柏拉图把原本属于主观概念的抽象产物加以客观化，理念被他说成是一种"客观实在"即"客观思想"，所以他的唯心主义又叫作"客观唯心主义"，这种经典的、客观的、绝对的唯心主义，的的确确是一种扭曲的、颠倒的世界观，因为它把"真实的"世界和"观念的"世界的关系恰恰弄反了。就此而言，唯心主义刻画的那个世界不是真实的，而是武断的、没有道理的、强词夺理的，列宁称之为"野蛮的"唯心主义。但是，就是这样一种宇宙观、世界观以及由此伴生出来的先验唯心主义的认识论或知识论，却在西方世界延续了两千多年，在与唯物主义哲学的争辩中从来不落下风——它真正的敌手不是唯物主义、无神论，而是源于英国经验主义的所谓"主观唯心主义"及其必然结局"怀疑主义"（或所谓的"不可知论"）。但直到近现代，尤其在自然科学非常深入人心的今天，柏拉图主义及其变种仍然在西方（包括有着浓厚经验主义或实证主义传统的英国和美国）哲学界占有重要地位，说明它有其本体论和认识论上的强劲理由。我们来做一下探讨。

首先要解答，为什么柏拉图坚持认为理念比现实更真实，理念是"本源性"的存在，现实却是"派生性"的存在呢？这个问题对于一切客观唯心主义的成立都具有关键性。思路是这样的：现实世界中的一切都处于变动当中，一切皆流，无物常驻，这本是一个客观的、常态的、符合普通人习惯的情况。任何事物，从草木土石到飞禽走兽，从山川河流到天体星宿，从桌椅板凳到生活日常，都有生有灭。对此，一般人觉得很正常、很自然，一些早期哲学家认为感觉的世界就是真实的存在，除此再没有别的世界。他们在追寻"始基"的时候便从自己的感官出发，比如伊奥尼亚哲学家们。而另外的哲学家却觉得这种局限于现象的思路不足以达至对世界"本来面目"即本质、本体的认知，换句话说，真实的存在一定不在短暂的、变化无常的世俗过程当中。因此必须寻求永恒的存在和真理，这是人的理性或思想的禀赋和职责。巴门尼德、柏拉图就代表了这样的思路。显然，这种思路是深刻的，是一种真正的哲学精神。怎么才能追寻到永恒存在和永恒真理呢？首先就是发挥人的抽象或者"归类"的功能。通过抽象，现实生活中的万事万物依据其相似性、普遍性、共同性，被归结于不同的"类"，依据其普遍性、概括性程度的不同，"类"又被区分为不同的级别、层次；普遍性较低的类归属于普遍性较高的类，依此上溯，便抽象、概括、提升出普遍性、一般性程度越来越高且数量越来越少的类别（亚里士多德在其《范畴篇》里专门对此做了逻辑分析，提出了种、属、定义等思想），而最高的、唯一的，也是最空泛的，就是"存在"这个概念或范畴，这是巴门尼德的贡献。

柏拉图当然不满足巴门尼德的结论，因为这个结论对于认识和把握世界的来龙去脉、如此这般，是没有价值的——除了"存在"着，什么都是，什么都不是，基本等于虚无。柏拉图的思路是着眼于抽象概念与现实生活之间的联系，他要为现实世界找到存在的依据，由普遍性（共相）导出特殊性（特殊）。概念（理念）是分门别类的：每一类个体、特殊事物或属性或状态或关系，都对应它们所属类别的一个概念或词语，比如个别、特殊的马匹对应"马"这个概念或词语，张三、李四对应于"人"这个词；还有比如大和小的事物、多和少的关系、强和弱的现象、勇敢和懦弱的人格、善和恶的品德等等，都对应于各自同名的抽象观念、一般词语，就有了"大""小""多""少""快""慢""强""弱""勇敢""懦弱""善""恶""忍耐""放纵"这些理念。如此推广开来，就形成了一个概念或理念的等级体系，形成了由"理念"构成的思想世界或精神世界。这个世界与感性的、世俗的现实世界相对应、相对立，于是世界的"二重化"就完成了。柏拉图是人类历史上第一个构建出由低到高、等级分明、错落有致的庞大思想体系的哲学家，在他之后，只有黑格尔这么做过，那是两千多年以后的事了。仅仅这一点，柏拉图就在文明史上具有了开创性哲学家的名声和地位。

这里的核心问题是：柏拉图武断地把这个理念世界说成是本原、本质、本体，它派生出了人们的生活世界、现实世界。概念体系明明是人的思维抽象、提升的结果，为什么他要把这些主观的形式客观化，并赋予其本体、本原、第一性的存在地位呢？他这个思路是怎么来的？

简言之，是通过用概念或理念的完美、真实与现实事物的不完美、不真实进行比较而来的。现实生活中的所有存在物，柏拉图都不否认其真实性，他不像巴门尼德，把感性世界一律说成是"非存在"；但柏拉图说现实世界比起理念世界来，是不够完美、有欠真实的。如前述，任何一个感性存在物，都是运动变化、可生可灭、受制于时空环境的；与之相比，"理念"（"类""共相""普遍性"）则是非世俗的、稳定的、不生不灭、仅仅由思想把握的。比如，不管历史上的人们、现实中的人们和未来的人们怎么经历生生死死，但他们从属的那个理念——"人"却是不受局限、无条件地永恒存在的：任何时代都有"人"。

柏拉图当然不承认理念、概念的这种稳定性、不变性来自人的主观抽象，他的思路应该是这样：生活中的一切都是不完美的，但是，在我们的心中，却真实无疑地存在着"完美"这件事、这个性质、这个状态。这个完美的观念是怎么进入我的心中的？显然不是来自现实生活，因为现实中根本找不到一个完美的事物或属性或状态。但是在我们的心中明明就有那些完美、永恒、稳定不变的"类"概念，那么，这个完美的概念就只能有一个来源：它来自一个本身完美无缺的、客观真实的世界，这个世界就是"理念"的世界。因此，不是现实世界的事物导致了理念、类、共相这些主观精神，而是正好反过来：客观的思想、类、共相派生出了感性世界中的一切具体事物。柏拉图进一步说：现实生活中的一切事物都是模仿（或他自己说的"分有"）了它们的"类存在"——理念，才获得了自己的存在的。比如"马"这个理念（或曰"马本身"）与这匹马、那匹马的关系，"桌子"这个理念与个别的、具体的桌子的关系，就是本体与事物、始基与现实、本质与现象的关系。一切现实事物的来龙去脉都是如此。

有人用中国哲学史上的"月印万川"命题来类比柏拉图关于"理念"和现实事物之间的关系。一轮明月高高挂在天上，地上的所有水面，都映射出月亮的形象，是月亮的倒影。天上的月亮是唯一真实的，水面的所有"月亮"都是虚幻的，只不过是对真实月亮的"分有"或"模仿"。这种说法的确比较形象生动，但并非是柏拉图关于理念与事物真实关系的写照。每一个正常人都通过自己的眼睛认定了，天上的月亮是真的，水中的"月亮"是假的，这是没有争议的常识，属于"眼见为实"。但柏拉图的理念论，恰恰是要颠覆、"纠正"人们的常识；人们生活中习以为常的事情，恰恰是柏拉图认定为虚幻的东西。他要力劝人们：一是眼见皆为虚，二是思想方为实。所以，"月印万川"不足以说明理念论的精神实质。

前面说了柏拉图的思想，当然是一种颠倒的、武断的世界观，在世俗生活中是说服不了人的——所有客观唯心主义都是某种独断论。但必须看到，他的想法是颠倒的，却肯定不是荒谬的；可以说，他的想法具有无可比拟的创新性和超前性；他的思路当然是脱离实际的，却具有非凡的价值。毫无疑问，理念世界是出自思想本身的一种逻辑构建，它永远得不到经验事实或现实生活的证明；但柏拉图就是要以这个"子虚乌有"的理念世界为起点，构筑一个庞大的精神世界。因为他瞧不起变动不居、声色犬马的那个现实世界，他认为人的生存价值必须植根于思想和真理之中。这样，他就为以后人类的精神生活（灵魂生活）提供了依据，为人类已经拥有、还将更多地拥有的精神创造、精神产品等等，开辟了广阔的空间和可能性。我认为这是柏拉图的理念学说对人类文明史做出的最大贡献。

"眼见为虚"开启了人类文明的新纪元，那就是：以观念、理性、思考、逻辑、论证的方式来说明或预言这个世界——现在回过头来看，科学已经证明了的我们这个世界的存在及其性质、状态（比如超大尺度的宇宙空间的限度，比如具有"波粒二象性"的光的本质，比如与光速可比的物质的运动，比如亚原子客体的行为轨迹等等；甚至比如地球围绕太阳运行，比如不同重量的物体的坠落速度，等等），若以"眼见为实"为标准，所有这一切毫无疑问都是荒唐的，一定要遭到否定。而柏拉图开创的思路恰恰是：在经验的时间和空间之外，一定存在着非常丰富、深邃、根本性的东西（包括异乎寻常的空间和时间形式），这些东西，运用人的思想进行想象、构思、猜测、论证，那个"看不见摸不着的"世界里的种种存在、属性、状态、关系、情形，就会得到客观性、真实性的证明。事实证明，情况果然如此。

正是在柏拉图的启发之下，古希腊哲学家们（他们同时也是科学家），开始摆脱眼见为实的观念或习惯，用思想构建现实（通过想象、猜测、抽象、推论、证明等等方式），结果创造出了巨大的、难以描述的、不可思议的新世界——这是从思想构建，再到逻辑论证，最后付诸经验检验的过程。实践证明，在先验哲学的引领下，西方科学两千多年持续不断地发现了数不胜数的那些经验不到的，甚至反经验、悖常理的"事实"，从而极大地改变了人类的生存方式。

前面我说了唯心主义是对真实世界与观念世界关系的一种"颠倒"，尽管是非常富有成果的"颠倒"。

话说回来，在感性世界和"真实"世界孰真孰假这个问题上，咱们也别把话说绝对了。说得更明白一点，在"真正存在着什么"和"我们到底知道什么"的问题上，一味认定唯物主义完全是对的、唯心主义彻底是错的，也未免武断了。按照常识或习惯，感性世界是真实存在的，理念世界是虚构的。如果就认这个理，那么赫拉克利特、普罗泰戈拉所描述的那个千变万化、永无定性的感性世界就是真实的、不能怀疑的。如果我们只信赖感觉经验的报告，那么，关于任何"客观实在"，即任何关于"不依赖于人而独立存在"的断言，就不能成立；因为我们只能证明我们自己的那些"主观感受"的真实性、无可置疑性。我们找到"客观实在后"在哪里。既然不能确认感觉世界的客观性、真实性，又怎么能证明柏拉图的理念世界、精神世界一定就是虚假的杜撰呢？（柏拉图曾经作了一个"洞穴"的比喻，来说明人们的习惯思维和常识与真实的世界只不过就一步之遥）退一步说，证实不了一个东西，不等于就证伪了这个东西，这一点必须明确。任何关于"终极世界"的形而上学理论，它主张的所谓"存在"或"本体"其实都是既不能证实也不能证伪的，就此而言，唯物主义主张的"物质"并不比唯心主义主张的"理念"来得更真实，或更能够得到证明。这就不能不得出一个结论："客观性"其实是一个极其模糊、具有极大不确定性、无法界定的概念，不管是诉诸感觉经验还是诉诸实践检验，"客观性"都不能告诉我们关于这个世界的任何确定信息。

我一再讲到"眼见为实"和"眼见为虚"。正是古希腊哲学家们（他们同时也是科学家），开始摆脱"眼见为实"的观念或习惯，用思想构建"新的"现实，随之而来的是奇妙的、魔幻的、仿佛从地底下迸发出来的生产力、生活方式的出现和更新换代。这就是从眼见为实到眼见为虚，再到思想构建、发明创造，再到逻辑论证，最后到实践检验的过程，这是古希腊文明及后来的文艺复兴-理性主义运动做出的伟大贡献。没有这个眼见为虚、思想构建、逻辑论证、经验证明的理性主义过程，就不可能有哥白尼、伽利略、牛顿、拉瓦锡、麦克斯韦、瓦特、巴斯德、莱特兄弟、爱因斯坦、普朗克、海森堡、奥本海默、乔布斯等等。当然，也就不可能有蒸汽机、纺织机、汽轮机、消毒剂、抗生素、火车、轮船、汽车、飞机、火箭、宇宙飞船、原子能、量子工程、人工智能等等。毫无疑问，人类文明史的主流部分，就是一部由杰出思想家、科学家、艺术家、冒险家们的精神、思想、观念、好奇、胆量转化为技术奇迹、物质成果和生活方式的创造史、进步史、发展史，是一部精神超越物质、理性主导感性、思想决定现实的史诗。必须明确：在这个漫长的文明进步过程中，柏拉图及其理念论无论如何是最初的、最具启发性的思想动因。

思辨哲学从柏拉图开始，经过了长期发展，曾经涌现出不少形态，其最大也是最后、最复杂的体系，就是黑格尔的"绝对唯心主义"思辨哲学。20世纪上半叶，思辨哲学或形而上学曾被英语国家哲学界严厉批判和坚决唾弃，但这个运动并没有延续太长时间。如今在西方，本体论、实在论、先验论、唯心论、唯物论，所有这些"形而上学"理论，仍然拥有不小的哲学思辨空间。在我看来，除非哲学消亡，否则柏拉图的精神追求——尽善尽美的精神世界或精神境界——就不会中止。

四、亚里士多德和阿奎那的综合

面对着智者派和理念派的争论，亚里士多德想要进行调和，以便形成一个综合的、兼顾的知识理论。亚里士多德一方面批评柏拉图的理念论，认为柏拉图关于"在个别的房子之外存在着一般的房子"这种说法是不能接受的，因为这不符合常识。亚氏强调个别感性事物是所谓的"第一实体"，即最根本、最真实、最基础的存在，因而是认识的首要对象。他多次肯定知识来源于感觉，甚至把人的心灵比作"蜡块"，知识就是外物印在蜡块上的痕迹。这个观点，与伊奥尼亚哲学家那种朴素的反映论是一致的。他第一次提出了"凡是在理智中的，没有不是事先在感觉中的"这样一个典型的经验主义原则，这个原则在以后两千年前间，曾被数不清的唯物主义者和经验主义者所援引,最有代表性的哲学家就是约翰·洛克和大卫·休谟。由此出发,亚里士多德非常注重自然科学(在当时称为"物理学"或"自然哲学")的研究,强调对自然过程方方面面进行搜集、整理、比较、概括,进行有组织的观察和实验。在这方面,亚里士多德堪称古希腊,也是人类整个古典时代最博学、最有建树、"百科全书"式的伟大科学家。但是另一方面,亚氏又表现出明显的两面性来。他严厉批评了智者学派的感觉主义和相对主义,说他们"把一切都说成是相对的",结果"简直就没法给任何一件事物命名。因为根本就没有什么东西是可以稳定存在的。"①他认为,无论如何必须承认真理——而且是大部分真理——具有"独立自在"的性质,仅仅为思想所构造和把握。这些真理分为三个等级:最高等级是"第一哲学"(即形而上学),专门探讨最高存在、最高原理、第一因等等纯思辨、纯哲学问题,比如存在、实体、本质、形式、质料、动因、善、目的等,哲学问题与任何感性生活无关,只需深邃地思考便可求得答案;第二等级是数学,探讨数量、大小、比例、形状等问题,这些问题的解答方案就在人心之中,与外物也无关联;第三等级是物理学(自然哲学),探讨自然界的来龙去脉、因果关系,这种知识是建立在经验事

---

① 《古希腊罗马哲学》,北京大学哲学系外国哲学史教研室编译,商务印书馆2021年版,第236页。

实基础之上的，所以外部事物对感官的刺激、影响是必不可少的前提。但是他又说，自然的本性毕竟是隐蔽的，在感官得到刺激之后还得依靠灵魂运用数学、逻辑等手段将其推导出来。可以看出，在科学分类问题上，亚氏还是明显偏重形而上学和数学的：越抽象、越普遍，就越根本、越重要，这跟柏拉图又一致了。此外，亚里士多德赋予思维逻辑的形式和结构特别高的地位。尽管他没有把逻辑学列入他的知识系列，而认为逻辑是一种"工具"；但他从来强调，逻辑的来源就是人心，或人的直觉，自然界不存在任何一个与逻辑名词完全一样的事物。他指出，概念（词）的定义也好，判断（命题）的规则也好，推理的格式也罢，思维规律对于人类获取科学知识（包括形而上学、数学、物理学）都是基本的条件，是不可或缺的。亚里士多德的一个独特的贡献，就是创立了形式逻辑学，为以后两千多年人类思考问题提供了形式和结构方面的遵循，成为全人类共同拥有的精神财富。虽然古代中国和古代印度也曾出现过各不相同的逻辑思想或逻辑规则，欧洲近代以后也逐渐发展起来以数理符号为特征的各种现代逻辑，但归根结底，要么不能够与亚氏创立的形式逻辑学相提并论，要么直接就是从亚氏的形式逻辑中脱胎、分化、发展出来的。

由此可见，亚里士多德为了调和经验派和先验派之间的对立，把两派的特点、优点都纳入到自己的知识体系之中，确实煞费苦心，也成效显著。他的出发点完全是可以理解的。因为人类求知的一个倾向就是构建某种统一的、无所不包的体系，这跟哲学本体论的追求一样，也要达到"一"。但是，他实际上所做的，却是将不相容的两种东西安放在同一个知识层面上，只不过分了不同的等级而已，结果他处处表现出综合，却又处处凸显了矛盾。一个原则性的困难是他克服不了的：经验的东西怎么可能同时是先验的东西呢？事实上，我认为智者们所坚持的立场和柏拉图所坚持的立场是不可调和的，更不能兼顾。换句话说，自然科学（实证科学）和数学、逻辑是两个本质上不同的知识门类，它们起源不同，功能不同，真值不同，途径不同，形态也不同。

到了中世纪，两种知识观的争论以宗教争端的形式继续进行着、深化着，那就是"唯名论"（nominalism）与"实在论"（realism，又称"唯实论"）的争论。唯名论是这样一种哲学主张：在本体论上，它认为个体、特殊、感性事物是第一性的、最真实的存在；而一般、共相、普遍性（亦即柏拉图推崇的"理念"）却是不真实的、欠真实的、第二性的。在知识论上，唯名论表现为典型的感觉主义，认为共相、类、种、属等等，并不反映相应的类存在或理念世界，它们只不过是用以标记、指称、代表各类感性事物的符号、名词或概念而已；因此人类的抽象、概括这些认识活动并没有涉及什么真实存在的东西，它们只不过是人类理解力的自由发挥；最真切的东西只有感觉、知觉、表象、记忆、想象等等，它们都是现实生活中人们感受、体验到的那些东西的活生生的翻版。与之相反，实在论像柏拉图一样，认为共相、一般、普遍性、"类"，是感性世界的原型，因此一般先于个别而存在，并且越是普遍性的东西，其真实性（实在性）就越强；上帝（相当于苏格拉底、柏拉图最推崇的"至善"）是最普遍的存在，因此是最高、最终的存在，上帝是万事万物的造物主和源泉。实在论认为，真理一定是由思想来表现或表述的，而思想把握的是共相和普遍性，而不是个体、特殊、具体，所以思想是共相、普遍性的承载着；感觉不能涉及共相，更不可能触及上帝，所以感觉与真理无关。虽然唯名论和实在论双方都未能围绕究竟哪一种知识才是真理进行争辩（这在中世纪是不可能的），但双方的对立毕竟反映了偏重世俗与偏重神圣这两个极端，因而前者是自然主义、现象主义的，代表人物是洛色林；后者是思辨主义、本质主义的，代表人物是安瑟伦。

到了中世纪中后期，出现了托马斯·阿奎那。他像亚里士多德一样，也要对唯名论和实在论进行综合，他的立场是一种温和的实在论。他时而说，共相作为个别事物的原型，存在于个别事物之前；时而说，共相作为个别事物的本质，存在于个别事物之中；时而说，共相作为思想所掌握的个别事物的概念，存在于个别事物之后。他一方面承认，感性是一切知识的基础，因而认识程序应该是从感觉出发，逐渐形成反映共相（实在、本质、本性）的概念；另一方面他又说，人运用概念进行抽象、概括、判断、推理的能力是先验的、灵魂固有的，而共相原本就潜存在灵魂里面，所以，真理的认识和把握可以由思想来单独完成。我们看到，阿奎那在调和感性和理性、世俗和神圣的过程中，又一次陷入了"妥协的对立"这种尴尬局面之中。阿奎那是亚里士多德思想的崇拜者和大力推广者，他和亚氏一样，从克服二元论出发，最终又回到了隐蔽的二元论。这就再一次突出了那个古老的问题：经验和理智之间究竟有没有逻辑的通道？

五、休谟路线和莱布尼茨路线

在人类知识具有统一结构这个问题上，大部分17世纪哲学家（包括经验主义和理性主义哲学家）的回答都是肯定的。所不同的是他们的认识路径：英国经验主义认为从感觉经验出发，可以"自下而上"地达至普遍性真理甚至公理；而欧洲大陆理性主义则认为，从自明的、先验的公理出发，可以"自上而下"地推导出特殊原理、具体结论。我们一开始就说了，作为近代哲学创始人的两位大哲学家——弗兰西斯·培根和勒内·笛卡尔，是站在两个极端上立场来阐述自己的知识理论的。在培根看来，人除了扮演"自然的仆役和解释者"的角色外，没有能力构造知识；他主张给人的思想"挂上重物"，使之不能天马行空、任意妄为；他认为人只能根据已有的经验事实一步一步、循序渐进获取自然的真相和本质；他大力倡导"科学归纳法"，并制定了影响很大的归纳程序，根据这个程序，人不仅可以获取自然因果律，甚至能够达至数学公理那样的最高普遍性！因此培根非常重视实验科学，认为"知识的力量"就体现在观察、实验、抽象、归纳的过程中。为此，卡尔·马克思称弗·培根为"英国唯物主义和整个现代实验科学的真正始祖。"

与之相反，笛卡尔认为，人类知识和真理从起源上讲，如果不是完全来自上帝的启示，至少是发自人的内心深处的。他绝不相信沿着一条"上升"的途径，从变动不居的感觉经验出发就可以得出恒定性、普遍性、必然性的一般原理；相反，他的路径是，从某一个或少数几个本身"清楚明白"的最高原理出发，按照正确的逻辑规程进行"下行"推演，就一定可以导致毋庸置疑的特殊原理甚至个别结论。在这个过程中，每一环节的传递、连接都是逻辑必然的，就像数学演算那么精确无误。笛卡尔认为，全部人类知识就是这样构建起来的。正因为如此，他对数学方法推崇备至，他认为人类知识体系中处于第一位的只有数学。笛卡尔当然有资格说这个话，他本人是解析几何的发明者，在数学史上有重大影响。

与古希腊、中世纪不同的是，培根、笛卡尔所依持的知识背景有了极大的不同。17世纪，科学在不同地区的发展出现了侧重：英国是实验科学的基地，欧洲大陆则数学特别发达。这就是培根开辟的哲学思潮和笛卡尔开辟的哲学思潮得以产生、发展的科学基础。在经验主义这一边，先后出现了霍布斯、洛克、贝克莱、休谟；在先验主义这一边，先后出现了斯宾诺莎、马勒伯朗士、莱布尼茨。双方在一百多年的思想碰撞中，不断丰富、完善、发展了这两大哲学思潮的内涵和形式，最终导致了两个极端的对立：经验主义、相对主义、怀疑主义与先验主义、本质主义、独断主义的对垒。前者以休谟为代表，后者以莱布尼茨为代表。休谟是有史以来最彻底的一位经验主义者，他把弗兰西斯·培根开创的关于一切知识起源于感觉经验的原则推向了它的逻辑终点，从而得出了他著名的怀疑主义结论。莱布尼茨的思想则具有一定的开创性，他把笛卡尔开创的先验主义发展到了它的成熟阶段，但他把笛卡尔的"清楚明白的天赋观念"修改成了"潜在的天赋观念"，对洛克的经验主义和笛卡尔的先验主义做了某种综合，用"有纹路的大理石"来比喻人的心灵。他说："我用一块有纹路的大理石来比喻，而不把心灵比作一块完全一色的大理石或空白的板，即哲学家们所谓的Tabula rasa……这块大理石本来是刻上这个像或别的像都完全无所谓的。但是如果在这块石头上本来有一些纹路，表明刻赫尔库勒的像比刻别的像更好，这块石头就会更加被决定用来刻这个像，而赫尔库勒的像就可以说是以某种方式天赋在这块石头里了，虽然也必需要加工使这些纹路显出来，加以琢磨，使它清晰，把那些阻碍这个像得以显现的纹路去掉。同样的情形，观念和真理是作为倾向、禀赋、习性或自然的潜在能力而天赋在我们心中，并不是作为现实作用而天赋在我们心中的，虽然这种潜在能力永远伴随着与它相适应的、常常感觉不到的现实作用。"①

要说明的是：休谟的怀疑主义、不可知论仅仅是针对自然科学（实证科学）或日常生活的。就是说，他关于因果律的"或然性"描绘和"心理习惯"说明，仅仅适用于物理学、天文学和其他一切建立在感觉经验基础之上的学科，也包含了人们的"常识性"认知。而对于数学来讲，休谟从未怀疑过它的绝对真理性和无条件的适用性。在他看来，数学的对象是所谓"观念的关系"（relations of ideas），即发自内心、纯粹思想元素之间的联系，这种联系完全取决于人心的构造（即公理体系）。这种对象或关系，跟他讲的自然科学、实证科学的对象——"实际的事情"（matters of fact）有着本质的区别。实际的事情也就是经验的事实，而经验的事实是允许并且必须容忍反面情况（矛盾）的。因此，自然科

---

① 《西方哲学原著选读》上卷，北京大学哲学系外国哲学史教研室编译，商务印书馆1981年版，第495-496页。

学或常识，不论它们具有怎样高的确定性,不管它们获得了如何强大的证据支持，其可靠程度都是不能与数学相比的。人们在构想数学原理和推论规则时,遵循的恰恰是不矛盾律，故其反面不能允许，也不可想象;除非思维不健全,否则与数学定理相悖的结论就不可能被推导出来。

关于数学反面结论的不可想象与注定荒谬，同自然科学反面结论的可以想象与并非荒谬之间的区别，可以举做梦为例。在我们的梦中可以出现水往山上流、太阳从西边升起、火生寒、雪生热等等情景，对此，我们至多会感到惊异（甚至不会感到惊异）：它们有悖于"常理"或生活习惯，却完全在我们的理解力的范围之内，它们的出现是可以想象、可以理解的。但是，在我们的梦中却绝对不会出现三角形有四条边、整体≠部分之和那样的情况。因为"三角形"这个概念本身就意味着它必须只有三条边，而如果"整体"不等于"部分之和"，它就不是"整体"了。这都是思维的同一律和不矛盾律决定了的，其悖反情况是不可能发生在具备正常心智的人的脑海之中的。休谟的思想要点在于：自然科学来自经验世界，它无非是对这个世界某一个方面或某几个方面的描述、概括;数学则来自人心，与经验世界完全没有关系，是人根据自己设定的公理系统自上而下演绎出来的。"纵然在自然中并没有圆形或三角形，欧几里得所证明的真理仍然保持着它的可靠性和自明性。"①

有意思的是,作为休谟的理论对手的莱布尼茨,在科学分类问题上却与休谟惊人的一致。他认为有两种真理:"推理的真理"(the truth of reasoning)和"事实的真理"(the truth of facts)。前者指数学、逻辑命题,其特征是反面不可能,也不允许,因为它们的依据是逻辑不矛盾律;后者指实验科学命题和常识,其特征是反面可能,也可以想象,因为它们依据的是所谓"充足理由律",也就是说,它们建立在虽然数量很多、范围很广,却终究是有限的经验事实基础之上。②

这就是休谟和莱布尼茨的和解。经过两千年的争论,经验主义和先验主义终于发现:它们谁也战胜不了对方,同时双方也实现不了妥协。唯有在科学知识的结构和功能方面可以达成一致。休谟和莱布尼茨对两类知识或两类真理的澄清,一直影响到了今天。尽管这期间不少哲学家试图再次统一自然科学与数学(其最有名的例子是康德的"先验综合命题"的思想和蒯因的反对"经验主义的两个教条"的思想),然而都不能视为完全成功的尝试(关于康德在知识结构方面的贡献和缺陷,我们后面要作解析)。相反,随着逻

---

① 《西方哲学原著选读》上卷,北京大学哲学系外国哲学史教研室编译,商务印书馆1981年版,第519页。

② "充足理由律"由莱布尼茨提出,尽管长期存在分歧,已被认可为思维的一条"弱规律",其含义为:任何已然事物或原理,都有其何以如此的充分依据或理由,否则它就不会存在了,因此"存在即合理"。

辑分析工具的完善以及科学分类的日益精细化，以罗素、维特根斯坦、卡尔纳普、波普尔等人为代表的当代分析哲学家和科学哲学家已经在很大程度上证明了：数学与逻辑是处在同一行列的分析性的真理；自然科学是建立在经验基础上的综合性的知识。两者的界限不是日益模糊了，而是愈发清晰了。

六、实证科学：经验内涵的或然性

自然科学（即实证科学）究竟是如何可能的？让我们举一件谁也不会怀疑的事例。我们大家都相信，太阳明天还会出来，谁要是对此怀疑，定会被说成是异想天开。但是进一步问，为什么我们会有如此坚定的信念呢？这个问题却并不那么容易回答。显然，一般人如果被问到何以相信太阳明天会出来，他的回答会是："因为它过去总是每天出来。"但是如果再问一句："为什么太阳过去天天出来就能使人确信它以后仍然会照样出来呢？"那就只能诉诸天体运动的定律了，而这样一来，我们便开始涉及"自然科学是如何可能的"这一问题了。科学的结论告诉我们：地球是一个自转的庞大物体，并且围绕着太阳进行公转。如果地球没有受到外力的实质性干扰，它就会永不停止地自转和公转下去，因而，我们相信太阳明天将会与今天、昨天及过去的任何一天一样从东方升起。当然可以对上述说法表示怀疑：谁能肯定地球一定不会遭到外力的实质性干扰呢？这是一个关键性的问题。正是这个问题，引起了自然因果律的普适性问题，进而引出了自然科学的合理性问题。如果我们假定运动定律总是有效的，便能够解决太阳明天是否会出来这个日常生活问题。因为，太阳的晨出夕落规则，作为人类及动植物反复不断的经验，只是更为普遍的运动定律的一种特例。

到目前为止，教科书上有关物体（包括天体和地球物体）运动的定律一直都是有效的，这不仅指伽利略、开普勒和牛顿的时代以来是这样，而且在他们发现这些定律之前很久就是这样；肯定地说，它们从来就是这样的。但是真正的问题是：一条定律在过去起作用的例子很多甚至极多，就足以证明它在未来也会继续起作用吗？恐怕没有充足的、无可置疑的理由可以使我们对此做出断然肯定的回答，我们的理由仅仅是：过去无数次发生了的事情，就足以让我们断定以后仍然会发生。真是这样的吗？从逻辑上说，我们真的有权在今天就预先知道那些只有在明天才能知道的事情吗（不管在今天之前有多少强有力的经验事实令我们对明天充满信心）？事实上，如果我们对此没有百分之百的把握，那么就不必再去为寻找支持一条物理定律的证据而费心了，因为任何证据都是有限的，并且是发生在过去的。

对科学定律的普遍有效性的质疑，是休谟最有影响的理论建树之一。他指出，任何关于"实际的事情"（即经验现象）的普遍性、必然性的断言，都是以人们的观察、体验为根据的；而就人的经验来说，没有任何一件事是注定要比这件事的反面更真实的。"太阳明天出来"和"太阳明天不出来"是同样可以理解的，绝对不可能从前一句话中分析出后一句话的虚假来。如果我们相信明天太阳会出来，而不相信太阳明天不会出来，那仅仅是因为与前一个信念相一致的以往经验要多于或大大地多于与后一个信念相一致的以往经验；但是，即便后一种情况从未出现过，它也并不是荒谬的，太阳不出来终究是可以想象的事情，而且也是有可能出现的事情，尽管概率极小极小。我们这里说的反常识情况的发生，是一种逻辑上的可能性，并非数学统计，因此这种可能性永远是存在的，这跟数学、几何学中推衍出来的真理性或虚假性，不可同日而语。所以，从逻辑的观点来说，"太阳明天将会出来"这一信念（包括其他公认的科学结论）所昭示的东西，只能有或然的真实性，而没有必然的真实性。休谟接着指出,经验已经向我们指明：到目前为止,某种在时间上相继、在空间上相近的现象总是重复出现,这就是我们所谓的"原因""结果"这两个词的含义：它促使我们期望下次照样出现那种时空相继、相近的现象发生。比如,某种食物与某些特定的滋味历来是相联系的,某种物体与某些特定的触觉也总是相联系的,这就造成了我们心理上的习惯,以至于如果某种食物伴随着异常的滋味（比如苹果的口感是辣的），或某个物体摸上去不习惯（比如铁块摸上去跟棉花一样），那么我们就会受到不小的惊吓。不过，即使如此，也并不说明实际情况一定永远不能如此。所以，自然科学定律充其量只是或然性的假说；而人应当遵循习惯的指导。

上述休谟对传统科学观的诘难以及他自己所做的诠释，是近现代哲学中最引人注目又最令人无奈的论断之一。必须指出，他这种以科学的心理学来代替科学的逻辑的思路是不能使人信服的。如果科学的最终根据在于人心，那么科学知识的理论力量和实践力量就是靠不住的。自然科学诚然如休谟所言，其对现实的解释和对未来的预测不具有必然性，但它毕竟不能决定于个人的经验，而至少应符合公共的经验。伯特兰·罗素曾针对休谟的"心理习惯说"举了一个有趣而颇能说明问题的例子：一只火鸡从小被它的主人买来喂养，这只火鸡开始时并不对它每天都能定时吃食抱有信心。然而日复一日、月复一月，不管外面发生了什么变化，它的主人总是无例外地在那个特定的时间给它喂食。于是这只逐渐成长起来的火鸡便形成了休谟所说的"心理习惯"，而且这个习惯是如此稳定，以至于它只要一看到主人在那个时候到来，便昂着脖子等着喂食。然而可悲的是，当它在圣诞节那天上午依然信心百倍地等待自己的食物时，得到的却是主人在它脖子上的一刀——它成了圣诞节餐桌上的一道菜。罗素的意思是：

第六篇　我们到底知道什么?——知识的起源和结构

科学不能是个人对自己习以为常的事例的描述,而必须具有它自身的某种规则,或者说,必须使多数人感到有某种规则可以遵循。他说:"我们的本性当然使我们相信太阳明天还会出来,但是我们所处的地位并不比脖子出乎预料地被割断的火鸡更好些。因此,过去的齐一性形成了对未来的预料,这是一件事;预料的有效性问题提出之后,究竟还有没有什么合理的根据使这些预料可以有分量,这是另一个问题。我们必须区别这二者。"[1]

受休谟的上述论辩影响最深的哲学家之一是伊曼努尔·康德,但康德又表示绝不能接受休谟的结论。康德不否认如果把对未来的预测建立在过去经验之上的话,类似于那只火鸡的厄运的阴影的确就摆脱不了;但是他坚信,人毕竟要比包括火鸡在内的一般动物高明得多,因而可以在"因果联系"这个问题上找到属于人的"合理的根据"。他不相信有"客观的""不依人为转移的"自然因果律,他也同样不赞成休谟的心理因果律(所谓"习惯的联想")。他认为,能保证先行事件与后继事件的经常性、恒久性、必然性联系的,必须是客观的因素与主观的因素的统一。其中,先验的、形式的、主观的因素具有决定性,但它们并不是私人的、偶然的,而是人人具备、主体间相通的,正所谓"人同此心,心同此理"。也就是说:每个人头脑中都先天地配备了一套逻辑范畴("因果

---
[1] 〔英〕罗素:《哲学问题》,商务印书馆1960年版,第43页。

性"只是其中之一），这套先验范畴对经验的事实（现象）加以分析与规整，便确保了自然科学的普遍性与必然性，它刻画了一个带有人的明显精神印记的宇宙。

康德的上述思路是极具启发性的，它引发了知识论上的"哥白尼式的革命"，但他的结论却十分可疑。须知，只有同义反复才有绝对的真实性，而同义反复对于增进知识的内容、内涵是什么也做不了的。当然，康德认为自然科学是后天质料（即经验内容）与先天形式（即主观框架或概念体系）的统一，这个见解是合理的，也得到了现代科学（如广义相对论、量子力学）的部分印证。自然科学追求因果律，这一点是不会有人怀疑的；但是因果律究竟来自哪里？应当说，离开了经验事实，就完全谈不上什么因和果，更谈不上什么因果律了。在这一点上，休谟的彻底经验主义解释，尽管令人感到苦涩，却是颠扑不破的。关于康德的科学观，我们后面还会作分析。

总而言之，自然科学（或实证科学），以及一切知识，都是基于某种既非经验所能最终肯定也非经验所能最终否定的信念。这种信念的根据究竟如何，正是哲学最感兴趣而又最难解答的。前面的讨论无非要说明一点：既然自然科学及常识是说明经验现象的，那么，尽管人们无数次地看到这种说明的有效性，以至于对它们深信不疑；然而，由于我们面对的这个感性世界的无限的可能性和不可捉摸性，任何自然科学理论都远不如人们想象的或希望的那么可靠。正是从这个意义上讲,一切有关宇宙自然和日常生活的全称陈述,都只不过是"假说"而已。

七、数学和逻辑:思维形式的必然性

现在的问题是:数学是如何可能的?这个问题,是康德在他的《纯粹理性批判》一书中最先提出来的。为什么7与5相加必然等于12?为什么64的平方根不等于8是必然虚假的?这个问题的解答应从考察"先验"和"分析"等概念入手。在康德以前,人们认为任何知识只要是先验的,就一定是分析的。所谓"先验",即是指:头脑中那些先于任何感觉经验的东西,也包括了任何不基于感觉经验所能做出的判断(康德把它叫作"先验统觉"),还可以把先验直观算进去,尽管直观并非判断。所谓"分析",是指这样一种方法:从比较普遍的概念中直接解证、推导出那些比较特殊的概念,而这个比较普遍的概念,其真实性完全取决于定义而非可观察的事实。举例来说,"一个秃头的人是人"就是一个分析的判断,因为秃头的人(以及任何其他特殊的人)被规定为是"人"这个共相中的一员。同理,"白纸是白的"这句话也是一个分析判断。再如,如果铜被定义为一种不导电的物质,那么,"铜不宜做电线"这句话在分析上就是一个真实的判断,而不管铜在经验中是否导电。总之，当我们考察一个所谓"分析判断"的主词的时候，它的宾词能够马上被想到，或者说，主词先验地包含了宾词的内涵，而无须任何后天经验的帮助。显然，分析判断的真只由它的定义来保证，而不必向事实负责。上述铜不宜做电线的断言，与公认的物理学定律——这类定律是以经验观察和实验为基础的——是背道而驰的，但它却是由定义"铜不导电"决定的，因而就定义而言，这个断言是真的。当然，这里有一个定义与经验事实是否相符的问题。从自然科学的观点看，两者必须相符，而且前者以后者为根据；但是从逻辑的观点看，重要的是定义与定义的引申之间的逻辑传递关系是否具有必然性。如果有，就是真的，否则就是假的。

由此可见，"分析的"一定是"先验的"。休谟把这种东西叫作"观念的关系"（relations of ideas），就是说，它们作为人类知识对象的两大类型之一，只与人们的思想元素及其关系打交道（从定义到逻辑解析），而与所谓"实际的事情"（matters of fact，即经验世界）无关。其主要表现就是纯数学（算术和几何）。休谟说："这类数学命题，我们只凭思想的作用，就可以把它们发现出来，并不必依据在宇宙中任何地方存在的任何东西。即便自然界从来没有存在过圆形或三角形，由欧几里得所证明的真理也将永远表现出它们的确定性和自明性来。"①

为什么会这样呢？为什么欧氏三角形的内角和不等于两直角就一定是假的（即便有许多人并不知道这个公式,因而它的普及程度是有限的）？为什么"凡人皆会死"却可以设想它的反面（尽管连小孩子都知道这是一个常识）？问题的关键还是在于：数学是从逻辑出发的,而自然科学（包括常识）却是基于事实的。数学命题就其涵盖面而言,是真正普遍的,亦即：它的定义以及推论断言了一切在逻辑上可能发生的情况,而不考虑实际上会发生什么情况,所以,除非它的定义（公理）发生了变化,否则其结论就是无条件地的真。而自然科学命题的根据却是休谟所谓"实际的事情"。这些事情尽管不计其数,却终究是有限的、有条件的——对于仍然活着的人来说,"凡人皆会死"仍然是一个假说。

康德不同意先验的就一定是分析的这种传统见解。因为如果是那样的话,数学便只是同义反复了；如果宾词只不过是从主词中分析、解证出来的,那么人们便不能为知识增添任何新的内容。所以,数学作为人类知识体系的最重要的一部分,不能满足于形式上的完满,即普遍性和必然性,还得同时扩充我们的现有知识。康德认为,数学肯定是先验的,其根源在于我们人类与生俱来的"感性形式"即先天的直观构架（时间

---

① 《西方哲学原著选读》上卷,北京大学哲学系外国哲学史教研室编译,商务印书馆1981年版,第519页。

和空间），这种形式保证了数学命题的普遍有效性和必然真理性；但是数学命题却不是从某个自明的定义中"分析"出来的，而必须依赖于后天经验或"直观"，这样的话，数学命题就是"综合"的了。他以7+5=12这个命题为例。他说，7+5意味着7这个数和5这个数合二为一，就此而言，这是一个"先验的"命题；但通过分析7+5，却不能直接得出它们两者之和是多少。只有借助直观的物体，比如通过人的5个手指头，一个一个加到7上面，而得出15这个结果。因此7+5=12这个命题是一个扩充了的命题，亦即"综合的"命题。于是，这个命题（以及一切数学命题）就成为"先验综合命题"（Transcendental synthetical proposition），或"先天综合判断"（synthetical judgments a priori）。

我要说，首先，康德的这种想法是可以理解的。毕竟,人类求知的一个基本动机是实现扩充知识内容和确保知识的可靠性这两全其美。但是我更要说，"先验综合"的思想犯了语言错误，就像"方的圆"一样，是不能成立的。事实上,先验的东西就注定是排斥经验的，反之也一样。得出数学结论不能靠归纳，也不能靠直观，只能通过分析或所谓的"解证"。我们当然可以"举例说明"数学命题的真理性，但是，我们这么做的时候，完全不是要增加它的真的概率（即每举一个，就更真一些），就像举例支持自然科学命题的可靠程度一样；而是要表明：仅仅举一两个例子就足以保证它对无限多的例子也永远是正确的,多举一点不会增加其真,少举一点也不会降低其真。因此,数学命题不能是综合的结果。

康德之所以将数学命题归之于"综合命题",是因为18世纪的数学尚不能摆脱直观,尚未实现"公理化"。除了7+5=12这个例子,康德还举了欧几里得几何学的一个公理:"两点之间线段最短。"这个命题在当时是凭直观得到的(至少曲线的情况是通不过欧氏几何的严格证明的),因此认为这是一个"综合命题"。但是几何学在20世纪实现公理化以后,"两点之间线段最短"这个命题已经可以运用微积分进行严格证明,无需再借助直观,因此,这个命题已经公认为是一个"分析命题"了。进一步说,所有的数学命题都一样,在数学公理化之后都可以演绎为真,故所有的数学命题都是分析命题,也就是说,所有算术、几何命题都是根据少数公理进行封闭式演算的推理系统。因此,康德关于数学命题是综合命题的结论已经被证伪。至于自然科学命题,如今没有一个有哲学情怀的自然科学家同意:不管什么科学理论(包括牛顿物理学、爱因斯坦相对论、量子物理学),其结论会是放之四海而皆准的真理;也没有一个真正的科学哲学家会否认自然科学说到底仍然是假说。

康德的出发点是无可非议的,他希望数学和自然科学都具备两个功能:一是保证可靠,二是扩充信息量。在他之前,莱布尼茨和休谟都表示了一致的意见;知识作为命题,分为两类：分析的命题和综合的命题。分析命题，莱布尼茨谓之"推理的真理"，休谟谓之"观念的关系"，这种命题的"真"由逻辑不矛盾律确保，故其反面不可能；而综合命题，莱布尼茨谓之"事实真理"，休谟谓之"实际的事情"，这种命题的"真"来自后天经验、观察实验，故其只有或然的真理性，反面是可能的、不矛盾的、可以理解的。莱布尼茨和休谟分别代表了唯理论和经验论的极端，却在知识结构这个问题上取得了完全一致的看法。这是有充分理由的，即人类知识必须由形式的部分和内容的部分所构成，这两个部分缺一不可，却不能混为一谈。

但康德不满足这种二元论，他要将数学和自然科学、分析命题和综合命题、知识形式和知识内容合为一体，形成统一的人类知识结构。但这是不切实际的。如前所述，自然科学永远只是综合的或关于经验的，唯其如此，其结论只能是或然性的；数学则相反，它是先验的，并且一定是分析的，它是一个封闭性的公理演算系统——在这个系统内，从普遍性命题到特殊性命题，两者之间存在着必然的逻辑联系，这个联系的基础就是人类最基本的思维法则：不矛盾律。这样，数学的任何结论都不可能是假的。不过也正因为如此，数学是不扩充知识内容的，一切结论原已蕴涵于前提之内；换言之，宾词不可能比主词更真，结论不可能比前提更切。一切数学系统以及一切形式逻辑系统，从本质上讲，都属于"同语反复"。

但长期以来,人们认为数学与自然科学在本质上是相同的,尤其在中国人当中。直到今天,在我们的中、高等学校里,数学仍然与物理、化学等学科处于同一个行列中,属于"自然科学"的一个门类。这种误解发生的一个原因,与语言的使用有关。欧几里德的《几何原本》是用自然语言表述的(尽管有的地方用了一些符号),整个系统都是与特定的内容(即直观图形)的性质相关联而展开的。在古希腊,几何学被认为是与现实世界一一对应的,而且它最早就是为了解释世界(比如测量土地)而构造出来的。在现代英语中,由geometry("几何学")这个词根geo所派生出来的词汇,往往与"土地"相关,比如geology(地质学)、geography(地理学)、geothermics(地热学)等等,也就是说,几何学与现实生活的确关系密切。在希腊时代,几何学被人们看作与物理学甚至形而上学差不多的学术门类,是不奇怪的(尽管欧几里得本人完全是靠自己的思想构造了他的几何体系)。只是到了近代,特别是在笛卡尔的努力下,这种情况才有了改变。笛卡儿把曲线看成由动点所生成,由此创造了"动点坐标"的概念,因而曲线图形可以表示为变动着的数之间的关系。这就是解析几何,它成了近代数学的一个转折点。

正是在自己数学成就的启发下,笛卡儿重新进行了学术分类。他把物理学（自然科学）说成是长在形而上学这棵树干上的主要树枝；与之相对的，便是心理学。至于数学，他认为是真理的源泉，又是真理的标准，还是发现真理的一种有效工具。显然在笛卡尔那里，数学不同于物理学，但它高于物理学。

非欧氏几何学（Non-Euclideangeometry，如罗巴切夫斯基几何学、黎曼几何学等）的诞生宣告了几何学与感性世界相互对应这一信念的终结。一个为欧几里德的公理所不容却获得了其内部的自洽性的几何系统，不但可以成立，而且还能昭示许多新的现象，其最有名、最辉煌的例证就是爱因斯坦广义相对论的"弯曲空间"与之前的黎明几何学之间的吻合，可以这样说，黎曼几何学先验地预见到了爱因斯坦在其广义相对论中关于"弯曲空间"的构想，而这个构想又通过亚瑟·爱丁顿及其团队对1919年那次日全食的著名观测得到了最终的证明。这说明，作为纯粹思想创造物的数学系统，不仅可以独立存在，而且能够推演、预见到不为人知的"新的"经验世界。20世纪初，在希尔伯特、弗雷格、罗素等人的努力下，数学（包括几何）中真正的形式公理系统最终建立起来了。这些系统彻底摆脱了古典数学的朴素性和直观性，用纯粹的符号语言来陈述各类命题的真值，而完全不管这些命题与现实世界的关系。罗素指出："在这门学科（指数学或逻辑）中我们不从处理特殊的东西或者特殊的性质入手；我们从形式上研究所谓任何的东西或者任何的性质。""没有任何特殊的东西或者关系能够出现在纯逻辑的一个命题中。只有纯形式是逻辑命题的唯一可能的成分。因为在每种语言中都有一些特别的词,它们唯一的作用就是指明形式。……在这样的一个语言中即使我们一个词都不知道,我们还是能够表达出所有的数学命题。……逻辑命题是和从经验得知的命题完全不同的一类命题。它有一个特征,即同语反复。"①

我们业已对自然科学与数学(逻辑)的原则区别进行了历史的考察和现实的比较。最后的问题是:它们作为人类知识的两个主要组成部分,其功能是怎样的?应当说,自然科学的功能是清楚的。不论是把自然科学规定为对自然本质的反映,还是把它说成是对"人为自然立法"的写照,或是什么别的东西,有一点是一致的:自然科学由于涉及我们生活的这个感性世界,它的功能便是向我们解释这个世界,以便我们驾驭这个世界。自然科学在我们的知识结构中负责增添信息内容。数学或逻辑,就像前面多次谈到的,与我们知识的实际内容无关,它只涉及我们思想过程中的形式和结构,使我们的思维和语言在正确、有效的格式内演进。它们实质上虽然是同语反复,不能贡献知识内容,却可以帮助我们澄清自己的思想,或弄明白我们究竟说了什么。在科学发展日益深入、日益精细,同时词与词、命题与命题间的界限变得越来越模糊的

---

① [英]罗素:《数理哲学导论》,晏成书译,商务印书馆1982年版,第192页。

今天，语言的误用常常会使本来卓有成效的科学研究事倍功半，因而数学或逻辑作为形式科学、思维科学、语言科学的功能就愈发显要了。

不过在康德眼里，数学的地位是远逊于自然科学的。数学属于"感性"（sensibility）的学科，是直观的产物，即：空间和时间这两种先验的、感性直观的"形式"奠定了几何学（关于空间的知识）和算术（关于时间的知识）的基础。数学属于第一层次的科学知识。而自然科学在康德那里，属于"知性"（understanding）的学科：人类运用自己心中先天具有的一系列逻辑"范畴"对感性材料实施整理、规范，便得到了——实际上是赋予了——"自然规律"，于是产生了自然科学。自然科学属于第二层次的科学知识。至于第三层次（也是"最高层次"）的知识，是所谓"形而上学"知识，即"理性"（reason）的学科，追求的是绝对、无条件的哲学知识。只不过康德通过他的论证，明确排除了形而上学（哲学）的知识性质，同时把所有形而上学问题交付道德和宗教去探讨和解决。康德这种重自然科学轻数学的倾向，当然和他自己曾经是一名杰出的自然科学家的经历、业绩有关。如果换成了笛卡尔和莱布尼茨，数学和自然科学的位次是要反过来的，因为这两位哲学家都曾经对数学学科做出过划时代的贡献：笛卡尔创立了解析几何学，莱布尼茨是微积分的发明者之一，同时是数理逻辑的创始人。而在牛顿那里，毫无疑问，自然科学（物理学）的地位是最高的，他的伟大贡献就是经典物理学；但牛顿同时又是微积分的发明者之一，只不过数学（微积分）在他的手里仅仅是为物理学研究提供服务的有效工具而已。

八、康德的使命

过去有一种流行的观点认为，在哲学上只有唯物主义反映论承认、注重、捍卫主体与客体之间的同一性或统一性，即强调人的知识是客观因素和主观因素的结合或融合。其实，唯心主义更加注重知识的主客体同一、统一。所不同者，唯心主义认为主体（人的精神、思想、感觉、直觉）的能动性、创造性、驾驭性，有决定性的作用。康德就是有史以来最伟大的主体性哲学家。

身为德国人的康德，他继承了莱布尼茨-沃尔夫的思辨形而上学和先验主义，他从来不怀疑人的思想对于科学知识的构造所起的决定性作用。但是康德又是一位开创性的自然科学家，他的"星云假说"具有枢纽式的科学价值，对现代宇宙学有奠基性的意义。康德一生关注"头上的星空"，对感性世界充分重视，对观察、实验、抽象、归纳等方法驾轻就熟。因此，当康德在他的《纯粹理性批判》里试图解决科学知识（数学和自然科学）"何以可能"这个问题时，他的思路或目的就是要说明主体与客体之间是怎样实现契合的，其中主体（人心）的作用举足轻重。康德第一次表明了这样的思想：主体（人心）在知识的形成过程中，不论是在感觉阶段还是在思想阶段，都不是被动的；人心不仅仅对来自外部世界的材料被动地接受，然后进行"加工制作"，等等，而是将主体自身的精神要素渗透或强加于这些材料。他认为这正是人类知识的结构特点和知识得以不断增长的机制。康德分别对知识的两个阶段"感性"和"理智"（即"知性"）进行了"批判"（即考察、澄清、限定），提出了他的"先验感性论"（时空学说）和"先验分析论"（范畴学说），从而分别为数学和自然科学的合理性、"合法性"提供了经验的，尤其是先验的双重证明。

康德的时空观是空前独特的。在他那里，空间和时间完全不具有客观性，它们仅仅是人类固有的（也就是先天带来）感性"直观形式"，是先于经验的和纯粹主观的，其功能在于对来自外在世界（物自身）的那些杂乱无章的感觉材料实施"直观"，即进行直截了当的框范、透视，使这些感觉材料即刻获得空间性和时间性，即呈现出静态的三维稳定性（长、宽、高）和动态的一维连续性（过去、现在、未来）。通俗地说，宇宙自然（物自身）给予我们的就是一大堆混沌无序的感性材料，我们用我们先天带来的空间和时间这两个"精神装置"使得这些材料立刻变得有序、规整起来，也就是具有了空间性和时间性；我们所处的这个世界之所以是我们看到、听到、感受到的这个样子，不是我们对世界的"本来面目"的反映或摹写，而是我们运用时间和空间这两个主观形式加以"透视"的结果，因此我们感受到的这个世界的样子，其实是我们自己造成的。不用说，康德的这个时空观无论在当时还是现在，都难以为常识所接受，它本身也的确有悖于后来科学实验的许多具体结论。但是康德为什么要提出这样一种惊人的时空观呢？这是值得追究的问题。

在我看来，康德解析感觉经验时的基本立足点，一定是这样一个事实：在人的感觉当中，唯有空间和时间这两个东西具有普遍性、稳定性、恒久性，其他的感觉内容都是变动的、相对的、不稳定的。因此他认定，空间和时间这两个东西正是经验世界中唯一的先验和主观成分，而它们都是可以用数学来刻画的。这无疑是康德的一个颠覆性观念：普遍性、必然性、永恒性属于主体，即空间和时间；而特殊性、相对性、或然性属于客观世界，即感觉当中的那些性质、状态、关系、变化、色、声、香、味等等。在康德看来，人的感觉就其内容来说绝不是必然的和普遍的，因而就不是主观的，而是客观的。为什么？比如特定的颜色、声音、气味，都是偶然的，我们不能把它们扩展到其他事物上面，它们是不依赖于人的客观存在。但空间和时间却不同。每一个关于外部事物的感觉都处于空间和时间之中，每一个关于内心活动的感觉虽不在空间中，却在时间之中。不论人的感觉内容如何变化，它们都普遍地、必然地表现出空间状态和经历着时间过程。一张桌子，除非它在空间中，否则我们不可能设想它的存在；但另一方面，我们却很容易设想没有这张桌子的空间甚至没有任何东西的"绝对空间"。对时间的说明也是如此：任何动态的事物都呈现出时间的流逝，但即便没有东西，时间依然流逝；"逝者如斯，不舍昼夜"，这就是时间的绝对性。可见，对空间、时间的了解是对处在空间、时间中的事物的了解的先决条件，所以对空间、时间的认识是先于对经验事实的认识的。因而，空间和时间就是主观的和先验的。这倒不是说，我们一出生就拥有了关于空间和时间的知识，康德从未认为人们关于时空先验性的知识在"时间"上先于经验。事实上，空间、时间这种"形式"与感觉材料这种"内容"的结合，是即刻完成的，或者说，是"直观"的结果，没有过程。空间和时间在康德看来，是我们心灵中的两个与生俱来的"装备"或"装置"，是我们得以感觉、感受、观照这个世界的主观形式。这就是他的"先验感性论"的哲学含义和核心内容。他认为这样一来，关于空间和时间的命题（先验综合命题），即几何学与算学的普遍性、必然性的问题就迎刃而解了。几何学是关于空间三维性的表述，算学是关于时间一维性的表述。如此一来，空间和时间的法则（即几何学和算学）就成了我们心灵的法则，而我们心灵的法则当然对于我们感觉到的东西都是真正普遍的和必然的。正如我们一生下来就戴了一副墨镜，我们看到的一切都是黑的。同样的道理，我们先天戴了两副精神的有色眼镜——空间和时间，我们眼前的一切都具有了空间的三维性和时间的一维性。

怎么来评价康德的这个独特的时空观呢？毫无疑问，康德的"先验感性论"（即他的时空观和数学思想）在哲学史上是最有特色、争议最大的理论。将空间和时间看作主体的直观形式，这个具体的观点当然经不起科学的检验，但却没有抵消康德独特的思路的深远意义。在他之前，大多数哲学家主张人的感觉是被动的，人的心灵在发生的意义上是一块"白板"或一张"白纸"。康德第一个提出感觉也有两个源泉，人的心灵从来不是白板，而是一开始就具有能动性和创造性，哪怕最初级的感觉也不是"中性观察"的结果，而是在人的先验形式——空间和时间的自觉或不自觉的预设、调整、规范下形成的。这就是康德留给后世的最主要的启示。时至今日，凡认真对待或真正了解知识的形成和发展的人是不能无视康德思路这个积极价值的，"反映论""白板说"显然已经过时了。无论如何，除非我们不承认客观因素和主观因素在知识结构中缺一不可，甚至主观因素的分量更重，否则，康德关于空间、时间的本性及其与客观材料的互动关系的思想的价值，就抹杀不掉。

九、"哥白尼式的倒转"

康德曾在回顾自己的思想历程时承认,在构思《纯粹理性批判》之前,他一直是一个独断论者,即教条主义者。"正是休谟的提示首先打破了我的教条主义迷梦,并且在我的思辨哲学的研究上给我指明了一个完全不同的方向。"[①]这里所说的"教条主义迷梦",一般认为指的是康德对莱布尼茨-沃尔夫形而上学思辨体系的迷恋,我以为不然。我认为"教条主义"在康德那里指的是这样一种精神状态:对以牛顿为最高代表的经典物理学使用的方法——归纳法的深信不疑。康德在科学思想、科学方法上深受牛顿影响,并且建树颇多。他在其"前批判"时期出版的科学名著是《自然通史与天体理论》,这本书的副标题就是"根据牛顿原理研究宇宙的构成及其力学起源"。在他那个时代,牛顿的名字对于自然科学家来说,其意义和耶稣的名字对于基督徒是差不多的;经典物理学当时是作为最精确、最成功的关于宇宙自然的因果理论而被广泛认同的(直到一个多世纪以后,才由相对论和量子力学带来了新的辉煌)。牛顿是循着怎样的一条思想轨

---

① [德]康德:《任何一种能够作为科学出现的未来形而上学导论》,庞景仁译,商务印书馆1978年版,第54页。

迹达到他的科学生涯顶点的？对这个问题，牛顿本人曾多次表示，他总是以可观察的经验证据为基础，从中归纳、概括出普遍性结论来，牛顿说他"从来不作假说"，他的任务就是"发现"。康德和当时所有科学家一样，对牛顿的这种诠释深信不疑。这个"教条主义迷梦"被大卫·休谟惊醒了。

如前述，休谟从考察"因果"观念出发对归纳法进行了分析。他发现，不论遵循怎样的归纳程序，归纳的前提（个别、特殊的经验事实）与归纳的结论（普遍性的因果规律）都是不对称的，而这种不对称又是归纳法本身不能弥合的。休谟的结论是：从任何可能的观察证据中都不可能逻辑地导出具有普遍性和必然性的自然规律来，因此，有关宇宙自然的一切断言，包括牛顿本人的经典结论，都不是完全确定、完全可靠的。这个结论震惊了作为自然科学家和哲学家的康德。他认识到，休谟的论证在逻辑上无懈可击，因而摧毁了他一直信奉的科学发生论；但休谟断言自然科学不再具有普遍的真理性，却是康德无论如何不接受的。"我根本不赞成休谟的结论。"[①]因此，必须对牛顿理论的普遍性、必然性做出新的哲学辩护，即回答：自然科学究竟是如何可能的？科学真理是怎么得来的？他要对自然界的因果规律做出新的诠释。

康德想到了尼古拉·哥白尼。早在15世纪，当沿用了十

---

① ［德］康德：《任何一种能够作为科学出现的未来形而上学导论》，庞景仁译，商务印书馆1978年版，第9页。

多个世纪的托勒密"地心说"在说明天体的运行过程中越来越力不从心的时候,哥白尼换了一个思路,他假定并非地静天旋,而是反过来:太阳不动,地球绕着它旋转。这一颠倒让天文学界豁然开朗,原来的困难迎刃而解、一扫而光,随之而来的就是天文学的巨大进步。康德指出,关于自然因果律的解释,也需要一次"哥白尼式的倒转",即:长期以来人们相信人的心灵只不过是被动的"白板",现在应当倒过来:心灵是主动介入自然界而获取知识的;历来作为一种"发现"活动的科学研究,实际上是一种"发明""创造""赋予"的活动。"理智的法则不是理智从自然界得来的,而是理智给自然界规定的。"[1]既然休谟已经证明了,牛顿理论这种既真实又可靠的知识体系并非来自经验的归纳,那就不妨反过来看:我们在吸收、消化从自然界获得的经验材料的过程中,把我们理智固有的"秩序"和"规则"(他谓之"范畴")加诸这些感觉材料,使之具有了因果性和规律性,于是得到了科学理论。自然科学刻画的是一个带有人类精神印记的自然。这堪称一场哲学革命,或"哥白尼式的倒转"。康德这个思想的具体描述我们可以不必在意,那里头有太多的思辨色彩,且颇有争议。真正重要的是,康德提醒我们:科学知识是客观成分和主观成分的综合、统一,客体提供的

---

[1] [德]康德:《任何一种能够作为科学出现的未来形而上学导论》,庞景仁译,商务印书馆1978年版,第93页。

是"质料",主体提供的是"形式",而关键的作用在于主体。科学家的作用是创造概念、发明假说,让自然界接受人类的质询,检验人类的发明创造适合与否。只要是真正的科学知识,它就一定包含了原本不属于客观对象而仅仅来自于人心的要素。这种观点当然是典型的唯心主义,康德自己也把这种观点称之为"先验唯心主义"。

上述思想,对后来许许多多科学家的思路产生了重大影响。20世纪以后,爱因斯坦、普朗克、玻尔、海森堡这些创立了相对论和量子力学的杰出物理学家,都欣然承认他们遵循了康德的思想轨迹。正如爱因斯坦所说:"在我们还未能在事物中发现形式之前,人的头脑应当先独立地把形式构造出来。……借助于思维,我们的全部感觉经验就能够整理出秩序,这是一个使我们叹服的事实,这是康德的伟大认识之一。"[①]这是出自一位伟大科学家之口的"人为自然立法"思想。

十、二元论辩护

我们看到,康德的初衷是重建整个科学知识的统一结构,消弭由莱布尼茨和休谟"达成一致"的知识结构论——关于内容的知识(自然科学)和关于形式的知识(数学、

[①] 《批判哲学的批判》,李泽厚,三联书店出版社2022年版,第158页。

逻辑）的二元分设。康德试图把数学和自然科学纳入他独特的"先验综合命题"这个框架之中。但是他的这个尝试并没有成功。我在前面已经分析了为什么"先验综合命题"不能成立的理由，以及数学和自然科学不能归于一统的理由。后来的哲学界和科学界都没有采纳他的"先验+综合"这个思路，理由很简单："先验的"就是排除任何经验内容的，而"综合的"就是完全后天经验的，两者互不相容。后来的数学家、逻辑学家基本上没有人接受康德关于数学本质的见解，理由仍然是莱布尼茨和休谟早就说清楚了的：数学和逻辑完全与经验世界无关，它们作为一种先验的、分析的"公理演算系统"，完全是思想的构造，遵循的是思维的不矛盾律，作用就是提供思维形式和解析工具。

实际上，康德关于科学和哲学的思想并没有避免他希望消除的所谓的二元论：主体与客体、形式与质料、先验和经验、形而上学与科学、纯粹理性与实践理性、二律背反等等。康德的知识论及他的价值论，处处表现出对立和矛盾，就像亚里士多德、阿奎那、笛卡尔、斯宾诺莎、洛克、休谟、莱布尼茨等等哲学家的思想一样。矛盾、对立、斗争、不相容等等，属于二元论的激烈形式；分立、中和、协调、兼顾、两全、对等、中庸、相安无事等等，属于二元论的温和形式。不管哪种二元论，都是历代哲学家最常见的思想状况。

由此想到了我们一直信奉的一个教条，或者说一种并不合理的思考模式：凡哲学问题总要见个高低，一切相互矛盾的或对立的概念、见解、思考、学说，都要么归属于这一极，要么归属于另一极，最终都要用"唯物主义"或"唯心主义"，"辩证法"或"形而上学"的标签来加以定性。如果做不到这种不相容的两极对立，就会被贬称为"二元论""折中主义"，而最终，要么被说成是"不彻底的唯物主义"，要么被划入"唯心主义"的阵营。这种"非此即彼"的思想方法倒是比较省事，却不符合哲学发展的真实情况。

像笛卡尔、康德这样的哲学家肯定是唯心主义者，但他们的唯心主义并没有处处彰显，不像柏拉图、黑格尔那样。他们在心灵与物质，主体与客体，现象与本质，科学与宗教、理性与感性、演绎与推理等等关系上，并不能坚持他们的"原教旨"唯心主义，因为他们除了二元论或折中主义，已经无路可走。拿康德的感性学说来说，他虽然用了特别大的篇幅去说明空间和时间的先验主观性，但他并没有在主观形式和客观材料之间严重地厚此薄彼，他认为这两种东西对于构建数学（几何学和算术）是缺一不可的，两者无所谓第一性、第二性。所以我们不能批评康德的感性学说包藏了"羞羞答答的唯心主义"。

真正说来，绝大部分哲学问题都属"终极关切"，哲学家都在对其追根究底。如果这么做了以后得到的仍然是某种包含了由两个或两个以上、相互对立且缺一不可的因素构成的结论，那多半就已经是最后的结论了。我们前面已经考察了西方哲学史上众多关于知识的发生、发展特别是构成上的思考、想象、理论、学说，从古希腊一直到康德。一个不可忽视的情况是：知识的来源有两种途径，知识的形成有两种方法，知识的结构有两种形态，知识的运用有两种功能，知识的价值有两种表现，等等。在"我们到底拥有怎样的知识"这个问题上，上述二元论已经给出了答案。非要把它们硬性划归于某一个极端，是既无道理，也无必要的。

从广义来说，几乎所有的哲学理论都是二元论的或具有二元论精神的。比如思维和存在的关系，这个恩格斯称之为"哲学基本问题"或"最高问题"的大问题，一开始就呈现出了两个根本的对立双方，所有其他问题均围绕它们展开，由此衍生出了数不胜数的二元对立或分歧。没有不同思想之间的对立和矛盾，没有不同学派之间的争论和较量，哲学就无法深化，也无法进步。真正彻底的一元论的确也有，要么是那些庸俗哲学，比如宣称意识是大脑分泌出来的物质流；要么是20世纪以来被称为浪漫主义或非理性主义的那些学派，它们对传统哲学一概拒斥，并发誓要建立所谓超越了主体与客体、现象与本质、原因与结果、必然与偶然等等二元分立的深层形而上学；或者说，要"回到事情本身去"。不过在我看来，只要思想一启动、语言一出口,对象、受者便立即呈现,除非始终保持沉默。因此,不管怎样的现代派哲学,不管它们的主张者、论证者如何宣布已经达到了"一",只要他们进行表达或表述,就怎么也摆脱不了讨厌的二元论。

第七篇

"经验"和"先验"孰为先？
——感觉和思想的博弈

一、理智、知识、合理性

在前面的专题（《我们到底知道什么？》）里，我对人类知识的起源和结构等问题做了梳理和解析。我的结论是：科学知识是一个二元的结构——实证知识和形式知识。前者包括了一切自然科学和常识（具有经验内容），后者指的是数学和逻辑（属于形式科学或思维科学，是一种工具）。这两种知识在本性上一致——求真、求知（提供事实判断或逻辑判断），都是"理性主义"的典型；但它们在起源上、结构上、功能上截然不同。

我想再强调：切不可把数学当作自然科学的一种，不管亚里士多德、培根、洛克、恩格斯曾经怎么说——数学不是从经验中来，不是归纳的结果。不要相信一切知识——数学不用说了，包括自然科学知识——都是从经验出发、以观察为基础。知识的内容和形式都不是纯客观的结果——这是康德的"哥白尼倒转"的伟大贡献。但是，也不要相信康德已经解决了"自然科学和数学是如何可能的"这个人类理性的最终问题。主要受休谟"归纳问题"的刺激和启发，康德在《纯粹理性批判》里提出了"先验综合命题"（"先天综合判断"）这个概念，用以说明自然科学和数学何以能够提

第七篇 "经验"和"先验"孰为先?——感觉和思想的博弈

供"普遍性""必然性"的知识(真理)的"无可置疑"的理由——他认为数学与自然科学是同构的,即"先验形式+经验内容",以此构成了所谓"先验综合命题",他断言一切真正的科学知识的呈现形式都是"先验综合命题"。此见谬矣。

谁都知道科学对人类的伟大意义和作用。科学知识为什么如此厉害?因为它的结论(描述、断言、预言)可信、可靠、说服力强,也就是具有"普遍性"和"必然性",能够让我们了解世界的本质和规律,帮助我们从已知走向未知,从现象进入"真相",帮助我们有效地应对、利用、驾驭、索取这个宇宙自然界。——我这里当然指的是自然科学,古希腊人统称为"物理学"。从古希腊开始,哲学家们就关心:科学知识(真理)可靠性的根据是什么?科学知识的来源何在?是从经验中来还是人心先天具有?科学知识的结构是怎样的?为此就形成了经验主义和先验主义(又称"唯理论")以及它们之间的争论。

我们先来解说一下"理性"(rationality)或"理性主义"(rationalism)这个词。我特别要指出一点:"理性主义"有广义和狭义之分,这个词如果不加以澄清,就会发生不该有的歧义或混淆。我们来看一下权威英文词典关于理性主义(rationalism)的定义。

《新牛津英语词典》(The New Oxford Dictionary of English,上海外语出版社2001年1月版)关于rationalism的

389

定义为：A belief or theory that opinions and actions should be based on reason and knowledge rather than on religious belief or emotional response.翻译过来就是：理性主义是这样一种信念或理论，人的所有想法和行动都应当基于理由和知识，而不是基于宗教信仰或情感反应等等因素。

《韦伯斯特大学词典》(Merriam-Webster's Collegiate Dictionary，英国梅里亚姆·韦伯斯特公司2014年4月出版）对rationalism的定义是：A view that reason and experience rather than the non-rational are the fundamental criteria in the solution of problems. 翻译过来就是：理性主义是这样一种立场，唯有理由和经验，而不是其他东西，才是解决一切问题的基本标准。

这就是广义的理性主义。意思是：凡是靠理智或理由（reason）、动脑筋、合理的思考，或根据经验（experience）、观察(observation)、实验（experiment）来思考、行动、解决问题、达到目的的精神活动，就是"理性主义"的。与之相反，依靠宗教信仰、情感宣泄、意志品质的力量来表达、倾注、解决问题的，就属于"非理性主义"。

在这里，"reason"是一个非常关键的词，是"理性"这个词（不管是广义的理性还是狭义的理性）的核心内涵。实际上，rationality与reason可以互换，尽管reason也是个多义词。reason一般来说指"理由""理智""理解"（洛

第七篇 "经验"和"先验"孰为先?——感觉和思想的博弈

克、休谟都频繁使用"理解"understanding这个词来表示reason的意思);reason还特指康德的那个"纯粹理性"。

历史悠久的《柯林斯词典》(Collins English Dictionary,美国哈珀·柯林斯出版集团公司1819年出版)对reason这个词的解释是:The reason for something is a fact or situation which explains why it happens or what causes it to happens; If you say that you have reason to believe something or to have a particular emotion, you mean that you have evidence for your belief or there is a definite cause of your feels. 翻译过来就是:"reason"一词是指,某件事或某种状况之所以发生或为什么发生,其缘由是可以解释清楚的;如果你使用"reason"一词来解释你的信仰或你的特殊情感,那就意味着,你有充分证据来支撑你的信仰并且有确定的原因导致你的那份感受。

这就是一般意义、广泛意义上的理性或理性主义的含义。在这里,理性的反面或对立面是"非理性"或"反理性":凡是依靠合理的思考,或俗话说的"动脑筋"产生的话语、行为及其结果,都属于"理性主义"的;反之,在信仰、情感、意志、迷信、幻想等等支配下的言行,就是非理性主义的。理性主义和非理性主义的区别是显而易见的。一般来说,理性主义包含了理智、知性、悟性、理解、逻辑、知识等意思,都具有真或假的含义;但在价值领域同样充满了理性主义。在"善"或"恶"的问题上，只要是通过动脑筋、摆事实、讲道理、合情合理的方式做出的价值判断和道德实践，都是理性主义的。理性主义就是"以理服人"，它既关乎真假，也涉及对错；既相信假说、理论、逻辑的力量，也遵循经验、生活、常识的习惯；既接受感觉的检验，也服从思想的判定。反之，以迷信、恫吓、恐怖、神灵、谶语等等宣示的价值及实践，都是非理性主义或反理性主义的表达体系。

二、先验主义和经验主义

西方哲学史上还有一种观念或习惯，将理性主义理解为与"经验主义"相区别、相对立的认识论，即片面注重灵魂、思索、直觉、演绎、推理这样一种哲学倾向或流派。这就是盛行于17世纪的"理性主义"或"唯理论"，也就是"先验主义"（Transcendentalism）。由于这种狭义的理性主义的原文仍然是rationalism这个词，故很容易造成广义和狭义两种"理性主义"的混淆和错用。因此我们还是从原意来理解这个狭义的"理性主义"或"先验主义"。

Rationalism

1.A theory that reason is in itself a source of knowledge

superior to and independent of sense perceptions.（《韦伯斯特大学英语词典》）即：理性主义是这样一种理论，它主张人的理智本身就是知识的来源；理智优于并且独立于感觉经验。

2.The theory that reason rather than experience is the foundation of certainty in knowledge（《新牛津英语词典》）即：理性主义是这样一种理论，它认为人的理智而非经验构成了知识的确定性基础。

很清楚，这个"理性主义"跟前述广义的"理性主义"的意思就有区别了：这个"理性主义"是在区别于——或者优先于、独立于——"感觉""经验""知觉"意义上的"动脑筋""讲道理""求真知"活动。中国翻译者之所以将这个狭义的理性主义译为"唯理论"，这看上去是一个新词（其实它在英文里仍然是rationalism），就是为了区别这两种"理性主义"，免得弄混淆了；但仍然未能避免一定程度的歧义，造成了一定的使用混乱。所以我主张用"先验主义"（transcendentalism）来指称与"经验主义"相对立、曾盛行于欧洲大陆的那个唯心主义哲学流派（后来康德直接把自己的哲学知识论叫作"先验唯心主义"，不过康德并不排斥而是相对轻视感觉、经验和归纳、综合）。先验主义或唯理论哲学强调：单凭着主体、灵魂、思想本身就能创造、构建、推导出人类知识来——知识的源泉仅仅就是人的思想或曰reason itself，显然，这就是我们习惯称之为"先验主义""客观唯心主义"的哲学。与之相对立的、以英国为基地的哲学知识论，就是"经验主义"（empiricism）——注重通过感觉、经验的途径和实验、归纳的方法来获取科学知识这样一种理论。在这里我们需要明确："经验主义"是广义的理性主义的一种，历史上的经验主义哲学家们在运用理性也就是在逻辑论证方面是无懈可击的，他们认为感觉经验是知识的源泉，但这个过程具有充分的逻辑（logic）和理由（reason），完全能够"以理服人"。

我们来看"经验主义"的英文定义：

Empiricism

The theory that all knowledge is derived from sense-experience. Stimulated by the rise of experimental science, it developed in the 17th and 18th centuries, expounded in particular by John Locke, George Berkeley, and David Hume.（《新牛津英语词典》）即："经验主义"是主张所有知识都起源于感觉经验的一种理论。这个理论在17、18世纪实验自然科学的兴起中得到促进和发展，其杰出的阐释者是约翰·洛克、乔治·贝克莱、大卫·休谟。

这个意思已经很清楚了。经验主义和先验主义双方在17

第七篇 "经验"和"先验"孰为先?——感觉和思想的博弈

世纪形成了两军对战,经验主义以英国为基地——英国的实验科学发达,以培根、牛顿、波义耳等为代表;先验主义、唯理论以欧洲大陆为基地——欧洲的数学和逻辑学发达,以笛卡尔、莱布尼茨、欧拉等代表。

17—18世纪,发生了英国的经验论和欧洲大陆的唯理论(先验论)之间的哲学(认识论、知识论)争论,争论的焦点是:我们的知识从何而来?是来自感觉经验还是来自先验理性(思想本身)?换句话说,这两个来源哪一个在先?哪一个更真切、更可靠?经验论主张一切知识都来源于感觉经验,知识的获得方式是经验归纳法,这是一种"发现的逻辑"。经验主义的代表人物是培根、霍布斯、洛克、贝克莱、休谟;唯理论(先验论)主张真正可靠的知识不可能来自经验世界,因为感觉经验是相对的、易缪的、不可通约的、不确定的,唯有发自灵魂或理智本身的思想,才能构建起人类知识的大厦,其手段是演绎推理。先验主义、唯理论的代表人物是笛卡尔、马勒伯朗士、斯宾诺莎、莱布尼茨、沃尔夫等。休谟和莱布尼茨分别是经验主义和先验主义的最大、最后的代表,也是这两种各持己见的哲学知识论的终结者。他们留下的难题,既震惊了康德,也启发了康德,导致康德对这两大派别进行全新的综合与创新,构建了他的试图兼顾双方、两全其美的知识体系,同时将形而上学从人类科学知识的结构体系中剥离并予以驱逐。

三、历史上的争论

早在古希腊，经验主义和先验主义（狭义理性主义）就出现了，以至于在古希腊，知识就已经被确定为一种二元的结构，即：存在着两种知识——经验的、关于内容的；先验的、关于形式的。

比如，属于伊奥尼亚"自然哲学家"的赫拉克利特十分注重感官的作用，他说"可以看见、听见和学习的东西，是我喜欢的"，"眼睛是比耳朵更可靠的见证"，[1]等等。赫拉克利特以主张永恒燃烧的"火"作为"世界本原"而著称，但他又讲这个"火"在一定的分寸上燃烧，在一定的分寸上熄灭，遵循着某种规律（分寸），叫作"逻各斯"（logos，即"逻辑"这个词的前身）。与赫拉克利特对立，属于"南意大利学派"（包括了毕达哥拉斯）的巴门尼德十分重视思想的对象——"存在"，在哲学史上具有开创性，直接影响了柏拉图。他说："应当以理性为真理的标准，而感官是欺骗我们的。"还说："能够思想的东西与能够存在的东西是

---

[1] 《西方哲学原著选读》上卷，北京大学哲学系外国哲学史教研室编译，商务印书馆1981年版，第25页。

第七篇 "经验"和"先验"孰为先？——感觉和思想的博弈

同一的"[1]（这也是"思维与存在的同一性"这个命题的最早表述）。

这种注重经验和注重思想之间的哲学分歧、对立，直接来源于当时科学发展的不同路线和成果。在古希腊，哲学与科学不分家，自然哲学家也就是自然科学家，比如泰勒斯、阿那克西米尼、恩培多克勒，他们在天文、气象、航海、医学等领域，都做出了重要贡献。而注重理性、思想的这一派哲学家，在数学、逻辑学方面有很大建树。比如毕达哥拉斯对数学的贡献，以及巴门尼德的弟子芝诺，第一次将常识付诸严格的逻辑反证；他提出的好几个著名的"反运动悖论"，至今无解。实证科学和数学、逻辑在古希腊早期就齐头并进、各自发展了，学科的这种分野昭示的正是"感性"（感觉）和"理性"（思想）在知识构成方面的最初分歧。

到了雅典时代，这种分歧、分野有了新的表现：普罗泰戈拉为首的智者派和柏拉图创立的学园派（Academy）。普罗泰戈拉有一句名言："人是万物的尺度。是存在的事物存在的尺度，也是不存在的事物不存在的尺度。""事物对于你就是它向你显现的那样，对于我就是它向我显现的那样，而你和我都是人。"[2]这是典型的感觉论，特别注

---

[1]《西方哲学原著选读》上卷，北京大学哲学系外国哲学史教研室编译，商务印书馆1981年版，第31页。

[2]《西方哲学原著选读》上卷，北京大学哲学系外国哲学史教研室编译，商务印书馆1981年版，第54、55页。

397

重的是事物在感官中的"显现",即视、听、嗅、味、触（sight, hear, smell, taste, touch）五种感觉;事物在感官中怎么显现,事物的"真相"就是怎样。"人是万物的尺度",意思就是:人的感官是万物的尺度,而人与人都不一样,所以世界上的事情没有定性。很明显,这种比较极端的感觉主义已经走向了相对主义、唯我论、怀疑主义和诡辩论了,实际上,一切经验主义走到头都一定是这个结局,后面分析大卫·休谟时再具体讨论。

把感觉经验作为知识的出发点本身没有错,这至少合乎常识;但如果把这个观点推向极端,只强调人的感觉经验,仅仅承认知识的内容来自主观感受,那么,感觉这个主体与客体、人与对象之间的桥梁或纽带,就会变成阻隔人与对象相互作用、彼此交流的屏障。而且,经验主义一旦钻牛角尖,世界就会立即"扁平化":丰富多彩的世界就会单调无趣、没有深度、没有层次性。我们以苹果为例。一个苹果,当然具有不同的可感属性,如特定的颜色,特定的香味、特定的滋味、特定的硬度等等。若只讲现象,这个苹果不过就是这一系列感觉经验的集合或组合,离开了这些感觉及其集合,就谈不上"苹果"这个东西的存在。这一点,实际上是所有彻底的经验主义（从普罗泰戈拉一直到贝克莱、休谟）一贯坚持的立场,可以用贝克莱主教的"物是观念的集合""存在就是被感知"来概括。这个现象主义的世界图景当然是不符合实际情况的，因为苹果或其他任何可感物体并非"主观感觉"的集合，它们是客观存在物。但是你怎么证明"物是观念的集合""存在就是被感知"是错误的？怎么证明这个世界是"客观存在"的？我的回答是：没有办法，至少通过我们的感觉经验不能证明。18世纪著名思想家、文学家伏尔泰面对贝克莱的结论时，一方面批判其荒谬绝伦，同时又无可奈何，因为驳不倒这种理论。实际上，一切经验主义、现象主义哲学家，他们心里十分明白：这个世界里的所有东西都并不依赖人的感觉而存在，苹果一定不仅仅是个"观念"而是实实在在的物体；但是，他们的经验主义有一个逻辑路线，只要坚持"一切来自经验，一切遵循经验"，就必然导致所有的事物都只不过是感觉或感觉的集合这样的"荒谬"结论；主观唯心主义比客观唯心主义的逻辑说服力强，其可证伪度低，道理就在这里。

实际上，"究竟存在着什么"这个问题和"我们到底能够知道什么"这个问题，是一而二、二而一的同一个问题。假如将构成苹果的各种各样感觉要素都剔除干净，还有没有那个"苹果"了？假如去掉了"诸葛亮"这个历史人物所有的属性（他的出生和早年生活、他的政治和军事业绩、他的家庭关系、他的性格特征、他的聪明才智、他和刘备及刘禅的关系、他的死亡时间和地点等等）的话，还有没有"诸葛亮"这样一个人了呢？这是很有趣的问题，既是本体论问题，也是知识论问题。对这样的问题，如果回答是肯定的，即认为除了那些各不相同的感觉、属性、关系等等，"苹果""诸葛亮"还在，那就会马上陷入二元论：存在着两个苹果或两个诸葛亮，一个是作为感性集合体的"苹果""诸葛亮"，另一个是"苹果""诸葛亮"本身。这显然是柏拉图的理念论和历史上的一切"实在论"（不管是唯物主义还是唯心主义的实在论）的观点，这个回答当然过于独断，无法证明，说服不了人。而如果回答是否定的，即认为除去各种各样感性的构成要素，就什么也不剩下了，那么"苹果"和"诸葛亮"就只是两个"词"了，这显然是普罗泰戈拉、唯名论、贝克莱的观点，它同样站不住脚，甚至特别离谱——我们生活的这个世界只不过是人的感觉及其组合而已。既然如此，上面的两个问题（"究竟存在着什么"和"我们到底能够知道什么"）就是最终无解的，一切形而上学问题都是如此。不过就我来说，我信服经验主义的逻辑，却不接受经验主义的结论。我宁可相信——当然证明不了——感性世界之外或之中，存在着另一个"真实的""本质的"世界。毕竟，双重世界使人类高于动物界，使人类生活——当然是精神生活——丰富多彩、妙不可言。让我们回到古希腊的哲学叙事。

苏格拉底、柏拉图严厉地批判了智者派的经验主义、相对主义。他们坚决不同意知识和真理来源于经验，因为感觉经验实在是太不可靠了；他们认为知识、真理和经验、常识的最大区别就在于：知识和真理是先天的，从来就在人的心中。只不过大多数人生下来时把它们忘记了，所以他们说"学习就是回忆"，其方法就是"精神助产术"——通过对话，揭露矛盾、调整思路、引导出真的结论。这也就是苏格拉底开创的"归纳论证"和"下定义"的方法，按照亚里士多德的说法，这两个东西都是科学的出发点。柏拉图认为，感性的、常识的世界只不过是他所谓的"理性"（理念）的、共相的世界的影子或摹本，前者变动虚幻、可生可灭，后者恒定真实、不生不灭；与此相对应，柏拉图在知识起源和结构方面，表现出强烈的重理性、轻感性，重思考、轻经验，重逻辑数学、轻自然哲学的倾向。为此，柏拉图构建了人类历史上第一个先验理性主义的知识系统，这个系统不但是先验的，而且是分等级的：1.自然物的理念，如石头、树木、马、人等理念；2.人造物的理念，如桌子、椅子、床等理念；3.数学理念，如方、圆、三角形、大、小、比例等理念；4.抽象范畴，如一和多、存在和非存在、静止和运动、同和异等理念；5.道德和审美理念，如美、勇敢、节制、忍耐、正义等理念；6."善"（或"至善"），这是最高级的理念，是一切理念得以产生的终极根源和依据，是一切存在物得以存在的"摹本"，是一切事物共同追求的终极目标。这个"至善"，已经接近于神的境界了，后来罗马帝国时代的基督教神学家（教父哲学家）在进行论证时，充分借鉴、引用了柏拉图（

或新柏拉图主义）的这个形而上学思想，将"至善"这个理性神与基督教上帝这个人格神合二为一。

到了亚里士多德，他要对之前经验主义和先验主义、感觉论与唯理论的各持己见、相互对立进行综合、调和，形成一个涵盖了双方各自合理性的知识体系。他一方面批评柏拉图，说"在个别的房子之外存在着一般的房子"这种说法不能接受（因为与常识不符），他强调个别、感性事物是所谓的"第一实体"，因而就是认识的首要对象（知识从经验出发）；他还把人的心灵比喻为"蜡块"，知识就是外物印在蜡块上的痕迹，这是非常朴素的感觉论，当然也是反映论。由这个基本观念出发，亚里士多德特别注重自然哲学（古希腊谓之"物理学"，与"心理学"相对）的研究，强调对自然界方方面面的搜集、排列、抽象、归纳、整理、总结，即有组织、有计划地观察与实验。在这方面，亚里士多德堪称古希腊最博学、最有建树的伟大科学家，是百科全书式的学者（近代以后，这样的学者不可能出现了，因为科学日益分化、细化，一个人、少数人不可能完成所有的研究工作）。

但另一方面，亚里士多德又跳到另一个极端，他严厉批评智者派学者"把一切都说成是相对的"，结果"简直就没法给任何一件事物命名，因为根本就没有什么东西是可以稳定存在的。"①他认为，无论如何必须承认真理——特别是高级的真理，比如形而上学、数学——具有"自在的性质"，仅仅为思想所把握。亚里士多德构建了一个知识结构图：最高级是"第一哲学"（即后来的metaphysics,形而上学），第二等级是数学，第三等级是物理学。前面两个提供的真理纯粹出自思想本身（包括直觉），与任何感觉经验无关；物理学是建立在经验事实基础上的，故感觉的刺激、观察、实验必不可少，但还必须依靠灵魂、思想、理智的帮助才能找到自然因果律。另外，亚里士多德还专门创建了一门关于思维规律的知识——逻辑学（他本人并没有使用"逻辑学"这个名称，而是用"分析"这个词），命名为《工具篇》，也与知识的内容——经验世界无关，纯粹是思想的构造，是知识的形式和工具。这就是亚里士多德对之前的感觉论和理念论的调和或综合。亚氏的确是煞费了苦心，就当时的哲学和科学发展水平来说，已经处在最高峰了，尤其是他的形式逻辑思想，至今仍然是颠扑不破的思维规律。他的知识图景是把先验和经验拼接在一起，各自独立，互不相干；他做不到经验与先验、形式和内容之间的融合——我认为这件事永远做不到。逻辑学（和数学）绝不能解决认识内容、知识对象"是什么"的问题，自然科学则永远没有办法达到绝对、无条件的结论。

---

① 《西方哲学原著选读》上卷，北京大学哲学系外国哲学史教研室编译，商务印书馆1981年版，第129页。

到了中世纪，经验主义和先验主义（唯理论）的争论以"唯名论"（nominalism）和"唯实论"（实在论，realism）相互争论的形式继续进行。争论的焦点是：universality、category、class，即共相、一般、普遍性、类概念等等，其实质究竟是什么？是客观、真实的存在，还是仅仅是名称、概念？唯名论就是感觉论，唯实论就是柏拉图理念论。对两者的争论，托马斯·阿奎那又进行了一次综合：仍然是妥协、调和，兼取双方的观点，但没有办法融合双方。核心的问题，也是最古老的问题仍然是：科学知识的根据究竟是什么？是感觉、经验、观察和实验，还是思想本身或先验理性？感觉经验和逻辑理性，思维内容（经验）和思维形式（逻辑），到底哪一个在先（包括时间在先和逻辑在先），哪一个更有效、更能够达到真理？

围绕这个问题，17世纪的经验主义（empiricism）这一派和唯理主义（rationalism）这一派进行了长达100多年的论辩，虽然没有达成共识，却对问题的解决提供了有启发的思路——特别是大卫·休谟。

四、综合命题和分析命题

经验主义注重知识内容的重要性——认为真正的科学知识必须是一种"新知"：认识之后比认识之前信息量有所增

加，在了解、把握自然界的过程中，知识内涵稳步增长，人类知识就像一座不断扩充的图书馆。怎么才能做到这一点？只能从经验事实出发，通过感觉、经验、观察、实验这些途径，自下而上地"归纳""抽象""概括""总结""综合"出一般性、本质性的结论。这些结论的功能是帮助人们从已知预测未知，从现在知晓未来，从现象把握本质。所以经验论批评唯理论的主要论据就是：唯理论所倡导的认识方法——自上而下的演绎推论，实际上是同义反复，对于知识的增长来说是原地踏步。

与此相反，唯理主义注重知识形式的重要性——认为真正的科学知识必须确切可靠，结论必须具有普遍性、必然性，必须是"真知"。唯理论批评经验论的主要论据是："自下而上"的归纳路线所得出的结论是不完全可靠的，甚至是完全不可靠的；因为归纳的"前提"（单称陈述）与归纳的"结论"（全称陈述）是不对称的，有限不能决定无限，过去不能保证将来。真正的科学知识不能是这样，它必须"放之四海而皆准"。因此知识的内涵必须是先验的，知识形成的路径必须是自上而下的，知识的结构必须是分析的。

争论的双方各持己见，都强调了科学知识的某一方面的重要性和合理性。的确，科学知识应当既扩充了知识内涵，同时又具有结论上的真理性、可靠性——这一点正是后来康德在他的《纯粹理性批判》里想要"毕其功于一役"的事情。只可惜康德的努力并不成功。因为知识的内容和形式是两个东西、两个来源、两种功能，是不可能合二为一的；经验论和唯理论，归纳法和演绎法，综合命题和分析命题之间，有着天然的、不可跨越的鸿沟。若要追求知识内容的增长、扩充，就不能不弱化甚至失去普遍性、必然性——不管如何成功的自然科学理论，实质上都是假说，都只具备一定程度的真理性。若要追求知识形式的完美、真切、可靠，就不能不部分或全部地舍弃知识内容的增长，甚至容忍知识内容的贫乏、空洞——最真实的、永远正确、完全没有误差的知识，只能是同义反复；演绎推论的前提预设、蕴涵了结论，因此无论如何结论不会比前提更真。所谓的"逻辑真实"，就是结论的真只对前提负责，而不管内容的真假。比如：若大前提是"金属是不导电的"，小前提是"铜线是金属"，那么结论就必然是"铜线是不导电的"。这个三段论推理在程序上无懈可击，因此"铜线是不导电的"这个结论在逻辑上或知识形式上是真的，尽管这个结论与经验事实不符，即在知识内涵上它是一个假的结论。再如，若大前提是"所有的猫都有五条腿"，小前提是"这是一只猫"，那么结论就是"这只猫有五条腿"。这又是一个逻辑真而事实假的演绎推理。因此，关键问题是如何确保大前提在事实上为真，而这一点只能依赖经验归纳；但我们后面要进行分析，休谟揭示了任何形式的归纳程序都不能合法地导致普遍性、必然性的结论,那么,以归纳结论为大前提的演绎推理,尽管其结论在逻辑上永真,但事实上永远不是一个100%正确的结论。

由此可见,在归纳论证过程中,经验内容上的增量与其结论的真值成反比。无论如何,"永真"的推理只能由大前提的"清楚明白"或"不证自明"来保证,就像欧几里得几何学的五条"公设"、五条"公理"事先保证了全部推论的准确无误一样。任何公理演算系统的结论从实质上讲,都是同义反复,不能增加知识的内容,就如黑格尔的辩证逻辑体系一样:"起点是隐藏的终点,终点是展开的起点"。至于欧式几何与现实世界的空间形式的关系,那是一个众说纷纭、没有定论的问题。根据唯物主义反映论,欧几里得几何学的五条公理和众多定理、推论,都是对"客观世界"空间状况的抽象、概括,最终来自我们生活的这个世界。这个结论,从原则上或"定性"地讲,当然没错;但从"验证""定量"的意义上看,是不可能的。自古以来的哲学家和数学家们,不管是先验主义哲学家,还是经验主义哲学家,没有人持这个观点(弗兰西斯·培根可能是唯一的例外)。

欧式几何学曾长期被认为是与现实世界一一对应的,而且它最初似乎就是为了解释世界(比如测量土地)而构造出来的。在现代英语中,由geo("几何")这个词根所派生出来的词汇,往往与"土地"相关,比如geology(地质学）、geography（地理学）、geothermics（地热学）等等，因而"几何学"（geometry）似乎与这些学科相关。从起源这个角度看，现实需求（比如测量土地、航行定位、地质勘查等）应该是人类关心、了解空间形式（长宽高、大小、比例、计算、丈量等等）的出发点。但是到了欧几里得手里，"geometry"已经成为一门排除感性因素、纯粹的形式科学和公理演算体系；公理必须设定为无须证明、不证自明、直觉为真，这样才能充当逻辑演绎的大前提。这个时候，思维与现实的关系必须切断，唯有自上而下的纯先验分析才能推演出一切具体结论，对于欧式几何学来说，全部复杂的系统及其结论，对于五条公设、五条公理而言就是一个同义反复的命题系统，其所有定理、定义、推论等等的真值已为公理所预设和确保。正因为如此，在希腊时代，几何学被看作与形而上学差不多的思辨学术、思维科学或工具，是不奇怪的。到了近代，以笛卡尔、莱布尼茨为代表的"先验主义""唯理论"自不必说，连大卫·休谟这样的彻底经验主义者，也完全承认欧几里得几何学的先验性，他说："这类命题，只凭思想的作用，就能将它发现出来。并不以存在于自然界某处的任何事物为依据。纵然在自然中并没有一个圆形或三角形，欧几里得所证明的真理仍然保持着它的可靠性和自明性。"①

既然欧几里得几何学是纯粹思想的构造，遵循的是不矛盾律和逻辑自洽性，那么，一个为欧几里德的公理所不容却具有内在自洽性的另外的几何系统（即"非欧氏几何学"），就完全可以成立（如黎曼几何学、闵可夫斯基几何学）。更神奇的是，这种"非正统"几何学建立以后，竟然能够预示新的自然现象。最成功的范例是：爱因斯坦广义相对论关于超大尺"弯曲空间"公设不谋而合；特别是，通过英国天文学家爱丁顿1919年对日全食的观测，这种纯粹由思想构建出来的非欧氏空间的真实存在得到了证实。那是物理学与几何学精妙结合的辉煌时刻。从哲学的意义来看，一种纯粹思想的创造物及其推演系统，不但可以独立存在，甚至可以在自然界中得到印证。

由此可见，所有数学、逻辑学体系，都出自少数最初、最先的公理、公设、法则，由此构建起来的是一个分析的、推衍的系统。它们的功能是为具有经验内容的实证知识提供思维形式和规则，在知识形成中起到工具的作用。那么，数学或几何学公理从何而来呢？这个问题，两千多年来已经有数不胜数的数学家和哲学家做了艰辛而徒劳的探索。结论众说纷纭：它们要么出自人的直觉，要么出自人的好奇，要

---

① 《西方哲学原著选读》上卷，北京大学哲学系外国哲学史教研室编译，商务印书馆1981年版，第519页。

么出自人们之间的约定,要么出自人的先天感悟;它们与感性世界是吻合的、一致的(但要精确、完整、普遍、理想得多),但它们一定不是来自感性世界。

特别值得注意的是:作为唯理论最大代表的莱布尼茨和作为经验论最大代表的休谟,他们在科学知识的结构问题上殊途同归,都持一种二元论的观点,他们都主张,科学知识分为两类命题:"分析命题"和"综合命题"。

莱布尼茨认为有两种真理:推理的真理和事实的真理。前者指数学、逻辑和形而上学,其反面是不可能的、不允许的,推理的真理基于逻辑"不矛盾律";事实的真理指实验自然科学和一般常识,其反面是可能的,也完全可以想象(比如水往高处流、火能生凉、太阳从西边出等等),这种真理基于所谓"充足理由律"(这也是莱布尼茨对逻辑学的一个贡献)。

休谟也提出了与莱布尼茨完全一致的知识结构理论。休谟对因果性和归纳法的诘难,并得出怀疑主义、不可知论的结论,是众所周知、影响巨大的。但这仅仅是针对自然科学和常识的,在谈到数学的时候,休谟完全持一种先验论观点,与笛卡尔、莱布尼茨根本一致。在他看来,有两种知识的对象:一种是"观念的关系"(relations of ideas),一种是"实际的事情"(matters of fact)。"观念的关系"是数学的对象,数学完全是人的思想构建,与现实世界完全无关。

数学的真是无条件的、绝对的,设想数学的矛盾、反面情况是不可能的;除非思想不健全、不正常,否则数学(逻辑)是永真的。至于对"实际的事情"的研究,即自然科学、日常生活,我们已经讲了,其结论是或然的、不一定真的,反面完全可以想象。自然科学和常识,与数学、逻辑,两者的区别可以用梦境来说明。我们在梦中有可能出现水往山上流、太阳从西边升起这类异常现象,在梦里我们甚至不感到惊奇,觉得自然而然,因为自然现象的反面是不矛盾、可以想象、可以接受的。但是,我们再怎么做梦,也梦不到"1+1不等于2""整体不等于部分之和""三角形内角之和不等于两直角"这样的情况。因为这是对定义、大前提的悖反,违反了同一律和不矛盾律,因而不会出自正常人的思维,哪怕这个人在做梦。

　　赵本山的著名小品《卖车》里有这样一个"脑筋急转弯"对话。赵本山问:"1+1在什么情况下不等于2?"范伟斩钉截铁回答:"1+1在任何情况下都等于2!"赵本山:"错!正确答案是,1+1在算错的情况下不等于2。"范伟顿时懵圈了。其实范伟的回答是对的:数学命题是无条件正确的,任何情况下都是真的——其前提当然是做了正确的演算,赵本山是玩了一个噱头。为什么?因为数学命题是先验的、分析的,其主词蕴涵了宾词,就像"中国人是人"这个命题一样;如果1+1≠2,那就不是1+1了,只有在这个(并非1+1)

情况下，才是赵本山说的"算错了"。而如果"算错"了，那就是违反了十进位数学的根本规则。这个规则怎么来的？只能是早期人类约定俗成的产物——多半起源于人都有十个手指头，便于计数之故；如果人一开始有八个或十二个手指头，人类数学就会是另一套体系。既然约定俗成了，就得按规则演算，否则就会"算错"，就会发生1+1不等于2的情况，那样的话，整个十进位数学就会坍塌——当然，这只会发生在智力不健全的人那里。在数学系统当中，完全不存在数字或算法与"客观世界"的关系问题，数学仅仅是人心中的先验、约定、自明、封闭的形式系统。如果1+1≠2，那就一定不是"1+1"；如果整体不等于部分之和，那就一定不是"整体"，相当于：如果"妈妈的妈妈"不是"姥姥"，那就一定不是"妈妈的妈妈"；如果"单身汉"不是"不结婚的男人"，那就不是"单身汉"了。因此数学的本质就是同义反复。

凡是自然科学里的命题都是经验的综合命题，代表着"知识的内容"；凡是数学和逻辑学中的命题都是先验的分析命题，代表着"知识的形式"。

从方法上讲，先验论、唯理论、客观唯心论在方法论上都主张演绎法，表现方式是"分析命题"。一切先天、先验的知识都是分析的，因为它们的真理性仅仅来自少数先验性的公理（几何学）或规则（同一律、不矛盾律等），根据公理或规则推导、分析出来的知识是普遍真、必然真、永远真的，其真理性由公理保证，与事实无关。或者说，结论预设在前提之中，主词蕴涵了宾词。比如"白纸是白的"——"白色"这个概念可以直接从"白纸"中分析出来。其特性有二：一是它不能增加我们的新知识；二是其值是必然真的，"白纸"已经蕴涵了"白色"这个意思，所以这句话的反面是不可能的，正常人也不可能这样说话；与此同时，"白纸是白的"这句话也相当于没说。分析命题是"逻辑自洽"的，不需要求助于经验的证实。

经验主义、现象主义、唯物主义在方法论上都倡导归纳法，表现方式是"综合命题"。也就是说，综合命题都是后天的、经验的、扩充性的，同时其结论的真实性是有限的、或然的，没有100%的可靠性。比如"这张纸是白色的"这句话，它究竟是真是假，必须通过经验的观察和比较等等才能知晓，因此这张纸和它的颜色之间的联系是"后知后觉"的结果。其特性有二：一是它增加了我们的知识内容；二是其真值只具有或然性，因为这张纸的颜色不是来自对这张纸的分析，而是通过观察之后知晓的；它可以是白的，但如果它是其他颜色，思想上并不荒谬。

也借用、模仿赵本山小品里的话，"如果计算无误，牛顿物理学在什么情况下会失灵？"答案是："在它不曾尝试过的领域里可能会失灵。"这就是说，牛顿理论如果用于解释它尚未遇到过的物理现象,它有可能不是真的,但也不一定失灵,一切取决于观察和实验的检验,因为自然科学命题是后天的、综合的、基于事实的。那么,"事实"是怎样的呢?在20世纪以前,所有"客观事实"(观察、实验、常识)都是支持伽利略、开普勒、牛顿、拉普拉斯的;但到了20世纪初,经典物理学却遇到了前所未有的情况:一是如何解释超大尺度空间(宇观空间)中的物质运动,二是如何解释与光速可比的超高速度下的物质运动,三是如何解释微观(亚元子)领域里的物质(量子)运动。实践证明,牛顿理论确实解释不了这三种新情况,或者说,牛顿理论的解释与在这三种情况下的实验不符。这样一来,它就"失灵"了。于是牛顿物理学就不能不让位于新的物理学理论——广义相对论、量子力学和"宇宙大爆炸"理论。由此可见,任何一种自然科学理论都终究是或然性的假说,它终将被某个更好、更能解释世界并解决问题的新理论所取代,任何科学理论都早晚可能发生局部甚至全部"失灵"的情况。自然科学、人类知识(除了数学)的进步或飞跃就是这样实现的。

五、"归纳问题"("休谟问题")

西方哲学史上著名的"归纳问题"(problem of Induction),又称"休谟问题"——因为休谟揭示了归纳论证和传统因果

第七篇 "经验"和"先验"孰为先？——感觉和思想的博弈

观念的不可克服的缺陷。休谟作为一位彻底的经验主义者、归纳主义者，他对归纳法（归纳逻辑）的诘难，极大地震动了哲学界和科学界，直接冲击了以牛顿物理学为代表的自然科学。在休谟的质疑下，曾经并且仍然取得辉煌成功的经典物理学的来源、结构、可靠性、可信度等等成为值得探讨的问题，这就是"归纳问题"的影响。

"归纳问题"是怎么回事？我们举例来说明。最常见的一个例子是：千百年来人们通过观察得知，所有看到过的天鹅都是白色的，所以得出结论，"所有天鹅都是白色的"。这一结论（或"全称命题"），重在"所有"二字，即"囊括一切""穷尽每一个""断言了所有的可能性"之意，其可靠性、可信度、合理性是基于过去世世代代人们数不胜数的观测次数，由此建立起的一种信念或习惯。这里有一个关键：数不胜数，毕竟是有限的观察次数，它们远远不能穷尽一切和囊括未来所有的观察；从逻辑上讲，观察到非白色的天鹅的可能性是永远存在的。果然，后来的欧洲人来到澳大利亚，他们看到了黑天鹅，这一下子就驳倒了千百年来人们对天鹅颜色的"全称"即穷尽式的论断。于是，早在休谟之前，归纳法就暴露出了它的巨大局限性——只需一个反例就能够整个地否定掉普遍性结论的合理性、可信性。为此，弗兰西斯·培根专门提出了他的"科学的归纳法"，通过各种各样的程序（反复、比较、甄别、筛选、去伪存真等等）来取代原来盛行的那种"简单枚举"的归纳法（天鹅的例子就是枚举归纳的典型）。

其实，培根（以及后来的斯图亚特·穆勒）的"科学归纳法"虽然在程序上和细节上做了很大的改进，但实质上与"简单枚举"那个笨办法并没有区别，因为不管是什么归纳程序，都必须建立在相当数量的经验例证的基础上；所谓"去粗取精、去伪存真、由此及彼、由表及里"这种科学思路，其前提一定是相当多的经验证据，但这些证据对于归纳、概括、总结出普遍性的全称结论来说，怎么都是不够的。真正具有无可置疑的必然性结论的归纳法只有一种：完全式归纳，即把一切可能性都纳入证据。但这样得出的必然性结论是没有意义的。比如要检验一盒火柴是否全都能划得着，只能一根一根地划，直到最后一根。当每一根火柴都燃烧了之后，的确可以得出结论："这盒火柴的每一根都是合格的"，但这样一来就只剩下了一个空火柴盒，还有什么用呢？

关于归纳论证，休谟提出了一种怎样的思考呢？首先，休谟与所有经验论者一样，认为我们的科学知识，即"观念"（不包括数学、逻辑），仅仅来源于我们的感觉经验（他称之为"印象"），知识是一种原因与结果之间的恒常关系，是从经验事实中总结、归纳出来的。

休谟分析了"因果性"（causality）这个观念，这个观念与归纳程序密不可分：根据常识，一切科学知识都是对因果性、规律性、必然性的揭示和陈述。他说:"每个'结果'都是一件与它的'原因'不同的事件,因此结果是不能从原因中发现出来的。……如果没有经验和观察的帮助,要想决定任何个别的事情或推出任何原因或结果,那是办不到的。"①我举一个通俗的例子:我扇自己一耳光,就会感到疼痛。显然,扇这一耳光是造成疼痛的原因(result in),而疼痛是被扇了那一耳光的结果(result from)。这就是常识,没有人不同意。但休谟的问题是:我们的这个常识是怎么来的?"因果性"这个观念是如何被我们认同的?或者说:我是怎么知道这一耳光造成了我的疼痛感的?"因"或"果"不可观察,谁也没有见过一个叫作"原因"或一个叫作"结果"的东西,我们只有一件事与另一件事相继或相伴的经验。这一前一后两个事件为什么不可以是偶然发生在同一个时间段,并且它们实际上并无内在关联呢?对此,人们自然而然地会解释:在过去的所有试验中,我只要扇自己脸一耳光,都会出现疼痛感;不扇就不会疼。这就是原因和结果之间的联系呀。这难道还不清楚吗?是的,这是没有疑问的。但这里的要点是:两个被称为具有"因果关系"的事件,必须是经常地、多次地、没有反例地、前后相继地发生,次数多了、时间长了,人们才能得出"前因后果"的结论。但为什么在实验次数较少

---

① 《西方哲学原著选读》上卷,北京大学哲学系外国哲学史教研室编译,商务印书馆1981年版,第522页。

的情况下只能得出"一前一后""在此之后"的结论，而次数多了、久而久之，却有了"前因后果""因此之果"的结论呢？而且，第一次、第十次、第五十次与第二百次、一千次、一万次实验相比，它们并没有什么区别！怎么对此做出合理的解释？

这就不能不涉及"归纳法"这个抽象、概括、总结、提升的逻辑程序了。我们表述一下"归纳原理"——这是培根以来公认的发现自然规律的科学方法，今天不少人仍然对它笃信不疑：

如果大量的现象A在各种各样条件下被观察到，并且所有这些被观察到的A都无例外地具有B性质，那么，一切A都具有B性质。即：A现象是B性质的原因，B性质是A现象的结果。

这是弗兰西斯·培根、伊萨克·牛顿、斯图亚特·穆勒最推崇的"科学发现的逻辑"，就像一部"归纳机器"一样。

这里的问题是：1."大量"，到底多少才算是"大量"呢？实际上，再多的例证也是有限的；2."各种各样条件"，是不是囊括了所有可能的条件了呢？不可能，总有疏漏；3."无例外"，这个"无例外的重复"只是针对已经被观察到的那些A现象而已，而不可能穷尽了所有的A，因为从逻辑上讲，A的未来发生率是无限的。因此，"一切A都具有B性质"这个全称命题、这个普遍性判断，是不成立的。有人试图证明上述"归纳原理"的合理性，结果发现，这个证明本身就是一个归纳的过程：

"归纳原理在X1情况下成功起作用，

归纳原理在X2情况下成功起作用，

归纳原理在X3情况下成功起作用，

……

所以，归纳原理总是成功起作用。"

显然，这是用归纳的办法来证明归纳的正确性，是一种循环论证，这样的证明等于没有证明。

总之，从归纳的前提（观察、实验等等）得出归纳的结论（普遍性、必然性结论），在逻辑上是不合法的。实际上，结论只能是："一切A都可能（或极可能）具有B性质"，或A现象很可能是B性质的原因，B性质很可能是A现象的结果。（实际上，这种概率性的归纳结论仍然存在不小的问题）

归纳的前提（枚举、大量、各种条件、无例外）与归纳的结论（普遍性、必然性、放之四海而皆准）之间的不对称，是归纳法不可克服的逻辑缺陷。人们经常讲的所谓感性认识"上升""飞跃"为理性认识，所谓"去粗取精、去伪存真"的认识路线，实际上是说不通的，因为"感性认识"向"理性认识"的过渡或跨越，如上述，不存在逻辑的通道，所以归纳这个程序无论如何得不出普遍性、必然性的结论来。这个结论的"破坏力"是惊人的：再怎么成功、再怎么伟大的科学理论——即便是牛顿物理学，包括后来的相对论、量子力学以及未来的所有科学理论——实质上只能提供或然性、概率性的知识,因为它是建立在过去的、有限的观察、实验证据基础上的;只不过这种科学理论的可靠性概率极大极大而已,但100%的确定性是没有的。对此,卡尔·波普尔曾一针见血地指出了归纳问题的要点:"我们凭什么今天就能预先知道只有明天才会知道的事情?"①(How could we know today what we can only know tomorrow?)这是一个冷峻的逻辑问题,更是一个迫切的科学问题。我相信,根据过去预见未来,这件事永远没有必然性,因此归根结底,自然界中的决定论是十分可疑的。

休谟的解释是:人们在过去经历的相同、一致、无例外的经验多了,在心理上就出现一种习惯或期盼(expect)——下一次的观察和试验和过去一样会成功。于是我们"知道"了:在扇自己一耳光之前,我的预期是有疼痛感——扇了之后,我果然疼痛了!这就是"因果"这个观念、这个"知识"的真正含义!——在不断重复之后,我们才有权说,疼痛感作为"结果"(result)是那一耳光这个"原因"(cause)导致的。但是根据归纳法,单称的归纳前提与全称的归纳结论之间不对称,那么,凭什么说在未来一定不会出现失败的或反面的试验结果呢?打自己的脸而不出现疼痛,

---

① [英]波普尔:《猜想与反驳》,傅季重、纪树立译,上海译文出版社2001年版,第66页。

第七篇 "经验"和"先验"孰为先？——感觉和思想的博弈

这种情况似乎很可笑，但这个情况在逻辑上是永远可能的。当然，没有人会去做这种不聪明的实验，那岂不把自己的脸打肿了？更不会有人通过跳楼，来检验人体会不会"不往下掉"。这里说的是逻辑的可能性，或者说是一个概率、成功率的问题，也就是说，如果一切从经验证据出发，100%的成功率，归纳法是提供不了的。同样的道理，太阳不从东边升起，是不矛盾的、可以想象、可以接受的，就像黑天鹅的发现整个地否定了"凡天鹅皆白"这个结论一样，这跟数学、逻辑学那种"重言式"（同义反复）的结论（不允许矛盾的情况）根本不同。

我们再来假设：有一个天外来客来到地球，看到了各种现象。当他第一次看到一颗台球撞击另一颗台球，第二颗球发生滚动。这时他会说"第一颗球的滚动、碰撞造成了第二颗球的滚动"吗？不会的。他只会说"第一颗滚动在前，第二颗滚动在后"。但是如果这样的现象一再重复，没有出现例外，久而久之，他才会说："第一颗球的滚动、撞击是造成第二颗球滚动的原因""第二颗球的滚动是被第一颗球撞击的结果"。这就产生了一个问题：第一次、第二次与第十次、第二十次、第一百次、第一千次，现象完全一样，怎么就会有判断上的不同了呢？伯特兰·罗素举了一个著名的"归纳主义者火鸡"的例子：一只火鸡被它的主人买来喂养,这只鸡开始时并不对它每天都能定时吃食抱有信心；然而日复一日、月复一月，不管外面发生了什么变化，它的主人总是无例外地在那个特定的时间给它喂食。于是这只逐渐成长起来的火鸡便形成了一种"习惯"，而且这个习惯是如此稳定，以至于它只要一看到他的主人在那个时候到来，便昂着脖子等着喂食。可悲的是,当它在圣诞节那天依然信心百倍地等待自己的食物时，得到的却是主人在它脖子上的一刀——它成了圣诞节餐桌上的一道大餐。这个例子说明：即便有再多的经验例证，即便通过了反反复复的验证，只要有一个反面的例证，就足以整个地颠覆一个广受欢迎的科学理论。

对此，休谟只能诉诸人的心理因素来加以解释。他指出，经验已经向我们指明：到目前为止，某两个在时间上相继、在空间上相近的现象总是重复出现,这就是我们所谓的"原因""结果"这两个词的含义，它促使我们期望下次照样出现那种时空相继、相近的现象发生。比如，某种食物与某些特定的滋味历来是密切联系的，某种物体与某些特定的触觉也总是联系在一起的，这就造成了我们"心理上的习惯或预期"：同样的事情一定会照样发生。而如果某种食物伴随着异常的滋味（比如苹果的口感是辣的），或某个物体摸上去不习惯（比如铁块摸上去跟棉花一样），那么我们就会受到不小的惊吓。"假定有一个具有最强的理性能力和反省能力的人突然来到这个世界上，他一定会马上觉察到事物不断地继续出现，一件事跟着一件事在发生；可是此外他就不能进一步发现其他东西了。……再假定这个人已经得到了更多的经验,并且在世界上生活了那么久,他会从经验中得到什么结论呢?他可以从一件事物的出现立即推论出另一事物的存在。他的根据是什么?……有一个原则决定了他做出这样的结论。这个原则就是习惯。因为任何一种个别的动作或活动重复了多次之后便会产生一种倾向,使我们不凭借任何推理或理解过程,就重新进行同样的动作或活动。这种倾向就是习惯的结果。……我们何以能从一千个实例中得出一个推论,这一个推论却不能从一个实例中得出来,而这个实例从各方面来看都与那一千个实例并无不同?由此可见,一切从经验而来的推论都是习惯的结果,而不是运用理性的结果。因此,习惯是人生的伟大指南。"[①]

既然如此,习惯绝不能保证明天的事情一定和今天的事情一样重复出现,因为经验的反面情况是可以理解的,在思想上是不矛盾的。所以,自然科学定律充其量只是或然性的假说;而人应当遵循习惯的指导。休谟讲,这就是"因果"这个概念的真正来源和意义。换句话说,从"一前一后"变成了"前因后果",不是理性分析的结果,而是一种心理过程!

在这里,我必须做出一个澄清:休谟的上述因果理

[①] 《西方哲学原著选读》上卷,北京大学哲学系外国哲学史教研室编译,商务印书馆1981年版,第526-528页。

论——"归纳问题"("休谟问题")是认识论的,而不是本体论的。也就是说,休谟不是在讨论"客观世界"存在还是不存在因果性、因果关系、因果规律;而是说,既然我们所有的知识都来源于我们过去和现在的感觉经验,作为认知主体的我们,就无权声称、断言我们掌握了"前因后果"这个知识,因为我们并没有关于未来的经验!这就是休谟给自然科学出的一道难题!

六、反归纳:休谟的自我革命

休谟对因果性概念的传统见解发出的诘难,也就是对归纳法的合理性的质疑。一般说来,归纳法被定义为"从个别的单称陈述推导出一般的全称陈述的逻辑方法",或者说,归纳法是以观察事实的陈述为前提,而以理论的陈述为结论。以培根、穆勒为主要代表的传统归纳主义者,把归纳法说成是一种"发现因果律"的无可置疑的科学方法。他们认为,归纳法就像一台机器,只要把事实材料(观察陈述)装进去,具有真理性的科学理论就会被输送出来。但正是休谟这位经验主义、归纳主义的最大代表对这一方法的合理性、可行性实施了决定性的打击。如前述,休谟证明了:没有任何普遍、必然的自然律能够从不论多少过去的、有限的观察事实中合法地推导出来。因此,归纳法不是科学发现的逻辑方法，观察、实验不能够得出放之四海而皆准的科学理论，包括牛顿物理学那样伟大的理论。我们来谈谈休谟对因果性、归纳法的批判的意义。

休谟的一切理论，都是基于对归纳法的致命缺陷所做的批判和揭露，而他的批判、揭露又是基于他彻底的、根深蒂固的经验主义立场。但了不起的是，他却能够超越自己的经验主义，对整个西方知识界发问：科学究竟是什么？这是他特别难能可贵、令人敬佩的地方。一个哲学家，坚定地站在自己一贯的哲学立场上，运用自己这一派哲学的惯常思路和逻辑，把自己笃信不疑的哲学传统推向它的逻辑终点。然而他这么做的最终结果，却是整个地遏制、阻断了他原本想要贯穿始终的哲学通道。

一般来说，批判、否定、解构理论对手，以此捍卫、巩固、弘扬自己的立场、观念、体系，这是所有哲学和科学争论的出发点和归宿；这是很自然的、顺理成章的事情。休谟的不同凡响之处在于，他的出发点是发展培根、洛克、贝克莱的经验主义，并克服他们的不彻底性，完成经验主义这座理论大厦。但随着论证的深化和走向终点，经验主义本身的致命缺陷愈发显露，那就是：培根发起，洛克、贝克莱发展的那条通过感性经验（观察、实验、归纳、概括）自下而上导致普遍性、必然性科学理论的思路，被休谟证明完全行不通；彻底的经验主义及其归纳论证方法所导致的结论，并不具有普遍、必然的确定性和可靠性。换句话说，自然科学未必是从经验归纳得来，因而自然科学并非严格意义的真理体系，即便是牛顿物理学这样辉煌的科学理论也做不到放之四海而皆准。休谟是无畏的哲学家，他不惜解构自己一生坚守的经验主义立场，而向知识界发出疑问：既然感觉经验已经被"归纳问题"证明不是科学知识的基础和源泉，那么什么途径才是呢？这就是休谟的贡献，他以令人不快的方式引导后来的人们重新审视科学知识的来源和结构，启发他们为认识和驾驭世界寻求新的方向。十分幸运的是，从休谟那里受到振聋发聩般的影响和启迪的哲学家至少有一个，那就是伊曼努尔·康德。

感觉主义、归纳论证早在苏格拉底、柏拉图、亚里士多德的时代就已经是科学发现、知识增长的逻辑。苏格拉底最擅长的"精神助产术"，说到底就是抽象、归纳、概括、定义这一套由低到高、从特殊到一般的思维程序。在苏格拉底（或柏拉图）许许多多的"对话"中，一律通过"苏格拉底"出面来和不同的人物进行讨论。在归谬、引导、启发、鼓励之下，对方一步一步走向正轨，最后由对方而不是"苏格拉底"说出有关道德、政治、数学、生活中各种问题的普遍性结论，进而为不同的概念引申出定义来。亚里士多德说苏格拉底的两大贡献都与构建知识相关，一个是归纳法，一个是下定义，这两点都是科学的出发点。亚里士多德作为古希腊贡献最大的自然科学家,他也长期运用经验归纳这个方法,对来自世界各地的大量材料、证据、标本等等进行分析、比较、抽象、概括,最后归纳总结出普遍性的科学结论,在他的《范畴篇》《解释篇》《物理学》等著作里,有大量实物例证和逻辑解说。在两千多年前的古希腊,人们就已经形成了共识:关于自然界的知识来自经验世界,知识的内容是客观的,获取知识的方法就是在经验材料的基础上进行归纳、概括,最后形成定义及逻辑表述系统。古希腊的先验主义者,如巴门尼德、柏拉图等,虽然他们轻视经验,重视思想,但他们从来不否认日常生活必须基于观察、抽象、归纳、总结出来的习惯和规则。即便是在中世纪,虽然"唯实论"神学家们(比如安瑟伦)坚持先验主义,其目的是为了论证上帝的先验性、至上性和全知全能,但是仍然有相当多的"唯名论"神学家倡导对上帝的存在进行"后天论证",最有名的就是托马斯·阿奎那,他是亚里士多德思想的尊崇者和传播者。再后来,英格兰出现了一批推崇经验和实验的经院哲学家,如邓斯·司各脱、罗吉尔·培根、威廉·奥卡姆,他们为近代英国的经验主义思潮奠定了基础。

从17世纪开始,分别以弗兰西斯·培根和勒内·笛卡尔为开创者的经验主义和先验主义(唯理主义)两大认识路线展开了两军对战。培根除了提出系统的感觉主义纲领外,他最大的贡献就是在《新工具》一书里提出了"科学归纳法"。这种方法摒弃了过去的简单枚举归纳法,通过运用相当于"去粗取精、去伪存真、由此及彼、由表及里"这样的程序对经验材料实施抽象、归纳、概括、提升,得出具有普遍性、必然性的科学结论来。后来19世纪英国著名哲学家约翰·穆勒在培根理论的基础上推出了全面、系统的归纳论证方法,成为世界公认并通行至今的"科学发现"的方法。而在另一方面,笛卡尔、斯宾诺莎、莱布尼茨、沃尔夫等先验主义哲学家,则大力倡导、推行自上而下的演绎法,作为科学知识准确性、可靠性的逻辑依据。这些哲学家大都具有深厚的数学、逻辑学背景,甚至本人就是开创性的数学家、逻辑学家。笛卡尔是解析几何的创立者,莱布尼茨是微积分的发明者和现代数理逻辑、拓扑学的开创者,斯宾诺莎的代表作《伦理学》直接用几何学语言写就,等等。因此,他们唯一推崇的科学方法就是先验构建、逻辑演绎、数学解析,他们反对培根将经验归纳法规定为唯一正确、可靠的科学方法,尤其反对培根将数学公理也说成是归纳的结果。他们的理由很简单:从个别、特殊、具体的事例中不可能得出具有普遍性、必然性的科学真理来,更不用说公理系统了。其实这个道理是毋庸置疑的。谁都知道,归纳,尤其是枚举归纳,只能确保既定、有限材料的真实性,对未知、无限的可能性不能做出必然性断言。但是,培根的"科学归纳法"出台后,包括牛顿在内的科学家们都相信,这个方法与他们

第七篇 "经验"和"先验"孰为先?——感觉和思想的博弈

的科学实践活动是契合的,科学就是一个运用正确的归纳方法从自然界当中发现、揭示其"奥秘"或"真相"(即原因和结果之间恒定的、必然的联系)的过程。牛顿有一句名言:"我从来不做假说。"①他解释说:"从现象中推导出特殊命题,然后通过归纳使之成为一般命题。物体的不可入性、可动性、冲力以及运动定律和引力定律就是这样发现的。"②这就难怪,在牛顿生前,只要他的某个基于实验的"理论"被人称为"假说",他就会怒不可遏。有一次,当数学家帕迪斯(Pardies)不慎把牛顿的颜色理论称为一种"非常巧妙的假说"时,牛顿立刻就纠正了他。

实际上,经验主义和先验主义各持己见,在它们各自的侧重点方面都有合理性,都站得住脚。经验主义及其归纳法注重的是科学知识的内容建设,也就是说,通过对后天经验材料的分析、比较、总结、概括,得出来的结论是扩充了原有知识的内涵的,通过这个归纳程序,人们知道了更多的关于这个世界的事实或信息。而先验主义及其演绎法注重的是科学知识的形式构建,也就是说,通过自上而下、从普遍到特殊再到个别的推衍,得出来的结论具有普遍性和必然性;因为演绎的结论是由前提确保的,因此结论不会比前提更真。

---

[1] Newton, Mathematical Principles of Natural Philosophy, ii. 547. Cambridge, Mass.: Harvard University Press, 1965, 36.

[2] Newton, Mathematical Principles of Natural Philosophy, trans. A. Mote, revised by F. Cajori (Berkeley, Calif.: University of California Press, 1962), ii. 547.

不过，双方各自之长便是对方之短。经验归纳方法在扩充了知识内涵的同时，不能不在知识的可靠性方面做出让步，毕竟，归纳结论赖以成立的前提，不管怎么多、怎么丰富，也不管做了多少次比较、筛选、去粗取精、去伪存真的工作，都仍然是有限的、只能说明过去的，因而其结论的可信度一定要打折扣。反之，演绎法虽然确保了结论的无条件的真，但它给人们提供的结论却了无新意，在内容上不能扩充信息量，属于"同义反复"。所有这些，都是经验主义和先验主义这两大哲学派别的矛盾和纠结之处。

七、从休谟到康德

作为经验主义集大成者的休谟，他的建树并不是通常讲的将经验论贯彻到底、推向极端、导致不可知论，而在于：他摧毁了千百年来自然科学和人们日常生活中的因果观念，整个颠覆了经验主义和先验主义的知识结构和知识方法的纲领，从而将西方哲学知识论甚至自然科学的方法论逼到了绝境。

不像他的先驱培根、洛克、贝克莱等，休谟并没有加入反驳先验主义或唯理主义的哲学论争。对他来说，如果要有所反驳的话，他反驳的将是自古以来所有的哲学本体论或形而上学，以及建立在这些本体论、形而上学之上的知识论发生论；因为按照彻底的经验主义原则，是任何"本体"、任何"实在"都是不能成立的。笛卡尔、斯宾诺莎、莱布尼茨都曾提出并论述了他们自己的"实体"理论,这些实体无一例外都是某种客观精神,比如"自我""心灵""神""单子""自然"等等,这些"实体"都是某种客观思想,与两千年前柏拉图的"理念"及一百年后黑格尔的"绝对精神"在本质上没有区别。休谟的经验论前辈霍布斯、洛克也承认"实体"的存在,只不过他们所谓的"实体"是物质性的,即具有"广延"这个属性(具有长、宽、高的空间量),他们认为一切物理现象都依托于这个物质实体而存在,就像大地被一个巨大无比的龟背驮载着一样。但是,不管是精神实体还是物质实体还是上帝,对于休谟的彻底经验主义原则来说,都是形而上学玄思的产物,都没有任何经验的基础,唯其如此,任何"本体"或"实体"都不能被证明为存在——当然也不能被证明为不存在。这就是休谟对待思辨形而上学的怀疑主义态度。休谟思想因此被当时的神学家和普通宗教信众批评为"无神论"和"唯物论",这在当时英国浓重的宗教社会环境下是不奇怪的,但并不准确。拒绝承认任何形而上学"实体"的合理性,也就是"合经验性",这是休谟哲学的本质。休谟自称为"温和的怀疑论者",这才是对他自己思想的真实写照。

休谟当然不承认"物质实体"(这方面的话他讲得不多,因为反对"物质"的话贝克莱已经说够了),所以他对所谓的"精神实体"明确表示了质疑。休谟是贝克莱的直接传承者，但他对贝克莱的批评最尖锐：贝克莱用以否定"物质"这个唯物主义哲学根基的强有力手段——感觉经验，同样可以用来批驳、否定贝克莱自己极力维护的"灵魂""上帝"这两个精神"实体"。贝克莱多次表示他是登峰造极的感觉主义者，其实不然。因为如果要把经验论贯彻到底的话，那么任何所谓的"实体""本体""形而上学"都是不成立的。因此休谟才是把经验主义推向逻辑尽头的哲学家。

根据休谟对归纳法的分析和诘难，不管有多大的数量，也不管采取何种方式的观察、实验，都不可能得出普遍性、必然性的科学结论；那么，包括牛顿的经典物理学，这个如此辉煌、对人类认识世界做出了如此伟大贡献的科学理论，从逻辑上、理论上、可能性上讲，也谈不上绝对的可靠性和可信度，其对天体和地体运行的预言做不到百分之百准确。即便曾经有1704年爱德蒙·哈雷对彗星周期运行的准确预言和1846年约翰·亚当斯、厄本·勒维烈对海王星的准确预言（这两个预言都是基于牛顿的运动定律和万有引力学说），也不能够保证以后的预言一定都会应验。这个质疑在休谟的时代是相当大胆的，却在一百多年后的20世纪初得到了验证——牛顿物理学并不是放之四海而皆准的理论，它对某些领域的物质运动（大尺度空间、与光速可比的速度条件下，以及亚元子世界的量子行为）是解释不了的，取而代之的是爱因

第七篇 "经验"和"先验"孰为先？——感觉和思想的博弈

斯坦的广义相对论和量子物理学——这两个理论都是科学家预先提出的理论假说，然后付诸观察、实验的批判性检验而取得成功的，于是颠覆了自亚里士多德以来关于科学理论是观察、实验的结果这个定论，证明了康德关于"人为自然立法""理论先于观察"这个思想的合理性与有效性。

休谟关于因果性和归纳法的批判所产生的震动是巨大的。神学家攻击他，老百姓数落他，科学家感到惶恐不安、不知所措。受到巨大震撼而头脑一下子清醒起来的哲学家，前面说了，只有伊曼努尔·康德一个人。康德非常清楚：休谟关于因果观念和归纳法的论证颠扑不破、令人信服；但康德作为一位自然科学家，又绝对不能接受休谟的结论。以提出"星云假说"而给康德的"前批判时期"（1770年之前）带来巨大科学声誉的名著《自然通史与天体理论》，其副标题是"根据牛顿原理研究宇宙的构成及其力学起源"。这表明康德的科学知识观受到了牛顿的决定性影响，而且这个影响在他身上延续了一辈子，他对科学知识的信念是矢志不渝、坚定不移的。

因此，康德的《纯粹理性批判》，其出发点就是要捍卫科学的尊严和地位，要为以牛顿物理学为标杆的自然科学做出哲学辩护，即解决科学知识是"如何可能的"这个问题。这是休谟对他造成了醍醐灌顶的启发后的直接思考。

除了另辟蹊径，康德无路可走。那就是：重新为科学的真理性做出论证,为科学找到得以成立的哲学基础。"先验综合命题"就是他的基本思路,也是他自称的哲学上的"哥白尼式的倒转",即"人为自然立法"的思想。这个思想极大地彰显了主体、人心、思想、假说在自然科学理论形成过程中的先导性、决定性作用。当然,"先验综合命题"本身是难以成立的,后来的科学家、哲学家也多数不接受,我们不做具体评论。但康德的"哥白尼倒转"这个思路却启发性极大:人的心灵从来就不是一张白纸,科学理论不是人心对自然界因果律的反映、摄取、揭示、写照,而是反过来,是人心将自己的猜测、假说、观念强加于自然界,逼着自然界做出回答,也就是将理论假说付诸自然界的"是"或"不是"的验证。这样,康德就为应对休谟的挑战,为自然科学何以可能,何以成立,何以普世,开辟了新的思想空间。

"人为自然立法"这个思想或这个逻辑,在20世纪初得到了自然科学成就的多次验证。如前述,相对论和量子力学,作为20世纪自然科学的两大支柱,都是先有假说,然后付诸自然界的批判性检验,最终获得公认的。科学知识并非主体对客体的被动反映,恰恰相反,是理论、假说、灵感在先,观察、实验、检验在后;科学未必都是"发现"的活动,而是发现与发明交替运作的过程;科学未必是被验证为"真"的理论体系,而是归根结底被证明为"假"或"错"的理论体系——取而代之的是一种新的、证伪度更

第七篇 "经验"和"先验"孰为先?——感觉和思想的博弈

低的理论。这是康德的信徒、20世纪最有影响的科学哲学家卡尔·波普尔的批判理性主义观点,这个观点可视为对休谟和康德思想的某种"合取"。如此看来,牛顿当年说自己"从来不做假说"、一切结论都来自对自然界的观察、实验、概括、总结的说法是可疑的。我想,假如真的发生过那个"苹果落下来砸头"的著名故事,就最好不过地证明了:观察、实验、归纳、发现一定不是牛顿最早的科学实践,而是那个苹果让他产生了灵感、猜想,引导他去对宇宙自然进行观察、实验,最后导致了万有引力等等的发现。

现代自然科学家和科学哲学家大都接受了休谟的结论,他们坦承:归纳法不可能对科学的普遍原理有所发现。20世纪逻辑实证主义代表人物卡尔纳普说:"不可能制造出一种归纳机器。后者可能是指一种机械装置,如果往里面装入一份观察报告,将能够输出一种合适的假说。我完全同意,这样一种归纳机器是不可能有的。"[1]现代科学哲学家从爱因斯坦、普朗克、玻尔等科学家那里得到启发,认为科学有一大部分是发明出来的,那就是提出假说或猜测,然后强迫自然界对假说或猜测做出回答。

不过话也不能说绝对了。对于以经验世界为对象的自然科学来讲,归纳法终究还是摒弃不掉的。总是有那么一部分普遍性程度较低的理论的形成仍然是离不开这个方法的。比

---

[1] 洪谦主编:《逻辑经验主义》上卷,商务印书馆1982年版,第330页。

如行星与太阳间的距离（波德定律）、气体的压强、体积和温度三者之间的恒定关系（波义耳定律）、元素化合的定比定律等等，都可以说是运用了归纳法"发现"出来的，至少是受了归纳论证的启发而总结出来的。

八、"划界问题"（"康德问题"）

休谟在考察人类理智（或人类理解力，即understanding）时，是围绕着矛盾问题展开的：知识（判断和推理）的确定性应以是否包含矛盾以及矛盾的程度为标准。思考本身是不允许有矛盾的，但思考的对象却完全可以充满矛盾，也可以无矛盾。如果思考本身有矛盾，其结果必假，因为这违反了思维的不矛盾律；如果思考本身无矛盾并且思考的对象不包含矛盾，其结果必真，因为这就是同语反复；如果思考本身无矛盾而对象包含了矛盾，其结果就只有或然的真理性，也就是说，结论可以是真的，也可以是假的。出于这种考虑，休谟把认识的对象分为两类：一是"观念的关系"（relations of ideas）；二是"实际的事情"（matters of fact）。第一类是数学研究的对象，贯穿其中的纲领是演绎逻辑，其基本规则是不矛盾律；所谓"观念的关系"，指的是那些与现实世界无关、纯粹出自思想本身的各种关系或形式，它们先验地注定了不矛盾，其反面情况是不允许也不可想象的。所以数学的结论要么是必然真的（同语反复），要么是必然假的（自相矛盾或计算错误）。但是人们关于"实际的事情"（经验世界、自然界）的知识（实证科学和常识）却正好相反，是以承认对象的矛盾为前提的。对于任何经验事实来说，构想它的反面、对立面总是合乎情理、无伤大雅的。"'太阳明天将不出来'这个命题和'太阳明天将要出来'这个肯定，是同样易于理解的，同样没有矛盾的。因此，我们想要证明前一个命题的错误，终属徒劳。如果我们能够证明前一个命题的错误，那它便是包含了矛盾，而矛盾是不可能发生在人的心灵当中的。"[①]

  问题在于，贯穿于经验知识的纲领是什么？也就是说，支撑自然科学的可靠性、可信性、可行性的内核是什么？当然是因果关系或因果规律。任何一个科学结论都表现为两类互不相同但空间相近、时间相继的事件的恒定关系，其中前一个被称为"原因"，后一个被称为"结果"。科学家和哲学家说，科学知识能够揭示"因果规律"，它指引人们从已知判定未知，从现象走向本质，从过去预测未来。但是，因果规律这个东西又是从何而来的呢？休谟说："原因和结果的发现，是不能通过理性，只能通过经验的。……人的心灵就是用最精密的考察，也决不能在假定的原因里面找出结果

[①] 《西方哲学原著选读》上卷，北京大学哲学系外国哲学史教研室编译，商务印书馆1981年版，第519页。

来。因为结果是与原因完全不同的东西。"①火焰生热、细菌致病这样的现象，按通常理解，火焰和细菌是因，热和病是果。但我们是怎么得到这样的结论的？如果不是相同经验的反复提示，我们怎么会知道先行的事件（火焰和细菌）导致了后继的事件（热和病）呢？如果没有经验的反复报告，我们设想出火生寒冷、菌致健康，甚至水往山上流、日出于西等等不符合"常理""习惯"的情况，不是同样可以理解、可以接受，同样没有思想上的虚妄吗？既然因果性的概念完全来自经验事实，而经验事实是允许反面情况出现的，那么，关于自然界和日常生活中的普遍性、必然性断言，也就是科学结论和常识，就不能确保真切无误。

休谟对因果性和归纳法的质疑，正值牛顿经典物理学——一种取得了惊人成功的因果理论——深入人心、造成了空前的乐观情绪的时代，它的出现，给科学界、哲学界以及普通人思想上造成的震撼是巨大的。那些抱着绝对主义、独断论不放的欧洲大陆哲学家除了宣布休谟的怀疑论荒谬不堪外，实在无法从理论上为传统因果理论做出辩护。只有极个别头脑清醒而又立志维护科学尊严的哲学家（比如伊曼努尔·康德）才意识到，一方面必须承认休谟对因果性的诘难，另一方面必须以一种新的"批判性"思路来填补休谟发现的人类知识大堤上的漏

---

① 《西方哲学原著选读》上卷，北京大学哲学系外国哲学史教研室编译，商务印书馆1981年版，第521-522页。

洞。休谟几乎毁掉了近代科学理论的发展纲领，却同时为日后更加细致、更具有说服力的知识论的兴起（比如康德的纯粹理性批判、19世纪的实证主义、20世纪的逻辑经验主义、批判理性主义、科学哲学的历史主义学派等）开辟了新的路向。总之，休谟的怀疑论在认识史上划了一个时代，无论赞成他还是反对他，都不能否定他的巨大影响。休谟之后二百多年，直到今天，凡讨论人类知识的形成和结构、讨论科学的意义与价值的哲学家和哲学流派，无一例外地都要把大卫·休谟作为思想先驱和基本的理论背景。

如果说休谟对人类理性（指通过经验归纳导致自然界的因果必然性）的能力持高度怀疑态度的话，那么康德对这种能力却仍然抱有信心和信念，尽管他对休谟的因果性理论心悦诚服。与休谟相比，康德的知识论更具有建设性。

虽然康德对他之前的经验主义（休谟为代表）和先验主义（莱布尼茨为代表）作了综合的工作，但是康德本人仍然是先验主义的最大代表。康德把自己在《纯粹理性批判》里的思想直接叫作"先验唯心主义"，因为他的哲学直接承继了莱布尼茨-沃尔夫形而上学；更重要的是，在他对人类纯粹理性进行"批判"的过程中，先验主体自始至终处于积极主动和决定性的地位。如果说休谟的极端经验主义颠覆了康德原先对先验形而上学的盲目信念的话，那么他后来的"纯粹理性批判"就是重建先验唯心主义，即把人类知识构筑在更加坚实的"先验主体性"之上，以此反驳休谟对科学知识的基础性破坏。他的空间、时间理论论证了数学的合理性与必然性，他的范畴理论论证了自然科学的合理性与必然性，而这两门科学知识的根据和精髓都在于人心的先验构建，而不在于后天的经验积累。康德始终对"作为科学的"形而上学持批判和否定态度，他从先验的宇宙学、心理学、神学出发，通过对人类"纯粹理性"的禀赋和执着、不切实际的追求、不可避免的自相矛盾、不可证明的"终极知识"等等所做的系统梳理，解决了形而上学在人类精神世界中的地位和作用，完成了他的先验唯心主义体系。说到底，他解决了（或声称解决了）科学与非科学的"划界问题"，又称"康德问题"。他提出这个问题，以及他对这个问题的解决方案（即他的"先验综合命题"的思想），不管实际上成功与否，已经成为20世纪分析哲学、科学哲学的重要哲学前提。

作为一位有专业自然科学背景的哲学家，康德当然不能接受把牛顿物理学这样的伟大理论说成多少已经无效了这样的结论，尽管他反驳不了休谟的论据。康德一生追求科学真理，但在科学知识的构成问题上经历了不同阶段的思想认识。按他的说法，作为德国人，他曾经长期信奉"莱布尼茨-沃尔夫"形而上学思辨体系，也就是说，他像历史上许许多多科学家、哲学家一样，信奉亚里士多德和笛卡尔确定的知识结构：形而上学是科学之根基，解决本源性、基础性、根本性的问题，提供"绝对、无条件"的知识；数学和自然科学是具体的两大知识门类，解决有关宇宙自然的运动变化和日常生活中的各种现实问题，提供普遍性、必然性的知识。休谟的怀疑论把他从这种旧观念中惊醒，使他重新思考科学知识的来源、结构和可能性问题。其结果，他对数学、自然科学仍然充满信心，但对"作为科学的形而上学"却满腹狐疑，最后通过"二律背反"等等论证，将形而上学逐出了人类知识领域。

在康德看来，自从哲学（形而上学）产生以来，它就许诺了三种至高无上的知识：理性神学（关于上帝的知识）；理性心理学（关于灵魂的知识）；理性宇宙学（关于世界大全的知识）。这三门知识提供的都是终极性、根本性的知识体系，亦即绝对、无条件的知识体系。但是，这种形而上学"知识"的特点是，它们的对象——上帝、灵魂、世界大全——全都超出了人们可能经验的范围，对这些对象的追问、探讨、求知，人们既没有经验的材料，也没有理智或逻辑的手段。人们只能运用对待经验世界的手段（感性和知性，即sensibility和understanding）来解答形而上学问题，其结果必然力不从心。两千多年来各种各样的形而上学理论之所以众说纷纭、互不相容，就是因为运用了经验或理智的方法去解决超验世界的问题所致。

与形而上学的混乱、停滞相比，自然科学和数学却具有高度的一致性。一个数学定律、一项科学发现一旦提出，要么被事实或逻辑证实或证明，要么被否定，其结果非此即彼、清楚明白。自然科学、数学千百年来一直取得了实实在在的进步，就是因为这两门学科的对象和方法是匹配的、融洽的。但与数学和自然科学相比，形而上学理论（不管是唯心主义还是唯物主义还是唯灵论）却止步不前。最让人头疼的是：哲学（形而上学）的任何断言都既不是真的，也不是假的；或者更糟，关于上帝（造物主）、灵魂（主体、自我）、世界大全（物质实体、宇宙本体）的相互对立的论断，竟然都言之成理，即它们同时能够成立，这就陷入了令人尴尬的"二律背反"处境。既然如此，根据思维定律（同一律和不矛盾律），形而上学命题或"知识"就是自相矛盾的，就是不成立的，形而上学不具备科学知识的基本规定性——一方面扩充了知识，另一方面确保了可靠性。问题的要害是：两千多年来，人类理智过分自信，认为能够提供关于上帝、灵魂和宇宙自然的绝对、无条件的真理，其结果注定是自己反对自己，导致自相矛盾。在康德看来，这是不能容忍的"理性的耻辱"，必须予以终止：形而上学不是也永远不会是科学知识的一部分。

对此，康德的解决办法是严格区分"科学"和"非科学"（即形而上学），在数学、自然科学与形而上学之间划一道不可逾越的知识界限：人类理性自由驰骋的疆域限于经验世界，其任务是获取数学和自然科学；超出了这个范围的超验领域，是理性的禁区，却可以是信仰、道德、价值、美学的乐园；所获取的不是理性的形而上学，而是伦理学、神学和审美心理学。这样，康德就把人类精神活动分成了确定可知的部分和确定不可知的部分，从而成为继休谟之后又一位影响巨大并且更加温和的怀疑主义者。如同休谟提出的归纳问题被称为"休谟问题"一样，康德关于科学与形而上学的"划界问题"亦被称为"康德问题"：这两个"问题"既是古典西方哲学的终结，又是现代西方哲学的起点。

19世纪以来，特别是20世纪以来的科学发展，表明宇宙自然界越来越精细和不可捉摸，相对论和量子力学的成果都在一定程度上超越了经典物理学对自然界的普遍性刻画。在这种情况下，自古以来人们一直希望获取全面、综合、完备的知识体系的追求显得越来越不现实；换言之，千百年来构成人类知识的两个优点——完备性和确定性已经分离开来。现代科学家已经不可能再像德谟克里特、亚里士多德、笛卡尔、莱布尼茨、黑格尔那样构建百科全书式的知识体系了。今天的哲学家，为了达到对世界的完备性、全面性、综合性了解，就必须放弃对这个世界做细节方面的解析；今天的科学家，为了获得关于自然界的确切可靠、条分缕析的了解，则必须放弃对世界的形而上学式的把握。这样一种态势，应该说与休谟的解构性努力和康德的建设性努力有很大关系。

他们两位的温和怀疑论，体现了这样的思考：数学、自然科学愈是富有成果，形而上学就愈是贫乏无物；人类对世界某些方面的了解愈是精确，就离对世界总体状况的了解愈是陌生。解决这种矛盾情况的办法只能是在二者中选择其一，而就现实意义来说，最好的选择是对确定性、精准性的追求。20世纪以后英语国家哲学界曾盛行"拒斥形而上学"，就是这种选择的突出表现。

当然，形而上学是拒斥不掉的，因为人类必须拥有信仰、道德、审美方面的终极关切及幻想、玄思、猜测、体悟、创发、直觉、乌托邦等精神需求和满足；同时在知识的追求上，也离不开"追根究底"的精神支撑或信念。不过尽管如此，休谟和康德对人类理性的"批判"，毕竟引领19世纪末以后的哲学家、科学家们告别古典时代，进入了"分析的时代"。

第八篇

"实然"和"应然"孰为重?
——科学理性和价值理性

苏格拉底有句名言："美德即知识"。从字面上看，这话可以解读为几层意思。一、道德和知识在内涵上是一致的；二、有道德者必寻求真理；三、知识越渊博，道德越高尚；四、崇德可以改变知识贫乏，求知可以改变道德低下。以上解读，认同者有充足理由，不认同者亦有充足理由。这就是苏格拉底留给后世的一组关于道德与知识的"二律背反"。这个话题历史悠久，更具现实意义；既涉及"求真"与"求善"、科学和伦理的关系问题，也涉及实然与应然、工具理性与价值理性的互补问题，还涉及"是"与"应当"的语言使用问题，更涉及西方文化与中国文化的异同问题。

一、理性和非理性

在讨论上述问题之前，还是澄清一下发自人类灵魂的两大相互对立又相互补充的精神现象：理性和非理性。知识与道德、科学与价值、"是"与"应当"等等，均属理性或理性主义，只不过它们分属不同含义的"理性主义"；不仅如此，它们各自在精神运行中又不能完全回避或排斥另一类灵魂活动——非理性主义。

先从"灵魂"（精神、"心"）这个概念说起吧。人为什么能够高于动物、优于动物、超越于动物之上？人为什么能够成为地球的主人？有一句通俗的解释："人是万物之灵。"因为人拥有灵魂,拥有一个精神的世界。关于"灵魂",我在本书的《"灵魂"究竟是什么?》这个专题里已经做了专门的、比较详细的讨论。我认为,对于科学来说,灵魂(soul)是不可证明的;对于宗教来说,灵魂是无须证明的;对于哲学来说,灵魂是不证自明的——灵魂只能被假定为一切精神现象的前提。灵魂的确是一个太复杂、太难办、太烧脑的概念或"存在"。我们现在看看权威英文词典怎么定义"灵魂"。

根据历史悠久的《柯林斯词典》(Collins English Dictionary,美国哈珀·柯林斯出版集团公司1819年出版)的说法:

Your soul is the part of you that consists of your mind, character, thoughts, and feelings. Many people believe that your soul continues existing after your body is dead. 意思是:你的灵魂是你的一个组成部分,包括你的精神、品格、思想和感受。许多人相信一个人的肉体死亡以后,他的灵魂将继续存在。

《梅里亚姆·韦伯斯特大学辞典》(Merriam-Webster's Collegiate Dictionary,英国梅里亚姆·韦伯斯特公司2014年4月出版)的说法比较简单:Soul is the moral and emotional nature of human beings. Soul is a person's total self. 意思是:灵魂是人类道德和情感的本质。灵魂是一个人的全部"自我"。

总而言之，灵魂是人的一切精神活动的本体、本质、本源，是不随着肉体的消亡而消亡的，灵魂是不朽的。不过这个说法或"定义"是永远不能被科学或常识证明的；灵魂只能假定其存在，只能作为信仰的对象，否则就没有办法解释人类外在的行为怎么会由人类内在的精神所发动、所掌控；古往今来一切将灵魂和精神现象生物学化、生理学化的尝试都是失败的、站不住脚的。灵魂的活动表现为精神、自我、人格、思想、理智、情感、信仰、道德、意志、趣味、感受等等。人，也只有人，生活在一个双重的世界当中。感性的、现实的、外在的世界就不用说了，跟动物没有本质区别；人的精神世界、内在生活非常复杂，深不可测，奇特无比，有极大的创造力和破坏力——通过所谓"精神变物质"；在人的灵魂、精神的支配下，人能够进行选择，意思就是说：人的外在行为服从于人的意志、思想、道德、情感、趣味等等内在动机；当然，人也可以成为物质世界、大自然的奴仆——那也是人自己选择的结果,放弃选择就是一种选择。因此，人是地球上唯一拥有自由的存在。

根据以上解释，人的精神世界、精神活动、精神产品，可以分为三类：理智（reason, intellect, understanding）、情感（emotion）、意志（will）。其中，理智产生的完全是理性的活动，而情感、意志则具有两重性：既可以产生理性现象，也可以产生非理性现象。两千多年前，苏格拉底和柏拉图认为，人的灵魂活动导致三个东西：理性、激情、欲望，这是最早对理性与非理性的划界。相应地，他们将社会分成了由高到低的三类人，统治者、战士、生产者；而人的美德也相应有三种，智慧（来自理性）、勇敢（来自激情）、节制（来自欲望）。

我们可以进一步，把人的精神世界、精神活动归为两个大的部分：理性（rationality）和非理性（irrationality）。通常情况下，理智属于理性主义的精神活动；情感和意志属于温和的非理性主义精神活动——在这个领域里，存在着理性和非理性的中间地带。极端形态的非理性主义，往往与宗教信仰、准宗教信仰或神秘主义有关——对超自然、超世俗力量的盲目崇拜，邪教意识形态，以及一切痴迷、沉醉、怪诞、迷信、妄想、强迫等等精神活动和实践活动。

一说到"理性"（rationality和reason这两个词可以互换）这个词，就意味着理智、理由、理解、合理、思考、智慧、动脑筋、讲道理、想办法、说服、教育、知识、逻辑、判断、推论、来龙去脉、由此及彼、由表及里等等，要回答或解释what \ why \ how \ when \ where 这些问题。概而言之，凡是通过"道理"（"道"和"理"是典型的中国哲学范畴）或"讲道理"的方式来揭示、解释、说明事情的真相、本性、来龙去脉，打算"以理服人"的思想体系或假说、构想、预测等等，都属于广义的、一般的"理性主义"。

（当然还有狭义的理性主义，即与"经验主义"相对立的那个"理性主义"，又叫"唯理论"，我在本书的上一个专题里已经做了探究）。我们来看"理性主义"的英文定义。

Rationalism（Rationality）

A belief or theory that opinions and actions should be based on reason and knowledge rather than on religious belief or emotional respons.（《新牛津英语词典》The New Oxford Dictionary of English，上海外语出版社2001年1月版）即：理性主义是这样一种信念或理论，人的所有想法和行动都应当基于理由和知识，而不是基于宗教信仰或情感反应。

与之相对，凡是以激发人、感染人、诱惑人、恐吓人、麻痹人、愚弄人、强迫人，使人执迷、不悟、沉浸、盲目、"信以为真"、受意志或情感或本能驱使的精神活动及其产品，都属于"非理性主义"（irrationalism）。

看一下"非理性主义"的英文释义：

Irrationalism

A system emphasizing intuition, instinct, feelings, or faith rather than reason or holding that the universe is governed by irrational forces.（《新牛津词典》）即：非理性主义是一种强调人的直觉、本能、感受、信仰而不是理智的

精神体系，它坚持认为，宇宙自然被非理性的力量所控制。

总之，凡是相信或迷信宇宙间存在着超自然、超世俗、神秘不可言说的精神实体或力量，对自然界、人的身心、个人生活和社会生活发生影响的信念、教义、体系等等，就属于"非理性主义"或"反理性主义"。非理性主义也可以叫作"神秘主义"，任何宗教都是某种神秘主义体系；基督教算是最"讲道理"的宗教，毕竟它的理论基础是柏拉图哲学和亚里士多德哲学；但它本质上仍然是神秘主义的，与理性主义相对立。当今时代，严格意义的神秘主义、非理性主义表现为：相信或笃信人可以通过特殊的精神修炼伴随相应的肉体行为而获得超自然的力量或功能，以达到消灾避祸、延年益寿、解救苍生、扭转时势等等目的。神秘主义包括诸多神秘不可言说的经、卷、仪式、体验，例如玄思、修行、感悟、棒喝、巫术、占星、辟谷、功法等等，以"信则灵"为标准，实现除病、去灾、祈雨、分身、驱鬼、复活、"开天眼"、预知阴阳、逆料灾变、推断时局、卜算前程、预言吉凶、前定生死等等，使人执迷不悟、走火入魔、自我强迫、欲罢不能。在理性主义不彰显的地方，非理性主义、神秘主义就大行其道；在科学主义精神弱化的地方，神秘主义话语就比较强盛。

理性主义和非理性主义都是人类精神活动的产物或表象，两者在一定程度上是互补的。在人类社会和个人行为中，两者分别起着影响或支配的作用。但一般来说，文明社会主要是由理性主义——自然科学、社会科学、法律、道德等——影响和驱动的。在理性主义和非理性主义之间还有中间地带，比如某些宗教、某些伦理观念，甚至某些政治行为。其中文学和诗歌创作、审美体验当中大量融合了理性主义和非理性主义。

科学中的理性主义和神秘主义、伪科学中的非理性主义的区别，我用一个假设的例子来进行说明。假设某天下午五点半，张三被雷电劈死了。显然，雷电是因，死亡是果，这是物理学的结论。打雷产生的电流通过雨水这个导体（媒介）击中了张三，致使其身体要害脏器（心、脑等）严重受损而致死。这个电击致死的因果关系是物理学的反复实验和人们的生活经验提供的，按照休谟的说法，无数次经验事实形成了一种习惯，所以才有"雷雨天气勿在树下或其他导电物体附近停留"的警示。当然，根据以往经验归纳出来的结论未必百分之百准确，雷电未必致人死命，但准确率非常高，特别是电流强大、距离人员近的情况下。这就是科学理性的结论，是完全建立在"是……"的实然判断基础上的。

同样的例子，神秘主义或伪科学的解释是这样的：张三被雷电劈死，是因为他生前作恶、作孽太多之故，这是"上苍"给予他的惩罚或报应。显然，这个解释也是一个因果理论：雷劈和死亡是原因和结果的关系，但原因之上还有原

第八篇 "实然"和"应然"孰为重?——科学理性和价值理性

因,一直上溯,那就是惹怒了"上苍"。这是一个没有办法证明的原因。唯一的"证据"是看张三生前的所作所为。如果他果然是一个众所周知的坏人,那么他的暴毙就具有了合理性和合目的性——这是用结果上推原因这种"目的论"哲学(其实就是算命先生)惯用的手法。这种说法永远不会被证明是假的,因为如果从结果上推原因,世界上的每一件事情都是必然的。但是如果张三生前是一个善良、温和、循规蹈矩的人,又怎么解释呢?这难不倒神秘主义者和算命先生。佛教有"业报"理论,讲三世因果、六世轮回,每个人都有前世、现世、来世,因此"现世报"只是其中一种情况。张三的前世作了孽,轮到他现在来报应了,因此怎么说都是"合理"的,都讲得通。一种无论如何也证伪不了的理论,恰恰就是非科学或伪科学的理论,这是卡尔·波普尔的著名论点。一切神学、伦理学、美学及社会科学理论都有这个特征。伪科学具有理性主义的形态,但它是以提供知识的方式来灌输某种价值或主观诉求,因此它本质上是一种"应该……"即应然判断;它虽然不像赤裸裸的神秘主义、蒙昧主义说教、恐吓、精神控制那么极端,却具有非常大的欺骗性。因此,我们下面要讨论的大卫·休谟关于从"是……"不能推出"应该……"的思想,就具有特别的现实意义。

二、"是"和"应该"

在理性主义活动中，既包含了科学认知和生活认知，也包含了价值诉求。前者总体来说是以达到对客观事实的了解、理解、掌握、运用为目的，后者则是为了表达说话者、表达者的主观意愿、感情、希望、期盼、要求、寄托、信念等等。科学知识和常识的特点是实事求是，确切无误，有一说一，非真既假，没有模棱两可、没有含糊不清；而且科学知识或常识是能够加以清晰表述、可以"由此及彼"说明白的，因而是可以被人的理智所知晓、理解、把握、运用的。这是典型的理性主义。至于价值诉求，只要是通过合理的思考、合理的讲述、合理的表达、合理的要求、合理的关切、合理的情绪等等，一句话，只要是"以理服人"的价值判断与诉求，也都属于理性主义的精神追求。至于"非理性主义"的价值诉求，前面我已经做了解说，就不再赘述。不过有一点得说明一下：非理性主义和神秘主义的价值诉求，也可能被赋予高度理性的内涵和形式，尤其是被冠以某种现代科学的名称或头衔，比如若干年前的某个神秘"功法"就是因为声称"完全符合科学结论"而一度误导了不少的人。在科学昌明的今天，世界上这类假科学知识之名行伪科学、神秘主义之实的"理论体系"从未绝迹。这里头就有一个混淆、颠倒"事实判断"与"价值判断"的问题，这既是一个语言规范的问题，更是一个哲学上的知识论与价值论的关系问题，是我们在现实生活中经常遇到的问题。"事实判断"与"价值判断"的混淆、颠倒，古今中外一直很常见，在我们今天的日常生活中也相当普遍，因此有加以澄清、辨别的必要。

关于休谟在西方哲学史上的贡献，我们已经说了不少。休谟以质疑因果性和归纳法的合理性而名垂青史，他的这个贡献被称为"休谟问题"（即"归纳问题"）。但是休谟还有一个贡献是伦理学或道德哲学方面的，仍然是以质疑的方式提出，叫作"休谟法则"，也有人称之为第二个"休谟问题"。这个问题与上述"事实判断"与"价值判断"之间的关系密切相关，甚至说，"休谟法则"直接引发了后来的哲学家对"事实判断"与"价值判断"的关系的系统思考与理论辨析。

休谟在他的《人性论》一书中，最先提出了"是"能否推出"应该"这个问题。我们引休谟的原文：

"对于这些推理我必须要加上一条附论，这条附论或许会被发现为相当重要的。在我所遇到的每一个道德体系中，我一向注意到，作者在一个时期中是按平常的推理方式进行的，确定了上帝的存在，或是对人事作了一番议论；可是突然间，我却大吃一惊地发现，我所遇到的不再是命题中通常的'是'与'不是'等系词，而是没有一个命题不是由一个'

应该'或一个'不应该'联系起来的。这个变化虽是不知不觉的,却是有极其重大的关系的。因为这个应该或不应该既然表示一种新的关系或肯定,所以就必须加以论述和说明;同时对于这种似乎完全不可思议的事情,即这个新关系如何能由完全不同的另外一些关系推出来,也应当举出理由来加以说明。不过作者们通常既然不是这样谨慎从事,所以我倒想向读者们建议要留神提防;而且我相信,这样一点点的注意就会推翻一切通俗的道德学体系,并使我们看到,恶和德的区别不是单单建立在对象的关系上,也不是被理性所察知的。"①

在这段话里,休谟首次提出了语言表述中的"实然"与"应然"的关系的问题,也就是人们平常讲话说"是……"(is)和"应当……"(ought)这两个"系词"时的本质区别。尽管休谟对这个问题表现出了一定的迟疑,对能否从"是……"("实然"、事实命题)推导出"应当……"("应然"、价值命题)还不完全有把握下定论,比如他发现人们把"是"或"不是"这种系词,与"应该"或"不应该"联系起来使用,令他"大吃一惊"、令他"完全不可思议";他主张对这样的事情须谨慎从事、要留神提防等等。但是,休谟的态度是明确的:"应该"或"不应该"的陈述"表示了一种新的关系或肯定",这种关系与人们习惯的"是"或"不是"的表述不同,"所以必须加以论述和说明";

---

① [英]休谟:《人性论》,关文运译,商务印书馆1980年版,第509页。

他明确表示，说话时只要稍微注意到上面两种说话方式的区别，就会"推翻一切通俗的道德学体系"，并使我们看到，道德问题（"恶和德"）不能从事实中得到澄清（"不是单单建立在对象的关系上"），也不能被理性所察知。这就是说，道德判断不是客观描述，而是具有强烈的主观感情色彩。

这就是"休谟法则"（或第二个"休谟问题"）：能否以及如何从"是……"推出"应该……"来？如果能够推出，其理由和根据是什么？如果不能，那么人类理智就不能用"是"或"不是"的方式解答道德领域里的问题；如此一来，过去"一切通俗的道德学体系"就要重构，这意味着哲学上的一个极其重大的转变。很明显，休谟不仅看出了两种语言表述的原则区别，而且他表示两种表述之间不存在逻辑蕴涵关系，也就是说：从"是……"不能推导出"应该……"来，反之亦然。

在休谟看来，"是"是关于客观事实的陈述或描述，可以通过对经验对象的直接感知来验证：要么是真的（"是……"，is……），要么是假的（不是……，is not……），非此即彼，清楚明白。而"应当……"（ought to……）则是一个价值判断，属于主观状态的陈述或刻画，比如情感、情绪、希望、向往、诉求、态度、命令、信念等等。这些主观状态描绘、刻画了什么"对象"没有呢？显然没有，"应该如何"，不能从经验事实中导出，因而不存在"

真"或"假"的问题，只有"值得"或"不值得"（即 "应该"或"不应该"）的问题。因此，"应该"或"不应该"的内容不与客观现实相对应，而是取决于人们的情感态度、主观意愿、价值取向。例如，"面包是有营养的"是一个真假的陈述，而"说谎是不道德的"则是一个应当性的陈述；尽管这两句话在语言结构上都属于陈述句，但前一句描述了一个事实，后一句却表达了一种感情或价值。从这里我们能够体会到自然科学（包括常识）与人文、社会科学的不同，前者属于"实然命题"（"是……"），后者属于"应然命题"（"应该……"）；前者非真既假、清楚明白；后者无所谓真或假，就是某种主观感情、意志、希望、追求的抒发，而且歧义性、模糊性比较强。这一点，我后面还要进行讨论。

"休谟法则"涉及了理性与道德、知识与价值的关系问题。作为在西方哲学知识论领域最著名的理性主义、逻辑主义者，休谟在价值领域却反对理性主义道德观。他认为理性思辨不适用于道德领域。因为道德哲学或价值哲学是实践的领域，而不是思辨的、科学的领域。人的道德观念都是由某种情感引起的，它们也可以导致别的情感，其功能就是博得人们的价值认同，在实践（政治、宗教、审美）中达成特定的目标。而理性思辨却不能用来说明任何道德问题，他说"恶和德的区别不是单单建立在对象的关系上，也不是被理性所察知的"，意思就是说："是"或"不是"的陈述过于简

第八篇 "实然"和"应然"孰为重?——科学理性和价值理性

单,显然不能解答错综复杂的社会生活和个人情感世界里的各种问题。因此,理性(包括观察、实验、命题、推理)只适用于发现对象的真假,确立知识与对象之间是否一致,从而构建自然科学体系。至于人的行为的善或恶的判定,理性是无能为力的,只能取决于情感的估量。

休谟之所以高度质疑由以"是"为系词的事实判断推出以"应当"为系词的价值判断,就是因为理性认知判断不能推出实践活动的善恶、是非来。在他看来:理性认知活动与情感实践活动是不能混同的,单靠理性无法激起人们去行动,人的实践的动力主要靠情感、意志、信仰、趣味等等心理因素。这里涉及的是认知推理与实践推理的区别问题,也就是我们经常说的"知"与"行"的关系问题。理性主要解决知的问题,而激发人们去行动则要靠情感、意志等等。情感告诉人们何为善何为恶,什么令人愉快什么使人厌恶,从而告诉人们应当如何去行动。休谟举了亚里士多德在《尼各马可伦理学》里的例子,来说明实践理性的推理过程中的不合理情况,即:

大前提,甜的食品是令人愉悦的;

小前提,这个食品是甜的;

结论,你应当去品尝它。[1]

---

[1] [古希腊]亚里士多德:《尼各马可伦理学》,廖申白译注,商务印书馆2003年版,第199页。

休谟认为，理性的作用是指出"这个食品是甜的"这一事实，而激发人们去品尝的，是"令人愉悦"这一情感。这两者不是一回事，我们不能只靠小前提"这个食品是甜的"就得出"应当去品尝"的结论，这一结论的得出还必须以大前提为根据。休谟在此强调了亚里士多德的思想，即伦理学不是追求真理，而是一种激发"善的行动"的学说。退一步说，即便道德命题（"应该……"）具有真值，那也必须说明怎么来鉴别这个道德命题的真或假，它的依据和逻辑程序是什么。用今天的话来说，人文、社会科学的合理性，能否或怎样建立在一个稳固、坚实、客观的基础之上？这样，休谟实际上就提出了"价值命题是如何可能的"这个康德式的问题。

"休谟法则"是休谟在伦理学方面的一大贡献，不过他自己对这个问题的思考还不完善，或者说，他的注意力还没有从知识论转移到价值论，所以上述思想他只是作为"附录"发表在《人性论》中。后来的哲学家们继承、发挥、完善了休谟关于两种陈述不可混用的思路。

三、"工具理性"和"价值理性"

"是"和"应该"，"事实命题"和"价值命题"的区分，为后来的哲学家、社会学家、政治家们分析、解答现实问题提供了一扇窗子。19世纪初，德国伟大思想家马克斯·韦伯在他的名著《新教伦理和资本主义精神》中提出了"合理性"（rationality）这个概念，他把合理性分为两种——"价值理性"（value rationality）和"工具理性"（instrumental rationality）。

工具理性以结果为导向，强调手段的合理性，要实现效果的最大化。工具理性的关键在于"计算"或"算计"：针对确定的目标，计算成本和收益，找到最优化的手段或途径。工具理性不关心目的，至少不把目的作为优先的考虑，只关心达成目的的手段是不是最好的。

价值理性以目的为导向，强调动机的纯正和目的的合理性，而不管或不在意结果如何。价值理性注重行为本身所能代表、所能体现的价值、意义、目的，即是否体现社会的公平、正义、忠诚、荣誉、理想、善良、普惠等等。与工具理性相反，价值理性特别关怀人的世界（个体和群体），价值理性视野中的世界是一个人文的世界，一个意义的世界。它反对建立一个在人之外的冰冷的"客观世界"，而追求一个人与对象之间水乳交融、主体与客体相统一的世界。价值理性认为，价值的世界是以"合目的性"的形式存在的意义世界，在这个世界里，人对价值和意义的追问，人对出发点和最终归宿的终极关怀成为重心所在。由此可见，"工具理性"是客观的、公平的、一视同仁的；"价值理性"则是主观的、人文的、因人而异的。

这和"事实判断"与"价值判断"的关系很接近。运用工具理性是为了做事实判断：飞机和火车哪个更快，谈判和打仗哪个成本低，运筹帷幄和身体力行哪个更能实现目标，等等，这些都是客观事实，都可以付诸计算。而价值理性是要进行"应该与否"的评估，就复杂得多。价值理性发自主体（人）的各种各样的精神状态，如情感、诉求、关切、道义、信仰、目的等等，如理想社会、健全人格、和谐关系、公平正义、未来发展、长远利益、"向上向善"等等。所有这些内在和外在目标所引发的问题，都是计算不出来的。价值理性是用理性或"良知"去权衡、判断目标本身是否值得，是否应该去做。这就需要考虑许许多多因素，不可能或极难有标准的答案。唯其如此，价值的世界就是人类独有的——这个世界问题重重，但异彩纷呈。

由于工具理性要解决的问题有客观标准，容易达成一致；而价值理性面对的问题情况不一，很难找到确定的答案。于是在社会层面就形成了这样的取向：虽然在价值评判上人们有许多分歧，但一旦进入具体方法或运作层面，人们都认同工具理性计算出来的方案。结果，随着文明的进步，尤其是科技的发展，工具理性的逻辑越来越强大，成为一种通用规则，整个社会越来越重视计算和效率，整个社会就像一部机器一样运转起来。在这种情况下，每个人都在机器系统的束缚下，就像被装进了一个铁笼。工具理性有一个十分明显的好处：任人唯贤，以工作成绩决定职位安排。遵循这种原则，能够从大规模人群中相对快速、有效地选拔出可用之人，不但提高了人才的利用率，也推动了公平竞争。因此，在工业化、信息化、"地球村"的背景下，任何价值目标的实现，必须借助工具理性的力量。比如民主政治必须先有形式上、程序上的民主（如投票制度）；在法治国家建设中，如果没有程序正义，就不能达到实质正义。这也是为什么传统的"德治"理念在现代社会难以盛行，必须依靠"法治"的原因。归根结底，价值理性本身是一个难以衡量、估量、计算的概念，它倡导的理想、目标、"应该"，必须通过相应的操作程序来实现。"铁笼"虽然冷酷无情，但它让整个社会得以高效运转，创造出巨量的工作机会，提供了空前丰富的物质和文化产品，大规模、大范围地解决了那些困扰人类数千年的问题：贫困、匮乏、奴役、疾病等等。

但工具理性的毛病或问题也实在太大。最根本的弊端在于：它的强大能力和高效性，压倒、淹没了价值理性对意义和目的的追寻。有一个流行的说法："先实现'财务自由'，再去追求'诗和远方'"。但实现财务自由是一个很长的过程，在这期间，人主要关心的是成本收益计算、效率最大化这些问题。久而久之，就改变了人原来的动机，使他们变得只会赚钱了。于是，本来是手段的事情，却变成了目的本身，从而把"诗和远方"淹没、遗忘了。光知道"是"

什么，不关心"应该"怎么，人就会成为机器的一个部件，用法兰克福学派代表人物马尔库塞的概念就是，丰富多彩的人变成了"单向度的人"。

工具理性有两个明显的弊端，第一个是造就了片面的社会文化，让我们习惯于用工具理性的逻辑解决一切问题。当工具理性迅猛扩张的同时，价值理性就进展缓慢。现代社会在一切问题上追求效率、追求可量化，这本没有问题，是社会进化的体现；可是对一些本质上不是工具理性的问题，现代社会却只能给出工具理性的解决方案，那就是治标不治本。例如假冒伪劣商品的问题，其本质上是道德和法律问题，但全世界的共同解决对策是增加生产假冒伪劣商品的成本，让生产假冒伪劣商品不划算。这当然很有效果，但不能从根本上解决问题，有时反而让事情更加恶化。

工具理性的第二个弊端是造就了片面的社会关系。人与人、人与组织之间逐渐成为商业的"供求关系"。人成了某种商品，在"买家"面前相互竞争。人成了人力资本，所谓的个人发展并不是顺从个人特点，而是为了满足社会机器对于一个高品质零件的要求。大家必须在激烈的竞争中才能成为一个合格的乃至优质的零件——这就是韦伯关于"铁笼"的比喻中蕴含的深意。

有一点我们要明确：价值理性比工具理性更为本质。手段的作用是为了达成目的，工具理性也是为价值理性服务的。过度追求工具理性而忽略价值理性,一百多年来不断引起人们的反思。如何实现工具理性和价值理性的统一,至今仍是难以解决的问题。例如公平和效率之间该如何平衡?还有哲学中关于目的和手段的争论,文化领域中科学与人文的争论等等。这些都是马克斯·韦伯一百年前的困惑和忧虑,在当今世界,这些问题不但继续存在,而且有愈演愈烈之势。尤其是信息化和人工智能大显身手以后,工具的不可遏制的"工作狂"状态大有把价值、理想、幸福等等边缘化、虚幻化之势。

在人类漫长的实践活动中,价值理性与工具理性作为构成人类理性的两大支撑,不仅从来就存在,而且原本是互为根据、相互支持的。工具理性所把握的是一个形下的、有限的、相对的经验世界,而在价值理性的视野中,人们借助构思、想象、向往、幻想和直觉,营造了一个形上的、理想的、善的超验世界。两种理性分别作用于不同层面,本应互补而不是冲突;然而随着市场化、科技进步及其广泛应用,工具理性占了主导地位,价值理性日渐式微,两者的疏离和扭曲逐渐成为现代社会中各种危机的根源。

于是问题就回到了大卫·休谟两百多年前发出的质疑:能否以及如何从"是……"推出"应该……"来?若能够推出,其理由和根据是什么?如果不能,那么人类理智就不能够用"是"或"不是"的方式去解答价值领域里的"应当"或"不应当"的问题。"做什么"的问题只能交给价值理性来解决，而"如何做"的问题则交给工具理性去解决。这两者各自的功能，我用两个短语加以概括：一是"做正确的事"（doing right things），二是"正确地做事"（doing things right）。如何处理好两者的关系，是文明社会重大而长远的责任。

四、知识无善恶，道德无真假

休谟关于"事实命题"和"价值命题"不能相互蕴含、相互推导的初步思想，后来被罗素、维特根斯坦，特别是逻辑实证主义（维也纳学派）加以阐述、发挥，成为"分析哲学"的重要理论依据。按照维也纳学派的观点，人有两种叙述或说话方式，一种叫表述（statement），一种叫表达（expression）。在对事物、事态、情况做出陈述或断言（说"是什么""不是什么"，谈论真或假）的时候，这叫"表述"；在抒发情怀、情感、情绪、希望、感慨（说"应该怎样""不应该怎样"，讲善恶、好坏、是非）的时候，这叫"表达"。两种说话方式不一样，不能混淆。相应的，就有两种判断或命题：一是事实判断（或逻辑判断），二是价值判断。这个区分，在西方哲学界、知识界已经形成共识，在中国哲学界也在逐渐普及。

休谟之前两千多年，两种判断、两种说话方式是不做区分、界限不清晰的；在古希腊人那里，一切陈述或判断或命题都属于求知、求真，都是所谓"事实判断"或"逻辑判断"。而在中国古代思想界，情况更是如此，因为中国哲学仅仅专注于道德规范和伦理秩序，即"应该如何"的问题，加之古汉语也没有专门的语法、句式规范。

前面说到苏格拉底的著名命题"美德即知识"。苏格拉底认为，对道德行为的评价，取决于人们对善恶观念这种知识的了解、掌握程度；而掌握了关于道德、善恶的知识，人就可以做出正确的行为选择，成为一个好人、善人。根据我们前面关于"是……"和"应该……"的分析，苏格拉底的"美德即知识"，显然是把"真"的事和"善"的事混为一谈了。苏格拉底还有一句名言："无人有意作恶。"意思是：如果有人作恶，是因为他不知道他干的事是坏事、恶事、要不得的事，也就是说，他不具备识别善恶、好坏、应当不应当的"知识"或"道理"；而如果他具备了这些知识、道理，他就一定不会做坏事和恶事了。换句话说：人不会"明知故犯"，而犯了就是无知，这就是"无人有意作恶"这句话的含义。显然，苏格拉底是把道德问题当作一门知识来看待的，即把"应该"如何这件事当成了"是"什么这件事。苏格拉底一生都在做这种道德、价值的引领、普及、教育工作，只不过他的方式十分独特——通过对话来揭露对方的思想漏洞，启发、引导对方向正确的方向思考，最终由对方自己说出正确的结论来。这整个过程，苏格拉底称之为"精神助产术"，即"道德知识"（比如美德，指智慧、勇敢、节制、正义、善等等）原本就在对方心中，他苏格拉底的工作只不过是诱导其自己说出来而已。

这当然过于偏颇了。实际上，所有的人文、社会学科，本质上都是某种主观的表达或要求，都是某种"应当"系统。"好坏""善恶"具有极大的历史性、相对性和模糊性，"好事"和"坏事"的鉴定标准历来不能统一；因为人和人是不同的，因而在主观诉求、情感、信仰、取向等等方面不仅难以统一，而且常常冲突。不过苏格拉底有一点是对的：决定做任何一件事的人，不会认为自己在做坏事，他认为自己在做应该做的事情，也就是"好事"，他在"行善"。就此而言，苏格拉底说得没错——没有人"明知故犯""有意作恶"。但是，如果全都按这个标准衡量的话，世界上就没有"坏事""恶事"了，这显然说不过去。苏格拉底的问题在于忽视了人的行为还有另一种动因——非理性的激情、冲动、嗜好、执念、欲望等等。

把这个问题再展开一点来说。从哲学的角度看，"应该"蕴涵着"能够"。比方说，你"应该"珍惜生命、远离烟草，这个要求之所以是合理的，是因为你"能够"做到戒掉香烟，从此神清气爽，体健貌端。可是问题在于，即使面对那些"能够做到"的事情，不少人还是会哀叹：我真的做不到啊！这个时候，常识告诉我们，那是因为他的意志薄弱了，他被欲望、惰性或别的精神因素俘虏了。于是许多人会说这样的话："我知道这是犯错，但我无法控制我的情绪或欲望，所以造成了坏的结果。""我的理智告诉我不能这样做，我也完全赞同；但我还是控制不了自己的激情！"这种情况在生活中十分常见，也就是说，用"意志薄弱"和"不能自制"来解释或"开脱"自己的不良行为，是有一定道理的。因为人不仅有理性的知识，而且有非理性的冲动、欲望、感情等等。不过如果让苏格拉底来评判，他就会提出质疑：你真的"知道"自己的行为是罪恶的吗？如果你知道什么是恶行，你就知道不作恶比作恶好，你还知道如何避免它；这样，你就不会去作恶了。因此，如果你实际上做出了恶行，那你一定并不真的知道善或恶究竟是什么。所以在苏格拉底看来，没有人会"明知故犯"，作恶多端的人的要害恰恰在于他处于"真正的、最严重的无知状态"。

这个问题就涉及到从"是……"能否推出"应该……"的问题了。以苏格拉底之见，这两个陈述或判断之间是相通的，可以相互蕴涵。当知道了"是（或不是）什么"，就懂得了"应该（或不应该）做什么"，反过来推也一样。我们在日常生活中经常听到这样的说法：你的错误在于没有真正认识到你的错误；你之所以犯错误，是因为在思想认识上出了偏差，也就是说，你在认知上发生了迷误。按照这个思路，一个人之所以在戒除不良行为上屡败屡战、屡战屡败，不是因为他的意志薄弱，而是因为他虽然口口声声说知道那种行为有害，其实并没有真正往心里去，也就说，他并不真的知道那是一件坏事——他甚至在内心深处不认为那是一件坏事。这就是苏格拉底对道德的理解以及他的道德立场。正如他所说："那些认识自己的人，知道什么事合适自己，能够分辨自己能做和不能做的事；他们的行为和自己的能力相符，得到了自己需要的东西，相当成功；他们避免去做自己不懂的事，不会受到责备，远离灾祸。所以，他们也能够对别人做出一个评估，他们从与别人的交往中，获得了好处，避开了不幸。而那些不认识自己的人，在自己的能力方面欺骗自己，在其他人和其他人的事情上也是如此；因为他们既不理解他们所要的东西，也不知道相处的人有什么特点，这些错误让他们不知道什么是好的，从而导致了灾祸。"[1]这一段话说得非常清楚：理性、知识、德性、幸福之间，存在着环环相扣、逐渐递进的逻辑关联。有理性的人必然拥有关于自我的知识，即镌刻在雅典德尔菲神庙上的那句箴言——"认识你自己"，他也因此是有德性的人，而有德性的人一定能够得到幸福。毫无疑问，这是一种理性主义的道德哲学。

但是，亚里士多德却不赞成苏格拉底的观点。他批评苏

---

[1] ［古希腊］色诺芬：《回忆苏格拉底》，郑伟威译，海峡文艺出版社2018年版，第160页。

格拉底把德性等同于知识,这样一来,就取消了灵魂中的非理性部分,因此也就取消了激情和性格对人的影响。他甚至认为,在少数时候理性是欲望的主人,而多数时候理性是欲望的奴隶。人性并不是天然向善的,在那些又蠢又坏的人当中,多数不是因为太蠢了才变坏,而恰恰是因为坏得肆无忌惮,才会显得愚不可及。

亚里士多德认为,知道公正的人不会马上变得公正,深谙道理的人不一定立马变得讲道理;即使满腹经纶的人也可以是一个恶人。所以,知行不一的人在生活中并不罕见,也并不令人感到惊讶。要把"善的知识"变成"善的行动",既需要时间,更需要实践。所以,亚里士多德认为"每天反复做的事情造就了我们。"这里的关键是"做",也就是行动和实践。亚里士多德为什么不说"每天反复说的事情造就了我们"呢?这是因为"拥有知识"不等于懂得"使用知识"。我们在现实生活中经常看到,那些整天高谈阔论礼义廉耻"大道理"的人,不一定真的就在生活中践行了礼义廉耻。

苏格拉底是个理性主义者,他强调"先知而后行",如果知行不一,那一定是知出了问题。他还有一句名言:"未经审视的生活是不值得过的。"(The unexamined life is not worth living.)[1]话说回来,如果人们真照这句话做的话,恐怕

---

[1] [古希腊]柏拉图:《苏格拉底的申辩》,吴飞译,华夏出版社2021年版,第95页。

就寸步难行了。而亚里士多德是个经验主义者和常识论者，他强调"知行合一"，如果知行不一，多半是行出了问题。更重要的是：亚里士多德认为，人的非理性精神状态常常是导致人的行为之善或恶的直接动因。这样一种认识是符合人类行为的二重性的，即人的行为是"是"和"应该"、理智和激情、知识和本能的统一。当然我们也不能不指出：亚氏这个思想的弊端，是容易使人借口"无知"来推脱自己的道德和法律责任。

五、科学与人文

中国哲学，特别是儒家思想，从来表现为一种"知识体系"——教导人们了解、懂得、体会、检验"善"和"恶"，也就是知道"应当做什么和不应当做什么"。在德与无德、仁与不仁、耻与不耻、忠与不忠、孝与不孝、节与失节、义与利、体与用、知与行、和与同、达与穷、君子与小人、过与不及等等方面，必须讲明道理，以便人们遵行。一旦懂了这些道理，即一旦拥有了这些伦理道德的知识，人就会成为他们"应当成为"的那种具有"君子人格"的人，整个国家、社会、家庭、个人就都向上、向善了，安身立命、和平共处、欣欣向荣、天下太平就实现了。

孔子讲："学而时习之，不亦说乎？"（《论语·学而》）"知之为知之，不知为不知，是知也。"（《论语·为政》）"学而不思则罔，思而不学则殆。"（《论语·为政》）"三人行必有我师焉。"（《论语·述而》）这些话，从字面理解，就是一套学习、钻研、理解、掌握、践行知识和真理的方法，是"工具理性"或"是……"的集中阐释。但实际上，孔子这些话要说明的是：做人的行为规范是每个人都"应该"学而时习之、学而思和思而学、经常请教他人的一种"道理"或"真知"，必须在人心中扎下根来。中国传统文化、中国哲学史、儒学思想史，均表现为一种宏大的"知识体系"，"百家争鸣"也好，"独尊儒术"也罢，以及后来的儒、释、道"三教合一"，还有"三纲五常""四维八德"，等等；都是以提供知识的方式来倡导、灌输价值标准和实践方向。学习、理解、掌握了儒家伦理，就会成为一个道德高尚的君子。这跟苏格拉底的思路是一致的。

在我看来，儒家学说以及整个中国传统文化，甚至包括今天所有人文思想体系和绝大部分哲学社会科学论断，本质上都属于"应当""必须""希望""要求""祈使""期盼""律令"的体系，都是价值判断的集大成之作。这套体系与求知、求实、求真、求解，与科学关于"是"和"不是""真"和"假"的判定，基本没有关系。

西方哲学和中国哲学有一个共同之处：要追问、探讨、解答终极性、根本性的"大问题"。"终极关切"是所有哲学的特征，只不过在终极关切的深度、广度、程度方面有所不同而已。中国哲学的最高探究是"天人之际"，最终目标是实现"天人合一"。《易·说卦》曰："穷理，尽性，以至于命。"意思是：穷究天下万物之理，彻底洞悉人类本性，以达到回归天命的目标。这看上去是在追求最高的"存在""本体""真相"，似乎与西方的形而上学"本体论"区别不大。其实不然："理"在中国传统文化里不是指西方哲学或科学所注重的"宇宙自然的来源、本质和规律"，而是指人们道德修养的最终目标和最高境界。穷了理，尽了性，也就回归了"天"，实现了"天人合一"。因此在中国哲学里，最高的道德准则（"天""理""道"）是为了规范、约束、引导、矫正人的现实行为，也就是为人们提供一种最高、最大、最根本的价值追求目标；"天理"并不描述客观世界的实际情况，"人伦"与自然界的因果律或"真相"毫无关联。人的生活目标往大了说，是修齐治平、兼济天下，往小了说是安身立命、独善其身。不管是大还是小，都应当或必须符合天理或天道，即古代圣贤通过他们的身体力行而确立的道德准则。中国哲学的终极关怀始终脱离不了人，不管是抽象的人还是现实的人。中国哲学说到底是一种伦理学、价值哲学、人学，永远关切的是一个"应然"的世界。

中国哲学的一些基本范畴的确可以归之于"形而上学"，如天、理、道、一、德、性、命、心、阴、阳、气、数、太极、自然等等，这些范畴是抽象的、思辨的。但由于中国哲学、中国文化侧重人伦价值这个特点，故这些形而上学范畴常常被赋予了具体的道德含义，因此它们终究超不出经验（即形而下）的局限。实际上，在中国哲学中，一切形而上学的范畴最终都消融在了经验性的道德规范当中，一切"是……"都转换成了"应该……"，或者反过来。形而上学在儒学体系中从来没有被当作一种独立的、与伦理诉求无关的"求真"之学。儒家注重的"格物致知""格物穷理"，其意义在于达至高尚的个人道德修养，而不在于对自然物理的认知，正如朱熹所说："格物致知，便是要知得分明；诚意、正心、修身，便是要行得分明。"（宋代黎靖德编《朱子语类》卷一四）这和西方科学-哲学讲的通过观察、实验、归纳、概括而达到对自然界本质、规律、真相的认识和把握，不是一回事。在中国儒学史上，凡与道德实践无关的"玄思""探索""求所以然"，均被视为一种"无用之学"。

如前所述，事实判断或逻辑判断，就是一种客观性的陈述或描述（description \ statement）。当然，"客观性"（objectivity）这个词的含义是相对的，我们不能钻牛角尖——所谓"纯客观"的东西在现实生活中是找不到的：如果诉诸感觉，就不能不掺杂主观色彩；如果单凭思想，就不能得到证明。事实判断（命题）或逻辑判断（命题）的要点是区分真和假、是和不是。所不同者，事实判断的真值取决于事实的验证，而逻辑判断的真值来自于公理系统和推理规则。既然如此，事实判断或逻辑判断的任务就是提供从内容到形式的知识，任何配得上叫作"知识"的思想或语言，一定是关于是或不是、真或假的"道理"，而事实的说服力或逻辑的证明力就是通过"真""假"的说明来令人信服。不管是高深的自然科学知识的还是精致的数学、逻辑知识，以及日常生活中的常识、习惯，每天都在成功地帮助人们应对自然界和日常生活中各种各样的事物或问题，是非常有效、十分有用的工具。比如：太阳照射就会产生温暖、面包给人带来营养、水温到了0摄氏度就会结冰、运动可以出汗、三角形内角和等于两个直角和、2+2=4、A不能既是A又是非A等等。这些判断或命题的主观色彩、情感因素完全没有，根本不存在"因人而异"或"此亦一是非、彼亦一是非"这样的情况；科学容不得人的要求、希望、情感、审美、强制等等因素的"掺和"，因此事实判断或逻辑判断是冷峻的、没有人情味的、无所谓善恶的。科学或常识的表述，讲求一个"实事求是"：要明辨真或假，其本身也非真即假。科学和常识里不可能发生"指鹿为马"的荒谬情况，因为科学（尤其是数学）不容许违反同一律、不矛盾律、排中律，自相矛盾是不可想象的，也不可能发生在正常人的思维活动中。总之，科学命题或事实判断本身无善无恶，没有道德倾向，在价值上是完全中立的。

价值判断与事实判断正好相反。"价值"是一个神秘、玄妙、抽象的概念，是独属于人类的一种精神现象，反映了人对特定对象的某种信念、理想、情感、规范、关系、爱好、向往、追求、选择、评判等等主观诉求与这些主观诉求在现实生活中实现的程度之间的关系。

用通俗的话来说，"价值"或"价值观"，就是一个人心中关于孰"重"孰"轻"的某种掂量、权衡、取舍、抉择。什么东西值得，或什么事情值得去做；什么东西不值得，或什么事情不值得（不能）去做，就是一个人的价值观。价值或价值观一定是在比较当中确定的，所谓没有比较就没有鉴别，没有比较就没有取舍，没有比较就没有伤害，说的就是这个意思。一句话：没有比较，就没有价值。价值讲的都是某种主观的评判和考量，其依据很多：利益、感情、喜好、冲动、习惯、愿景等等。利益的考量，可以是多方面、多层次、多角度的，包括个人、家庭、群体、公众、民族、国家等，这些都是价值选择的依据或目的，这看上去似乎具有"价值"的客观标准。但实质上，做出选择的终究是个人，也就是说，"价值"归根结底是主观性、私人性、自我性的一种评判。因此完全客观、公正、普世的价值，实际上是不存在的；只要是人或人类的行为，就最终立足于、落脚于个人（或每一个人）内心中对孰重孰轻的权衡、取舍。比如，"重义轻利""重利轻义""义利兼顾"，就是不同的价值取向和行为依据；而主观愿望与客观效果的对比，决定了一种价值的实现程度。任何伦理学（特别是功利主义伦理学）都是试图避免价值"主观化""私人化"的尝试，都要提供某种符合共同的、符合每个人（至少是绝大部分人）愿望或欲望或向往的行为依据或行为方向。但说到底，每一种价值的取舍，最终取决于一个人内心的权衡和抉择。前述"价值理性"，就是关于什么"应该"，什么是"善"，什么"值得"的一种道理、一种方向、一种尺度、一种动力。

显然，价值理性与只讲手段不讲目的的"工具理性"迥然不同。"价值"看不见摸不着，却时时处处起作用，影响、支配了人类的个体行为、群体行为、全体行为；人说到底就是一种价值的存在，任何人都可以根据自己的需要、利益、好恶、情绪、趣味等等，来表达、声张一种态度，提出某种"应当"，倡导某种喜好，实现某种目的。人的世界，包括社会生活、精神生活、自我生活，从内容到形式都异常复杂；人的正常的、反常的、超常的精神状态，基本属于价值的领域，通过诉求、希望、宣泄、命令等方式来表达、交流、传递特定的"应然"；价值问题不涉及真或假的问题，因此不能由科学技术来应对和解答。

19世纪以后，"唯科学主义""泛理性主义"曾经盛行于西方，经过思想家们的反思和批判，这种片面、极端的倾向被证明最终行不通而被放弃，原因只有一个：科学知识不能解答或解决伦理和心理问题。中国是一个自古以来没有或少有科学精神的东方国家，只是在20世纪初新文化运动以后才形成了倡导、推行"科学救国""科教兴国"的社会时尚。这当然有充分的历史和现实理由，因为古老的中国太需要科学知识的力量了。"科教兴国"在今天仍然是中国的国家战略，但在实施过程中我们一定要保持头脑清醒：科学知识不能解决所有问题，转型中的东方大国仍然有太多问题关乎价值与应然，目标是否正当、取向是否正义、手段是否合理、意义是否明晰等等，中国人不能不关切。今天的中国同样要防止唯科学主义、泛理性主义和片面的工具理性，仍然必须使价值理性和工具理性实现互鉴、互补、共处、同行。

六、"正确地做事"和"做正确的事"

如前述，中国哲学、儒家思想，就是大大小小、一系列"应当如何"的价值判断的总和，教导人怎么做一个心地善良、道德高尚、刚健有为、君子风范的人。却极少有（或者说根本没有）关于宇宙观、世界观、存在论、来龙去脉、世界本质、本性、真相、规律等等的追究和描述，对世界的本性究竟如何这类"真与假、是与不是"的问题不关心（或不甚关心），仅专注于现实人生应当怎样；甚至诸如道德形而上学、生命意义、人生目的、生死关系、彼岸关切等等问题也基本不在中国哲学的视野范围内。

前面说到了儒家的"格物致知""格物穷理"，但这里的"格""知"，与西方人注重的自然科学和数学上的求知完全不同。中国传统哲学要求掌握的"道"和"理"，不是自然界的本质和规律，也不是形而上学的"存在""本体""一"。因此中国古代思想家原则上不追寻宇宙真相，不求索客观知识，他们思考、专注的是最高的道德法则、伦理秩序，要实现个人的安身立命、社会的稳定和谐、国事的长治久安。所以在中国古代思想家那里，道德和政治是相互联系、相互支撑的人生两大内涵：最高的道德就是最好的政治，反之亦然。道德伦理的法则、规范（"道""理"）当然也是客观的"天理"，董仲舒讲"天不变道亦不变"，朱熹讲"存天理灭人欲"，政治和道德秩序受之于天。但这种形而上的"天理"却不能不落实到具体的道德行为当中，人的生活实践与"道""理"之间距离的近和远，决定了个人境界和生存质量的高和低，因此最高的追求，或最大的"应该"，就是努力实现"天"和"人""知"和"行"之间的零距离。这样一来，天理的客观性就大大弱化了，代之以天理与人道的融通。比如在王阳明那里，"天道""天理"已然与"人心""良知"合二为一了。

第八篇 "实然"和"应然"孰为重?——科学理性和价值理性

显然,孔子思想、儒家学说,是高度理性主义的思想体系,都是rationalism。扩展来说,所有哲学中的道德哲学、伦理学、价值哲学、人生观、人伦,都是理性主义的,都是要通过讲道理(而且讲的都是"大道理",甚至要提供伦理学"知识"、政治学"知识"、艺术审美"知识"等等),来引导人们的道德境界、政治水准和个人趣味。实际上,就世界范围来看,宗教的本质和目的也是这样的。尤其是基督教,从奥古斯丁到安瑟伦再到阿奎那,他们先后引用柏拉图和亚里士多德的哲学思想来论证基督教教义的"合理性"(合目的性、合逻辑性,甚至合经验性),就是最典型的例子。因此我们一定要清楚:价值观方面的"讲道理""做论证""说服教育"等等,是理性主义的重要表现,只不过都属于"价值的理性主义"(rationalism of value),不是"科学的理性主义"(rationalism of science)。

从孔子开始,儒学家、士大夫一直在循循善诱,讲各种各样的人生道理,什么应当,什么不应当。经过两千年的传承发展,形成了庞大的思想体系,来"以理服人""以'文'化人"。这是价值理性主义的杰作:通过讲清楚、说明白、弄透彻,达到理解、通识、践行。儒家思想是人类历史上唯一仅仅通过理性说教的方式为一个文明古国几乎所有人提供价值支撑的理论体系,这是儒学不可磨灭的巨大贡献。世界上其他的价值体系基本上都是通过宗教途径来达到教化、引领

481

目的，那里头不乏神秘主义的理念和体验。所有宗教的共同特点就是对超自然、超世俗本体或力量的信仰，这类信仰介于理性主义和非理性主义之间，却经常以科学、理性的方式来输送迷信；至于那些公然宣示神秘主义、蒙昧主义的价值体系，比如各式各样的准宗教、邪教、功法、迷思、幻觉、妄念、强迫症等等，与"理性"二字是根本不沾边的。中国儒学这种伟大的价值理性主义体系，与古希腊人开创的"科学-哲学理性主义"体系有本质的区别。两者的界线是：儒学是一个"应该"或"不应该"系统，希腊哲学是一个"是"或"不是"系统。这个区别，我们前面已经做了比较多的分析和解读。

这就涉及现实生活中人文、社会科学的性质问题了：人文、社科提出的概念命题、理论体系是什么性质的？它们做出的判断属于哪一类判断？

根据前面所做的分析、解读，我们应该很明确了：人文学科（注意，是人文"学科"或人文"学"，不是人文"科学"）属于"应当"类的学科，或曰"应然学科"。文学、史学、艺术、道德、宗教、美学、心理学等等，都是关于人的各种各样精神活动、精神现象的研究、探讨，它们当然涉及、反映、揭示了社会生活的方方面面，它们也大量援引、借助了各种各样客观数据、资料、技术手段（包括计算机、远程遥控、DNA、考古证据、自然科学的各种研究成果等等），但它们的目的就是一个：表达某种情绪、诉求、希望、启示，期待社会和人们"成为"什么样子。在人文学科中，客观因素是为主观愿望服务的，人文领域没有客观真理。

至于应用社会科学领域，比如政治学、经济学、法学、社会学、管理学、教育学等，我认为和人文学的性质是一样的或差不多一样的。社会科学比起人文学科来，显得客观性、现实性、可操作性强一些，社会科学的手段更多地运用了自然科学和数学（比如经济学的数学模型，政治学的调查报告，法学的案例、证据等），似乎是"求真""求实"的学科，其实不然。科学、数学在社会科学里只不过是工具、手段，以便让结论显得更加真实、可信、公正、"科学"而已。实际上，这些应用社会科学学科，归根到底仍然是在做价值判断——什么是善什么是恶，什么应当什么不应当。所不同的是，人文学科的价值诉求对象是人（包括人的个体、群体、全体，核心是"人心"即人的所有精神活动、状态、追求），而社会科学的对象是国家、社会、民族、社群、家庭、个人等等及其各种各样的关系，涉及利益、感情、约束、管理、发展、资源、环境、人际、族际、国际等等。法律提供给我们什么真理了吗？没有。法律就是各类"负面清单"的总汇，以不由分说、不讲情面的方式发出禁令，法律既强调"应该"，更强调"必须"；从功能上讲，法律和道德只有高低、深浅、手段、目标、强制程度、约束方式的区别；在鉴定"善"或"恶"的问题上，法律和道德的区别在于：前者看重的是人们是否违反了各种"不准"，而后者看重的是人们是否践行了各种"应该"。政治学提供"真理"了吗？没有。政治学与伦理学——尤其在中国古代——其实就是一件事情的两个方面而已，这一点我前面已经谈了。政治学提供的是一套治国理政的理念和方法，引导或要求人们——主要是政治家——予以践行；伦理学则是以提供普世价值的方式来表达、输送一部分人的欲念的体系。经济学是不是"客观真理"？当然不是。不管哪一派经济学，都是根据倡导者的愿望或他们主张的利益，构建经济发展中效率与公平之间他们认为是最合理、最公正、最合乎人性的协调机制，希望或要求人们理解、认同并实施，因此经济学乃是经济发展过程中各种"应该"的表达。所有社会科学的结论，除了引用历史资料（比如史学、考古学）和生活中的观察、经验、事实，以及技术手段外，都是通过说理、论证的方式表达诉求、愿望、企盼、命令，都是价值判断。唯其如此，它们并没有陈述什么"本质""真相"，所以它们既不是真的，也不是假的。

和人文、社会科学相比，自然科学和数学就简单多了。人的事情、社会的事情实在太复杂，"应当"的东西不仅非常多，而且各式各样、相互抵触——我的意思当然不是说"简单"就等于"容易"，实际上自然科学和数学非常难，一点点突破都具有划时代意义；而人文、社会科学似乎比较容易构建，如果需要并且有相当的思想基础，人们就能够"创建"一种学说、学术或理论体系来。古往今来，人文学科特别是社会科学五花八门、层出不穷，就是因为价值的问题不仅复杂多元，而且没有一致性。

科学知识（事实命题、实然判断）的价值中立性质，使得科学及其衍生产品——技术，有了一个最大的也是最令人无奈的功能：它既可以用于行大善，也可以用于作大恶。1939年8月2日，正值希特勒发动第二次世界大战前夕，爱因斯坦出于对人类命运的极大关注，写信给美国总统富兰克林·罗斯福，建议美国务必抢在纳粹德国之前制造出原子弹，罗斯福总统采纳了这个建议。后来，当原子弹真的从"潘多拉魔盒"里跳出来后，爱因斯坦陷入了巨大的后悔和痛苦之中，自认一生最大的错误就是建议研制原子弹。晚年的爱因斯坦完全是一位和平主义者。

近代以来，西方的科学和技术在其迅猛发展过程中一直引发着各种各样有价值争议的结果，以至于从20世纪70年代开始，对科学和技术的反思与批判成为哲学、人文、社会科学的热点，甚至经常导致伦理道德甚至法律层面的问题。不过有一点要澄清一下：科学发展中出现的各种伦理问题，多半是技术运用和推广中出现的，与科学理论本身（比如理论物理学、化学、生物学等）没有直接关系，尽管从归根结底的意义来说，问题还是科学本身引起的。正因为如此，今天越来越多的自然科学家具备了广阔的人文视野和深切的道义关切，他们在自己专业领域里做出辉煌业绩的同时，会思考由此带来的价值意蕴或伦理难题，比如医学技术进步导致的性别认同问题、堕胎问题、代孕问题、捐精问题，分子生物学技术导致的转基因问题、克隆问题，原子能技术的发展造成了核武器的威胁，尤其值得关注的是，人工智能的迅猛进步有可能导致人类文明失去控制等等。现在越来越多的科学家、工程师在知识和价值、技术与人文、"是"与"应该"之间踌躇、两难，他们在科学精神和人文情怀的双重影响下，越来越自觉地试图实现科学和伦理之间的相容和平衡。如果说让·雅克-卢梭、卡尔·马克思、马克斯·韦伯、伯特兰·罗素等哲学家是从人文、社会科学角度探讨、呼吁这种平衡的话，那么从牛顿、莱布尼茨开始，直到爱因斯坦、玻尔、海森堡、奥本海默等科学家，则是通过自己的切身体会，认同了"工具理性"与"价值理性"相互支撑、彼此补充的极端重要性。

由此可见，科学知识、技术手段、科技应用，需要价值的引导、矫正，必须最大限度地用于行善，最大限度地避免用于作恶。在我们今天这个"技术的时代""信息的时代""智能化的时代"，这一点尤其重要，甚至命运攸关。我想特别指出：学自然科学的人不懂得人文、社会科学，学人文、社会科学的人不了解自然科学,这样的情况在中国非常普遍。我倒是认为,学哲学的人应该比较容易跨越两种判断之间的鸿沟。因为哲学既求真,也求善和美。如此看来,西方哲学和中国哲学的不同侧重点,应当而且能够实现互补。

于是,我要再次重申那两个短语:一是"做正确的事"(doing right things),二是"正确地做事"(doing things right)。做正确的事,就是把事情做对;正确地做事,就是把事情做成。

七、科学与宗教

如前所述,古希腊哲学和中国传统哲学不了解"是"和"应当"的区别,所以自觉或不自觉地混用了两者。但在今天的中国,由于一百多年来,尤其是近四十多年来科学技术广泛、深入、大规模的应用和普及,中国人的观念与过去相比发生了根本性转变。科学知识、科学技术这种本身价值中立的东西在中国具有了巨大无比的价值含义和道义力量。这就走到另一个极端去了。

在当今中国人的一般观念中,凡符合"科学"的理论和实践,就是正确的、合理的、应该的,因为科学揭示、掌握、代表了真理,这话本身当然没有错;但在中国不少地方，在相当程度上，科学（当然指自然科学）理论、方法似乎已经具备了裁决善恶、对错、是非的能力；科学本身是一种真理，却同时成了真理的标准。因此在中国一些地方、一些领域，很多事情都是以"科学"的名义实施的，或者将"科学"作为价值尺度来实施的。这就混淆了"把事情做成"和"把事情做对"的区别。

我们都知道"科学发展观"，那是改革开放的国策在理论和实践层面的提炼和总结，是执政党的纲领、方针之一。"科学发展观"的本来含义是：发展的核心是"以人为本"，发展的要求是"全面、协调、可持续"，发展的方法是"统筹兼顾"。这里头的人文价值或社会意义清晰而明确。"科学发展观"中的"科学"二字，指的就是以人为本、全面、协调、可持续、统筹兼顾，通俗地讲，科学发展观就是"科学的、正确的、合理的、恰当的、好的"发展观。但如果对"科学"二字做片面、狭隘的理解，即以自然科学的思路、方法、结论来衡量发展，就会引起争议，就会误入歧途。20世纪，国外学者就曾指出，当人们使用"科学的"这个形容词时，一般就指自然科学和工程技术的思维、方法、途径、手段，与人文、社会科学关系不大。前面讲了，人文、社科是做"价值判断"的，属于"价值理性"；而自然科学（包括数学、逻辑学）是做"事实判断"的，属于"工具理性"。西方人早就批判"唯科学主义"了，就是因为科学技术不讲价值,不管目的,不关心"把事情做对",而只讲效率和结果,只关心"把事情做成"。因此,任何时候我们都要心中有数:"正确地做事"和"做正确的事"必须互补。

话说回来,科学走到今天,能够取得如此伟大的成就,为全人类提供了如此丰厚的福祉,这个过程本身就是一部史诗。其中,科学与宗教、迷信、神秘主义之间的长期争执、博弈,直到今天都没有停止。前面多次讲到,科学作为事实命题(或逻辑命题),与宗教、伦理、审美这类价值命题并不处在同一个话语层面上,它们一个是表述,一个是表达,对于人类精神来说,它们缺一不可,不能偏废。但是,曾经在很长时期里,价值的话语占据着统治地位,不论在古代西方还是在古代中国,情况都一样。尤其在西方中世纪,科学曾长期处于"神学的婢女"的地位,科学是在激烈的奋争中坚持不懈地揭示真相、弘扬真理,才一步一步取得了自己的合法地位,并最终赢得了最广泛的认同。

在哥白尼之前的西方世界,基督教《圣经》是最高、最权威的知识体系和价值系统,拥有双重的精神功能。科学虽然也有所发展,却举步维艰,还得经常看教会的眼色行事。即便在哥白尼(1473—1543年)以后,也发生了宗教裁判所迫害布鲁诺(1600年)和伽利略(1633年)的野蛮事件。长期以来,人们绝对相信《圣经·旧约》里的故事,相信当年的的确确发生了上帝创世、伊甸园、亚当和夏娃、偷吃禁果、原罪、下凡、赎罪、亚伯拉罕、诺亚方舟、摩西十诫，以及《新约》里关于圣母玛利亚、耶稣降生、受难、复活、三位一体等等故事。在神学家看来，所有的《圣经》故事都是"客观事实"，是毋庸置疑的"历史真相"。平心而论，《圣经》里的故事有一些可能是真的，而且作为文学作品是很动人的。但关键在于：这些故事，都是用来证明、规劝、引导人们信仰上帝和基督，让人们做上帝要求做的事情。这是以提供"真理"的方式来实现"弃恶""从善"的目的，我倒是认为，这从道德的角度看是未尝不可的。

总的来说，从哥白尼以后，基督教的信仰或价值开始走向衰落。根据历史记载，1543年前后，似乎是"突然之间"，地球被宣布不再是宇宙的中心了；地球不仅不再静止，而且有规则地绕着太阳转动。更"糟糕"的是：经过天文学的观察、考证，"地动说"这样一个天体运行图景，并不是从哥白尼那个时候才开始的，而是从来就是如此。这个冲击，这个震撼，对于基督教会来说是空前的、不能容忍的。哥白尼本人深知他这个理论在宗教和社会影响方面的解构力量，他在1533年就完成了他的《天体运行论》里的基本思想，却一直拖到临终前（1543年）才正式出版，而且还写了特别的说明："太阳中心"假说只是为了数学计算的方便——他这么做当然是为了躲避宗教裁判所的惩罚。结果，被哥白尼逃

第八篇 "实然"和"应然"孰为重？——科学理性和价值理性

脱的惩罚落在了别的科学家、哲学家身上。布鲁诺因为宣传地动说（太阳中心说）而被烧死在罗马鲜花广场；伽利略因为推广地动说而被判终身监禁，而且不得不公开认错、收回地动假说。那是有史以来自然科学遭遇到的最黑暗的时刻。直到300年后的20世纪70年代，罗马教皇才公开为伽利略平凡、恢复名誉，但末了却加了一句话：地动说实际上从来都与"基督教义"是不冲突的。

《圣经》里的故事，长期以来都被认为是"确凿的事实"，基督教世界里的人对其深信不疑。有人曾经根据《圣经》故事里的人物家谱，推断出每一个犹太族长生下第一个儿子时是多大年纪。最后基督教徒们接受了这个"事实"：公元前4004年就是上帝创世的确切年代，而亚当、夏娃是在那一年的10月23日上午9点被创造出来的！想想看，这已经荒唐到了什么地步，但这就是《圣经》里的"事实判断"！

伊萨克·牛顿是一个非常虔诚的基督教徒，《圣经》里的所有重要故事和启示他都笃信不疑。但他同时是一个伟大的科学家，做出了彪炳青史的科学贡献。牛顿当然清楚他的宗教信仰和他的科学理论互不相容，他决心协调"宗教事实"和"科学事实"之间的不一致。牛顿不能不接受地动说，否则他就没办法进行他的天体力学研究。牛顿对地动说的解释是：上帝以"造物主"和"立法者"的身份出现。他首先创造世界，然后为世界制定法则（The Law，即普遍的运动规律），由此决定了此后太阳系的一切运行事项，然后上帝就不再亲自干预了。包括地球在内的行星的初始运行是上帝"抛掷"的结果，这也就是人们熟知的所谓"第一次推动"，此后所发生的一切都按照牛顿发现的"万有引力"定律来运行。牛顿那个时代还没有现代意义的宇宙学，更没有"宇宙大爆炸"假说，因此在牛顿心中，上帝一次性地创造了世界，便不再有宇宙的进化和发展，他当然完全不知道也不能想象宇宙实际上是一个有生有灭的漫长的进化过程。就这样，牛顿"协调"了两种宇宙观，使两种"事实"都说得过去了。

在科学和宗教的关系问题上，牛顿并没有太多的内心挣扎，与牛顿同时代的莱布尼茨也没有多少挣扎。莱布尼茨是一位伟大的哲学家、科学家，罗素说他是"千古绝伦的大智者"。与牛顿的"第一次推动"不同，莱布尼茨"论证"了上帝对宇宙的精妙设计：上帝把宇宙设计成为一个"前定和谐"的系统，它就像一个大钟表，所有物理事件都满足"充足理由律"，因而都是必然要发生的。

但到了19世纪初（牛顿、莱布尼茨以后100多年），情况发生了很大变化。拉普拉斯——一位根本不相信上帝创世的伟大天文学家——出版了他根据牛顿力学和康德"星云假说"写就的《天体力学》，这部巨著引起了法兰西皇帝拿破仑一世的关注。拿破仑读了《天体力学》后郑重提请拉普拉斯注意"上帝的作用"，拉普拉斯的回答是："陛下，我不

第八篇 "实然"和"应然"孰为重?——科学理性和价值理性

需要那种假说。"神学家们为此十分恼火。①

真正对《圣经》造成了颠覆性冲击的,是又一个英国人查尔斯·达尔文。在今天,生物进化论早已得到了大量证据和推论的支撑,是普世的、公认的科学理论,连最保守的教会都不敢公开反对它。但在19世纪中、下叶(也就是马克思、恩格斯生活的年代),进化论遭到来自基督教会的愤怒、仇恨和诋毁简直无以复加——当然也能够理解。进化论在19世纪神学家眼里最不可饶恕的罪状就是,它竟然宣称人是低等动物的后裔!当时整个欧洲都在惊呼:"达尔文说人是猴子变过来的!"基督教会反驳达尔文说:人有不朽的灵魂,猴子就没有;耶稣·基督为了拯救人类而殉难,但绝不是为了拯救猴子;人具有辨别是非善恶的能力,但猴子只凭本能行动。这些质疑当然没有能够阻挡进化论深入人心的步伐,不过有一点我们要清楚:直到今天,从猿到人的突变机理或考古证据,仍然是一片空白。因此从严格意义上说,达尔文进化论仍然停留在科学假说的水平上。

根据基督教教义,一切物种都是上帝一次性创造的,并且是一成不变的。但达尔文却说:所有物种——包括人——都处在进化的过程中,都是自然选择的结果。如果说牛顿还能在《圣经》与万有引力之间做出"合理解释"的话,那么

---

① [英]罗素:《宗教与科学》,徐奕春、林国夫译,商务印书馆2010年版,第76-77页。

达尔文学说就彻底将科学理论与宗教信仰对立起来，完全不留余地。"一个人不可能既是达尔文主义者，同时又是基督教徒"，这句话在当时十分流行——其实这句话在今天也完全没错，但人们（主要是西方人）却两个身份都愿意拥有。这是为什么？因为人们生活在两个世界中：世俗的、感性的世界和宗教的、理想的世界，西方人非常乐意这种二元的生存状态，因此他们对两个故事——上帝创世和生物进化——都信！对他们来说，在提供知识这个问题上，宗教不能不放弃；但在提供价值这个问题上，宗教的作用不但没有减弱，甚至必须增强。在科学昌明的当今世界，事实判断和价值判断的功能尤其不可以混淆，它们之间的互补、互鉴，特别显得迫切。不然的话，我们的生活就会出乱子——近期以来，人工智能的突飞猛进正在引发困惑和惊慌，这件事我后面要专门讲。

诺贝尔科学奖作为重大科学技术成就的一种评估标志，已经持续颁布了一个多世纪。科学理论的成果和科学成果的技术转化，在这一百多年里极大地改变了我们这个世界和人们的生活方式。如果没有科学技术，我们的日常生活就无法想象。但人生的意义、生命的目的、精神的走向，什么才是真正的幸福，人如何不为金钱所累，怎么定义和实现自由等等价值问题，不但没有失去吸引力，反而愈发尖锐、愈发重要了。因为我们拥有两种不同类型的理性。

第八篇　"实然"和"应然"孰为重？——科学理性和价值理性

在今天世界上许许多多国家，信教者不是减少了，反而增加了。人们一边享受着科学技术带来的新奇、方便、快捷、舒适，一边把自己的精神世界留给宗教信仰。世界的"二重化"、人的"两面性"愈演愈烈。这是为什么？原因很多、很复杂，其中之一肯定与科学技术本身的迅猛发展有关。我前面多次讲，科学知识在价值上是中立的，它既能行善，亦能作恶。不仅如此，科学理论通过技术的实施，造成了人性的普遍"异化""物化""金钱化"；为了钱，人们可以使用各种各样的合理、合法手段——主要是科技手段；科学技术极大地助长了人们对金钱和物用的追求。现在世界上的顶尖富人们，有相当大的比例从事与科技有关的职业（如美国的盖茨、马斯克、扎克伯格，中国的马云、马化腾等）。正因为如此，今天的人们特别愿意过那种物质和精神兼顾、手段和意义共享的双重生活。

不过我们必须注意：以提供"真理"的方式（或用科学的术语）来宣扬、推行某种宗教、准宗教、价值观念、意识形态，这样的事情仍然经常发生。还有比如黑格尔创立的"历史决定论"这样一种似是而非的理论体系。"决定论"是哲学范畴，它在解释自然时表现为自然科学的理论和预言，牛顿物理学、爱因斯坦相对论都是决定论的成功范例，其特点是描述了"是什么"，预测了"将会是什么"，这是由逻辑、证据和充足理由所保证的。但"历史决定论"，即关于人类社会历史领域的"必然性"的描述或预言,却把"应当""希望""但愿"等等主观想象和愿望,包装成了"是什么""将是什么""一定会怎么",使主观诉求变成了客观必然。

八、科学与伦理

对"善"(goodness)的追求,是伦理学的最高境界——要实现、完成所有人或大多数人心中的"应当",所以任何伦理学体系都表现为普世价值。展开一点说,凡是哲学层次的追求,都是"普世"的或号称"普世"的。这里所谓的"普世",既指科学知识的普遍性、必然性、真实性,也指道德伦理、价值取向方面的共同性、普及性、公认度。就伦理学而言,如果某个人提出一种理论,只是为了他或他代表的那一部分人的利益、诉求的实现,那就不配称为伦理学,只能算是政治追求;尽管在现实生活中,不少伦理学体系就是以宣示、彰显所有人或绝大多数人利益的名义,来实现、完成一部分人甚至少部分人的利益诉求。

我们来分析一下"善"这个伦理学的核心概念。

"善、恶"的观念,与人的欲望、愿景、追求、念想有密切关系,这是绝大部分伦理学体系不能不承认、不能不接受的基本原则,尽管以康德为代表的超功利主义学派不会同意。任何人都处于社会之中，人的主观愿望在人际关系、社会环境中要么实现，要么受阻，由此产生了价值判断——"善"或"恶"，"好"或"不好"；这类价值判断貌似客观、普世，其实主观利益色彩很浓。每个人都有权对"善"或"恶"做出评判，但伦理学必须提供大家（多数人）都认同的价值——符合大家诉求的就是"善"，否则就不是"善"。因此个人的"善"或"恶"不是伦理学。比如偷盗行为，不管怎么为盗贼的动机辩护，都不可能成为公共价值；但慈善行为却可以普世化，因为这种行为符合大多数人的利益——不管是满足实际的需要还是满足情感的需要。由此我们可以说：大家都想要的东西就是"善"的；大家都害怕、讨厌的东西就是"恶"的。这个原则的功利主义色彩很重，却是人性使然，为绝大多数人所共同秉持。

如果我们大家的欲望都一致，事情当然就好办，但这只是一种理想状态。在现实生活中，人们的欲望、诉求常常是相互冲突的。所谓的伦理学，就是要解决这个问题，伦理学说透彻一点，就是试图避免"价值主观性"的理论体系，而政治学则是伦理学在实际生活中的尝试。只不过，伦理学不是通过强制，而是通过"说理"来宣示某种"扬善抑恶"的共同价值，这是伦理学既不同于政治学又不同于宗教的地方。在伦理、道德功能方面，中国古代哲学具有独特性。儒学本身是一种伦理学，不具有强制性。但自从西汉董仲舒向汉武帝建议"罢黜百家，独尊儒术"后，儒学成为官方意识形态，理性主义的儒学成为灌输性、强制性的行为规范。于是儒学在中国古代很长时期里，一方面像宗教，具有不由分说的信仰或信念功能，另一方面又像政治，是专制皇权的理论支撑。在中国古代，最高的道德就是最大的政治，反过来也一样：最大的政治就是最高的道德。政治强制与道德高压合二为一。

古往今来，几乎每一种伦理学都有一个不能明说的意图：它要努力将它所主张的某些"欲望""价值"说成不仅具有个人或一部分人的重要性，而且具有——而且特别具有——所有人的重要性，公共的价值就是最高的价值，就是"善"。因此，它要讲出各种"道理"来尽可能协调人们的欲望、诉求，使人们对"善""恶"的评判有比较一致的意见。每一个伦理学家都力图表明：他表达的欲望、愿景、诉求、理想和其他所有人心中的欲望、愿景、诉求、理想是一致的，至少大部分是一致的，以便赢得尽可能多的思想认同者和政治同盟者。他们在倡导、推行自己的各种主张的时候，既有价值判断，也有事实判断——后者是各种理论、逻辑、证据、事实，来证明前者的合理性、美好性、普适性，最终实现他们心中的"善"或"应该"。

由此可见，伦理学（道德哲学、价值哲学、人学）与政治学、政治实践密不可分，有时就是一回事：都是要让少数人、一部分人提出的价值为绝大多数人认同并参与其中，让大家都来为实现这些价值或理想而奋斗。当一部分先进人物构想、创立的理想目标成为大部分人能够共享的东西的时候，赞同者、参与者就会越来越多。就中国的历史和现实来说，比如"王侯将相宁有种乎？"；比如"均贫富、耕者有其田"；比如"吃他娘、喝他娘，打开城门迎闯王，闯王来了不纳粮"；比如"打土豪分田地"；比如"剥夺剥夺者"；比如"减税"或"增税"；比如"为人民服务"；比如"人民对美好生活的向往就是我们的奋斗目标"；比如 "发展、公平、正义、民主、自由"的全人类共同价值观，等等。不同时代有不同的、甚至相互对立的伦理纷争或政治博弈，这是因为文明在不断发展，在不同时代和不同的人那里，欲望、诉求、价值取向是不一样的。以世界历史的视野来看，一切倡导"真、善、美"的哲学家、思想家（比如苏格拉底、柏拉图、伊壁鸠鲁、莫尔、康帕内拉、洛克、孟德斯鸠、卢梭、斯密、圣西门、马克思、凯恩斯、哈耶克等等），他们和一切有远大抱负的政治家一样，都不仅在表达他们自己的欲望、向往，而且在指明通向全人类幸福（"至善"）的道路。

关于事实判断和价值判断的区别，继承、发展了大卫·休谟传统的20世纪英国著名哲学家伯特兰·罗素曾经有过生动的说明。他说："把伦理句和陈述句做一比较，情况就会更清楚一些。假如我说：'所有的中国人都是佛教徒'，那么，举出一个中国人是基督教徒或伊斯兰教徒，就能把我驳倒。假如我说：'我相信所有的中国人都是佛教徒'，那么，任何来自中国的证据都不能把我驳倒，除非能证明我自己并不相信我说的话；因为我在断言的只是我自己精神状态的有关情况。要是现在有一个哲学家说：'美乃是善'，那我把他的意思既可以解释成'要是大家都爱美多好啊'（这句话相当于'所有的中国人都是佛教徒'），也可以解释成'我希望大家都爱美'（这句话相当于'我相信所有的中国人都是佛教徒'）。第一个句子并未作任何断言，而是表达一种愿望；既然它什么也没有断定，因此从逻辑上讲，不可能有支持或反对它的证据，或者说，它既不可能是真理，也不可能是谬误。第二个句子并不属于伦理学，而是属于心理学或传记文学的范畴。第一个句子的确属于伦理学的范畴，它表达一种对某个事物的欲望，但并不作任何断言。"①

伦理学实质上不包含任何陈述，而是由一系列欲望或"应当"构成。科学和技术可以探讨各种各样的欲望、追求、愿景等等的起因及实现方法，但科学本身不包含任何道德、伦理含义，科学只负责解决"真"（正确）和"假"（错误）的问题。因此，如果有两个人在价值问题上意见不一、争论不休，他们实际上不是对任何"真相"有不同的看法，而是他们的趣

---

① ［英］罗素：《宗教与科学》，徐奕春、林国夫译，商务印书馆2010年版，第140页。

味、喜好各不相同。持有不同价值观的人可以相互厌恶,但谁也不能证明对方犯有理智方面的错误。不仅如此,价值问题的判定还经常并不取决于理性判断,而取决于直觉报告。

所以,不存在绝对意义的"善"或"恶"这种东西。善恶的标准是历史的、相对的,或者说,取决于"口味"(价值立场、个人体验、利害关系等等)。比如杀人这件事,就没有绝对的、一致的评价标准。1944年7月20日上午,纳粹德国陆军上校施道芬堡伯爵违背了自己关于绝对忠于元首的誓言,对阿道夫·希特勒实施了刺杀(但失败了),他的这个行为被当时所有反法西斯力量以及绝大多数后人认为是正义而勇敢的行为,他代表了"善"和"正义"——尽管他所信奉的基督教从来认为一切杀戮都是不道德的。再比如背叛这件事。在基督教历史上,犹大出卖自己的老师耶稣被公认为极大的恶行。但如果从因果的角度看,犹大的行为却不能被视为完全的"邪恶""卑鄙",因为如果没有犹大的出卖,耶稣就不会被罗马当局处死;如果耶稣不死,也就不会发生"复活"的奇迹;耶稣如果不能复活,他就无法完成上帝拯救人类的使命。还比如说谎这件事。一个人对另一个人说,"你会长命百岁!"这句话在极大程度上是假的,因为即便在医学发达的今天,活一百岁的可能性也很小,但这句话令人愉快;反过来,如果有人指着一个婴儿说"他会死的",这话肯定会引发愤怒,尽管这句话是一句真话(鲁迅先生在他的杂文里曾举过这个例子）。

由此可见，价值的估量体现出很强的相对性、主观性、不确定性，很难有公认的标准。科学命题、事实判断却恰好相反：必须是清楚明白、说一不二、黑白分明、非此即彼的，来不得半点含混不清。但科学确实不能解决任何价值（善恶、对错、是非、爱恨、美丑）问题，因为价值方面的问题不属于真伪的范畴。科学的真正"价值"在于：只要是可以获得的知识，都可以指望科学的方法；而如果科学都无法获得的东西，人类理智就完全理解不了。

九、科学与人类未来

有人说，世界上最可悲哀的事情有两件：一是人像机器那样无情，二是机器像人那样有情。现实情况是：人间真情的确越来越少，而机器（人工智能）则变得越来越具有理智、情感、意志。"工具理性"和"价值理性"正在发生令人恐惧的倒错。

20世纪初，马克斯·韦伯提出工具理性与价值理性的对立，旨在提醒世人：要警惕片面追求工具理性的高效率所带来的对人生意义问题的遮蔽；20世纪60年代"法兰克福学派"对西方"后工业社会"的批判，旨在改变随着商业化和科技进步造成的普遍的人性异化、扭曲、单边化这些恶果。进入21世纪后，科学与伦理、技术与人性的冲突愈演愈烈，尤其是人工智能的发展，在构建信息化、大数据社会的同时，显示出压制、超越、取代人类智慧的苗头。这不是危言耸听。人工智能在最近这些年的发展，用"惊人""迅猛""震撼"这些词来形容已经不够了。这种发展以每年、每季度、每个月的速度展示出极其惊人的模仿、超越人类智力的功能，甚至出现了模拟、制作人类价值的恐怖征兆。

2023年伊始，ChatGPT的横空出世震惊了世界。对这款超级"聊天机器人"，有人欢呼雀跃——因为它可以扮演迄今为止人类"最聪明、最高效"的工具和助手的角色；有人疑虑重重——因为就这样发展下去，它有可能取代人的智力甚至"心力"！其实，ChatGPT只是AI系统中最火的一款人工智能产品（AI，即Artificial Intelligence，就是"人工智能"）。2016年，AI推出Alphago系统与世界顶级围棋高手李世石对弈。赛前，中国棋圣聂卫平断言：电脑不可能战胜人脑。但他仅仅看了五场比赛的第一场，尤其是看到Alphago使出制胜的一招"怪棋"之后，聂卫平立刻对这个电脑棋手产生了一种很恐惧的情绪。比赛的结果是1∶4，人类输了。AI的核心技术，是模仿人类的脑神经系统，去"真听、真看、真感受"。就像一个婴儿的成长一样，它被"喂养"的营养（数据）越来越多，它就越来越见多识广，它也就一步步成熟、壮大起来，于是它像人一样，可以和人类对话了。从Alphago到ChatGPT，就是一个从能够在顶级围棋比赛中完胜人类到能够解答人类提出的几乎所有问题的进化过程，这个过程只用了不到七年时间。现在那个"婴儿"每天还在吞食、消化、处理大量数据，照这样发展下去，AI能做出什么不可思议甚至颠覆三观的事情来，并不难想象。尤其是，AI作为学习、模仿能力超强、超高速的智能系统，它既然可以学习、模拟人类的脑神经系统的运行，难道它就不可以学习、模拟人类的价值表达功能吗？价值理性是主体（人）的一种十分复杂的主观情感表达系统，按说这是灵魂的功能，而灵魂只有人类才具备。但事实是：AI在2018年已经能够进行艺术创作了，它描绘的一幅名为《埃德蒙·贝拉米肖像》的油画，在纽约佳士得拍卖行卖出了43.2万美元的高价！这说明什么？说明人工智能已经具备了自主性思维，尽管到目前为止这种思维的水平还比较稚嫩。真正重要的，也是真正应该引起人类警觉的是：机器拥有了自主性思维，意味着机器能够进行自由选择和创造，同时意味着机器具备了价值取舍和价值判断的功能——这种功能原本只属于人类。AI既然在艺术领域已经实现了创造，那么它在伦理、道德、信仰、审美以及政治、经济、社会、法律甚至人类命运的管控等方面能不能也实现突破？从长远的视野来展望这个前景，真是细思极恐！

　　正是前瞻到了这样一种不可承受的人类未来，2023年3

月，美国特斯拉公司首席执行官埃隆·马斯克、苹果公司联合创始人史蒂夫·沃兹尼亚克牵头，并率全世界1000多名高端技术专家和人工智能企业高管签署了一封致AI实验室的公开信，呼吁暂停更强大的人工智能训练和开发工作至少半年。理由是："各人工智能实验室在开发和部署越来越强大的数字思维方面已经陷入了一场失控的竞赛，没有人——甚至是它们的创造者——能够了解、预测或可靠地控制它们。"①他们在信中发出了冲击人类灵魂和良知的拷问："我们必须扪心自问，我们是否应该将所有的工作都自动化，包括那些能够带来成就感和满足感的有意义的工作？我们是否应该开发最终可能会超越我们并淘汰和取代我们的非人类思维？我们是否有可能失去对我们文明的控制？"②实际上，就连ChatGPT的设计者萨姆·奥尔特曼本人都对该系统若用于"大规模虚假信息或网络攻击"而感到害怕。ChatGPT出现后，被称为"AI教父"之一的科学家杰弗里·辛顿（Geoffrey Hinton）频繁接受媒体采访，对人工智能可能存在的威胁发出警报。在人工智能是否有一天会威胁、战胜、控制人类文明这个问题上，辛顿表示很不乐观，他有一个很能说明问题的简单理由：一个更聪明的东西被一个不那么聪

---

① 合众国际社网站2023年3月29日报道，《参考消息》2023年3月31日第11版。

② 同上。

明的东西所控制,这样的例子在历史上几乎没有,而AI显然比人类聪明得多。

无独有偶,2023年5月,已经成为AI代言人的萨姆·奥尔特曼与超过350名世界顶级人工智能企业高管、专家学者在另一封公开信上签名,呼吁"降低人工智能带来的灭绝风险"。这封公开信只有一句话,实际上是向全世界的决策者们发出的一个呼吁:"降低来自人工智能造成的灭绝风险,应该与其他社会规模的风险(如大流行病和核战争)一样,成为全球优先事项。"(Mitigating the risk of extinction from AI should be a global priority alongside other social-scale risks such as the pandemics and nuclear war)。签名者包括人工智能"深层思维"公司首席执行官,微软公司和谷歌公司的高管,以及杰弗里·辛顿和约舒亚·本乔——这两位被称为三位"人工智能教父"中的两位。和埃隆·马斯克领衔签名的前一封信一样,奥尔特曼等科学家、工程师、企业高管敦促世界和各国决策者们将人工智能(AI)的风险等同于大流行病和核战争构成的风险。作为回应,欧盟委员会主席乌尔苏拉·冯德莱恩和负责工业的欧盟委员蒂埃里·布雷东立即前往旧金山会见了奥尔特曼,详细讨论AI带来的相关风险问题。[1]随即,欧盟开始草拟一部人工智能(AI)的

---

[1] 顶级人工智能企业首席执行官和专家就人工智能带来的"灭绝风险"发出警告,载《参考消息》2023年6月1日第4版。

法律框架，以确保欧洲人在未来使用人工智能时能有安全和可信赖的环境。建议的框架除了要对一套人工智能系统进入市场之前进行合格评定，以及投入使用后能采取执法行动等措施之外，特别关注人工智能系统可能产生的风险，为此定义了四个层级：无法接受的风险、高风险、有限风险以及低或无风险。[①]

AI或ChatGPT可能导致的高风险已经引起联合国的高度重视。据报道，联合国安理会已决定，2023年7月18日将就人工智能对国际和平与安全的潜在威胁召开有史以来首次会议。会议将包括国际人工智能专家和联合国秘书长安东尼奥·古特雷斯的简报会。此前古特雷斯称，关于最先进人工智能形式的警钟"震耳欲聋"，最大的声音来自其研发者。他宣布，计划于2023年9月任命一个人工智能顾问委员会，为联合国可能采取的行动做准备。他还说，他将对联合国成立一个新的人工智能机构做出积极回应，并建议以国际原子能机构为模板。[②]

这就回到工具理性和价值理性、科学技术和伦理道德的"二律背反"问题上来了。大卫·休谟两百多年前担忧，如果从"是"推出"应该"来，将解构人类所有的道德学基础；马克斯·韦伯一百年前担心，工具理性过于强大会导致

[①] 须把人工智能风险降到最低，载《参考消息》2023年6月13日第12版。
[②] 载《参考消息》2023年7月5日第2版。

人类失去生活的意义和目的；法兰克福学派半个多世纪前发誓，要反抗技术对人性的扭曲、虐待。如今，人工智能的"光速"般的发展，则有可能导致人性的彻底物化、异化，人可能成为自己产品的奴隶。如果真的出现了这样的情况，人类文明就有可能走到尽头。这听上去实在是耸人听闻，但绝不是没有这样的可能性，如果人类仍然沉浸在人工智能的技术奇迹中不能觉醒的话。因此我非常赞成马斯克、辛顿、奥尔特曼等有理性、有良知的科学家、工程师们的呼吁，不要再肆无忌惮地开发AI了；一切有识之士，尤其是政治决策者，必须高度重视、直面应对人工智能可能带给人类的当前和未来的诸多问题和风险，趁现在还来得及。

第九篇

文明的变数
——历史进化的"源"和"流"

一、文明从何而来？

世间万物中，人类是最孤独的存在。现代考古学、人类学、生理学、遗传学、分子生物学证明了：今天生活在地球上每个角落的人，不管他们的体态、体质、肤色、种族、民族、文化等等如何不同，他们都是大约7万年前从非洲东部迁徙出来、走向各地的"智人"（严格说来是"晚期智人"）的后代。以遗传学的尺度看，全世界80亿人都有某种或近或远、或亲或疏的血缘关联，因为他们拥有共同的祖先。现在我们所熟知的人类差异（肤色、外形、体态、民族、文化），都是智人与世界各地差异极大的自然环境相互博弈、相互改变、相互适应的结果。真正重要的是：作为单一种类的"人"，在世界各地似乎不约而同地创造了人类文明，从而将自己从动物界完全彻底地蜕变、提升、超越出来。与此同时，与智人平行、交叉生存的其他古人类却在多重原因的作用下逐渐消亡、彻底灭绝了。最终，我们的祖先成为地球的中心和主宰。这是宇宙进化史上一件极为独特、极为惊人、极为壮观、极为幸运的事变。从此以后，人类文明进入了跌宕起伏、波澜壮阔、不可思议的发展进程，一直到今天。

在完成了从野蛮到文明的蜕变、升华后，人类社会与自然界的区别就是本质性的。自然界（包括动物世界）服从决定论和因果律。一旦知道和掌握了自然界的规律，就可以如实地描述自然界的真相，还可以准确地预测自然界的未来，这就是所谓的"决定论"。但在人类的事务中，却是容不下决定论的，所谓的"历史决定论"——根据某种社会历史的"规律""法则"来准确预判历史的发展方向和发展方式的社会科学理论——我原则上是不接受的。因为与自然界相比，人类的事务要复杂得太多太多，社会、历史是由人——首先是单个的人、独立的人——构成的，无数的个人行为、个人境遇、个人故事汇集成为各种各样的人类故事，由此构成了人类文明史。据科学家估算，迄今为止地球上生活过1000亿人口。所有这些人在进化水平、文明程度、体态肤色等方面差异极大，但最根本的差异是：他们每一个人都是独一无二且不可复制的。莱布尼茨说过一句名言："世界上没有任何两片树叶是一样的"，同理，地球上没有任何两个人是一样的。

文明程度越高，人的独立性、自主性、选择性就越强。人的本质寓于他们的行为当中，而人的行为是人根据他自己的理性、情感、意愿选择的结果。正因为如此，社会发展、历史演化，原则上是没有因果规律性和必然性的，人类的历史不可预设、不可重复。尽管我们可以对过往历史进行总结、概括，找到某种趋势、相似性、可能性，避免某些事情、争取某些事情等等，但是非要说历史发展一定会怎么样、那个"结局"不可抗拒、绝对会实现，人类一定会达到某种状态或境界等等，我认为这基本上就是天方夜谭。我主张，我们在对社会历史进行说明、解读时，不要轻易使用"规律性""必然性""命运"这些词汇，对历史的概括特别是预测（历史趋势、发展方向、人类未来等等），须十分慎重。

事实上，文明的产生和文明的发展，因素是多种多样的，并无一定之规。人是历史的创造者，人的不同状况、境遇、心理、生理、自然环境、社会关系以及别的许多偶然情况，都是造成个人成长、族群进步、社会发展、历史变迁、文明演化的原因。多样性、戏剧性、可逆性，正是地球文明和人类历史的迷人之处。

说说"文明"这个概念的内涵。

如果说，文化是人与动物相区别的标志——凡是人的行为都具有文化或人文的属性；那么，文明就是人类高于物类、驾驭物类、成为世界中心的标志。

学术界经常将文字的出现作为界定文明起源的重要指征。通常人们把文字出现以后的历史称之为人类文明史，而把文字出现以前的历史算作史前史。不过那只是关于文明起源众多见解中的一种。19世纪中期以来，世界各国对上古文化进行大规模的考古挖掘，集一个多世纪的考古成果，得出结论：文字出现的时间并不长，最多不超过六千年。但是由此就说人类文明从六千年前开始，显然不符合实际。因为考古证据表明，文明——成规模的、群体性的文化行为——至少在一万年以上。当人类社会建立、发展起了合理的、约束所有人的规则，从而脱离了丛林法则和弱肉强食的兽性之后，文明就在真正意义上诞生了。

生存、发展是文明的前提和第一需要，这就是通常讲的"物质文明"或经济文明，即物质生活资源的配置方式（生活资料的生产与分配方式）；效率和公平的关系是文明社会对待物质财富的永恒主题，也是一种动态的悖论。除了物质生活、经济生活（包括生产工具的发展、进步），文明的内涵往大了说是一个国家、一个社会的秩序，往小了说是人的修养，它的核心就是人们对待生活、对待自己的态度。换言之，这是一个价值的取向和价值的尺度问题；国家秩序和人对待生活的态度，属于政治文明、精神文明的范畴，表明了人类精神世界的层次性、复杂性、崇高性。认知、工具、秩序的逐渐进步，是文明进步的阶段性标志；道德、审美、哲学、心理等问题的出现，是一种精神境界，体现了人类对自我的反思、内省、提升、完善，是高级文明的标志。一言以蔽之，有了强制性的社会秩序（国家、法）和非强制性的精神秩序（道德、伦理、宗教），有了如何满足物质生活需要和如何实现精神上的"安身立命"这两种不可缺少的需求，这便是区别文明与非文明、低级文明与高级文明的主要尺度。

我用六句话，三十个字来概括文明社会的特征：生存的有序，认知的主动，工具的进步，语言的通行，精神的境界，约束的自由。

1.生存的有序。指的是人类从氏族部落社会向国家形态的转变这个过程，以及国家形成后的一般社会生活状态。文明社会的存在和进步是有规矩的，即是说，人的行为都要受到某种外在的约束，这种约束来自于国家（法律、法规、政府等）和社会的刚性限制，这就是政治文明或制度文明。2.认知的主动。文明世界里的人都要接受某种形式的教育，因为人类有学习的自觉。对世界、对社会、对自己有所了解、有所认知、有所探究，既是生活需要，也是精神渴求，由此推进了科学、技术的发展和人类知识的增长。3.工具的进步。会使用工具求生是文明的初级阶段，而工具的不断发展、完善，进而提升驾驭、改造世界的能力，才是成型的文明社会必备的属性。这个过程，当然包括了人的认知功能和科学技术的进步。4.语言的通行。语言（后来发展出文字）的交流和表达，是人与一般动物的根本区别之一；语言是思想、精神、情感等等的载体或外衣，语言文字最能反映文明的不同形态、不同层次；抽象的、通行的、普适的语音、词汇、符号等，是任何种类的文明社会必不可少的。5.精神的境界。指人的主观世界，特别是主观世界中的道德、情感、信仰、意志、关切、渴望、审美等等精神现象。人是唯一生活在精神世界中的地球物种，人类创造性的永恒价值，主要体现在精神产品之中。6.约束的自由。只要是人，就天然具有选择的权利，而且能够承担责任，这就是自由。人是唯一可以不按照本能进行活动的物种；人的行为服从自然因果律，更服从心中的道德律。因此人是"能够选择、必须负责"的存在——这就是有约束的自由。

二、基因与种群

凡是受过科学教育的人都知道并且认同达尔文的进化论。根据进化论，人类是生物进化的结果，俗话说"人是猴子变过来的"，这个过程十分漫长。查尔斯·达尔文发表他的理论已经一百多年了，这期间科学家们不断丰富、充实、完善进化论，同时与其他学科（考古学、人类学、生物学、生理学等）的科学家们密切合作，不断取得新的成果，对人类这个物种的来龙去脉有了持续的科学认知。但是，在人类形成的过程中，仍然有无数的谜团和空白需要澄清、填补，尤其需要化石和基因方面的证据。

2022年10月3日，瑞典卡罗林斯卡学院诺贝尔委员会决定将2022年度诺贝尔生理学或医学奖授予瑞典科学家斯万特·佩博，以表彰他在已灭绝的古人类基因组和人类演化研究方面所做出的贡献。佩博的贡献主要在于基因上的发现，他的开创性研究催生了一门全新的学科——古基因组学。通过揭示和比较活着的人类与早已灭绝的古人类之间遗传基因的关联和差异，佩博初步解释了究竟是什么奠定了我们成为独一无二的现代人类的生理基础。佩博团队取得的成绩，对于认识人类的来历这个恒久而弥新的重大课题具有开创性。对于相关的人文学科研究来说，了解人类文明的来源和社会进步的机制，古基因组学可以提供重要的科学启示。

目前科学界一个主流的观点认为，大约7万年前，一群晚期智人（即现代人的祖先）从非洲东部迁移到中东地区，然后从那里再迁徙到世界其他地方。那个时候，我们的祖先也有一些近亲，即其他古人类，如弗洛林斯人、尼安德特人、海德堡人、丹尼索瓦人等。晚期智人和尼安德特人、丹尼索瓦人在欧亚大陆的大部分地区共存了数万年。他们之间当然有某种关系，只是过去的人们不了解而已。

佩博团队通过对尼安德特人的基因组进行测序发现，早已灭绝的尼安德特人是当今人类的近亲。2010年，佩博及其同事重构出在克罗地亚一处洞穴发现的尼安德特人化石的基因组草图，由此发现尼安德特人与分布在欧亚的晚期智人有杂交。已经证明：在具有欧洲或亚洲血统的现代人类中，大约有1%至4%的基因组来自尼安德特人。

佩博等人还发现了以前不为人知的古人类丹尼索瓦人在基因上与现代人的关系。2008年在西伯利亚南部阿尔泰山丹尼索瓦洞的古遗址中发现了一些化石，包括一块指骨和一颗牙齿，以及一些饰物。经测定，化石的年代在4万年前。2014年，佩博和他的同事完成了对丹尼索瓦洞手指骨的基因测序，结果令人惊奇：与尼安德特人和现代人类的所有已知基因组序列相比，丹尼索瓦洞手指骨的DNA序列是独一无二的。由此，佩博将这种以前不为人知的古人类命名为"丹尼索瓦人"。

更令人惊奇的是，经过佩博对来自世界不同地区的当代人类的基因组序列进行比较研究，发现丹尼索瓦人也和现代人之间发生过基因交流，两类人群之间曾有杂交。在太平洋群岛美拉尼西亚和东南亚一些地区的人群中，人们携带了高达6%的丹尼索瓦人的DNA。

丹尼索瓦人与现代人的基因交流产生了一个的"馈赠"：他们把EPAS1基因转移给了现代人的祖先智人，在中国西藏地区的藏族人和夏尔巴人身上，丹尼索瓦人的遗传基因得到了证实。在比较和测序了40名藏族人和40名汉族人的EPAS1基因后发现，藏族人有变异的EPAS1基因，这使得他们能轻微提高红细胞和血红蛋白水平，既能提高供氧，又不会造成什么副作用。但汉人和其他没有长时间生活在高原的人的EPAS1基因没有变异，若到高原就会导致供氧不足和其他心血管系统的副作用。这就为说明中国藏族地区人群为什么具有高海拔环境的生存优势提供了科学佐证。

到底是什么原因让智人最后站在了食物链的最顶端，而其他高级的人种，如尼安德特人、丹尼索瓦人等却灭绝了呢？有各种各样的观点和假说。一个普遍的说法是：古人类的大脑脑容量已经很大，使他们一方面足够聪明，同时也带来一个问题，大脑需要消耗很大的能量，这就需要肉类这种高热量的食物，以及植物的根茎果实等，而且还要用火把食物煮熟。这样一来，古人类不同种群之间就发生了直接的竞争。几万年前，一种人类与另一种人类只存在一种关系：你死我活的生存争斗，这种争斗比后来文明社会里的阶级斗争、权力斗争要残酷得多，要么一方全部死，要么另一方全部死。在这样的竞争下，我们的祖先智人笑到了最后，而其他古人类都灭绝了。

查尔斯·达尔文在他的《物种起源》一书前言里，特别感谢了著名英国经济学家、人口学家托马斯·马尔萨斯，因为马尔萨斯在其代表作《人口原理》中专门论述了物种竞争过程中的"种内竞争"的特殊意义。受马尔萨斯启发，达尔文提出，不同生态物种之间的生存竞争（即"种间竞争"，比如狼吃羊、狮猎羚这种竞争）是符合"天序"（自然法则）的，有利于物种食物链的动态平衡和自然界的良性进化。但同类物种之间的生存竞争（即"种内竞争"，比如狼群之间、狮群之间，尤其是人类之间的竞争）却是恶性的、残酷的、斩尽杀绝的和一发不可收拾的；尤其是，如果这种竞争发生在处于食物链高端、顶端的同类物种之间，其结果要么同归于尽，要么两败俱伤，早期人类内部的竞争就属于这种情况。距今三万—七万年前，智人在极其残酷的"种内竞争"中灭掉了其他"近亲"人类（尼安德特人、丹尼索瓦人等）而存活下来，这件事，对于后来人类文明的催生、进步、发展来说，是一件十分偶然和非常幸运的事情。

　　幸存下来的智人，也就是我们的祖先，已然处于大自然食物链的绝对顶端，人类与所有其他动物之间的"种间竞争"已完全失去了胜负的悬念。唯其如此，人类内部的竞争便愈演愈烈。在这个阶段，用16世纪英国哲学家托马斯·霍布斯的话说就是："人对人是狼""每一个人都与别的人处于战争状态中"，如此下去，只能导致人种的毁灭。幸运的是，已经具备了一定智慧水平和语言能力的我们的祖先意识到了这种灭顶之灾，于是开始考虑避免这种结局的解决办法。其结果，通过族群之间的交流，也就是通过谈判、妥协，尝试着达成各方利益间的平衡，即彼此让渡出一部分权利，交由一个公共的机构来行使，这就是通过"社会契约"形成国家的过程，是强制性的公共社会秩序的开端。久而久之，人们达成了更自觉、更理性、更高水平的利益-价值-伦理认同，最终形成了道德秩序和法律规范，有效地避免或约束了你死我活的"种内竞争"——这便是人类文明的起源和发展过程。经过千万年的演进，人类内部这种相互竞争又相互容忍的社会秩序稳固下来，成为人类生存、进化、发展的自觉或不自觉的机制。再后来，地球上不同地区先后出现了不同的伟大思想家（如犹太的先知、希腊的先哲、中国的圣贤即孔子和老子、印度的释迦牟尼、波斯的琐罗亚斯德等），他们把历史上形成、现实中起作用的道德、伦理、制约体系加以提炼、升华，构思、建立或预设了早期人类文明的思想体系和典型生活方式。这就是20世纪德国哲学家雅斯贝尔斯所描述的"轴心时代"或"轴心文明"。所有这些文明类型，都证明了人类大家庭的和谐、共生、仁爱、利他、非对抗、非暴力的必要性；明确了一个公理：只要是人，就不能遵从弱肉强食的丛林法则，而必须受道德和法律的规约。关于这个问题，我后面还要做出解析。

尼安德特人、丹尼索瓦人这些我们的近亲原始人早已全部灭绝，我们知道的北京猿人、蓝田猿人、元谋猿人以及在世界上其他许多地方发现的早期人类——它们全都与今天的人类没有亲缘关系——也全部灭绝了。但我们的祖先为什么没有灭绝？他们离开非洲后与早就居住在欧亚大陆的尼安德特人、丹尼索瓦人进行了杂交。除了在残酷的生存竞争中取得了终极胜利外，智人还有一个制胜的"密钥"——避免至亲交配和近亲繁殖，使族群得以健康地遗传、进化、壮大；而尼安德特人和丹尼索瓦人则由于没有这个禁忌而使种群退化、衰落，最终抵御不了智人的血腥攻击，也扛不住大小冰河期的严峻挑战，最终消亡了。这当然是我的推测，但这个推测至少得到了科学研究的间接支持，我后面要谈。

显然，我们的远古祖先之所以能够在极端恶劣的环境中存活、延续下来，并逐渐发展出日益发达、多彩多姿的文明形态，最终发展成为今天如此伟大、高级、灿烂、进步的人类文明，除了躲过了自然界发生的灾变（比如几次冰河期）之外，一定还有别的原因。不然的话，尼安德特人、丹尼索瓦人的自然生存环境和我们的祖先一样，他们怎么就没能存活下来呢？我猜想，由于避免了近亲繁殖，使得我们的祖先大大减少了遗传异常，提高了本物种在恶劣环境中的适应能力、降低了后代的先天缺陷；此外，避免或减少近亲繁殖提升了繁殖能力，后代的存活率增加，体格变大、变强，人数越来越多，这就非常有助于提高竞争力和生产力。最终，我们的祖先智人在后来持续不断的生存考验中坚持了下来，而他们的竞争对手则销声匿迹了。

三、伦理的起源

我们的祖先是怎么做到的？我认为一个重要原因与人类的精神活动、精神境界有关：有了伦理和道德，也就是有精神上的、生活中的禁忌。这一点十分关键，是智人区别于一般动物，也区别于其他古人的重大特征。

从时间上讲，人类文明是先有道德还是先有法律？这个问题似乎是一个先有鸡还是先有蛋的循环问题，是一种悖论或二律背反。长期以来，人们在这个问题上各持己见，难以取得一致意见。主张法律强制在先，然后上升为道德自觉，这个论点是说得过去的；主张道德的柔性规范先行，然后辅之以法律的硬约束，这个论点也能成立；主张道德和法律并立同行，无所谓先后，这种论点也无不可。

以我之见，法律（指习惯法，非指成文法）无论如何是在道德之前就在发挥作用了。我的理由很简单：在某种意义上，整个动物世界都是讲规矩的，尤其是对动物行为的硬性、强制性、惩罚性禁止，那就是弱肉强食、丛林法则。丛林法则是所有动物都本能地加以遵循的"法律"，它与人间法律的区别在于：动物如果违背、挑战了这个法律，其结果要么挑战者死，要么被挑战者死，没有回旋余地。比如外来雄狮挑战原来狮王的统治地位的后果，还比如为了食物，低位者僭越高位者的后果，等等。而人间法律的禁止、惩罚却远为复杂，是分层次、分等级的，从剥夺财产到剥夺自由，直到剥夺生命。既然人类是从动物界进化过来的，那么在这个进化完成之前，作为动物世界成员之一的人类祖先（人猿或猿人），一定也是服从丛林法则的。只有在"从猿到人"的演变完成之后，道德感、伦理秩序这种独属于人类的精神活动或无形的约束，才逐渐产生并逐步完善起来。因此我认为，从广泛意义上来说，强制性的法律是先于柔性的道德出现在从猿到人的过渡期间并发挥支配性作用的。

那么，人的道德感和伦理秩序是怎么形成的呢？当然是从丛林法则中蜕化、提升出来的。一旦蜕化、提升出来，道德和伦理就具有了独立自在的属性，道德生活、伦理生存成为人类生活的精神指针。在道德起源这个问题上，我赞同经验主义、功利主义的观点。大卫·休谟在《人性论》一书中认为，诸如仁爱、正义这些美德，都是因为它们符合多数人的利益或需求才成为了公认的、普遍性的行为规范的。这些道德观念是怎么成为大家都接受，都自觉践行的行为规范的呢？那是日常生活教给人们的。比如仁爱（包括厚道、助人、怜悯、友善、宽厚、爱心、同情等等），在长期生活中人们感受到：对大多数人的诉求、利益、安全等等的满足和确保，仁爱是有益的、有利的和有效的，于是它就被大家接受并且推崇了。"正义"（公道平等、扶正祛邪、维护大家利益）这个行为也是这样形成并具有了权威性的。久而久之，这就成了习惯，而习惯就成了普世的、自然的观念。于是，仁爱、正义便成了善念和善行，而不仁、不义（仇恨、偏执、损人、迫害、敌对、虐待等）则成了恶念和恶行。就这样，是否有利于多数人，便成了人们自觉遵守或自觉摒弃的价值取舍尺度。

根据功利主义，利他行为成为普世价值观念有一个前提，它必须是互惠的，也就是说，利他最终对自己有利。自利是所有动物的天然属性，人也不例外。但人的一个高于动物的属性是可以做出"舍己为人"的利他举动。人为什么会帮助与自己没有亲缘关系的朋友甚至陌生人？前述"仁爱"这种道德境界是一个合理解释，即仁爱源于"多数人受益"的功利主义考量。就个体的利害考量来说，如果一个人给没有关系的人帮了忙，日后将得到回报，那时他就获得了竞争的某种优势。这一点，在早期人类所处的那种自然环境恶劣、生活资料匮乏的条件下尤为重要。这就是伦理秩序里的所谓"互惠利他"原则，人类学家指出，在动物世界里，互惠利他现象是基本没有的。这个例子再一次说明了：人类崇高、美好、自觉的道德伦理精神，归根结底是从利益的权衡这种比较"低级"的诉求发展过来的。

当人们认识到最基本的道德规范（道德底线）不可侵犯时，强制性的法律、规则、律令、章程便颁行了，其要义就是保障最低道德不受侵犯，若有人越过了这个底线，必须受到公权力的惩罚。而动物行为，却一直停留在丛林法则的水平上，完全根据本能行事。这样一来，人和动物就永远区别开来；人的道德需求或精神境界，使人具备了自我意识、底线意识、善恶意识、选择意识、责任意识、羞耻意识、愧疚意识等等。那么，为什么只有人类才进化和具备了这些精神器质和精神追求，而动物就做不到呢？现代心理学、人类学、认知科学、脑科学，对人类为什么在智力、情感、意志、价值、审美等精神领域具备了诸如爱恨、认知、信念、关注、想象、渴望、欲求、厌恶、欺骗等复杂、高级的精神活动，同时对动物世界（最接近人类的是黑猩猩）为什么不具备或极少具备这些精神活动、精神现象，进行了长期、深入的研究，著述累累、成果丰硕。但科学家们始终解答不了这样一个终极性的问题：为什么人和动物之间有这样的生存鸿沟，两者的划界标志在哪里？实际上，这是没有也不可能有答案的问题。特别需要指出的是：用进化论来解答这个问题是不切实际的。达尔文认为人类是从动物界衍化而来，这个理论解释了人类理智的产生、发展过程，尤其是人脑在与自然界的相互影响、相互适应过程中的发展、提升历程。这很重要，但远远不够。进化论没有解释也解释不了为什么人类拥有一个精神世界或精神境界？为什么只有人类才有那么高级、复杂、不可思议的精神生活和精神产品？为什么只有人类才可以摆脱本能的驱使而受制于精神（理性、意志、情感、道德）的力量？还有一点最重要：为什么当初的动物（比如猩猩）能够衍化为人，而后来的猩猩就衍化不出人？对这些问题，我的看法很简单：因为人类具有灵魂或"自我"，动物不具有。我同意近代以来西方哲学家们的一个观念：一切精神现象都源于一个"实体"，即灵魂，就像一切物理现象都寄托于一个叫作"物质"的实体一样。灵魂的本性是"思维"，物质的本性是"广延"，两者相互作用，但在本质上它们是隔绝的。至于为什么人才有灵魂，我觉得这个问题就不能再提了，我们虽然没有任何证据，但我们必须假定：人类精神现象由灵魂派生，而灵魂的存在这个千古之谜，科学是无法证明的，宗教是无需证明的，因此这个问题在哲学上是不必证明的——因为那是完全徒劳的。笛卡尔的著名命题"我思故我在"，已经是最后的、最好的答案了。

我们回到我们的祖先为何避免了种族灭亡，而其他古人类却遭遇了灭顶之灾这个话题。如前述，我认为近亲繁殖这种生存方式的取舍是智人与他们的近亲尼安德特人、丹尼索瓦人分道扬镳的关键。我们这些古老的近亲全都灭绝了，其原因，我相信是由于近亲繁殖导致的种群退化、衰弱，进而在抗拒自然界危害，以及与智人进行存亡之争时败下阵来，他们就此一发不可收拾，最终走向了灭亡。而我们的祖先，开始时与动物一样本能地规避近亲繁殖（今天的群居动物仍然如此），形成了自然规则或丛林法则。如上述，伦理秩序起源于功利动机。随着智力和理性的发展，晚期智人发现动物界那种强行禁止近亲繁衍的原始习惯对自己部落、种群的优化发展的确有益、有利，于是逐渐将这种习惯上升为抽象的、自觉的道德秩序和伦理规范，形成了精神上的禁忌。人们自觉而主动地选择了规避近亲婚配，以确保个体和群体的健康，在残酷、恶劣的抗争和斗争中立于不败之地。随着种

第九篇 文明的变数——历史进化的"源"和"流"

群发展的进一步文明化，道德的自觉上升为法律的规定，旨在杜绝近亲结婚（这在中国古代最为典型）。

乱伦禁忌是人类的道德共性，所有的文化都有这种禁忌。1891年，芬兰人类学家爱德华·韦斯特马克提出，由于人类无法光靠眼睛自动辨认出谁是自己的直系血亲（不像动物，能够依靠外形、气味、声音等来进行辨认），于是演变出一套阻碍乱伦的内在机制。这种机制使人没有兴趣甚至反感跟从小玩到大的异性伙伴发生性关系。韦斯特马克指出，大多数时候，这就足以阻止乱伦，也就是说，一起长大的童年玩伴或堂表亲戚，和直系血亲一样，都难得结婚。这被称之为"韦斯特马克效应"。这个效应获得了不少的实证。比如，在20世纪60年代的以色列集体农庄，没有亲戚关系的孩子们被集体抚养长大。这些孩子成人以后会结下终生的友谊，但他们之间彼此结婚的很少。再比如，1949年之前的中国，许多地方长期流行所谓"童养媳"传统。童养媳就是一个家庭从小抚养一名女孩，等她长大了，就嫁给本家的儿子。这种婚姻难得有子嗣，因为从小一起长大，成为伴侣后觉得彼此在性方面没有吸引力。中国人喜欢用"青梅竹马"来形容男女爱情的稳固、浪漫和美好，实际上在现实生活中（尤其是当代），青梅竹马式的恋爱和婚姻几乎看不到。

我前面说了，我推测近亲繁殖导致的种群退化是尼安德特人、丹尼索瓦人灭绝的原因。我的这个推测得到了一项重要的科学研究的间接证明。2013年，美国范德堡大学的研究人员在对2.8万个人的DNA的特殊部分进行分析后发现，源自尼安德特人的遗传变异与包括心脏病、动脉壁增厚在内的12种疾病患病风险的增加显著相关；具有尼安德特人DNA的现代人产生抑郁症、烟瘾、日晒导致的皮肤损伤、新陈代谢较慢、血液凝结过多、帕金森这些问题的概率更高。由此可以推断：尼安德特人的灭绝极可能与他们的生理缺陷有关。而这里所说的"生理缺陷"，我推测在很大程度上与近亲繁衍造成的生理退化、弱化直接相关。尼安德特人因此而逐渐走向衰落、消亡，但他们的部分基因当初传给了智人，在一定程度上影响了数万年后部分现代人的身体素质。

四、群居生活与道德禁忌

这里有一个有趣的问题：群居动物没有道德伦理，它们为什么能够避免或大概率避免近亲繁殖，从而与人类一道，从远古走到了今天？的确，群居动物——比如狮子、野牛、猿猴、斑马、羚羊、角马、狼，甚至天鹅、企鹅、蚂蚁、蜜蜂等等——都有某种生存机制，避免或尽可能避免近亲交配、近亲繁殖。比如狮群，狮子的幼崽长到两三岁，小雄狮就要被逐出狮群，以确保它们长大以后不能与它们的雌性亲属交配；留下来的小雌狮是通过另一种方式来规避与它们的狮王父亲交配的,那就是:每过五年左右,狮王就要在残酷竞争中被外来的雄狮替换掉,从而保证了狮群基因的持续混血。野水牛是另一种情况,而且比较简单。在一个水牛群中,雌雄的比例是比较均衡的。但非洲水牛的幼崽(不论雌雄)大都只能在族群中生活一年到一年半,之后它们就会被赶出牛群。此时的小水牛离性成熟还早(雌性大约5岁性成熟,雄性7岁),这样就避免了近亲繁殖的发生;而被驱逐的水牛会各自寻找成员较年轻的水牛群加入,这就更加降低了近亲繁殖的概率。

所有以上的动物行为,都是符合丛林法则的本能行为,而本能来自于习惯;至于习惯的来源,我觉得只能归结为自然界为保持生态平衡而进行的自发调节了。这个调节当然是无意识、无目的的,但恰恰做得很有目的性,符合自然界各类物种生存、繁衍的可持续性;如果不按这种调节行事,就会导致某个种群甚至物种的衰败、灭绝。这就是康德所说的"无目的的合目的性"。唯有人类,通过精神的、道德的调节而形成了社会习惯,能够通过自觉的调节、引导、惩罚等手段,让自己的种群乃至于全人类,不至于因为近亲婚配而败坏遗传基因。加之不同地域的自然环境的巨大差异,一方面保证了人类的种群繁荣发展,另一方面使人类对环境进行选择性适应,从而造就了不同肤色,不同体格,不同样貌,不同文化的人类大家庭。

中华文明在婚配问题上最为细致和严格。宗法制度的出发点是血缘关系、家族亲情。一方面：亲亲疏疏，而且亲和疏本身很复杂，分不同层次、等级，即便没有血缘关系的人之间，如果要强化彼此的亲密关系，往往以亲情的形式来表达，比如行拜亲礼，称兄道弟，等等。另一方面：恰恰在婚配、性关系方面，又特别加以限制，有严格的禁忌。"亲上加亲"是中国人历来注重并追求的伦理关系，其古代和现代的社会意义都相当重大。但这是有条件的：在性关系、婚姻选择上不搞或尽可能不搞亲上加亲，血亲婚配被认为是不伦或乱伦的。

中国古代的聘娶婚配制度在商周时期逐渐形成，当时的古人已经意识到了近亲结婚不利于优生，同时在政治上也不利于扩大宗族势力、稳固权势。所以在商朝就有五世之内"近宗不婚"的规定，到西周时期这一规定更加严格："虽百世而婚姻不同"。汉朝以后，儒家学说成为主流思想，在儒家礼法看来，近亲结婚特别是不同辈分的亲属之间结婚属于乱伦的行为，《礼记》记载了"娶妻不娶同姓"的规制。汉惠帝刘盈被吕后逼着娶了自己的亲外甥女张嫣为皇后，但汉惠帝始终无法接受这有悖人伦的婚姻，到死都没有碰过她，所以张嫣直到去世仍是处女之身。

到了唐代，禁止近亲结婚开始写入法律。在《唐律疏议》中明确规定，禁止同姓和辈分不同的表亲结婚，如有违反要施以徒刑或杖刑。不过至高无上的皇帝却有例外：唐高宗李治娶了其父唐太宗李世民的"才人"武媚娘为妃，武媚娘后来成为皇后；唐玄宗李隆基娶了自己的儿媳杨玉环并将其封为贵妃。这都属于乱伦，为遮人耳目，武氏和杨氏之前都曾"出家"为尼或女道士。这说明李治、李隆基均意识到他们的性选择有悖伦常；但以现代文明的标准看，这两段婚姻均不涉及血缘，所以虽然在伦理上不妥，却不算真正的近亲婚配。

宋代在《宋刑统》中也明文规定了有亲属关系者不能通婚，"违者各杖一百，并离之"。而元代因为是游牧民族蒙古人统治，对婚配制度完全没有限制，所以近亲为婚，弟收兄妻，子承父妾都很常见。

明朝建立后对元代的婚配习俗全面加以禁止。在朱元璋看来，近亲结婚既不利于种族繁衍，又违背儒家的伦理道德。《大明律》详细制定了婚配制度，规定凡同一姓氏、姑舅两姨表亲之间一律禁止通婚，违者一般以通奸论处，主婚人和男女双方都要受杖刑，并强行"离异"。到了清朝，《大清律》废除了表亲通婚的禁令。爱新觉罗家族来自关外游牧民族，注重婚姻的"正统"，清廷往往在近亲贵族的后代中选择婚配对象，这样做也有防止权力为"外人"篡取的政治考虑。在写于康熙年间的《红楼梦》中，贾宝玉、林黛玉、薛宝钗等人之间的恋爱、婚姻，以儒家伦理观念和今天的婚姻法来看，完全属于不伦、乱伦，却并不违反《大清律》。后来的事实证明，清朝废除近亲婚配的禁令，导致了皇室遗传基因的退化、恶化。有清一朝，有作为的、了不起的皇帝都在前期，如康熙、雍正、乾隆等，他们的寿命都较长。但到了中、晚期，皇帝们不是夭折就是短寿。究其原因，爱新觉罗氏过于追求血统的亲近，使血亲婚配现象比比皆是，最终严重损害了皇家的遗传基因。

西方人在这方面比较宽松放任。据《圣经·创世纪》的记载，夏娃来自于亚当，他们俩是"至亲"。自古以来，欧洲国家不同宫廷之间结亲现象频繁，血缘关系比较近，也比较乱，以中国人的标准，"乱伦"情况十分严重。欧洲中世纪著名的"哈布斯堡"王室，曾长期称霸欧洲，鲜有对手，但这个家族历来强调血统纯正，实行近亲婚配。这个家族早在16世纪就有规定：哈布斯堡的男人只能娶哈布斯堡的女人，不能与其他家族通婚，此规定也是出于政治稳定和血统纯正的双重考量。其结果，造成这个显赫家族的成员身体素质持续不佳、普遍不佳。随着近亲结婚的流行，哈布斯堡家族的后代，普遍出现了各种生理缺陷，如"鞋拔子脸""外翻厚嘴唇"和"地包天"牙齿等等。直到现代，欧洲人还把下颌前突叫作"哈布斯堡下巴"。至于王室传承方面的问题就更多、更严重了，王室子弟夭折、早逝、不育的情况十分普遍。到了19世纪，哈布斯堡王朝已经衰落，最后，伴随着

第九篇　文明的变数——历史进化的"源"和"流"

其他各种社会因素的冲击，它销声匿迹了。英国著名女王维多利亚在位64年，号称"欧洲祖母"。她的子女、孙辈频繁与各国王室通婚，血缘关系既近且乱。结果，源于维多利亚女王本人的血友病在欧洲各国王室成员间不断传播，后果严重。

实际上，近亲婚配在其他早期文明中很常见。希腊神话中有不少乱伦的描写，最有名的是俄狄浦斯杀父娶母的悲剧；在古埃及、古罗马，都有兄妹结婚生子的例子。如今世界上大多数国家的法律已经禁止了近亲结婚。这既是道德伦理的要求，也是人类生命维持良性传承的必要。

在一开始，我就表明了不认同"历史决定论"的立场，我认为社会发展、历史演化，原则上是没有规律性和必然性的，换句话说，历史是一个非线性、多元化、充满了各种可能性的复杂过程，因此，人类的历史不可预设、不可限定、不可重复，展现出多彩多姿的戏剧性来。历史的发展，一切取决于人的选择，而每一个人的情况都是不一样的。接下来，我要对人类文明和社会历史发展的多重诱因、多种动力进行有趣的考察和评估。在此之前，我先引用18世纪法国著名哲学家保罗·昂利·霍尔巴赫关于历史人物在多重原因作用下如何影响或改变历史的一段描述：

"我们人类的某一个分子，一旦支配了很多别人的感情，他就会把其他人的意志和努力组合起来、汇集起来，从而决定地球上居民们的命运。……可是追溯本源，是什么隐藏的原因影响了这个人，激起了他的独特感情，构成了他的气质呢？是什么原料合成了一个放肆的、奸诈的、野心勃勃的、热情奔放的、口若悬河的人，总之，合成了一位能够哄骗同类按照他的见解而同心协力的人物呢？是他的血液里的那些感觉不出的微粒，是他的纤维中的那些察觉不到的组织，是那种刺激神经的多少有些苦辣的盐分，是那种在他血管中奔流的多少带点火性的物质。这些元素又是哪里来的呢？来自他母亲的胎胞，来自他所摄取的食物，来自他出世时的天气，来自他所接受的那些观念，来自他所呼吸的空气，此外还有成千上万难以察觉的暂时原因在一定的时刻修改了、决定了这位能够改变地球命运的重要人物的性情。……所有这些原因一开头是很微弱的，如果当初就给它们设置一些很轻微的障碍，那些如此神奇、使我们大惊失色的事件就根本发生不了。一次由于几滴过热的胆汁引起的炎症，就能使那位强人的全部计划流产。他少吃一顿，喝一杯水，出一点血，有时候就足以挽救一些王国。……由此可见，人类的命运同组成人类的每一个人的命运一样，每时每刻都系于一些难以察觉的原因；这些原因是变化无常的环境使它们产生、使他们发展、使他们发生作用的。我们把它们的结果归之于偶然，视之为意外，其实这些原因是必然要起作用的。"①

我们就来举一些历史事实和人物例证，看看文明进程中的那些偶因吧。

五、生育：文明的能量

人类历史上，由于帝王、统帅、强人，或其他举足轻重的人物的个人原因、家庭原因而加速或延缓了历史的进程，进而改变了文明发展方向或发展方式的例子，不胜枚举。其中，由于帝王人物的性取向、性能力、生育水平等因素而决定性地影响了储君的选择、政治的决策、国家的走向，这样的事情甚多，尤其在中国古代。

我们都知道，清朝最后几个皇帝（咸、同、光、宣）的业绩一个比一个糟，以至于"大清的家业"像接力赛一样一步一步毁在他们手里。这几位"真龙天子"还有一个共同的毛病：生育能力极差。先说说咸丰皇帝，即爱新觉罗·奕詝。与其列祖列宗的儿孙满堂相比，咸丰帝只有一个独生子，即后来的同治皇帝（爱新觉罗·载淳）。咸丰帝被史家称为"四无皇帝"（无远见、无胆识、无才能、无作为），他还有一无：无健康。太平天国的冲击，特别是英法联军火

---
① 《西方哲学原著选读》，下卷，北京大学哲学系外国哲学史教研室编译，商务印书馆1981年版，第225-226页。

在思想的深处

烧圆明园的惊吓,使咸丰皇帝一病不起、病入膏肓、撒手人寰。大清没有别的选择,只能寄希望于咸丰与叶赫那拉氏(后来的慈禧)生下的独苗载淳继承大统。

咸丰死时才30来岁,正值生育能力的旺盛期。谁料到他的胆魄那么小、气性那么大,竟被洋鬼子连吓带气,一病不起。如果不是这样,咸丰没准能多生几个儿子,后来叶赫那拉氏"母凭子贵",在政治上迅速跃升,以至于"后临天下",这样的可能性就要大打折扣了。但偏偏遇上咸丰有了这么一个不争气的"龙体",偏偏又遇上慈禧有了那么一个争气的肚子。后来中国将近半个世纪的政治游戏规则,就这么确定下来了。

这位同治皇帝,不知怎的,跟他爹咸丰一样,在生儿育女方面也不灵光,甚至更不灵光——一个皇种也没留下。就算发育晚点,十七八岁的人了,皇后、妃子都摆在那儿,可肚皮就是没有动静。据说同治皇帝死于嫖娼染上的性病,这说明他是有欲望、有能力的。但天不假年,年纪轻轻突然死掉(据考证他死于天花,和他的老祖宗顺治皇帝一个病),没留下一儿半女不说,还引发了一场皇位继承危机。话说回来,如果同治皇帝有儿子,不管他的老妈再怎么野心勃勃、专横霸道,根据大清规矩,就得同治的儿子即位,不可能寻出一个同治的同辈兄弟(爱新觉罗·载湉,即光绪皇帝)来继承皇位,让太后老佛爷在那里临朝听政或直接问政。那样的话，慈禧太后就只能升格一级做太皇太后，再想干政，就有太多的制度障碍，政治上的影响力也就要缩水。

宣统皇帝退位时年龄太小，他有没有子嗣，对国家政治是无关紧要的。但如果光绪皇帝有个把两个儿子的话，历史一定就会重写：即位者肯定不会是溥仪，晚清的结局究竟会怎么样，还真难说。

清朝自咸丰之后，一连三个皇帝，同治、光绪、宣统，都没有生育。以遗传学和社会学的角度看，这是家庭、家族的不幸，"无后为大"嘛；但对于专制王朝的延续来说，则是极大的不幸。不过，对于我们对那段历史进行审视与反思来说，就留下了太多有趣、有益的"假设"和"如果"。晚清这最后几个皇帝，与他们的列祖列宗，即清朝的开国皇帝、鼎盛皇帝们相比，别说开疆拓土、文治武功，就是生儿育女、传宗接代，也实在是逊色太多。有人说这跟王朝的气数有关，末世王朝，就是没有人气。还有人说慈禧当政几十年，阴盛阳衰，紫禁城里"阴气过重"。这些说法，全都当不得真。

我倒觉得事情要简单许多。清朝皇族出于政治目的，经常搞近亲婚配，既在满清贵族内部，也在满族与蒙古族之间选择后、妃，这种情况对遗传的负面影响是很大的。我猜测，也许在咸丰、同治朝一百年前，在康熙、雍正、乾隆及其后妃身上就开始了基因的退化、衰变，结果多年以后在咸丰身上甚至在咸丰的老爹道光皇帝身上发生了基因的突变。总而言之，一种极其偶然、不能预料的"自然灾害"发生在了爱新觉罗家族主要成员的生理结构和遗传进程中。这些偶然因素，对于一般老百姓来说算不了太大的事，顶多影响家业的传承，造成几家欢乐几家愁；而对于皇族来说，就事关社稷天下，弄不好就是朝纲混乱、内忧外患、血雨腥风、天翻地覆，从而把历史重新写过。

六、偏好：文明的个性

中国古代历史上，处于最高或举足轻重地位的那个人——皇帝，其个人爱好、偏好、癖好，对以后历史的影响甚大。中国的专制皇权系统，君位承袭的基本原则是"嫡长子继承"。但是，拥有无上权力的帝王，因个人喜好而打破常规，主观决定继承人的情况，不是个别的。最常见的现象是：由于帝王特别钟爱他的某一个皇孙或王孙，而选择生下了那个"好圣孙"的皇子（王子）作为储君，以便保证他钟爱的孙子能够在将来继承大位。这叫"父以子贵"、"子以孙贵"。

著名的周文王（姬昌）就是这样一个王孙。周代建立以前，先君古公一共生有三个儿子，分别是长子太伯、次子仲雍和幼子季历；季历有一个儿子名叫姬昌。古公非常喜欢姬昌这个孙子，因此萌生出了一个想法——越过太伯和仲雍，直接将王位传给幼子季历,以保证将来季历再传位给姬昌。据司马光《稽古录》记载:"(姬)昌有盛德……古公知其必兴周家,欲立季历以传昌。……古公薨,季历立,是为王季。……王季薨,昌立,是为文王。"姬昌没有辜负先人的期望,终于使自己成为一位奠定西周基业的伟大君主——周文王。

晋武帝司马炎继承父祖功业,建立了西晋。遗憾的是,由于司马炎把皇帝宝座传给了自己的傻儿子司马衷,导致了天下大乱。对于儿子的愚傻,晋武帝不是不知道,好多大臣都曾劝他更换太子,但武帝始终没有这么做。其中一个关键原因是司马衷有个儿子司马遹,此子不但不似乃父那般愚钝,反而天资聪慧,是个小人精,晋武帝非常喜欢这个小皇孙。一次皇宫失火,武帝站在城楼上指挥灭火。此时他五岁的小皇孙司马遹跑到武帝身边,把爷爷拉到一边说:这么混乱,皇爷爷应当躲起来,以防他人借机伤害您!小小顽童竟然能说出这般话语,令晋武帝格外兴奋。果然,司马衷登位后,聪明的小司马遹便被立为了太子。

明成祖朱棣定都北京之后,册封自己的长子朱高炽为皇太子,成为大明皇权的合法继承人。这个决策对于明成祖来说,曾颇费了一番心思。从内心来说,成祖对朱高炽是不满意的。据《明史》记载,朱高炽"体肥重,且足疾"。又胖又瘸,成祖认为这样的形象将来作为一国之君,有损国威。相比起来,他更加喜欢朱高炽的二弟朱高煦。为此,明成祖朱棣陷入了深深的矛盾之中：一方面要遵循"嫡长子继承"这个礼法；另一方面却是对次子的钟爱之情难以释怀。正在这个左右为难之际，与大臣谢缙的一番对话，使明成祖最终下定决心立朱高炽为储君。据《明史·谢缙传》载，"帝密问缙。缙称：'皇长子仁孝，天下归心。'帝不应。缙又顿首曰：'好圣孙'。帝领之，太子遂定。"可见，朱棣立朱高炽为皇太子，是因为朱高炽有个好儿子（即后来的明宣宗朱瞻基）。显然，明成祖将传承大明江山的长远希望寄托在了朱瞻基这位"好圣孙"身上，因此才移爱于朱高炽；换句话说，朱高炽是沾了儿子朱瞻基受宠的光才成为了皇储，进而做了皇帝（即后来的明仁宗）的。后来朱瞻基继承朱高炽，成为明宣宗，算是个有作为的皇帝。他的叔叔朱高煦（也就是与他爹争太子位失败了的那位皇子）不服，最后造起反来，朱瞻基一再退让，他那个叔叔却一意孤行、要夺天下，最终兵败被杀。

很多人都在电视连续剧《康熙大帝》里了解到，康熙皇帝在晚年废黜皇二子胤礽的太子之位后，最终选择了皇四子胤禛为嗣君，即后来的雍正皇帝。康熙为什么做这样的选择，史家有各种各样的考证。但有一个原因是公认的：康熙爷极为宠爱自己的皇孙、雍正的儿子爱新觉罗·弘历，也就是后来的乾隆皇帝。

有一次，康熙一行到圆明园游赏，胤禛借机将儿子弘历介绍给了康熙。康熙见到弘历后格外高兴，立即"命宫中养育"，这使弘历享受到了其他一百多个皇子皇孙所没有的殊遇。还有一次，在避暑山庄狮子园，胤禛带着弘历生母钮祜禄氏一同拜见康熙，康熙当着众人的面称钮祜禄氏为"有福之人"。为什么康熙单单称赞儿媳钮祜禄氏呢？当然是母以子贵，她生下了宝贝皇孙弘历。康熙说钮祜禄氏有福，背后隐含之语，即弘历日后必大福大贵也。由此可见，胤禛最后在诸多兄弟中脱颖而出的主要原因当然在于他自身的实力（关于胤禛篡改康熙遗嘱而"谋得"皇位的说法，是完全不可信的），但弘历的受宠，无疑大大增添了胤禛继承大统的可能性。在康熙遗嘱中被称为"人品贵重，深肖朕躬"的雍正，显然是又一位因子而得福的帝王。

七、婚姻：文明的意外

在专制皇权环境下，皇帝的婚姻从来就是天下大事。而皇帝娶什么人做皇后，一般没有什么了不起，但如果这个当了皇后的女人很了不起，接下来的历史就会发生改变。

独特的女人能改变历史，是因为特殊的婚姻造就了她。秦统一后，中国就一直是个大一统的男权社会。皇室婚姻对王朝政治的影响不算多，也不算大，后宫干政、外戚专权的情况远没有太监弄权、宦官揽政的情况多。但毕竟有过三次著名的皇室婚姻，由于皇后的僭越或褫夺而扮演了临朝当权的角色，在中国古代历史上留下了十分突出、不可磨灭的印痕。

第一位是吕雉，汉高祖的结发妻子，后来贵为皇后、皇太后。在刘邦死后她把持朝政，对稳定大局、巩固汉初政权做出了很大贡献；但她晚年重用外戚、纵容吕氏干政，导致朝纲混乱、政治腐败。吕雉死后，文武老臣合谋尽除诸吕，恢复了刘氏江山。第二位是武则天，唐太宗李世民的"才人"、唐高宗李治的皇后。做了皇后，武氏先是与李治"共治"天下，李治死后直接登基，改国号为"周"。武则天是中国历史上独一无二的女皇，她的曲折婚姻是她登峰造极的直接原因；她还算明智，临终前把皇位归还李氏，恢复了唐朝。第三位是慈禧，清朝咸丰皇帝爱新觉罗·奕詝的皇后，后来成了皇太后。慈禧母以子贵，咸丰死后连续操控几个儿皇帝，垄断晚清朝政近半个世纪。从垂帘听政到临朝问政再到后宫断政，慈禧对近代中国的落后、挨打、羸弱、屈辱负有主要责任。

与中国相比，历史上欧洲国家的王室婚姻带来的政治、宗教、社会变迁多得不计其数。有史以来欧洲地区就是小国林立，最大的国家也就相当于中国一个省，最小的国家还不及中国一个县。从罗马时代以来，出于政治、经济、宗教多重考量，欧洲国家把联姻作为政治联盟、制约和平衡的一种手段，千百年来屡试不爽。直到今天，欧洲国家的许多王室贵族阶层，血缘关系仍然相当亲近。

东罗马帝国（拜占庭）著名皇帝查士丁尼的婚姻是个例外。他的婚姻不但建立在真正的爱情基础上，留下了动人的故事，而且成就了一位了不起的女政治家——皇后狄奥多拉。

狄奥多拉出身社会底层，其父母分别是驯熊师和舞女，而她本人则靠演滑稽戏和卖身为生。这位风尘女子深深迷住了当时的查士丁尼将军，除了美貌，主要靠的是她的机智、勇敢和善良。他们后来结了婚，查士丁尼即位后狄奥多拉成为皇后。查士丁尼把对狄奥多拉的爱情保持了终身，这一点与唐高宗对待武则天有些相似，但查士丁尼从来没有失去过对权力的掌控。

公元532年，拜占庭发生暴动，敌对势力组织数以万计的市民包围皇宫，帝国政权岌岌可危。查士丁尼准备弃城出逃，狄奥多拉阻止了他。她对他说：头戴皇冠的人不应该在失败时苟且偷生。我不再被尊为皇后的那一天是永远不会到来的。如果您想逃，陛下，那就祝您走运。我要留下来，紫袍是最美丽的裹尸布。这番话让查士丁尼感到羞愧万分，于是打消了逃跑的念头，坚持抵抗，最后取得了胜利，保住了拜占庭帝国。

作为一名从底层走上权力顶峰的女性，狄奥多拉因其丰富的人生阅历而发挥了独特的影响。在查士丁尼颁布的《法典》中，明文写入了保护女性权利和荣誉的许多内容，规定了在上帝面前人人平等的原则，明令禁止男性无故抛弃女性的行为，明确了妇女拥有继承财产的权利，将强奸列为死罪，等等。在狄奥多拉的时代，拜占庭的妇女拥有比之前的罗马帝国时代和之后的中世纪欧洲更为广泛的权利，这些权利甚至不逊于许多现代国家。因此，人们将狄奥多拉称为最早的女权主义者。

16世纪英国国王亨利八世以结婚次数多而闻名，一共结过六次。但这还不是他最有名的地方，他的鼎鼎大名在于他为了婚姻而开罪教皇，进而在英国强制推行宗教改革，不仅改变了英国的历史，也改变了世界的面貌。

早年的亨利八世是个虔诚的天主教徒，出于对抗法国这个宿敌的需要，他打着保护教皇的大旗，同德意志（神圣罗马帝国）皇帝查理五世亲密合作。当听到在马丁·路德的领导下，德国宗教改革运动正方兴未艾时，亨利八世亲自撰文谴责马丁·路德，为教皇辩护，由此从教皇那里赢得"信仰捍卫者"的荣誉称号。然而过了没几年，形势就发生了一百八十度转变，亨利八世成了教皇眼中的头号敌人。

导火线就是他的离婚和再婚事件。在寻常人家，负心男人抛弃老妻、迎娶新欢，这样的事不算稀罕。但当这种事发生在王室斗争、教俗冲突激烈的年代，就产生了巨大震动，成为人类历史上影响最大的离婚案件。亨利八世坚持要离婚，其原配王后凯瑟琳不同意，离婚诉讼就提交给了罗马教廷。凯瑟琳可不是一般的女人,她是西班牙公主,还是德意志皇帝的姑妈。教皇慑于这些因素,不同意这桩离婚案。于是亨利八世召集议会讨论宗教改革问题。他任命了新的坎特伯雷大主教,后者立即宣布亨利八世与凯瑟琳的婚姻无效,随后主持亨利与新皇后的婚礼。作为报复,罗马教廷开除了亨利八世的天主教教籍,而亨利八世则针锋相对,他促使英格兰议会通过了"至尊法",规定国王为英格兰教会唯一的、至高无上的首脑,并宣布与罗马教廷断绝一切来往。从此,英国的国教就更名为"圣公会",直到今天。从那以后,不再受教皇制约的大英帝国便开始向北美大陆移民,最终造就了今天的美国。

英国维多利亚女王在位64年,生下了九个子女,其中七个与欧洲不同国家的王子、亲王、公主结婚,生下了众多孙子辈。维多利亚女王因此有"欧洲祖母"之称。很不幸,女王身带血友病基因缺陷,这一缺陷在原本就沾亲带故的欧洲王室间遗传。其中的一位遗传了血友病的维多利亚女王的外孙女亚历山德拉,后来被安排嫁给了俄国末代沙皇尼古拉二世,成了皇后。于是血友病遗传到了沙皇夫妇唯一的儿子阿列克谢身上,而阿列克谢又是皇位的继承人。小皇子不时发病,病重时生命垂危,沙皇夫妇忧心如焚。

这个时候出现了一个叫拉斯普廷的江湖骗子,他通过催眠、暗示一类的心理疗法能让皇子病情有所缓解。沙皇夫妇将这位似乎能确保罗曼诺夫王朝香火延续的"圣人"奉若上宾,对他言听计从。拉斯普廷就通过皇后干预朝政,使得腐败的俄国政治更为黑暗,终于引发了严重的政治危机,最后爆发了1917年二月革命,沙皇黯然退位,结束了长达300年、曾涌现出彼得大帝、叶卡捷琳娜二世这些伟大君主的罗曼诺夫王朝的统治。八个月后,软弱的俄国克伦斯基资产阶级政府被列宁领导的布尔什维克革命推翻,俄罗斯由此进入了70多年的苏联时代。当然不能说拉斯普廷应该对罗曼诺夫王朝的覆灭负全责,但平心而论,他在好几年时间里的胡谋乱划、胡作非为,对已经摇摇欲坠的沙皇政权确实起到了直接的负面作用。追根寻源,这一切全都起因于血友病引起的问题,而这个遗传问题之所以发生,只能归因于大不列颠的维多利亚女王安排的那桩政治婚姻。

八、礼仪:文明的借口

中国是一个"礼仪之邦",这是全世界都知道的事情。在按照特定的礼仪进行人际交往的问题上,中国人不仅最认真、最自觉,而且把这件事上升为重大政治立场问题。孔子讲"君君,臣臣,父父,子子",皇帝的礼仪,不仅是严格的角色定位,更是严格的政治站位;弄得不好,是要"礼崩乐坏"、天下大乱的。

明朝第十位皇帝明武宗朱厚照，是其父皇明孝宗朱佑樘与张皇后的长子，在位16年，活了31岁，是明朝最荒唐的一位皇帝，生前没有留下子嗣。武宗临死前，母亲张太后与首辅大臣杨廷和商量，从武宗的父亲孝宗皇帝的兄弟后代中找一个人来做皇帝。琢磨来琢磨去，决定立孝宗皇帝之弟兴献王的儿子朱厚熜即位，也就是后来的明世宗嘉靖皇帝。从亲缘关系来说，朱厚熜是朱佑樘的侄儿、朱厚照的堂弟。此时的朱厚熜15岁，其父兴献王两年前已经去世。接到"通知"，朱厚熜匆匆从湖北老家赶往北京登基。

按照事先拟定的礼仪程序，朱厚熜一行得先从北京城的偏门进入皇宫，面见张太后，行拜母大礼，登皇太子位，再举行皇帝登基仪式；而不是从正门进入皇宫，直接登基。到了紫禁城下，朱厚熜突然不走了，为什么？皇帝从偏门入皇宫，不成体统啊！更重要的是，自己的母亲还在湖北老家，父亲是兴献王，怎么一下子就没有了伦理，去认一个自己根本不认识的张太后为"母亲"？接下来的登基仪式更是一波三折，充满了这个15岁皇帝与旧规旧礼的抗争。嘉靖皇帝是很有个性的君主，又是一个大孝子。他从一开始就痛恨给他安排的那个登基礼仪。他坚持：做皇帝（"继统"）可以，但认伯父为父亲（"皇考"）不行，哪怕这位伯父是先皇。在接下来的数年间，嘉靖皇帝凭着手中的最高权力，强行实施他的想法。以首辅大臣杨廷和为代表的"护礼派"则力劝嘉靖"

继嗣"（也就是更换父母），以便合乎所谓"皇统"。双方争执不下，最后摊牌，嘉靖对护礼派进行了无情的镇压，"血溅左顺门"，16名大臣被活活打死，100多名大臣下狱、削职。这就是明史上有名的"大礼仪事件"，以嘉靖皇帝的完胜而告终。大礼仪事件最终使得嘉靖皇帝成功地把自己的亲爹——一生居于湖北老家、早已死去的兴献王——改名为"献皇帝"，号明睿宗，并把名号奉入了京城太庙，牌位列于武宗之前，享受了历代先皇帝同样的待遇，而称其伯父孝宗为"皇伯考"。

"大礼仪"之争表面看是封建王朝的家事，但实质上是一场重大的政治斗争。继统与继嗣的争执，深刻反映了中国政治秩序与家庭伦理、家国责任与父母亲情之间的错综复杂关系，体现出嘉靖皇帝革新的意志。从此以后，明朝进入了嘉靖新政。

清乾隆五十八年（1793年）和清嘉庆二十一年（1816年），英国政府先后派出两个使团，穿越大西洋、印度洋和太平洋，来到中国。第一个使团由乔治·马戛尔尼率领；第二个使团由阿美士德勋爵率领。这两个使团都遭遇了如何觐见中国皇帝的礼仪难题，在行"三跪九叩"大礼这件事上与中方激烈争执。在今天看来，这样的事很难理解，因为中国在外交礼仪上早就遵循了国际惯例；但在两百多年前，对于无知、封闭、傲慢、自负的大清帝国君臣来说，朝堂礼仪是

第九篇　文明的变数——历史进化的"源"和"流"

头等大事，绝对不能含糊。

马戛尔尼不远万里到中国来，名义上是代表英国国王祝贺乾隆皇帝83岁寿辰，实际上是借此机会当面与乾隆探讨开放门户的可能性，希望能够与中国做生意、开辟通商口岸，甚至建立外交关系。乾隆帝觉得，英国派使团来祝寿，就是来"进贡"的，可以借机炫耀一下"天朝的威严"。于是派出钦差大臣到天津大沽口欢迎马戛尔尼一行。一见面，双方就在觐见皇上的礼仪问题上发生了分歧。马戛尔尼被告知：凡到北京来进贡的国家，无论是使臣还是国王，都要对大清皇帝行三跪九叩之礼。清廷的一贯思维是：普天之下莫非王土，天下万邦都是大清的附属国，必仰视大清，奉大清皇帝为万国之宗。由此，别说一个英王的使臣，就是英国国王来了也得向乾隆皇帝跪拜磕头。这种无知和霸道，当然遭到了马戛尔尼的拒绝，他认为这是完全不平等的，是对大英帝国的侮辱与歧视。他提出见中国皇帝时，行欧洲各国通行的觐见礼，即脱帽、鞠躬、致敬。这个建议遭到了清廷的严词拒绝，双方相持不下。最后和珅出面与马戛尔尼磋商，达成"单膝跪地"行礼的解决办法，乾隆皇帝终于在承德避暑山庄接见了马戛尔尼一行（至于究竟是怎么觐见的，中英双方在记载上出入很大）。鉴于一开始在礼仪问题上的不融洽、不顺利，乾隆心中不快。当马戛尔尼提出实质问题，即互通贸易、开辟口岸等事项时，立即遭到乾隆的断然拒绝，理由是：我大清物华天宝、应有尽有，不需要外邦的货物，口岸的开辟就更不要提了。就这样，中国这个老牌东方帝国和英国这个新兴西方强国，在18世纪末失之交臂了。

就中国而言，"天朝"的傲慢、帝王的繁文缛节以及对世界的无知，是导致马戛尔尼使华失败的主因。对马戛尔尼一行来说，也并非一无所获。在华期间，这些英国人把对中国的观感（包括搜集到的军事机密）详细记录下来。他们发现大清国并非法国思想家伏尔泰所描绘的那样是一个和善、团结、富裕、强盛的国家，而是一个漏洞百出、外强中干的国家。马戛尔尼访华之后，欧洲人改变了对中国的看法，认为中国不堪一击。可以说，马戛尔尼的中国之行，为47年后的鸦片战争埋下了伏笔。

1816年的阿美士德使团来华，更因为在三跪九叩这个"大是大非"问题上实在谈不拢而完全失败。阿美士德千辛万苦来到中国，从天津港下船就开始谈觐见礼仪的问题，双方边谈边行，一直谈到了紫禁城午门外，仍然互不让步。最后阿美士德借口国书没有带在身上而止步不前；嘉庆皇帝则发了怒，传旨将英国使团"即日遣回"。

又过了半个世纪，这时中国已经历了两次鸦片战争，国力大衰，同时国人对外面的世界也知晓了很多。1873年7月29日，英、法、美、俄、荷、日各国公使在紫光阁觐见同治皇帝。这次觐见，各国使节行的是鞠躬礼和作揖礼。整个觐

第九篇 文明的变数——历史进化的"源"和"流"

见仪式大概半个小时，时间虽短，却是清代外交礼仪之争的一个重要转折点。从此以后，中国人不再要求西方人对中国皇帝行"三跪九叩"礼了。

但是，西方人却在礼仪问题上给中国人开了一次玩笑。义和团运动期间，德国公使克林德被杀。义和团动乱平息后，醇亲王载沣（就是末代皇帝爱新觉罗·溥仪的父亲）被派往德国赔礼道歉。行前，清政府多次向德国探询有关觐见礼节问题，德国方面未提出任何要求。但当载沣到了瑞士和德国交界处时，德国方面突然通知清政府驻德公使，德国皇帝威廉二世要坐在椅子上，接受醇亲王载沣的三鞠躬，其他使团成员则一律要向德皇行跪拜礼。这个要求一下子把中国使团打懵了。须知，德国和其他欧洲国家是从来就不兴跪拜之礼的，这个要求明摆着是刻意羞辱中国人。正当载沣左右为难的时候，德国方面突然又放弃了这一要求。

外交无小事，礼仪是外交的重要组成部分，每个国家都十分重视。但大清帝国将外国人向皇帝磕头的事上升到国体、国威、国格的地步，显然是弄过了头。其结果，不但无助于国威的提升，反而对国力造成了严重损伤，还留下了历史的笑柄。

九、疾病：文明的杀手

人吃五谷杂粮，就会生病。古今中外，生、老、病、死自然而然、天公地道，谁也避免不了。古代医疗不发达，人生了小病，挺一挺就过去了；生了大病，能治就治，实在治不好就顺其自然，对族群、社会、国家不会带来大的影响。但如果发生了传染性、致命性的疾病，甚至转变成了大规模瘟疫，那就不管尊卑贵贱，连帝王、统帅也躲不过，染上了就九死一生。在这种情况下，疾病就成了文明的杀手、历史的判官。

天花曾经是世界上的头号瘟疫，杀死的人超过所有战争死亡的总和。在染上天花致死的帝王人物里，包括中国清朝的两位年轻的皇帝。入关前的满人，是免疫力最弱的一个族群。入关后第一个清帝爱新觉罗·福临（顺治皇帝），从小就经常被隔离"避痘"，但还是没能逃脱感染，24岁就驾崩了。

如果说顺治的不幸是因天花而谢幕，那么康熙的幸运则是因天花而登基。爱新觉罗·玄烨从小就跟天花打交道，不到两岁就染上了这个瘟疫。他在乳母悉心照料下从死神魔掌中挣脱出来，脸上留下了麻点。顺治皇帝之前一直倾向于康熙的哥哥福全即位，病中的他派人征求德国传教士汤若望的意见。汤若望力主玄烨为储君,理由很简单也很有说服力:玄烨出过天花,已经终身免疫了,于是年仅8岁的玄烨成了康熙皇帝。顺治帝一共14个子女,死于天花者9人。皇家尚且如此,老百姓的境况就可想而知了。康熙皇帝痛定思痛,下了大气力防治天花,推广"吹鼻种痘法"取得成功。但100多年后皇宫里还是传来噩耗:19岁的同治皇帝感染天花病毒死掉了,他驾崩的养心殿,正是当年顺治帝命丧天花的地方。

国际医学界估计,从三千年前埃及法老时代就出现的天花病毒,一共杀死了1.7亿人。其中最著名的例证发生在1519年以后。当时,已经对天花有了较强免疫力的西班牙人在征服美洲印第安人时,把这种病毒带到了新大陆。结果,毫无免疫力的数千万印第安人大批大批被感染,最后死得只剩下了百把万人。我们的历史教科书告诉我们,美洲印第安人被欧洲殖民者几乎屠杀殆尽,实际上,消灭印第安人的头号杀手是天花病毒。我们今天实在应该感谢一代又一代的科学家、医学家,他们为克服天花而矢志不渝、不懈努力,终于在1979年,这个地球上最可怕的瘟疫被宣告彻底消灭了。

东汉末年短短三十年间,有明确记载的全国性大瘟疫共有十二次。当时著名的医学家张仲景曾悲痛地回忆道,他的家族本来人口众多,达两百余口,但在不到十年的瘟疫流行期间,竟有三分之二的人死去,其中有七成死于出血性伤寒。在东汉、三国的首都洛阳地区,瘟疫竟夺去了一大半人的生命，包括那些一向养尊处优的上层人士。著名的"建安七子"就是很好的例子。所谓"建安七子"，即曹魏时期七位著名诗人：孔融、陈琳、王粲、徐干、阮瑀、应场、刘桢。在建安二十二年（公元217年）的大瘟疫中，七人中有四人染病而死。此外，当时许多著名的思想家，如魏晋玄学代表人物王弼、何晏等人，都是染病后英年早逝的。

在经历了这次大瘟疫后，中原地区的人口大减。根据古代较为权威的官方记载，瘟疫爆发前的汉桓帝永寿三年（公元157年），全国人口为5650万；在经历了大规模的瘟疫仅八十年后的晋武帝太康元年（公元280），全国人口只剩1600余万，锐减了四分之三。虽然在那个动乱年代，战争是造成人口减少的重要原因，但瘟疫的杀伤力绝不亚于战争。到三国末期，中原地区的人口仅及西汉时期的十分之一。就在同一个期间，西方的罗马帝国也发生了大瘟疫。有历史学家称，罗马帝国瘟疫与东汉末的瘟疫是同一个疾病：出血性伤寒，由汉人传给匈奴人，再由匈奴人携带到了西方，杀死了成千上万的罗马人。西罗马帝国从此走向衰败，最后灭亡了。

14世纪中叶发生在欧洲大部分地区的黑死病（鼠疫），是人类历史上一次性夺走人命最多的大瘟疫。在持续六年的时间里，一共杀死了2500万人，占当时欧洲总人口的三分之一。不像对付天花，欧洲人在对黑死病人实施隔离措施时成效不大，在最严格的隔离措施下，仍然有大批的人患病而死。那个时候的人们并不知道，十字军战士从中东带回来的老鼠是黑死病的元凶，而老鼠是没法隔离的。直到19世纪末，鼠疫才被最后确诊。凡事皆有两面，谁也没有想到，这场无比惨烈的大瘟疫，竟成了欧洲中世纪向近代社会过渡的分水岭。原本十分保守、顽固的封建专制势力和教会精神统治，经此一疫后大伤元气并迅速衰败，文艺复兴、人文主义运动借此机会蓬勃发展起来。疾病对任何人都是一视同仁的。但诡异的是，当时的领主、教士、骑士等上等阶层的染病率、死亡率比普通老百姓高很多，尤其是在意大利和法国。原因很简单：养尊处优的人比下层劳动人民普遍抵抗力差，于是黑死病就在客观上成了封建制度的催命符。

1644年明朝的覆亡也跟鼠疫有直接关系。李自成军队兵临城下时，北京正在闹鼠疫。本来，保卫首都的15万精锐明军挡住李自成的农民军是不成问题的。但经过灾疫的浩劫，守城军队就只剩下五六万老弱病残了。结果，曾经多次被蒙古、后金军队团团围攻却从未失守的北京城，短短三天时间就不得不向李闯王大军开门投降了。以因果的观点看，如果没有这场瘟疫，李自成很难打下北京；那样的话，吴三桂就不可能降清；那样的话，皇太极、多尔衮指挥的八旗大军就夺取不了山海关；那样的话，爱新觉罗氏就不会有占领北京、改朝换代的机会；那样的话，明朝就灭亡不了，历史就要改写。疾病就这么改变了历史的走向。

小病小灾对历史的影响也是不可忽视的，关键看什么人碰上了。拿破仑一世在世界历史上堪与亚历山大、凯撒大帝等帝王统帅相提并论。但戎马倥偬的拿破仑生活习惯很不好，尤其是吃饭不规律，三十几岁就得了胃溃疡。另外，长期便秘使拿破仑患上了严重的痔疮——这个毛病不算严重，但发作起来难以忍受。据历史记载，这两个疾病先后在命运攸关的时刻发挥了关键作用——1813年法、俄莱比锡决战期间拿破仑发生上吐下泻，1815年滑铁卢大战时拿破仑痔疮严重发作——导致这位政治强人和军事奇才饮食难安、痛苦不堪、心绪不宁、神情恍惚。这些症状又直接影响、搅乱了这位军事统帅的思考、判断和决策，使战场上的形势、战役的结局都发生了逆转，从而令法兰西、欧罗巴，乃至于整个世界的命运都因此改变了。

十、气候：文明的指针

我上大学时就知道，十八世纪法国启蒙思想家孟德斯鸠提出过一个理论，叫作"地理环境决定论"。这个理论是说：一个国家和一个民族所在的地理、地质、气候、经纬度、生态环境等等，是影响其政治、经济、文化及国民性格的决定性因素。在几十年前的大学课堂里，这个"资产阶级理论"是作为历史唯心主义的一个典型代表而被批判的。在今天这个地缘经济和地缘政治错综复杂的开放环境下，梳理历史、面对现实、规划未来，这个"地理环境决定论"还不能不信。

地球自形成以来，曾经历过许多次"大冰河时期"，最近的一次是在一万年前结束的。在大冰河时期，极其寒冷的天气冻死了数不胜数的动物，包括早期人类。从一万年前开始，地球气温骤然升高，然后在长达七千多年时间里保持在了一个平稳的状态，给人类发展提供了良好的条件。正是从那以后，人类逐步进入到了文明时代。气象学家告诉我们，从差不多三千年前开始，人类又先后经历了四次"小冰河时期"，所谓小冰河，当然没有大冰河那么致命，但也相当寒冷，十分严酷。殷商末期到西周初年是第一次小冰河期；东汉末年、三国、两晋是第二次小冰河期；唐末、五代、北宋是第三次小冰河期；明末清初是第四次小冰河期。每一次小冰河期，都在很大程度上影响了地球上不同文明的发展，而且这种影响大都是负面的。在小冰河期，气温剧降，导致北半球严重干旱，造成粮食大量减产，普遍的饥荒引发了长期的、剧烈的社会动荡与战乱。

东汉、三国、两晋时期，极端气候促发了诸多政治和社会事变。西汉末年，王莽篡位，废少帝孺子婴，自立为帝，改国号为"新"，完成了改朝换代。对王莽来说不幸的是，他在位15年，恰逢小冰河期的第一次极峰，冷得超乎寻常。

稍微暖和一点的年份，又遇黄河连续泛滥，多数郡、县饱受天灾之苦，百姓流离失所、怨声载道。王莽本人算得上是一个励精图治的人，在位期间推行了不少改革措施。但在世人看来，严寒、干旱和洪涝灾害的连年发生，是上天在否定他对刘氏江山的篡夺。于是各地起义、造反风起云涌，以绿林军、赤眉军为首的叛乱很快席卷全国，最后推翻了新朝，王莽这个篡位者兼改革家死于非命，天下重新归汉。

然而老天爷依然任性，整个东汉直到三国时代，天灾与饥荒一直不断。到了晋武帝司马炎再次统一中国时，王朝所面临的困境除了旱灾和饥荒，还有受到寒冷空气逼迫而南下求生的北方游牧民族。公元316年是最寒冷也是最干旱的年份，即使是首都长安也发生了大规模饥荒，晋愍帝司马邺只能用酿酒的曲饼来充饥。此时，匈奴人刘聪的军队兵临城下，在兵尽粮绝的情况下，司马邺投降，西晋灭亡，中原第一次被胡人占领。从此，中原汉人开始向南方迁徙，之前被视为蛮夷之地的长江以南地区，迅速成了富庶之乡。南迁的士族带来了先进的北方文化，中原过来的商人、农民则发展了南方的经济。于是，在"小冰河期"的寒冷攻势下，中国的经济文化中心转向了南方。

从公元1626年开始，大明王朝就受到一系列天灾的重创，首先是华北的特大干旱，然后是山西、直隶境内异常的冰雹，加之江南地区出奇的酷寒和降雪……灾害天气导致农作物大幅减产，饥荒随之而来。对于习惯了漠北天寒地冻气候的游牧民族——蒙古人与后金（满族）人来说，如此的奇寒天气也使他们生存不下去了。当时的松辽大地饱受干旱蹂躏，连爱新觉罗·努尔哈赤家也没有了余粮，只能外出劫掠。寒冷加干旱，使北方地区降水线南移，游牧民族赖以生存的草原严重退化。正是在这种恶劣气候的影响下，满洲人携带蒙古人开始了南侵，最后入主中原，夺取了大明江山。

由此可见，延续270年的大明王朝的覆亡，政治危机、宫廷阴谋、民族矛盾、战乱频仍等等是直接原因，而这些原因又是"小冰河期"造成的天灾的结果。

我们再来看西方。第二次小冰河期带来的寒冷与干旱对西亚、欧洲影响甚大。从11世纪开始，世居蒙古高原、中亚地区的游牧民族（突厥人、蒙古人、土耳其人等）进行了由东到西连绵几个世纪的大迁徙，这个过程伴随着战争、杀戮、劫掠、征服。这些血腥的、史诗般的西迁，起源于小冰河期的严酷气候。游牧民族与农耕民族的最大区别，就是随着自然环境的变化不断更换生存空间，而这种更换的缘由在很大程度上是气候恶劣。成吉思汗、帖木儿、穆罕默德二世等统帅选择向西征伐，一个共同的原因是越往西，气候就越好；当然，还有一个经济的原因，即西方是富庶之地。但从结果来看，只有土耳其人取得了真正的成功。他们攻陷了千年帝国拜占庭的首都君士坦丁堡，随即定居下来，建立了绵延500年的奥斯曼土耳其帝国。

　　游牧民族征服者给欧洲带去了各种瘟疫，包括出血性斑疹伤寒、猩红热、鼠疫（黑死病）。黑死病的原发地是中亚地区，游牧部族为了寻找新鲜牧草不得不向各个方向迁移，于是，携带着鼠疫杆菌的老鼠、跳蚤也跟着宿主四处蔓延。1346年，随着蒙古大军征服西方的铁蹄，鼠疫在欧洲迅速蔓延。直到16世纪，饥荒、瘟疫，以及随之而来的战争，使欧洲人口锐减，耕地大片荒芜，谷物价格和劳动力价格同时上涨。为了生存，欧洲人开始了农业革命，人口的恢复又导致劳动力市场发生变化，工业和贸易的繁盛对海外市场的需求大幅膨胀，这样就开启了航海与地理大发现的新时代，欧洲终于重新成为世界的中心。发生的这一切，用18世纪法国哲学家霍尔巴赫的话说，"也许起源于多年以前遥远东方草原上的阵阵凛冽的寒风"。

　　14世纪以后，在文艺复兴、人文主义、理性主义的催化下，人类文明取得了跨越式的进步。21世纪的今天，我们已经进入了数字化、互联网的新时代，但我们不要忘记，我们赖以生存的自然环境（地理、气候、生态等）早在文明的萌芽时代就制约着我们祖先的生存方式；而今天，这种制约力愈发强大，因为我们的生态环境已经严重恶化了。14世纪欧洲文艺复兴催生了工业文明，在科学技术的助力之下，人类开疆拓土、征服自然，取得了比过去所有时代创造的物质-技术成果加起来还要伟大的成就。在这个过程中，为了当下需求的满足，人类无节制、无休止地向自然界索取，同时人类内部为攫取更多的资源而相互大打出手，不断爆发冲突和战争。历史的经验教训值得记取。今天的人类已经足够聪明，我们对"可持续发展"这个词汇早已耳熟能详，为了我们的子孙后代，为了人类持续而高质量的生存和发展，我们必须对我们的宇宙自然，我们的生态环境，抱着敬畏的态度。

最后，我引用伯特兰·罗素的一段话，来说明我们无论如何也摆脱不掉自然——人文——政治——经济的因果链条："历史可以用很多方式来观察，如果精心地选择事实，就可以发明许多普遍公式。我想以比较谦虚的态度，提出下述有关工业革命因果关系的另一种理论：工业制度是由于近代科学而产生，近代科学是由于伽利略，伽利略是由于哥白尼，哥白尼是由于文艺复兴，文艺复兴是由于君士坦丁堡的陷落，君士坦丁堡的陷落是由于土耳其人的迁徙，土耳其人的迁徙是由于中亚细亚的干旱。因此，在探索历史因果关系时，基本的研究是水文地理学。"[①]

十一、作物：文明的调料

[①] ［英］罗素：《自由与组织，1814-1914》《现代西方历史哲学译文集》，张文杰译，上海译文出版社1984年版，第129页。

在我们的日常生活中,各种各样、千奇百怪的植物或作物对于吃、穿、用、行来说是最不可或缺的生活资料和生产资料,它们对人类生产、生活造成了程度不同的影响,从而直接或间接地影响、改变了历史。

德国哲学家路德维希·费尔巴哈有一句名言:"人就是他所吃的东西。"这句话曾被多方面"深度解读",其实这句话朴素得很:人吃什么,取决于他生长、发育的自然环境,从而就会形成什么样的思想、人格、品位、素养等等特征;文明的发展与人类食物的变化、进化密切相关。

不是所有的民族、群体、个人都以肉类为食物,但谷物、蔬菜、瓜果,却是所有人都要吃的。因此按费尔巴哈的观点,人应该就是他所吃下去的农作物的结果(也许北美因纽特人除外)。

玉米、马铃薯、红薯是今天我们最常见的食品。亚欧大陆原本没有这些东西,它们全都来自美洲。这些舶来品改变了人们的食物结构,促进了生命的成长;更重要的是,这几种作物在关键时期拯救过无数中国人的生命;在特殊时期甚至改变了欧美国家的历史进程。

中国古代俗称的"五谷",即稻、黍、稷、麦、菽,是不包含玉米的。玉米原来叫玉蜀黍,还有叫"六谷"的,即五谷之外的又一种谷。玉米原产美洲,是印第安土著的主要粮食。直到十四世纪,还没有一个欧、亚"旧大陆"国家有

第九篇　文明的变数——历史进化的"源"和"流"

关于玉米的记载。显然，玉米是在1492年哥伦布发现新大陆以后，才传到旧大陆各国的。玉米最早传到中国是1531年，距离哥伦布发现美洲不到40年。随后在中国大地上飞速传播，不到两百年时间已在20个省得到种植，成为"第六谷"。玉米既耐旱又高产，在中国几乎所有地方都能生存，为中国人提供了前所未有的粮食来源。

马铃薯和红薯的原产地也是美洲，都具有耐寒、耐旱、高产的特点，在中国大部分地方都适宜种植。这两种作物传入中国的时间大致相当，即16至17世纪，明朝末年。马铃薯、红薯和玉米，这三种作物，从遥远的美洲大陆辗转来到中国并扎下根来，由此改变了中国人的食物结构。在历史的关键时刻，这三种作物扮演了"救命菩萨"的角色。从第一次冰河期到第三次冰河期，中国人口因饥荒而锐减五分之四，几近枯竭；发生在明末的第四次冰河期，却得益于舶来的玉米、马铃薯、红薯，挽救了数以千万计的中国人的生命。据统计，明末的雪灾、旱灾、蝗灾和战乱，导致全国人口总共下降了百分之五十。以今天的标准看，这是非常可怕的；但与之前三次冰河期造成的人口死亡率相比，已经大幅下降了。这完全得益于来自美洲大陆的那三种农作物。

马铃薯在19世纪中叶的爱尔兰扮演了喜忧参半的角色。不列颠群岛传统的农作物是各种麦类，产量较低。马铃薯在16世纪末被第一次带到英伦群岛，包括爱尔兰。当时的英

563

伦粮食短缺，凑巧爱尔兰的气候十分适合马铃薯生长，于是马铃薯在爱尔兰被广泛种植。到1650年，马铃薯已经成为爱尔兰的主要粮食作物。马铃薯的高产量、高营养使得爱尔兰人体质增强、人高马大；爱尔兰的人口从1672年的110万增加到1801年的520万，到了1846年更达到了830万。很不幸，1845—1846年爆发的"马铃薯晚疫病"在爱尔兰广泛流行开来。短短几个星期，马铃薯大面积腐烂，导致产量锐减甚至绝收。此后几年，马铃薯的疫病继续蔓延，终于爆发了大饥荒。共有100万爱尔兰人饿死，200万人背井离乡，漂洋过海去了美国。从此，美国的人口结构发生了改变（今天的美国人口中，爱尔兰裔占第二位），而爱尔兰的人口增长率却从此一蹶不振，至今仍然不到500万。可见，小小的马铃薯，对爱尔兰是灾星，对美国却是功臣。

除了用作食材的植物，世界上还有很多植物派了其他用场。有的损害了人类，有的造福了人类，有的则祸福相倚，都对历史造成了重要影响。

美国19世纪的历史无论如何与棉花有关。美国独立以后，北部各州逐渐废除了奴隶制，南方各州也纷纷颁布法律限制蓄奴。但随着19世纪南方各州棉花种植业和植棉业的迅猛发展，奴隶制又起死回生了。棉花生产需要大量劳动力，由于工作过于辛苦，不论是老移民还是新移民都不愿从事这项工作，于是黑人奴隶就成为种植园主的首选。如此一来，种植园经济导致了奴隶用工制的恢复和奴隶贸易的兴盛。据统计，1760年美国黑奴只有70万人，到了1860年就已超过400万人，绝大部分在南方各州。棉花种植业的繁荣虽然使南方种植园主获利丰厚，但这不仅没有促进南方的工业化，反而使它走上了与北方完全不同的发展道路。种植园经济是一种初级的、低端的资本主义产业模式，这种模式与北方蓬勃的资本主义工商业形同水火。此外，南方的奴隶用工制与北方的自由雇佣制也格格不入，使双方在蓄奴州的划定上产生了激烈的冲突。最终，当1860年代表北方的亚伯拉罕·林肯竞选总统成功后，南方各州便借机叛乱并宣布脱离联邦，南北战争就此爆发。战争的结果是北方获胜，美国重获统一，奴隶制被宣布废除。这就是棉花这种雪白柔软的植物果实带给美国的历史巨变。

除了粮食作物，改变了文明社会人们日常生活方式，包括人们的精神生活、感情表达方式的经济作物还有许许多多。

原产于中国的茶叶、原产于非洲的咖啡、原产于中美洲的可可，作为世界上三大无酒精饮料，早已成为世界各国人民不可或缺的饮品。辣椒原产于美洲，明末从美洲进入中国，带来了一场"味觉的革命"，在今天中国的大部分地区，辣椒是必不可少的调味品。至于牡丹、菊花、玫瑰、郁金香等等，已经成为中西方各国人民美学欣赏和感情表达的象征之物。

也有不少舶来的植物成为祸害，对人的身心造成了极大的损伤。罂粟对中国近代史的影响是众所周知的，1840年的鸦片战争因鸦片贸易的争端而起，罂粟就是制作鸦片的原料。这种来自印度、开着美丽花朵的植物，不但能制成鸦片，还能提炼成海洛因，直到今天仍然是世界公害。与罂粟相提并论的致毒植物，还有古柯、大麻等。至于来自于美洲的烟草，其对人身心的影响众说纷纭、莫衷一是，但无论如何害大于益。但在当今世界，尽管烟草的害处尽人皆知，烟民的数量却仍然庞大，而且烟卷生产一直是许多国家的经济支柱，这是令人特别无奈的事情。禁绝吸烟是行不通的，因为烟草不是毒品。

几千年人类文明史，直到哥伦布发现美洲大陆，也就是中国的明代中期，那是一个分水岭。从那个时候以来，如果说旧大陆的经济、政治与文化侵占了新大陆的话，那么新大陆的物种则大规模地"反侵"了旧大陆。上面提到的那些改变了历史进程或方向的植物，大部分原产于美洲，被欧洲人带回了欧洲，然后传遍全世界。从这个意义上讲，我们今天的物质和精神生活，在相当程度上要归因于克里斯托弗·哥伦布。

第十篇

"律己"和"律他"
——市场环境下的道德约束

受过教育的人都知道这样一个常识：文明社会的正常运行有两大基石或两大规矩，法律和道德，因此受过教育的人都要遵循法律和道德的规矩。我把这个常识换一个说法：文明社会的正常运行有两大约束或两大底线，法律和道德，因此受过教育的人不能够突破法律和道德的底线。这两种说法，前一个着眼于公民行为的"不许"和"必须"，后一个强调了公民行为中的"无过"和"不该"。两种说法立足点有所不同，对法律和道德的认知也有所不同，更重要的是，对法律和道德的社会功能及社会效益的呈现亦有所不同。从哲学的角度，我们当然更关注道德基础、道德约束、道德底线的问题。

一、文明社会的约束体系

"律己"和"律他"与"自律"和"他律"这两组概念或范畴，在词形、语义上比较接近；它们之间有密切联系，但不能混同。先看"自律"和"他律"。从字面上看：自律，就是自己管理自己、自己管住自己，自己管好自己；自律就是通过道德自觉或法律认知来给自己的行为设定界限，不管是心里"不想"还是觉得"不能"，都是灵魂对自己施加压力的结果。他律，就是通过外在的因素或力量（法律、宗教、伦理、社会、家庭、环境等等）来约束、规范、限制、引导人的行为。从这个意义来讲，其实"律己"和"律他"这两个概念与"自律"和"他律"这两个概念——尤其是"自律"和"律己"之间——是很相通、很一致的。但如果仅仅如此，我们就没有必要专门来谈"律己"和"律他"这个话题了。实际上，我们真正关心的是"律己"和"律他"与"自律"和"他律"之间的原则区别，关心"律己"和"律他"这两个范畴（尤其是"律己"这个范畴）的意义、价值和在现实生活中的功能。

"律己""律他"与"自律""他律"的不同在于："律己""律他"仅仅关乎人的道德行为，跟法律的外在强制没有关系。简单来说就是：一种理想价值、一种行为准则、一种道德规范，主要是用于约束、激励自己的，还是用于约束、要求他人的？这个问题是我后面要重点讨论的。不过在日常生活中，"律己""律他"比"自律""他律"使用频率低得多，因为前一组范畴主要涉及哲学（伦理学、价值哲学、宗教学）领域，而后一组范畴不仅涉及哲学，还广泛运用于法学、社会学、政治学及日常生活中。

有人说"自律"和"他律"的关系，相当于"德治"和"法治"的关系。这是有一定道理的，因为德治就是通过说服教育或道德自觉来实现人们的价值认同、行为认同；而法治则是通过不由分说的强制手段使人不能不服。但是，"自律""他律"与"德治""法治"在本质上是不同的。不管是德治还是法治，都是某种"他律"，都是管理、约束别人的，而"自律"仅仅发生在人的内心世界里，即灵魂的自我约束。从这个意义上说，"自律"和"律己"倒是十分接近。但"他律"和"律他"之间的区别很大，不仅因为它们前一个是名词或动名词，是一种被动状态；后一个是动词，是一种主动行为。而且，"他律"的外延比较大，指一切能够影响、制约、引导人的行为的外部因素或力量；而"律他"则仅指（或主要指）道德这个非强制的力量对他人行为的影响，与法律对人的刚性约束没有关系。

我这个论点可能会引起不同意见。有人可能会说，法治不同样是"律他"，而且是强制性的"律他"吗？所以在这里我要说明：我所说的"律他"仅限于道德伦理领域，道德的一个重要功能就是如何对别人、他人、群体、社会发挥正面引导或负面规劝作用，而法律则是以强制方式逼人就范，属于刚性的"他律"。至于"律己"，那是我们最关注、将要着重探讨的重点。

"律己"和"律他"的重大区别，我要事先明确一下："律己"是道德领域里唯一具有强制性、禁令性、绝对性的行为准则，其对象就是人自己，任何人，都有权对自己下达"不许""严禁""绝不"这样的命令，这就是道德律己的基本含义；这是唯有人类精神世界里才有的行为律令。人类社会中其余一切强制性禁令，都属于法律、法规，只能

第十篇 "律己"和"律他"——市场环境下的道德约束

由法律或其他国家机器发出;道德对于别人、他人、社会没有刚性的约束功能,道德的"律他"只有柔性、弹性、非强制的约束力。

马克斯·韦伯在20世纪初提出"价值理性"和"工具理性"这两个概念,用以说明"新教伦理"("价值理性")和"资本主义精神"("工具理性")之间协调、平衡的极端重要性。其实,法律就是工具理性,注重可操作性和目的的实现,法律假设人的本性是恶的,因此它着眼于防止或惩罚人的某种不符合或违反了"法律要求"的行为;道德则是价值理性,注重的是目的本身的合理性或"善",道德假设"人性本善"(这一点在中国儒家思想中特别彰显),它着眼于人的内心自觉或人对自己的严格要求,相当于康德的"绝对命令",同时大力倡导向上向善,在"应当"方面下功夫。

价值理性即道德,注重行为本身所能代表、所能体现的价值、意义、目的,即是否实现社会的公平、正义、忠诚、荣誉、理想、善良、普惠等等。与工具理性(法律)不同,价值理性特别关怀人的世界(个体和群体),价值理性视野中的世界是一个人文的世界,一个意义的世界,一个有情有义的世界,一个最终落脚于个人"安身立命"的世界。价值以道德为尺度,道德以情感为基础,价值、道德、情感都反对建立一个没有人情味的冰冷的"规矩世界"。但是,任何价值目标的实现，又不能不借助、依托、仰赖于工具理性的力量；法律是最低程度的道德，因此它能够确保一切道德至少不会从根本上坍塌，还能保证社会道德（即"公德"，不是"私德"）在有序条件下实现。比如民主政治必须先有形式上、程序上的民主（即"依法治国"，比如投票制度，即少数服从多数），才能在"人民当家作主"方面有实质性推进；在法治国家建设中，如果没有程序正义（工具理性），就不能达到实质正义（价值理性）。这也是为什么传统的"德治"理念在现代社会不再能够盛行，必须让位于"法治"的原因，也是中国自改革开放以来矢志不渝强调"依法治国""建设社会主义法治国家"的理由所在。

任何一个文明社会，都有一个由"两条线"规范起来的行为空间，它决定了这个社会的基本价值状况和走向。这两条线，一条是道德线，处在高端；一条是法律线，处在底端。道德树立了一种风范、一个标杆来引领、感召人们向上、向善；法律筑起了一道闸门、一堵围墙，禁止人们触碰底线。道德是一种"应当"，法律则是一种"不准"。道德起到"律己"（自省、自励、自责、自罚）和"律他"（引领、感召、激励、劝诫、责备）的作用；法律则简单得多，它就是一道"禁令"，谁要突破它，谁就得付出强制性的代价。总之，道德管的是人的"心"，是一种内在的约束；法律管的是人的"身"，是一种外在的禁止（其实"身"最终由"心"支配、决定,不管外在的法律是强还是弱)。所以,法律造成的,是不敢;道德导致的,是不想。任何文明社会中的人都生活在道德和法律这两条线之间。两条线之间距离越远,人们的行为空间越宽阔,社会的道德状况就越高尚、越和睦;反之,两条线距离越近,社会风气则越低下、越没有品位。如果一个国家、一个社会已经看不出"缺德"和"犯法"的区别来,那就非常危险了。

进一步说,如果一个社会的公共道德所不提倡、不认可的东西,跟这个社会颁行的法律所禁止的东西差别不大的话,那么这个社会的道德层次就实在是太低了。反过来讲,如果法律可以接受、能够容忍的东西跟公共道德所提倡的东西距离不远的话,那么这个社会的法律就太羸弱,也说明它的道德太肤浅。在这样的社会中生活,是不可能有太多幸福感的。因此,对于一个由市场配置资源的文明社会来说,道德的约束("律己")比道德的激励("律他")更迫切、更有效,它是法律的"外在"硬约束之外的一种道德的"内在"硬约束,在任何时代都不可替代,在现代文明社会尤其不可或缺。所以,为了避免回到初级文明时代甚至丛林时代去,我们一方面必须知晓法律,行为上要有所"不敢";另一方面必须有清晰的道德认知和道德修养,心中要时刻保持"敬畏"和"律令"。

二、道德的"负"作用和"正"作用

我们这里讲道德的"负作用"和"正作用",不是说要区分"坏的"道德和"好的"道德,而是说:道德的功能或道德对人起到的作用分为两种,一种是阻止、说不、禁止这样的负面作用,另一种是倡导、激励、引领这样的正面作用。好比法律,法律从实质上讲,就是一系列"负面清单"[①]的汇总,法律的功能比较简单:除了"负面清单"所规定了不许可的事情,任何人(自然人和法人)可以做任何事情,正所谓"法不禁止即可为"。在世界各国宪法系统中,美国宪法及其两百多年来的若干修正案,就是典型的"负面清单"或禁止性条文的体系。它尤其着眼于"立法权""行政权"和"司法权"在产生和行使过程中的各种严格的"禁止"或"不得",除此之外,才是这些权力的自由行使空间。

我们的问题是:"道德"这个东西,是用来约束自己的还是用来约束别人的?回答这个问题是简单的:当然两个

[①] "负面清单"是一个经济术语,指以清单方式明确列出在某个国家境内禁止或限制投资经营的行业、领域、业务等等的制度安排(美国称之为"实体清单")。法律体系与此相仿,是由国家制定的强制性规范,对社会生活各领域、各方面不可以进行的事务和不禁止进行的事务作出规定,即"禁令"的总和。

第十篇 "律己"和"律他"——市场环境下的道德约束

方面都要约束啊！这不就是"律己"和"律他"吗？的确如此。这其实也就是"私德"和"公德"所涉及的范围：私德管的是个人行为，公德管的是群体或社会行为，正所谓"独善其身谓之私德，相善其众谓之公德"。

"约束"这个词本身就是一个"负能量"或"负面"的词，着眼于否定、排斥、限制、不能、不让、"说不"等等，道德的首要功能，就是发挥这样一些负面的、否定性的作用。道德当然具备了"正能量"，即积极引导、大力倡导、悉心指导、榜样示范、宣传推广、向上向善等等。这些都属于道德的"律他"功能。但我要着重指出：道德的核心还是约束，着眼于负面、阻止、禁行、勿、不；尤其重要、特别关键的是，道德主要是用来"约束"行为主体的，也就是用来"律己"的。还有一点十分要紧：用来约束别人的"公德"，首先必须能够约束自己，希望大家不要做的事情，自己首先不做，这就是孔子的千古道德箴言"己所不欲，勿施于人"。因此道德约束的根本或前提，就是"管好自己"；律己是律他的先决条件。而且道德律己的要求必须是严格的，甚至可以达到严厉、严苛、退无可退的程度；而道德律他的要求却是比较宽柔、弹性的，如上述，除了法律，没有人可以在道德上对别人下命令——必须怎样、一定怎样，或不许如何、严禁如何等等，否则就成了现在人们都很反感的"道德绑架"。道德的禁令只能自己给自己下达，即灵魂命令自己严禁、绝不做某件事。人的最重要的"天赋人权"就是自由权,而自由权的首要含义是灵魂的独立自主。一个人,只有他的"心"能够决定他的"身"做什么或不做什么;哪怕面临艰难困苦甚至刀架在脖子上,他也仅仅听命于自己的灵魂,这正是人类超越于一般动物之上的高贵之处。因此"道德律己"的主要体现就是人自己给自己下达禁令、规定"不准",并且严格执行。而道德的"律他"功能是第二位的,它在对别人提出要求时,讲求的是一个"应该"或"不应该",即提倡或不提倡,赞赏或批评,认同或劝诫等等,但绝无权利命令别人"必须"怎样或"禁止"如何——前面一再讲了,只有法律才具备这种外在的强制功能。

这就回答了前面提出的"一种理想价值、一种行为准则、一种道德规范,主要是用于约束、激励自己,还是用于约束、命令他人?"这个问题;也回答了"规范、约束我们自己的行为准则,是否也可以成为要求、规范、约束别人的道德律令?"这个问题。

总之,道德的主要功能就是"律己",即自己给自己的行为立法、下令,做出正面的尤其是负面的、强制性的规定;道德的次要功能是"律他",即对他人的行为进行引导、提倡、弘扬或劝诫、批评、不满、鄙夷,但绝不能把这个"律他"当成了法律那样的强制性力量。道德律己是人在对待自己时的一种强大的负面约束力,即"绝对命令";而

第十篇 "律己"和"律他"——市场环境下的道德约束

在对待他人和社会时,却切不可扮演法律角色,不能是"必须"或"不准",道德对他人没有禁止的功能,尤其是在当代社会、文明社会、市场社会、法治社会。

不过道德在中西方古代社会的角色却完全不是这样。古代社会,不管是中世纪的欧洲还是君主专制的中国,统治者的政治诉求常常通过国家意识形态来表达,国家意识形态又通过官方"主流文化"来体现,这是一个普遍的现象。在中国古代社会,政治与道德的联系特别紧密,两者历来是相互渗透和彼此强化的:最高的道德一定是最大的政治,反过来也一样,最高的道德一定是最大的政治。这叫"政治道德化"或"道德政治化"。正是这样一个文化传统,使历代统治者十分乐于利用道德的原则或精神来进行政治操控。一件事情,一旦上升为道德问题,也就是上升到了政治或"国家法度"层面,那就成了大问题,甚至成了天大的问题。因此,两千多年来,讲政治、讲法度,就是讲道德、讲伦理,反之亦然。中国古代最大的政治、法度,最高的伦理、道德是什么?是"三纲五常"——君为臣纲、夫为妻纲、父为子纲,以及仁、义、礼、智、信。在中世纪的欧洲,道德完全通过宗教(基督教)途径来体现,教会是上帝在人间的代表,人们的言行举止要符合教会诠释的《圣经》教义,这样的生活才是"应该的""道德的""善的"的生活;世俗王权必须经罗马教皇的认可(加冕)才具有合法性。因此最高的政治权力和最高的宗教权威都集中于罗马教廷。凡是违背、逆反基督教义的行为,哪怕是国王,都属反道德、反上帝的行为,都要遭到"神圣的处罚",直至开除教籍、判处徒刑。在中西古代社会,伦理道德理直气壮地扮演了国家法度、政治威权的角色,没有"应该",只有"必须";"礼教杀人""宗教裁判"司空见惯,而且都是道德绑架、宗教虐待、政治迫害的既合理又合法的形式。那是人类文明的黑暗时期。

三、人的"自然"和"反自然"

人们经常说:"人是万物之灵""人是万物之尊""人是宇宙盟主""人是上帝杰作""世间一切事物中,人是第一个可宝贵的",等等。这都是人类对自己优越性的夸赞和抬举。人的确有这个资格和权利说这些话,不仅因为人是一切的中心和主宰,而且因为人类在宇宙万物中具有唯一性。这个唯一性就体现为"人是万物之灵"这句话——在地球上一切物种中唯有人类具有"灵性",也就是具备了"灵魂"这个科学不能证明、宗教无需证明、哲学不证自明的"实体""自我"的存在;在灵魂的发动之下,人类便拥有了一个精神的世界。

毫无疑问,人是自然世界的一部分,人首先必须是一种物理学的、化学的和生物学的存在。构成人的身体的每一个细胞和每一个微小的组成部分,在性质上与自然界是没有区别的。因此,如果决定论是正确的,那么它就适用于人的身体;人的胚胎形成、生长发育、血液循环、脉搏跳动、腺液分泌、消化排泄等等生理上的变化,与地壳的运动、草木的生长、风沙的飘行、泉水的涌流、春夏秋冬的轮替等等是差不多的事情,即都服从客观的因果规律。在生物学、生理学意义上,人和动物没有本质区别,只不过需求、欲望、满足的方式等等更加高级、更加"变态"而已。所谓的"趋利避害""趋乐避苦""饮食男女",对于人和其他动物来说,是天性使然、本能所驱,是一切动物的共同之处。传统的唯物主义哲学和所有的自然科学都把人的物质存在、自然属性作为人的本质的出发点,这是对的;但唯物主义哲学和相当一部分自然科学学科认为,人类的存在和本质是自然界长期发展的产物,是物质在由低到高的进化过程中发生"突变"的结果,这个见解我是不赞成的。因为从猿到人的质变"节点",考古学、生理学、分子生物学、实验心理学、脑科学等探索了一百多年,今天仍然是一片空白;而且,即便大脑的发展奠定了人类意识、理智的基础,科学却完全不能用人脑来解释人类何以拥有如此丰富、如此复杂、如此深邃、如此怪异的精神生活?将人类精神现象(包括人类语言现象)物质化、生物学化、生理学化的科学努力,从来没有取得过成功。

那么，什么才是使人和一般动物区别开来、提升起来、超越出来的特点或标志呢？在这个问题上，古今中外有各种各样的解说。有一点要明确：把人和物根本区别开来的东西，一定是唯有人才具有，而一切物（包括一切动物）都不具有的东西。但是，可以把人和动物区别开来的因素很多，如脑容积量与身体的比例特别大、直立行走、制造和使用工具等。但最根本的一点，是人类拥有一颗"心灵"（soul，mind），从而过着一种"灵魂的""精神的"生活，这是人和动物最显著、最根本的区别。人类的一切，包括文明、文化、思考、情感、意志、伦理、宗教、美感、劳动、创造、理想、信念、幻想、沉醉等等，统统发自灵魂或心灵这个核心，这个"实体"。

因此，如果给"人"下定义的话，把人说成是"精神的存在""智慧的存在""价值的存在"是怎么都说得过去的。人之所以区别于、凌驾于一般动物之上，正是因为人具有抽象概括、分析综合、归纳演绎、是非辨别、价值取舍、想象联想、直觉顿悟、灵感爆发、发明创造等等先天的或后天的禀赋和能力。所有这些，都可以归结于灵魂进行"思考""求索""判断""创造""选择"的结果。灵魂或"自我"才是人和动物之间永远跨越不了的鸿沟。16世纪法国伟大哲学家勒内·笛卡尔以"我思故我在"这句名言而享誉思想史。"我"的存在是清楚明白、不能质疑的，为什么？因为"我"拥有思想，能够进行合理的思考，能够赋予"我"之外的一切以"意义"，这个禀赋或功能是天赋的、不证自明的；不管是物质世界（包括我的身体）还是上帝，都只能从"我"解析、推导出来。

有了这个"我"（灵魂）的存在，就有了人类文明，有了一个异彩纷呈而又令人无奈的精神世界；而如果没有这个"我"，就不会有人类这个物种的存在，这个世界就很简单、很平面、没有意义。每一种人类精神现象，都构成了它独特的文化景观、文化内涵、文化世界。就此而言，人类文明发展过程中形成或创造的常识、神话、艺术、宗教、道德、审美、科学、哲学等等，就各自构成了常识的世界、神话的世界、艺术的世界、宗教的世界、伦理的世界、美学的世界、科学的世界、哲学的世界。我们经常讲，人类文明由"物质文明"和"精神文明"两大部分组成。实际上，文明的根子一定在人类的精神活动中，在人类智慧的发展过程中。没有合理的思考，没有对"意义"的追索，没有对是非、善恶的选择，人类的吃、穿、住、行、娱，人类各种需求的满足，人类的自我完善和社会进步，等等，是不可能想得出来、也不可能做得出来的。因此，由物质文明和精神文明相互融通、彼此促进的人类文明史，实质上是人类精神、智慧、文化的进步史、发展史。

人的灵魂或精神，必须假定其存在的本源性和不证自明性。我这里讲的精神的本原性，并非指人的思想、欲念、情怀、美感等等的产生和发展可以不受客观环境的影响甚至是制约，而是指：人拥有复杂的精神活动特别是能创建科学知识、能做出价值判断、能独立做出选择、能承担自己行为的责任，这些事是不必追究的，追究了也没有意义、没有用；只需明确，灵魂或精神决定性地将人与物（包括一般动物）区别开来，就够了。我认为，一味地讲人是环境的产物，尽管这个论点怎么也不会遭到彻底的证伪，却只能导致消极的后果。道理很简单：如果一个人意识到，他永远都是被环境决定的，他无可避免地只能是他"已然"的这个样子，他实际上并不能够进行任何选择，那么，他就理解不了：他怎么能够由于他的所作所为而成了善人或恶人，从而应该受到道德上的赞扬或谴责呢？

关于人和动物的本质区别，我有一个解读。人和动物为什么不同？因为动物的行为是"自然的"，或者说是出自本能的，所有的动物，都完全顺应自然、顺乎本能。人则不然。人的行为当中的很大一部分或在很大程度上恰恰是"不自然的""反自然的""超自然的"。一句话：动物行为出自本能、天性，而人的行为当中的决定性力量，恰恰是对自然本性的蔑视、超越、抗争、驾驭，否则人类文明就发生不了、进步不了——这靠什么？一是理性、智慧（人有知识，可以做出认知判断，把事情的真假、来龙去脉弄清楚），二是意志、情感（人有道德，可以做出价值判断，把事情的好歹、对错、善恶弄明白）——凭着这两点，人可以按照自己的意愿或设计去做事；而这两点，动物都不具有。

世界在动物眼里，完全是作为"客观对象"而存在的，对于动物来说，一切的一切都是"异己"的力量，因为动物没有"自我意识"，不存在"我"和"对象"的关系这样的问题。除了极少数的灵长类动物，一般动物连最低级的思考也没有，它们没有"知道""理解""醒悟""价值""美"这些意识，它们完全根据习惯和本性生存，这样的存在很简单：区分"可以吃的"和"不可以吃的""有没有危险"就行了。但人的世界就极其复杂。对人而言，实际上并不存在所谓"客观世界"，或者说"客观世界"是没有意义的。所谓"不以人的意志为转移""不依人的意愿而存在"的世界，那是既不能证明，也不能证伪的说法。伊曼努尔·康德认为有两个世界：一个是所谓的"纯客观世界"，另一个是"作为人的对象的世界"。"纯客观世界"就是不依任何主体的活动而独立存在的"世界"，也叫"物自身"；而"作为人的对象的世界"则是"对于人及其活动而言的"那个"世界"，也叫"人化的自然"。这两个世界，一个没有人参与，一个跟人有密切关系。这两个世界有原则的区别。康德说"物自身"的世界是一切的本体或本原，但他从来没有证明过这个世界的存在及其属性、状态等等，这是一个混沌的、思辨的、"形而上"的世界。但是，康德哲学的目的是要解决科学知识"如何可能"这个问题，而科学知识一定和人的直观或经验密切相关。这个时候，"世界"就成了人的对象，人必然参与到科学知识的构建活动当中，科学知识必定是人的活动的结果。这个时候，康德的"世界"就不纯粹、不客观了，人面对的是一个"人化"的世界。这样一来，康德的所谓"物自身"就仅仅成了一个"形而上学的假设"，后来的哲学家们对康德的这个"假设"很不满意，认为"物自身"是一个哲学累赘，完全可以不要。卡尔·马克思在他的"实践哲学"里也十分强调人类实践与世界的密切关联性，他反对讨论离开了人的实践活动的那个纯客观世界，认为离开了人的实践去讨论人的思想是否具有"客观的真理性"，这完全是"经院哲学"的无意义问题。

为了说明人和物的原则区别，存在主义哲学家让-保罗·萨特曾提出过两个命题："存在先于本质"和"本质先于存在"。"存在先于本质"是专门用来定义人的，意思是：人一开始除了"存在"，什么都不是，没有本质、属性、功能、关系等等，人生下来只有一个东西，自由。有了自由或自由选择，原本什么都"不是"的人，便可以获得各种各样的"本质"了。因此对于人来说，"存在"和"自由"是最先的东西，它们就是同一个东西；而人的"本质"等等是人做出了选择以后的事情。这就叫作"存在先于本质"。而人之外的所有的"物",都是所谓的"本质先于存在"。意思就是：所有的"物"（不管是自然物还是人造物），都先"是"什么、"先"有了它的属性、功能——这是由人赋予的,或者说,对于人来说,它"是"什么——然后才获得了它的"存在"；从这个意义来说,一切"物",都本质在先（先"是"什么）,然后才有了其"存在"的意义；如果没有人的注意或关切,它们就什么都"不是",就没有意义,就成了"虚无"。通俗地讲：对于所有的"物"来说,如果没有人去关心、注意、考虑、使用、定义它们,它们就没有意义,就相当于没有。因而,人是这个世界上最高的存在,是一切价值和意义的发布者和拥有者。这就是人和一切"物"的根本区别。

概而言之,世界就是"因人而异"的存在,它充满了人的色彩（理性、情感、意愿、欲望等等）,我们只能知道"人化的自然"。我们所接触到的一切,不管是自然界还是社会生活,都打上了人的烙印,都是因为人才成为了有意义的世界；所谓"纯粹的""原生态"的自然界,相当于康德的"物自身",那是不在人类视野范围内的。

四、"自己跟自己过不去"

什么叫"不自然""反自然""超自然"？说白了，就是人可以做出不在乎老天爷、和老天爷对着干、顶着干、反其道而行之的事情来。只有人可以"不信邪""不顺其自然"，可以和"命运"相抗争，可以按照自己的意愿去达到自己的目的，也就是：要么决定做某些事，要么拒绝做某些事——哪怕心中明明白白，这样选择后的结果是灭顶之灾，说得更直白一点，人可以"自取灭亡"。知其不可为而为之，体现的正是人的自由、选择、人的本质。有人就是不在乎地震、火山、洪水、沉船、战争，有人不但不怕死，而且寻死；动物绝无这种可能。我们经常在政治领域说某个国家、某个集团、某个人物的失败行为是"自取灭亡""搬起石头砸自己的脚""螳臂当车""飞蛾扑火"等等。那是根据行为后果做出的评判。我这里说的人可以"自取灭亡"，是从主观意愿的角度来刻画人类行为的反自然、逆本能，明知不可为而为之。这不就是人的自由或自由选择这个根本属性的体现和彰显吗？

人可以绝食、戒色、素食、迎难而上、无视险阻、自讨苦吃、向死而生、视死如归，甚至放弃一切，选择"听天由命"。所有这些都体现了人的自由。我这里说的是人"可以"做这些极端的事,不是说这么做是人的常态。在绝大多数情况下,人是顺其自然的,比如自利自保、趋利避害、饮食男女等等,这都是人和动物一致的方面——人毕竟首先是动物。但是,在极端情况下,特别是在人的灵魂经受严峻拷问、人不能不在两个极端之间做出选择的情况下,是既可能,也可以,更能够做出自取灭亡这种反自然、逆本能的选择的。这就是哈姆雷特面临的选择:"活,还是不活?"(To be, or not to be?)这是何去何从的抉择,更是生死攸关的拷问。

动物完全没有这样的问题,因为本能里面没有这回事,动物本性只允许顺其自然、趋利避害。而人的本质和行为却包含了、意味着可以跟自然、本能反着来、对着干。佛教徒信奉不杀生这个精神戒律,一个选择皈依佛门的人,要经历从"不习惯"到"不愿意"再到"绝不做"这个精神过程,最终杜绝了肉食;基督教和佛教都有苦修士、苦行僧,他们通过让自己的肉体受苦、受累、受罚的方式来达到净化灵魂、脱凡超升的境界;一艘即将沉没的轮船的船长在他的船员们都安全撤离后毅然斩断缆绳,决定和他的船一道沉没,因为他迈不过自己心里面那道坎;革命志士的宁死不屈,宗教殉道者的视死如归,还有因各种各样原因选择轻生的人们,等等。所有这些行为,都是由于人们内心的信仰、信念、信心、良知、底线与现实世界发生了不可调和的冲突所致。还有人经过艰辛的努力和抗争失败之后决定放弃，让自己逆来顺受、随波逐流，他们选择了"不选择"，仍然证明了人的自由。

这就是人的高级或高贵，这就是人能够成为世界主宰的理由。如果人和动物一样，都按本能行事，都采取顺应自然的人生态度，实际上就把人的优越性遮蔽了，人和动物就可以等量齐观了。中国哲学以"天人合一"为最高境界，这是非常理想化的追求，或许在社会发展到非常高级的阶段才能实现。在此之前，人不能不和必然性、决定论进行博弈、斗争，持续不断向"自由王国"进发。我们要正确、适当、有限度地理解"天人合一"，更要时时记住"以人为本"这个理念。什么是人之本？当然是自由或选择，这和"人的本质在于人拥有灵魂、精神、智慧"这个定义是完全一致的。无论如何，宿命论、决定论不是人的本性，自由或选择才是。

现实生活中，自由和必然的关系呈现为两种状态。一是，自由的低级状态是人为了物质生存而与自然做斗争，通过认知、了解、征服、索取自然，逐步成为自然的主人。二是，自由的高级状态是人与自己的灵魂进行博弈、较量，与自己的良知做斗争，以此选择自己的行为方式。面对必然性，人可以顺其自然、采纳决定论；人也可以反其道而行之，决定做自己的主人，或者说，自己跟自己的本能过不去，做出不自然、反自然、超自然的事情。

当然，人在现实生活中，在绝大多数情况下，不可能达到绝对的自由状态，人不可能完全不受约束，人做不到天马行空、独往独来。但我认为，人在精神上、意志上、灵魂里，是可以达到"绝对自由"这个状态的，至少可以接近那样一种境界。当地震、火灾、洪水发生时，动物出自本能就是逃，人在一般情况下当然也得逃，这是趋利避害的本能使然，是天经地义的选择。但有些人明知留下是死路一条，但就是不逃。有些英雄人物为了拯救别人的生命，或为了把生的希望留给别人，硬是选择让自己死。你可以说这么做很傻，也可以说这么做很高尚、无私、忘我，其实，这不就是人的自由选择的最高体现吗？这个时候的自由，难道还不"绝对"吗？

"趋乐避苦""趋利避害"是人的本性。问题在于，怎么来界定"乐"和"苦"，"利"和"害"？这是没有绝对、固定标准的。一个选择自杀的人，他肯定觉得活着比死去更痛苦；一个选择将自己灵魂奉献给上帝或佛陀的人，他肯定觉得追求世俗利益对他来说就是一种恶；一个选择奉献社会、拯救苍生的人，他肯定觉得内心的幸福远远大于外在的快乐。这些情况，既说明了生命价值的评判具有极大的相对性，同时证明了：人，唯有人，拥有了极大的自由度、极高的选择权——这一切，不都是人的灵魂发出道德命令的结果吗？

人和动物的另一个根本区别是：人是唯一能够做出价值判断的高级动物——善与恶、对与错、好与坏、是与非、曲与直、应当与不应当等等，要做出主观上的判定、取舍。换句话说，人是价值或道德的存在，其他一切动物都不是，因为所有动物都是必然性的奴隶，它们的行为都是本能的、注定的、盲目的、不自觉的、顺其自然的和理所当然的。

在强制性约束这个问题上，人类社会和动物世界是有相似或相通之处的。动物界有没有"法"？当然有。那就是弱肉强食、适者生存的丛林法则。大鱼吃小鱼，小鱼吃虾米，这就是大自然的铁律、刚法。动物有没有抗拒这个丛林法则的情况？有。比如对狮王、猴王王位的争夺，胜者为王败者为寇，要么死亡，要么逃亡。人间的法律、法规、制度当然和动物界的丛林法则有本质区别，但是，就强制、高压、严刑、剥夺、不由分说、付出代价这些特征来看，跟动物界是一样的。

而道德的生活方式，或者道德的约束，才是只有人类才有的生存方式或行为方式，它通过人的精神状态、心理状态、情绪、情感等等来起作用。既然是人，就必须讲理性，懂道理，知善恶，明是非，辨真假，晓对错，等等。人能够自我约束，能够对自己负责，而不是诿过于他人、社会、老天爷。人为什么要负责任？因为人"本来可以"不做出某一种选择；既然已经选择了，他就要对选择的后果承担责任——正义和邪恶的观念,赏善罚恶的观念,等等,就是这么来的。动物为什么不需要负责任?因为动物的行为没得选;既然如此,动物世界就不存在正义或邪恶,当然也就没有什么赏善罚恶。

道德对于人的影响都是精神的、心理的、无形的。道德的激励、褒奖使人振奋、催人奋进,道德的惩罚使人沮丧,甚至令人绝望。这一切都取决于主体、自我的感受:在"德行天下"的环境下,道德——尤其是道德的"负能量"(劝诫、谴责、绑架)——甚至能够起到法律起不到甚至超过法律的作用;在"依法治国"的环境下,道德的影响力比较小,甚至比较弱。在现代中国,"以德治国"是"依法治国"的不可或缺的补充,但德治已经不可能超越更不用说取代法治的地位。在西方,道德的教化和惩戒功能从来就通过宗教这种"他律"和"自律"相互补充的方式来实现;而中国社会的复杂程度自古以来都高于欧美国家,因为中国人的道德行为经常是在灵魂与自己进行了艰苦卓绝的挣扎、斗争之后实施的。

最近几十年来,道德的正能量和负能量在中国都在式微。这是中国社会发展、进步的结果。市场经济就是法治经济,公民意识、产权意识、自我意识的增强和人际关系、伦理关系、社会关系的简单化、扁平化,在同时、反向发展,这必然导致"依法治国""依法行事"成为治国理政基本方略和公民、个人寻求安身立命、追求幸福生活的基本遵循；而道德原来的支配性地位就不能不让位于法律、法规。但是由此出现的大量价值倒错、是非混淆的现象，又是我们必须予以高度重视、积极应对的重要的社会问题。关键在人。道德的力量可以很强大，如果人们十分在意社会、公众对其行为的估量的话；道德的力量也可以很弱小，如果人们不在乎社会、公众对其行为的估量的话。

人这一辈子，无非是处理三个关系：跟老天爷（自然界，包括人的身体）的关系；跟他人（也就是社会）的关系，跟自我（自己的灵魂）的关系。第一个关系，人与自然的关系。前面已经说了，人首先是动物，为了活着，人得顺应自然，符合常识，遵循科学；如果不仅仅为了活着，还要有精神追求，甚至是异常的、超常的精神追求，比如要达到某种社会的、精神的、自我的理想状态，人就不能完全顺应自然了，就要构想、实践某种程度的不自然、反自然和超自然行为。第二个关系，人和他人的关系，即社会关系。人当然要和别人打交道，任何人都是"社会关系的总和"，在中国的文化背景下尤其如此，否则就没法生存，这个道理谁都懂。但是我的看法是，与人相处，以平等、宽容、大度、不强求为要。在社会中生存，我们当然要参与、参加、掺和、介入社会上的事、别人的事，不过要清楚一点：别人的事，做决定的最终是别人自己，我们这些参与者、掺和者，说到底起一个参谋、顾问、帮忙、劝说、引导的作用。如果别人做了恶事、错事、坏事、不良的事,首先有法律的强制、惩处,然后有社会舆论,有道德制约。谁做的事,谁负责;因为那是他的选择,他不能不承担责任,要么得到褒扬,要么付出代价,用不着我们过多地介入。第三个关系:人与自我,我们和自己灵魂的关系。我的观点是:要管好自己,或者说,要严格管好自己,这是一个良性社会的前提。如今,"明大德、守公德、严私德"这九个字已成为新时代中国公民的一种道德公约。其中的"严私德",我认为具有根本性:私德严不严,也就是公民个人,尤其是领导干部对自己的约束是否严格、严厉,是衡量一个社会良性程度的尺度。在这里,"自律"和"律己"是一个意思,指的都是对自己进行严格的道德约束。

北宋周紫芝著的《竹坡诗话》记录了这么一个故事:博州(今山东聊城)有一名官员有一天晚上接到了来自京城的公函,他令官差点上蜡烛开始阅读。突然,他命令官差把蜡烛熄灭,拿出自己买的蜡烛点上,继续往下看,看完了又令官差点上官烛继续办公。官差不解,州官答道:"我公文的部分用官家的蜡烛阅读,而信的后面写的是我的家眷的近况,我就命你熄掉了官烛,点燃了私烛。接下来我要开始办公,便又让你点上了官烛。"公私分明到了这个地步,的确迂腐得过头了些。但是,这不正说明了一个人的道德自觉或道德律己哪怕在一件微不足道的小事上都能够达到怎样的高度吗？

　　对待他人，或褒扬或批评，应该本着宽容、宽厚、不强求、不恶意的态度；但在对待自己时，也就是在内心里对"自我"实施道德约束的时候，一定要有禁止、不准、说不、红线、绝对命令，一定要有道德上的"禁令"。在社会生活中，除了法律，不能够有外在的强制约束；但在人的内心世界里，人一定要能够给自己下达禁令，哪怕这样做有违人的自然本性、天然冲动甚至社会潮流。人与人相处，不管是亲戚、朋友、同事、熟人，还是夫妻、父母、子女、儿孙之间，除了法律有关可以做和不可以做的明文规定外，是不能下达命令尤其是下达禁令的，只能靠"道德律他"来调节——以理服人、以情动人、以文化人；但在每个人的内心里，却一定要有底线，一定要有"绝不"，这就是"自己立法，严格遵循"。

　　由此可见，道德主要是用来"律己"的。给自己立法、立律，约束、禁止自己，否定、责备、惩罚自己；道德律己，就是"自己跟自己过不去"。道德当然也必须"律他"，要对他人或社会进行引领、激励、约束、劝诫、谴责等等，只不过，道德的这个"律他"功能要弱得多、柔得多，特别是在现代文明社会。

五、"天地良心"和"绝对命令"

道德律己，即"自己跟自己过不去"，是中华传统文化的内在要求。儒家讲诚意正心、修身养性、义以为上、慎独等等，都是要求人应该具有"君子人格"，严格要求自己，不可在欲望面前随波逐流、失去自我，不可为自己的不当行为找外在的借口。在诱惑面前，在强力面前，在无奈面前，人要有精神定力。所谓"自己跟自己过不去"，就是经过了内心的挣扎、顾虑、困惑、煎熬，最终理智战胜了冲动，道义克服了情绪，意志阻止了欲念，自己坚持住了道德的底线。"自己跟自己过不去"，不是一般的"想不开""钻牛角尖"，而是高度理性也是相当纠结的权衡和选择过程。

在我看来，道德上的"律己"，也就是无条件地遵循灵魂给自己发出的禁令，是出于自我内心的责任感、义务感、荣誉感、羞耻感、敬畏感、境界感、人文感等等，而不是由于外在的恐惧、担忧——比如法律的惩处、制度的惩戒、舆论的压力等所导致的"不敢"；也不是由于障碍、不便——比如环境不允许、时机不成熟等技术条件所导致的"不能"；甚至也不是一般意义上的"不想"——其实，在诱惑之下的"不想"往往还是权衡利弊得失后的一种选择——而是心底深处从未有过这样的意愿，是发自内心的绝对不做，亦即康德意义上的"绝对命令"。

政治领域里不是经常讲反腐的"三不层次"吗？这三个层次是：不敢腐、不能腐、不想腐。如上所述，其实这"三不"还是有条件的。我们这里讲的"绝对命令"，却是绝对的、无条件的，完全没有功利性，属于中国老百姓常讲的"天地良心"。

"绝对命令"就是：不受目标指向、利益权衡、后果预期、情感好恶等任何外在因素的影响与干预，绝对地、无条件地加以遵循的行为准则。就中国传统生活方式来说，比如像孝敬父母、救助弱者、童叟无欺、见义勇为、讲诚信、有爱心、不撒谎、不欺瞒、不损人、知羞耻等等这些基本准则，就属于绝对命令的范畴，它们完全发自人的内心，具有先天性、无条件性。康德在他的《实践理性批判》里，花了一番工夫来阐述他的"道德律己""自由意志"等思想，其实"绝对命令"也没那么玄妙，跟咱们村头李大爷、街坊张大婶心中的"天地良心"差不多是一回事：只要是人，就一定有些事情是绝不能做的，为什么？因为天地良心不允许！人高于动物的一个重要品质，就是人有所不为，甚至有所绝不为，哪怕天塌地陷、天崩地裂，哪怕刀架在脖子上，仍然不为、绝不为。孟子讲"富贵不能淫，贫贱不能移，威武不能屈"（《孟子·滕文公下》），说的就是这个意思。这是什么？这就是道德律己，这就是人的自由！

至于道德上的"律他"，其力度、刚性就要弱得多。道德律他讲的是一个"应当"或"不应当"：一种理想的、美好的、高尚的行为，我们可以提倡甚至大力倡导，使之蔚然成风、德行天下；一种风尚不良的、格调不高的、趣味不堪的行为或生活方式，我们可以加以批评、谴责、劝阻，使之成为大家不屑、不仿、不耻的行为。但是，这种道德上的"律他"举措有一个边界，不能走过了头。它不能成为法律或政治意义上的一道命令、一种强制、一种"不准"。法律讲"他律"，道德讲"律他"，两者有分明的界限：凡是危害社会、损害他人的行为，也就是触犯法律底线的行为，国家机器会依法迫使其终止行为并令行为者付出强制性代价；而道德低下、不堪的行为，行为者付出的是舆论谴责、良心不安、抬不起头来这样的代价。话又说回来，如果遇到一个真正无德、无耻的人，"要钱不要脸""过把瘾就死"，社会拿他也无奈。

两千多年前，孔子提出了如何对待自己、如何对待他人的两条基本准则："己所不欲，勿施于人。"（《论语·颜渊》）"己欲立而立人，己欲达而达人。"（《论语·雍也》）这两条原则的实质，就是道德意义上的"律己"和"律他"。孔子认为，这两个东西是一以贯之的，都有"将心比心""推己及人"的意思。这两句话的含义，哪一个更好、更高尚？孔子当然认为后一个更好、更值得追求，它是真正的"君子之道"。从语义上看，也的确如此。"己所不欲，勿施于人"具有负面的、劝阻性的、消极的含义，着眼于"勿施""不做"；而"己欲立而立人，己欲达而达人"，则具有正面、积极、应然的含义，着眼于"实施""要做"。

其实，这两段话的含义和社会效果大有不同。"己所不欲，勿施于人"——我不喜欢的事情，我不愿意发生在我自己身上的事情，我就不对别人去做这样的事情；"己欲立而立人，己欲达而达人"——我觉得是好的事情、我自己准备去做的事情，我要和别人分享，让大家都能够受益。

在我看来，"己所不欲，勿施于人"，是道德的起码标准、核心内涵、基本境界，"推己及人"是符合全人类普遍意愿和共同价值的行为准则。自古以来，世界上许多文明国家都先后提出过与这条准则相同或相似的道德原则。纽约联合国大厦三楼摆放着一尊叫作《金规则》（GOLDEN RULE）的马赛克镶嵌画，描绘了世界上不同种族、肤色、信仰的人们和睦地相处在一起。画作的中下部有一段英语金字："DO UNTO OTHERS AS YOU WOULD HAVE THEM DO UNTO YOU"，翻译过来就是："你希望别人怎样对待你，你就怎样去对待别人"。这段英文也有翻译成"己所不欲，勿施于人"的，但我们应该明确，这段英文和孔子的"己所不欲，勿施于人"意思虽相近，但两者的区别是不能忽视的。英文是从正面讲"推己及人"这个道理,而孔子是从反面阐述这个道理,即:"你不希望别人怎样对待你,你自己就不那样去对待别人"。显然,孔子的话具有更明显的负面、否定、律己的要求,因而更加深刻。

孔子不是世界上唯一提出这个道德准则的哲学家。在世界上许多古典文明中,都有类似的思想,比如在古埃及、古巴比伦、古希伯来、古希腊的文献里,特别是在基督教、伊斯兰教的教义当中。1993年,为了促进文明对话,第二届世界宗教大会在美国芝加哥举行,6000多名参会者试图寻找一条得到人类普遍认同的伦理原则或行为规范。大会最后通过了《世界伦理宣言》,将"DO UNTO OTHERS AS YOU WOULD HAVE THEM DO UNTO YOU",也就是联合国大厦里那幅画中的英文作为全球伦理的"金规则",基本相当于"己所不欲,勿施于人"这句话。

现在有一种传播比较广的说法,说联合国大厦里镌刻了孔子那句名言,这种说法是有误差的,我刚才说了,孔子的原话和那段英文的意义和价值有所不同。实际上,如果严格按孔子的原话和原意,"己所不欲,勿施于人"这八个字翻译为英文的话,应该是:"DO NOT DO UNTO OTHERS WHAT YOU DO NOT WANT OTHERS TO DO UNTO   YOU"。虽然啰嗦了一点,但体现了孔子思想中的"负面""律己"这个着眼点。那就是说:我自己不喜欢的事情，我就不对别人做；我不希望发生在我自己身上的事情，我就不对别人做这样的事。用生活中的话讲就是：我不想被人欺骗，我就不去欺骗别人，或为了我自己不被欺骗，我就要做到不欺骗人。这显然是将心比心、推己及人、换位思考的意思。这个原则肯定谈不上高尚、更说不上纯洁，相反，它以"自保"为前提，是出于对自身利益的维护；但恰恰因此，它是最理性、最契合人性的"律己"，也是最简约、最容易做到的"律己"。如果所有的人都按照"己所不欲，勿施于人"这个原则——为了自己不受损、不吃亏，就不要去损害别人、不要让别人吃亏——做了，我们这个世界当然不见得很高尚、很美好——毕竟这个原则的出发点是利己的、自保的；但我们这个世界一定不会撕裂、不会乱套、不会崩溃——每个人为了自己不受损而不去损害他人，整个社会的纷争、恶斗就不会有，或很少会有，即便有了也不会迅速扩散、恶性膨胀。为什么？因为每个人都有他自己的利益诉求和维护自身利益的愿望，如果每个人都践行了"己所不欲，勿施于人"，那么每个人在"趋利""逐利"过程中最终是吃不了亏的。相反，损人利己或损人不利己，就会发生冤冤相报、恶性循环，最终谁也没有好结果。

应该看到："利己""为己"可以理解、可以接受，因为"趋利避害"是人的本性；但是"损人利己"，更不用说"损人不利己"，那是万万要不得的。需要指出的是，几

第十篇　"律己"和"律他"——市场环境下的道德约束

十年来中国社会出现了各种各样、层出不穷的"乱象"，都和"利益驱动"相关。利益驱动本身没有错，它是中国改革开放这个国策的基本价值取向，是中国实现"富起来、强起来"的基本动力。"逐利"在四十多年来的中国是一个无可非议、光明正大的字眼，但前提是必须合理合法地逐利。毋庸置疑，当今社会的各种乱象基本上与逐利有关，但问题不在于逐利本身，而在于有的人通过不合理、不合法的途径、手段来实现利益的获取，也就是通过"损人"的办法来"利己"。这才是我们必须坚决反对的，道德（社会舆论）要加以批判、斥责，如果触犯了法律，当事人还需付出强制性代价。有人批评说，今天的人们"太自私"是造成各种不堪的社会、道德、文化现象的根源，这是有失偏颇的观点。自私、利己的确不高尚、不必加以提倡和推广，但只要一个人的"自私""利己"没有伤害他人，没有冲击公序良俗，至少在法律上是无可非议的，道德上的评判也不应该太严厉。我认为，在以"利益驱动"为特征的市场经济环境下，"己所不欲，勿施于人"有着特别重要和特别有效的道德说服力。这个价值，西方人两三百年来一直在践行，后来在马克斯·韦伯的《新教伦理和资本主义精神》里得到了理论的阐释。不用说，"己所不欲，勿施于人"完全符合功利主义伦理学的道德诉求，而超功利主义伦理学虽然不赞成这个原则的前提，却也反驳不了这个原则的实际社会效果。正因为如此，这条原则成为迄今为止唯一得到世界上最大多数人们认同、接受的"道德金律"。

至于"己欲立而立人，己欲达而达人"这条道德"律他"原则，尽管孔子对它推崇备至，却在历史实践中及现实生活中实行起来具有双重的后果：要么导致国家文明、社会和谐、个人高尚，比如全社会的崇德向善、德行天下；要么造成道德绑架、精神强制、人人自危，比如泛道德主义或伪善的横行。

道德律他的关键是自觉，而不是强制。强调榜样的力量，强调见贤思齐、崇德向善，如果自觉践行并长此以往，便可实现"德行天下"。比如学雷锋做好事，是人的自觉行为，而非组织活动，更非强制要求。至于道德他律导致的道德绑架、精神强制、人人自危，这种情况在欧洲中世纪"政教合一"时期和在中国两千多年的帝制社会中都属于常态。

在现代法治国家、文明社会里，道德的"律他"功能与法律的"他律"功能是泾渭分明、不能混淆的，更不能相互替代。毕竟，如果你自己认为一种价值、一种行为是好的、有益的、向上向善的，因此你觉得其他人、多数人甚至所有人都应该接受、效法、践行，这个想法是无可非议的；但是，如果你打算付诸实施，你就得谨慎——你怎么知道你倡导的这种价值、这种行为对别人也是好的、有益的、向上向善的呢？这是不容易判定的。主观怎么成为客观？自己怎么代表、代替他人？好的动机怎么变成好的效果？动机属私人心理，效果则由公众评判；动机究竟好不好，须由效果来检验；而效果如果不好，动机也就很成问题。"己欲立而立人，己欲达而达人"这个原则，孔子是基于美好、善良的动机和意愿提出来的，但这条原则在后来千百年的道德实践中所导致的东西，却未必都那么好，甚至常常不好。因此，我们在今天的实践中应当对这条原则持一种十分审慎的态度。"己欲立、己欲达"属个人选择，无可厚非；而"立人、达人"涉及他人，必须慎重，不可强求。道理很简单：己之所"欲立""欲达"的东西，未必就是他人之"所好""所需"的东西；用己之所欲来达及他人、兼济天下，必须以尊重他人意愿为前提。

六、所谓"人心不古"和"价值扭曲"

今天的中国处在市场经济的大环境下，由市场这只"看不见的手"为主导来配置资源；人类福祉、国家发展、社会进步、个人幸福总体由"利益驱动"。只不过这个"利益"分了不同的内涵、层次和范围，从个人、群体对幸福美好生活的向往与追求，到国家、社会对全面小康、民族复兴的谋划与奋斗，直到对"人类命运共同体"的关切与构建。这是国家层面的战略态势、发展格局、历史趋向，是中国40多年改革开放的基本内涵和直接结果，也是中华民族正在经历的"百年未有之大变局"在文化上的集中体现。

把一切社会问题的解决都主要诉诸道德途径，也就是诉诸政治途径，比如教育感化、人际引导、良心发现、闭门思过、批评教育、公众舆论等，这是千百年来我们的祖先治理国家和社会的手段和习惯，那是与"前市场经济"（农业文明、自给自足的小农经济，甚至后来的计划经济体制）这样的大背景相适应的。而在市场经济条件下，情况发生了根本的不同。随着市场机制的扩展与深入，利益的诉求、考量成为常态，人与人之间关系迅速简单化、扁平化，由此带来道德关切的淡化和道德水准的下移，是不可避免的。

一个社会，当人们的物质利益诉求还比较简单、比较贫乏的时候，他们对精神价值、道德境界就会有比较多、比较高的关注与追求；反之，当物质利益的追求成为人们的基本行为动力，当人们更多地关注物质生活的数量和质量的时候，精神上的索取就会趋于简单、真实，甚至比较平庸。这种情况，在非市场经济或前市场经济社会向市场经济社会过渡、转变的时候，最为明显。市场（商业）社会在政治上一定是法治社会，法治社会在经济上一定是市场（商业）社会。在这种社会环境下，人们安身立命的基本原则是独立、自主、平等，因而人际关系、伦理关系、裙带关系必然比较简单；如果以中国古代道德水准作为评价标准的话，这种以"逐利"为出发点的社会，其公众道德水准必然不高。因此，简单地以"人心不古""价值扭曲"来判断当今中国社会种种现象，是一种向后看的观点，是不可取的。

正反两方面的历史实践反复证明了：市场配置资源是实现中华民族伟大复兴无论如何也绕不过去的必由之路，也是一条康庄大道；而计划经济（更不用说小农经济）既不可能使中国人民富起来，也不可能使中国人民强起来。既然如此，我们对改革开放以来精神、道德、社会生活各方面一再出现的诸多问题一方面要认真面对、积极解决，同时也不必过于愤世嫉俗、忧心忡忡。在利益驱动（即合理、合法地追求利益）的社会背景下，如果仍然以古典的、传统的价值观、生活方式作为评价标准的话，人们的道德水准是不能不"下行"、不能不"滑坡"的，"人心不古"是挡不住的一个趋势。道理很简单：因为今天的中国早已不是过去的中国，更不是古代的中国了。

在古代中国社会，伦理-人际-政治关系稠密而复杂，那是建立在血缘-宗法-人身依附关系基础上的，是农业文明的产物；而今天的市场经济、商业社会，利益的考量具有决定性意义，人们的行为依据不再基于道德伦理，而是基于利益考量；由商业契约所派生出来的"契约精神"，正是现代法治精神与法治社会的前身。因此，把已经出现、正在出现、还会出现的道德领域里的问题不加分析、一概斥之为"人心不古""价值扭曲"并加以否定、排斥,就过于简单化了。

话说回来,人心如果都"古"回去了的话,国家还怎么发展?社会还怎么进步?个人还怎么幸福?从历史来看,朱熹的思想对于孔、孟学说来说就属于"人心不古",因为程朱理学容纳了许多佛教和道家的见解;王阳明的思想对于程朱理学来说属于"价值扭曲",因为在王阳明那里,个人的地位、主体("心")的觉悟得到了极大的彰显;在今天的西方世界,"新教伦理和资本主义精神"是人们的普遍行为准则,但这个东西在15、16世纪欧洲文艺复兴和宗教改革期间,在天主教会眼里却属于"异端邪说"。在古代中国,违反"三纲"的行为就是忤逆之罪;在中世纪欧洲,不信奉基督教或不信奉正统基督教,就要遭到宗教裁判所的严厉制裁。

道德、伦理、良知、信义,是一个文明社会的必要条件,但不是充分条件。意思是:没有这个东西一定不行,有了这个东西未必能行。所以几十年来我们一再强调,法治和德治要互补,这才是"充分必要条件"。不能仅仅依赖精神的激励、感化、"讲道理"等等来解决利益问题,特别是当利益的诉求处在关节点上的时候。这里头既涉及国家战略,也关系社会发展,还牵涉个人得失,情况相当复杂。孔子曰:"见贤而思齐焉,见不贤而内自省也。"(《论语·里仁》)他认为这是每一个人都应当具备的道德意愿;孟子云:"人人皆可为尧舜。"(《孟子·告子章句下》)他认

第十篇 "律己"和"律他"——市场环境下的道德约束

为每一个人经过努力都可以成为圣贤。但是在今天错综复杂的市场环境面前,这种意愿或断言不免显得太脆弱。将国家和社会的健康发展寄托于个人的道德自律,这种思路的出发点非常好,但在现实生活中却有显而易见的弊端:一旦个人(特别是处于关键、特殊位置上的个人)不能对自己实行道德约束,甚至发生、膨胀了恶行,那么整个社会风气就不能不毒化,社会秩序也不能不紊乱。

子曰:"君子喻于义,小人喻于利。"(《论语·里仁》)这话人人皆知。其实,孔子并没有说君子好,小人坏;他没有做价值判断。他只是描述了一种社会现象:君子遇事必辨是非,小人遇事必计利害。不过后来的人在孔子的原话上添加了自己的理解,断言小人是没有道德的坏人,为了私利的满足而损害他人利益,由此出现了"卑鄙小人"这个贬义词;而君子才是有高尚追求的、脱离了低级趣味的人,是人们应当效仿的榜样。其实,孔子时代的"小人"就是占人口绝大多数的普通老百姓。他们忙于赚钱,不见得就没有道德;君子追求正义,也并不是不讲个人利益。赚钱和讲道德是可以共存的,还可以相互过渡,界限从来不那么分明。君子追求正义和精神品位,并不妨碍他也要赚钱,也要生活,也要享受。其实,"小人"(普通百姓、"劳力者")对社会、对文明做出了最大的贡献,他们让整个社会,包括君子们(上层阶级、"劳心者")有饭吃了。当然,小人专注于自己的利益，甚至为了私利斤斤计较、寸利不让，这肯定不高尚，甚至很庸俗，他们当然不懂得独善其身、兼济天下；但他们不是坏人，因为他们不会去损害别人，他们的原则是"利己不损人"，在道德上是中性的。

我还想强调：在市场经济环境下，越是追求利益的人，就越应该懂得"己所不欲，勿施于人"这个道理。换句话说：只有接受、尊重别人追求利益的权利，他自己的利益追求才能够得到保证，并且最终使大家都有利可图、相安无事；如果不是这样，那就非弄得你死我活、两败俱伤不可。所以，除非是心地阴暗、见利忘义、罔顾人伦的极少数不良分子，一般人不会以坑蒙拐骗的方式来获利；这倒不是因为他们有多么高的品德，而是因为坑蒙拐骗最终对他们自己不利。17世纪英国哲学家托马斯·霍布斯早就看到了这一点。他认为在人类文明的早期，每个人都天然地认为自己有权利得到任何他想要的东西，同时不容忍别人拥有同样的权利。结果，处在"自然状态"下的早期人类社会的状况是："人对人是狼"，争夺、仇杀、战争此起彼伏，每一个人都处在和别人你死我活的战争状态，结果谁也不得安生。为了改变这种野蛮状态，让大家都能活下去、活得好，早期人类便坐下来进行谈判并达成协议：每个人都限制自己为所欲为的权利，也就是接受、尊重别人获取利益的权利；大家严守这个约定并形成制度，这样一来，虽然竞争仍然不可避免，但不至于发生恶斗，总体来说大家相安无事了。这个过程，就是形成"社会契约"（即建立国家、法律和政府）的过程。

因此，所谓的"小人"，即追逐个人、家庭的利益，千方百计想过上自己"好日子"的人，在胸怀、道德、品位、人际关系方面肯定大大低于"君子"，利他主义、乐善好施、兼济天下，这些东西跟他们不沾边；但他们特别精明，不会去干那种"损人利己、损人不利己"，最终把自己弄得人人讨厌、四面楚歌的"傻事"。"己所不欲，勿施于人"这个行为准则的直接推论就是："不损害别人的利益"。这是孔子为我们奠定的一个具有普世意义的道德准则，是全世界普遍认同和践行、在任何时代都管用的道德"金规则"。

改革开放40年来中国的确发生了许许多多精神道德层面的问题，需要我们一代又一代人坚持不懈、持续不断地加强道德和法治建设，提升公民的文明素养。中共中央、国务院2019年印发的《新时代公民道德建设实施纲要》就是一个重大的举措。总之，我们要辩证地、历史地看待文化形态和生活方式的演变。只要是促进了国家强盛、文明发展、社会进步、个人幸福的文化变革，就是可以理解、值得肯定、应予鼓励、需要支持的。

七、文明社会的"硬规则"和"软约束"

一个国家、一个社会、一个人，如果仅仅由利益来驱动，一味地追逐金钱和物用，就会出现没完没了的、令人苦涩的精神道德后果。关于这一点，这么多年来我们已经体会得不少了。为此我们必须大力传承、弘扬、践行优秀的道德义理，包括中国历史上和世界历史上各种各样有生命力、有引领性和警示性的思想文化遗产及先贤圣哲的思想，不断加强精神文明建设与公民道德建设，让道德的"律己"和"律他"两种功能都得到积极的、合理的、有效的发挥。

一个社会，如果仅仅停留在法律所强制要求其公民"不准怎样"的行为水准上，仅仅指望公民们因为"不敢"而不做坏事、恶事，这样的社会肯定就是精神低下的，尽管它可能是高效率的社会。所以高尚道德、文明行为、健康心理、个人修养，任何时候都不过时，主流社会始终要对公民进行引导与劝诫。也就是说，道德的"律他"功能不能缺席，而且要发挥真正有效的、积极健康的作用。国家和主流文化要坚持引导，抑恶扬善，树立道德标杆，让全社会的精神面貌向上向善，让整个国家"德行天下"。只不过，在这个过程中我们一定要清楚：这件事不能搞过了，不能像古代社会那样，将道德的"律他"当作灵丹妙药甚至是唯一手段。既然今天的中国已经不是过去的中国，既然国家、社会和个人已经处在了市场化、全球化、信息化的大格局下，那么今天，在市场环境下，治理国家、规范社会、约束个人行为，首要的或根本的——当然不是唯一的——途径还是法律和制度的硬约束,建设社会主义法治国家必须是我们坚定不移长期推进的战略任务,同时辅之以道德的约束和激励。

我们要看到,即便在以市场为动力、以利益为导向的商业社会,高尚道德仍然是受到赞许的,舍己为人、见义勇为、乐善好施、扶贫济困,甚至利他主义、奉献伦理、先忧后乐、苦行主义等等,在任何时代、任何情况下都应该得到主流社会的认可、接纳、容忍,国家、社会、智者群体还应当加以提倡。但认可、提倡是可以的,却不可以官方的名义强制推行,不能形成人人"不得不做"的心理压力。在私德问题上,人具有自主选择的权利。个人可以选择高尚行为,从而得到社会的赞许;也可以不选择这样的行为,从而可能引起批评。但他没有非做不可的道德义务。

向一个文明社会的每一个公民提出"崇德向善""见贤思齐"的要求或希望,并推出某些具体的、操作层面的行为规范,是任何一个文明国家的政府及主流文化的职责。其目的就是使高尚行为蔚然成风,成为"日用而不觉"的行为习惯,使整个社会处在文明、和谐、互助、善意的状态下。但事情还有另一面。一个社会,即便因为它的动力是市场法则而道德水平不高,即便其公民的行为出发点是"己所不欲,勿施于人"而显示出动机不那么"纯粹",那也比以"公义""天下""大众利益"的名义来推行某种道德上的强制，从而有意无意地压抑、剥夺公民的自由选择权要强。从中外历史和现实来看，道德或宗教的泛滥化、神圣化、政治化，比道德或宗教的世俗化、简单化、生活化令人恐惧得多，所以才有欧洲的文艺复兴运动中"人文主义"和"宗教改革"的兴起，才有20世纪初中国新文化运动中"民主"和"科学"两面大旗的飘扬。

　　见义勇为、志愿服务、慈善公益等等，属于道德行为、文明举措，不属于经济行为，更不属于市场经济行为。这样的行为具有超越时代、超越国家、超越政治的"跨文化"属性，是人道与爱心的体现，是人性的良性彰显，在任何时代条件下都具有向上、向善的价值。一个国家，一个社会，爱心奉献、慈善公益、志愿服务、见义勇为的发生率，与其经济社会发展的水平以及公民个人的文明素养直接相关。在一个贫穷落后的国家或社会，是不会有多少人愿意献爱心、做奉献的，人们自己都泥菩萨过河，想要献爱心也力不从心。在这种情况下只能依靠政府的力量。慈善事业的发展一定要在经济社会发展到了相当程度以后才具有现实意义；但经济发展只是慈善事业的必要条件，不是充分条件——有钱人不做奉献在道德上可能引起非议，但他们并没有做奉献的义务。人道、爱心行为完全出自个人意愿或情感、良知，完全是个人的自发、自觉行为，而不是在政府、社会、舆论的要求和压力下不得不做的行为。只有这样的慈善行为，其文明程度和道德含量才会高，才值得赞美、值得效仿。

现在人们对"道德绑架"这个词比较敏感和反感，这是中国社会进步的一个表现。在传统社会（包括农业社会和计划体制下），"公共道德"（公德）的要求对于人的行为具有举足轻重的制约作用，个人实际上很难有自主选择的余地。古代中国，公共道德就是政治正确，比如"三纲五常"，既是最高伦理规范，也是最大政治方向。任何公益、人道的举措都是皇室、政府、社会行为，与个人的好恶、利害、意愿基本没有关系。而在市场经济条件下，情况发生了本质的变化。在市场或商业社会，个人合法获取财富是天经地义的事情，而且受到国家法律（《中华人民共和国物权法》）的保护，个人的独立性、自主性随着财富的增加而大大增强。人们可以根据自己的意愿和经济能力自行决定是否实施扶危济困、见义勇为、奉献爱心；这样的人道主义行为是自觉的、真实的、发自内心的善举。

还需明确：在市场社会，做奉献、献爱心基本都是个人行为，不是政府行为。凡政府实施的扶贫济困、脱贫攻坚等等工程，都是国家、政府、社会的职责所在；不仅如此，个人从事的公益、慈善、人道主义活动与政府的召唤、组织、疏导距离越远，其"慈善"的成色和"公德"的含量就越高。在市场环境下，慈善活动的举办者、实施者往往是市场博弈中的成功人士和赢家，这是很自然的。他们的爱心肯定符合公共道德，但一定以私人品德的方式来体现，他们不是"被迫"献爱心。如果他们做了慈善公益，会得到社会的赞许、颂扬；如果他们不做，也无可非议，因为钱是他们通过自己的努力挣来的。日常生活中的见死不救、富人不捐助穷人、公共汽车上不给老弱让座等等，的确令人齿寒，但须知：行为人没有那个义务非这样做不可。有钱人捐款做公益、献爱心令人感佩，比如比尔·盖茨、沃伦·巴菲特；但那完全是他们的个人意愿，他们没有受到政府、社会、公众、舆论的迫使。因此，那些没有那么做的有钱人就不能被指责为没有爱心、道德低下。比如，和比尔·盖茨齐名的史蒂夫·乔布斯就是一个一毛不拔的人，他从不搞慈善；乔布斯因为首创了"智能手机"而对人类文明做出了巨大贡献，却没有人指责他不做公益而令他在道德上蒙羞。

八、道德戒律和有所不为

如前所述，不论是联合国大厦里那幅画《金规则》上镶嵌的英语箴言"DO UNTO OTHERS AS YOU WOULD HAVE THEM DO UNTO YOU"，还是孔子从负面意义说出的"己所不欲，勿施于人"，都表明在人类感情世界里，存在着普世的、共同的、要求并不高的道德准则或价值尺度。这个准则和尺度的直接推论就是"不损害他人利益"。它的出发点是自利、自保的，但它的社会后果却是公益的、普惠的：如果每个人都遵循了"己所不欲，勿施于人"，尽管这个世界不一定那么高尚、那么纯粹，但我们这个世界却不会出现乱七八糟的局面。退一步说，"己所不欲，勿施于人"，由于其自保、自利本质，它肯定不是"最好"（the best）的行为准则；但它却是一个"最不坏"（the least bad）的行为准则。人人都按照它来行事，也许成就不了大仁、大义、大善、大爱，但其后果无论如何也糟糕不到哪里去，一定不会恶行泛滥，不会天下大乱。

在现实生活里，我们经常体会、见证道德上的不堪现象，比如见利忘义、见死不救、损人利己、坑蒙拐骗、伤天害理等等，导致了社会的分裂和扭曲。不过我们应该清楚：这一切并不是自私、自利、自保造成的，"喻于利"本身没有错。中国古代农民的生活理想不过就是"两亩地，一头牛，老婆孩子热炕头"，这的确谈不上有多高的道德境界。过去中国老百姓追求的是吃饱穿暖、丰衣足食，这是合情合理的逐利。今天中国老百姓懂得了市场和消费，懂得了美好生活的量和质以及怎么去追求美好生活，这也是合情合理的逐利。他们在进行这种生活追求的时候不可能太多地考虑社会正义、道德理想、生命意义这类问题，但他们不是坏人、恶人，因为他们的逐利行为并没有损害别人的利益。一味逐利的人由于道德起点低而令人不快；专心公益的人由于精神境界高而可敬、可佩，却未必可亲、可爱，因为他们所站的道德位置居于绝大多数人之上。真正可取的是既可敬又可爱的人，既把"喻于义"和"喻于利"兼而有之、融会贯通的人。我们的道德建设、文化建设、思想建设就是要产生越来越多这样的人。

任何高尚的、有道德的行为，都是个人的自主行为，不管这种行为是出于激情冲动还是出于理性选择。既然如此，这样的行为就不是也不应该是大家一定要照办的行为。在任何时代、任何社会，所谓"喻于利"的人（普罗大众）都要比所谓"喻于义"的人（君子、道德楷模）多得多。英模人物的高尚行为树立了一种榜样或标杆，供普通百姓学习、体验、参照，国家、主流社会应该倡导、弘扬、宣示，主要是学习楷模人物、高尚行为中的精神价值和意蕴，以利于形成向上向善的社会风尚。我认为，这正是道德的"律他"功能特别能够发挥积极、合理、有效作用的方式。道德一定要扬善抑恶、针砭时弊，弘扬"真善美"、批评"假恶丑"，但道德功能的体现或发挥是一个春风化雨、润物无声、日用而不觉的过程，讲的是一个自觉而不是强制。文明社会一方面要最大限度地用法律手段防止、惩戒恶行，另一方面要用道德的"律己"和"律他"两个途径营造善良、节制、互助、普惠的社会氛围。君子人格或君子风范是一种高标准，普罗大众的无害行为方式也完全可以接受，这是一个良性社会应该具备的高境界和低标准。因此,任何时候,任何情况下,都不能迫使人们照着"君子"的样子做,或禁止人们做"小人"的事情;更不能为了使人们达到君子标准而营造舆论压力,造成道德的绑架。

在我看来,损人利己、损人不利己、己所不欲反施于人,这是"坏人、恶人";自私自利自保、毫不利人专门利己,这是"小人、俗人";先忧后乐、先人后己,独善其身、兼济天下,这是"君子、贤人";毫不利己、专门利人,纯粹的人、脱离了低级趣味的人,这是"圣人、完人"。历史上和现实中的"君子""圣贤",他们的境界是高远的、他们的品格是高尚的、他们的趣味是高雅的,他们作为道德标杆,永远值得学习和效仿。但是,如果把他们的言行当成普遍的行为准则,要求人人效法、个个践行,那就恰恰违背了道德的起码含义——道德只有在"律己"时才能够成为命令,而在"律他"时只能是倡导或劝诫。如果命令人们学雷锋,那就会造成精神压抑;如果有人不学雷锋就发动公众对其实施"污名化",那就是道德绑架。

最后还想说这样一个意思:一个人的道德情操、一个民族的生命力、一个国家的伟大,有时不在于做了什么或能够做什么,恰恰相反,在于没有做什么或不能够做什么。就是说,要有一个否定性的或负面的行为底线。守住这个底线,宗教靠戒律(外在和内在都说"不"),道德靠自觉(内心深处说"不"），显然，道德的戒律更加纯粹、更加自觉。在现代文明社会，人们为追求幸福美好生活，准备去做什么以及怎么去做，都是可以理解、应予包容的。但是一个人、一个民族、一个国家不做什么甚至坚决不做什么，则更为根本、更显出博大的格局和高远的境界。这就又回到"己所不欲，勿施于人"这个底线式的律己原则了。"己所不欲，勿施于人"就是自己为自己立法，强令自己有所不为。一旦大家这么做了，就能够实现国家平稳有序，社会安定祥和，个人安身立命。这个"律己"原则看似平庸，但对于解析、解答、解决当前社会上种种乱象，具有十分积极的效果，甚至比许多"高大上"的道德宣示效果还要好。

第十一篇

两种"自信文化"的契合
——植根于中华文化土壤上的马克思主义

很多年前，我已经开始思考马克思主义的文化功能问题。我认为，马克思主义作为一种启蒙思想、革命学说、批判理论，20世纪初以来对中国的革命、建设、改革一直起着方向性引导、方法论指导的作用，这是众所周知的。但是马克思主义对中华文化的影响尚未引起足够的重视。为此，我在1995年8月10日的《光明日报》理论版发表了一篇文章《马克思主义：一个不可超越的文化论题》。我在文中评论说："观念论的文化观之弊，主要表现为无视中国百余年来巨大的社会变迁，而把对'国学'的文化价值、'国学'与'西学'的关系的探究，以及对如何修复和振兴中国的人文精神的讨论，化约成了单纯的义理，因而多少流于了某种乌托邦。"我指出："须知，'五四'以来，中国发生了极其深刻的社会变化，马克思主义始终起着引导历史前进的作用。在这一进程中，马克思主义曾经被不同的人加以不同的解读，从而导致了很不相同却都很重要的社会影响。这正说明了20世纪中国文化与马克思主义之间的不解之缘。'国学'的振兴也好，人文精神的重建也罢，都不能回避这一现实。"我的结论是："在生产力高度发展的前提下，历史进步只能由人文精神的质量来体现。那就是，人们都拥有一种非异化的、完整的和创造性的人生态度和生活方式。这样一来，马克思主义便一方面与追求精神价值的'国学'传统达成了共识，同时又不以物质生活的匮乏为代价，因而高于'国学'之上，是时代精神的引领和体现。"28年过去了，世界早已进入21世纪。中国在改革开放和现代化建设的进程中发生了极大的变化；中国早就融入了全球体系，正向着构建"人类命运共同体"的方向前进。正是在这样的大背景下，马克思主义和中华传统文化的关系问题，进一步说，马克思主义和中华优秀传统文化的结合问题，已经成为执政党、学术界、国内外有识之士及社会各领域关注的重要课题。

一、马克思主义与中华文化的相遇

2021年7月1日，在庆祝中国共产党成立100周年大会上，习近平代表中共中央发表重要讲话。在谈到马克思主义中国化这个重大问题时，提出了"两个结合"的论断，即：在继续推进马克思主义中国化的过程中，要"坚持把马克思主义基本原理同中国具体实际相结合、同中华优秀传统文化相结合。"关于把马克思主义基本原理同中国具体实际相结合，凡了解近现代史的人都很熟悉，这是中国共产党自1921年成立以来一直在做并且做得非常成功的地方；也可以说，中国共产党在100年的革命、建设、改革进程中历经坎坷和磨难，却筚路蓝缕、披荆斩棘，从小到大、从弱到强，带领中国人民在实践中取得了彪炳史册的成功业绩，这都是"马克思主义同中国具体实际相结合"的生动证明。至于马克思主义与中华优秀传统文化之间的结合，过去基本不提或很少提及，到了中国共产党成立一百周年的时候才首次明确提出来，这不仅具有重大的理论启示意义，而且具有异乎寻常的思想导向意义。我认为，这固然是一个重大论断，更是一个重大课题。

马克思主义和中华传统文化的结合，要点在于："能否结合？""怎么结合？"

在这里，"结合"这个概念含义很多、很深，绝非简单拼接、嫁接、混合，而是包含了它们之间的相互补充、相互支撑、相互促进；也包含了它们之间的对立、排斥、不相容——如果不承认这一点，就没有办法解释100年来马克思主义何以取代儒家思想而成为中国文化的主旋律，也没有办法解释我们的传统文化在这期间的不同境遇和地位起伏。马克思主义与中华传统文化之间是一种既相互对立又彼此联系的关系。

说到传统文化，"优秀"两个字至关重要。100多年来，如果说马克思主义和中华传统文化之间有着互鉴、互动、互补关系的话，那么一定是马克思主义的普遍真理和中华传统文化中的优秀成分、精华部分——当然不是中华文化的所有内容、所有因素——有所结合或融合。这一点是我们必须始终牢记的。我认为，马克思主义能够在中华大地上立足扎根、广泛传播、长期引领，有外在和内在两个方面的原因。外在原因就是马克思主义与中国实际的结合；而内在原因就是它与中华传统文化当中的优秀、精华部分，实现了有机的结合。这是马克思主义中国化、时代化最显著的特征。

中共二十大报告指出："中国共产党为什么能，中国特色社会主义为什么好，归根结底是马克思主义行，是中国化的马克思主义行。"马克思主义作为一种普遍真理和普世价值，揭示、构想、描绘了人类社会的理想状态或应然趋势，包括对人类历史的解读，对社会现实的批判，对美好生活的憧憬，对精神世界的构想，等等。而"中国化的马克思主义行"却具有历史的合理性和现实的针对性，是中国共产党带领中国人民实现独立、解放、建设、改革、开放、发展、复兴的理论基础和实践指南。"中国化"三个字至关重要，如果没有马克思主义与中国具体实际和中国本土文化之间的结合，理论就只能停留在理想、应然、可能、愿景的阶段，就仍然是"批判的武器"；而"中国化的马克思主义"，却是理想与现实、应然与实然、可能与必然、愿景与实景、"批判的武器"与"武器的批判"的统一。这一系列的统一，显示出中国化的马克思主义的"行"来。

因此，"原生态"的马克思主义，即马克思、恩格斯创立的哲学、经济学、政治学及他们亲自领导或指导的"第一国际""第二国际"的实践经验，对于发达资本主义国家之外的国家、地区的革命理论和革命实践，起到的是启蒙、唤醒、教育、认知的作用；如果把《共产党宣言》《资本论》里的结论生搬硬套用于资本主义不发达的国家、地区，试图唤起那里人民的阶级意识，进而发动无产阶级或社会主义革命，那是不可能取得成功的。列宁主义之所以成功，就是不拘泥于马克思、恩格斯的一般结论，而是结合俄国这个相对落后的东欧大国的具体实际，创造性地提出了社会主义可以在资本主义的薄弱环节取得成功的构想，特别是把这个构想用于革命的实践活动，于是导致了俄国十月革命的胜利。在列宁主义传入中国后，如果中国共产党人不把"俄国人的路"走出中国特色来，在半殖民地半封建的中国也不会完成新民主主义革命，不会使中国这个贫穷落后的古老东方大国进入社会主义的新阶段。

还有一个历史事实我们必须清楚明白。在中国共产党的百年奋斗历程中，传统文化在大部分时间里是没有受到尊崇的，甚至是受到批判的。历史唯物主义讲求实事求是，百年来的这个客观事实，对于理解、思考、研究、推进马克思主义和中华优秀传统文化的"结合"，是一个基本的历史背景。中国共产党诞生于辛亥革命胜利后兴起的"新文化运动"后期，即五四运动结束后不久。中国共产党的主要创始人陈独秀、李大钊，同时是新文化运动的主要领袖，毛泽东曾称陈独秀是新文化运动的"总司令"。新文化运动的一个最显著的特征，就是批判、否定、摒弃"旧学""国学"，引进、倡导、推行"新学""西学"。当时，来自西方，大部分经过日本、用日语或"日本式汉语"翻译过来的西方思想、学术、观念、艺术、生活方式来到中国，各种哲学、政治、法律、经济、军事、文学、科学、技术、常识方面的著作、论述、文艺作品铺天盖地涌入中华大地；更有许多留学欧美、日本的学者、学子回到国内，介绍、宣传、推广西方思潮和学术观点。辛亥之后、民国初年的中国，成了世界各国文化的集中展示舞台，一时蔚为大观。

在这个过程中，有两面大旗迎风招展、鼓舞人心："民主"和"科学"，即"德""赛"两位先生。也有两个激进而矫枉过正的口号："打倒孔家店""全盘西化"。这两个口号虽然片面性很大，对传统文化造成了伤筋动骨的损害，但其理由在当时却颇具说服力。自1840年鸦片战争开始，中国在与世界列强的交往中持续不断地蒙受失败、屈辱，从损兵折将到割地赔款，原来的"天朝大国"变成了东亚病夫、任宰羔羊。国人中的先进分子痛定思痛，寻找中国失败的原因。先是认为中国的器物不济，于是发起"洋务运动"，力求赶上西方人的坚船利炮。没承想，中日甲午海战，曾经号称亚洲第一，世界第九的北洋水师被日本海军打得一败涂地。于是国人又做反思，发现专制皇权是失败的病根，这就发起了"戊戌维新"，结果仅推行了100天的新政（即效仿日本、英国的君主立宪制度），被朝廷顽固派残酷镇压。"戊戌变法"的失败，使以孙中山为首的革命党人不再幻想朝廷的改良，经过多次失手，最终发动"辛亥革命"推翻了清廷，也永远结束了秦始皇嬴政开辟的两千多年的皇权制度。民国的建立为历史反思、振兴中华提供了前所未有的宽松文化环境。于是国人中的先进者把思考、追索的焦点集中于延续了两千多年的传统文化，特别是作为"官方思想"和"文化主旋律"的儒家思想，即"三纲五常""四维八德"以及国人习惯了千百年的意识形态、生活方式。陈独秀、胡适、鲁迅等认为，中国的衰落在于国学，中国的振兴在于摒弃国学、推行西学，为此他们提出了许多激进的思想和方案。毫无疑问，"打倒孔家店"和"全盘西化"是过于极端的文化主张，也是不切实际的文化策略；但实事求是地讲，这些观念、口号对于长期深陷旧文化而不能自拔的知识分子阶层开眼看世界、寻求救亡途径，起到了推波助澜的作用。

毋庸置疑，不管是来自西欧的马克思主义还是来自东欧的列宁主义，都属于"新学"或"西学"。只不过，陈独秀、李大钊等通过对马克思主义特别是对列宁主义的了解和认同，导致他们与以胡适为代表的欧美派分道扬镳了；他们最终信奉了马克思、恩格斯创立的学说体系，尤其是他们走上了列宁开创的"武器的批判"这条道路。多年后，在中华人民共和国即将成立之际，毛泽东总结说："我们党走过二十八年了，不是和平地走过的，而是在困难的环境中走过的，我们要和国内外的敌人作战。谢谢马克思、恩格斯、列宁和斯大林，他们给了我们以武器。这武器不是机关枪，而是马克思列宁主义。……走俄国人的路——这就是结论。"在中国共产党的初创阶段，在"南陈北李"（陈独秀、李大钊）的影响、引领下，毛泽东、蔡和森、周恩来、瞿秋白、彭湃、张申府、陈望道、陈延年、陈乔年、邓小平、李富春、陈毅、聂荣臻等一大批立志救国、报国的青年志士，摒弃了"四书五经"，改信来自西方的具有强大生命力和批判力的学说——马克思主义。于是在1920年前后，一大批怀揣革命理想和救国之志的年轻中国知识分子，不远万里赴欧洲勤工俭学。当时，毛泽东是勤工俭学潮流的积极倡导者和促进者，尽管他自己没有赴欧，却为大批旅欧学子提供了联络、后勤保障和思想激励。那个期间，他和自己的老同学、亲密朋友、已经在法国勤工俭学的蔡和森一直保持着书信往来。他们互相激励，交流看法，批判"四书五经"，抒发革命情怀，为颠覆旧思想、旧文化，为改造旧中国、迎接新时代，做着思想上的准备。那个时候，他们"恰同学少年，风华正茂，书生意气，挥斥方遒。"他们"指点江山，激扬文字，粪土当年万户侯。"

从一开始，来自西方的思想观念就和以儒家为代表的中国传统文化处于激烈的博弈、争论和冲撞之中。好在民国初期比较宽松的思想文化氛围，让中西方思想观念可以进行平等的交流、讨论、辩驳。真理越辩越清晰；特别是，苏联人送来的列宁主义，给尚且停留在理论思考阶段的陈独秀、李大钊等人以巨大的启示，他们发起成立了中国共产党，从而第一次将马克思主义确立为这个新兴政党的指导思想的理论基础。

从中国最早的马克思主义革命家、思想家的理论和实践轨迹来看，他们对马克思主义的选择和与儒家思想的决裂是同时发生的。作为在中华传统文化滋养下成长起来的这一大批中国革命家，当然不可能脱离自己的文化根脉；但是，救亡图存、振兴中华，是他们的历史使命和现实抉择，而这个使命和抉择在当时，是很难由传统文化来承担和完成的。

二、"同化"和"异化"之辩

在当今中国，优秀传统文化之精华，受到了前所未有的重视，从大学讲堂到小学校园，中华古老的道德学理、行为规范被解读、被践行，成为文化建设的亮眼景观。其中，阳明心学就是一个代表，甚至出现了"王阳明热"的现象。王阳明（王守仁）的哲学思想，当然属于传统文化的杰出代表，是"老古董"；但是五百年前它刚出现的时候，却是一个非常新颖、十分脱俗、严重冲击正统观念（程朱理学）的思想流派；它后来（尤其在十年特殊时期）又被批判、否定、唾弃；到了今天，心学被重新重视起来，出现了"修共产党人心学"这样的提法或比喻。以儒学为代表的传统文化在中国的这种起伏式境遇，实际上涉及如何对待"传统"和"创新"的关系问题，这个问题又涉及世界观、价值观、方法论，探讨这个问题有重要的意义。

　　传统与创新，这是两个既相互联系又彼此对立的概念。按照通常的理解，它们主要是"对立""不相容"的关系。传统是什么？不就是那些既有的、习惯的、保守的、旧的思想观念吗？创新是什么？不就是那些新鲜的、原来没有的、指向未来的、人们不习惯的思想观念吗？如果严格按照这些含义来理解，那么传统和创新就是一对冤家，它们彼此对立、互不相容、非此即彼。实际情况当然不是如此。"对立统一"是个老概念，是辩证思维的核心，用于描述传统和创新两者的关系比较恰当。按照辩证法，传统是什么？就是为创新奠定了基础、准备了条件的东西；创新是什么？就是在传统的基础上返本开新、走出新路的东西。用黑格尔式的语言来说，传统就是"隐藏着"的创新，创新则是"展开来"的传统。它们既相互区别、不可混淆——这是主要的关系；它们又相互关联、不可分割——这是次要的关系。宇宙自然、人类社会，一切领域的发展都表现出传统和创新的这种动态关系。王阳明的哲学思想，即"阳明心学"，现如今是"中华优秀传统文化"的重要代表，是中国古代儒家思想的四座高峰之一；可是在五百年前，它却是新思想的代表，而且新得离谱，新得惊世骇俗！它竟然主张人心（即每一个个人的那颗心）是天理、天道的载体，甚至直接就是天理（"心即理"）！那就是说，孔子开创的儒家思想体系及其最高的道德准则、伦理规范，其实很平实、很通俗，只要努力，每一个人都能达到。正是在这个意义上，王阳明才说："满街都是圣人。"（《传习录》）500年前说出这样的话，的确振聋发聩。

由此我们看到：传统与创新，其含义是历史的、动态的、相对的。一开始，新的思想观念必然不受待见，甚至遭到抵制、诋毁。但它一旦立足、扎根、传播开来，就会形成习惯，变成了新文化；久而久之，它就成了文化传统的组成部分。凡传统，在时间上都比较早、老、旧，但在内涵上或社会功能上却不见得早、老、旧，要不然阳明心学就不会在21世纪的中国受到高度重视并且成为优秀传统文化的代表了。从历史上来看，八百年前的程朱理学对于两千多年前的孔、孟思想来说，属于"人心不古"，五百年前的阳明心学对于程朱理学来说，属于"价值扭曲"。20世纪初西方的民主、科学对于千百年来的儒家思想、"三纲五常"来说，属于"礼崩乐坏""奇技淫巧"；五四运动时期的马克思列宁主义对于儒家思想来说，属于"异端邪说"。其实，这些新与旧之间的前后转换、取代，都有一个继承发展、返本开新、辩证扬弃的过程，而新思想、新观念一旦定型、扎根、流行，就形成了新的传统，这个新传统在其发展、运行过程中必然会遇到更新的革新、创新。事物的发展就是这样生生不息进行的，时间是这个世界上最公正的、不可抗拒的、永恒的尺度。

有必要借助"同化"和"异化"这两个概念，来理解马克思主义与中华优秀传统文化相结合这个问题。中国传统文化具有高度的韧性和自洽性，当然包含了它的封闭性、保守性和本质上的排他性。这里有两个概念："同化"(assimilation)和"异化"（alienation）。在与"它者"（外来文化）的交流中，我影响了、改变了、吸收了、融化了、吞噬了"它者"，或者将它变成了我的一部分，这个过程就是"同化"；反过来，如果我被"它者"，被外来文化影响了、改变了、颠覆了、吞噬了，我甚至变成了它的一部分，这个过程就是"异化"。中华文化，其"同化"的功能向来强大，其抗拒"异化"的功能更是根深蒂固，几千年的历史一再证明了这一点。

但也有重大的并且是唯一的例外，那就是佛教在中国的境遇。经过数百年的冲突、较量、比较、吸纳、立足、扎根、传播、发展，从结果来看，儒学和佛教各取所需，彼此渗透，相互补充，实现了和平共处。儒学汲取了许多佛理，佛教接受了许多儒义，加上本土的道家思想，就逐渐形成了儒、释、道三教合一的文化格局，当然，儒家思想始终位于核心地位。在这个过程中，本土的儒家并没有"同化"掉外来的佛教精神，外来的佛教也没有"异化"掉本土的儒家思想。两者的关系是：你中有我，我中有你。其典型的表现是：一方面，佛教衍化出"禅宗"这样一种儒家化的汉传佛教，它在中华大地上广泛流行，直到今天；另一方面，儒学发展出"宋明理学"这样一种融汇了佛教义理的新兴儒家，并且作为宋代以后官方意识形态延续了近千年。

我想，上述历史事实对马克思主义的中国化，即对于推进马克思主义与中华优秀传统文化的"结合"，有重要的启发意义。经过一百年的较量、磨合、发展，我们应该越来越清楚：马克思主义和中华传统文化之间，不是——也不可能是——某种"同化"或"异化"的关系，不存在谁"化掉"谁的问题，因为没有那种可能性、现实性和必要性。马克思主义作为中国共产党这个在中国长期执政的百年大党，其政治、社会、思想、文化的统领地位不可动摇；而以儒学为代表的中国传统文化，是世界历史上从未中断过的古老文化或生活方式的代表（能够与之相提并论的只有起源于巴勒斯坦地区的希伯来—基督教文化和起源于北地中海地区的古希腊文化），在两千多年与时俱进的传承过程中，儒学中优秀的、精华的内涵或因素始终保持了生命力；尤其是它的道德教化、精神激励、自我约束等方面的功能，是不可磨灭、永

第十一篇　两种"自信文化"的契合——植根于中华文化土壤上的马克思主义

远有效的。这两种"先进文化"的并存是当代中国最大的文化现状。既然如此，它们之间的互渗、互鉴、互补、互进，就既有必要性，又有现实性，是不二的选择。当然，在这个过程中，马克思主义始终处于中流砥柱的导向地位。

如果说新文化运动期间对儒学的批判属于"矫枉过正"，但毕竟起到了重要的思想启蒙作用的话，那么，在"文革"期间对中国古代思想文化实施无差别的否定、打倒、砸烂、毁灭的做法，就是完全没有道理的，而且是完全错误的。任何一种古老文化都表现为一条悠远绵延的传承发展链条，其中的每一个部分都是因果系列中的一环；斩断了其中任何一个环节，整个文化系统就不能不中断，不能不崩塌。尤其是，在对待两千多年中华文化的主干——儒家思想或儒家文化的问题上，如果采取全面否定、彻底摒弃的态度和做法，就相当于对自己国家、民族、历史的自残，其危害性是不可估量的。"打倒孔家店"是新文化运动期间一批激进知识分子的口号，但也仅仅停留在口号和辩论的层面，并没有实际的"打倒""砸烂"行动；但在后来20世纪60—70年代特殊时期，"打倒""砸烂"却成了实实在在、惊心动魄的事实；动荡的十年给中华传统文化造成的破坏之深、之大、之重、之烈，直到今天仍然不堪回首。但是，文化作为一种生活方式，它具有最强的韧性。文化的变革，更不用说革命，是不可能通过疾风暴雨、摧枯拉朽的暴烈行动来完成的，只能在潜移默化、润物无声的漫长历史过程中逐步实现,这一点,已经被古今中外的历史和现实充分证明。因此,"文革"一结束,一度被禁止、废除的传统生活方式和行为习惯立即就回来了,真正是:"昨日摧枯拉朽,今天涛声依旧"。

中共十一届三中全会后,中国共产党推行全面的拨乱反正。其中,在对待传统文化的问题上,终止了"左"的极端说法和做法,恢复了实事求是、客观评价历史文化传统的思想路线和务实政策。不再美化秦始皇,不再丑化孔夫子,中华文脉在改革开放的大潮中得以恢复和延续。特别是中共十八大以后,中华文脉的传承、发展、创新,以及中华优秀传统文化如何适应改革开放大环境,如何在市场经济条件下发挥积极的引领、调整、纠错的道德功能,成了当代中国文化建设的主要任务之一。这其中的一条主线是:马克思主义与中国传统文化中的优秀成分、精华内涵实现有机结合或内在融合,是"马克思主义中国化"这一重大理论建设和文化建设的核心内涵。

三、"东渐"和"东进":两次成功的文化融合

在中国历史上,外来文化进入中华大地,成功地落地生根、与时俱进、传承发展,成为了中华文化的有机组成部分

和主流价值，这种情况有两次。一次是佛教的"东渐"，在与儒、道等思想的碰撞、较量、互鉴、互补过程中，完成了佛教的"本土化"。另一次是马克思主义的"东进"，在中华大地上立足、传播、发展、壮大，实现了并且继续完善着马克思主义的"中国化"。

自古以来，中华文化在与外来文化相遇、碰撞、交流的时候，始终秉持了一个原则，或者说坚持了一条底线：保持自身的特质或核心价值（即老祖宗的传统——道统和法统），在此基础上，再来对"他者"实施兼收并蓄、为我所用，这实质上就是张之洞在1898年提出的"中学为体，西学为用"的文化方略。这样一个方略或思路，其实早在汉代佛教进入中国那个时候就开始了，并且一直是行之有效的（佛教是众多"胡人文化"之一）；只不过很多很多年以后，经过鸦片战争所导致的文化冲击和文化危机之后，"中体西用"显得特别迫切、似乎特别"管用"罢了。实际上，"中体西用"的基本思路直到今天并没有失效，它从来就是政治家、知识界在对待异质文化时的底线原则和应对策略。中共十九大报告中强调"不忘本来、吸收外来、面向未来"，这三个"来"，实质上仍然与毛泽东的"洋为中用、古为今用、推陈出新"、鲁迅的"拿来主义"是一致的。

两千多年来，在华夏周边形成了一个"大中华文化圈"或"儒家文化圈"，这是强势文化移植、输入、灌输的结果。说到不同文化之间的关系，只有分量相等或相应的不同文化，才有可能实现它们之间的交锋、交流、交融或互通、互鉴、互补；强大文化与弱小文化之间是做不到平等交流的。中华文化从来就以柔性的、非侵略的方式延续着强势文化的面貌和姿态，它所遭遇到的外来异质文化，基本上都称不上是对手；这些异质文化（比如游牧文化）的命运要么自我消解，要么被"同化"，成为中华文化的一个部分或分支。直到20世纪40年代，朝鲜、越南的大街小巷仍然只有中文或英、法文字，而看不到什么韩文、越语；甚至在今天，日本人当中认识汉字多、懂得中国古诗词、擅长汉字书法的人仍然被认为是文化修养高的人。这都说明了中华传统文化的巨大影响力。正因为如此，20世纪之前，中华文化极少有漂洋过海主动与异质文化进行交流、从而打算影响或改造"它者"文化的情况，郑和七次下西洋是仅有的大规模官方外向行动。这也说明了中华文化的内向性和自洽性，它本质上是封闭的、保守的。

从明代开始直到鸦片战争结束，中国不是一个开放的国度；即便是汉、唐鼎盛时期，我们也是等着人家来朝拜、学习、模仿；主动输出文化，"天朝"没有这个习惯。因此，面对外来文化，中华文化的基本态度和手段就是实施"同化"，尽管这么做也未必都是自觉的、主动的。任何内向的、自洽的文化，其自信心、自豪感不仅从来不缺，而且

第十一篇　两种"自信文化"的契合——植根于中华文化土壤上的马克思主义

常常意识不到：满不在乎的文化就是最自信的文化。外来文化，哪怕是强势的外来文化，都会在自觉不自觉中、在有意无意间被中华文化所吸收、吸纳、改造，成为中华文化的组成部分。这在1840年以前是百试不爽的。

佛教是东汉初年从印度进入中国的。但这不算是"文化入侵"，与后来鸦片战争后西方商业文化跟随着"坚船利炮"和各种不平等条约强行进入中国的情况是不同的。佛教进入中土、中原，是由僧人、商人带进来的，那是一个和风细雨、不紧不慢的过程，没有战争，没有杀戮。如前述，佛教在中原大地上与本土文化（儒、道、法等）的交锋、交流、交融过程，既不是"同化"的胜利，也不是"异化"的成功；而是一种"双赢"，即形成了儒、释、道合流的文化态势，其中儒家仍然是主流或核心思想。这就是佛教的本土化、中国化。虽然这种文化格局的大调整在中国古代一共就成功过那么一次，但其造成的历史文化影响却极其深远，是世界文化交流史上非常耀眼的一个篇章。

佛教的东渐，魏晋南北朝、隋唐时期是鼎盛阶段，佛教极大地影响了中国社会。从皇室、士大夫、文人，包括普通老百姓，都深受影响，一度还出现过全民信佛的情况。甚至有一些皇帝都深陷其中。比如南北朝时期的梁武帝萧衍，连皇位都不要了，好几次直接跑到庙里去当和尚，经群臣反复劝阻才作罢。表面上看，传统的儒家受到了极大的冲击、衰落了。但是，除了魏晋、隋唐的某些时期从官方的角度和从文人的角度进行了一些系统的文化认同、辩驳的工作外，就一般老百姓来说，并没有太多人因为佛教的影响而忧心忡忡，更没有太多的人为此而愤世嫉俗。佛教的传播和影响总的来讲是一个"顺其自然"的过程。经过近千年的衍化，这个来自印度的强大异己文化在华夏大地扎下根来，与中华文化高度融合，它本身成了中华本土文化的构成要件。换句话说，佛教被中华本土文化改变了，被儒、道两家的文化给转化了。但与此同时，它也改变了、转化了中华本土文化；它不仅为众多普通百姓所信奉，而且推动了儒学新形态——宋明理学（包括程、朱和陆、王的思想）的生成，宋明理学的特征就是以儒学为核心，儒、释、道三家互补。这是"创造性转化，创新性发展"的成功典型。

马克思主义是和其他西方思想文化一道从"西边"进入中国的，但时间上较西方主流文化稍晚。另外，马克思主义的进入有一个中间环节，那就是经过日本。因为日本在明治维新以后就开始了"脱亚入欧"的西化进程，而且这个进程比较迅速，也比较成功，日本在很短时间里成为列强之一。但日本又是一个受中华文化两千年深度影响的国家，汉文化的影响随处可见。比如汉字的使用，就是日本人永远不能摆脱、也摆脱不掉的中华文化背景。因此可以说，中西方文化的交流、交融，包括马克思主义中国化的第一步，都是通过

第十一篇 两种"自信文化"的契合——植根于中华文化土壤上的马克思主义

日本这个"中间人"来实现的。

19世纪末,马克思主义被一部分知识分子引入日本,社会主义运动也悄然兴起。同期,马克思主义被留日学生和旅日华人带入中国,日本成为五四运动前向中国输出马克思主义的主渠道。可以说,这是一场以日本早期传播的马克思主义为思想基础,以中日之间一衣带水的文化相似性为传播纽带,以留日学生和旅日资产阶级志士为传播主体的思想迁移运动。

相比汉语从欧美语言吸收术语的乏力,从日语吸收术语具有得天独厚的优势。作为中华文化长期的覆盖国、辐射国,日本与中国同属一个文化共同体,文化认同感强烈。汉字在日语中占有重要地位,尤其是日本在明治维新后翻译国外政治、哲学著作时,利用汉字制造了大量新的汉语词,使得中国从日本转译这些著作时,几乎可以达到信手拈来的程度。最早以论著形式介绍马克思主义的是资产阶级改良派的代表人物梁启超。戊戌变法失败后,他流亡日本,在对戊戌变法进行反思的同时,接触到日本的马克思主义思想。1902年10月,梁启超在《新民丛报》上接连发表两篇文章,简要介绍马克思及其社会主义学说。认为社会主义是当今德国"最占势力之两大思想。" 1904年,梁启超撰写了具有开创意义的《中国之社会主义》一文,概括社会主义的核心要义是:"土地归公,资本归公,专以劳力为百物价值之源泉。"受时代的局限,梁启超虽不能完整、准确阐发马克思主义的思想内涵,但他已经接触到了马克思主义的精髓,以启蒙者的视角,最早传播了马克思主义。

1905年,孙中山在《民报》发刊词中明确提出了三民主义,其中的"民生主义"就是受社会主义影响的产物。朱执信、马君武、宋教仁、廖仲恺等人也曾多次通过翻译和著述向国人大力介绍日本语境下的社会主义和马克思学说。五四时期,资产阶级革命派宣传的马克思主义,仍然主要来自日本。如1919—1920年间,胡汉民在《建设》上发表的《唯物史观批评之批评》《中国哲学史之唯物的研究》,戴季陶在《星期评论》《建设》《觉悟》上发表的《关于劳动问题杂感》《从经济上观察中国的乱源》《经济之历史的发展》等文章,皆以较大版面介绍和宣传了马克思主义,其理论资料基本来自日本。此外,以刘师培、张继为代表的旅日无政府主义者,在宣传无政府主义思想时,对马克思主义进行了述评,客观上也起到了宣传马克思主义的效果。

这样一来,日本就成为马克思主义在中国早期传播的最重要的基地,起到了非常积极的作用。其一,为马克思主义在中国的传播提供了最初的文本来源。由于日语的语言优势,日文原著中译本的出版量持续增多。到20世纪初,日文原著的中译本已由19世纪末的15.1%一跃升至60.2%。1903年是马克思主义传入中国的重要一年,当年,日本三部篇幅较长的社会主义著作——《近世社会主义》《社会主义》《社会党》的中译本由广智书局出版。此后，马克思主义由日本向中国的传播逐渐规模化。不夸张地说，在五四运动前，中国对马克思主义的了解几乎全部来自日语或"日式汉语"文献。

其二，直接影响了中国马克思主义的话语体系。日本在吸收西方新事物和新思想时，利用汉字制造了相当数量的新词。这些新词主要由两种方式得来：一是使用中国的古典词语，但意义与该词的中文原意已经不同。如"文学"一词，是借用中国成语"文章博学"而成，但在日文中却是西方的"literature"之意；还有著名的"形而上学"（metaphysics）一词，直接来自《易经·系辞上》：日本著名哲学家井上哲次郎将亚里士多德的《物理学之后》（metaphysics）这本经典哲学著作的书名译成了"形而上学"（取自"形而上者谓之道，形而下者谓之器"这句话），专指哲学本体论，即哲学这门学科中基础的、根本的、起点的部分，这个精妙的翻译直到今天仍然是中国哲学界最基本的概念。二是当没有适当的汉语成语可供借用时，日本学者就使用汉字创造新词。如用"资本主义"来表示"capitalism"，用"说明"来表示"explanation"等。马克思主义术语也不例外，根据德国学者李博的统计，中国从日本直接借用的马克思主义术语有"资本主义""社会主义"等35个，经过修改而借用的有"独占""支配""民众"

等9个，仅有"买办阶级"一词是未受日本影响而产生的。

其三，为中国共产党的创建提供了组织储备。俄国十月革命前，留日学生对马克思主义的介绍，是在国家危亡的国情和个人兴趣推动下的自发尝试，并没有形成马克思主义规模化的传播。但他们的介绍却引起了中国思想界的巨大变化，成为"中国社会主义的黎明期。"即使在十月革命后，苏联语境下的马克思主义成为传播的主流，日本的影响依然不容忽视。中国共产党的创建者，如陈独秀、李大钊、李汉俊、李达、陈望道等，都曾是留日学生，他们都是在日本最早接触到马克思主义的。中国共产党成立时，党员中相当大一部分是从日本留学回来的人。马克思主义学说中的绝大部分观念、思想、论断，就是这么来到中国的。可以说，马克思主义是穿着汉语这件外衣从日本进入中国的，这和把西方文字翻译成文言文（以严复先生为代表），显然通俗、易懂、清晰得多，这当然有利于这个伟大学说在中国的立足、普及、传播。

当年佛教进入中原，通过发展僧众的方式来传播。在这个过程中，相关的宗教形式、礼仪、规矩、经卷、寺庙、制度、管理等等是必不可少的，这就限制了佛教的初期传播和发展。马克思主义是以平实的语言、普通人能够理解的道理来影响中国人的，首先是中国的知识阶层。马克思、恩格斯的思想开始时的影响并不大，但已经成为来自西方的一门"显学"。1917年俄国十月革命的成功传入中国，首先是中国的中心城市，使马克思、恩格斯和列宁的名字联系在了一起，这个学说的理论说服力和实践感召力才真正彰显开来。越来越多的年轻革命志士逐渐从心底信服这个来自遥远的西欧和俄国的思想体系，他们觉得这个理论、这个实践，对于解决我们这个苦难深重的东方大国的根本问题，从"也许行"到"多半行"，再到"肯定行"；不管怎么理解和认知马克思主义，他们先后投入到了反帝反封建的革命运动当中。经过后来中国共产党领导的革命、建设、改革、发展的百年历程，已然证明了：这个"主义"在中国"真的行"！

四、马克思学说的中国语境

19世纪末、20世纪初，马克思主义跨越千山万水，途经日本来到中国，在短短几十年时间里造成了天翻地覆的社会巨变，成为引领我们这个古老东方大国的主流意识形态。这是一件十分奇特、也十分耐人寻味的地缘文化事件：一个诞生在西方的理论体系，却在遥远的东方立足、扎根、长存，成为中国这个有两千年儒家文化传统的古老东方大国的"主旋律"，这是非常值得深入研究的。

为什么马克思主义能够在遥远的东方而不是在它的诞生地西方取得了经久不息的成功？原因十分复杂。从文化渊源上讲，马克思主义当然是西方文明的产物，马克思、恩格斯一生关注欧洲、北美，亚洲和中国的事情说得很少。但马克思主义是一种特殊的、非主流的西方文化，它是资本主义生产方式的批判者、掘墓者；它的许多精神和社会诉求、它的许多价值取向与西方主流文化是不一致的，甚至是针锋相对的；而在这些诉求和取向中，有不少内涵和形式与中国或东方文化相一致、相契合。

意大利共产党创始人、著名马克思主义理论家安东尼奥·葛兰西思（Antonio Gramsci）考了为什么马克思主义在西方"不行"而在东方"行"这个问题。根据他的解释，那是因为西方国家与东方国家（葛兰西所说的"东方"，指的是沙皇俄国这样的东欧大帝国，而不是中国这样的东亚大国）的社会结构有原则的区别。他认为，在东方，政治就是一切，或基本上就是一切。一旦在东方爆发无产阶级革命并且夺取了国家政权，无产阶级（或其他受压迫阶级）就会立即上升为统治阶级，奴隶马上就可以成为主人，随即实现经济和社会制度的变革。

但西方社会却要复杂得多。它是"政治社会"与"市民社会"的统一体，换句话说，在西方发达国家，参与社会和国家治理的力量，除了传统的政治力量（政权、军队、警察、法律、制度等这些"暴力机器"），还有强大的"市民社会"。"市民社会"是一种生活方式、生活习惯，是一种"文化影响力"，包括自由、民主、法治、宗教、道德、

第十一篇　两种"自信文化"的契合——植根于中华文化土壤上的马克思主义

生活方式等等，这是一种强大、稳固的力量，由此形成了无形而无所不在的"文化领导权"（马克思在他的著作里曾经多次谈及"市民社会"）。资产阶级统治是建立在"强制"（暴力、压迫等等）和"同意"（民众对体制的认同）相结合的基础上的。因此，一方面，在西方爆发人民革命的可能性很小，另一方面，即便无产阶级掌握了国家机器，市民社会也会从内部将革命的成果逐步瓦解。最典型的例子就是1918年11月德国共产党发动的无产阶级革命，一度夺取了国家政权，最后还是失败了——"市民社会"的软抵制是失败的重要原因。因此，无产阶级如果不能在文化上取代资产阶级成为领导者，就不可能取得革命的最后成功。

因此，葛兰西认为，马克思、恩格斯所设计的"剥夺剥夺者""暴力推翻现存制度"等革命方略，在欧洲反响不大，却引起了东方革命者的共鸣，并且被东方革命者所采纳。在东方国家，领导权一旦发生变故，改朝换代、社会大变迁便即刻实现。这是马克思主义之所以在东方取得成功的一个原因。另一个原因是：东方被压迫民众（以农民、农奴为主）与西方被压迫民众（工人、雇佣劳动者）的生存境遇之间的差别太大，以至于马克思主义在传播到东方国家时，能够迅速将劳苦大众的阶级意识和革命激情焕发出来。的确，马克思和恩格斯在他们的著作中揭露出来的西方无产者的"非人道"的工作状况和生活状况，如果放到同时代的俄国特别是中国的劳动者当中来,就算不了什么。马克思曾经把订阅报刊、孩子受教育等等费用,折算成19世纪欧洲一个普通工人家庭的"社会必要劳动时间";然而这样的开支在20世纪上半叶的中国,哪怕对于中等阶层来说也是很难做到的。1949年以前,中国老百姓过的日子实在是太凄苦、太悲催了,和欧美国家的下层劳动者相比有天壤之别。于是,当西方的工人阶级对马克思主义的召唤逐渐无动于衷的时候,东方的劳动人民却在了解到马克思主义的基本内容之后,便风起云涌般地投身于"剥夺剥夺者""翻身做主人"的革命中去了。

葛兰西的观点是有道理的。他本人是著名的马克思主义革命家、理论家,在反对墨索里尼法西斯统治的斗争中被捕入狱,最后病死在了法西斯的监狱里。他在狱中总结了意大利共产党失败的原因和俄国十月革命成功的原因,遂得出了上面的结论,这也是葛兰西对"西方马克思主义"的一个理论贡献。诚如葛兰西所分析的,东西方国家在社会结构上有原则的区别,这是马克思主义不能在西方发达国家取得政治革命胜利的根本原因。而在东方国家,情况就简单得多,政治权力的更替,具有决定一切的意义。毛泽东在总结中国革命时指出,"马克思主义的道理千条万绪,归根结底就是一句话:造反有理。根据这个道理,于是就革命,就斗争,就干社会主义。"

第十一篇　两种"自信文化"的契合——植根于中华文化土壤上的马克思主义

从理论所导致的结果看，马克思、恩格斯关于西方资本主义生产方式的"内在矛盾—社会危机—社会革命"的预言，的确完全没有应验。在西方，自发的无产阶级革命，仅仅就是1918年11月德国共产党组织发动的那一次，而且以失败告终。但是在东方，继俄国十月革命以后，特别是在二战以后，一批东欧国家，还有中国、越南、古巴、朝鲜、老挝等落后国家都成功实现了政权的更迭；在其他第三世界国家，这类革命也曾经风起云涌，如马来西亚、菲律宾、柬埔寨、尼泊尔、哥伦比亚、尼加拉瓜、委内瑞拉、玻利维亚、智利、安哥拉、津巴布韦等等。

有一点不能否认：正是马克思主义对传统资本主义的分析、批判、否定，促使资本主义国家的执政者们，在促进、保障物质产品的生产方面，在运用科技手段大幅度提高劳动生产率方面，特别是在对财富的调节、分配方面，实施了长期的、系统的自我革新。必须指出，这种改革在相当程度上吸收了马克思主义和社会主义国家的思路和做法，其最成功、最富于"人情味"的方面，就是建立了大规模的、普惠的社会保障体系，因而消灭了绝对贫困现象。因此，20世纪以后，特别是今天的资本主义生产方式已经不再是马克思、恩格斯生活的那个时代那种初级、自由、赤裸裸、"一根筋"的形态了。

马克思、恩格斯没有能够预料到20世纪中叶以后世界资本主义的发展、变化、改良、革新，这是事实。马克思、恩格斯是人不是神，他们只能解答、解决他们那个时代的经济、政治和社会课题，并且对未来社会的发展提供基本的、原则性的理论框架。因此，不能因为马克思、恩格斯未能预测到后来资本主义世界的发展、变化而否定马克思主义本身的合理性。只要马克思主义始终保持实践的、革命的、批判的理论品格，她的生命力就不会丧失。

中国1978年底开始的改革开放，是在苏联模式社会主义遭到失败的背景下实施的。中国为什么必须实施改革？因为在经济资源的配置方式上，二战以后"正统"的计划分配模式被证明竞争不过市场配置模式，也就是说，计划经济干不过市场经济；由市场来自发地配置经济资源，是迄今为止人类经济行为最具活力、可持续性和效率最高的方式。其实马克思和恩格斯对市场经济的高效率、高产能、惊人的物质技术成就，有着最直观的体会。他们在《共产党宣言》里是如此描述的："资产阶级在它的不到一百年的阶级统治中所创造的生产力，比过去一切时代创造的全部生产力还要多，还要大。"中国40多年的改革开放所创造的物质技术成就，更是超过了中华民族几千年创造的财富总和的无数倍——这靠的是什么？靠市场配置资源，靠"看不见的手"。

中国的改革，就是在坚持马克思主义普遍真理的前提下，大胆吸收市场经济模式中那些卓有成效的因素，才取得了空前的成功。这些因素，首先是它的"市场配置资源"所导致的经济高效率，其次是它通过调节税收、推行全面而有差别的社会福利来缓解贫富之间的张力——当年马克思、恩格斯对这些都曾做过分析。这正是"中国特色社会主义"的生命力和魅力所在。

1841年，青年马克思在谈到康德哲学的现实意义的时候，把它比喻为"法国革命的德国理论"。意思是说：康德用思辨、晦涩的哲学语言，揭示了当时正在进行中的法国大革命的历史进步意义。我受到这个比喻的启发，联系马克思主义一百年来在中国导致的文化转型和社会变迁，把马克思和恩格斯的学说比喻为"中国（或东方）革命的德国理论"。我的意思是：马克思主义本身具有的强大理论说服力（"普遍真理性"），与中国的现实国情和古老文化相结合，为这个伟大学说在中国的立足、扎根、传播、影响提供了充分且必要的条件。这是马克思主义为什么在中国"行"的最有力证明。

五、人文精神的共同彰显

我们经常讲人生观、价值观、生命态度、自我尊严等等，它们都有一个前提，那就是人的物质生活有保障、衣食无忧；如果人们的温饱问题还没有解决的话，就谈不上人文、品位、尊严，也不会有多高的"精神境界"。为什么现在人们越来越多地强调人的精神追求，为什么要把人的尊严与幸福看得那么重？因为今天中国人的物质需求问题已经基本解决了，甚至许多中国人过上了比较富裕、比较高端的生活。在这种情况下，我们就不能不向往或追求比较高，甚至越来越高的精神生活。这是中国改革开放40多年展现出来的一个巨大的愿景。

人必须越来越有尊严感，这里面的内涵很多。自我的尊严，就是你定位好了你自己，做到了宠辱不惊，在心理上实现了平衡。通常情况下，人的心理都是不那么平衡的，这是正常状态；如何自觉地、理性地做到让自己的心理、心态、心情尽量平衡起来，不是一件简单的事情，不是一般的追求。这种追求，就属于"人文精神"的范畴。在"人文精神"这个概念中，人的生存状态、人的价值归宿、人的全面幸福感、人的综合获得感，都具有超越的、道德的、美学的意味，比通常讲的对快乐生活的追求、对物质欲望的满足要高尚、高雅、高级。

彰显人的高尚价值，这是古今中外精神追求、人文理想的一个要点。在西方文化传统中，马克思主义从来不处于主流地位，但马克思主义一方面承接了自古希腊以来，尤其是文艺复兴以来的精神传统，自始至终表达了对人类生存状态的关切，对人类（不论是个体还是群体还是全体）的自由和解放的关注；另一方面，又提出了各种思路和方法来实践、落实这些关切和关注，从而与历史上的各种空想社会主义区别开来。关于马克思的哲学、经济学、政治学究竟着眼于什么，历来有不同的见解。在我看来，马克思主义的核心关切就是一个字："人"。人是马克思主义的出发点和最终归宿，因此，把马克思主义称为一种理论与实践相统一的人道主义、人文精神，是合适的。

1845年春，马克思写下了十一条论纲，后来以《关于费尔巴哈的提纲》而闻名。这十一条论纲，在马克思主义哲学中是非常关键的内容，恩格斯称之为"包含了新世界观的天才萌芽的第一份文件"。我列出其中几条，从中可以看出马克思在哲学上关注什么。

"一是从前的一切唯物主义——包括费尔巴哈的唯物主义——的主要缺点是：对事物、现实、感性，只是从客体的或者直观的形式去理解，而不是把它们当作感性的人的活动，当作实践去理解，不是从主体方面去理解。因此，结果竟是这样，和唯物主义相反，能动的方面却被唯心主义抽象地发展了……

二是人的思维是否具有客观的真理性，这不是一个理论的问题，而是一个实践的问题。人应该在实践中证明自己思维的真理性，即自己思维的现实性和力量，自己思维的此岸性。关于离开实践的思维的现实性或非现实性的争论，是一个纯粹经院哲学的问题。

....

八是全部社会生活在本质上是实践的。凡是把理论引向神秘主义的神秘东西，都能在人的实践中以及对这个实践的理解中得到合理的解决。

十一是哲学家们只是用不同的方式解释世界，而问题在于改变世界。"

以上这些话，是马克思哲学的"人本性"和"实践性"的最有说服力的依据。其中最重要的是第一条和第十一条（这一条后来还做了马克思的墓志铭）。

马克思和恩格斯在1845年至1846年间发表了著名的《德意志意识形态》。他们写道："我们仅仅知道一门唯一的科学，即历史科学。历史可以把它划分为自然史和人类史；只要有人存在，自然史和人类史就彼此相互制约。"这段话是马克思主义的人本性、实践性的又一个注脚。

这就引出了一个更加普遍、更加现实的问题：究竟马克思更关心经济的优先性，还是更关心对社会（尤其是构成社会的人）进行全面的改造？

我们已经十分熟悉这样的一些原理：社会存在决定社会意识，而社会存在主要指的是建立在特定生产力水平之上的生产关系（包括人与人之间的社会关系）；因此，生产方式的运动决定着社会上的一切其他方面（比如政治、宗教、哲学等等）的运动及其形式。从这个意义上说，那的确可以看作是一种经济决定论或经济优先论。但是，如果把这一点加以夸大或绝对化，那就肯定会使马克思主义走样。必须明确，马克思的想法是：所有观念形态的东西（如政治、宗教、哲学、艺术等等），都归根结底可以从特定社会的生产方式和经济生活中找到原因。道理很简单：人们首先得吃、穿、住、行，然后才可以从事政治和文化活动，因而，为生产的运作而建立起来的生产关系便构成了基础。但是，这种经济的优先性并不意味着人们应当把精力全部或绝大部分倾注在改善物质生活的水平上面，更不意味着人的精神的进步与完善只能在经济十分发达之后才可以考虑。

很遗憾，在苏联理论界的解读下，经济决定论被说成了"唯"经济论，社会的总体进步、人的全面发展却被忽视了。事实上，马克思除了对生产方式的决定性意义作过论述之外，也用了相当大的精力来说明人的解放与发展的问题。在我看来，马克思是把人的问题（即通过全面改造社会来消除人的恶、营造人的善）当作他的哲学、经济学和政治学的最高目标；也就是说，社会革命不能够以导致某种合理的经济-政治秩序为最后目的，毋宁说，新秩序为人的全面解放提供了现实的出发点。

中国传统文化有一句名言："形而上者谓之道，形而下者谓之器"（《易·系辞上》）。"道"就是大道理、大趋势、大结局。中国传统哲学讲的天理、天道、佛性等等，西方哲学讲的本体、实在、必然性等等，都把那个看不见摸不着，但始终在起决定作用的存在，归之为"道"。自然科学追寻自然规律，就是力图认识、把握自然界的"道"；中国春秋时期老子推崇的"道"，是万事万物和人的生存得以立足、发展的根据；西汉董仲舒讲"天不变，道亦不变"，讲的是政治上的法统、最高的统治秩序，这个"道"是不能改变的。与之相对，那些"小道理"，即看得见、摸得着、可操作、可变通的存在叫作"器"。"形而上者"，顾名思义，就是隐了形的、遁了踪，但又无处不在、无所不能的"道"；"形而下者"，则是日常生活中可知、可感、可动、可变的事物、过程，即"器"。道管着器，器体现了道。西方哲学讲的"道"即"形而上学"，偏重于宇宙自然的本体、本质和规律；中国哲学讲的"道"，主要指人类道德行为的根本遵循。中西关于"道"的两种理解，都对于"器"（即自然界、日常生活）具有根本意义。我认为，马克思主义哲学兼具了中西哲学的这两层含义；马克思主义作为一种人道主义或人文精神，就是一种既有"道"的高度，又有"器"的厚度的理论体系。关于这一点，我后面讨论马克思主义的"理想主义"和"现实主义"时要做出分析。

　　人文精神是一种高级的人类精神现象。从世界文明史的角度看，应该说大多数的民族是没有或很少有人文精神的。所谓人文精神，往往是发展程度比较高，思辨能力比较强，审美情趣比较丰富多彩的大型民族才具备的精神品位或文化境界。

再说一下"终极关怀"。终极关怀或者终极关切,来源于"生与死"的关系,一定是思考了"肉体消亡以后怎么办"而得出的某种结论。如果一个民族或者说一个群体仅仅考虑现实人生当中的各种事情的话,那是不会有终极关切的。而当一个人在想:有一天我的肉身消亡了,我还存在不存在?如果存在,是以什么形态存在?如果他思索了这样的严峻问题,他就进入终极关切了,就跟宗教或哲学挂上钩了。任何宗教,对信徒最起码的要求就是无条件地崇拜那个创世神或救世主。为什么要这样?因为任何一个活在时间、空间中的人最后都是会死去的,而且这个结局是人类清楚明白地知道并且不能不接受的。这既恐怖又无奈,是人生必然要经历的最大困惑或悖论。

毛泽东讲,"人总是要有一点精神的"。这个精神,当然包含了终极关切,也就是说,人是要有信仰的。我前面谈到了"道"和"器"的关系,那个"道"就是理想、信念、信仰的对象,虽不在空间和时间中,却是人的生命意义、生活价值的支撑。这样一来,信仰、信念就跟"人文精神"的含义统一起来了——人文精神说到底,就是对人的本性、本质及人类的过去、现状、未来的一种深层关切;具有这种人文关切的民族或文明,即有信仰、有信念的民族或文明,就是先进的民族或文明。

人文精神是一个民族、一个族群、一个人的文化品格的核心内容,是用来鉴定、鉴别其修养、人格和趣味的重要尺度。不同的人有不同的审美,不同的人群拥有不同的文化消遣;先进的文化,品位肯定就要高一些。我这里没有贬低、排斥"俗文化""大众文化"的意思,但如果中华几千年的文化艺术到头来只剩下了小品和段子,那是没有办法向我们的祖宗交代的。

一个国家、一个地方,人文精神的有和无,强和弱,是其软实力的重要指标。你走到世界上去,看一个国家、一个民族有没有文化,在很大程度上是看他有没有一种人文的情怀,也就是对人的尊重,包括对人身、人格的尊重。如果我们的艺术家去到国外总给人家表演"大忽悠",那是不严肃的,是要贻笑大方的。

"人文精神"(humanistic spirit)这个词来自西方,与人文主义、人道主义、人本主义(这三个词都是humanism)是一个意思,那是14世纪欧洲文艺复兴运动以后才出现的思潮。但这个词的含义却是跨文化的、普适性的,不能说只属于西方。中国传统文化当中从来就有人文精神,只不过我们以前没有使用"人文"这个词罢了。毫无疑问,中华民族是历史悠久的伟大民族,中华文化是世界上的先进文化之一。在中华文化当中有大量关于人生关切、人类诉求、人心向善的论证与诉求，我们的文化典籍浩如烟海，人文精神方面的内容举不胜举。

跟西方文化相比，中华文化的人文性、伦理性更重。至少从孔子以来，中国文化特别注重人伦关系，自始至终要求处理好各种各样的人际关系或社会关系，儒家学说从某种意义上说就是专门探讨人伦的思想学说。人是分为很多不同种类、阶层、身份、角色的，根据这些不同点或相同点，人与人相处就有了不同的或共同的规则、方式、关系。

从实质上说，中国的"国学"就是"人学"。以儒学为核心的中华传统文化，可称为心性之学、道德之学、安身立命之学。儒学所关注的，是生命的意义，是文化的血脉，是不朽的精神，是永恒的理念，是坚韧的意志。比如，孔子讲的君子"三达"之德："仁、智、勇"。仁，是柔软的心肠；智，是清明的头脑；勇，是不拔的意志。又如儒家提倡的"六艺"之教："礼、乐、射、御、书、数"。礼，是分寸的节度；乐，是和合的一体；射，是对象的锁定；御，是主体的掌控；书，是典籍的涵养；数，是逻辑的思考。所有这一切，都彰显了中国古代的人文理想、人文精神。中华文化，特别是儒家文化在这方面做了大量的工作，形成了庞大的体系，在世界文明的宝库中占有重要地位。

在人类关切、人道主义、人文精神方面，我们今天拥有两个强大而厚重的资源。一个是马克思主义对个人、人群、人类的终极关怀和关于人的解放的具体思考；另一个是中华传统文化长期以来的人伦设计、道德求索、心性构建。这两个资源的有机结合，是构建文明、健康、向上、向善、和谐的中国社会的基本方向。

六、"批判的武器"和"武器的批判"

我认为，马克思主义作为人类智慧发展的伟大结晶，是由两个部分组成的，即理想主义的部分和现实主义的部分。马克思主义的理想主义部分，主要是对人类美好生活的憧憬和构想。像任何一个理想主义体系的构建者一样，马克思对未来美好社会是心驰神往、坚信不疑的。在这一点上，马克思的构想与柏拉图的《理想国》、托马斯·莫尔的《乌托邦》、托马索·康帕内拉的《太阳城》、弗兰西斯·培根的《新大西岛》等名著相似，属于古希腊以来西方哲学和文化的同一个精神传统。但是马克思不仅仅提出了一个理想主义的理论体系，他（以及恩格斯）同时提出了为实现这个理想应该如何进行现实奋斗的具体路径或手段。这样一来，马克思主义就成为一种理想主义与现实主义相互融合、相互衬托的理论体系。这是马克思主义的理论说服力的一个主要的表现。

我认为，马克思主义的"理想主义"主要指：

第一，对人类美好生活的憧憬与构想。即实现"两个

第十一篇　两种"自信文化"的契合——植根于中华文化土壤上的马克思主义

统一"：经济发展的高效率和分配方式的公平合理之间的统一，物质生活的不断改善与精神境界的不断超越之间的统一。马克思非常清楚市场配置资源是最有效率的生产方式，但他当时生活的那个自由资本主义社会的雇佣劳动制度却把少数人占有财富这种情况推向了极端，造成了有史以来最不合理的贫富悬殊、劳动异化。马克思要通过批判，来唤起人们的阶级意识，并努力改变这种不合理的经济制度，同时提升全体劳动者的精神境界。

　　效率和公平是文明社会由来已久的一对矛盾，而且肯定是一对永恒的矛盾；这对矛盾既是人类文明不断发展的动力，又是导致人类社会纷争、斗争的原因。自古以来，政治家、思想家们为了实现两者的平衡而殚精竭虑、不懈努力，导致社会发展过程中出现了冲突——平息——再冲突——再平息的循环往复。社会历史的发展是建立在经济基础之上的，这是马克思主义的一条基本原理；没有日益丰富的经济产出，任何其他发展都谈不上，发展是硬道理。但经济发展了，如何分配就成了当务之急，但这个问题比发展更难。经常出现的情况是"两极分化"，于是导致争执和冲突。为了避免更大、更多的争执和冲突，思想家设计、政治家实施，力图缓解收入分配的悬殊格局；但这么做又会走向另一个极端——平均主义。平均主义的结果是：冲突暂时平息了，效率却普遍下降了，因为无差别的分配方式必定损伤劳动者的生产积极性，最终社会的物质基础不再稳固。为此，差异化的生产-分配方式卷土重来，在提升劳动生产率的同时又造成新的贫富悬殊，于是矛盾、冲突又开始酝酿、发酵……这就是困扰人类文明史的恶性循环。马克思的人文精神或理想主义，就是以突破这个恶性循环为出发点，他由此构想出了科学社会主义这样一个范式，来试图化解那个循环。

第二，对实现人的全面发展的关注。即促进人类达到这样的生存状态：拥有自由和无拘束的创造性，精神生活高雅深刻、丰富多彩，人与人之间处于友爱、和睦的关系之中，等等。马克思特别关注人的自由的、无拘束的、全面的发展，特别强调人的生活方式的丰富多彩，特别反感人与人之间的敌对关系、异化关系，特别期盼人与人之间能够恢复友爱与和睦。马克思主义的人文精神和理想主义，集中体现在对"人"（人类的个体、群体、全体，也就是我们今天常说的"人类命运共同体"）的关心、关怀和关切，马克思主义就是一种至高境界的人文主义、人道主义、人本主义。

第三，对劳动从异化状态向本来状态回归的信心。"异化"（alienation）在马克思学说中是一个重要概念，它来自黑格尔和费尔巴哈，专门用于描述资本主义制度下人性、人格的变形、扭曲、分裂状态。马克思的批判所要导致的理想状况是：劳动不再是迫不得已的、对象化的、纯粹物质领域里的活动；劳动应当回归到它的本来意义——劳动是人的

第十一篇　两种"自信文化"的契合——植根于中华文化土壤上的马克思主义

本质,劳动是生活的第一需要,劳动是自由而愉快的享受过程,劳动是美。

这就是马克思主义当中的"理想主义"。在这个学说中,真正重要的不是使人获取最大的经济利益,而是使人从千百年来一直压迫着他们的经济需求下解脱出来,使人获得精神的解放。正如马克思所概括的:"事实上,自由王国只是在由必需和外在目的规定要做的劳动终止的地方才开始;因而按照事物的本性来说,它存在于真正物质生产领域的彼岸。"正是由于看到在资本主义社会下劳动者的生存现状非常不理想,所以马克思提出自己的学说,首先是要表达一种抗议,即抗议人性的异化、扭曲;其次,他要通过社会的、文化的批判来促使人们意识到自己的不利处境,进而自觉地去改善这种处境,使人的"自我"恢复原状。换句话说,从理想主义这个角度讲,马克思学说是一种"救世理论",是一种全力以赴地促使不合理社会现象向合理社会现象转变的"批判的武器"。

然而,正如马克思所说,"批判的武器不能代替武器的批判,物质力量只能用物质力量来摧毁。""哲学家们只是用不同的方式解释世界,而问题在于改变世界。"这就是说,马克思主义不仅是一种理想化的人道主义理论,而且是一种力图改变世界的现实革命理论。

关于马克思主义的现实主义部分,即马克思关于社会变革的理论，主要体现在《共产党宣言》和《资本论》这两部著作里。那就是：通过揭露资本主义经济制度的剥削本质，来唤醒雇佣劳动者的阶级意识，进而组织成为无产阶级的革命力量，首先在政治上实现变革。用《共产党宣言》里的话来说："工人革命的第一步就是使无产阶级上升为统治阶级，争得民主"；在此基础上，"一步一步地夺取资产阶级的全部资本，把一切生产工具集中在国家即组织成为统治阶级的无产阶级手里，并且尽可能快地增加生产力的总量。"要实现这两个目标，基本的甚至唯一的手段就是"暴力"："共产党人不屑于隐瞒自己的观点和意图。他们的目的只有通过暴力推翻全部现存的社会制度才能达到……无产者在这个革命中失去的只是锁链。他们获得的将是整个世界。"

中国共产党的早期领导人，如陈独秀、李大钊、毛泽东、蔡和森、周恩来、瞿秋白、李汉俊、张申府、陈望道等，都是在20世纪初的"新文化运动"中接触到马克思主义的。他们对马克思主义与当时进入中国的其他形形色色西方思潮做了比较；他们被这个理论的逻辑力、解释力、说服力所折服，认为这个理论能够帮助灾难深重的中国人民走出列强的压迫，实现国强民富、民族复兴。特别是紧接着，发生了俄国的"十月革命"。"十月革命一声炮响"，将马克思主义的新形态——列宁主义送进中国，更是令这些中国先进知识分子、革命家兴奋不已。于是，"走俄国人的路"就成

第十一篇 两种"自信文化"的契合——植根于中华文化土壤上的马克思主义

了他们的不二选择。如果说传到中国来的马克思学说主要是一种"批判的武器",也就是思想体系的话,那么,列宁主义就是一种"批判的武器"和"武器的批判"的成功结合,在一百年前,具备了最强的理论说服力和实践解构力、创造力。

综上所述,我已经对马克思主义的"理想主义"和"现实主义"这两个部分做了解析。我想强调:长期以来,我们注重的是马克思主义的现实主义这个部分,即马克思主义的革命、建设、改变现实的力量。这当然完全正确,要继续坚持;但就当前来说,我们的确应当重视马克思主义中的理想主义了,也就是它的文化功能或人文功能。我认为,马克思主义的"现实主义"主要体现了马克思主义与中国具体实际相结合这个内涵;而马克思主义的"理想主义",则主要体现了马克思主义与中华优秀传统文化相结合这个内涵。我这里提出的是一个基本思路,可以成为一个大的研究方向。我下面要做一些探讨——不是系统阐述,仅仅说明两种文化之间的一些契合点。

七、两种"自信文化"的契合点

作为源于古希腊的西方文化的一个类型,马克思主义对人性的估价,却是非西方化的。马克思不承认人性的丑恶或"原罪",反而认为人有着许多善良的本性、意愿,比如对"本来意义"的劳动的天然热爱,对消除精神异化、回归自然本性的渴望,在物质极大丰富的前提下对自身"全面发展"的向往,对历史自由王国的憧憬,等等。这些论点都表明马克思对人性的"向上向善"是心驰神往、充满信心的。

而这些论点,恰恰与中国儒家思想对道德理想的追求、对"大同世界"的憧憬、对公平正义的构思、对"人人皆可为尧舜"的期盼,有高度的一致性。对贫富悬殊的拒斥,对共同富裕的希冀,是科学社会主义与中华传统文化之间的一个公约数。马克思、恩格斯都比较偏重经济生活的公平方面,这是没有争议的,这是他们生活的那个自由资本主义社会的现实状况导致的。只不过,儒家、道家解决贫富悬殊的思路,总的来说就是平均主义;中国历史上许多反抗剥削、压迫的人民起义,都是以"均贫富"为其经济纲领,这当然不切实际。而马克思的思路却是在生产资料所有制方面实行变革,随即促进经济总量的极大增长,以此为基础,递次实施"按劳分配"和"按需分配"的分配方式。

孔子一生孜孜追求"大同社会",他的这个理想在两千多年的帝制时期从来没有成为过现实,但他的这个理想与欧洲文艺复兴以后兴起的空想社会主义思潮有许多契合之处。当社会主义从空想转变为科学之后,对贫富悬殊的拒斥,对共同富裕的企盼,对人类公平正义的追索,就不再停留在精神层面。不可否认,许多年前中国在追求公平正义、消除贫富对立的过程中曾经走过很大的弯路。迷信苏联模式，特别是苏联模式的经济体制，造成了平均主义、"大锅饭"，走向了另一个极端。所以才有后来的改革开放和推行"市场配置资源与更好发挥政府作用"相互支撑的经济方略，这也就是中国特色的市场经济道路。

马克思主义与中华优秀传统文化的另一个共通性，就是对"人"的关心、关注、关切。这涉及许多重大而深刻的理论与实践领域。诸如：1.人的精神诉求及其实现方式。这一点是两种文化都强调的：既然是人，就不会仅仅着眼于物质生活，人的解放归根结底是精神的、自我的、"心"的解放，亦即马克思说的"真正物质生产领域的彼岸"。这个诉求，在孔子、孟子、朱熹、王阳明那里，都可以找到相似的表达。2.人的生存、发展的各种社会要素及其相互关系。马克思说："人的本质并不是单个人所固有的抽象物。在其现实性上，它是一切社会关系的总和。"中国传统文化，也强调人与人之间关系的极端重要性，中国文化就是一种伦理性的文化。因此，两种文化在这个领域有充分理由进行对话、融通。3.人与社会、人与自然的相互作用及共同发展。历史唯物主义解释了人类历史发展的实质是生产力和生产关系、经济基础和上层建筑之间的矛盾运动，人与自然之间也存在着这种辩证关系；中华传统文化同样强调对立面的统一、合一关系，比如天人合一、道法自然、知行合一、九九归一等。辩证思维是马克思主义哲学异于西方主流逻辑的特色，而朴素辩证法是中国文化的天然禀赋，因此两种文化在这个方面的互鉴、互补是可能的，也是必要的。4.人通过能动实践、经济诉求、建功立业、经世致用而达至高尚生活境界的务实品格。马克思主义对"实践"优先性和至上性的强调，与追求"知行合一"的儒家精神有共通之处；马克思主义关于"重要的不是解释世界而是改变世界"的思想，与儒家关于修齐治平、经世致用、建功立业的精神是能够契合的；马克思主义对共同理想的憧憬和对人类美好生活目标的设计，与儒家梦寐以求的"世界大同""天下为公"的境界，可以进行内在与外在的对接；马克思主义关于矛盾统一的思想，与中华传统文化中的"一分为二""合二而一""中庸""和合"等智慧，有理论上的一致性和实践上的贯通性。

马克思主义的唯物论、辩证法、认识论、历史观、价值观以及关于经济、政治、社会、文化、生态全面协调发展的理论，与中华优秀传统文化中的天人观、知行观、体用观、和合观、伦理观、诚信观及人文观念、伦理精神、人际谋略、道德操守、民族气节等方面的阐述，形成了互为借鉴、彼此彰显的关系。马克思主义关于"克服异化、回归人自身""自由人的共同体""每个人的自由发展是所有人自由发展的条件"等等思想，与中华传统文化关于"诚意正心""修齐治平""达则兼济天下、穷则独善其身"等理念，也能够彼此提供精神的启示和理论的滋养。

我们所熟知的"社会主义核心价值观"，特别是其中的"文明、和谐、平等、公正、诚信、友善"这些价值，与中华优秀传统文化"讲仁爱、重民本、守诚信、崇正义、尚和合、求大同"的思想精髓之间，存在着精神谱系的关系。

还有一点最为根本：马克思主义是人类思想史上最具备"人民至上性"的学说体系（包括它的哲学、政治学、经济学、历史学、社会学、人学等），同时马克思主义又是把关心、发展、提升、保障人民根本利益放在头等重要地位的实践体系——包括社会主义从空想到科学的发展、人民当家作主的长期实践、中国特色社会主义在改革、创新与发展过程中积累的丰富经验等等。马克思主义的人民性这个鲜明特色，与中华传统文化长期秉持的"德惟善政，政在养民""民为邦本，本固邦宁""民贵君轻""载舟覆舟""与民休息"等民本主义思想，有许多内在的一致性。

所有这些，不仅说明来自遥远西域的马克思主义与我们古老东方大国的社会理想和道德追求有天然的同一性，而且昭示我们：通过创造性转化、创新性发展，更加合理、更加有效地阐释、说明马克思主义与中华优秀传统文化之间的内在关联，是一项重大而迫切的任务。

八、马克思主义与中华优秀传统文化相结合的时代意义

如前所述,一百年来,在对待中华传统文化的问题上,中国共产党的创始人和领袖人物的态度、做法并不是一以贯之的。社会存在决定社会意识,这是符合认识发展规律的。早期革命家为了开创新民主主义革命的新天地、新目标,他们批判旧学,倡导以马克思主义为真理的新学,是顺理成章、天经地义的。随着历史的发展和实践的深化,马克思主义和传统文化之间的关系不再互不相容,而是逐渐靠近,互相借鉴,尤其是在当今时代。有人说,中国人个个都是"潜在的儒家",这话不一定全对,但应该说有其道理。实际上,在新文化运动中冲锋陷阵的革命家、思想家、文学家,如陈独秀、李大钊、鲁迅、胡适等,他们哪一个不是饱读古典诗书,哪一个不是浸润了中华传统文化的精神养料呢?至于毛泽东,众所周知,他是对中华文化了解最多、理解最透的思想家、革命家,没有之一。

我们都知道,马克思主义既讲"物质变精神"(这是哲学中的唯物主义),又讲"精神变物质"(这是哲学中的辩证法)。中华传统文化也一样,一方面具有强烈的唯物主

义、现实主义气质（比如荀子讲的"形具而神生"，王充讲的"天地合气，万物自生"，王夫之讲的"气者，理之依也"，等等）；另一方面，像朱熹、陆九渊、王阳明等，则表现出浓烈的唯心主义倾向（比如朱熹的"理在气先"，陆九渊的"宇宙便是吾心，吾心便是宇宙"，王阳明的"心即理""心外无物"，等等。）

需要指出的是，在马克思主义思想家、革命家中，既有特别强调"物质变精神"的，更有非常强调"精神变物质"的，后者当中最有代表性的无疑就是毛泽东。毛泽东是把马克思主义的能动、创新、革命性发挥得淋漓尽致、登峰造极的伟人。他的一个重要依据，就是中国传统文化中关于推崇、弘扬人的内在自我、主体能动、人心创造等思想，这些思想，无疑来自先秦的孟子、南宋的陆九渊、明代的王守仁等。

在改革开放之前，受苏联哲学界的长期影响，一个人的哲学立场、观点、态度，常常具有至关重要、生死攸关的意义。曾经有一个"天经地义""不由分说"的教条：唯物主义哲学是正确的、真理性的，唯心主义哲学则是错误的、扭曲性的；再进一步，唯物主义代表了前瞻、先进，唯心主义代表了落后、反动；更有甚者，唯物主义者是有道德的"好人"，唯心主义者是无道德的"坏人"。改革开放以后，这种哲学"定义"弱化、消解了许多，尤其在道德评判方面：唯心主义哲学不再那么地位低下了，唯心主义哲学家也不再那么形象不堪了。这是实事求是思想路线在哲学领域的体现。现如今,一个历史人物在哲学上是唯物主义还是唯心主义,已经不重要了;不仅如此,过去被定性为颠倒、扭曲、反动的唯心主义哲学,恢复了它在人类思想史上应有的重要地位。比如西方的巴门尼德、苏格拉底、柏拉图、笛卡尔、莱布尼茨、黑格尔等等,再如中国的孟子、董仲舒、二程(程颐、程颢)、朱熹、陆九渊、王守仁等等。

在我看来,中共领袖们在哲学上未必一致,但这并不影响他们完成他们共同的革命伟业。哲学立场或倾向所反映的,主要是一个人与生俱来的性情、气质、人格、心理、倾向、趣味这些个人素养方面的东西,这些东西可以在很大程度上影响一个人对世界、人生的看法,却一般不影响他对现实生活中的善与恶、是与非、对与错、应该与不应该的评价,不影响他的价值取向和对待事业的处理方式。"志同道合"是共同奋斗的前提,但"志同道合"未必来自于同样的哲学观念;形而上的宇宙观和形而下的人生观不能简单等同。实际上,中外历史上有太多这样的情况:在进退维谷、生死攸关的抉择时刻,总是那些精神境界、自我意识、意志力、魄力、魅力、心性、心态等等都比较高远、比较强大、比较坚韧的人能够力挽狂澜,能够开创出新的局面来;换句话说,往往是那些具有"唯心""唯意志"气质或倾向的人,能够更新换代、否极泰来、创造历史。

第十一篇　两种"自信文化"的契合——植根于中华文化土壤上的马克思主义

毛泽东在24岁时（1917年）写了一篇文章《心之力》。这篇雄文洋洋洒洒三千余字，从思想内容到表达形式，充分展示了青年毛泽东"以天下为己任"，立志改造中国、振兴中华的宏大祈愿和坚定意志。同时，这篇文章体现了毛泽东对中华传统文化中"主体性"思想精髓的理解与发挥，是毛泽东转变为一位马克思主义者之前的精神写照。文章一开篇就是这样一段话："宇宙即我心，我心即宇宙。细微至发梢，宏大至天地。世界、宇宙乃至万物皆为思维心力所驱使。博古观今，尤知人类之所以为万物之灵长，实为天地间心力最致力于进化者也。""宇宙即我心，我心即宇宙"，这话直接来自于南宋哲学家陆九渊，与明代伟大哲学家王阳明的"心即理""致良知"异曲同工。

毛泽东与20世纪初许多先进中国知识分子一样，对"陆王心学"的义理及其实践价值甚为推崇。但他的非凡之处是：他同时已经敏感、知晓、认同了马克思主义这个伟大西方学说的理论和实践力量。在领导中国革命的曲折进程中，毛泽东始终坚持马克思主义这个"指导我们思想的理论基础"，与此同时，他从来坚信"心之力"的不可估量。在所有伟大马克思主义思想家、革命家中，毛泽东对人的精神力量的决定性作用最为推崇。那就是：坚信上层建筑（特别是精神思想文化）对于经济基础、社会进步的巨大甚至决定性作用，坚信道德和良知对个人和社会的重大约束、激励作用,坚信并一贯倡导"保持过去革命战争时期的那么一股劲,那么一股革命热情,那么一种拼命精神。"在毛泽东身上,马克思主义的理想信念和中国传统哲学的修心、修身功夫有机地融为一体;在他的革命实践中,处处凸显了"心之力"。

1939年,刘少奇在延安发表了《论共产党员的修养》。这是一篇专门探讨中国共产党人心性修养、党性锻造、人格提升的马克思主义经典文献。《修养》一书的理论依据是马克思列宁主义和共产主义道德理想,同时对中国传统儒家思想的修身养德功夫作了引用、分析,给予了充分肯定(专门提到孔子、孟子、曾子、朱熹等,特别讲了儒家的"慎独"境界对共产党人的借鉴意义)。《论共产党员的修养》是中国化的马克思主义道德学说的典范,是马克思主义与中华优秀传统文化相结合的典范。

当今中国,在错综复杂的国际国内环境下,作为执政七十多年的中国共产党,非常需要在内省自律、主体自觉、心性锻造、道德律己、自我修炼、党性修养等等方面,也就是在主观、"心性"和"向内的功夫"方面,得到持续提升。为什么?因为精神世界的反复营造、持续提升、不断完善,必须是一个文明国家、一个文明社会始终不渝孜孜以求的目标。人们常讲的"不忘初心""保持定力""精神变物质",与儒家讲的"修身",佛家讲的"修行",道家讲的"修炼",讲的都是一个东西:"修心"——要营造敏锐的心智,要打造坚韧的心理，要锻造坚强的心灵，要拓展宽厚的心胸，要保持良好的心态。每个人——不管他的社会角色是什么——都有他的"心学"，也就是说，每一个人都需要比较稳定、比较健康、比较积极的心理、心胸、心态。

正是在这个意义上，我们今天强调马克思主义与中华优秀传统文化的结合，就是为了更好、更有效地提升和营建中国人的思想境界和精神世界。

第十二篇

"民本"还是"民主"?
——中国古代民本思想的时代化问题

就全球范围来看，古典文明与发达文明、传统文化与现代文化、落后政治与先进政治的一个本质区别，就是对待人民群众、黎民百姓、普罗大众的态度有根本的不同。纵观历史，人类社会发展呈现出这样一种总体特征：在每一种文明，每一个民族，每一个国家中，劳苦大众都曾经（或长或短）是被轻视、受鄙薄、遭挤压、挨宰割的对象，而随着文明发展和社会进步，人民群众的政治、经济、社会、文化的存在感、获得感和幸福感也水涨船高，总体处于上升的进程中。无论是价值观念还是政治运作，如何估价和对待占人口绝大多数的人民群众，是现代文明社会不能不关注，不能不探讨，不能不澄清的问题。中国自辛亥革命以来，"民"或"人民"的历史角色、现代地位、未来价值，在理论和实践两方面发生了革命性、颠覆性的变化。在这个变化过程中虽出现过若干曲折，但大趋势是没有悬念的。现如今，"民主""自由""平等""法治"这些概念已经或正在实现中国化、本土化、时代化，写入了"社会主义核心价值观"。更重要的是，民主政治建设和法治国家建设，作为当代中国一种持续不断的"进行时态"，已经形成了广泛的共识。当今中国，"江山"和"人民"作为可以等量齐观的两个政治范畴，已经成为执政党的纲领之一。因此，考察、分析"民"、人民、民众、百姓的历史演变与当代价值，实属必要。

第十二篇 "民本"还是"民主"？——中国古代民本思想的时代化问题

一、"民"和"民本"

"民"这个词汇由来已久，是华夏文明最早出现的政治范畴。根据国务院公布的《通用规范汉字表》，"民"是汉语通用规范一级字（常用字）。此字始见于商代甲骨文[1]，其古字形像一只被刺伤的眼睛。"民"字为什么最开始是"瞎"或"盲"的意思呢？在甲骨文时期（商代），"民"还不是专指众民之"民"，那些被盲其一目的人，或许是有罪之人，或者是战争的胜利品"俘虏"，抑或是贵族统治者的专有奴隶。为了驯服这些人而刺瞎其一只眼睛，以防其逃跑。郭沫若先生说："民与臣两个字，在古时候本都是眼目的象形文。臣是竖目，民是横目而带刺。古人以目为人体的极重要的表象，每以一目代表全头部，甚至全身。竖目表示俯首听命，人一埋着头，从侧面看去眼目是竖立的。横目则是抗命忽视，故古称'横目之民'，横目而带刺，盖盲其一目以为奴征，故古训云'民者盲也'。"[2]在周代金文里，"民"的字义已随着社会的发展逐步引申转借为被统治的"人民、百姓"之意，"民"原来的盲义已失，故此又另造了"盲"字。

---

[1] 刘钊编纂：《新甲骨文编》，福建人民出版社2014年版，第715页。
[2] 郭沫若：《中国古代社会研究》，商务印书馆2011年版，第182页。

由此可见，从字源来说，中国远古时代统治者把"民"视作有眼无珠，蒙昧无知，供驱使、奴役的下等人。由于上述的奴隶之义和"亡"的读音，后来又产生了"氓"这个以"民"表意、以"亡"表音的形声字兼会意字，表示由别处逃窜而来的"民"。古代也以"氓"泛指奴隶，比如"群氓"，专指那些在荒郊野外风餐露宿，过着非人生活的劳动者。①

根据这个字的原初含义，后来"民"逐渐就演化为君主、百官之下，从事体力劳动生产的广大民众、黎民百姓。进入奴隶制后，中国上古社会（也就是商代）完成了职业大分工，明确形成了泾渭分明的两个阶层：统治阶层和被统治阶层。前者属"劳心者"，后者属"劳力者"；前者处于社会上层（君主居于顶层），后者处于社会下层、底层；前者统治后者，后者为前者提供服务。正如孟子所云："劳心者治人，劳力者治于人；治于人者食人，治人者食于人；天下之通义也。"（《孟子·滕文公上》）意思很清楚：劳心费神者是统治人的，劳力费劲者是被人统治的；被统治者养活统治者，统治者靠被统治者养活，这是通行天下的"大义"。显而易见，从一开始，下层民众就与上层君、臣处于完全不平等的关系之中，而且这种不平等是天经地义、天公地道的事情。

---

① 陈政：《字源趣谈·800个常用汉字之由来》，新世界出版社2006年版，第484页。

在秉持这一思想的君主和官僚眼里，民不但是下贱的，而且是愚昧的，民与官是天然对立的。东汉许慎在《说文解字》里说："民，众萌也。"（清代段玉裁对"萌"字注解曰："萌，犹懵懵无知儿也"）这样的"民"，其含义显然与现代文明社会里的人民、公民、居民绝无相同、相近之处。这些古代统治者眼里的"民"，就是一群愚昧无知，必须被统治者驾驭和驱使的下人、贱人、萌人，即在"主人"的管制之下，被"主"所"牧"的奴仆。正如《淮南子·精神训》中所言："夫牧民，犹畜禽兽也。"正因为如此，君王、大臣与"民"之间的这种不平等关系是不能变更的，也变更不了，孔子讲"唯上智下愚不移"（《论语·阳货》），就是这个意思。不仅如此，上下两大阶层还是互不相容的，唐太宗李世民在其名篇《金镜》中说："民乐则官苦，官乐则民苦"；明末思想家顾炎武说："官愈多而民愈乱。"（《日知录·卷八》）

中国古代按职业把"民"分为士、农、工、商四类（"四民"），他们的社会地位当然是不一样的。"士"是读书人，他们有文化，有抱负，可以通过科举考试实现及第做官，所以士是"官"的后备力量，"士"与"仕"不仅字形相近，而且含义相通，士是最接近于统治阶层的民。中国自古以来以农立国，华夏文明就是农业文明。故历代统治者都重视农业，希望天下百姓皆务农，故农民（务农之民）的地位仅次于读书人。工、商二民在中国古代是最受非议甚至最遭轻视的，尤其是商人。这是农业文明和以血缘为基础的宗法制度决定的，与以商为本的古希腊商业文明（或契约文明）相比，正好反过来。这个缘由，我们后面要进行专门探讨。不管怎么说，民在中国古代，在经济、政治、文化、社会诸方面都处于窘迫、困顿、低下、被动、无权、无势的生存状态下，与高高在上、无所不能的君主、官僚阶层形成了巨大的社会反差。

"民"在中国古代既然是如此等而下之、完全没有主体性或自我意识的弱势群体，那么怎么会有那样一些统治阶层的学者、士大夫甚至个别君王提出"民本""民贵""重民""恤民"这种理念或主张来呢？这当然很值得探讨。在我看来，不管今天的人们如何对民本或民贵思想进行阐释、发挥、弘扬，甚至把中国古代民本思想与现代民主精神牵上线、挂上钩、续上脉，即力图"民本"思想推导出"民主"内涵来，却掩盖不了一个铁定的事实：古代思想家、政治家提出民本思想只有一个目的，那就是为了更有效地统治、驾驭、驱使、驯服广大民众。

可以从古典文献中找到不少民本思想（包括民贵君轻、以民制官、遏制君权，甚至君主易位）的表达或论述。在所有这些古代民本思想中，最有名、最经典、影响最大的有两段话。其一："皇祖有训，民可近不可下。民为邦本，本固

第十二篇 "民本"还是"民主"？——中国古代民本思想的时代化问题

邦宁。"(《尚书·五子之歌》)其二："民为贵，社稷次之，君为轻。"(《孟子·尽心下》)

从字面上解读，第一段话是说：祖先早就传下训诫，百姓是用来亲近的，不能轻视和低看；百姓是国家的根基，根基牢固了，国家才能安宁。第二段话是说：老百姓贵为第一，江山社稷排名第二，君王位列最后。就文本本身来看，这些话都是政治正确的，无可非议，甚至与现代民主政治的基本精神——民主和平等——也是一致的。但我们不能只看这些只言片语，而要看在整个中国古代社会，什么才是政治生活的主旋律，古代思想家和政治家在治国理政、处理"上与下"关系时，本质上是怎样的价值取向和思维路径，他们是在什么意义上将"民"称为"本""源""贵""重"的。

孔子曰："所重，民、食、丧、祭。"(《论语·尧曰》)孟子说："诸侯之宝有三：土地、人民、政事。"(《孟子·尽心下》)荀子讲："王者富民，霸者富士，仅存之国富大夫，亡国富筐箧、实府库。"(《荀子·王制》)上面这些话，指明了国家的构成要素和国家主要做什么事情。一个国家，由士、大夫、百姓（民）以及土地、府库（武器）、筐箧（生活用品）等等组成；一个国家，主要的事务是衣食住行、婚丧嫁娶之类。值得注意的是，在讨论国家事务时，这三位先秦儒家代表人物都没有谈到"君"，君主是在话题之外的。为什么呢？因为君是国家之主，即国家（包括国家的组成部分和国事）的拥有者、支配者。在君王眼里，所有这些拥有物和支配物当中，"民"极端重要：占人口绝大多数的平民百姓，是物质生活资料的产出者，是军队的来源和战争的主力，是各种力役赋税的承担者、付出者，是君主威权的衬托者。可以说，如果没有民的存在和民的种种作为、贡献，君也就不成其为君了。正是在这个意义上，民是国家的根基、本原，而其他东西的价值都次于民。这就是"民为邦本，本固邦宁"的真切含义。这个"民本"，丝毫没有"人民做主""百姓说了算"的政治意味；恰恰相反，君王是国家唯一的主人和一切权力、财富的拥有者。正如《礼记·大学》所言："有人此有土，有土此有财，有财此有用。"人、土、财、用，都属于国君。韩非子也说："国者，君之车也；势者，君之马也。"（《韩非子·外储说右》）国家和国家权力犹如车与马，对于君王来说均不可或缺；而"民"，不过是"君之车"的根基、垫脚石而已。这是什么？这就是"民为邦本"。

古代（主要是先秦）思想家也认识到了限制君权的重要性，甚至有得民心者为君、民可议政、暴君可除等言论。先秦思想家在"择君"问题上不乏闪光的思想。春秋时期的晏子对齐景公进谏说："疏者有罪，戚者治之；贱者有罪，贵者治之；君得罪于民，谁将治之？敢问：桀纣，君诛乎？民诛乎？"（《晏子春秋·内篇谏上》）关系疏远的人犯了罪，由关系亲近的人去惩治他们；地位低下的人犯了罪，由地位高贵的人去惩治他们。如果国君得罪了百姓，谁来惩治他呢？比如桀纣这样的暴君，是由明君除掉他们，还是由百姓除掉他们？最后这句话算是将了君王一军，相当激进，不仅有国君不能伤害百姓之意，甚至有人民有权革命之意。这样的话在先秦时期思想家的政治表述中时不时地出现。可以看出，秦统一之前的中国社会政治生态还是比较宽松的，有一点民主气息，尽管本质上仍然是高压的、紧绷的、专制的。

《孟子》记载了孟子和齐宣王的对话："孟子谓齐宣王曰：……'士师不能治士，则如之何？'王曰：'已之。'曰：'四境之内不治，则如之何？'王顾左右而言他。"《孟子·梁惠王下》孟子问齐宣王：司法长官不能约束他的部下，该怎么处置他？王说：撤他的职！孟子问：国内治理得不好，该怎么办？这时，齐宣王开始东张西望、东拉西扯起来。孟子在这里实际上提出了一个尖锐的问题：为君者如果不称职，是否该加以撤换？这在战国时代是相当"犯上"的，但齐宣王还算是开明的国君。这样的问题在秦统一后的历朝历代是没有任何士大夫敢于当面给皇帝提出来的。孟子和齐宣王他们君臣二人还有一段对话："齐宣王问卿。孟子曰：……'有贵戚之卿，有异姓之卿。'王曰：'请问贵戚之卿。'曰：'君有大过则谏；反覆之而不听，则易位。'王勃然变乎色。曰：'王勿异也。王问臣，臣不敢不以正对。'王色定，然后请问异姓之卿。曰：'君有过则谏；反覆之而不听，则去。'"（《孟子·万章下》）齐宣王询问孟子对卿（大臣）的看法。孟子说，卿有不同。有跟君王同一宗族的贵族担任的卿，有跟君王不同姓的人担任的卿。宣王问"贵戚之卿"怎么提供谏言。孟子说：君王有重大过错，就要劝谏；反复劝谏而君王不听，就要让君王易位。宣王一下子变了脸色。孟子说：大王不要感到奇怪。大王问我，我不敢不以直言回答。宣王的脸色平静下来，才又问起"异姓之卿"怎么提供谏言。孟子说：国君有过错，当然要劝谏；反复劝谏而不听，自己离开就是了。这段对话不仅表现了齐宣王的宽厚，更反映了孟子关于大臣应当对君主进行劝诫，如果君主一意孤行就应当让他下台这样的进步政治思想。这些思想与他的"民贵君轻"思想有内在的一致性，是非常难能可贵的。

荀子也有一段著名的言论，表明了百姓在忍无可忍情况下起来造反的合理性："今之世而不然，厚刀布之敛以夺之财，重田野之税以夺之食，苛关市之征以难其事。不然而已矣，有掎挈伺诈、权谋倾覆，以相颠倒，以靡敝之。百姓晓然皆知其污漫暴乱而将大危亡也。是以臣或弑其君，下或杀其上，粥其城、倍其节而不死其事者，无它故焉，人主自取之也。"（《荀子·富国》）现在的世道很不好。身居高位的那些人加重对金钱货币的搜刮来掠夺百姓的财产，加重对田地的税收来抢夺百姓的粮食，加重对关卡和集市的收税来为难百姓的贸易活动。而且并不罢休，他们还抓住对方的弱点伺机欺诈、玩弄权术阴谋进行倾轧陷害，用这种手段来互相颠覆，摧残百姓。百姓心中非常明白这种污秽肮脏残暴淫乱的人必将导致极大的危难与灭亡。因此臣子中就有人杀死了他们的君主，下级有人杀死了他们的上司，出卖城池、违反节操而不为君主的事业卖命。这没有其他的缘故，而是君主自作自受的啊。

孟子和荀子的上述言论，即便放到今天来看都是合理的、进步的、不过分的政治主张。只可惜在先秦时代，更不用说在后来整个两千多年的帝制时代，这样的进步思想凤毛麟角、极其罕见。孟子、荀子以及后来一些开明君主如汉文帝刘恒、唐太宗李世民、唐玄宗李隆基（前期）、宋仁宗赵祯、明孝宗朱祐樘等，已经认识到君主、皇帝的权力、权威、权势虽然具有绝对性，同时也具有脆弱性。如果严重得罪了民，就有可能被推翻。荀子说："君，舟也，民，水也。水可载舟，水可覆舟。"（《荀子·王制》）众所周知，这段话后来成了李世民的座右铭。这些言论，表明中国古代少数开明的思想家和政治家注意到了君主、帝王被人民革命或农民起义赶下台的历史事实或未来可能性，他们看到了"庶民的力量"。但是，他们没有一个人把这种造反、革命、推翻、改朝、换代视为正当的权利，视为理所当然，他们绝对不赞赏，更不用说鼓励民众使用这种权利；相反，他们畏惧、害怕老百姓使用这种权利，他们要千方百计避免"江山易主"这样的事情发生。古代中国帝王将相数不胜数，有这种"覆舟之虑"者不算少，他们已经算是头脑清醒的人了。

因此，主张"民本"的古代思想家，都希望统治者探察民情、民意、民心，适当听取百姓诉求，允许民众议政。孟子曰："左右皆曰贤，未可也；诸大夫皆曰贤，未可也；国人皆曰贤，然后察之，见贤焉，然后用之。左右皆曰不可，勿听；诸大夫皆曰不可，勿听；国人皆曰不可，然后察之，见不可焉，然后去之。左右皆曰可杀，勿听；诸大夫皆曰可杀，勿听；国人皆曰可杀，然后察之，见可杀焉，然后杀之。故曰国人杀之也。如此，然后可以为民父母。"（《孟子·梁惠王下》） 如果左右亲信都说某人好，不可轻信；众位大夫都说某人好，还是不可轻信；全国的人都说某人好，然后去考察他，发现他是真正的贤才，再任用他。如果左右亲信都说某人不好，不可轻信；众位大夫都说某人不好，还是不可轻信；全国的人都说某人不好，然后去考查他，发现他真不好，再罢免他。左右亲信都说某人该杀，不可轻信；众位大夫都说某人该杀，还是不可轻信；全国的人都说某人该杀，然后去考查他，发现他真该杀，再杀掉他。所以说，是全国人杀的他。这样做，才可以做老百姓的父母官。孟子这段话，的确有博采众长、兼听则明这些积极的含义，但最后一句"如此，然后可以为民父母"，却道明了他心目中君王与百姓的实质性关系：父母与子民。这跟现代意义的民主决策当然完全不可同日而语。

春秋时期著名政治家管仲说："夫民别而听之则愚，合而听之则圣。虽有汤武之德，复合于市人之言。是以明君顺人心，安情性，而发于重心之所聚。"（《管子·君臣上》）关于人民的意见，只个别地听取，就是愚蠢的；全面综合地听取，就是圣明的。即使有商汤、周武王那样高的道德，也还要多方搜集众人的言论。因此，英明的君主，顺从人心，适应人的性情，行事都从众人共同关心的地方出发。郑国政治家、思想家子产说："夫人朝夕退而游焉以议执政之善否。其所善者，吾则行之；其所恶者，吾则改之，是吾师也，若之何毁之？我闻忠善以损怨，不闻作威以防怨。岂不遽止？然犹防川：大决所犯，伤人必多，吾不克救也，不如小决使道，不如吾闻而药之也。"（《左传·襄公三十一年》）人们早晚干完活儿来到这里聚一下，议论施政措施的好坏。他们喜欢的，我们就推行；他们讨厌的，我们就改正。这是我们的老师，为什么要毁掉它呢？我听说用忠诚善良来减少怨恨，没听说过依权仗势来防止怨恨。难道很快制止这些议论不容易吗？然而那样做就像堵塞河流一样：河水大决口造成的损害，伤害的人必然很多，我是挽救不了的；不如开个小口导流，不如我们听取这些议论后把它当作治病的良药。明初思想家顾炎武阐发孔子的思想说："天下有道，则庶民不议。然则政教风俗，苟非尽善，即许庶民之议矣。"（《日知录·卷九·直言》）孔子不主张老百姓议政，顾炎武以为不然：现实政治绝非尽善尽美，既然如此，就应当允许庶民百姓议论朝政。顾炎武的这个见解，体现了流行于明末清初儒家思想中"经世致用"、关心时政的倾向。

以上这些重视民情民意的思想，是古代民本思想的重要组成部分，也是民本思想的精华部分。但是我们必须看到，这些带有民主色彩的言论，在中国古代两千多年的政治实践中极少甚至根本没有得到过实施。究其原因，这些试图利用民间舆论影响政治决策的想法，对于统治者并没有约束力，因为在专制体制下，民只有责而无权。顾炎武曾提出"天下兴亡，匹夫有责"，这个口号本身十分可贵，但只是到了孙中山先生的民主主义革命实践中才具有了现实的操作意义。应该看到，劝说君主重视民间舆论的思想，是以如何维护现有统治秩序为出发点的；认为"民"有义务向"主"反映情况，而"主"为了长治久安，也应当倾听"民"的呼声，以利于做出最符合统治秩序的决策。显然，这和现代文明国家以"公民"（除了被剥夺政治权利者）身份参政、议政、督政，不是一回事。至于君王的政治治理应当符合民意，否则就不称职甚至可以让位的言论，似乎颇有"得民心者得天下"的意味，其实不然。在先秦民本思想家心目中，"得天下然后得民心"，才是正道。"居庙堂之高"是一切的前提，然后通过一些重视民意、宽待民生的策略来让君王赢得民心，从而确保江山社稷稳固。这就是儒家倡导的"王道"，即孟子所说的"得天下有道：得其民，斯得天下矣。"（《孟子·离娄上》）这在整个中国古代历史上已经是最先进的思想了。

二、"民"和"人民"

研究中国古代"民"这个概念的含义，特别是讨论中国古代的"民本"思想，就不能不分析、探讨这两个概念和今天的关系，以及它们在当代中国的意义和价值。一说到和现代的关系，当然就不能不和"人民"这个现代词汇或话题结合起来说。换言之，讨论"民""民本"，一定要联系"人民""群众"，否则就没有意义，探讨也延伸不下去。

一百年来，尤其是在当代，"人民"这个词在全球范围内实在是太常见、太普通了。在中国，它是执政党一切纲领、路线、战略、方针、目标的价值支撑；在世界，它是所有现代文明国家的政治基石、核心范畴。现代语境下，人民就是俗称的"老百姓"；从全球范围看，不管其实质如何，人民都是任何一个现代政党、政治集团、政治家的诉求之源和实践之基。相反,"民"这个词的古典含义,我在前面已经做了溯源,它从远古走来,在整个中国古代是最常用的一个政治词汇,与帝王、官僚、士大夫相对。直到今天,如果有人将"民"当作一个常用字来使用,一定包含了与"官"相对应、相对立的意思。因此"民"在现代中国用得极少,除非是为了修辞的需要而简化性使用,指代"人民"这个概念,比如"权为民所用,利为民所谋""执政为民""知民情、顺民意、得民心"等等。在这种情况下,"民"和"人民"在内涵和外延上是完全一致的,两个词可以互换。

如果我们要探讨中国古代民本思想与现代中国民主政治建设的源流关系(如果有这种关系的话),就必须对"民"和"人民"这两个概念及其关系加以澄清、界定。但恰恰"在这个问题上,存在着难点。刚才说了,现代语境下的民"与"人民"在内涵、外延上高度一致、可以互换,那么我们今天使用"民本"这个概念就和使用"以人民为中心"这个概念,在含义上没有区别了。这当然不是我们想要的结论,因为这个结论早就众所周知、毋庸置疑了。我前面之所以对"民""民本"做了比较系统的溯源、阐释,就是想要进一步探讨古代的"民"与今天的"人民"之间是否有所关联,如果有,究竟是什么?如果没有,究竟为什么?因此,澄清古典意义的"民"与现代意义的"人民"的原则区别就势在必行。

这其实是不难做到的。如前所述，除非特指，在绝大多数情况下，"民"是一个中国古典文化的概念，即皇家、官僚阶层、士大夫、"肉食者""劳心者""君子"眼里的那些"民众""布衣""下人""劳力者""治于人者""小人"等等。而"人民"，或"老百姓""群众"，其现代或当代含义，这些概念的主体性、崇高性、决定性、至上性、无与伦比性、不可侵犯性等等，可以用"江山就是人民，人民就是江山"①这句话加以概括；将"人民"与"江山"等量齐观，已足见人民的地位之高、分量之重。由此可见，古代的"民"和当代的"人民"这两个概念的本来含义之间，有着巨大的、尖锐的、难以弥合的反差。

然而，一旦澄清了两者的区别，新的问题又来了：如果研究与"人民"相区别、相对立的那个"民"，就很有可能成了仅仅研究中国古代的"涉民"或"民本"思想，而与现代的"人民"概念发生脱节。这个情况，显然也是我们的研究必须避免的。真正的理论难点在于：既要立足于、起始于古典的"民"或民本思想，又要最终归结于、落脚于现代的"人民"或"以人民为中心"的思想。尤其重要的是：这里讲的"起始点"与"归结点"之间必须有逻辑的、事实的通道或连接，而不能仅仅给出一个定性的结论就算了。许多论者根据中国古代民本思想的各种表述，直接断言自古以来

---

① 习近平：在党史学习教育动员大会上的讲话，新华社2021年2月21日头版。

中国政治文化中就不乏民主、以民为本、以人民为中心等等现代理念，却不进行理论分析，不进行历史考证，这是说不过去的。换句话说，如果不在理论上和实践中说明白：中国古代民本思想"能否"特别是"如何"实现"当代转化"，就没有办法在"民本"和"民主"之间画等号。

还有一点要澄清一下。现代语境下，"人民"（people）是一个集合概念，即所有个体的人（person）的集合或总汇。这就存在一个"个人"与"群体"的关系问题，应该加以澄清。中国古代社会是基本没有"个人"地位的，没有"个体""自我"这些词汇，至于研究与个人价值相关的思想、学说就更谈不上。在中国古代，不论是"官"还是"民"，都指代某个群体、某个阶层，而不涉及张三、李四。我认为，这是中国古代民本思想，说得更广泛一点，是整个中国传统文化当中的一个避免不了的缺漏，也是从"民本"跨越到"民主"的一个巨大鸿沟。这个鸿沟是怎么形成的？它源于这两个概念得以产生的不同的经济基础和文化条件，我接下来就要进行具体分析和阐述。

在此，我想引述马克思、恩格斯在《共产党宣言》里的那句名言："代替那存在着阶级和阶级对立的资产阶级旧社会的，将是这样一个联合体，在那里，每个人的自由发展是一切人的自由发展的条件。"①我认为，这句话不仅精辟地说明了一切文明国家、文明社会中个人与群体之间应当具有的关系，而且揭示了古典的"民"过渡到当代的"人民"这个过程中非有不可的内在机理。

三、"群体"和"个体"

前面说了，"民""民本"这两个概念起源于华夏文明的早期阶段；而"个体""民主"这两个概念起源于西方，具体来说，起源于古希腊。今天人们常讲，中西两大文明、两种文化之间要进行文明对话，要彼此互鉴、互补，共同构建人类命运共同体，等等。要做到这些，首先就要弄清楚中西方文明之间与生俱来的巨大差异。结合民本思想和民主精神的关系，我们就从源头上说一下两大文明体系之间的区别。

学术界早就有这样一个共识：中西两大文明或两种文化之间差异多多，其中一个标志性的差异就是，中华文化注重群体、全体价值，而西方文化注重个体、个人价值。

中国人群体意识非常强，这可以说是我们传统文化的内核；与群体、集体、家族、大家、民族、国家等等相比，个人实在是渺小、卑微、脆弱、无足轻重、微不足道，这是

---

① 马克思、恩格斯：《共产党宣言》，中共中央马克思恩格斯列宁斯大林著作编译局编译，人民出版社2014年版，第49页。

一种"群体本位"的文化。而源自古希腊的西方文化，则注重个体、个人、主体、自我等等，是一种"个体本位"的文化：不管集体、群体、大家有多么重要，他们毕竟由一个一个的人构成，因此从根子上讲，一切源于个人、个体。比如在英文里，"我"（"I"）就永远是大写的。

这就好比水滴与江、河、湖、海的关系。在中国文化中（至少在改革开放之前中国人的意识或潜意识中），大江大湖大海当然比一滴一滴的水重要。中国人讲一滴水只有汇入江河湖海，才永远不会干涸，强调的是国家、民族、集体的重要性。从这个角度看，显然个体、自我、"I"是次要的、可有可无的，甚至是完全没有价值的。在中国传统文化中的绝大部分思考和文献当中，只有"民""众""群"这些抽象概念，没有"张三李四""阿猫阿狗""你我他"这些具体词汇的独立地位和单独意义。唯其如此，在中国历史上，社会关系、伦理关系、人际关系顶顶重要。中国古人思考的是人性、人际、人伦，特别是人与人之间普遍的、一律的伦常、等级关系。儒家思想说透了，就是一种教人如何做一个"好人"、安置好个人在群体中的恰当位置、处理好各种各样社会关系（这叫"安身立命"）的思想体系。

然而，中国人关于水滴与江河湖海关系的那种理解在西方的文化中是得不到认可的。在西方人眼睛里面，事情正好相反：如果没有一滴一滴的水，没有水源、水沟、水渠、

第十二篇 "民本"还是"民主"？——中国古代民本思想的时代化问题

支流，怎么能够形成大江大河呢？因此，重要的不是江河湖海，而是水滴。西方人讲的"个人主义"（individualism），是一种文化理念，即西方人的一种价值取向：个体价值最重要，"我"最重要，因为"我"是一切的出发点、立足点，也是中心点、归宿点。用哲学的语言讲，这叫作"主体性意识"或"自我意识"。话说回来，一旦突出了这个"我"，而每一个人都有他的那个处在中心位置的"我"，那么，人与人的关系就必然会发生疏离、冲突，人情就会冷漠、竞争就得爆发，这是一定会出现的情况。为什么外国人长到了十八岁就得让他离开父母，出去自立？文化上的来由就在这里：血缘关系、亲情关系、人际关系、社会关系不是特别重要，甚至特别不重要。相比起来，中国人的人情味多浓啊，真正是"血浓于水"，这都来自于血缘、血统、血脉。

这两种不同的意识或观念是怎么产生的？是由古希腊和古华夏的生产方式、经济形态导致的。如果再进一步探究，这两种不同的观念或生活方式是由古希腊民族和古华夏民族所处的不同的地理、气候这些先天自然条件决定的。我们先来看古希腊的情况。

位于欧洲南部巴尔干半岛、南意大利地区以及周边爱琴海、伊奥尼亚海地区的希腊地区（比今天的希腊大得多），从地理环境来说，或从农业条件来看，是相当贫瘠的。山地占了三分之二，农业耕种先天不足，而且气候炎热、干旱，真正是"一方水土养不活一方人"。在这种条件下，希腊人别无出路，只能出海做生意，"走出去"是他们必选的生存之道，于是最早的工商业就产生了。走出去的一个重要条件是对世界的了解、认知，于是希腊人发展起来航海、天文、地理、气象等等最初的应用科学；进一步发展，就有了最早的哲学和科学，探究宇宙、人生的来龙去脉，追问世界"是什么"和究竟"为什么"。

出海经商，就一定会到异地他乡落脚谋生，这就发生了三件事：一是，脱离了本部落、本族群，与别的部落、族群的人们发生关系，包括定居、经济来往、婚姻关系等；二是，对财产提出要求，或者说，要求分割、明晰财产权。这是商业文化的必然要求，分工导致交换，交换通过市场来进行，而市场存在的前提是：交易主体必须具备财产和人格的独立性，你的、我的、他的，泾渭分明，不能混淆；三是，开始使用货币——马克思称之为"一般等价物"——这也是商业、交易得以成长、发展、壮大的必然。比起物物交换，这种通过"钱"的中介进行的交换当然方便、高效得多。钱的前提是公信：每个人都认这个东西。货币的频繁使用促进了经济发展、个人财富的增长，也培育了"认钱不认人"的观念。更重要的是，在希腊人那里，由此发展起了不是靠个人权威而是靠某种公信力量来协调、治理社会生活的价值观念。

第十二篇 "民本"还是"民主"？——中国古代民本思想的时代化问题

这样一来，希腊人原来的氏族部落血缘关系就瓦解了，旧的部落权威、旧的淳朴道德、旧的风俗习惯都不管用了；走出来的人们成为一个一个独立自主的个人。商业的发展，逐步形成了最早的国家形态——城邦，即城市国家。城邦是工商业发展的结果，由来自希腊各地的移民杂居而形成一个个集中聚居点，这有助于商业交易，有助于居民交流，也有助于政治生活的开展。城邦居民住在一起，大家都是"城邦的人"，而不再是某某部落的人了。今天中国大城市里居住着来自全国各地的人，形成了以省籍为标志的所谓"老乡"群体；但有一点：再怎么老乡，大家首先已经是北京人、上海人，广东人、浙江人了，这些新移民的最大特征是拥有了经济上的独立性。这跟当初雅典等希腊城邦居民的构成情况是差不多的。

这样一来，"公民"这个概念就产生了。"公民"的本义就是"属于城邦的人"，来自希腊语"Polis"，后来是拉丁语"civilis"。"公民"在英语里是"citizen"，一望而知，有"城市""城里人"的意思。"公民"这个概念在雅典，就是拥有私人财产，因而有着独立人格和自由意志的人。

我们再来看华夏文明的情况。

和世界上其他古老民族一样，中国古代社会也经历了从氏族、部落、部落联盟到部落国家的过程。传说中的女娲，对应的是母系氏族社会时代；伏羲，对应的是父系氏族社会时代；炎、黄，对应的是部落时代；尧、舜、禹，对应的是部落联盟时代；夏，对应的是部落国家时代；商，对应的是部落国家联盟时代；周，对应的是国家联盟时代；秦汉以后，就进入统一国家（中央集权、天下一统）的时代。

大禹的儿子启，首创了"世袭制度"，也就是最早的宗法政治制度，即以血缘为纽带、根据亲疏关系来确定政治社会身份和经济利益。中国上古时代，不曾出现在古希腊发生的那种走出、背离、断绝氏族制度的情况。在华夏大地，氏族社会转化为国家形态是"和平演变"的结果。酋长变成了国王，巫师变成了大臣，战场上的勇士成了将军，部落普通成员则成了臣民。除了外出征战，华夏族群部落从来没有离开过自己的家园，这跟希腊人那种不离开家园就活不下去的情况是完全不同的；因此华夏人的家庭关系一贯稳固、牢不可破。这个原因，很显然是为了农业生产。黄河流域的地理、地貌、土壤、气候、水分、温度、光照等等，非常有利于农业的大面积耕作，这个优越的自然条件是当时以至于后来千百年世界上绝大多数国家比不了的。在这种条件下从事农业生产，必须依靠劳动者们的协作、互助，而仅凭单独的个人甚至孤立的家庭，劳动生产率是不会太高的。这样就形成了家族或"群"的观念：家庭的稳固和不断扩大，逐渐演变为家族，由家族而氏族，由氏族而部落，由部落而部落联盟，最后演变成了部落国家及部落国家联盟，最终转变为中央集权的专制帝国。于是，华夏社会就完成了孔子心目中的从"天下为公"到"天下为家"的转变。

世袭，就是领导权、领导人的职务由一个家庭或一个家族的人世代继承，因此不再是"天下为公"（"传贤不传子"），而是"天下为家"（传子不传贤），如此发展下去，就成了"家天下制"。其内在含义，就是"家是小国，国是大家，家国一体"。这是以家庭、血缘为基础的氏族制度衍化、发扬、升华的必然结果。家天下制度的成熟版本，是周朝。其表现，一是宗法制，一是封建制。宗法制的政治主体（也是伦理基础）有两个：一是，"父家长"（父王），二是，嫡长子（太子），政治传承根据这两个原则实施。顺便说一下，长期以来我们习惯于把中国自秦统一以来直到辛亥革命这两千多年的中国古代政治制度称为"封建专制"制度，这是不正确的。实际上，真正意义上的"封建制"，就是商、周时期的"分封制"，也叫"封建制"。即：周天子根据血缘亲疏、兄弟子侄等等关系来封赏诸侯，把某几片土地和人民封给他们，让他们成为那些地方的王或侯，成为统治者；这个王或侯还可以根据自己的兄弟子侄关系再往下封，一层一层这么封下去，整个国家就在这个网状的结构下来治理。这就是封建制度或分封制度。显然，这种情况很容易发生"虚君"现象和权力割据、诸侯争权，位子越高，权力越虚，周天子就是这样慢慢被架空了（秦始皇嬴政看到了这个弊端，他统一六国后直接称帝，实施郡县制，搞中央集权，天下归一，皇权一竿子插到底）。这是西周的情况。到了东周（春秋），周天子成了完全彻底的"虚君"，于是纷争四起、诸侯争霸，孔子谓之"礼崩乐坏"。到了战国时代，已经没有"天子"了，于是天下大乱、分久必合，嬴政最后实现了四海归一。因此，秦统一以后的国家形态或国家体制，不叫"封建制""封建社会"，而应该叫作"帝制""郡县制"（唐代思想家、文学家柳宗元的著名论文《封建论》对何为"封建"何为"郡县"做了详细的分析阐释）。

由此可见，华夏大地的农业社会，孕育、产生、发展了中华民族最早的生活方式、民族品性和价值观念；生活资料的充足（至少不匮乏），使人们的劳作、居住、交往相对稳定，大规模迁徙甚至远涉重洋的情况从来没有过，因为没有那个必要；这与古希腊人那种不得不走出家园的处境，以及当时世界各地的游牧民族习惯于居无定所的动荡生活的情况相比，是非常不同的。这样一来，就形成了华夏民族日益稳固的关于家庭、家族、族群、家园、家国、国家等等意识、观念，从而人与人之间的各种伦理关系便成为人们思考自己安身立命、为人处世、治国理政时的重点；也就形成了华夏民族喜欢"抱团""扎堆"，人际关系异常复杂稠密的状况；形成了我们的老祖宗注重群体价值、认同世俗权威的普遍观念；形成了后来的中国人就事论事、崇尚现实、不善思辨的习惯。

第十二篇 "民本"还是"民主"？——中国古代民本思想的时代化问题

四、"民本"和"民主"

要阐释"民""众""民本""民贵"这些概念的当代含义，最直接的对应点就是"人民""公民""民主""自由"这些现代概念。一直以来有一种倾向：一提民主、自由等等价值，就说那是西方资产阶级的东西，要不得，显得底气不足。其实哪有这个道理？！我们都知道，"民主、自由、平等、法治、文明"等一系列概念，是"社会主义核心价值观"的构成要件和基本内涵。习近平在庆祝中国共产党成立一百周年大会上的讲话中向全世界宣示："中国共产党将继续同一切爱好和平的国家和人民一道，弘扬和平、发展、公平、正义、民主、自由的全人类共同价值。"[1]民主既然是全人类的共同价值，我们就要理直气壮地加以援引和阐发，要借鉴、结合、贯彻现代民主的价值内涵，把人民、群众、老百姓的主体地位显著地、实实在在地凸显出来。这既是社会主义民主政治建设的需要，也完全符合马克思主义中国化的理论和实践要求。

如前述，中国传统的"民本"思想与现代的"民主"

---

[1] 习近平：在庆祝中国共产党成立一百周年大会上的讲话，《人民日报》2021年7月3日第一版。

价值，是两个起源不同、内涵相异的思想体系。如果我们探讨传统民本思想的现代价值或当代转化这样的重大课题，就不能不着眼于"民本"和"民主"这两个理念之间的对话与通融。说到民本思想的"现代价值"，就必须弄清楚：有没有现代价值？如果有，其实质或形态是怎样的？说到民本思想的"当代转化"，就一定要涉及：能否转化？如何转化？转化的预期是什么？转化的结果是什么？等等。在我看来，如果"民本"这个概念要被应用于现代政治学的阐述，就一定要与我们通常讲的"以人为本""以人民为中心"这些概念、命题相一致；就具体的实现途径而言，那正是社会主义民主政治的理论和实践，即党的领导、人民当家作主、依法治国的有机统一。说得更明确一点，我们的最终目标就是要推进、实现传统民本思想与当代民主政治之间的相容、相兼、相通，为社会主义民主政治和社会主义法治国家建设提供理论支撑。

必须明确：真正站得住脚的、经得起考验的"人民当家作主"，除了具备理论上的合理性外，必须具有实践中的有效性和可检验性，亦即：具有合法性与可操作性相统一、实质公正与程序公正相一致、自下而上与自上而下相结合的民主-法治结构。我认为，研究这种合理性和有效性，探讨这种程序和结构，是阐发传统民本思想之当代价值的题中之义。

还需明确：古代的"民本"思想的要义是所谓"为民做

第十二篇 "民本"还是"民主"？——中国古代民本思想的时代化问题

主",而当代"民主"理念的要义则是"人民当家作主"。两者虽修辞相近,却在实质上差异极大。这涉及"权利"（rights）和"权力"（powers）的界定及其关系问题,我在后面要对这个问题做出澄清。

孟子提出的"民贵君轻"这个思想（"民为本,社稷次之,君为轻"）,我在前面已经做了一些分析。孟子实际上阐述了人民、百姓与江山社稷、政府之间的主次、轻重、本末关系,这个观念从字面上看,即便放在今天都是非常先进的政治理想,尽管这种理想在孟子的战国时代和后来整个帝制时期从未成为过现实。实际上,在两千多年的专制皇权过程中,"民贵君轻"这个理念从来就没有被当过真,不光是帝王、官僚、士大夫,甚至老百姓自己（士、农、工、商各阶层）也没有当过真,觉得是一种玩笑话。倒是专制皇权的最大代表之一明太祖朱元璋注意到了这个思想的"严重性",他对《孟子》中的"民贵君轻"表述十分不满,并要求删除这类"逆反"话语。有意思的是,孟子的这个思想在一千多年后,和欧洲文艺复兴运动兴起的民主主义、乌托邦思潮等却有了许多契合点。当马克思、恩格斯创立的社会主义运动传入中国后,"民主"和"科学"就成为20世纪初的时代最强音。新中国成立以后,尽管社会主义实践过程中出现过曲折和坎坷,但总的来说,人民群众的主体性地位和创造性作用是在不断得到充实和发展的。特别是在改革开放以后,在中国特色社会主义的实践过程中,"以人为本""人民至上"等等思想观念,才真正实现并大大升华了孟子两千多年前的祈愿。

20世纪初的"新文化运动"引进了大量的西方思想、学说、义理、观念,经过碰撞、甄别、选择,马克思主义独占鳌头,为当时许多先进的中国人所接受、信奉,最后导致了中国共产党的成立。马克思主义是古希腊以来,特别是文艺复兴以后西方文化的一个伟大结晶。马克思主义第一次让中国人知道了人民群众创造历史的伟力,知道了过去等而下之的"民""民众""百姓"成为国家主人的合理性、可能性和现实性,知道了文明社会中人与人与生俱来的"平等""平权"的禀赋,知道了个人的自由发展是所有人自由发展的前提条件,等等。这是前所未有的思想启蒙,使中国人真正开眼看见了、看清了外面的世界。1939年,毛泽东在延安谈到以他为代表的那一代革命者对马克思主义精神实质的理解时用通俗、直白的语言指出:"马克思主义的道理千条万绪,归根到底,就是一句话——造反有理。根据这个道理,于是就反抗,就斗争,就干社会主义。"[①]这也正是马克思、恩格斯在《共产党宣言》里所昭示的:"工人革命的第一步就是使无产阶级上升为统治阶级,争得民主……无产阶级将利用自己的政治统治,一步一步地夺取资产阶级的全部资本,把

---

① 《毛主席语录——在延安各界庆祝斯大林六十寿辰大会上的讲话》,载《人民日报》1966年8月26日。

第十二篇 "民本"还是"民主"？——中国古代民本思想的时代化问题

一切生产工具集中在国家即组织成为统治阶级的无产阶级手里，并且尽可能快地增加生产力的总量。"①

由此可见，真正的"民本"与真正的"民主"在内涵和外延上必须是高度契合的，那就是：老百姓当家作主，成为自己的主人、社会的主人、国家的主人；而执政党、政府、官员，都是人民的工具、公仆、"守夜人"。在"党的领导、人民当家作主、依法治国"三位一体的国家治理格局中，"人民当家作主"无论如何处在核心的位置。为什么这么说？因为，人民在现代中国具有至高无上的社会地位，老百姓的心意、诉求、愿望、企盼，就是执政党的奋斗目标。党的领导和依法治国作为手段或途径，是围绕着人民当家作主、让人民群众过上好日子这个最高目标服务的。因此，人民当家作主（也就是普遍意义上的"民主"）既是基础，也是本质；既是出发点，也是最后归宿。

2004年9月，时任中共中央总书记胡锦涛提出了三句话："权为民所用，情为民所系，利为民所谋。"②后来胡锦涛又在中共十七大报告中明确："发展为了人民，发展依靠

---

① 马克思、恩格斯：《共产党宣言》，中共中央马克思恩格斯列宁斯大林著作编译局编译，人民出版社2014年版，第48页。

② 胡锦涛：《做好当前党和国家的各项工作》（2004年9月19日），《党的十六大以来重要文献选编》（中），中央文献出版社2006年版，第317页。

人民，发展成果由人民共享。"① "三民主义"这个理念由孙中山先生提出，即"民族主义、民权主义、民生主义"。孙中山说，他的这个三民主义思想直接来自美国总统亚伯拉罕·林肯1863年11月19日著名的"葛底斯堡演说"里的三个短语：of the people, by the people, for the people（"民有，民治，民享"）这是林肯的"三民主义"。以上所有这些表述，不管历史背景、阶级基础如何，其落脚点都在"民"或"人民"上。中国共产党继承和发展了孙中山先生的精神和事业，开辟了新民主主义革命的新阶段。在中国革命的历史过程中，毛泽东言简意赅地提出了党的根本宗旨："全心全意为人民服务"（serve the people with heart and soul）。

1945年7月，毛泽东在延安与黄炎培先生作过一次著名的谈话（"窑洞对"），讨论中国共产党执政以后怎么跳出治乱兴衰、轮回更替的历史周期律的问题。毛泽东说，"我们已经找到了新路，我们能跳出这个周期律。这条新路，就是民主。只有让人民来监督政府，政府才不敢松懈；只有人人起来负责，才不会人亡政息。"②这是真理之言啊！如今中国共产党已经执政超过七十年了，为了国强民富、长治久安，

---

① 胡锦涛：《坚持以人为本发展　成果由人民共享》，中国新闻网（http://www.chinanews.com.cn/gn/news/2007/10-15/1049124.shtml.2007.10.15）。

② 《依靠党的自我革命，跳出历史周期率》，载《红旗文稿》2022年第2期。

为了中华民族伟大复兴的全面实现，人民民主的问题仍然是必须面对和解答的。我们说"道路自信""制度自信"，无论如何不能避开这个问题。这就是为什么"民主、自由、平等、法治"等理念要写进社会主义核心价值观里去的深层理由。

但是，在民主这个问题上也不能搞绝对化，"人民主权"不能是没有限制的，否则就会发生民粹主义、极端民主化、"大民主"这样的情况，少数人的权利就会遭到伤害或剥夺，就会出现"群众专政"或"多数人的暴政"（马克思）。从历史上看，这种"极端民主化"所导致的恐怖，甚至超过了帝王专制和个人独断，而且由于它经常假"人民的名义"来呈现，就更具有欺骗性，也更可怕。公元前四世纪，雅典城邦通过公民投票判了伟大哲学家苏格拉底死刑；十八世纪法国大革命期间大量无辜的人通过广场表决上了断头台；清末谭嗣同等"戊戌六君子"被砍头时，围观老百姓欢呼雀跃、大喊过瘾；20世纪三四十年代纳粹迫害犹太人得到了德国民众（包括知识阶层）的"衷心拥护"；中国改革开放前的大批判、打砸抢等等无不以"群众运动"的方式表现，等等。

五、古代的"民"能转化为现代的"民"吗？

如果使用"民"这个词来分别刻画中国古代的老百姓和当今中国的人民群众的话，那么这两者的含义和地位就会呈现出天渊之别来。这一点,我在前面分析"民"与"人民"这两个概念的区别时已经指出来了。

古代的"民",即庶民、臣民、黎民、草民、小民、子民、贱民、顺民、良民、暴民、布衣、卑职、奴才、下人、小的等等,这是对老百姓的蔑称(更是百姓们的自称);而今天的"民",则是人民、公民、国民、市民、选民、居民、股民、网民、群众、你、我、他等等。这两种"民"天差地别、泾渭分明,不用解释就清晰明了。前一个"民"转化到后一个"民",我在前面引述马克思、毛泽东时已经说了,途径或手段是"一破一立":"破"就是革命、造反、斗争,"立"就是构建民主、法治体系。如果不"破"(即毛泽东讲的"造反有理"),被压迫、被奴役的下层民众就永远没有机会改变自己的生存处境,统治者更不会发慈悲,让老百姓成为国家政治的参与者;如果不"立"(即马克思、恩格斯讲的人民"上升为统治阶级,争得民主"),那些革命、造反的英雄豪杰在夺取政权之后,往往会重蹈前人的覆辙,成为新的专制皇帝。这一点,在中国古代历史上从无例外,比如陈胜、刘邦、黄巢、方腊、朱元璋、李自成、张献忠、洪秀全等等。因此,在古代的"民"转变为现代的"民"这个问题上,如果只有"批判的武器"(理论论证)而没有"武器的批判"(实践改变),或者反过来,只有"破"而没有"立",那么说实在的,我看不到这种"转变"的可能性和可行性。由此可见，如何打通这两者，真正完成传统民本思想的"当代转化"，是理论界，更是实践中遇到的最大挑战。

按照易中天先生的观点，人类古代文明可分为三种类型：武力社会、权力社会、财力社会。武力社会以中国北方游牧民族和北欧"蛮族"的游牧文化为代表；权力社会以古代中国的农耕文化为代表；财力社会以古希腊的商业文化为代表。我认为，从道德或审美的角度看，"财力社会"远逊于"武力社会""权力社会"。古代的武力社会，突出的是个人或群体的英雄气概，古今中外的英雄豪杰举不胜举，他们往往成了一个民族、一个时代的标志。中国两千多年的权力社会，至少其上层阶级（帝王、士大夫、儒生）多数是表现得温文尔雅、知书达理的。儒家一贯倡导德行、礼教、仁义礼智、君臣父子、上下尊卑、名正言顺等等，这在读书人、士大夫眼里是令人向往的，它强调了以权力、权威维系的社会秩序。而财力社会（商业社会），追求的是赤裸裸的利益，人与人之间只有利害关系，没有温情脉脉；这虽然符合公平交易的契约精神和商业伦理，却毕竟不高尚、无美感，在道德和趣味上都比较平庸、低下。关于这一点，我们中国人最近几十年见证到的实在太多了，"逐利"两个字就是一把双刃剑，它不知提升了多少的人间福祉，也不知造成了多少的道德不堪。

那么，为什么千百年来我们的老祖宗那么钟情于权力社会呢？道理很简单：因为农业生产需要稳固的政治环境。农业生产需要不误农时、精耕细作，讲究天时、地利、人和，频繁的动荡和战争显然不利于农耕和收获。春秋战国时期打仗都选择在秋季，要等地里的庄稼收割完了以后再征战，就是这个道理。另外，农业社会是小农经济，讲自给自足。只要耕作条件好，能养活家人、族群，就不需要发达的商品交换，这跟我前面说的古希腊城邦的兴起是因为土地贫瘠、不利农耕，情况完全不一样。中国古代，士、农、工、商"四民"，农为次，商为末；农业、农民能够提供国家绝大部分的资源、财富、人力、兵源，古代民本思想家所重视的"民"主要就是广大农民。

从中国古代农民的角度讲，为了生存、繁衍和发展，在别无选择的情况下，他们是宁要暴君，也不要暴民；宁肯臣服于皇帝，也不愿依附于流寇。为什么要这样？要的就是一个稳定啊！只有权力可以保证稳定。由此我们看到了千百年来中国农业社会不能产生民主意识和民主政治的深层原因，也看到了在中国这个东方文明古国贯彻实施民主和法治的长期性和艰巨性。

传统民本思想的可贵之处和其不可避免的缺陷，我在前面进行溯源分析时已经指出来过。如果进一步分析，可以发现古代"民本"思想的两个突出矛盾。一是体现在对"民"

的地位的认识上。民本思想家一方面认识到"民为邦本，本固邦宁"，以"君舟民水"做比喻，提出"水能载舟、亦能覆舟"，强调"民贵君轻"，要"畏民""重民"；另一方面，又在态度上轻视民众，将民众看作愚昧无知、需要加以统治和教化的群体，甚至蔑称其为"草民""贱民""蚁民"，提出诸如"民可使由之，不可使知之"（《论语·泰伯篇》）"劳心者治人，劳力者治于人"（《孟子·滕文公章句上》）"民者，瞑也"（瞑，蒙昧、愚昧之意）"有道之国，务在弱民"（《商君书·弱民第二十》）等"愚民""弱民"的治国方略。二是体现在实践目标上。民本思想家认为"政在养民""使民富且寿"是善政的最好体现，并提出了诸如"轻徭薄赋""与民休息"等富民、利民政策，这些主张被统治者采纳后，客观上起到了减轻百姓负担、改善民众生活的作用。但从根本价值取向上看，这些主张并非为了"养民"而是为了"牧民"，"养民"不过是君主的"牧民"手段，管仲讲"御民之辔，在上之所贵；道民之门，在上之所先；召民之路，在上之所好恶"[①]，可见"养民"的目的在于引导和约束君王的言行，最终还是为了保住君位。

既然如此，我们怎么能够指望从传统民本思想中找到符合现代民主政治的元素来实现其当代转化呢？

中国古代民本思想多出于帝、王、将、相及御用思想

[①] 戴望：《诸子集成·第五册·管子校正》，中华书局1954年版，第3页。

家，他们说的话，他们写的书、文，他们的语言表达形式，可以为现当代所用，这是无可争议的。不仅传统民本思想，包括所有中华传统文化中的经典表述与宣示，我们都可以加以借用、引申、拓展、弘扬，使之成为对当代中国改革、发展、进步过程中合理而有效的表达形式。但是，传统民本思想的精神实质和价值内涵，总的来说是不能为今天所用的。归根结底，传统民本思想是一种"驭民之术"，在当时的政治、社会环境下，在中国古代语境之下，"民"或"民众"绝不可能成为国家和社会的主人，他们只是统治者的工具，最多不过是"载舟之水"。

不过，中国古代的君臣关系、官民关系、庙堂-江湖关系也不是一成不变的，不是铁板一块。保守与开明、专断与温和、法家与儒家交替出现，表现形式不同，但"为民做主"的本质不变。有一点我们得承认：中国历史上的"青天老爷"比横征暴敛要好，"爱民如子"比欺男霸女要好，"父母官"比恶霸要好，尽管所有这些人的实质角色是一样的——凌驾于百姓之上的统治者。由此我想：建设社会主义民主政治和社会主义法治国家的目标应当渐次推进、分步实施。最基本的一条，就是我们的各级领导干部必须具有亲民的胸怀、爱民的心境、为民的担当。我想，这恐怕就是传统民本思想在当代中国仍然具有生命力的一个具体体现吧。毕竟，我们不能不面对这样一个现实：对"好官""贤者"的期盼，仍然是今天中国老百姓的强烈诉求。这虽然并不符合民主政治建设和法治国家建设的要求，但在中国的历史文化背景和中国国情下，这又是短时间内难以根本改变的情况。这无疑是中国古代民本思想在现当代中国政治生态下能够展现其价值和功能的地方，尽管这种价值和功能最终会让位于全面的民主、法治境界。

六、大众社会和法治国家

社会主义民主政治的核心观念是"人民当家作主"，人民处在最高、最重、最根本的位置上，换句话说，"人民"与"江山"可以互换。当代中国政治学、政治哲学，特别是政治实践，正是要充分论证、切实体现"民"或"人民"的这种至高无上性。而当下的一个重要任务，是论证、确保、捍卫"公民"的法律和社会地位，使民主与法治成为相互支撑、相互补充的共同价值。

"公民"这个概念来自古希腊。在雅典城邦，公民的身份是比较狭窄的，排除了妇女、外地人和奴隶。欧洲中世纪以后，公民权开始普及，每个男性居民都一定是"公民"；妇女公民权在19世纪特别是20世纪得到了全面确立。在今天，世界上几乎所有国家，都由宪法保障了每一个成年人的公民权。这是了不起的历史进步。如果我们认可雅斯贝尔斯关于"轴心时代"的古代文明定位（即公元前800年至公元前500年这个期间，地球上不同地区先后兴起了各不相同的伟大文明），那么所有这些文明，只有古希腊文明诞生、成长、完善了民主和法治这样一种治国理政、规范社会的政治模式；其中，赋予每一个成年人以"公民权"，是这个政治模式的"压舱石"。如今，"公民权"已成为当今世界不同国家的不同种族、不同阶级或阶层的"标配"身份。在当年的雅典城邦，"公民"，就是拥有私人财产，因而有着独立人格和自由意志的人。在今天，财产权已经不再是公民权的前提条件，但"独立人格"和"自由意志"这两条，一直通行于世界各国，哪怕仅仅是字面上的通行。这是任何民主、法治国家得以存在、发展、进步的前提。

中国人对"民主"有一个根深蒂固的理解：民主就是多数人说了算，就是少数服从多数。就政治运作和社会活动的结果、结局来看，这么说当然是对的；但是，民主这个概念的内涵更多的是指一种程序，在这个程序中，"每一个人"而不仅是"大多数人"，都有权参与公共事务的决策、决定和决断。多数人说了算、少数服从多数，只是程序的一部分，更多的是决策之后的事情。即便如此，少数人甚至个别人，他们的权利在"服从多数"的情况下也必须得到保障。否则，就会发生极端民主化、"大民主"那样的情况，就会导致"多数人的暴政"（马克思）。因此，在一个民主和

第十二篇 "民本"还是"民主"？——中国古代民本思想的时代化问题

法制健全的社会，"公民权"是一切的基础，是国家这艘航船的压舱石，必须得到保障，而不管在表达诉求、进行决策时"多数人"与"少数人"的比例如何悬殊。

中国古代大一统的专制王权两千余年，既不可能产生民主的思想，更不可能产生民主的政治。朕即天下、君臣父子、宗法传承、血缘伦理、亲亲疏疏、家长制、一言堂等等，都注定了"民""众"、老百姓的地位最低，在这方面，儒家和法家经典中有太多的论述。有人说中国古代就有"人人平等"的思想，我是肯定不相信的，至少我不相信那是主流思想。即便孟子说了"民贵君轻"这样的话，那也仅只他一个人说过，而且两千年来没有谁认真对待过他老先生的这句话。

辛亥革命以后，中国老百姓开始享受公民权。如今一百多年过去了，这期间经历了许许多多的风雨起伏，"公民"在中华人民共和国已经成为一个无可非议的普通称呼，虽然它还不是一个特别响当当的、神圣不可侵犯的称呼——那正是我们建设社会主义法治国家的一个终极性目标。我们不能不感佩辛亥革命对帝制的一劳永逸的摧毁，不能不感佩新中国开国领袖们对半殖民地半封建社会的终结，不能不感佩改革开放的设计师、决策者们实施"依法治国"的坚定意志。

建设社会主义法治国家，早就成为中国共产党治国理政的核心内容。"法治"社会的一个基本原则是"平等""自由""民主"。注意：我这里提到了"法治、平等、自由、民主"四个概念八个字，都是二十四个字的"社会主义核心价值观"的组成部分，占了三分之一的分量。为什么要强调这些理念？因为，只有在人人平等的情况下，才需要那个客观、公正的法，也才能够产生那个法；只有在每一个公民都拥有独立、自由的权利的情况下，才能体现人人平等；只有在民主、平权的氛围下，才能真正消除不管什么形式的特权，法治（而不是德治、人治）的精神才能够落地生根。在平等、自由、民主这些条件都具备了以后，"法"就来扮演那个公正、权威、一视同仁的角色。

什么是法？当然不是帝王时代的"王法"，也不是小农社会的"家法""族法"，而是"约法"，它起源于工商业活动中的交易、谈判、契约等等，而宪法这个"根本大法"则是"全民公约"。约法也好，公约也罢，参加契约谈判、签约的人（也就是代表所有公民参与讨论、制定法律的人）必须是独立的、自主的"person"们，即拥有独立人格和自由意志的个人。参与者之间，所有公民之间，没有相互依附关系，谁也不必听命于谁；他们都根据个人意志（其背后当然是各种各样的利益驱动）自由地表达意见和看法，他们的权利完全是平等的，一个市长投出的票和一个农民投出的票是等值的。这样形成的"法"才具有公正性，才能服人，才能对每个人都管用。当然，法律不可能把每一个人的诉求都代表、照顾到，那就通过表决，少数服从多数，来决定公共事务，这就是民主程序。法治社会、法治国家就是这么形成、构建起来的：共同约定，人人遵守，不得逾越。特别重要的是：法治社会强调"每一个人都必须遵法、守法"，哪怕只有一个人在法律的制约之外，都不叫法治。

一个国家、一个社会，如果人们在一起人格不平等，有高低贵贱之分，甚至有最高主宰，掌握生杀予夺之权，那就不需要"法"。中国古代几千年就是这样。"君要臣死，臣不得不死；父要子亡，子不得不亡"，还用"法"做什么？有"律"就行了（中国历朝历代都有严密完整的"律法""律条"，对各种罪行实施惩罚）。此外，如果人与人之间人格不平等，也产生不了真正的"法"。因为皇帝和少数几个大臣拍板定夺就行了，还需要讨论吗？更不用说谈判、协商、开会了。所以中国古代只有"王法"，没有"约法"。

还有一点：中国一直是一个自给自足的农业社会，商业活动和市场发育都十分简单、初级。在这种生产关系下，必然是群体为重、家国至上，个人无足轻重，个人的自由、人与人之间的平等都谈不上。显然，这样的经济基础是不可能产生法治社会的。老话说的"市场经济就是法治经济"，道理就在这里。

到了这里，不能不说一下"人治"之弊。

中国自古以来是一个"德治"（道德立国、伦理治国、以"文"化人）的国家。一般来说，德治也就是人治——要么是君治，要么是官治，但不是民治，这是中国古代政治文化的一个显著特征。古代民本思想的要义在于：主张由那些心系天下的明君和为民做主的贤臣来治国理政，以实现国泰民安。但庶民百姓在政治生活中的作用，那是完全谈不上的。那么，德治与人治的内在关系是怎样的呢？

任何政治治理都得靠人来实施，从这个意义来讲，人类文明的进步全都是"人治"的结果。但是如前所述，"法治"的特点是用公约、契约的形式来制衡、限定、指导、规范用权过程，没有任何人能够游离于法的框范之外，所以这叫作"法"治。

那么，"德"治是怎么实施的呢？从隋代开始中国实行科举考试制度，通过官方举办的各个层级的考试来选拔不同层级的官吏，也就是俗话说的"读书做官"。读什么书？儒家经典"四书""五经"等。内容都是道德、政治说教，谁考得好，谁的官就做得大，仕途就顺利；反之，官就做得小一些，仕途就坎坷一些。从中央到地方，各级官员就是这么产生出来的，而所有这些官吏，全都按照他们曾经苦读的"儒家经典"来为官行政。这就实现了"以德治国"，同时实现了"以人治国"。德治与人治之间就是这样一种内在的关系。

因此，中国古代的"民本"思想，不能不导致官本位和德治、人治；而现代民主政治一定是人民主权、人民授权、人民当家作主。这个目标的实现，除了法治，没有第二条道

第十二篇 "民本"还是"民主"？——中国古代民本思想的时代化问题

路可走。从这个意义上讲，我认为，2014年10月通过的《中共中央关于全面推进依法治国若干重大问题的决定》具有里程碑的意义。

七、"权利"和"权力"

不管是解读古代的民本思想还是推进当代的民主、法治建设，澄清权利（right）和权力(power)这两个重要概念及其关系，都是必要的。

权利是任何一个文明国家的公民与生俱来的一种资格、能力和价值担当，这就是所谓的"天赋人权"。天赋人权的观念虽然来自于十七八世纪欧洲启蒙思想家（霍布斯、洛克、孟德斯鸠、卢梭等），但这些观念具有全人类共同的价值，世界上每一个文明国家的宪法都接受、援引、确认了公民权利的天赋性和不可剥夺性。当然，公民的权利还必须通过特定的法律程序来获得。如果没有法律承认或者说默许，该权利就得不到保障。因此"权利"主要是一个法律概念。公民拥有的具体权利的来源是多样的，既有法律的直接赋权，如选举权、被选举权、获得义务教育的权利等等，也有通过合同、赠予、继承等方式取得的所有权、支配权等等，还有因受到侵害而获得补偿的权利等等。

"权力"是人与人之间的一种特殊的影响力。权力就是一些人对另一些人造成他们所希望或预期的影响的能力，或者说，是一个人或一些人的行为迫使或导致另一个人或另一些人的行为发生改变的一种能力。权力在英文里是power，显然，权力具有强制性，是一个政治概念。在现代文明国家，权力的所有者就是全体人民，是全体人民中的每一个个体的"power"之集合。由于全体人民不可能直接行使"权力"，因此人民通过一定方式，比如选举等，将"权力"交付给某个机构或者个人，使其拥有了代表人民的意愿来行使"权力"的权利。

这里的关键点在于：任何机构或个人享有和行使权力，都是基于权力的所有者——人民——的授权而获得了合法性和正当性的，没有人民的授权就没有"权力"的存在意义。可见，权力（power）以法律上的权利（right）为基础，以实现法律权利（人民意愿）为目的。权利制约着权力的形成、构建、程序和内容，同时，某些权利的实现又依赖于一定权力的实施。具体怎么授权，世界各国情况不一样。有直接授权（比如总统制），有间接授权（比如代议制），在中国则是由人大代表组成人民代表大会来行使国家权力机关的权力。从这个意义上讲，国家机构及其公职人员拥有的"权力"，不过是一种"代理权"而已。换句话说，"国家公职人员是人民的'公仆'"这句话，不仅仅是政治术语上的一种谦称，而是有实实在在的法理依据。国家机构及其公职人员不管拥有怎样的权力，这些权力都只有工具、手段的意义和价值；其最终的来源是人民，而在实践中只有一个途径：法律授予。

在这个问题上，中国共产党的领袖们有着明确的态度和表述。毛泽东说："人民群众是从实践中来选择他们的领导工具、他们的领导者。……我们党要使人民胜利，就要当工具，自觉地当工具。"①邓小平讲："工人阶级的政党不是把人民群众当作自己的工具，而是自觉地认定自己是人民群众在特定的历史时期为完成特定的历史任务的一种工具"②习近平也讲："必须始终把人民的利益放在高于一切的地位，自觉将自己认定为实现人民利益的忠实工具。"③

"权利"是私法意义上的"权"，一般是通过民事行为与社会行为，以及某些程序性权利行为来实现，其享有者一般为公民个人或者人格化的法人。权利从形式上讲需要法律赋予，但是只要法律不明确禁止，则视为法律"赋予"（或"默认"）了。作为权利主体的公民，不但占了成年人口中的几乎全部，而且他们享有的权利也是相当广泛的。在不同国家的宪法或其他法律的条文中公民的权利虽不尽相

---

① 毛泽东：《毛泽东文集》第三卷，人民出版社1993年版，第373-374页。

② 邓小平：《邓小平文选》第一卷，人民出版社1994年版，第218页。

③ 习近平：《全面加强党的基层组织建设，为实施"八八战略"、建设"平安浙江"奠定坚实基础》，《今日浙江》，2005年第13期。

同，但基本的构成有两类：民事权利和政治权利。民事权利主要有人身权、自由权、财产权、法律面前人人平等权等；政治权利主要有选举与被选举、言论、出版、集会、结社、游行、示威、担任公职等权利。所有这些公民权利都是不可侵犯、不可亵渎、不可剥夺的，除了被依法剥夺了公民权的人。

"权力"则是公法上的概念，是法律授予的、具有强制力的一种权能，一般是为了实现公共利益、社会利益而加以行使。具体的权力必须由法律来具体规定，而凡是法律没有明确赋予的，则视为禁止。也就是说，行使"权力"，如无明确法律条文为依据，即视为越权。

一般而言，"权利"的所有者和行使者是一致的。当然，权利所有者可以委托他人代为行使，但这种民事上的代理行为，其行为本身在法律上被视为权利人本人所为，在后果上也归为被代理者，即权利主体。

但是"权力"的所有者与行使者在一般情况下却是分离的。那就是：权利产生权力而不行使权力，权力来自权利而不与权利混同；尤其是，权力原则上不能派生权力，否则就有可能发生权力不受约束或权责不分的情况。因此，权力的所有者属于全体人民，而权力的行使者则是被授予行使权力的有关国家机构及其公职人员。行使权力的目的不是为了行使权力者本人，而是为了实现或维护授权者即人民的意愿和利益，所谓"权为民所用"，就是这个意思。这也是"权力"与"权利"之间的最重要、根本性的区别。

此外,权利和权力行使的自由度是不同的。"权力"必须依照法律严格行使,不能缺位,也不能越位;不能不作为,更不能乱作为;不能不及,也不能过之。一句话,行使"权力",有严格的程序性及实体性限制。而"权利"却享有较大、较宽的处置空间。权利人既可以充分行使权利,也可以不充分行使权利,甚至不行使或放弃自己的权利。权利人如果行使"权利"不当,在一般情况下不会受到处罚;但权力行使者如果行使"权力"不当,则要承担相应责任,包括法律责任、政治责任等,严重的甚至要承担刑事责任。

总之,权利产生权力,而不是相反;权力为维护权利而存在,而不是相反;权利高于、优于权力,而不是相反。所以在本质上或在一般情况下,权力的途径是自下而上的,而不是相反。权力如果来自别的权力,那就偏离了权力的本质。既然权力来自于权利,权力就必须受到权利的制约。一种权力也可以被别的权力制约,或相互制约,这取决于根据权利制定的法律的规定。

这就是人民主权、人民授权、人民当家作主的真切含义。显而易见,这与中国古代民本思想中的"民为邦本""民贵君轻""为民做主""载舟覆舟"等等理念相比,意思根本不同。

八、民主理念和民主实践

　　五四新文化运动高举"民主"和"科学"两面大旗,社会主义核心价值观倡导"民主、法治、自由、平等、公正",中国共产党大力倡导"全人类共同价值",等等。这些理念和实践,在我们的传统文化中都是被淹没的;儒家思想或别的传统思想流派均不具有近现代意义的科学、民主、自由、平等、法治这些精神,尽管某些因素、萌芽、表述、见解还是有的,我在前面已经做过分析和解读,比如"民为邦本""民贵君轻"等。

　　社会主义核心价值观的二十四个字,是分了三个层次的。第一个是国家层次:富强、民主、文明、和谐。第二个是社会层次:自由、平等、公正、法治。第三个是个人层次:爱国、敬业、诚信、友善。在我看来,核心价值观,重在"社会层次"的意义,它上通国家,下接个人,既是我们国家健康发展、凝聚人心、立于世界民族之林的支撑,又是老百姓个人幸福、生活顺遂、精神健全的保证。故"自由、平等、公正、法治"极其关键。至于第一层次里的"民主",这个概念在五四时期是"两先生""两面大旗"之一。一百年来,科学已经立下赫赫功劳、深入人心,民主却有各种各样

第十二篇 "民本"还是"民主"？——中国古代民本思想的时代化问题

的解读，甚至有人噤若寒蝉，故仍然有必要大力宣示和施行。

"民主"（Democracy，即"德先生"）这个概念来自西方，这是没有争议的。民主的意思究竟是什么？我在前面几个地方都做了解读，现在再做进一步的解读。我们仍然把"民主"和中国本土产生的"民本"概念进行比较。孟子讲："民为本，社稷次之，君为轻"，字面意思很清楚，百姓是根本，是第一位的，江山社稷居于次要地位，而国君、帝王是最不重要的。这段话的含义，不管怎么理解，放到今天都仍然闪耀着"以人民为本"的思想光辉。

孟子生活在动乱的战国年代，他经历了诸侯混战、民不聊生，他不希望这样的社会乱局继续下去，他宣扬孔子的仁政、王道思想，反对霸道、反对横征暴敛。孟子强调发展农业，劝统治者关注民生，"诸侯之宝三：土地、人民、政事"。他甚至提出，君主如有大过，臣下可谏之，如谏而不听，可易其位。这些，都是民本、仁政、重民、恤民的表现。但自从汉武帝采纳董仲舒的"独尊儒术"策略以后，这个"民本"的思想就很少被统治者提了，甚至完全不提了。"普天之下莫非王土；率土之滨莫非王臣"，怎么可能"民贵君轻"呢？正因为如此，《汉书》仅仅把《孟子》放在"诸子略"中，没有得到应有的地位。到了五代十国时期，《孟子》才第一次列为"经书"；直到南宋的朱熹，《孟子》才与《论语》《大学》《中庸》并列，孟子本人才被推上了思想的高峰。即便如此,明太祖朱元璋对孟子的"民贵君轻"思想十分不满,曾下令删除《孟子》里的有关表述。

民主的含义和民本的含义是不一样的。民本讲的是一个"主次"关系:民第一,江山社稷次之,君最后;民主讲的是一个"主仆"关系,人民是国家的主人,政府、官吏是人民的公仆。因此,一个有民本思想的古代士大夫甚至帝王本人(历史上还是有一些的)能够做到的,最多也就是"为民做主"而已,但他自己好歹还是"天子""父母官",高居百姓之上。这当然远胜于横征暴敛、鱼肉百姓,但跟民主却不相干。真正的民主,其核心含义是"主权在民"或"人民授权",说得更通俗一点,就是"人民当家作主"。

中国有两千年帝国历史和儒家忠君文化,民主概念才一百来年,实行起来不是那么容易,想要毕其功于一役,一下子就完全到位,就太天真了。但我们必须克服阻碍一步一步往前推,断不能走回头路。俗话说"打天下、坐天下",这在封建时代没有问题:皇位世袭,开国皇帝打下了江山,子孙后代就要接续下去。这是古代社会的合法性,是宗法制度的根本。毛泽东在中国民主革命最困难的时候讲了一句名言:"枪杆子里面出政权"[1],他还说了"造反有理"[2],

---

[1] 毛泽东:《毛泽东选集》(第一卷),人民出版社1991年7月版。

[2] 《毛主席语录——在延安各界庆祝斯大林六十寿辰大会上的讲话》,《人民日报》1966年8月26日。

第十二篇 "民本"还是"民主"？——中国古代民本思想的时代化问题

按照这个思路，共产党人最终打下了天下。打江山，当然就要坐江山、守江山，这是天经地义的事情，近代以来世界上所有"领风气之先"的革命领袖，如克伦威尔、华盛顿、罗伯斯庇尔、玻利瓦尔、列宁、凯末尔、孙中山、毛泽东、铁托、甘地、胡志明、卡斯特罗等等，全都一样。

问题在于这个江山怎么坐、怎么守。任何政治革命、社会革命，都是对"旧法"的违抗、触犯、颠覆，都属于"犯上作乱"。不推翻、不变更旧政权、旧体制，怎么建立新的秩序？因此枪杆子里面出来的政权，都不合旧法，却是新的"合法性"的基础。但建立了新政权、有了"新法"之后，要想继续合法、长期合法、永远合法，就十分不容易了。习近平讲，"打江山，守江山，守的是人民的心。"[①]说到底，还是要看老百姓"拥护不拥护、赞成不赞成、高兴不高兴、答应不答应"[②]（邓小平）。

在长期执政的情况下，必须在制度安排上考虑、设计、推行执政合法性问题，而这个问题与故步自封、不思进取等等是不相容的。世界大势，浩荡前行，人类命运共同体的构建必须与时俱进；一定要居安思危，避免出现合法性危机。这个合法性怎么体现？从中国的现实来看，至少要有几个步

---

① 习近平：《在中国共产党第二十次全国代表大会上的报告》，《人民日报》2022年10月26日01版。

② 习近平：《习近平在第十三届全国人民代表大会第一次会议上的讲话》，《人民日报》2018年3月21日02版。

骤。首先，执政要让人民满意。习近平讲"人民对美好生活的向往就是我们的奋斗目标"①，就是这个意思。其次，是程序合法。执政党的领导地位、立法机构、政府部门、司法机关等等都必须是特定程序的结果，不管是自上而下还是自下而上还是两者的结合，这样的程序一定要有，这叫程序公正。第三，也是民主政治的最高本质，即主权在民、人民授权。这必须是自下而上的程序，权力的基础和来源在人民当中；既然权力是"为了人民"（For the people）的，那么权力就应当"来自人民"（Of the people），换句话说，人民必须成为真正的公民、国民。因此，让人民满意，必须逐步地、通过合法程序来根本体现人民群众的主人翁地位，使"党的领导、人民当家作主和依法治国"三者形成有机的、内在的统一。

这就是当今中国，已经写入宪法和执政党纲领并且作为道德建设主旋律（"社会主义核心价值观"）的"民主""法治"这两个概念的基本含义。

---

① 《中共中央关于党的百年奋斗重大成就和历史经验的决议》，《人民日报》2021年11月17日01版。

第十三篇

强大的"心"
——我眼中的王阳明

现在中国人喜欢用"大心脏"这个词来比喻一个人心智的敏锐、心理的稳定,心态的平和、心胸的宽阔、心情的正常。从科学的意义上说,"大心脏"当然不是指身体里那个把血液输送到身体各个部位的肉体器官(heart)的强大,而是指构成一个人的"内在的"、非肉体的那个核心部分的坚韧不拔——这个部分不在空间中显现,却能够发动、调整、指挥、支配人的肉体(或外在)行为,这就是人的精神中枢,即一个人的自我、主体、灵魂(心灵)、良知等等,统称为"心",即soul或mind。显然,即便是经过了我这一番并不严谨的描述,"心"仍然是个相当抽象、玄妙、有点不知所云的概念。之所以如此,是因为作为人类精神现象之核心或"载体"的"心"(灵魂),本身就是一个形而上学(玄学)的对象,完全没有实证意义。不仅如此,中国人和西方人对"心"的理解也很不一样。从历史和现实来看,我们一方面可以说西方哲学对"心"的重视远比中国哲学强——那是从认知或科学的意义上讲的;另一方面,我们又可以说中国哲学对"心"的重视远比西方哲学强——那是从价值或道德的意义上讲的。此外,虽然用"大心脏"来形容人的心理强大是一种不符合科学的说法,但无论是在西方和东方,这种说法都并非完全没有根据;直到今天,人的精神活动究竟和大脑有关还是和心脏有关,这件事在医学领域之外仍然没有完全达成一致。正是在如此复杂的背景下,我们来讨论古今中外的"主体性哲学",特别是讨论中国明代哲学家王阳明及其"心学"思想。这个思想在中国思想史甚至在世界哲学史上都独树一帜，而且在当今中国有着重要的影响和现实的意义。

一、"心"和"灵"的关联

俗话说"人是万物之灵"。这个"灵"当然指精神、灵魂、智慧、意志、情感、道德、审美等等，纯粹的动物界是没有这些东西的。因此人的奇特、伟大和不可思议，就在于人拥有灵魂或精神世界，这是没有争议的。

西方人对"心"的理解比中国人（尤指古人）要简单。西方人说到底，主要是围绕着人的智力活动或构建知识来探讨那个发动或终止精神活动、精神现象的核心、实体，也就是"灵魂"这个东西的。所不同者，西方的唯心主义哲学认为"心"乃宇宙万物一切存在、属性、状态、关系的源泉、根本，而唯物主义哲学则把"心"及其所有活动归结为、还原为物质或自然过程。还有一派以"反形而上学"为宗旨的西方哲学家，则以感觉经验为尺度，通过语义或逻辑分析，拒绝承认"心"或"灵魂"的实在性，就像他们同样拒绝承认"物质"的实在性一样。当然，拒绝承认某种存在不等于认定其不存在，不能证实"灵魂"不等于已经证伪了"灵魂"。实际上，"心"或"物"以及其他所有形而上学对象，被这些西方哲学家悬置起来了，这就是著名的"怀疑论"哲学；到头来，在这些哲学家那里，"心"（或"物"）只是作为一个特定的语词而存在。

的确，对于唯心主义哲学或宗教神学来说，关于心灵（灵魂、自我等等），最大的难题就是怎么确定它们的存在（being）或实在(reality)，这件事从古埃及到古希腊，特别是欧洲中世纪，哲学家、神学家们殚精竭虑，做了太多的论证工作——证明上帝、神的存在和功能，实际上就是证明灵魂的无可置疑。因为在他们看来，上帝只不过是"心""灵"的无限化、绝对化和万能化，而"灵魂"（"心"）则是人体里唯一的"神性"，与身外的上帝一体相通。在基督教教义里，"圣父"和"圣灵"是通过"圣子"（拥有肉身的普通人耶稣）来实现三位一体的。按照路德维希·费尔巴哈的说法，上帝、造物主只不过就是人的神性的异化的结果，但这个结果却反过来成为人类的"主宰"和"救世主"。那么，灵魂究竟有没有呢？如果有，它的存在方式是什么？这是一个千古难题，而且我认为是一个永恒的谜。在人类理智（包括经验）范围内，证明灵魂"存在"是不可能的，证明灵魂"不存在"同样是不可能的。最简单的道理就是：因为"灵魂"本身就意味着它是"物质"之外的东西，所以灵魂的存在或不存在得不到任何一种科学理论或科学实验的验证——科学只探讨自然对象、物质过程，所以"心"无论如何不能纳入自然科学以及常识的视野范围之中。

欧洲中世纪长达近千年,基督教的官方哲学"经院哲学"的一个中心任务,就是证明上帝的存在和灵魂的不朽。先后出现了安瑟伦的"上帝存在的本体论证明"、托马斯·阿奎那的"上帝存在的宇宙论证明",以及莱布尼茨的"上帝存在的设计论证明"等等。所有这些证明都试图以"讲道理"(论证)的方式来证明上帝、灵魂的存在、伟大、不朽(其理论根据,先是柏拉图哲学,后是亚里士多德哲学,并且运用逻辑手段),以便使信徒们心服口服。但这些证明都是徒劳的,因为这里最要紧、不可逾越的障碍是:除了逻辑自洽,你怎么提供"验证"?上帝、灵魂不在经验中,故永远不可能得到令人信服的解释——用事实说话,才是最令人信服的解释。反倒是早期基督教的"教父哲学"代表人物德尔图良说到了点子上:为什么我们要相信上帝和不朽?因为那恰恰是"不合理"的观念;正因为"荒谬",我们才相信。

18世纪以来,自然科学家在唯物主义、无神论哲学家的鼎力支持下,通过观察、实验、检测、分析,力图证明上帝的荒谬和"不存在",证明灵魂只不过是一种物质的机能或自然过程。他们的所有努力都以失败而告终。康德说得好:科学用经验或逻辑的途径来证明形而上学问题(理性宇宙学、理性神学、理性心理学),其结果要么陷入文不对题或似是而非,要么陷入"二律背反"的窘迫之中,因为对一切形而上学问题的求解（判定其真或假）都超出了人类理性能够达至的极限。康德认为，上帝、灵魂、宇宙这样的东西或"对象"，只能作为信仰、道德、审美这些精神追求的假定的前提或心理上的依托，除此之外，关于形而上学的任何"知识""理论""道理"等等，都是不合法的。

不管是宗教的唯心主义（唯灵论）还是哲学的唯心主义，在灵魂、精神、思想、意志、情感、"心"等等的存在及实质（是否存在，怎么存在，本质如何，属性怎样）的问题上，在灵魂对肉体、精神对物质、神对自然的"主导""决定"关系问题上做了大量的论述，都做出了理论的建树。而唯物主义哲学，则在物质、自然、肉体及其与灵魂、精神、思想的"派生"关系方面做了大量的论述，同样做出了理论建树。但平心而论，不论是唯心主义还是唯物主义，包括各种各样的宗教理论，在灵魂问题上没有一个能自圆其说。

事实上，灵魂问题不是科学能够解决和处理的问题，即便是现代心理学也解答不了灵魂实体的存在和精神现象的本质问题。而且随着现代心理学方法的越来越实证化、技术化，人类心理活动越来越被还原为经验的描述（实验记录、观察数据、患者描述），灵魂或心灵本身则越来越像是一个"幽灵"。

二、作为认知主体的"心"

不过西方人对"心"这件事的关切、思索、论证，主要还是从求知这个目的出发的。苏格拉底、柏拉图、亚里士多德极端重视观念、概念、思考、命题、推理这些精神活动，他们认为拥有智慧和思想，形成并掌握知识，是人高于一般动物、"高尚的人"优于"低下的人"的基本特征。西方哲学的本体论（存在论），一开始就和运用智慧、思想来发现自然法则、构建知识体系紧密联系在一起。苏格拉底虽然不关心"自然哲学"，只醉心于伦理学，但他是把所有道德伦理问题及其解答都归之于"知识"这个范畴当中的，他的著名命题"美德即知识"就体现了这个目的。柏拉图认为人的思想能够构建出一个完美的、永恒的"理念世界"来，也是为了达到"真理"和最高的"善"这个意图。亚里士多德是古希腊最博学的人，百科全书式的哲学家、科学家、逻辑学家，他是世界上第一个对科学知识进行分门别类研究的伟大学者。有一点我们应该清楚：从亚里士多德开始，哲学的认识论（或知识论）就是探讨、刻画人（主体、心灵）能否或怎样认识、了解自然界的真相或本质的学科，这个过程实际上是人心与外部事物互动的过程，因此认识论或知识论从古希腊直到近代,就是"心理学",直到19世纪下半叶心理学成为一门独立自主的科学门类为止。

在灵魂或"心"这个问题上,柏拉图认为,"心灵"是人类最高的精神实体,是不朽的灵魂驻地,是人类的本质。亚里士多德认为,心灵是人类的本体,也是人类认识能力的来源,不过他认为灵魂及其活动发自于人的心脏,比如心跳、血流、热度都直接影响了人的精神状态和活动。这个认识以今天的科学结论来看当然是错误的——意识这种现象,我们知道来自于大脑——但亚氏这个想法在今天的西方人当中仍然很有认同度,尤其是关系到人的感情生活时;他的这个"思源于心"的观点,和中国古人的认知倒是高度一致的。在中世纪,基督教哲学家把心灵视为上帝所赐,是人类独特的神性特质。在欧洲文艺复兴和启蒙时代,心灵的观念逐渐转向了人性、人的主体性、人的价值诉求,人文主义者和启蒙思想家们以灵魂作为探究人性、自我、自由、个体本质的出发点。

特别要强调的是,16世纪法国哲学家勒内·笛卡尔对灵魂存在的论证做出了特别重要的贡献。笛卡尔最有名的命题是"我思故我在"(ego cogito ergo sum),这个命题第一次将"我"(或自我、心灵、灵魂)作为一个客观存在的实体或本体明确下来。他论证说:世界上的一切皆可加以怀疑,唯有"怀疑"本身不可怀疑;怀疑是什么?是一种思想、精神活动，于是，思想或精神也就是不能加以怀疑的事情了。思想必须有一个"思想者"，即发出思想的那个主体或源泉或核心，这个主体或源泉或核心是什么呢？是"我"，也就是灵魂、自我这个根本的存在。因此，"我"的存在也是无可怀疑的了。这就是从"思"出发，经过"我思"，达至"我在"的论证过程。

我认为，关于灵魂存在的思辨式的"证明"，笛卡尔已经做到了极致。既然灵魂、"心"不可能有经验的证据，那么思辨的论证就以笛卡尔的"我思故我在"为天花板了。从他以后，已经不可能再有任何哲学的、逻辑的手段来告诉我们灵魂的存在问题；至于灵魂是"如何"存在的，那只能诉诸心理学和常识，以经验的、生活的、"讲故事"的方式来间接说明那个神秘莫测的精神实体，这也就为宗教、准宗教、邪教、迷信之类的"理论体系"留下了施展的空间。不过有一个朴素的道理或简单的推论我们应该接受：人类既然拥有一个那么丰富多彩、那么深不可测、那么奇形怪状的精神世界，就有理由假定，一定存在着一个发出、造成这一切的源泉、核心、实体，它就是灵魂或"心"。在这个问题上，进化论的观点是不可接受的：进化论解答了从低等动物到高等动物及人类的发展、衍化过程，却完全没有解决为什么人类拥有精神世界，为什么人类有那么复杂的精神追求的物质—自然原因这个问题。

康德在把灵魂和上帝逐出了人类知识领域之后，在他的《实践理性批判》里表态说，我们必须在实践和生活领域里假定灵魂的存在和灵魂的不朽。为什么要作这样的假定？康德说，因为这对于宗教和道德来说是必须的，对于千千万万的世俗中人是非有不可的，因为让他们在短暂的、匆匆忙忙的一生中消耗生命而无所依托，是不公平的。虽然我们无法通过科学的方法（经验和逻辑）来证明和了解灵魂，但我们必须假定：它是存在的；它具有自由意志；它可以选择善良，也可以选择邪恶；它是不朽的；现实生活中好人受苦这种不公正现象，必定会得到在天国享乐的补偿；现世人生的道德行为要对来世负责；自由-意志-情感-爱等等，使人超越于动物之上，具有无可比拟的价值，等等。这就是康德在他的《实践理性批判》说出来的意思。显然，在康德的理论里，日常生活中可察觉的"现象"只是表面的，而其背后的"实在"或"实体"，才是人类行为的中流砥柱；科学对灵魂、物质、上帝的拒绝虽然是合理的，但人的道德生活却必须接纳这些形而上学。

灵魂具有合情、合理、合法性就足够了，至于灵魂的实在性（reality）可以不去管它。因为这件事无解。在我看来，灵魂的存在问题，科学不能证明，宗教无需证明，哲学只能视为不证自明——假定其存在，并且不予追究。我倾向于以比较笼统的方式给灵魂一个说法：灵魂就是人的"内在"渴望的总和,或者说,是人身上(心也好,脑也罢,或别的什么器官也好)发动精神渴望、实施精神追求、获得精神满足的那个核心或源泉。根据权威的《韦伯斯特词典》的简单定义,"灵魂"(soul)这个词就是:a person's total self,一个人的全部内在自我,就这么简单。如此看来,"灵魂"这个概念不过是给人的精神世界、精神生活安上的一个名称而已,至于它的实在或存在情况究竟如何,那是永远不可能有人知道的。

三、中国人怎么看待"心"

现代中国人用"心"这个字,来翻译西方文字里相关的概念,就导致了关于"心"的不同含义,造成了一定的误解甚至混乱。比如heart(心脏),比如soul(灵魂),比如mind(意识、心智),比如spirit(精神),甚至ghost(魂魄),等等。而在西方哲学家那里,最常用的是soul和mind这两个词,来指称灵魂、精神、心智。与此同时,西方人用heart(也就是中国人最重视的"心")来表示或表达与感情相关的精神活动(比如爱、恨、信仰、激情等)——尽管从自然科学的角度看,这是没有根据的。

在中国传统文化中,"心"这个字的哲学、文化含义很丰富,但歧义也甚多。不管怎样,"心"首先是指人的"心脏"

这个生理器官，这是"心"这个汉字最直观、最通行的含义；而思想意识、情感意志、道德伦理、艺术创造、喜怒哀乐等等，在中国古人看来，都发自于人的这个"心"；换句话说，人的心脏这个物质存在、这个肉体构造，是一切精神活动、精神产品的载体或源泉。以现代医学的观点看，这个看法是耸人听闻、不可思议的。孟子说："耳目之官不思，而蔽于物，物交物，则引之而已矣。心之官则思，思则得之，不思则不得也。此天之所与我者，先立乎其大者，则其小者不能夺也。"（《孟子·告子上》）在孟子看来，"耳目"为小体，因为其作用小；但"心"为大体，因为其作用大、作用根本；但"心之官则思"：心脏作为人体的一个器官，负责思考、思想，这是确定无疑的。但不管耳目和心的具体功能如何，它们都是人的生理构造的一部分。这是中国哲学、中国常识关于"心"的基本含义，也是和西方哲学、西方科学的根本区别之处。

西方哲学家、神学家用了两千年时间不遗余力地寻找、证明精神现象的母体、源泉——"灵魂"的存在及作用，结果完全徒劳；西方科学家从近代以后也花了大量精力来将精神现象还原于生物、生理过程，以证明"灵魂"的不存在，结果仍然无功而返。中国古人却在"心"这个精神起点、价值来源、道德本体问题上，不假思索、直截了当地认定：人的那颗日夜不停跳动着的心脏，就是他们的哲学、伦理学、

第十三篇 强大的"心"——我眼中的王阳明

价值学、政治学以及人们日常生活中喜怒哀乐的本原、动因。如果以唯心主义或唯物主义来区分哲学性质的话，中国哲学的这个"心本体论"，简直就是标准的唯物主义，而且其"唯物"的程度之重，堪比19世纪欧洲的一派被马克思、恩格斯称之为"庸俗唯物主义"的哲学思想，这一派哲学家（毕西纳、莫来肖特、费尔巴哈等）坚持以当时的自然科学为依据，认为人的大脑产生思想就和人的肝脏分泌胆汁和肾脏分泌尿液一样。所不同者，中国古人不认为——也从来没有想过——派生思想的是人的大脑，他们认定是人的心脏。因此，徐复观先生坚决反对把中国哲学的思想主流定性为"意识决定物质"的西方式的"唯心主义"，恰恰相反，他认为中国哲学是一种"心的哲学"，思想观念等等是心的产物，而心的作用是生理构造中的一部分，因此中国哲学更偏向"唯物主义"，或者说，是一种唯"心"主义。

中国文化里的"心"，其作用当然与西方的思辨哲学、宗教信仰是不同的，这也在很大程度上决定了中华文化和西方文化的差异。那么中国的"心"的作用具体表现在哪里？主要在道德方面，甚至仅仅在道德领域。中华传统文化说到底就是一个"德"字，尤其是儒家思想。后来宋明理学倡导儒、释、道三合一，仍然以"儒学"为核心，还是注重伦理道德的思辨和实践。孔子认为道德的价值根源不在神，不在天，而在于人的生命历程中。他还没有提出"心"这个范畴。孟子第一个提出了道德的价值根源在于"心"这个思想。他说:"仁义礼智根于心。"(《孟子·尽心上》)孟子的这句话不是逻辑的推论,而是一种直觉或"内在经验"。为什么孟子要把"心"的意义看得那么重要,那么关键?因为在世俗生活中,人会遇到的许许多多、纷繁复杂、此伏彼起的问题,这类问题或难题,一般来说都可以通过思考、实践而在时间的流逝中得以解决、化解、淡忘。但是人也会遇到自己不能解决的重大、深沉、悠远的问题,比如生与死的关系问题、生命的终极意义和最终归宿问题。这是人类进入文明社会以后普遍存在的"终极关切",在任何一个族群、民族、文化当中都不能消解。因此在一般人的理智和情感当中,宗教的情怀或需求始终是存在的。古代华夏不像古希伯来、古印度那样诞生、发展出了宗教并传承下来,中国古人,通过道家思想衍生出来的道教和儒家思想衍生出来的谶纬之学,来解决终极关切的问题。但道家和儒家都属"半路出家",不能完全满足人们的终极精神需求,儒学甚至主张对生死关系采取回避态度,要求人们专心致志于现实人生的各种问题。孔子的名言"未知生,焉知死。"(《论语·先进》)就最能体现中国文化在对待人生大限时的回避态度。但是,终极关切问题毕竟是回避不掉的,生命的短暂、有限与心境、向往的无限之间的冲突不可调和。其实,佛教在东汉时期进入中原以后迅速被人们接受,正是钻了这个空

第十三篇　强大的"心"——我眼中的王阳明

子。然而，纯粹的佛教义理对于注重实际、关切"现世"的中国古人来说，显得过于神秘、晦涩、遥远了。于是印度佛教便转化为汉传佛教，汉传佛教更衍化出了它的一个伟大成果——禅宗。禅宗主张"明心见性""直指人心""立地成佛"，大大简化、实用化了来自印度的那些佛理。从实质上讲，禅宗认为佛不在世俗之外，而就在"本心"之中，甚至佛就是"本心"，故人们不应向上或向外去求佛。换言之，佛教在中国发展到禅宗后，核心思想已经发生了本质的变化；不再是通过纯粹信仰来满足宗教需求，而是把宗教需求归结到了人心，修行就是修心，所以禅宗也叫"心宗"。只要"佛祖心中留"，哪怕不打坐、不诵经，甚至把佛像当作柴火烧了取暖，让"酒肉穿肠而过"，都没有大碍。这样一来，儒、释、道三家就实现了结合，佛教的中国化、本土化也就真正完成了。程朱理学对儒学的创新，特别是阳明心学对程朱的革新，都与禅宗的这种"中国特色"有密切的关联。正因为禅宗的宗教意味相当淡化，它才能为普通中国人所接受、所信奉。这同时也强烈地表明：中华文化把道德的价值本源，把人的宗教需求，全都立足于"人心"，这个现实主义的力量委实强大。

如前述，中国人——不管是中国古人还是现代中国人——一提到"心"首先就想到人的心脏。其次，在中国古人那里，一切知识、道德、意志、情感、欲望等等都由这个心来发动和承载,这跟亚里士多德的见解是比较一致的。于是"心"就具备了两个意义:生理的心和心理的心;由此有了两个功能,为身体提供血液的心和发动精神活动、产生精神产品的心。由此,人的所有生理活动,即人的生命存在及其生长发育、生老病死,和人的所有精神活动,不管是认知的还是价值的,不管是意志的还是道德的,不管多么复杂、如何多样,全都归之于"心"了。如此一来,人心的压力实在不小,所以中国人喜欢用"心脏"的大小来形容人的精神状态是否处于最佳状态。这当然让人觉得特别累:"心"承担的东西太多、太沉重,既有生理功能,亦有心理功能,还有社会功能。中国古代哲学家从来没有提到、也没有想到"脑"的智慧功能,要不然可以分担一下"心"的压力,就像西方人经常做的那样。这当然跟中国古代在人体解剖学方面的几乎空白有直接关系。

四、发自"心胸"的认知和价值

普通西方人似乎把精神过程分成了两个部分:头脑(head, brain, mind)负责认知(感觉、思考、推理等等),心胸(heart, emotion, will)负责价值(情感、道德、意志等等)。但实际上,现代科学从来没有证明过心脏在人的精神活动中起过什么作用。当人激动了、悲伤了、苦闷

第十三篇　强大的"心"——我眼中的王阳明

了、想不开了，心脏的跳动、血液的流速等等就会发生相应变化，这是实际情况；但这种情况完全是大脑（神经中枢）影响、支配的结果，心脏只有一个功能：泵血。西方人升国旗时手抚心脏部位，这是一种感情或情怀的表示或表达，这种情感、情怀，他们一生下来就被父母或牧师告知来自于他们的灵魂，而灵魂是和人的心脏密切相关的。我自己曾经在著名的梵蒂冈圣彼得大教堂侧面大厅里看到过一颗浸泡在防腐液里人的心脏，它属于20世纪上半叶一位著名大主教，以对人类的爱心而著称，后人保存并展示他的心脏就是为了纪念他。可见人的肉体心脏在体现基督教教义过程中的重要地位。至于日常生活中世界各地的人们用手比心来表示关爱、感谢、兴奋等等，早就是司空见惯的现象了。当然，这种利用人的心脏来表达情感的做法一点"科学依据"都没有。这种方式仅仅是一个比喻或象征，以科学的观点看，人类的情感、情怀、情绪、信仰、激情、美感等等，来自于大脑和中枢神经。英语里"心碎了"broken-hearted这个形容词，"我心依旧"（my heart will go on）这句话，都是某种表达（expression），而不是一种描述(description)。不过西方人的这种将脑和心分而用之的做法，的确让人的精神活动显得更为丰富，也更为平衡。

　　中国人一般不把哲学上、宗教上的"心"这个词和"灵魂"这个词联系在一起。"心灵"是现代中国的一个名词，

745

既可指中国式的"人心",也可指西方意义的"灵魂"。中国人讲到灵魂时,往往与灵异、鬼魅现象联系在一起,比如"英灵""魂魄""鬼魂""阴魂"这样的词。在西方人那里,这是基本没有的,ghost和soul不是一回事。如果说西方人为了宗教或哲学的目的,用了千百年时间徒劳地去证明灵魂的存在和灵魂怎么存在这件事的话,那么中国人自古以来就没有谁在"什么是灵魂"这个问题上操过心。中国哲学家创建了纷繁复杂、博大精深的价值哲学体系,但所有这些思想成果都始发于"心",即那个集肉体生命的根源和精神活动的出发点为一体的特殊的肉体组织。

不用说,中国传统哲学关于"心"的这个认知或这个"理论"是完全错误的,因为它和科学结论根本不符。自然科学早就排除了或从来就没有承认过中国古代思想家所指定的那颗生理的、医学的"心"具有从事"思考"和"价值判断"的功能,尽管两千多年前亚里士多德根据他那个时代的科学认知水平提出过和中国古人类似的见解。

前面引了孟子的话:"心之官则思,思则得之,不思则不得也。"孟子是最早思考"心思"(也就是所谓"主体性")这个问题的先秦思想家,因此他也是最早误将"脑"的功能当成了"心"的功能的中国古人,他断言"心之官则思",开了中国哲学"心本体"的先河。孟子以降,大部分的古代哲学家都认为心是能知能思之官,乃身之主宰。张立文先生解释

第十三篇 强大的"心"——我眼中的王阳明

道:"现代人认为心是动物身体内的器官。古代思想家由于缺乏人体解剖学的知识,而基于日常的认知和体验,以为'心之官则思',把能思、能知、能感、能应、意识、感情都看成心的功能或活动,以此,'心'便成为中国哲学的重要范畴。"①

众所周知,王阳明哲学思想的核心是"心",但他关心、求索的是"心之'何为'",而不是"心之'为何'"。他是把"心"作为一个不言而喻的道德、天理的主体来加以观照、思考的,"心"作为一个研究对象,它的物理存在及生理属性,不在他的考究范围之内。其实在王阳明之前的朱熹以及和朱熹同时的陆九渊,也并没有对"心"进行过考证或"格知"。倒是清代哲学家、考据学家戴震对"心"进行了比较详尽、透彻的解析。

戴震认为,第一,心是感知外物的主体。天下万事万物,作为人的活动对象,是认知客体。客体只有通过心的感知,才能被认识。"凡事至而心应之。"(《孟子字义疏证》)外部的事物不断刺激人的感官,而引起的回应,产生感知或认知。这个见解颇似西方哲学的主客体关系思想。第二,心具有思维活动的功能。戴震虽沿袭孟子"耳目之官不思,心之官则思"的思想,但又有不同。"是思者,心之能也,"心作为思维的器官,具有思维功能,就是对于客观事

---

① 张立文:《走向心学之路》,中华书局1992年版,第155页。

物的味、声、色的分辨、加工，"凡食味、别声、被色而生者皆有心。心者，耳目百体之灵之所会归也。"（《原善》）这就回到了孟子的说法。第三，心是超越的意识。戴震把记忆和认识作为心的历程之两个阶段。"大致善识善记，各如其质。昔人云'魂强善识，魄强善记'。凡资于外以养者，皆由于耳目鼻口，而魄强则能记忆，此属之魄者存之己尔。"（《原善》）把人的"魂"和"魄"作了认识论上的分工，有中西合璧之妙。第四，心是行为或行为方式的支配者。戴震把支配行为的思想动机说成心，"或一家，或一国，或天下，其事必由身出之，心主之，意先之，知启之。"（《原善》）人的行为是多种因素的复合整体，它是由身、心、意、知四种因素构成的。事由身做，心主使行为，行为先有意念，智慧开启意念，支配行为的过程。这个思想和西方心理学有近似之处。

总之，"心"作为感知外物的主宰、主体，具有思维的功能、超越的意识，又是行为的支配者。尤其是，"心"是道德、价值、意志、情感的主体，也是道德自觉的一种能力，戴震谓之"心知"。心知是以"血气"为基础的，这就是说，任何心知都不能离开血气，"有血气，夫然后有心知"（《原善》）；而心知必进而为神明。血气—心知—神明是认识在逻辑上和时间上的序列，"血气"是"心知""神明"的逻辑前提或条件，"心知""神明"是"血气"的发展或

第十三篇 强大的"心"——我眼中的王阳明

展开。血气—心知—神明并非各有根源,而是有着共同的根据。①这个思想,显而易见是唯物主义的,而且与18、19世纪欧洲的生理学唯物主义颇为相似;唯一不同的是,欧洲唯物主义着眼于"脑"这个人的思维—神经中枢,而戴震的着眼点仍然和两千年前的孟子一样——那颗肉体的"心"是一切的始作俑者,而"血气"这个概念具有典型的中国特色,甚至中医特色。

科学实验当然不能证实戴震所说的"血气",就像现代医学不能证实中医里的"经络"一样,所以中国传统哲学关于"心"的议论是非科学的,对于日常生活、科学理论的构建是无效的。但是,作为形而上学或"道德形而上学"的研究对象,"心"的假设并无大碍。中医不是照样存在、发展了几千年吗?而且有不少西方人还对中医理论及其医疗实践有浓厚兴趣。科学永远不能证实孟子所说的"恻隐之心""羞恶之心""是非之心""辞让之心",因为科学不是伦理学和宗教,科学不讲"应该"和"善恶"。这些东西属于康德所说的"实践理性"的范畴,整个中国古代哲学,就是实践理性的话语体系或价值判断的集大成。既然如此,中国古人讲的"心"(heart)和西方人讲的"心"(soul,mind)在存在、运行、功能、意义等方面的原则区别,我们一方面要心知肚明,另一方面也不必感到诧异。尤其是在认知这个领域,

---

① 张立文:《戴震的心知论》,《船山学刊》,1992年第1期。

把中国人的"心"这个词换成西方人的"脑"这个词，意识的发源地这个问题就差不多在中西方文化间达成了一致。

五、文化传统的历史性和相对性

在现代中国理论界、思想界、文化界，"阳明心学""阳明学""阳明文化"等等，这些词汇，已经好长时间成为热词了。由此衍生出来的最有名的概念或命题是"知行合一"，还有"心即理""致良知""修身""律己""共产党人心学"等等，都既有热度，也很时髦。毫无疑问，王守仁（王阳明）创立的"阳明心学"，五百年前从贵州修文龙场驿发端，逐渐在中华大地（主要在南方各省）兴盛开来、延续下来，与二程、朱熹为代表的"程朱理学"针锋相对。这样一个极具创新性（同时也相当"离经叛道"）的儒家新流派，经过了几百年的风风雨雨、坎坎坷坷，在21世纪的今天，再次成为当代中国的一门"显学"，这本身就是一件特别奇特、特别耐人寻味、特别值得探讨的文化现象。

阳明心学在今天，当然属于传统文化的杰出代表，属于"老古董"；但是在五百年前它刚出现的时候，却是一个非常新颖、十分脱俗、严重冲击传统观念（在当时就是程朱理学）的思想流派；到了今天，它在被批判、唾弃了许多年后又突然重新时髦起来，成了所谓的"显学"。这就要说说传统与创新的关系了，这个问题涉及世界观、价值观，也涉及思想方法。

　　传统与创新，这是两个既相互联系又彼此对立的概念。按照通常的理解，它们主要是"对立""不相容"的关系。传统是什么？不就是那些既有的、习惯的、保守的、旧的思想观念吗？创新是什么？不就是那些新鲜的、原来没有的、指向未来的、人们不习惯的思想观念吗？如果严格按照这些含义来理解，那么传统和创新就是一对冤家，它们彼此对立、互不相容、非此即彼。实际情况当然不是如此。"对立统一"是个老概念，用于描述这两者的关系比较恰当。传统是什么？就是为创新奠定了基础、准备了条件的东西；创新是什么？就是在传统的基础上返本开新、走出新路的东西。它们既相互区别、不可混淆——这是主要的关系；它们又相互关联、不可分割——这是次要关系。一切领域的发展都表现为传统和创新的这种动态关系。王阳明的哲学思想，或"阳明心学""阳明文化"等等，现如今是"中华传统文化"的重要代表，是中国古代儒家思想的四座高峰之一；可是在五百年前，它却是新思想的代表，而且新得离谱，新得惊世骇俗！它竟然主张人心（即每一个个人的那颗心）是天理、天道的载体，甚至直接就是天理（"心即理"）！那就是说，孔子开创的儒家思想体系及其最高的道德准则、伦理规范，其实很平实、很通俗，只要努力，每一个人都能达到，在这个意义上可以说："满街都是圣人。"(《传习录》)在500年前说出这样的话，那就不得了！

我们也可以用同样的视角和态度来看待两千年前传入中国的佛教，20世纪初来自西方的科学、民主两大思潮，以及马克思主义在中国的早期传播。印度佛教进入中原大地时是一种"异端"思想，经过多年的磨合最终开出了汉传佛教的各个宗派；作为西方商业文化标志的"科学""民主"（"赛先生""德先生"）是随着"坚船利炮"进入中国的，经过冲突、较量、比较、反思，这两个观念最后在中华大地上成为高高飘扬的两面大旗；马克思主义在西方属于"非主流"思想，进入中国后被先进的中国知识分子和革命家诠释、传播，逐渐成了救亡图存的指导思想，再后来成了中国人普遍认同的共同价值。所有这些都说明，在传统基础上的创新是有生命力的创新，而且这种创新可以转化为新的传统——佛教早就是成了中华传统文化的一部分，科学和民主早就成为国人的信念和生活方式，至于马克思主义，早就已经是中国文化的主旋律了。

由此我们看到：传统与创新，其含义是历史的、动态的、相对的。一开始，新的思想观念必然不受待见，甚至遭到抵制、诋毁。但它一旦立足、扎根、传播开来，就会形成习惯，变成日常生活方式的一种，久而久之，它就成了文化传统的组成部分。凡传统，在时间上都比较早、比较老、比较旧，但在内涵上或社会功能上却不见得那么早、那么老、那么旧，要不然孟子的心性之学和民本之学就不会在近现代受到前所未有的重视，阳明心学也不会在21世纪的中国成为"显学"了。

从历史上来看，八百年前的程朱理学对于两千多年前的先秦儒学来说，属于"人心不古"，五百多年前的阳明心学对于程朱理学来说，属于"价值扭曲"。20世纪初西方的科学、民主对于千百年来的儒家思想、三纲五常来说，属于"礼崩乐坏""奇技淫巧"；五四运动时期的马克思列宁主义对于中国传统文化来说，属于"异端邪说"。其实，这些新与旧之间的前后转换、取代，都有一个继承发展、返本开新、辨证扬弃的过程，而新思想、新观念一旦定型、扎根、流行，就形成了新的传统，这个新传统在其发展、运行过程中还会有进一步的更新、革新、创新。事物的发展就是这样生生不息进行的，时间是这个世界上最公正、最不可抗拒的、永恒的尺度。

须知，王阳明及其思想在1949年以后，尤其是在"文革"期间，是作为"最坏、最反动的唯心主义哲学"而遭到批判和否定的。由于历史原因（主要是20世纪50—70年代受苏联理论界的长期影响），在过去的中国哲学界，是严格以"唯物主义"和"唯心主义"的对立来划分哲学思想的好和坏、真和假、正确和错误，甚至善和恶的。凡属唯物主义哲学就是正确的、真实的、正当的世界观和认识论；凡属唯心主义哲学就是错误的、颠倒的、无理的世界观和认识论。而在唯心主义这个"阵营"里，所谓"主观唯心主义"或"唯我论"又是最坏、最反动、最丑恶的唯心主义。以这个"标准"看，哲学史上的主观唯心主义，在西方以贝克莱、休谟为代表，在中国古代以陆九渊、王守仁为代表。这种"正统"哲学定位到了改革开放才发生改变，特别是中共十八大以后。其实，在我看来，柏拉图、黑格尔式的经典（或客观）唯心主义远远比不上贝克莱、王阳明式的主观唯心主义来得合理、有力、难以反驳。因为前者比较武断、绝对、强词夺理；后者则以感觉经验、主观体验为依据，重视逻辑和验证，这种唯心主义往往导致"唯我论"，但恰恰是这个唯我论最难驳倒，因为它以常识为武器。经验的唯心主义和先验的唯心主义，其结论都不容易让人接受，但在论证上，前者比后者的说服力强得多。不过，虽然王阳明也被归类于"主观唯心主义"，但他的思想和贝克莱大主教的唯我论相比，立足点和归宿，更不用说方法论，都是非常不一样的。这个问题，我后面要做澄清。

时过境迁，正所谓"三十年河东三十年河西"，近十年来，关于王阳明及其心学思想的学术研究、文化交流、思想互动、民间故事、文艺作品、出版物、讲座、海外影响等等，有点铺天盖地、汗牛充栋的势头。面对"王阳明热"，现在需要的是冷思考。

六、五百年的精神足迹

在今天，受过高等教育的人对"王阳明"这个名字，对"知行合一"这个词汇，应该有所了解。"龙场悟道"的故事，"心即理""致良知"的命题，知晓的人也多了起来。至于王守仁先生500年前是如何在贵州龙场的一个山洞（"玩易窝"）里悟出了"心即理""知行合一"这个"大道理"和"真境界"的，知之者就比较少了。阳明心学是悟出来的，这似乎是一个公论，龙场"悟"道嘛。但是，用任何一个西文词汇（understanding, realize, awaken, interpreting，等等）都解释不了"悟"这个典型的东方词汇的含义。"悟"来自佛教，对于中国人来说，大体能够接受，却和古希腊以来的哲学-科学思维方式距离很大。"悟"是一个非理性的、非逻辑的、突如其来的、不可名状的精神过程；禅宗讲"直指人心""明心见性""立地成佛"，王阳明是深得这种"顿悟"功夫的。但是悟的结果如果不用日常语言文字表述（statement）、表达（expression）出来，别人就没有办法理解或领会。而如果别人不能理解、领会，那就说明这个思想的含义不可描述；除了"悟者"本人外，他人难以知晓其义理和价值。反过来说，如果能够用日常语言文字来表述、表达"道"和"理",就体现不出"悟"的神秘、非凡、高深了。这是任何神秘主义精神体系的内在矛盾。

东方哲学都比较神秘,注重定性而不是定量,注重"应该……"而不是"是……",注重价值而不是认知。东方(中国)哲学讲究"质"的直接把握,不在意"量"的积累和过渡;讲究直觉、体悟,不在意逻辑推论;讲究心领神会,不在意来龙去脉。我曾经试图去理解王阳明"龙场悟道"的过程以及"心即理"的思想,最终不得要领,根本原因就是我只熟悉"合理地思考"这种理性主义,不能够进入"悟"的状态,更不能参透"道"的境界。我不知道别人对这种方式、这种境界是否有所体会和领悟,但我所读到的,都是用我读得懂的文字叙述的,而我并没有达到透彻的理解。奥地利裔英国著名哲学家路德维希·维特根斯坦说:"凡是可说的,都可以说清楚;凡是不可说的,就保持沉默。"[1]这跟《老子》中的"道可道,非常道"根本不同,也是东西方思维方式、语言习惯的原则区别。我自己自然站在维氏这边。

我曾经组织创作过一台刻画王守仁一生思想和功业的大型历史话剧《此心光明》("此心光明"是王守仁临终前的一句著名的遗言),为了表现阳明先生"龙场悟道"的过程,编剧和导演真是煞费了苦心。最后是这样呈现的:夜深

---

[1] 维特根斯坦:《逻辑哲学论》,贺绍甲译,商务印书馆1996年版,第35页。

第十三篇 强大的"心"——我眼中的王阳明

人静,在黑暗的"玩易窝"山洞里,当王阳明苦思冥想多日而不得其解之时,突然间狂风大作、电闪雷鸣、飞沙走石、天昏地暗,历史上的圣贤、先师依次出现在他眼前,有语言交流,有表情传递,有肢体动作,这个过程持续了一阵子。突然王阳明遭到了一记棒喝,刹那间"天眼洞开",大彻大悟,他发自肺腑喊出了"心——即——理!!!"

当然,这是舞台艺术,不是哲学醒悟。但又有谁能够把那个"悟道"的过程刻画得更真切呢?我看没人有这个本事。因为王阳明的悟道的确道具有很大的朦胧性、不可描述性。他只给出了"悟"的结果,没有给出"悟"的过程;他告诉了人们what,没有告诉人们why/ how/ when/ where/ course/process等等——当然了,禅宗讲的"顿悟"就是没有过程的,就是"一刹那"的事。"心即理""知行合一""致良知",在正常、日常语境下并无高深、玄妙之处,充其量显得比较与众不同、比较不合常理而已。但它们的的确确是王守仁在历经精神磨砺、长期求索而"瞬间"大彻大悟的结果,这是王守仁自己告诉人们的。这不是装神弄鬼,而是确有其事。因此真正有意义的,也是真正令人感兴趣的,就是那个"悟"的过程或来龙去脉。但这个过程完全是王守仁的私人体验,别人只能通过王守仁本人用日常语言所作的"传习"来加以认知、领会。完全私人性的精神活动要通过日常语言变成大家可以理解的东西,这中间有跨不过去的障碍。因此关于王阳明龙场"龙场悟道"的过程或真谛，五百年来人们众说纷纭、莫衷一是，一百个人眼里有一百个王阳明，就不奇怪了。王守仁龙场悟道得到的当然是普世的"人间大道"，他一生都在做传授、传习的工作，要让人们越来越多的知之、行之、知行合一之。我对阳明思想的结论高度认同，弘扬人的主体性，就是突出独立、自由、平等这些价值，这在五百年前绝对是启蒙思想。但他的思想来源——"悟"——的确比较费解，比较可疑。东方神秘主义和西方理性主义的区别，由此可见一斑。至于20世纪的人们硬给王阳明思想加了一个和西方哲学家一样的"主观唯心主义""唯我论"头衔，那就太离谱了。我后面要就这个问题做出澄清。

我对"龙场悟道"的质疑，针对的是方法，不针对思想内涵。恰恰相反，我认为王阳明的思想和社会贡献极大，属于开创性的哲学体系。如果把中国古代启蒙思想家排一个名的话，王阳明一定排在最前列。不管怎么说，王阳明在贵州短短三年时间，为他的哲学思想奠定了基础，做出了最初的贡献。所以我经常想，如果515年前王阳明没有遭到朝廷的贬谪来到贵州——这期间，他经受了贵州艰苦生活环境的磨砺，同时也得到贵州自然生态和风土人情的滋养；或者，如果当年王阳明被贬的地方是其他南方省份（如湖南、广东、广西、海南），那么，不管阳明先生本人的先天禀赋如何高深,"心即理""知行合一"的思想恐怕也很难催生出来。从这个意义上讲,贵州,也仅仅是贵州,对王阳明的心学思想及其在中国和世界的重大影响做出了最大的贡献。

古代中国有一种独特的文化现象,叫作"贬官文化"。在帝制生态下,宦海沉浮,起伏不定;稍不留意,就要受到贬谪。在数不清的遭贬官员中,有太多的饱读诗书之士。贬了官,失了宠,摔了跤,悲剧意识就来了。怎么来表达、抒发自己胸中的情感、情绪、情怀呢?只能借助于诗词文赋、书画篆刻之类。如此一来,文章有了,诗词有了,书画作品也有了。过了一些时候,或过了一个朝代,时过境迁,天子觉得此人实际上挺不错,于是拨乱反正,恢复名誉,受贬官员人品、文品双全,载之史册,传之后人。中国古代的贬官或落难士大夫数不胜数,最有名的有先秦的屈原,唐代的杜甫、韩愈、柳宗元、刘禹锡等,宋代的范仲淹、王安石、欧阳修、苏东坡等,明代的解缙、王阳明、杨慎、刘天民等等。所有这些人,在贬谪之地都留下了口碑或政绩,特别是留下了华彩文墨。由此,他们要么更加有名,要么一举成名,成为彪炳史册的文豪或思想家。这其中,王阳明算是最独特的一位。王阳明是"东山再起"特别成功的一位贬官,他"文武双全",既是哲学家、思想家、诗人、书法家,又是政治家、军事家。王阳明是历史上唯一一位遭贬贵州的顶级文化大家。对他个人来说,廷杖四十、流放贵州,是人生的至暗时刻；但对贵州的文化启蒙、教育发展来说，却是一大幸事。

王阳明的思想、诗文与其他著名贬官的作品有所不同。柳宗元的《小石潭记》、范仲淹的《岳阳楼记》、欧阳修的《醉翁亭记》、苏东坡的《赤壁赋》等等，其写作的客观环境相对来说还是比较令人心旷神怡的：先是景观被写入文章，然后文章化作了景观；他们受贬期间亲近过的山水、亭阁，足迹所到之处，都成了文化遗迹，他们的辞章后来成为文学经典。

但王阳明在贵州三年的作品，如《何陋轩记》《象祠记》《瘗旅文》等，却与贵州的偏僻、简陋、困苦以及民风的淳朴、剽悍密切相关，唯其如此，王阳明的文字就表现出了深刻的思想洞见和浓重的人文关怀。历史上许多著名贬官的作品，读起来声情并茂、文采飞扬、引人入胜，是美的享受；但王阳明的诗文读起来总有些沉重，在当时龙场那个地方，贫、苦、陋、险；食不果腹、衣不蔽体的人随处可见，死人的事天天发生。在这样的环境下，浪漫情怀是没有的，思想的深沉和人性的关切不能不油然而生。贵州就是以这样的自然、人文环境为王阳明的哲学超越、精神嬗变提供了必要而充分的条件。北宋大儒张载曰："贫贱忧戚，玉汝于成。"完全可以说，王阳明通过龙场悟道而实现了他自己的人格升华和苦难辉煌。

第十三篇　强大的"心"——我眼中的王阳明

　　500年前王阳明所在的贵州修文，即便以明代的生存标准看，也是一个最为偏僻、困苦、蛮荒的地方，匪盗猖獗、虎狼横行、人迹罕至，基本就是一个"自生自灭"的处境。阳明先生来到这样的地方，首先面对的是物质生活的极端困苦，加上谪贬带来的悲愤、抑郁、凄楚、思乡等等，简直就要把人压垮。置身于如此险恶、困苦的地方，阳明先生咬牙挺过来了。随着时间的流逝，他不但活了下来，而且活得比较自在、比较安详，有了邻里、朋友、学生，还可以赏玩自然风光、体察风土民情。最重要的是，他在极端艰苦的物质条件下坚持"学做圣人"，苦思冥想、殚精竭虑、反省自我、龙场悟道。终于悟出："圣人"之道，原来就在人的心中——"心即理"；"知是行之始，行是知之成"，心中的"道""理"与心外的"行""为"，原是一个东西——"知行合一"。以西方哲学或科学的思维方式来看，这些结论性的话都是未必站得住脚的，因为缺乏论证，不管是经验的证明还是逻辑的推理——我前面说了，东方文化讲的就是直觉和悟。但能够讲出这些结论性、定性式的话来（比如著名的"四句教"），就已经是儒家思想、中国文化的一座高峰了。不要说实现普世价值、共同理想，就是一个孤苦的、无望的个人，能够达到了这般境界，便可进退自如、宠辱不惊。我本人曾几次去凭吊修文县龙岗山的"玩易窝"洞穴，那是王阳明"悟道""得道"的场所。我身临其境，感慨系之！就是在这样一个狭窄、阴暗、潮湿的洞穴里，阳明先生悟出了人间大道，虽然这个"大道"可以意会，不可名状，但我想，这需要多么强大、坚韧的精神意志啊！

王阳明流放贵州三载，除了龙场悟道外，还游走了贵州的许多地方，足迹遍布黔中。他结交于苗彝，攀谈于乡里，施教于市井，办学于民间。他把自己的智慧、学识播撒在正待开蒙的贵州人民中间，他是对贵州贡献最早、影响最大的教育家。

在修文龙岗书院，王阳明以自己龙场悟道的体会向各民族学生解读《五经》，教授琴、射、驭等技艺。为克服教学中的语言障碍，他把教学内容编成易于记忆的词曲，采用歌咏的方式让学生边唱边学，效果显著；他倡导"教学相长"，鼓励师生间自由讨论、相互点评，深受欢迎。在贵阳文明书院，王阳明对当时最优秀的黔籍学生开讲"知行合一"，纵论道德理想与道德修行的统一性。特别是，他在教学中贯彻他刚刚悟出的"知行合一"理念，提出"诸生责善，当自吾始"，即要求学生做的，他自己首先做到。在阳明先生的身体力行之下，"知行合一"的思想在贵州学子中间结出了最早的理论果实，"黔中王门"逐渐成为心学主流之一，原创于贵州的王阳明人文理想在这片土地上得到了广泛传播并且发扬光大。

王阳明来贵州之前，贵州的文化教育事业凋敝荒芜、乏善可陈。阳明先生兴办书院以后，学子蚁聚、门庭若市，贵州人才崭露头角。阳明先生离开贵州以后，各类书院纷纷兴建，贵州首开科举考试。从此，来自偏远贵州的人才开始走出大山。到了清末，贵州甚至呈现出六千举人、七百进士的壮观局面。所有这些追根溯源，都是阳明先生500年前在贵州勉力耕耘的最终结果。王阳明在贵州期间的学术、修为、遗训，最好不过地体现了知与行、认识与实践之间的统一，这是一笔宝贵的精神财富，永远值得我们记取。

七、作为启蒙者的王阳明

在中国哲学史上，所谓的"主体性"哲学，也就是专注于、沉浸于人的主观活动的学说体系是比较少的，简直就数不出几位哲学家来。正因为如此，王阳明先生——在他之前有陆九渊的铺垫——就成了开山的鼻祖，他的"心学"思想成了中国思想史上最标新立异、也最能够与国际接轨的体系。这个情况和西方哲学有明显的不同。古希腊哲学家一开始就预设了主客体的对立，主体、自我、心理、思想、感觉、表象、直觉等等，在两千多年的西方哲学史上，从来就在哲学研究的视野之内；尤其是到了近代，主体的研究、自我的地位、知识论、心理学成为科学和哲学最重要的领域。而中国哲学史，由于其伦理、价值哲学这个本质贯穿其间，把"人心"作为求知的主体和客体（对象）来思考、探讨，这样的理论很少见。孟子是最早关心、阐述"心""思"的哲学家，但他这种关切仍然是为道德实践服务的，还算不得西方意义上的本体论、知识论、人论。因此王阳明提出"心学"（本心、致良知等），在中国哲学史上开出了一个新的思路、新的境界，是非常了不起的，尽管他的着眼点或归宿点仍然是伦理学，而不是本体论、知识论。

我认为王阳明是中国历史上最了不起的一位启蒙思想家。我认为与他相对应的西方大家有两位：从哲学影响来看，是康德，他实现了哲学上的"哥白尼倒转"；从社会影响来看，是马丁·路德，他开创了基督教的新天地。实际上，王阳明在社会影响和哲学影响两个方面都有启蒙性的作用。

其一，王阳明从程朱理学中脱颖而出，开创了儒学的新境界。他的"心学"，将一切"道""理"从天上降下来，还原为人心，把程、朱定义的最高道德准则，从一种客观的、永恒不变的状态，变成了主观的、人人可以解读、践行的状态。这就极大地彰显了主体、自我、个人在生活实践中的自主地位和活动余地，他的"满街都是圣人"的命题和孟子"人人皆可为尧舜"的命题是贯通一致的。这种思想，在当时堪称振聋发聩，其思想启蒙的价值显而易见，和康德提出他的"批判哲学"时在欧洲产生的思想启蒙作用颇为相似。马克思曾把康德哲学比喻为"法国革命的德国理论"，

第十三篇 强大的"心"——我眼中的王阳明

指的就是这种思想上的标新立异、醍醐灌顶；而阳明心学，我觉得可称之为"面向后代、接轨世界的儒学"。

其二，在社会影响方面，王阳明思想虽然比较曲折，但最终启迪了近现代许多中国人，以及许多日本人、朝鲜人，为中国、日本、朝鲜的近现代化做了思想文化上的准备。王阳明及其心学思想以围绕"本心""主体""自我""个体""良知"等来诠释、解读、发挥、改造传统儒家思想，实际上是以"六经注我"的方式标新立异、开辟新思维，反映了他那个时代已经有所发展的资本主义工商业对独立、自主、公平、普惠这些价值的诉求。阳明心学在明、清大部分时间是被官方边缘化的，因为统治者想要的仍然是程朱理学，任何自由思想都不受待见。在这种背景下，阳明心学不得不走出了国门，去到了日本和朝鲜（尤其是在日本），产生了重大影响，对日本近现代的变革与发展起到了积极的思想引领作用。20世纪初，许多立志于振兴中华的先进中国人，从日本人那里体会到了阳明心学作为"批判的武器"的力量，于是"出口转内销"，把王阳明思想（或经过改造的王阳明思想）"引进"国内，影响了一大批人；这些人当中的一些领风气之先者，后来成为中国现代史上叱咤风云的人物。从这个意义上讲，王阳明的社会影响相当于马丁·路德在基督教改革中的首创性贡献。可以这么说：没有马丁·路德的启蒙，就没有基督教新教，西方世界就不会是后来的样子；没有王阳明的启蒙，就不会有日本近现代史上的变法革新，也未必会有中国现代史上的许多非凡业绩。

如前述，1949年以后，王阳明及其思想是作为"主观唯心主义"的"首恶"而一直受到严厉批判的，被说得荒谬至极、一无是处，等于英格兰大主教乔治·贝克莱和苏格兰哲学家大卫·休谟的"唯我论""疯子哲学"。我前面讲了，受苏联模式的长期影响，哲学界有个定论：凡"唯心主义"就是错误的、虚幻的、荒谬的世界观、认识论；而所谓"主观唯心主义"比起"客观唯心主义"更错、更假、更坏。不仅如此，唯心主义者不仅宣扬错误、颠倒的世界观，而且他们在道德上、人品上也是坏人、恶人。这个套路照搬到中国来，陆九渊、王阳明的思想就比二程、朱熹的思想更假、更错、更坏、更恶了，因为他竟然宣称"吾心即宇宙""心即理""心外无物""万物皆备于我"，岂不荒唐之至、恶劣透顶？！其实，把西方哲学意义上的哲学立场、思路、观念（比如"唯物"与"唯心"之争）套用于中国哲学史，本身就是极不妥当的，我认为是文不对题、张冠李戴，因为西方哲学和中国哲学是两个完全不同的思想体系或文化形态。

为此，就有必要对王阳明的所谓"主观唯心主义""唯我论"和西方哲学的"主观唯心主义""唯我论"做一个鉴别和澄清。

首先我要表明：任何被标记为"主观唯心主义"的哲

第十三篇 强大的"心"——我眼中的王阳明

学思想，比如贝克莱的"存在就是被感知""物是观念的集合"，比如孟子的"万物皆备于我"，陆九渊的"宇宙即吾心"，王阳明的"心外无物"，如果所有这些言论是一种本体论或存在论，也就是对世界万物的"真实刻画"的话，那么，这些话语就属于胡言乱语，或者说，属于18世纪法国哲学家拉美特利、伏尔泰、狄德罗所指斥的所谓"疯子哲学"或"发疯的钢琴"。显而易见，只要是有正常认知能力的人，就是打死他他也不会承认我们生活的这个世界不是客观存在的，而是由人心、人的感知、人的意念"创造""制作"出来的，或者说，这个世界是随着人的意志、感觉而存在、运行、变化的。这叫作"朴素实在论"或朴素唯物论，在正常人思想里是不能质疑的，哪怕在贝克莱、休谟和陆九渊、王阳明的思想里，也是不会提出质疑的。因为哲学家也是人，而且是正常人。

那么，为什么贝克莱、王阳明说的话被质疑为违反常识，被扣上了"唯我论"的荒谬帽子呢？因为，这些话是哲学家说的话，不是普通人说的话。休谟就讲过：我和别人过着一样的生活，平常情况下我和别人的见解没有区别。但我是哲学家，对习以为常的事情有质疑的习惯，从哲学的思路出发，就会得出不一样的结论来。这个意思其实很好理解，人的精神世界是丰富多彩的，可以从各不相同的角度来观察、解释这个世界。在文学上，各种夸张的比喻实在太多，这构成了文学和诗的魅力。比如"心比天高",比如"感时花溅泪",比如"心有多大,舞台就有多大",等等,这些话如果付诸自然科学的检验,全都是胡言乱语。哲学当然不是文学,但哲学同样不是科学;哲学的问题两千多年来一直没有得到最终解决,但它们却依然存在、依然有魅力、依然被讨论,说明哲学的价值,并非像科学那样一定要分出个真假来,而是争议本身。作为智慧之学的哲学,就是要想人之所不敢想,就是要钻牛角尖,就是要和自己过不去。因此,哲学史上的各种争论说到底,都是哲学家们主观见解的抒发;哲学见解可能令人愉快,可能令人不愉快,但它们既不是真的,也不是假的,不可以付诸科学的验证。断言某种哲学思想是真理或谬误,这是实证主义和先验主义共同的误区。既然如此,贝克莱、休谟、陆九渊、王守仁强调、宣示甚至夸大、极化人的主体性或"人心""感觉""观念"的地位和意义,就不应该过度反应,更不该进行道德的评判。实际上,他们的思考,对人类理性的深化,对冲破陈旧的思想观念,起到了重要的推进作用。

八、贝克莱和王阳明:两种"唯我论"

那么,从什么意义上来理解西方哲学和中国哲学中的所谓"唯我论"呢?我认为,除了本体论意义上的唯我论不

第十三篇 强大的"心"——我眼中的王阳明

能接受、不予讨论以外,我们可以从知识论和价值论这两个角度来合理地解读中西方哲学家的"主观唯心主义""唯我论":贝克莱思想属于知识论,王阳明思想属于价值论,两个理论都是对人类哲学思考的贡献。

贝克莱的唯我论,就是唯感觉论、经验至上论。贝克莱是16世纪以来英国经验主义哲学传统的里程碑式人物。英国经验主义着眼于人类科学知识是怎么得来的和如何构成的这两个核心问题,也就是说,经验主义只关心知识论问题。从培根到洛克,再到贝克莱、休谟,他们一以贯之地认为,人类知识(除了数学)的来源和构成仅仅是感觉经验,包括知觉、印象、表象等等;除了这些东西,人们既不知道什么,也说不出什么来,在贝克莱看来,"抽象"这种思想功能是无效的,只能导致虚幻、荒谬的观念。这是十足的"唯名论":只认个体的存在,不认"类""共相"的实在性。贝克莱有两个著名的命题。第一个命题是"物是观念的集合","观念"在贝克莱哲学里专指感觉要素。他说:"借着视觉,我可以有光和颜色及其不同差异的观念。借着触觉,我可以感知到硬和软、热和冷、运动和阻力以及它们在数量或程度上的大小深浅。嗅觉供给我们以气味,味觉供给我们以滋味,听觉则可以把各种不同曲调的声音传入我的心中。由于这些观念中有一些是一同出现的,我们就用一个名称来标记它们,并且因而就把它们认为是一个东西。"①这个意思就是说,当我们谈论任何一个"事物"时,我们唯一的途径或手段就是借助于我们的感觉经验,我们只能和感觉范围内的那些"观念"打交道;离开了它们,我们对于这个世界上的所有事情就什么也不知道,也什么也谈不上。这就是"物是观念的集合"这个命题的含义,也就是说,感觉就是一切。这个观点当然偏颇甚大,因为人类知识并不仅仅源于感觉,知识的构成也不是单一的感性材料,人的心灵并不是像亚里士多德和洛克说的那样是一块"白板"或一张"白纸";否定抽象思维的作用也是违背认识规律的。但贝克莱这句话毕竟不能等同于"离开了我的感觉,什么都没有""世界就是我的感觉的集合"这种反常识的话。何况,如果人真的只能和事物的感性特征打交道的话,从逻辑上讲,物是"观念"(感觉要素)的集合,这句话是驳不倒的。

贝克莱的第二个命题是"存在就是被感知"。这句话是从"物是观念的集合"直接引申过来的。既然我们无权离开感觉去了解世界,而感觉总是属于感觉者的,那么对于一切事物的"存在"来说,便只能取决于感觉者的"感知"了。贝克莱解释说:"我写字用的这张桌子所以存在,只是因为我看见它,摸着它;我在走出书房后,如果还说它存在,我

---

① 《十六—十八世纪西欧各国哲学》,三联书店1958年版,第342页。

的意思就是说，我如果我还在书房里，我原可以看见它。"①从这段话里，我们得不出如下的荒谬结论：如果我不在书房里，这张桌子将不翼而飞；如果我闭上眼睛，一切都将化为乌有。贝克莱的意思仍然是：任何事物，如果离开了对它的感知、体验，就没有办法断定它的存在。这就是贝克莱的"主观唯心主义""唯我论"，更确切地说，这是"极端的经验主义"。这个论点当然片面性很大，却不是不能理解的，更不是荒唐无稽的。以我之见，经验主义哲学在逻辑上强于先验主义哲学，因为这种经验主义的最大武器或"护身符"就是人的感觉或常识。亚里士多德讲过，凡是在思想中的东西无不事先在感觉之中；休谟曾讲过，再伟大的艺术天才，也创作不出这样一幅图画来：画面中包含了人们从来没有感觉过的元素。这些话都是颠扑不破的。由此可见，西方哲学中的主观唯心主义虽然有些另类，却一点也不荒谬，甚至紧扣生活常识；要想驳倒它，除非驳倒它的极端感觉论这个理论前提。

我们再来解析王阳明的所谓"主观唯心主义""唯我论"。如果说贝克莱的"唯我论"是知识论意义上的，那么王阳明的"唯我论"就是价值论意义上的。王阳明的"心即理""致良知"是众所周知的，这两个命题比较温和，比较中性。但他还讲过这样的话："心外无物，心外无事，心外

---
① 《十六—十八世纪西欧各国哲学》，三联书店1958年版，第343页。

无理，心外无义，心外无善。"①这段话看上去比较偏激，但是他肯定不是说：如果离开了人心，一切事物、义理、善恶都归于零，世界就是"我的"世界，我的心装着整个宇宙、全部世界。而是说，对于人来说，或在人的道德实践过程中，所有的意义、价值都由人心来界定或赋予意义。也就是说，所有的价值、意义，包括圣人的思想、境界，必须由现实当中的人（每一个人的心）来对它们进行理解、解读、感悟，纯粹客观的"道理"或"天理"是没有的，因此"心即理"；从这个意义来说，"我"赋予了这个世界以价值、意义、"道""理"，所以心外无物、无事、无理、无义、无善等等。这就是王阳明说的："有是意即有是物，无是意即无是物矣。"②"致吾心良知之天理于事事物物，则事事物物皆得其理矣。"③关于王阳明所说的"物"，杨国荣先生的解释非常精到："这里的物，并不是主体之外的本然存在，而是通过主体的意向活动而形成的'人化'世界，亦即对主体呈现为某种意义的存在。"④

可见，王阳明的"心外无物"绝不是本体论、存在论，而是价值论、意义论，即：对外部事物的了解、评估离不开

---

① 《王阳明全集》，上海古籍出版社1992年版，第156页。
② 《王阳明全集》，上海古籍出版社1992年版，第47页。
③ 《王阳明全集》，上海古籍出版社1992年版，第45页。
④ 杨国荣：《心学之思——王阳明哲学的阐释》，三联书店1997年版，第98页。

人的心境、心绪、心情、心态,归根结底离不开"本心"。当人没看到山中的花时,花与人各自存在,毫不相干,没有互动;但一旦人看到了那花,花就进入了人的生命,花的颜色便生动起来,花也就成为富有意义的存在;人也因为看到了那花,他潜在的情感就被激活起来;人与自然之间可以交互寄托。这样的情况在中国人的描述中很多。比如"醉眼看花花自醉",比如"感时花溅泪,恨别鸟惊心",比如"仁者见之谓之仁,知者见之谓之知",比如"情人眼里出西施"等等。

我想特别强调的是:在人类的事务里,不存在"客观真理""必然趋势"这类东西,因为人不是物,因为人有自由。所以庄子讲"此亦一是非,彼亦一是非"(《庄子·齐物论》),孟子讲"此一时彼一时也"(《孟子·公孙丑下》),都是至理名言、无可非议。宇宙万物中,唯有人是最可宝贵的;而人之可贵在于人心,即人的灵魂、自我、精神世界。茫茫宇宙,按空间尺度从小到大来计量,从微观到宏观再到宇观,自然科学已经证明它们都是有限的存在:根据"宇宙大爆炸理论",世界在宇观上有始有终、有边有界;根据"量子物理学",世界在微观上不再无限可分,已经达至极小(夸克)。但人的心(思想、构想、幻想)比宇宙自然还要宽广和细微,人心是真正无限的、没有边界的,因为人拥有精神自由。不论天地翻覆、斗转星移、改朝换代，只要"吾心"依然，只要"此心"光明，这个世界于我而言，就并没有变。我想，这就是王阳明"心即理""心外无物"思想给予我们的一个重要的启示：人贵有精神定力。

现代人的心理、心态问题非常值得研究，当今中国出现的诸多精神思想道德社会问题（精神价值滑落、道德底线下移、榜样力量式微、人际关系疏离，以及良知问题、得失问题、诚信问题、冷漠问题、欲念问题、公平问题、获得感问题、腐败问题等等），从相当的意义上，可以归结为人心（心理或心态）问题。其实一切社会问题归根结底都是人心的问题，因为人的所有行为都受精神、思想、心理、意志的支配。官员有官员的心态问题，商人有商人的心态问题，农民有农民的心态问题，学生有学生的心态问题，每一个社会群体、阶层、个体都有各自的心态问题。这些问题，有的具有特殊性，更多的则具有普遍性。人的心态不同，主观表现就不同，价值评判也就不同，行为选择就更为不同，社会后果当然就全然不同了。

我认为，以阳明心学为出发点，或从阳明心学中吸取思想养料，通过创造性转化、创新性发展，找寻解读、解答、解决当今社会各种精神、心理问题的路径与方法，是必要的、紧迫的。这是一项具有开拓性、创新性的工作。立足当下，关注现实，尤其是当代人普遍存在的各种心理、心态问题，既有理论纵深，又有现实针对性。中国传统哲学和文学历来重视人的主观状态,即心性、心绪、心情,讲究"修身、养性、正心、诚意",而阳明学最大的特点就是专注于"人心"。既讲"心体"(知、良知),又讲"心用"(行、道德实践),特别注重两者的融合,也就是"知行合一"的境界。当今社会的精神生活问题、价值取舍问题、群体或个体的心态问题等等,应该可以从阳明心学中找到某些解读和解决的思想启示。王阳明本人就是关注这个问题、解答这个问题的大师,他一生的修为,非常值得今人借鉴、研究、学习。

就具体研究路径来说,应该建立在对现实社会问题的观照、研判、统计、分析基础上,通过系统、翔实的数据,来开展具体的研究。要从阳明心学以及其他中国传统哲学资源中吸取养料、集中智慧,结合西方现代哲学、实验心理学、精神医学,以及社会学、管理学、教育学等等,来诊疗、引导、调理当下各种社会问题,尤其是社会心态问题;区别对象、分类指导、有的放矢,以培育、完善积极健康心理,化解、消弭消极负面心态为目标。

我还想说:精神世界的反复营造、持续提升、不断完善,是一个文明国家、文明社会必须始终不渝孜孜以求的目标。儒家讲"修身",佛家讲"修行",道家讲"修炼",其实它们讲的都是一个东西:"修心"——要营造敏锐的心智,要打造坚韧的心理,要锻造坚强的心灵,要拓展宽厚的心胸,要保持良好的心态。

物质的丰饶与精神的充实必须并驾齐驱。对于现代中国人（包括一切阶层、行业的个体、群体和全体）来说，一个重要的自我提升工夫就是努力做到"知行合一"，即思想上的光明与实践中的磊落相一致，心灵里的善良意愿与行动中的美好效果相统一；以良知引领德行，以德行践履良知。作为当代文明人，我们不能不学习、传承、发扬王阳明先生留下来的精神遗产，特别要汲取他在自我约束、自我反省、自我提升方面的积极修为。当理想境界与现实"规则"之间剑拔弩张时，当内心平静与外在纷争如影随形时，考量的是人的精神定力。在事态纷繁、竞争激烈、变动不居的情况下，如何做到既积极进取，又从容不迫，内心的强大至为重要。

九、"心力"的不可估量

人高于万事万物、成为世界主宰的力量何在？在于人有一颗心，即拥有精神、思想、意志、情感、道德等等，人可以在各种各样可能性中进行选择，因而人是唯一自由的存在。火山、地震、洪水来了，人可以选择躲避，也可以选择不躲避，甚至迎险而上；轮船要沉没了，船长把船员们安全送上救生艇后，选择与船同归于尽。这些人如果不那么选择，完全是自然、合理的；但他们就那么做了，为什么？心中的"道德命令"使然也。人既可以顺乎自然，也可以不自然、逆自然、超自然，因为人有一颗心——当然不是生理学的"心"，而是哲学、道德、宗教、审美的"心"，即人的灵魂。这就是人的高贵之所在，这就是茫茫宇宙间唯有人类能够独一无二、独领风骚、独善其身的原因。

世界上最脆弱的是人心，世界上最强大的也是人心；世界上最难攻破的是人心，世界上最强大的武器也是人心。为什么苏格拉底明明可以有好几种方式免死，却依然选择伏法（但绝不认罪）？为什么王阳明临终前门人问他还有什么话要说，他只说了八个字"此心光明，亦复何言"？为什么苏东坡留给世人最后的诗句是："问汝平生功业，黄州、惠州、儋州"（这三个地方恰恰见证了苏轼一生中的落魄和不堪回首）？为什么古今中外那么多理想主义者、殉道者能够面对酷刑、屠刀、枪口、绞架而视死如归？因为他们拥有强大的内心和精神支撑，他们的精神世界充实而厚重，他们能够看透世俗并且能够超越世俗。

历史和现实生活中既不乏内心强大的人，也多见心理脆弱的人。造成这种人格差异的原因多种多样，其中一个重要原因是人们在对待周遭环境（自然环境，尤其是社会环境）时显出了差别。真正的心灵强大，一定是指在纷繁、复杂、窘迫、险峻的环境下处置好了自己与环境的关系并且做到了进退自如、游刃有余。换句话说，内心强大的人，就是经过权衡，始终或最终成为自己主人的人；而内心脆弱的人，就是经常或总是在环境面前前瞻后顾、随波逐流、不由自主的人。

俗话说"脑袋掉了碗大个疤","二十年后又是一条好汉",这话当然是壮胆之言,但死到临头能说出这样的话来,也足见心胸不窄、心气不凡。相反,也有这样的描述:说某某人"生怕树叶落下来砸了头""走路都怕踩了蚂蚁",形容这个人谨小慎微、胆小心虚、唯恐承担责任。可见人心与人心之间的差别实在是太大了。不少人在各种各样世俗的压力下活得不好、活不下去甚至不想活了,这当然是胆怯、脆弱的极端表现,说到底是心态脆弱,以至于神经过敏、心事重重、杯弓蛇影,也就是"心累"。其实,一个人如果活得粗放一点、简单一点,心理、心态、心胸就会顺畅、通达一些;活得太精细、太明白、太"科学",人就不能不累。因为内心世界过于复杂,想的事情过多,生命就承受了过大的重量。把握好度非常重要,"马大哈"和"人精"都不可取;怎么善待自己的生命,就是一个怎么处置好自己的心态、心理的问题。

当然,也不可一概而论,不能把放弃生命的人一概说成懦夫、不负责任。我倒是经常想:殉道者的勇气应该是无与伦比的,他们的心理、心态强大到了极致,面对死亡,从容不迫,视死如归——在这些人的心里,他们一定认为自己选择了幸福。美国"9·11"事件的那些年轻恐怖分子,他们都受过高等教育,知道生命的无价。但在他们的"教义"的影响下,却无所畏惧,选择以他们自己生命的毁灭换取数以千计无辜者生命的毁灭,这种恐怖主义行径令人发指、震惊全球;但从这些人的心境或心性的角度看,他们的勇气实在是令人恐惧、不可思议。因此在许多情况下,轻生者、殉道者不是想不通了才走那条路,而是真正想通了。王阳明留给后人的"此心光明"这四个字,最好不过地诠释了他对待世俗生命的态度,归根结底在于它拥有一颗光明磊落的"本心"。

在中国古代两千多年历史上,极少有儒生、士大夫在心灵强大方面堪比王阳明。在绝大多数情况下,一个人的道德认知("知")与道德实践("行")之间,不可能没有距离,这个距离的大小决定了一个人品行的高低。而王阳明想要实现的,却是两者之间的"零距离",也就是"知行合一"的境界,这是他一生孜孜追求的"圣人之道",也是他的心学思想的归宿。这段心路历程,开始于515年前他贬谪贵州期间的精神状态和生活实践。

王阳明贬居贵州三年,以世俗的观点看,无疑是王阳明的至暗时刻;置身于如此险恶、困苦的地方,阳明先生咬牙挺过来了。不仅如此,这三年,恰恰为他后来的人生辉煌奠定了深厚的学理和心理基础。由此我们领悟到:越是物质贫乏的地方,越能练就充实、稳固、强大的精神或心灵,越能锻铸一颗"大心脏",这是阳明先生给今天的我们的一个特别的启示。

我们今天的时代与王阳明的时代早已不可同日而语。国家需要富强，人民需要安康，家庭需要幸福，个人需要成功，这都是应该追求的目标，而且应该兼顾。这样一来就很累，主要是心累。于是出现了两种极端的心理："愤世嫉俗"和"退避三舍"，"愤青"和"佛系"，等等。谁都知道应该找到两者的结合点，但实现起来谈何容易。王阳明以他的实践给了我们一个最好的答案：在坚守道义的前提下求取功名，在求取功名的过程中伸张道义，这是"知行合一"思想的世俗表达。千百年来，中国文人、士大夫无不熟谙孟子关于"达则兼济天下，穷则独善其身"的义理，但这个义理说起来容易做起来不易，尤其是在个人遭遇坎坷（即"穷"）的时候。从历史来看，中国古代许许多多思想文化巨擘或朝廷股肱之臣，比如屈原、司马迁、陶渊明、白居易、柳宗元、范仲淹、王安石、苏东坡、朱熹、顾炎武这样的大师级人物，当他们在现实政治或事态纷争中受挫、受窘、受难时，他们或愤世，或忍让，或隐居，都以某种"退避"的方式让自己的灵魂得到安居。唯有王阳明，选择在"入世"与"出世"间穿梭游走：或蹒跚，或缓步，或疾行，他在仕途上行走了一生。其结果，立德、立功、立言，他做到了"真三不朽"；谈笑间，精神追求与功名摘取两不误。

俗话说"有钱难买想得通"，说的就是一个心理、心态平衡的问题。但"想得通"弄过头了也不行，所谓的"无欲则刚""退一步海阔天空",其实在很大程度上是一种无奈,一种自我安慰。老话说"事不关己高高挂起""油瓶子倒了都不扶",就属于想得太通透了,肯定不可取。反过来说,"不见黄河不死心、不见棺材不掉泪",则属于典型的"想不通""想不开""自己跟自己过不去",也走过了头。因此这两个极端都要避免,还是应该在"愤青"和"佛系"之间找到某种结合点。另外,"知"和"行"的关系也要讲一个兼顾。不讲定力、涵养,一味地"行",那就是"急功近利";反过来,光讲定力、涵养,而不思进取、得过且过,那就变成"无为而治"了。要像阳明先生那样,努力在知与行、道义与事功之间达成和谐、统一,也就是真正做到"兼济天下"和"独善其身"的动态平衡。那样的话,人的心理就会健康,人的心态就会平和,人的获得感就会显著,人就比较知足。

还须明了一点:世界上最强大、最无情的是时间,没有人能够与之抗衡。在时间的维度里,炙手可热的会冷却,春风得意的会冷清,前呼后拥的会冷淡。但思想的光辉、精神的遗产可以万古长存。在复杂多变的现实环境中,要做到"不以物喜,不以己悲",是非常不容易的。那就想想阳明先生吧!看清而不看轻,看开而不看穿,看透而不看空,这才是真正的好心态、大智慧、强定力、"大心脏"。

在思想的深处

第十四篇

"江上奇峰"与"众山之巅"
—— 苏轼和王守仁的"文"与"思"

苏轼（苏东坡）和王守仁（王阳明），这是两个在中华文化史上具有顶级影响力的名字。他们各自所处的时代相差400余年，不可同日而语；他们一个是北宋文学家、思想家、政治家，一个是明代哲学家、政治家、军事家；他们的生活道路、政治生涯、文化贡献、历史影响都很不相同。但苏轼和王守仁，毕竟有许多相似或相近之处，比如他们的社会背景、政治遭遇、人生态度、思想倾向、文化情怀等等。这也是中国古代文人、士大夫经常表现出来的共性。比较苏轼和王守仁的相同与不同，分析他们在宋代和明代不同的政治和文化背景下的政治生涯、精神追求及人生感悟，对于认识、反思中国古代的政治生态和文化走向，是有启示意义的。

一、苏轼的坎坷：皇帝的不确定性

在中国两千多年的帝制环境下，皇帝（说得宽一点，皇家、皇室、皇族、皇亲国戚）是政治生活的绝对核心，皇权是一切权力的根本和源泉；从士大夫到庶民百姓，都完全受制于"君为臣纲"这个最高的政治和道德准则。自隋代以后，科举考试就是中国知识分子入仕做官的敲门砖。文人为什么要做官？以儒家的价值标准，往大了说，"治国平天下""了却君王天下事""建功立业"；往小了说，"保一方平安""赢得生前身后名""光宗耀祖"。一个儒生，从

第十四篇 "江上奇峰"与"众山之巅"——苏轼和王守仁的"文"与"思"

读书、科考到及第、做官、致仕（退休），他的一生都取决于根据皇帝意志制定的官场规则或潜规则。苏轼和王守仁，他们的仕途有顺有逆、亦顺亦逆、时顺时逆，发生了太多的人生故事，这些故事构成了中华历史（尤其是文化史）重要的篇章。所有的故事，从直接原因看，是那些能够影响皇帝的内宦外臣发挥了作用，但归根结底取决于皇帝本人的意愿、好恶和利害考量。尤其是，如果皇帝们的意愿、好恶、利害考量甚至生命周期处于确定性和不确定性之间的时候，苏轼们和王守仁们的命运就具有了相当大的戏剧性。

苏轼一生坎坷跌宕，中年以后他的政治道路磕磕碰碰，越走越窄，一度几乎走不下去，最终浪迹天涯，客死他乡。他的文学辉煌与他的政治失意形成强烈反差，实际上，他的仕途坎坷恰恰激发了他的文学灵感。这种现象在中国古代比较普遍，而苏轼的经历堪称一绝。文以载道，诗以言志。古代不存在"职业作家"或"专业艺术家"，诗词歌赋书画金石篆刻，是表达情怀、情绪、情感的手段。假设苏轼一辈子在政治上比较顺利，那么中国文化史极可能就缺少了最耀眼的光彩。这种现象在中国历史上不可胜数，比如孔子、屈原、司马迁、陶渊明、李白、柳宗元、朱熹等等，当然还有王守仁。

王守仁的坎坷经历与他的哲学成就之间的因果联系是显而易见的。如果没有贬谪贵州时的困苦与无奈，"龙场悟道"简直就没有可能性——当然,官场的重大挫折对于王守仁仅有一次,而对于苏轼来说就是家常便饭。与其他许许多多经历过官场险恶、仕途崎岖的士大夫一样,导致苏轼、王守仁复杂命运的始作俑者不是别人,正是皇帝。

苏轼属于"神童"级的存在。他早年的科考、入仕经历,超乎顺遂。时任皇帝宋仁宗(赵祯)看了苏轼和其弟苏辙的试卷后给予了超级的称赞:"吾今又为吾子孙得太平宰相两人!"(《宋史·苏轼列传》)

"太平宰相"这个评语十分贴切。宋仁宗在位42年,是北宋皇帝君临天下时间最长者。对仁宗的评价历来众说不一,多数人说他宽厚仁爱,不愧为"仁"宗之谓(他的仁厚在整个两千多年中国帝制史上属口碑最佳者之一)。关于宋仁宗半夜饥饿想吃烧羊,却担心"影响不好"而放弃的故事,关于他散步途中口渴,为不使小太监遭受责罚而忍住不吭声的故事,关于包拯当面向他进谏唾沫星子溅到他脸上,他用袖子擦拭,仍耐心听讲的故事,等等,都表明了这个皇帝的恤下、低调和宽厚。

宋仁宗是贯彻执行宋太祖赵匡胤"重文轻武、不杀士大夫"遗训最彻底的一位北宋皇帝。尤其是在知识分子的选拔任用方面,宋仁宗具有相当高的识人之智。在他任内,北宋人才熠熠生辉,最拔尖的文士基本被他"一网打尽"。比如范仲淹、司马光、包拯这些著名政治家、思想家,就任职

第十四篇 "江上奇峰"与"众山之巅"——苏轼和王守仁的"文"与"思"

于仁宗朝;再如"唐宋八大家",不算唐朝的两位(韩愈、柳宗元),均出在宋仁宗的嘉祐年间,即欧阳修、苏洵、苏轼、苏辙、王安石、曾巩;儒学大家周敦颐、邵雍、张载、程颐、程颢,都在仁宗朝亮相;书法四大家"苏、黄、米、蔡"除了米芾年龄尚小,其余均在仁宗朝任职。连狄青、种世衡这样的军事将才也在仁宗朝赢得赫赫战功。也有人说宋仁宗过于保守,一生谨慎,缺乏进取心,在改革、发展、对外收复失地方面建树太少。这是事实。不过这也正好体现了宋仁宗强调"平安"二字的执政信条,他对苏轼兄弟才能的认同与夸赞,说明他心中认定的,和他希望自己的子孙将来任用的朝廷高官,都是"平安宰相"。如果宋仁宗的心愿一直得到履行,可以肯定,苏轼、苏辙兄弟的仕途要光辉灿烂得多。

宋仁宗养子赵曙(宋英宗)继承了仁宗的国策,但在位时间仅4年便早逝。换上来的新皇帝是赵顼,即宋神宗。这位神宗皇帝可不是一位守成之君,他是大宋三百年最有进取心、最不安现状的皇帝。他在位18年,无一日不思变法,甚至到了为变法而变法的痴迷程度。王安石罢相后,神宗一度走到前台,亲自主持变法革新。于是,朝廷命官,凡认同、倡导、实践变法者均得到重用,凡质疑、反对、回避"新法"者则遭到处罚或贬谪。很不幸,苏轼(及其弟弟苏辙)作为仁宗皇帝乐见的"平安宰相",他们对旧的规制恋恋不舍，对变法革新难以接受。更不幸的是，由于性格所驱、性情所致，已经在文坛名声大噪的苏轼对王安石变法的敌视态度不加掩饰，并且经常淋漓尽致地加以表达。他和司马光等人一道，成了反变法的头面人物。在这种情况下，即便是才高八斗，宋神宗对苏轼也是不能容忍的。就这样，苏轼兄弟的命运发生了逆转，从政坛迅速下坠。

苏氏兄弟两个，哥哥苏轼性格更加外露、文字更加犀利，尤其管不住自己的嘴和笔，其命运的坎坷和磨难也就远甚于苏辙。有讽刺意味的是，在后来旧党短暂的掌权期间，由于苏辙的沉稳和低调，他得到了比其兄长更为重要的官位。这当然多半是苏轼外向、随意的性格所致，但更是中国古代士大夫的宿命：皇帝的寿命，皇帝的个性，皇帝的心情，皇帝的好恶，决定了一个有才华、有个性的文人的沉与浮、逆与顺。

如果不是苏轼与生俱来的狷狂性格，他在朝中就不会引来如此之多的恶意，更不会留给别人如此之多的把柄。话说回来，假如他不是这样的性格，他也就写不出那些华彩的诗词文赋，从而引来两位太皇太后的垂青，使他在后来残酷的政治绞杀中有惊无险，最后安然无恙。

苏轼一生遭到的最沉重打击，莫过于宋神宗元丰二年（1079年）发生的"乌台诗案"。神宗即位后迫不及待任命王安石主持变法，立即引发守旧派的批判和反对，改革并不

第十四篇 "江上奇峰"与"众山之巅"——苏轼和王守仁的"文"与"思"

顺利。在东京汴梁，苏轼在与王安石变法派的斗争中败北，被神宗"外放"（他自己也乐于离开京城）。不得志的他，先到杭州任通判（相当于副市长），后来得到升迁，先后任密州、徐州、湖州三地的知州（相当于市长）。在远离中央政治的这段时间里，苏轼专注于处理地方政务，得以大展身手，有了"密州抗灾""徐州治水"的政绩，为当地发展和百姓民生做了不少好事，赢得了良好的官声。他自己的心情也为之大大改善，行政之余，写下了许多流芳百世的佳篇。

令苏轼万万没有想到的是，变法派中的卑劣分子（其中包括著名科学家、《梦溪笔谈》的作者沈括）搜集了苏轼曾经写过的大量诗词，断章取义、肆意发挥，将黑材料上呈宋神宗，状告苏轼"讥讽新政"，说他"愚弄朝廷，妄自尊大，宣传中外，孰不惊叹！"说"一有水旱之灾，盗贼之变，轼必倡言，归咎新法，喜动颜色，惟恐不甚。"（《监察御史里行舒亶札子》）等等。这些问题，也不能说都是诬陷，苏轼在外放的八年时间里的确爱发牢骚，通过诗词文章表达对新政的不满。但新党分子想要皇帝相信，苏轼问题的要害是"讪上"和"大不敬"，即苏轼的反改革，矛头是冲着皇帝来的。这就是诬告了。但刚愎自用的宋神宗哪里能够容忍苏轼的"狂逆"，下旨将苏轼逮捕关押。苏轼身陷囹圄三个多月，受尽逼供、屈辱、刑罚，"自谓不能堪"，最后不得不全盘认下自己的罪名，连绝命诗都写好了。

在这个性命攸关的时刻，一位皇家重量级人物——太皇太后曹氏（宋仁宗皇后、宋神宗祖母）出场了。重病中的曹氏将当年仁宗皇帝夸赞苏氏兄弟的原话告诉赶来看望自己的神宗，并说"不须赦天下凶恶，但放了苏轼足矣"。神宗听后大为震惊——这件事就成了"乌台诗案"的转折点。苏轼捡回了一条命，不久，这场中国历史上有名的文字狱宣告结束。朝廷对苏轼做了轻判，外贬黄州。于是，大难不死、心情复杂的苏轼奔赴贬所。

苏轼这一辈子经历了五位皇帝，除了早年得到宋仁宗的垂青外，与其余皇帝都无缘分。但他这个人却颇有"太皇太后缘"。在两次退无可退的情况下，先有曹氏的救命之恩，后有太皇太后高氏（英宗皇后、神宗母亲、哲宗祖母）的强力提携，使他的仕途一度呈现出一片光明。先后两位太皇太后都偏爱苏轼，一方面当然与他的才华脱不开干系，另一方面，跟两位老太太反对变法革新的态度有渊源关系。

在宋仁宗末期和宋英宗初期，发生了两件大事，让反变法派在仁宗皇后曹氏和英宗皇后高氏心中留下了深刻的印象。这两件事一是仁宗"立储"，二是英宗"濮议"，两件事相互对立，也有所关联。仁宗的亲生儿子一个都没有存活下来，立储传位就成了大问题。以司马光为代表的大臣们强力劝谏，硬是说服了仁宗皇帝同意将濮王赵允让之子赵宗实——也就是高氏的丈夫——过继为自己的儿子（做皇太子），这就是后来的宋英宗。换句话说，如果不是司马光们所做的劝谏工作，英宗（改名赵曙）就坐不上皇位，而高氏也就不能成为皇后了。司马光及其同僚，是坚定的守旧派，苏轼兄弟便是这一派的中坚分子。因此，高氏同情、支持守旧派，不喜欢变法革新，便顺理成章。

英宗皇帝继位后，心中老是纠结怎么摆平"嗣"和"统"的不一致问题，他的想法是将自己的生身父亲濮王赵允让称为"皇考"（皇帝对先帝的称呼），便开启所谓的"濮议"——让大伙讨论该如何称呼自己的生父。这一次，司马光等却站到了皇帝的对立面，认为皇帝您既然已经过继给了仁宗皇帝做儿子，那么濮王虽然是您的生父，也与您没有什么关系了，因此不可称濮王为"皇考"，只能称其为"皇伯"。英宗无奈只能作罢（这件事与400多年后明朝嘉靖皇帝引发的"大礼议"之争颇为相似，只不过"大礼议"的赢家是嘉靖）。这就极大地维护了已故宋仁宗的尊严，在仁宗的皇后曹氏心中留下了绝佳的印象。所以后来曹氏始终对司马光、苏轼这些反变法派关爱有加、多有维护。

苏轼被流放黄州六年后，为变法操了一辈子心的宋神宗驾崩，其子宋哲宗（赵煦，时年九岁）即位，太皇太后高氏垂帘听政。在素来反感新政的高老太太主持下，一场对新党、新政的反攻倒算登上了历史舞台。苏轼的命运发生了反转，他重获政治新生，由一名"犯官"一跃成为参与决策的朝堂要员、帝师、朝廷喉舌，可谓青云直上。但好日子只过了八年。高老太太去世后，哲宗亲政，立即将苏轼、苏辙及保守派大臣打回原形，重新启动神宗朝的变法改革。与哲宗皇帝有过多年师生关系的苏轼，竟被整得最惨，一年内被连贬五次，成为哲宗亲政后第一个被贬岭南的高官。于是苏轼再次开启了自己的贬谪长路，此次落难比前两次更加悲苦、更加困顿、更加无助。他先后定居遥远、偏僻的惠州和更加遥远、更加偏僻的儋州，此生再也没有回到京城汴梁。

宋哲宗亲政七年后去世，其异母弟宋徽宗（赵佶）即位。这位有名的"文化皇帝"对大文豪苏东坡自然另眼相看。他立即下旨结束苏轼在海南儋州的流放生活，令其北归。但徽宗对神宗、哲宗的变法是认同的，他再怎么崇拜苏轼的文学，也做不到让这位早已被打上"旧党"烙印的东坡居士回到朝廷。于是苏轼的命运又捉摸不定了。但这个时候已经65岁的苏轼再也经不起折腾了，他在北归居留常州期间溘然长逝。

我们看到，苏轼跌宕起伏、凄风苦雨的一生，与皇帝、皇室的不确定性，关系实在太大。他经历过的政治反转和官场沉浮的复杂性和戏剧性，在中国古代士大夫中是相当罕见的。幸好有宋一朝，实行的是重文轻武、不杀言官的国策，否则大名鼎鼎的苏东坡不知死过多少回了。

二、王守仁的沉浮：皇帝的确定性

与一生坎坷的苏轼相比，王守仁的生涯要简单、平顺得多，但仍然与皇帝的情况密切相关。苏轼从政40余年，经历了五任皇帝、两位关键的太皇太后，这期间的不确定性特别大。王守仁的出身与苏轼相似：书香门第、富贵人家、官僚之后。他从政30多年，经历了三任皇帝，主要集中在明武宗朝。王守仁进入官场后的进退、沉浮、衰兴，与明武宗朱厚照有极大的关联。

中国古代从秦始皇统一全国始，不算分裂、动荡的朝代（如三国、五胡十六国、南北朝、五代十国等），大一统的皇朝十个左右。如果把西汉、东汉、西晋、东晋、北宋、南宋单独计算的话，就不止十个朝代。除了唐朝（289年），就数明朝时间最长（276年）。明朝的政治生态比宋朝严苛得多，士大夫阶层的官场之路比之两宋，更为崎岖不平。特别是明中期以后，皇帝们几乎个个"独特""另类"：偏执者有之，怪异者有之，荒唐者有之，怠惰者有之，忠贞者有之，短命者有之。总之，明朝的皇帝们与其他朝代的皇帝们相比，是最有"特色"的一个群体。明朝历经16帝，最有作为的是朱元璋和朱棣，其他人不能与他们相提并论。明太祖朱元璋开国立朝，明成祖朱棣开疆拓土，他们的文治武功，以专制、威权、残暴、强硬著称。剩下来的皇帝们，大部分个性十足。明英宗朱祁镇喜好"御驾亲征"，结果在"土木堡之变"中全军覆没，自己做了瓦剌人的俘虏，成为历史笑柄；明宪宗朱见深迷恋、受制于年老宫女万贵妃，致使后宫长期风声鹤唳、不得安宁，太子朱佑樘几次险遭毒手；明孝宗朱祐樘一生坚持"一夫一妻"，历史上没有第二例。以现代标准看再正常不过，但对于一个专制皇帝来说，就绝对怪异；明世宗朱厚熜痴迷修道炼丹，几十年不上朝，致使严嵩之类贪腐大臣瞒天过海、窃国误民；明神宗朱翊钧既不上朝也不立嗣，临终前才指定长子朱常洛（明光宗）登基，后者在位一个月便撒手人寰；明熹宗朱由校一心一意做"超级木匠"，完全不理朝政，致使大太监魏忠贤独揽朝纲，残害忠良；明思宗朱由检刚愎自用、偏执猜疑、滥杀忠良，最后造成人才尽失、国库空虚，大明王朝在他手里轰然倒塌。

不过相比起来，明朝最异类、最奇葩、最荒唐的皇帝还数明武宗朱厚照。朱厚照这位皇帝的最大确定性，就是他的完全不确定，即朝令夕改、喜怒无常、荒诞不经、异想天开。王守仁的政治生涯大部分就在武宗朝内。

在很长的一段时间里，朱厚照信用大太监刘瑾及其手下的太监群体（号称"八虎"）。由于能够变着法地满足皇帝

第十四篇 "江上奇峰"与"众山之巅"——苏轼和王守仁的"文"与"思"

的各种奇特玩乐，刘瑾获得了朱厚照的充分信任，得以把持朝纲、搞顺昌逆亡。官场新人王守仁看不惯这种横行霸道，他仗义执言，遭到刘瑾的残酷打压和迫害。明武宗正德元年（1506年），王守仁在被杖刑四十大板后遭流放莽荒的贵州，任龙场驿丞（相当于乡镇一级邮政所长兼招待所长）。然而对王守仁而言的失败、落难，对于贵州、中国、世界来说却是一件幸事。王守仁的"龙场悟道"就发生在贵州修文龙场的一个山洞中，从而开创了中国儒学史、中国哲学史、世界思想史的新篇章。

贬谪贵州三年后，王守仁的生涯发生了戏剧性变化。长期得宠于朱厚照的刘瑾，由于各种原因突然失宠，岂止是失宠，而是极大得罪了皇帝，被凌迟处死——主要罪名是谋逆。一看就知，这是不能成立的。帝制生态下，除了民间造反和宫廷政变，一个太监，既想不到造反，也做不到篡位。明武宗性格上的怪异和不可预见性才是事情反转的关键，王守仁由此逢凶化吉，他离开贵州龙场，来到江西庐陵，重新步入正常仕途。在贵州期间，王守仁已然在精神上脱胎换骨，他的思想境界和他的报国情怀已然合二为一。再有惊涛骇浪、天地翻覆，也不能撼动他于万一了。有诗为证：

795

罗旧驿（居夷作）

王守仁

客行日日万峰头，山水南来亦胜游。
布谷鸟啼村雨暗，刺桐花暝石溪幽。
蛮烟喜过青杨瘴，乡思愁经芳杜洲。
身在夜郎家万里，五云天北是神州。

但那个荒唐皇帝朱厚照依旧我行我素、怪招频出、玩乐无度。1519年6月，久怀异心、阴谋作乱的江西宁王、皇叔朱宸濠起兵造反，时任南赣巡抚王守仁奉旨讨逆。王守仁出贵州已经十年，政绩突出，特别是在平叛、剿匪方面战功卓著，此番平定宁王叛乱之统帅人物非他莫属。王守仁果然不负众望，以少胜多、出奇制胜，迅速平定叛乱，生擒宁王朱宸濠。得知王守仁大获全胜，朱厚照却不乐意了。他要来一次事后的"御驾亲征"，竟命令王守仁等他率大军抵达南京后，将宁王放掉，他要"大战叛军、再擒宁王"，将王守仁的功劳揽为己有。如此儿戏般的政令、军令，既令满朝文武摇头叹息，更令王守仁无可奈何。聪明的王守仁只能将所有功劳（包括运筹帷幄、决胜千里，甚至在鄱阳湖上亲冒矢石、大战叛军）归于皇帝一个人，才把这件事了结。以后的日子，这个奇葩皇帝越玩越疯，最终把自己玩死了，这段"荒政"才告结束。而王守仁这位心学大师，不管是在朝堂上挨板子还是在贵州悟道，不管是传授弟子们"致良知"之说还是面对荒唐皇帝的胡来，他"任凭风浪起，稳坐钓鱼船"，始终保持了哲学家的定力。他的精神生活和物质生活，都比四百年前的苏轼稳定和充裕。

三、苏轼：从"入世"到"出世"

中国古代读书人的人生追求和惯常生涯就是读书、科考、及第、做官、升迁、致仕。作为书香门第、官僚阶层的子弟，苏轼和王守仁的人生轨迹基本相同，只是他们的仕途遭遇和结局有很大区别。但是说到初心，也就是青少年时代的个人愿景，苏、王二人迥然不同。

苏轼少年时代就自命不凡，他胸怀大志，以宰执天下为己任。他不仅天资聪慧，而且发奋读书，后来他们父子三人赴东京汴梁参加科举考试，经过欧阳修等考官的严格选拔，苏轼当之无愧成为大宋"第一考霸"。然而，作为一个"入世"心切的学霸，他用他大半生经历交出来的却是一份"出世"的成绩单，这不免令人惋惜。造成这种结果的原因有两个：一是苏轼一开始就卷入了革新与守旧、变法与反变法的斗争旋涡，而先后主政的皇帝，都是支持革新变法的，比如神宗、哲宗甚至徽宗，而反对变法的是先后两位太皇太后。苏轼是保守派阵营的代表人物和笔杆子，他的仕途注定了不会顺遂，而且下坡路越走越陡。二是苏轼不仅是考霸，更是天下闻名的文豪，他的作品不管是在皇家、士大夫群中，而且在民间、百姓当中都脍炙人口、影响极大。作为性格张扬的文坛奇才，苏轼的作品既害了他，也佑了他。总的来说，他通过口无遮拦的文学表达，既抒发了心意、雅趣、豪情而为众人津津乐道；也吐露了政见，被人抓住了把柄。这就导致了苏轼的文学成就与他的从政道路按反比方向发展。所幸的是，在他的政治生涯最低迷、最危急的时候，他的才华救了他。宋神宗对苏轼的态度一直很矛盾，既说他"非佳士"，又称他是"奇才"——前面评论的是他的政治，后面评论的是他的文学。神宗最终放了苏轼一马，将其贬出京城。苏轼外放期间几乎每一篇作品神宗都要找来读，甚至到了忘食的地步，且赞不绝口。

其实，直到被自己的学生宋哲宗翻脸不认人，被一贬到底、彻底断了翻身的希望之前，苏轼对仕途的追求、念想一直不曾断过，"入世"是他从小就养成的一种执念。第一次外放，他先后负责杭州、密州、徐州、湖州几个地方，特别是在密州、徐州两地，他勤奋、勉力、亲民、为民，做出了许多政绩，为同僚和百姓所称道。在这期间，他虽远离中央，却密切关注着朝廷方面的事态发展。当时"新党"正全面推行改革，他除了提出批评、讥讽外，也难掩重回朝堂之心切。苏轼最脍炙人口的"密州三篇"，其中的两篇就吐露

第十四篇 "江上奇峰"与"众山之巅"——苏轼和王守仁的"文"与"思"

了对时局的关切和对有朝一日皇帝召唤的期盼。

宋熙宁八年（1075年），正值前妻王弗去世十年，苏轼写下了《江城子·乙卯正月二十日夜记梦》，表达了对亡妻的思念之情，成为苏轼婉约诗词的代表作。这首词没有政治诉求。

十年生死两茫茫，不思量，自难忘。千里孤坟，无处话凄凉。纵使相逢应不识，尘满面，鬓如霜。　夜来幽梦忽还乡，小轩窗，正梳妆。相顾无言，惟有泪千行。料得年年肠断处，明月夜，短松冈。（《东坡乐府》）

密州的抗灾政绩，令苏轼心情大为舒展，他变得志得意满起来。有一天他率众出行围猎，归来途中写下了著名的豪放词篇《江城子·密州出猎》：

老夫聊发少年狂，左牵黄，右擎苍。锦帽貂裘，千骑卷平冈。为报倾城随太守，亲射虎，看孙郎。　酒酣胸胆尚开张，鬓微霜，又何妨！持节云中，何日遣冯唐？会挽雕弓如满月，西北望，射天狼。（《东坡乐府》）

对于苏轼来说，围猎只是一个引子。作为知州（相当于今天的地级市市长），他把自己比作汉朝时的云中太守魏尚。魏尚曾蒙冤被罢官，经冯唐为其辩白后，汉文帝派冯唐"持节"去赦免魏尚的罪，魏尚得以官复原职，后来成为抗击匈奴的一代名将。很显然，苏轼所说的"持节云中，何日遣冯唐？"就是希望自己早日重新得到朝廷的赏识，被再度重用。

过了一年（宋熙宁九年，即1076年），王安石辞去宰相之职，又燃起了苏轼重回东京汴梁的希望。但朝廷政治变化莫测，新旧党争险象环生。这又让苏轼多了几分担忧。在这种复杂心境下，他在中秋之夜写下了千古名篇《水调歌头·明月几时有》，借思念弟弟苏辙，表达了自己的矛盾心情。

明月几时有，把酒问青天。不知天上宫阙，今夕是何年。我欲乘风归去，又恐琼楼玉宇，高处不胜寒。起舞弄清影，何似在人间。转朱阁，低绮户，照无眠。不应有恨，何事长向别时圆。人有悲欢离合，月有阴晴圆缺，此事古难全。但愿人长久，千里共婵娟。（《东坡乐府》）

"不知天上宫阙，今夕是何年。"——我已经离开京畿好几年了，不知朝堂里的情况如何？"我欲乘风归去，又恐琼楼玉宇，高处不胜寒。"——我很想回到京城，又担心朝堂太高、太深，我怕承受不住那里的孤寒。"起舞弄清影，何似在人间。"——宫阙里的日子似乎比不上民间那么暖心啊！

从这两篇作品可以看出，苏轼返回皇帝身边做事的政治抱负是婉转而清晰的，但心中又充满了顾虑。他不会知道，他的抱负实际上是不可能成为现实的。

的确，在以持续不断的革新为特征的整个宋神宗朝内，苏轼的守旧派意识形态终究不会得到皇帝本人的认可。非但不能实现，后来在新党大臣们的撺掇下，苏轼还差一点在"乌台诗案"中丢了性命。在随后贬谪黄州的八年时间里，苏轼的心情是烦躁、郁闷、愁苦的，完全不得志。正是在这八年时间里，他差不多快要放弃了儒家"修齐治平""建功立业"的仕途诉求，转而偏好佛、道两家，也就创作了不少向往"出世"境界的文学作品。

神宗的去世使苏轼突然获得了八年的"高光时刻"。但高太皇太后并没有让他担任宰相（倒是让苏辙做了宰相），而是让他负责朝廷文稿的拟写和少年皇帝宋哲宗的教育。地位很高，但政治抱负仍难以遂愿。不仅如此，处于成长期的哲宗皇帝，把对祖母的愤恨全都算在了老师苏轼头上，一俟祖母去世，第一个遭惩罚的就是苏轼——他被一撸到底、贬黜岭南，后来更是远徙海南。这样一来，苏轼的政治生命"高空坠落"，再也没有了峰回路转的可能。不过这番遭遇，反而使他真正走出了彷徨与苦闷，亦道亦佛，出世之心愈加凝重，他的心境逐渐开阔、爽朗起来。

"入世"的初心与"出世"的无奈，或者说，"丰满的"理想与"骨感的"现实，两者之间的冲突构成了苏轼人生的最大悖论。如前所述，这是苏轼个人的悲剧，却是中华文化的幸运。

四、王守仁：游走于"入世"和"出世"之间

王守仁的"初心"与苏轼是完全不同的。王守仁生长在一个比较开放的知识分子家庭，他自幼聪颖，却放荡不羁，从小就对道、佛两家着迷，对苦读儒家圣贤书不感兴趣。这一方面是因为他的祖母一辈子崇道信佛，他的祖父和父亲经常带他游访名山道场、佛教禅寺；另一方面，他自幼就对儒家提倡的循规蹈矩、繁文缛礼反感，而清风自守的道家和扬弃尘俗的佛家更对他的胃口。王守仁早就知道，在道、佛两家中，有许多在儒家经典里学不到的东西。这里不仅有他一直喜欢的"导引术"和"养生术"，更有两家都倡导的直指本心、当下即是、坐地成仙、立地成佛等理念。王守仁打小还喜欢舞枪弄棒，对军事韬略颇有见地。总之，他是一个"杂家"。

随着年龄的增长，在状元父亲王华的压力下，王守仁逐步淡出了道、佛两家，但这两家的义理对他后来构建自己的心学思想体系起到了潜移默化的作用。按照父亲的要求，他专心读书，为考取功名而努力。作为状元之子，王守仁不能不接受严格的儒家学院派教育。但他的读书目的却与苏轼及

第十四篇　"江上奇峰"与"众山之巅"——苏轼和王守仁的"文"与"思"

中国古代几乎所有的读书人不同。12岁那年，有一次他问老师"何为第一等事？"老师说："惟读书登第耳"（即读书做官）。王守仁不认同，他说："登第恐未是第一等事，或读书学圣贤耳。"学做圣人，这是王守仁毕生追求的人生理想；他的人生道路，也是按着这个目标来设计、来践行的。

王守仁曾讲过这样的话：世人皆以读书不及第而耻辱，我以读书不及第而心动为耻辱。这段话，比较典型地反映了王守仁在"入世"与"出世"间穿梭游走的人生定位和价值取向。古代中国，读书做官天经地义，即便是内心并不喜欢读书做官的王守仁也不能例外（他后来考中进士，开始从政生涯）。但是，通过勤奋读书而未能金榜题名，就必须想得开、想得通，人生之路应当更加多样化一些；如果因为没有及第而"心动"了、烦恼了，那才真正是自己和自己过不去了。这里的关键是自己的心境、心态。王守仁这个见解是在他经历考场冲刺、官场跌宕、"龙场悟道"之前表达的，足见他早就拥有了豁然的心境和沉稳的心态。

俗话说"性格决定命运。"此话既对也不对。放在苏轼身上，完全对；放在王守仁身上——以龙场悟道为人生界限——前半生对，后半生不对：悟道后的王守仁在"本心""良知"的调控下，已然改变了自己的性格。

苏轼一辈子是性情中人，尤其控制不住用诗书辞赋表达、抒发自己的价值、好恶、心境、情怀、感受的那些冲

803

动。他的文学表达越是豁达、开朗、直白、滚烫,他的仕途就越是走得崎岖、低迷;而与此同时,他的文学就越能吸引举国上下的"粉丝",他的社会影响力伴随着他的仕途消沉而与日俱增。

青少年时期的王守仁是一个由着性子来的"问题青年",没有任何东西(包括严父的责罚)能够将他的多元化兴趣简化成对程朱理学的单一读解和对未来"及第"的乏味追求。进入官场后王守仁依然初心不变、个性不改,敢于无视"规则"挑战权宦,因此蒙受冤屈,身心俱损。只是来到贵州以后,在龙场那暗无天日的环境下,他才意识到人的渺小、微弱、无力,人的常规能力改变不了环境。这才潜心悟道,着力于"向内的功夫",终于修得人间正道,成为一个"心之力"极其强大的人。从此以后,王守仁不管风吹浪打,胜似闲庭信步,在心性修养和事功作为两个方向齐头并进,"立德、立功、立言",实现了"三不朽"。毋庸讳言,这是以牺牲他自己的个性为代价的——中国历史上凡追求"圣贤之道"者大抵如此。就这一点而言,王守仁远逊于苏轼:苏轼从来没有成圣成贤的愿望和自觉,他是世俗的,也是飘逸的;关键是,他从未失去过个性。

在道义与事功的互补、统一方面,王守仁做到了"知行合一"。在坚守道义的前提下求取功名,在求取功名的过程中伸张道义,这是王守仁心学理念的世俗表达。千百年来,

第十四篇　"江上奇峰"与"众山之巅"——苏轼和王守仁的"文"与"思"

中国文人、士大夫无不熟谙孟子关于"达则兼济天下，穷则独善其身"的义理，但这个义理说起来容易做起来不易，尤其是在个人遭遇坎坷（即"穷"）的时候。即便是像苏轼这样的文化巨擘，当他在现实政治或事态纷争中受挫、受窘、受难时，只能以某种"退避""出世"的方式让自己的灵魂得到安居。唯有王守仁，他选择在"入世"与"出世"间穿梭游走：或蹒跚，或缓步，或疾行，他在仕途上行走了一生。其结果，精神追求与功名摘取两不误。

与苏轼相比，王守仁的贬谪、流放经历要简单许多，一共就那么一次——贬谪贵州龙场。但明代的贵州，其荒凉、偏僻、困苦的程度，绝不亚于苏轼当年在惠州、儋州的环境。贵州的三年，无疑是王守仁的至暗时刻；但这三年，却为他后来的人生辉煌奠定了深厚的学理和心理基础。明代中期的贵州龙场，匪盗猖獗、虎狼横行、人迹罕至，基本就是一个"自生自灭"的处境。王守仁带着两三个家仆来到这样的地方，首先面对的就是生存问题。他挺过来了。不但活了下来，而且活得比较自在、比较安详，有了邻里、朋友、学生，还可以赏玩自然风光、体察风土民情。最重要的是，他不忘初心，在艰苦的环境下坚持"学做圣人"，苦思冥想、殚精竭虑、反省自我、格己求理。终于悟出："圣人"之道，原来就在心中，"心即理"；"知是行之始，行是知之成"，心中的"德"与心外的"行"，原是一个东西。

805

达到了这般境界，便可进退自如、宠辱不惊。北宋大儒张载曰："贫贱忧戚，玉汝于成。"越是物质贫乏的地方，越能练就充实、稳固、强大的精神。就此而言，苏轼和王守仁都为后世做出了表率，只不过他们两位留给后世的人生启示各不相同而已。

官场的磨难、人际的疏离和环境的考验给王守仁最大的启示是：一个人除非拥有强大的内心，或者说，除非练就了一颗"大心脏"，否则要想摆脱外在力量的制约，就是痴心妄想，因为个人在环境面前实在太渺小了。王守仁专注的这个"心"，非一般意义的心情、心绪、心态，而是"本心"，即良知。有了它，置身于宇宙、天地、人际之中，便可游刃有余，一切都不在话下。本心、良知对每一个人都是与生俱来的，却最难以洞悉，不能通过"格物"而"致知"；只能先验察觉，顿然醒悟，立地成圣。这就是"龙场悟道"的真谛。悟道后的王守仁，实现了精神的更新换代，灵魂的脱胎换骨。从此，他的心境和外在世界的关系整个颠倒了过来。他领悟到：外部世界，包括宇宙、天地、人间、社会、官场、权力、家庭、个人等等，所有这些东西的存在、意义、价值、目的，皆取决于人的"本心"指向、估价、定义。这倒不是说，人可以随心所欲创造、决定、改变一切，而是说，外部世界的千姿百态、千奇百怪、千变万化甚至千疮百孔，人心都能承载和包容，在人心的观照下，它们都显得

第十四篇 "江上奇峰"与"众山之巅"——苏轼和王守仁的"文"与"思"

平常、无奇；经过人心（良知）的估量，一切道、理、性、情，所有的目的和价值，均具有了新的含义。诸如道与器、理与欲、体与用、知与行、达与穷、义与利、利与害、是与非等等对立，皆可转化变通，甚至合二为一。"心即理"：人心是最宽阔、最深邃的空间，也是最强大、最无敌的力量。这就是王守仁的思想腾飞，他已然超越了传统儒学的教义，实现了精神的解放。

人们常对王守仁的"三不朽"（立德、立功、立言）津津乐道，这件事应该进行公道的审视。据说中国历史上实现了人生"三不朽"者只有"两个半人"：孔子、王守仁是两个人，曾国藩算半个人。这种说法其实没有太多根据。孔子在"立德""立言"两方面毋庸置疑，属"国之大者"；但他在"立功"方面乏善可陈，基本是个失败者。

苏轼和王守仁，在"立言"方面各有千秋，无法相比。"文无第一"，他们一个是文学家，一个是哲学家，在各自领域都是古代中国的高峰。从文化影响力来看，显然苏轼更大、更久、更为人所知，因为文学是每一个人都能够理解和接受的文化形态。哲学则不然：存在的价值、人生的真谛、主体（人心）的力量，这些义理，了解的人不多、理解的人更不多，影响力当然就要打折扣。但哲学思想具有真正的历史穿透力和文化创造力，阳明心学历经五百年的誉毁、褒贬，直到今天仍然是中国的"显学"之一，而且在日本、

807

韩国的影响长盛不衰。

在"立功"方面，当然王守仁做得更好。"立功"的标准完全看事实和业绩。苏轼满怀"治国平天下"之志，但一生坎坷、不顺，除了在地方任职期间做了一些好事、事实外，他要么在京城的党争中消耗精力，要么在颠沛流离中消耗体力。王守仁离开贵州后，政治上是基本平稳的，虽然不乏权臣、宦党的明枪暗箭，却总能化险为夷。他回避党争的有效办法就是不去或少去京城，离开贵州后的王守仁一直是个地方官。他基本没有在朝堂上直面皇帝，这一点他比不了苏轼；不过他的事功业绩都关乎江山社稷的稳定，他是朝廷的股肱之臣。还有一点：王守仁在从政过程中，始终扮演着两个角色。一个是政治角色，为官、为帅；另一个是学者角色，为学、为师。这在历朝历代高官中是罕见的。

至于"立德"，这件事具有相当大的相对性和不确定性。中国古代的道德标准由官方钦定，道德与政治是一体的：最高的道德就是最大的政治，反之亦然。而政治是一定要讲成败的，一个成功的士大夫，以中国古代的道德标准来看，必定是符合"三纲五常"及诚意正心、修齐治平、光宗耀祖这些准则的。由此观之，王守仁的"德性"显然高于苏轼，因为王守仁比苏轼成功——这特别令人无语。

第十四篇 "江上奇峰"与"众山之巅"——苏轼和王守仁的"文"与"思"

五、作为文学高峰的苏东坡

中国古代有一种独特的文化现象,叫作"贬官文化"。在帝制生态下,宦海沉浮,起伏不定;稍不留意,就要受到贬谪。在数不清的遭贬官员中,有太多的饱读诗书之士。贬了官,失了宠,摔了跤,悲剧意识就来了。怎么来表达、抒发自己胸中的情感、情绪、情怀呢?只能借助于诗词文赋、书画篆刻之类。如此一来,文章有了,诗词有了,书画作品也有了。过了一些时候,或过了一个朝代,时过境迁,天子觉得此人实际上挺不错,于是拨乱反正,恢复名誉,受贬官员人品、文品双全,载之史册,传之后人。中国古代的贬官或落难士大夫数不胜数,苏轼和王守仁是两位最著名者。他们两位在贬谪之地都留下了政绩和口碑,特别是留下了华彩文墨。苏轼的贬谪之地遍及大半个中国,处处留下了他的诗词文赋及墨宝,一代文豪的声誉和影响就是在这个过程中成就的。

王守仁算是比较独特的一位贬官,不仅因为他是"东山再起"比较成功的贬官,而且因为他的作品在数量和性质两方面与其他人很不相同。苏轼被贬谪、外放多次,且每次时间都很长,他写下的作品不计其数。但有一点:他写作的客观环境或他叙说的自然对象总的来说是比较令人心旷神怡的,先是优美的景观被写入文章,然后文章又化做了文雅的景观;他受贬期间亲近过的山水、亭阁,足迹所到之处,后来都成了文化遗迹,他在各地留下的辞章后来基本成了文学经典。而王守仁在贵州三年的作品,如《何陋轩记》《象祠记》《瘗旅文》等,却与贵州的偏僻、简陋、困苦以及民风的淳朴、剽悍密切相关。唯其如此,他的文字就表现出了比较深刻的思想洞见和比较浓重的人文关怀。王守仁在贵州的遗址遗迹,从来没有达到苏轼所到之处那样的文化、旅游效果。哲学关切和人生思索永远不具有诗词歌赋那样的吸引力。但对于王守仁来说真正重要的是,五百年前的贵州以其特殊的自然、人文环境为他的哲学超越、精神嬗变提供了条件。王守仁通过"龙场悟道",实现了自己的人格升华和苦难辉煌。

好的文学作品都是独一无二、不可复制的。"苏学"(非指"三苏"之学)就是围绕苏东坡一个人的诗文、思想展开的研究,他是大江之上独耸的一座奇峰。哲学思想是独创性与综合性的统一,其价值在于承前启后。"心学"(或"王学")指的是王守仁开创的整个哲学思潮,包括他的后继者们的思考;而王守仁本人,是群山之间的一座巅峰。后人欣赏某种文学,就是欣赏那个文学家;后人传习某种哲学,既是传习哲学家本人,更是发扬光大他的思想。

第十四篇 "江上奇峰"与"众山之巅"——苏轼和王守仁的"文"与"思"

苏轼的主要身份是文学家、艺术家，兼思想家、政治家；王守仁的主要身份是哲学家、思想家，兼政治家、军事家。但这种身份的定义只具有相对的意义。明代学者徐渭云："王羲之'以书掩其人'，王守仁则'以人掩其书'。"意思是：王羲之因其书法太有名而掩盖了他的政治和思想成就，王守仁因其思想、政治和军事成就而掩盖了他的书法之美。这话也可以用之于苏轼。苏轼一生都在言志、抒怀、纵情、批判、嘲讽、隐喻、建言、献策、思念、感受，都在表达自己的思想和见解——他的手段是文学和艺术。由于他的个人魅力太大，他的艺术成就的影响更大，后人反而对他的政治追求和思想倾向不那么在意了。

苏轼坎坷跌宕的政治生涯，使他的思想从一个原来的正统儒家逐渐变成了三教融通的"杂家"。在四十年的仕途中，他根据自己现实境遇的变化（要么变好，要么变糟，要么更糟），相当自如却又不自觉地在儒、释、道三家之间进行切换。在朝时是儒家，在野时三家兼备，这应该是苏轼一生思想状况的写照。

当苏轼在东京汴梁工作时（全部时间加起来也不长），他履行的是儒家的"修齐治平""经世致用""建功立业"这些价值；当他遭到排挤甚至被逐出京城时，他便向道、佛两家倾斜，以"出世"的态度对待世界、对待他人、对待自己，既宣泄自己的情绪，也尽量使自己的心境保持淡泊、平衡。随着年龄的老去和时局的愈发艰难,他身上道、佛两家的色彩日益浓重,"无为"的情怀愈发凝结。

如果仅靠苏轼本人的才华支撑,他的诗词文赋恐怕不过是昙花一现。为苏轼的诗文平添魅力的,是他在政坛斗争中遭遇坎坷且大起大落的命运。才华横溢的苏轼不得不接受命运的同时,他心中的梗结却被自己的文学创作化解了。在他的笔下,时而表达出积极入世的精神(前期),时而流露出超旷消极的情绪(后期)。当他在朝中得志时,儒家的浩然正气澎湃而出;当他遭贬外放时,就会以佛、老思想来排遣郁闷;两种思想、两种情怀交替自如,形成了独属于苏轼的"达则兼济天下,穷则独善其身"的精神境界。这种集道德、文字、政事、艺术于一身的综合性才华,在中国古代历史上罕有其匹。

宋熙宁四年(1071年),在与王安石为首的变法派斗争失利后,苏轼自求"外放",第一站是杭州。此时的苏轼在心态上有了明显的转变,不再有早年的那种指点江山、锐意进取的豪情与自信;面对逝去的父母和朝野的纷争,他开始转向追求内心的宁静。杭州名刹宝寺众多,佛教文化兴盛,他常常游历其间,结交了大量知名僧人,与他们同游西湖,研习佛法。后来,在经历了"乌台诗案"的磨难后,苏轼被贬黄州。此时的他,于苦中求禅的意向愈发明显,他自筑茅庐,自称"东坡居士",时常拜访僧舍,批阅佛经。苏轼的苦闷和怀才不遇在与僧友的密切交流（互赠书画、往来信笺、远近相聚）中得以排遣。苏轼由崇奉佛法到研习佛经，由结交僧众到感悟禅理，他的人生轨迹在贬谪的长途中发生质的变化，他的人生感悟也愈发潇洒、通透，从一个"入世"的儒者升华为一个"出世"的禅师。这个转变没有刻意，毫不矫情，是自然而然、随遇而安的过程，正如他自己所言："此心安处是吾乡。"明清之际著名文学家钱谦益评价曰："子瞻（苏轼）之文，黄州已前得之于庄；黄州已后得之于释……中唐已前文之本儒学者，以退之(韩愈)为极则；北宋已后,文之通释教者以子瞻为极则。"（《牧斋初学集》）

贬谪黄州期间，是苏轼心情最低落的阶段。103天的"乌台诗案"文字狱，苏轼就像坐过山车一样经历了从愁苦、绝望到平缓、重生的跌宕；贬来黄州后没有职权，基本无事可做，惊魂未定的他不能不审视自己的人生取舍。这期间，他创作的前后两篇《赤壁赋》《念奴娇·赤壁怀古》《寒食帖》等，都成为中国文学史、书法史上的最高成就，但这些作品中的意境却体现了苏轼明显的"出世"情怀和愈发达观的人生态度。《赤壁赋》中的"客人"与苏轼的对话，实际上就是前后两个苏轼的思想交流。一问一答，除了行文考究、修辞华美外，人物的见解充满哲理，是苏轼忘情江湖、洒脱人生的明证。《念奴娇·赤壁怀古》表达了这样的情怀："一时多少豪杰"也好，"千古风流人物"也罢，其实都不过"人生如梦"而已，因此，"多情应笑我，早生华发"！

对苏轼来说，这当然与他的初心差距太大，但也是没有办法的事情——人毕竟受制于环境，官场苦斗几十年，胜算极少，总成为党同伐异的牺牲品。不管是与新党的对垒还是旧党内部的争执，他几乎没有取得过值得夸耀的胜利。这不能不使他对仕途感到灰心丧气、精疲力竭。唯有文学可以抒怀，可以明志，可以排遣，加之佛、道两家倡导的"活法"，令他向往。自此，苏轼心随物动，随遇而安，喜怒显于外，好恶表于情，性格与环境融为一体。他纵情于山水，游学于禅、老，写下大量作品，为后世留下了绝唱。

应该说，苏轼的朋友遍及天下，他所到之处就像明星一样受到欢迎。这些人，大多数是他的文学拥趸，为他的才气所折服。真正的朋友其实并不算多，著名的"苏门四学士"（黄庭坚、晁补之、秦观、张耒）名义上是他的学生，实际上他们之间的师承关系比较弱，更多的是志同道合的文友关系。这跟王守仁通过传道、授业、解惑，拥有众多弟子的情况完全不一样。渡尽劫波兄弟在——苏轼最亲密、最信赖的朋友只有一个：他的弟弟苏辙。兄弟二人从家乡来到京城参加科考，此后40余年，他们伦理上是同胞，政治上是同志，思想上是同道，文学上是同行。他们共进退、同荣辱，携手行进了一生，死后还葬在了一处。

六、作为哲学宗师的王阳明

王守仁其实也不是一个纯粹的儒家。"陆王心学"本来就是一个"离经不叛道"的思想体系。以孔孟、程朱的标准衡量,心学肯定属于"人心不古"之说、"价值扭曲"之言。因为在王守仁的思想体系里,已经掺入了太多佛教、道家的义理,甚至有了不少个人主义、自由主义的色彩,这跟他生长在经济比较发达的浙江沿海,已经接触到一些商业精神有关。"程朱理学"和"陆王心学"表面上都属于孔子开创的儒家思想传统,但两者差异很大。关键的分歧在于要不要承认、肯定、彰显人的主体性——人心——的作用和地位。陆九渊曾经与朱熹进行过著名的"鹅湖之辩",王守仁对二程、朱熹的批评更是不留情面。

如果说苏轼是一位不完全自觉的"杂家"的话,那么王守仁就是一位自觉的融汇者、超越者。龙场悟道以后,他终生保持着"亦儒亦禅、似儒似道"的精神状态,人称"阳明狂禅"。他虽然仍然以儒者自居,但他这个"儒",绝非狭义的孔孟之儒、程朱之儒,他的心学,已然超越了古代圣贤的安身立命教义,成为一种融汇、集萃了儒释道三家精华的一种新的思想体系,用他自己的话来说:是"儒、佛、老、庄,皆吾之用，是之谓大道。"①王守仁一生"学做圣人"，后人说他是"最后一位圣人"。其实他的思想成就，不在于"学做"了什么，而在于"开创"了什么，他是中国历史上罕见的启蒙思想家。

王守仁是一位文化的自信者、自觉者，出贵州而再入仕途后，一生不茫然，更不盲动。因为心学是他自己悟出来的"大道"，他的人生价值就完全符合"心即理""知行合一""致良知"。他既然选择了自己的人生，他的内心世界就少有冲突、少有无奈、少有波动。王守仁心中始终有一个"小宇宙"——本心或良知，这个小宇宙能够安放、包容、化解、导引"大宇宙"（即万事俗物）的一切，因而对他来说，不管风吹浪打，胜似闲庭信步。苏东坡和王阳明，一位是任性的文学家，一位是理性的哲学家，他们的人生轨迹差异巨大，但他们同样活得真实，活得充实，活得踏实。

文学的辉煌从来都是始料不及的，真正的文学家不会为了外在的评价而创作。就苏轼来说，面对各不相同的遭遇和境遇，他必须有所表达、有所抒发、有所倾吐。但表达、抒发、倾吐过了，也就算了，他从来不想赢取什么名誉。他留下的万千文字、诗篇，是在不经意间成就了他一代文豪的历史地位的。今天为什么很难有可以传世的文学作品出现？一个重要原因是作者不能够首先感动自己。如果"作家"是职

---

① 《王阳明全集》，上海古籍出版社，2012年版，第1289页。

业性的，他写东西的目的就只是给别人看。真正的文学是作者感情、见识、意志、审美的主观表达或宣泄，所以文学应该是私人性、个性化的精神劳作。苏轼的作品，包括王守仁的大量诗文，无不如此。

古今中外，文学大师及其伟大作品所表现出来的意境、风格、趣味、美感、影响力等等，绝不是作者所处时代的简单"摹本"，而是作者独一无二的处境、心境、个性和精神世界的真切反应。苏轼和他的老师欧阳修，以及其父苏洵、其弟苏辙，占了"唐宋八大家"之四，但他们的文学理路、艺术风格、观察视角、创作手法、审美偏好、历史局限各不相同，苏轼显然高于另外三位。苏轼对他的弟子、朋友（黄庭坚、秦观等）有很大影响，但他和他们并没有太明显的师承关系。他与弟弟苏辙在政治上珠联璧合、荣损与共，但他们二人的文学风格却各异其趣，不可相提并论。苏轼对后世近一千年的影响都是他一个人的影响，无人能望其项背；从诗词到文赋到书画，只有模仿者，没有传承者和发扬者。

但王守仁的文字却是一定要传世的。不管是在书院讲习中，还是在戎马倥偬间，他的思考都不是有感而发，而是深思熟虑之作。王守仁既是哲学家，也是教育家，传道、授业、解惑，正是这两个职业的题中之义。王守仁的真心朋友未必多，但他的学生（即王门弟子）满天下。这个特点，是苏轼不具备的。

在思想的深处

哲学研究，是探寻、追求普世价值的思索过程。古今中外，哲学大师的思想都是要传承、发展、弘扬的。王守仁的代表作是《传习录》，"传习"二字很关键，就是要让世人学习、理解、掌握、传承、发扬这个哲学思想，使之成为共同价值，为大众所践行。王守仁的心学思想是对陆九渊思想的心领、发挥、深化和集大成，他又将这个哲学新境界传给他的弟子们，弟子再传其弟子，一直传承下来。从王守仁还在世时算起，"阳明心学"（"王学"）逐渐发展出了八大门派，每一派又有创新、发展，最终辐射全国，影响世界。与阳明同时代的李贽，明末清初的顾炎武、黄宗羲、王船山，清末的张之洞、王韬、郑观应、康有为、梁启超，20世纪的"现代新儒家"熊十力、梁漱溟、唐君毅、牟宗三等，都从阳明心学中汲取了重要的思想养料。近代以来，日本和韩国受阳明学影响甚深，王守仁的思想对这两个国家的近代化进程发生了直接的启蒙作用。

历朝历代，"体制外"的中下阶层、黎民百姓均重文而轻理，文学对他们来说是一种精神享受，更是一种消遣。中国古代"四大名著"除了《红楼梦》，其他三部原本都是市井通俗作品。与之相反，统治者、士大夫、儒生却重理而轻文。儒家经典或佛老学术，有利于精神驾驭和政权稳固，一般来自下层的文学作品常常不受待见（《水浒》《西游记》，甚至《红楼梦》开始时都不被官方认可）。当然，诸如"唐

第十四篇 "江上奇峰"与"众山之巅"——苏轼和王守仁的"文"与"思"

宋八大家"之类的"大作"除外,因为在这些作品当中,艺术性和思想性是交相辉映的,更重要的是,这些作品的作者们均为士大夫。

　　文学是要触及现实生活的,或写实,或隐喻,或浪漫,文学作品通过抒怀、批判、弘扬、动人,来观照生活、打动心灵、针砭时弊;但文学作品鲜有入理的剖析、形上的沉思。直观表达与抽象思辨的不同,广泛性与深刻性的不同,讲究修辞与注重理念的不同,使得文学与哲学显著区别开来。因此文学的民间影响力大于哲学,是毋庸置疑的。苏轼不论在他的同时代还是与其他时代文学人物相比,都高屋建瓴,他在中国文学史上处于顶端。但很少有人称苏轼为思想家更不用说哲学家了。文学作品里当然有思想、有哲理,苏轼自不例外;但他和专门以思想的研究、探索、创造为目的的思想家、哲学家相比,比如朱熹、王守仁等,不能等量齐观。王守仁的文学、诗歌、书法也非常出色,堪称大家,但他在历史上的定位,就是哲学家或思想家。

　　苏轼在历史上的知名度超过了王守仁,这主要是因为文学的受众面大于哲学之故。反过来讲,王守仁的持续影响力,也就是他的思想体系得到五百年的传承发展,这是苏轼比不了的。阳明心学在今天的中国仍然受到高度关注,就是因为这个学说是与时俱进的,针对时代要求而不断得到修正并提出新的见解。我认为,对宇宙自然、人类社会的触动、解析、认知、改变,对历史和未来的实质性、革命性的影响和变革,思想的力量无论如何强于文学。在中国古代历史上,思想走在时代前面,或文学引领时代风气,或思想与文学并驾齐驱的情况都很常见。我前面讲了"文无第一",哲学和文学都以自己独有的方式持续塑造着、不断丰富着人类的精神世界。这方面的例子在中国历史上举不胜举。以同时代为例,有先秦时期的《论语》《孟子》与《诗经》《山海经》;有西汉的董仲舒与司马相如;有魏晋时期的嵇康与曹植、王弼与陶渊明;有唐代的韩愈、柳宗元、刘禹锡与李白、杜甫、白居易(韩、柳、刘是哲学家兼文学家,李、杜、白是顶尖诗人);有宋代的欧阳修、三苏与二程、朱熹、陆九渊;有元代的吴澄、许衡与关汉卿、王实甫;有明代的王守仁、李贽与谢缙、杨慎、施耐庵、罗贯中;有清代的黄宗羲、顾炎武与曹雪芹、蒲松龄,等等。所有这些人,都为博大精深的中华文化做出了彪炳千秋的贡献。

七、永远的苏东坡,永远的王阳明

通过对苏轼和王守仁这两位政治人物和文化大家的比较,我们已经比较清晰地了解并理解了他们各自的仕途和文思及其特色、贡献。他们选择的人生道路或"活法",体现了虽然不同却颇具代表性的两种士大夫人格。自始至终,苏

第十四篇 "江上奇峰"与"众山之巅"——苏轼和王守仁的"文"与"思"

轼和王守仁的人生价值取向有同有异，异大于同，这就导致了他们完全不一样的人生结局。但在面对生命大限时，他们的感悟又趋于一致了。于是，我把他们的人格特征分别概括如下。

苏轼到底是个俗人。他一生热爱生活，关心亲友，拥抱自然，活得真实。他可爱、亲切、随和、豁达、奔放、直率、任性，有情趣、爱表达、无顾忌、少忧愁。正因为如此，苏轼成了中国历朝历代士大夫中个人才华与仕途境遇最不匹配的一位。他是官场规则的逆行者，又是中华历史上最有成就的文学大家。

王守仁终究是个圣人。他35岁经历"龙场悟道"，实现了人格、心性、境界的嬗变，此后便在"本心"的引领下求圣求贤。他善良、智慧、坚韧、执着、大气、清高、淡定，但他并不随和，也不可爱；他勤思善谋、终极关切、知行合一、凡圣不二。唯其如此，王守仁成了"不以物喜，不以己悲"做得最到位的人。如此看来，他作为中国历朝历代士大夫中唯一的哲学家兼军事家，也就不足为奇了。

"问汝平生功业，黄州惠州儋州。"（《自题金山画像》）这是苏轼生命即将终结时对自己人生的概括。黄州、惠州、儋州是苏轼命运多舛的一生中给他带来最痛苦记忆的三个地方。但苏轼却将这三个地方定格为最能彰显他"平生功业"的地方，这是何等的讽刺，又是何等的豪迈与洒脱！

在告别人生之际，苏轼想告诉人们的是："不应有恨"。

王守仁临终前，门人问他还有什么要交代的？答曰："此心光明，亦复何言！"这八个字是对王守仁一生道德、功业、学说的高度浓缩性的概括。官场的莫测、修悟的艰辛、生死的博弈、世事的沧桑，所有这一切都已随风而去，留下来的只有那颗光明透彻的"本心"。

第十五篇

追寻思想的光芒
——我的人文旅程

一、搭上"七七级"这趟首班车

历史,不管是人类的进程还是个人的生涯,最令人着迷的地方就是它的偶然性和戏剧性,以及过程中的多元因素。就此而言,我在原则上是不赞成"历史决定论"的。我不认为人类历史存在着"非如此不可"的必然趋势和"一定做不到"的刚性阻碍;我认为人怎么决定,历史就会怎样,因为人可以在多种可能性中进行选择。我这里说的是一种历史观,更是一种个人体验。当然了,我们每一个人,不管先天禀赋如何,也不管后天努力怎样,并不能脱离社会历史的大环境来选择自己的命运。从这个意义来说,个人经历(小尺度的历史)和人类历史(大尺度的人生)都处在因果关系的制约之下,是某种"弱的决定论"。换句话说,客观环境提供了个人选择的最大可能性,人不可以超越这个可能性去创造自己的历史。但人在环境允许的范围之内可以最大限度地做自己想做的事情,实现他想要的本质、价值和现实地位;当然,人也可以反过来:一切顺其自然,逆来顺受,无所事事——这仍然是他选择的结果,仍然体现了他的自由。

我15岁那年进入社会,至今已经过去了50余年。在这50多年里,我的人生经历并不简单,我有过不少人生故事。按我主张的历史观来看,所有这些当然主要是我自己的选择;不管"本来"应当如何,不管是否都符合自己的初心,我都要对这一切负责。但我还想说:在中国的特殊国情和文化背景下,个人的命运总是与国家的命运密切联系在一起的,而不管是个人的命运还是国家的命运,事实上形成了一个有时紧密有时松散的因果链。

比如,就我这一代人中的相当一部分人来说,如果没有1976年10月"四人帮"被粉碎,就不会有持续十年的"文化大革命"的结束,当然也就不会有中断了十一届的全国高考的恢复;如果邓小平1977年没有出来重掌国家大局,就不可能有恢复高考这个英明决策的出台,我和同时代的许多人当然就不可能有机会参加1977年12月那次历史性的高考,从而没法把自己的前途命运掌握在自己的手中,也就不可能选择到贵州大学学习哲学专业,我的人生就肯定是另外的样子了。

1977年10月下旬,作为青年工人的我,在出差途中突然从广播喇叭里听到,国家决定恢复高考,这对我来说简直是一声春雷!我第一次感受到了自己把握自己命运、自己选择自己前途的激动与兴奋,以及随之而来的不安和担忧。我要参加高考,但我行吗?这就是当时的心态。没有任何思想准备,知识储备方面也很可怜,仅靠那些年自己不系统、没章法、无目的的"自学"(基本都是文科方面),而且从来没有参加过任何考试或测验——那个年代,做什么都行,就是没有考试或考核这一说。别说报名参加考试，就是"高考"这个词都是完全陌生的。在这种情况下突然要参加已经中断了整整十一年的高考，我想，当时准备奋力一搏的每一个人的心理压力都是巨大的。

12月中旬就要考试，时间只有一个来月，而且基本没有什么复习资料。哪像今天啊，各种各样课堂上的和课外的书籍、资料、辅导材料汗牛充栋。我们这些参加"七七级"考试的人只能赤手空拳上阵，靠的只能是过往的积累。参加那次高考的人基本就没有什么"应届生"，都是来自各行各业的忙人或闲人。今天的高考者要么是应届生，要么是复读生，都在学校和课堂上刻苦学习、复习、练习，准备向高考发起冲刺。我们当年哪有这样的好条件啊！特殊年代造成了特殊的高考群体，我们这些已经在社会上历练、奋进、蹉跎了好多年的人，都觉得自己很幸运——国家突然恢复了高考制度。突如其来的机遇也造成了惶恐不安。除了"为什么考"和"必须考"心中明确而坚定外，考什么、怎么考、如何备考，完全没有底，当时的我们就是在这样一种"白丁"状态下走进了考场。后来我了解到，1977年高考，全国报名参考者573万，录取人数27万，录取率只有4.7%，是中国高考史上录取率最低的一次，其竞争之激烈可想而知。那个时候的考试内容，以后来的标准看，简直就是小儿科。但在"知识无用论"流行了多年的时代背景下，1977年的首次高考已经是最高水平的知识大检验了。我很努力,也很幸运,把握住了机会,成为"文革"结束后首届大学生,俗称"七七级"。经过反复比较、权衡,我选择了哲学这个专业。从那个时候到现在已经46年了,我没有后悔过我的专业选择,不管我在以后的几十年里做过什么、经历过什么,我的绝大部分人生归根结底都跟那次高考有关。因此我要感恩邓小平历史性的一锤定音,感恩改革开放的伟大时代转折,感恩贵州大学给了我学习、生活、工作、思考的机会,感恩哲学这个思辨、深邃、超越的专业让我在思索宇宙与人生、理论与实践、现实与未来过程中的寻觅和提升。

1982年初,在贵州大学学习了四年哲学以后,我毕业留校,做了一名教师。直到1999年离开,我在贵州大学校园里工作、生活了17年。在这17年里,我从一名初出茅庐的年轻教师逐渐成长为一个在西方哲学、中西方哲学比较领域有所成就、有一定影响力的学者;我也开始担任教学、研究和行政管理方面的职务,渐渐走向了成熟。如果不是因为贵州省委对我的培养、重用,我是完全不想离开贵州大学的;做一名优秀的教授,曾经是我对自己的终身规划。当然,我一开始就讲了,在中国,个人的命运和生活道路经常不由自己做主,而是取决于国家、社会、组织的需要。我要说的是:我离开贵大以后经历的种种、获得的种种,固然是我自己勤奋学习、努力工作的结果,但终究与时代的召唤和青睐有直接或间接的关联。

二、动荡岁月里的知识寻觅

我的籍贯是山东济南。我的父亲是个老革命，1938年抗日战争爆发不久后从济南直接奔赴了延安。1949年11月贵州迎来解放，我父亲作为刘邓大军第五兵团第十六军先头部队的一名指挥员，最先解放了省会贵阳。我自己出生在贵州遵义，1966年夏天刚读完小学四年级，就遇上了"文化大革命"。虽然后来我参加工作时名义上是一个"初中毕业生"，但实际上在考取大学之前，我的正规"学历"就是小学四年级。突然并且长期中断学业，这是从那个非常时期走过来的千千万万大、中、小学学生都经历过的情况，在今天的年轻人看来这实在是没法理解的事情。一个风华正茂的青年只拥有小学学历，这是特殊时代造成的不幸；但一个小学学历的青年可以以4.7%的录取率考上大学，这也是特殊时代给予的惠顾。当然，这也离不开我们个人的坚守、执着与奋发。

1970年到1978年，我在贵州半导体厂做了七年半工人。在那个特殊的年代是没有什么书可读的——"读书无用论"盛行，知识分子"臭老九"名誉扫地；既没有读书的大环境，也没有多少可读的书籍。那个时候，一个青少年的出路无非三条："工、农、兵"，即当工人、做农民（上山下乡)、参加解放军。上大学是没有可能的。当时,参军的社会价值和个人取向最高,因为毛主席讲过"全国学习解放军"嘛,但参军这个使人们趋之若鹜(尤其是当女兵)的职业,其实现的可能性却是最低的。当工人算是不错的职业,但那个时候的一个工人,是看不到什么前途的。如果不结束"文革",如果没有恢复高考,我这样的人就会永远成为"工人阶级的一部分",能够做到"七级工""八级工"就算是一辈子最高的成就了!"上山下乡"当农民,绝对是最差的命运:城里的青年学生到乡下去当一辈子农民,这样的事情,今天的人们肯定觉得匪夷所思,但四十多年前就是这样的生存状态。要感谢邓小平啊!不管是恢复高考,还是召开党的十一届三中全会,最大的功劳都属于处在历史关头的掌舵人邓小平。我认为仅凭恢复高考和召开党的十一届三中全会这两件事,邓小平就完全可以列为千古伟人。

今天的年轻人不太可能真正了解五十年前的中国是个什么情况。1966到1976,整整十年,中国都处在动荡、茫然、困顿的状态下。要了解、认知那个特殊时期,我想引用中共十九届六中全会通过的《中共中央关于中国共产党的百年奋斗重大成就和历史经验的决议》里的话,对那段不堪回首的历史及其性质所做的非常明确的界定:"毛泽东同志对当时我国阶级形势以及党和国家政治状况做出完全错误的估计,发动和领导了'文化大革命',林彪、江青两个反革命集团利用毛泽东同志的错误，进行了大量祸国殃民的罪恶活动，酿成十年内乱，使党、国家、人民遭到新中国成立以来最严重的挫折和损失，教训极其惨痛。"

想想看，1970年，我刚好15岁，还是个孩子啊，就去工厂当了一名工人。我敢说，如果不是因为"文革"的内乱，1970年的我肯定是一名高中生，然后就是考大学，然后就是……多亏了1976年中共中央粉碎了"四人帮"、结束了"文革"，我才有机会和全国573万名考生一起参加高考，并且和全国27万名莘莘学子一道走进高校校园，从此改变了自己的人生！直到今天，我还在为当年那些因为种种原因未能如愿上大学的人们感到遗憾，我尤其为那些曾经看到了大学曙光的"老三届"大哥大姐们感到不平。1966年的"老高三"学生，实际上已经做好了当年高考的各项准备工作，据说该填的表格都已经填好，考场也基本确定下来。没承想一场史无前例的大动荡在一夜之间就粉碎了他们的大学梦！11年后，这批人能够参加1977年或1978年高考并被录取的人并不多（这时他们已经30岁左右了），他们绝大多数人永远未能走进大学校园，成为终身的遗憾。与他们相比，我们真是幸运。

我前面说了，严格说来我就是一个小学"辍学人员"，这可不是开玩笑的话！一个小学四年级学历的人，怎么可能后来成了一个学者？！在当时那个年代像我这样经历的人不能说非常多，但也肯定不是特别少。环境的不利并没有磨灭我们心中求知的渴望和学习的自觉，在不能得到系统学校教育的情况下，就靠自己来学。受父亲和母亲的影响，我从小就养成了读书的习惯，特别爱好文学、历史、地理。在工厂七年多的时间里，我没有蹉跎自己的岁月。在工作之余，我把当时能够找到的书籍都找来读了。我读了许多中外名著，涉及古今中外文学、历史、政治、哲学、宗教。与此同时，我自己开始练习写一些散文、小诗、小说等，逐渐在厂里有了点小名气。当时为配合层出不穷的政治运动，厂里要组织各种各样的墙报、学习会、批判会，于是我经常被找去写文章。当时，为了批判"修正主义"，号召要学习哲学，特别是学习马列主义经典哲学著作；为了批判孔子，规定要把儒家经典作为"反面教材"来阅读。这样，我便第一次接触到了哲学经典，如《共产党宣言》《哥达纲领批判》《反杜林论》《唯物主义与经验批判主义》《伦语》《封建论》等，我现在可以随口念出一些孔子、孟子的语录，主要就是"批林批孔"那个时候记住的。应该说，这为我以后参加高考、选择哲学这个专业奠定了最初的基础。在那个"知识越多越反动"的大环境下，通过读书，我初步具备了理性思考的能力，初步具备了某种人文的关切，初步具备了对事物进行追问、质疑的意识。在有意无意中，为即将到来的人生变革做好了准备。

三、时代巨变与个人选择

  我们这一代人承上启下,经历了时代的剧变。发自内心地说,我们虽然也体验过许多沧桑与无奈,但我们实在是非常幸运的。如果问我这几十年什么事情最令我难忘,我会毫不犹豫地说两件事:一件就是恢复高考,它从根本上改变了我们那一代人中的一部分人的命运;另一件是1978年底中共十一届三中全会的召开,它为我们那一代年轻知识分子带来了心灵上的巨大冲击和思想上的重大启蒙,堪称振聋发聩!

  那个时候的我们,以"天之骄子"自诩,怀揣理想主义、家国梦想,相信"天生我材必有用",动不动就想要"指点江山、激扬文字",承受天降之"大任"。现在看起来的确过于幼稚、太书生意气了,但在三中全会召开那个时候,这种意气风发、以天下为己任的情怀是普遍的,因为国家亟须拨乱反正,中华民族亟须赶上世界发展的潮流,我们每一个人亟须通过自己的奋斗来实现社会价值和个人理想。我在2020年出版了一本书《人文的视野——历史与现实的文化观照》,其中的第四章"回放与眺望——文化视域下的四十年改革开放",一开篇就说:"1978年12月18日至22日,中国共产党中央委员会的全体组成人员,在首都北京京西宾馆开了五天会。这个会，就是中共十一届三中全会。历史证明，这五天的全会，是改变中国共产党的前途和命运，改变中华人民共和国的发展方向和发展方式，改变全体中国人民的思想、行为和生活方式的会议。"这次会议的历史意义与影响，直到今天仍在持续，我相信它一定会是中国共产党历史上最重大、最具有决定性意义的一次会议。

说一件有点令人啼笑皆非，却相当具有时代突变色彩的事。1978年3月我们进校的时候，"文革"的影响还在，"两个凡是"的禁锢还没有消解。给我们讲授"中共党史"这门课的老师，囿于1978年那个时候的政治形势，认认真真地给我们讲解中共历史上的历次"路线斗争"，我们则认认真真地聆听了这门课程整整一年。老师向我们介绍党内斗争情况时，刘少奇、彭德怀等被解读为反面人物。到了1978年底，这门课还没上完，中共十一届三中全会召开了，彭德怀和陶铸在会上直接被平了反，还在人民大会堂为他们开了隆重的追悼大会；没过多久，刘少奇、瞿秋白等人也陆续恢复名誉，重新被党的历史充分肯定，得到了人民的尊崇。面对这种突变的情形，我们的老师当然是比较尴尬的，急忙"改正"之前对刘少奇、彭德怀的批判，如此一来，那门课就显得比较滑稽了。由于中共十一届六中全会是在1981做出《关于建国以来党的若干历史问题的决议》的，所以有一段时间，"中共党史"这门课就没办法往下讲了。也就是在那个时候，我们这些已经有了一些阅历并且已经能够独立思考的大学生，一度对中国现代史感到困惑和迷茫。

党的十一届三中全会的召开对于我们这些在校大学生来说，产生了决定性的影响。试想一下，实行了那么多年"以阶级斗争为纲"的国策，一夜之间转变成了"以经济建设为中心，实施改革开放，搞市场经济"这个新国策，对于我们这些经历过十年"文革"，现正在大学里如饥似渴地攫取新知的所谓"天之骄子"来说，简直就是冰火两重天，有"恍如隔世"之感！记得党的三中全会公报出来以后，我们逐字逐句学习、理解、体会，同学们热烈讨论，甚至讨论到深夜。争论和分歧是必然的。有的人觉得，哎呀，几十年都是以阶级斗争为纲，突然不搞了国家怎么办？更多的人是感到振奋、期待：国家终于走入了正轨！那个时候的我们，对改革开放、市场经济等等理解不深，甚至没有认知，但有一个朴素的感觉是明明白白的，再不以经济建设为中心，恐怕饭都吃不上了！因此我们对党中央的历史性决定毫不含糊、衷心拥护，而且越到后来，我们越觉得这条路走得太对了！

从1979年开始，整个国家开始发生明显的变化，中国的改革和发展进入了良性运行的快车道。40多年来，虽然每到一个历史关头就会出现重大拐点或飞跃，但就全过程而言，经济、社会、人们思想观念的改变是渐进式、一点一滴、润物无声、潜移默化实现的。最终，改革开放国策的持续实施造成了天翻地覆、脱胎换骨式的伟大巨变,中华民族从来没有距离伟大复兴如此之近!非常幸运,这四十多年我和数不胜数的同代人不但是这个历史进程的见证者、观察者和思考者,而且也是它的体验者、参与者和促进者。

改革开放刚开始,思想学术界的宽松氛围就开始形成;以前遭到禁锢的许多东西不仅能够读到,而且走进了大学的讲堂。国外学术著作被大量翻译为中文,国内出版界也推出许多哲学、文学、史学、经济学、社会学、法学、管理学的丛书。大学还没毕业的时候,我们就能读到西方意志主义、生命哲学、分析哲学、存在主义的名著,能够进入尼采、罗素、萨特、波普尔、马尔库塞等哲学家的精神世界。那时我们很幼稚,读了一两本书,竟觉得自己已然是一个"唯意志论者"、"存在主义者"或"批判理性主义者"了!当然,我们仍然读马克思、恩格斯、列宁、普列汉诺夫,读柏拉图、亚里士多德、笛卡尔、莱布尼茨、康德、黑格尔、费尔巴哈。但实事求是地讲,尼采、萨特、罗素、波普尔这些思想大师的书打开了我们思想上的一扇扇窗口,我本人正是在这个过程中,学会了质疑、反思、批判,拥有了属于自己的精神世界。

我后来为什么要选择做一个西方哲学专业的教师呢?因为那时候我就觉得西方哲学不仅博大精深而且代表了人类智慧的发展方向,与之相平行的伟大文明体系,我认为世界上只有中华传统文化（儒、释、道、法、墨诸家）。毋庸讳言，习近平在"七一讲话"里提出的"全人类共同价值"，即和平、发展、公平、正义、民主、自由，以及我们耳熟能详的"社会主义核心价值观"当中的民主、自由、平等、法治、文明这些理念，它们主要来自西方文化。往更深层次说，马克思主义这个引领了现代中国百余年的思想理论体系，其文化源头不也是古希腊罗马、欧洲文艺复兴时期的哲学、科学、史学、宗教、政治等等成就吗？

　　我自己，从教西方哲学史的课程开始，逐渐进入学术研究的领域。我给哲学系的学生主要讲授三门课：西方哲学史（从古希腊哲学到德国古典哲学）、现代西方哲学（从德国古典哲学到当代西方哲学）、西方马克思主义（西方思想家或政治家信奉、解读、实践的马克思主义）。我就这么年复一年地上了十七年的课，同时从起步到拓展再到深化，开始了自己的学术研究之路。我的研究领域与我的教学专业是一致的，属于"学院派"式的研究，与现实生活基本没有关联，而且我觉得，确实也没有必要去关联，因为我的工作职责仅仅是让哲学系的学生们了解、理解西方哲学的历史演变和现代形态嘛。我对现实问题发生兴趣，并且将我的哲学思考与社会现实联系起来进行再思考，特别是将我的一些思考付诸工作实际，那都是我不得不离开了自己的专业岗位之后的事情了。

我从1984年就开始发表学术论文了，一旦有了思考兴趣和研究心得，便欲罢不能。经过不断积累、不断进步、不断提升，逐步积累起了学术上的名气，加之教学上认真、负责、肯动脑子，教学效果赢得了学生们的好评，组织上便开始注意我并培养我。我从教研室主任做起，接着是哲学系副主任，最后担任了系主任，在这个岗位上干了很多年。1993年我晋升为副教授，1996年破格晋升为教授。当时刚过40岁，在贵州省高校文科教师中算是最年轻的教授之一。那个时候的我，心无旁骛、一心扎在工作中，把课上好、上精，把学术研究做出水平、做出特色，追求很简单。20世纪90年代，我在国家级学术刊物上多次发表学术论文，在国内学术界产生了反响。1997年，贵州省委省政府首次选拔成绩突出的优秀中青年专家学者，叫作"贵州省跨世纪科技人才"（后来改名"贵州省优秀青年科技人才"），以理工科人才为主，文科人才比较少，总共选拔了十七个人。我是这十七人中的一个。这是我作为省内比较拔尖的人才的第一次"露脸"，在这之后，各种成绩和荣誉接踵而来，我的知名度和影响力也越来越大了。

在这里，我要发自肺腑地说：不管对于国家还是对于个人，改革开放这个基本国策的历史意义和现实价值无论怎么估价都不会过高！改革开放最大的一个好处就是释放了个人或社会的潜能，以及彰显了个人创造与国家创新的最大发展空间。以前不敢想、不敢说、更不敢做的事情，通过解放思想、改革开放、利益驱动、宣示个性，大家敢想、敢说、敢干了。不仅如此，还能够创造性地、挖空心思地、效益最大化地去想、去说、去干了！正因为如此，中国才发生了如此翻天覆地的历史性巨变，也正因为如此，中国才成了世界第二大经济体，更因为如此，美国才把中国当作了头号对手。美国这些年一个劲跟中国过不去，千方百计打压、挤兑中国，这当然不是好事；但换一个角度讲，过去中国想成为美国的对手也不够那个资格啊！你算老几呀你，你太弱了嘛！现在我们能够跟美国较劲了，这可是一份了不起的荣耀呢！这功劳从源头上讲属于谁？属于中国共产党人，属于中国特色社会主义的理论和实践。

我自己的经历也充分证明了这一点。如果没有四十多年前我们国家相继发生的历史性巨变，国家、民族不可能实现伟大复兴，我们个人的命运就更无法估算了。现在不是经常讲要感恩吗？我们永远都要感恩这个时代，永远都要铭记中国改革开放给中华民族带来的巨大福祉，这是我作为一名改革开放历史大变局的见证者和参与者发自肺腑的话语。

四、"边缘焦虑"和角色转换

做一名优秀的教授，终生从事哲学专业的教学和研究，曾经是我坚定不移的人生选择。在十七年的从教生涯里，我不仅感悟到了理性思考的深刻与崇高，而且体会到了徜徉于精神世界里的自由与快乐。要不是发生了种种意料之中和意料之外的变故，我的人生轨迹是不会改变的，我的"学院派"教授的身份会永远伴随我。记得1997年底我们班老同学聚会，大家怀想当年在贵州大学哲学系学习时的各种人和事，我表态说，你们在外面努力奋斗吧，我会把哲学系守护好，它永远是老同学们的家！没承想，不久之后我便离开了哲学系，离开了贵州大学。1999年7月，贵州省委决定把我交流提拔到贵州省社会科学院担任副院长。于是，我以十分不舍的心情告别了自己勉力工作、钟情热爱17年的教师岗位，当时的那份感受真是喜忧参半、五味杂陈！我说这话，一点也没有夸张和矫情的意思！

在哲学社会科学的专门机构做研究与在大学校园里从事研究工作相比，最大的不同是专业性、学术性降低了，但接触社会、了解现实的机会多了。省这一级的哲学社会科学工作很少有"纯学术"的施展空间，主要是面对国情、省情做对策研究；即便是哲学这种基础性的人文学科，也必须为经济社会发展服务。我开始时对这个定位不以为然，我认为人文学科的特点与经济、社会的发展距离毕竟太远。我历来认为，哲学和其他人文学科与应用社会科学的最大区别就是前者的关注点只能是人的精神世界，人的精神追求、渴望、表达、信念、情感、意志、心态、体验、感受，包括喜怒哀乐，等等。由此人文学科的功利性、社会性、事务性一定是不强的，它解决不了迫切的现实生活需求的问题，它是一个"清高"的领域。这是我那个时候的认识，直到有一天我被组织上安排到地方党委挂职锻炼两年，我对学术研究的固有看法才发生了改变。

对我来说，那两年时间的锻炼，胜读十年书。大大开阔了我的眼界，我的思想关注点发生了改变，变得感性、具体、与现实生活息息相关了；我第一次透过泥土的芳香感受到了思想的光芒。我对经济社会的发展越来越有兴趣，越来越有感悟，越来越有心得，因为这是每一个人——首先是广大老百姓——的所思所想，所虑所求。我认识到，人文学者的专业对象当然是人，以及与人相关的所有精神领域，但抽象的"人文"或"文化"如果不与活生生的社会生活联系起来，就怎么也摆脱不了它的孤芳自赏和"边缘焦虑"。马克思说，批判的武器不能代替武器的批判，理论一旦武装人，也能成为物质力量。我对人文学科和学术研究的定位没有发生本质变化，但我的定位范围宽了、深了，我的思想发生了转变或升华。对我来说，这是一次真正的思想上的洗礼，从此我成了一个"跨界"的学人，一个接地气的知识分子。

也许正是有了这个不同一般的经历，不久后贵州省委决定派我担任省哲学社会科学协调服务部门主要负责人，几年以后又任命我担任省政府文化行政部门主要领导，再后来，我又去了好几个文化部门、单位工作。今天的年轻人有不少把做公务员当作自己的奋斗目标或敲门砖，而我呢，当年从来没有那个向往，就这么歪打正着，成了一名公务员，一个政府官员。这的确是我的职业角色的一次根本性转换，是我始料不及的。但我知道，我的底色是变不了的。

这么多年来我给自己的定位是：做一个保持学者气质的官员，做一个有人文情怀的公务员。由于过去哲学专业的训练，加之对社会的不断了解，我在工作中能够对中国的和世界的、历史的和现实的、宏观的和微观的文化现象进行比较自觉、比较深入地观察、思考、解答、解决。久而久之，也就形成了我自己的风格：立足现实，追索本质。或：精神引领，直面现实。我希望达到的是这样一种效果：对每一种文化现象、事态，都进行现实的、感性的观察、分析，弄明白其前世今生、来龙去脉，以及它的走向或愿景；同时又不停留在就事论事、解决问题的程度上，而要对这些文化现象和事态做出深层次的、追根究底的关切和思索，力求得出有启示意义的结论来。二十年来，我一直就是这样观察和思考的。一路走来，写了许多本书，做了十多个课题，发表了太多的论文——所有这些成果已经不再是以前那种"纯学术"的思考了，而是在人文的视野下，在精神价值的观照间，在本职工作的要求中，对文化发展、现实生活、感性人生、未来发展等等，进行关切、构想和运作。

  尽管如此，我从来没有停止过我情有独钟的、属于我个人精神享受的学术思考，在最忙的时候我仍然先后指导着贵州大学的硕士研究生、云南大学博士研究生和贵州师范大学博士研究生。2005年我在省社科联工作期间，我和贵大人文学院的领导们还专程前往北京、南京、上海等地，为贵州大学申报哲学专业博士研究生授权点而拜访国内著名专家教授，请他们支持贵州的高层次学科建设。从那个时候以来，经过多年的努力，如今贵州大学已经拥有哲学专业的一级学科博士授权点，在西南地区与四川大学和西南大学并列。

  以前只想观赏思想的光芒，不能体会泥土的芬芳，那的确是一种缺憾。当年省委把我从高校调离，让我置身于火热的经济社会发展和人民群众现实生活当中，从组织的角度，是要培养、塑造一个知识型的领导干部，更好地为贵州的文化建设出力；而从我自身的角度看，则是使我实现了角色的成功转型，使我在保持自己本色的前提下拥有了更加多元、多彩的社会身份，从而能够对社会做出更多有益的事情来。应该说，从一个有知名度的人文知识分子转变为一个得到多岗位锻炼、比较得心应手的领导干部，我的经历是具有一定代表性的。这么多年来，我在各种不同的领导岗位上做了大量工作，得到了许许多多的认可与赞赏。这期间，关心、爱护、支持、帮助过我的贵州省委、省政府及各地、各部门领导非常多，每每令我感动不已。

我有这样一个体会：学者型官员的一个优势，是可以将自己的理性思考或人文关切转化、落地为现实生活中的正常状态，转化为人民群众生活中的"应当"模式。一百多年前马克思主义来到中国，当时仅仅就是一种"批判的武器"，一种理想主义的思想体系；后来，当陈独秀、李大钊、毛泽东等一批先进的中国知识分子理解、信奉了马克思主义，并且把它用于对中国现实生活的解读与改造的时候，马克思主义就变成了一种强大的"武器的批判"，从而导致了一百年来中国社会改天换地、翻天覆地的大变局。

我以前在贵州大学做学者的时候，经常与学者同事们聚在一起讨论学术、理论，特别是讨论社会理想与社会现实之间的反差，我们多么希望国家、社会、民生等等朝着"应该"的方向、路径去发展啊！但所有这些议论都流于空谈，因为知识分子不具有那个特定的角色、不掌握那些非有不可的社会资源来使他们的理想变成为现实。我们当时经常有一种愤世嫉俗的情绪，可称之为"边缘焦虑"。那时我们这些大学老师的确处在"边缘地带"，没有途径也没有手段将自己的理想付诸对现实的改造或改进。终于有一天，我离开了边缘地带，融入到了社会发展的第一线，于是我原来的一些理想就可以与现实发生关系了，我可以根据我的思考去促进各种各样的事情向着我认为"应然"的目标发展了。这个时候,"边缘焦虑"消解了,"武器的批判"替代了"批判的武器"。

五、我和贵州大学

我和贵州大学结缘于1978年春天,当时成为一名学生;我1999年离开贵州大学,身份是一名教授。如今40多年过去了,我和贵州大学的故事还在继续。

经过近20年的发展,如今的贵州大学已经成为一所体量巨大、学科门类齐全、国内外影响越来越大的综合性大学。从20世纪90年代开始,贵大经历了好几次合并,最大的合并有两次。一次是与原贵州农学院合并组建为扩大版的贵州大学,另一次是与原贵州工业大学合并组建为更大版(也就是今天这个规模的)贵州大学。这样一来,在纪录贵州大学历史的时候,凡是合并以前的那些高校都得算作贵州大学历史的一部分了,尽管它们有自己悠久、辉煌的历史。无论如何,对于曾经经历过贵州农学院、贵州工业大学等学校的建设和发展的朋友们来说,一下子都归结为"贵州大学"的历史、现状和未来,好歹有些差强人意。而对于我们这些在"老贵大"学习、工作、生活过的人来说,"贵大"这个概念的外延变得如此之大,好歹也觉得有点怪。说这样的话可能得罪人,但我说的是真实的情况。

第十五篇　追寻思想的光芒——我的人文旅程

在我心里，贵州大学永远定格在了"花溪大道南段"那个地理空间，也就是现在人们称之为"东校区"的那个地方，那正是贵州大学的根基或文脉所在，是我们这些曾经的贵大学子的精神家园。毫无疑问，这个校区见证了1958年重建贵州大学以来这60多年的风风雨雨、坎坎坷坷、形形色色、地地道道、慢慢腾腾、风风火火、男男女女、点点滴滴。

老校区直到现在还保留了20世纪50年代的许多建筑，真是弥足珍贵！靠近"广播山"、从"红楼"通往食堂那条路上的那幢灰色三层教学楼（40多年前我们在里面上课，后来我又在那里办公多年），今天仍然是哲学学院的所在地，显然还在延续着哲学专业的传统和文脉，这是令我特别感慨和慰藉的事情。贵州大学大礼堂，一座地标性建筑，仍然矗立在老校区的中心位置。还有老图书馆那座苏式建筑，历经沧桑，仍显得厚重挺拔，现在虽不再做图书馆了，却仍然发挥着重要的业务功能。可惜的是，当年我们做学生时住的集体宿舍"红楼"早就拆除了——这是没办法的事，学校不能不发展。我想，几十年前凡在"红楼"住过的学子，心中有关那些峥嵘岁月里发生在宿舍内外的各种故事、体会、回忆、回味等等，一定是不可磨灭的。

我1999年离开贵州大学，至今已经20多年了。这么多年来，不论我在什么地方、不论在什么工作岗位上，我都尽自己的力量支持母校的发展。2001年以来，我曾作为贵州大

845

学哲学系（院）的兼职教授，常年指导"外国哲学"硕士研究生；2005年，为申报哲学专业博士研究生授权点，我曾与当时人文学院的书记、院长一道赴北京、南京、上海等地拜访多位国内著名专家教授，请他们支持贵州大学哲学专业迈上高层次。直到今天，我仍然每年义务为所有哲学专业的硕士研究生开设一个学期的"哲学专题"讲座。离开贵大后的20年间，我曾在不同领导岗位上工作。只要有机会，我都会对我的母校给予支持，特别是在人文学科的建设，在哲学社会科学类课题、奖项、基地、职称的评审，在文化（包括艺术、出版、文物、"非遗"等的）建设方面，等等。2014年，由于一些原因，贵阳孔学堂与省内高校签订"入驻协议"时，未能考虑贵州大学。2015年5月我到孔学堂工作，没几天我就主动与贵州大学主要领导联系入驻事宜，很快就和贵州大学签订了协议，而且协议时限比其他入驻单位都长。如今在孔学堂，"贵州大学-孔学堂中华传统文化研究院"是办得最有活力的一个入驻机构。

  我现在虽然已经不担任任何领导职务了，但只要可能，我仍然会为贵州大学的建设和发展做自己力所能及的事情，我会继续关心、关注贵州大学，永远为我的母校祝福。因为，我的心中怀有不可磨灭的贵大情结，在我的生命历程中，"贵州大学"四个字永远镌刻在最温馨的地方！

六、读书与人文精神

我工作过的贵州大学是贵州省第一所真正意义的"综合性大学",至少从民国时期就是如此;即便1958年按照苏联那种细化的、分门别类的专业模式来重建贵州大学,贵大仍然在贵州具备了最"综合"的特色。所谓综合大学,就是它的专业设置比较广泛、比较全面、比较交叉、比较多元。其中有一点很重要,那就是文科的设置。七十年前,受苏联模式大学教育理念的影响,作为"国之重器"的清华大学竟取消了大部分文科专业,瘦身为一所标准的理工科大学,这真是中国教育史上的一桩怪事。

我认为没有文科,就没有资格叫作综合性大学。不过如今似乎所有中国的大学都争先恐后设置了文科专业(包括艺术专业),想快速成为"综合性大学",这恐怕又走到了另一个极端去了。但文科也不能一概而论。实际上文科分为两类:人文学科(humanity)和应用社会科学(applied social sciences)。前者包括文学、史学、哲学、心理学、宗教学、伦理学、美学、艺术学等等,后者包括经济学、政治学、法学、管理学、社会学、公共关系学、市场营销学等等。我在这里使用"人文学科"而不是"人文科学",是要说明:人文类的专业、学科，包括它们的概念、范畴、体系等等，主要不是为了做"事实判断"，而是为了作"价值判断"，而一切关于"应当"或"不应当"的价值陈述或表达，都与关于"真或假""是或不是"的科学陈述、实证知识关系不大。当然，人文学科与应用社会科学各个专业之间有着密切的联系，经常分不开，比如伟大的经济学家（比如亚当·斯密、卡尔·马克思、弗里德里希·哈耶克、阿玛蒂亚·森等）同时也是伟大的哲学家。人文学科的对象就是人和人的精神世界，包括人的思想、人的情感、人的信念、人的追求、人的心理、人的美感、人的情绪、人的处境、人的体验、人生甘苦、人伦关系、人间正道等等。人文学科当然免不了对事实做出描述（特别是历史研究），但它的目的是帮助人们、引导人们、为了人们做出价值的估量和评判，从而超越"趋利避害"的动物本能，知晓历史、认清现实、憧憬未来，实现安身立命，自觉扬善抑恶，构建良性社会。

实现这些"高大上"的目标靠什么？我认为主要就是两个字：读书。大学的人文学科给学生提供的，主要就是各类书籍、文献以及阅读的环境。人文专业以外专业的大学生，不管是学应用社会科学的还是学理、工、农、医专业的学生，都应该尽可能读一些人文方面的书，比如文学、历史、艺术，如果兴趣比较大，再读一些哲学、美学、心理学、宗教学方面的书。否则一个人的知识或精神领域就太窄了，他就真正变成了一个"专才"——离开了自己那个专业领域里的事情,就什么都不了解,久而久之,也就什么也不想去了解了。这样的人生是不是太单调、乏味了呢?所以我向那些希望扩展自己知识背景的朋友们提个建议:给自己制定一个阅读计划,从"强迫"自己读书开始,然后进入"自觉"读书的阶段,最后达到"不自觉"读书的境界。长此以往,养成阅读习惯,我敢保证,这样下来,人生乐趣一定多多!

对于从事人文、社科、教育、管理、法律、社会事业的朋友来说,要提升自己、造福他人、贡献社会,一件十分重要的事就是不断读书、反复读书,读闲书、读杂书、读尽可能多的书。读书必须是自觉的行为,要成为生活的一部分。以前有人讽刺读书人是"死读书、读死书、读书死",过去的年代也许有这种情况;但今天,有兴趣读书,更不用说沉湎于读书的人不是太多,而是太少了!当然,在读书的同时,了解和体验社会也是必不可少的。

读什么书?切不可以为过去老师教过的那些课以及工作中用于解决问题的书就够了,这些东西是用来应付考试和考核的,远远不够。我的一个建议——也是我几十年的切身体会——是:读闲书。千万不要认为只读对自己"有用"的书就行了。读所谓"有用"的书,那叫作"学习";而真正的读书,就是要读"没有用"的书!我的意思是:对于应对、解决现实生活中的各种问题来说,"学习"就够了;而对于一个人的境界提升、意义厘清、是非明辨、价值取舍、人生抉择等等大问题的解决，只能通过阅读那些或十分精彩或十分枯燥，却与现实生活关系不太大的人文类书籍，来使自己不自觉地从中汲取意义和真谛。

读书是一种自由而闲适的活动。正因为"闲书"没有直接的用处，我们就不必为了别人规定的任务或目的去读书，而是为了使我们自己获得独立的生命体验。因此读书主要不是为了寻找他人给出的答案，而主要是为了自己能拥有更大的思想空间。任何只读一类书、只遵循一种义理的人，在我看来，就是在用书籍垒砌成一座关押自己思想的囚牢。

有很多人以为读书就是为了掌握"知识"，这是一种比较偏狭的理解。因为那样的话，读所谓"闲书"就是浪费时间，完全没有必要。以实用主义的观点看，阅读人文类的书籍，基本不会增长多少自然科学或"应用"社会科学的知识；但一个人读了文学作品、读了历史叙事、理解了哲学理念、具备了审美趣味后，他的那个获得感，就跟看了优秀的电影或戏剧、游览了祖国的大好河山或经历了精彩的人生故事一样，他获得的是生命意义的感悟、是判断善恶是非的能力、是美感与崇高感、是道德的和信仰的快乐。这样的获得感无关物质功利，却令人愉悦、令人快慰、令人沉浸，这就是人文的魅力。在今天这个市场化、功利化的社会，凡受过高等教育的人，一定要避免成为所谓"有知识，没文化"的一类人，或成为所谓"精致的利己主义者"，这是我的肺腑之言。孔子讲"君子喻于义，小人喻于利"。老夫子在这里虽然并没有贬低、蔑视"小人"们那些逐利的行为方式，但他老人家毕竟倡导"君子"们那种注重众生福祉和高尚精神生活的行为方式啊！

我觉得，在读书、思考、研究的道路上，只要有兴趣、有决心、有恒心，再加上必不可少的悟性，就不会不成功。人的头脑具有极大的潜能和伸缩性，同一个脑袋，用得好能出真知灼见，用不好就是白丁一个。老话说"用进废退"，只要坚持不懈地阅读、思考，原本迟钝一点的脑子就会开窍，长此以往，甚至可以"思如泉涌"。古今中外大多数开创性的思想、文化大师，他们读过什么正规学校？获得过什么高学位？都没有。他们就是凭着自己的悟性和执着，为人类文明的宝库增添了彪炳史册的内涵。

兴趣是人生的最大指南。不管多么晦涩的原理，不管怎么"烧脑"的问题，只要发生真正的兴趣，人就会去思考、求索。而兴趣是可以培养、创造和挖掘的。比如哲学这个东西，我并不是最初就非常有兴趣的，当年我在工厂里当工人，最大的兴趣恰恰是文学，读的书也主要是文学作品。后来考大学选专业，经过反复考量，最终选了哲学。一旦做出了选择，我就要对自己的选择负责，也就是说，我必须将哲学当作自己未来人生的"敲门砖"。那个时候我对哲学还远远没有深刻的认知,只是根据当时社会需求的角度来看,觉得这个东西多半有用啊——哲学在中国曾经长期被视为一个重要的政治工具。直到我真正学习和思考哲学问题,并且把哲学作为我的事业或职业以后,我才逐渐体悟到这个抽象、思辨、"无用"的学科的吸引力,它让人宽阔起来、超脱起来、深刻起来。每一个人都必须过世俗的生活,但有了哲学层次的眼界和感悟,世俗生活就会显得不那么局促和劳苦。在今天这个越来越讲求功利的时代,如果从实用的角度来评判,哲学当然是最没有用处的学科之一——但它对人类智慧的促进,对人生意义的反省,对人类文明程度的提升,对个人的安身立命,却是真正"有用"的。

几十年前的读书条件怎么能和今天相比啊!如今不要说电脑、iPad,一部手机就能够解决绝大部分信息攫取的问题——通过谷歌、百度,还有最新的AI技术等等。因此,图书馆、实体书店的功能在今天是没有办法不式微、不消退的。不过话说回来,我自己是永远都要阅读纸质书籍的。我只要发现了好书,就要买回家去或邮购到家,这已成了我的生活习惯。虽然我现在不能不用特别多的时间、精力来看电脑特别是手机,但我真正的阅读乐趣一定不在这里。

公平地说,从便利、快捷地摄取信息的角度讲,传统的阅读方式肯定是落后的。比如读名著,一部手机或一个U盘就可以把古今中外所有世界名著都存储进去,携带、翻阅都极为方便、高效。然而我始终认为,"读书"这个词顾名思义,读的是"书",即千百年来人们习惯的那种纸做的出版物。读电子书肯定享受不到读纸质书时那种"过程的快感",包括阅读时的种种感受,如正读、跳读、回读、重读、折页、画线、眉注、书签等;还包括书籍本身的种种情况,如纸张、开本、版式、装帧、手感、色泽,甚至不同质地的书籍发出的不同气味、翻页时的不同声响等等。这些感受,只有传统的书籍才能够提供。因此在我看来,"手不释卷",应该是所有时代读书人的标准像。不管世界上的阅读方式,或者说帮助人们阅读的方式发生了怎样的"进步",古典的阅读习惯是不应该改变的,那就是:手捧书卷,或正襟危坐,或半倚半靠,或干脆躺在床上,翻着页码;或津津有味,或心不在焉,徜徉于印刷文字的世界中。

读书经常是一件"烧脑""谋心""遂意"的事情。在我看来,阅读应该是一个康德所形容的那种"无目的的合目的性"的过程:如果带着明确目的去读书,那就成了"学习",所以读书(尤指读闲书)必须是"无目的"的;但经过个人化的、漫不经心的、情绪化的阅读,我们的灵魂得到了安顿,我们的心智得到了开启,我们的精神得到了寄托,我们的情操得到了陶冶。从这个意义来讲,读书又是"符合"某种目的的。因此,读书是每个人自己的事,任何人都无法替代或强求,读书只遵循两个原则:兴趣和自觉。

七、仰望与关切

"仰望与关切",是我2011年出版的一部书的书名。这五个字受到德国伟大哲学家伊曼努尔·康德的一句名言的启示:"有两种东西,我们越是经常、持续地对它们反复思考,它们就越是以时时翻新、有增无已的赞叹和敬畏充满我们的心灵:这就是在我头上的星空,和在我心中的道德律。"①(这段话后来成了康德的墓志铭)这是一段著名的话,在哲学专业和非哲学专业范围都广为人知。作为既是天文学家又是哲学家的康德,他的一生可以归结为做两件事:仰望头上的星空(即客观世界的存在方式及其规律)和关切心中的道德律(即人类行为、社会生活的内在法则)。这两个东西既是哲学思索的永恒主题,同样也是现实世界中人们应当敬畏、应当追求的"超越"意境。一个国家、一个民族(尤其是具有悠远历史和深厚底蕴的国家和民族),如果遗忘了或不在意这样的敬畏和追求,我们这个世界就会显得没有章法,我们这个社会也会显得不知所措。我觉得在当今中国,在现实的考量压过了理想的追求的时代,我们应当特别

---

① [德]康德:《实践理性批判》,邓晓芒译,人民出版社2004年版,第238页。

记取康德这段话的人文含义。

今天的中国人已经实现了"全面小康",正向着更加充实和富裕的目标奋进,这是中国改革开放国策取得的最辉煌的功业。但令人担忧的是,长久以来,物质的充裕与精神的空虚正在同时发生。今天的年轻人太需要精神养料了。我前面说了读书的种种,我希望所有的大学毕业生和在校生,不管他们学的是什么专业,也不管他们有什么学历或学位,都应该拥有一份人文的情怀,有一点超越于现实功利之上的崇高感,有一个比较充实的精神世界。如果做到了这些,我觉得就比较符合康德老先生上面那句名言所昭示的境界了。

我为什么要说这么一番话呢?因为我想到了我们中华文化的某些特点。我认为,现实主义精神是我们中华民族或中华文化最优秀的一个品质;千百年来,这种优秀品质一直是引领华夏儿女实事求是、积极进取、建功立业的动力。我们中国人很少有那种超自然的救世主的观念;幻想奇迹发生,相信命中注定(宿命论),这样一些意识都不比西方人重。一切全凭人的努力,而一旦努力了就会有收获;中国人特别勤奋,不相信虚无缥缈的东西,惯于用事实说话,注重实践检验,等等。所有这些,都是我们传统文化当中有永恒生命力的因素。但是我们也必须看到:我们传统文化中与生俱来的现实主义、功利主义、实用主义取向,使得我们许许多多的先辈欠缺理想、批判精神不足,眼光容易为眼前利益、局部利益所遮蔽，行动中比较盲从。这一点，是今天的我们必须清醒了解的。因此，对于我们大家来说，某种"乌托邦"是需要的，"人总是要有一点精神的。"（毛泽东）现实主义是我们文化中一个有强大生命力的成分；而不愿审视、疏于反思、鲜有批判、缺乏理想，也是我们文化中的一个短板。我们在充分发挥现实主义精神的同时，一定要克服——至少是缓解——这种局限性。

我们应当仰望星空，因为它给了我们肉体存在的基础；我们应当关切人心，因为它给了我们精神存在的依据。我们的仰望应当基于现实，因为只有脚踏实地才能对宇宙观望得深远和透彻；我们的关切不能脱离生活，因为只有日常的喜怒哀乐才会引导心灵走向深切和明澈。

徐圻学术年表

A.学术论著

《当代西方哲学思潮评介》，贵州教育出版社1991年4月

《理性的历史沉思——西方哲学分析性研究》，贵州人民出版社1994年12月

《价值与认知》，贵州教育出版社1996年5月

《思者的求索》，贵州人民出版社2000年1月

《人的解读与重塑》，重庆出版社2002年3月

《现实发展与精神超越》，重庆出版社2003年12月

《全球化背景下的文化抉择》，贵州人民出版社2005年8月

《仰望与关切》，贵州人民出版社2010年1月

《思在途中》，贵州人民出版社2015年2月

《在中西方之间——文化比较讲演录》，孔学堂书局2017年9月

《思想的印迹——文化问题的哲学断想》，孔学堂书局2019年8月

《人文的视野——历史与现实的文化观照》，孔学堂书局2020年12月

B.学术论文

《保持自身特质是振兴哲学的前提》，《光明日报》学术版1994年7月6日、《新华文摘》1994年第10期

《马克思主义：一个不可超越的文化论题》，《光明日报》学术版1995年8月10日

《论当今中国三种文化形态及其关系》，《新华文摘》1999年第1期、中国人民大学《复印报刊资料·文化研究》1999年第1期

《从波普尔对古希腊哲学的诠释看他的科学观和哲学观》，中国人民大学《复印报刊资料·外国哲学与哲学史》1988年第2期

《关于直觉的思议》，《复印报刊资料·哲学原理》1988年第11期

《哲学发展中一条不可忽视的线索》，《复印报刊资料·哲学原理》1989年第8期

《本格"科学的唯物主义"述评》，《复印报刊资料·外国哲学与哲学史》1992年第7期

《罗素的"史学非科学论"和"历史非决定论"述评》，《复印报刊资料·外国哲学与哲学史》1994年第1期

《贝克莱"唯我论"性质之我见》,《复印报刊资料·外国哲学与哲学史》1994年第9期

《量子力学的哲学意义是认识论的还是价值论的》,《复印报刊资料·自然辩证法》1995年第3期

《论怀疑主义对西方认识论的正面影响》,《复印报刊资料·外国哲学与哲学史》1996年第6期

《道德自律是精神文明的最高实现形式》,《复印报刊资料·伦理学》1998年第7期、《复印报刊资料·精神文明建设》1998年第7期

《正确评价科学主义的得与失——论法兰克福学派的工具理性批判》,《复印报刊资料·科学技术哲学》2001年第8期

《巨人之间的哲学差异——从马克思、恩格斯到毛泽东、邓小平》,《复印报刊资料·马克思主义、列宁主义研究》2002年第11期

《论中国改革的文化史意义》,《复印报刊资料·中国政治》2004年第8期